MAISON DE L'EMPEREUR.

MUSÉE IMPÉRIAL DU LOUVRE.

MUSÉE DU MOYEN AGE ET DE LA RENAISSANCE.

SÉRIE D.

NOTICE
DES ÉMAUX
ET
DE L'ORFÉVRERIE

PAR

Alfred DARCEL

ATTACHÉ A LA CONSERVATION DU MUSÉE DES SOUVERAINS ET DES OBJETS
D'ART DU MOYEN AGE ET DE LA RENAISSANCE; MEMBRE DU COMITÉ
DES TRAVAUX HISTORIQUES ET DES SOCIÉTÉS SAVANTES

PRIX : 3 FRANCS.

PARIS

CHARLES DE MOURGUES FRÈRES
Imprimeurs des Musées Impériaux
RUE J.-J. ROUSSEAU, 8

1867

AVERTISSEMENT.

Ce catalogue se compose de deux parties : l'une comprend les émaux, l'autre l'orfévrerie.

Occupons-nous d'abord de la première.

Ce n'est point sans une certaine appréhension que nous avons reçu le périlleux honneur de publier une nouvelle « Notice des émaux » du Musée. Celle de M. le marquis L. de Laborde jouit d'une estime si universelle et si méritée qu'il était téméraire de vouloir la recommencer après lui. Il était impossible, cependant, de la réimprimer en se contentant d'y intercaler à leur ordre les émaux entrés au Musée avec la collection Sauvageot.

Depuis la publication de la Notice aujourd'hui épuisée, car elle est devenue bientôt un livre faisant autorité, de nombreux travaux ont éclairé une foule de points qui étaient encore obscurs il y a quinze ans, et nous forcent de composer un nouvel historique de l'émaillerie et d'intervertir parfois l'ordre de classement adopté par M. le marquis de Laborde.

Il nous faut de toute nécessité faire notre profit des discussions retentissantes qui se sont élevées sur les origines de l'émaillerie dans l'antiquité, et ses transformations à l'aurore du Moyen Age. Les beaux travaux de M. Jules Labarte, les recherches de MM. F. de Lasteyrie, F. de Verneilh et de l'abbé Texier, en France ; ceux de M. A.-W. Francks, en Angleterre ; de M. le baron de Quast et de M. Camesina, en

Allemagne, ne doivent point être considérés comme non avenus, non plus que les utiles recherches de M. Maurice Ardant sur les familles des émailleurs qui, à la Renaissance, ont illustré les ateliers de Limoges.

Nous avons donc voulu coordonner tous ces renseignements nouveaux, et les contrôler à l'aide des études que nous avions pu faire nous-même dans les Musées, les Trésors et les Collections de France, d'Allemagne et d'Angleterre.

Une autre modification était nécessaire.

M. le marquis L. de Laborde, qui traitait alors un sujet tout nouveau, avait voulu que sa « Notice » devînt en même temps un traité complet de l'émaillerie. Le texte s'y mêlait à la description de la collection du Musée, et parfois à celle de pièces qui n'en font point ou qui, alors, n'en faisaient point partie, car plusieurs y sont entrées depuis. De plus, il y était question d'émailleurs dont les œuvres sont absentes du Louvre.

Un pareil livre, utile et même nécessaire en son temps, n'est plus à faire aujourd'hui, et nous avons dû nous restreindre à ne décrire que les pièces seules du Musée, et à ne parler que des émailleurs dont celui-ci possède les œuvres.

Comme l'avait fait M. le marquis L. de Laborde, nous avons naturellement suivi l'ordre chronologique dans le classement général des émaux du Musée, méthode rationnelle qui nous a servi de guide dans chaque division particulière, et qui a, de plus, le grand avantage de classer les émaux par espèces, et presque par pays, suivant qu'ils sont cloisonnés, champlevés, translucides sur relief ou peints.

Dans cette dernière et importante section des émaux peints, nous avons adopté la subdivision par familles d'émailleurs, en rattachant à chacune d'elles les anonymes qui s'en rapprochent. Dans l'ordre de ces familles, comme dans celui des œuvres de chacun de ses membres, ousavons toujours suivi l'ordre des temps comme base de classement.

Songeant que nous avions affaire, avant tout, à des produits industriels dans lesquels le décor est subordonné à la forme, nous avons d'abord désigné chaque pièce d'après cette forme ; puis nous en avons décrit le décor, indiquant ensuite, pour chaque pièce, les procédés mis en usage pour appliquer celui-ci.

Pour ce qui regarde l'orfévrerie, nous sommes presque sans guide. M. le marquis de Laborde n'en ayant dressé que l'inventaire dans la seconde édition de la « Notice des émaux. »

Nous n'avons point à décrire un certain nombre de pièces importantes et magnifiques que possède le Louvre, puisque celles-ci font partie du Musée des Souverains ou bien sont réservées pour la section des « Gemmes et Joyaux, » à cause des pierres dures dont elles sont surtout formées. Cependant nous les citons comme documents à l'appui dans l'introduction où nous essayons de tracer une rapide histoire de l'orfévrerie. En outre, nous les rappelons en note dans le cours du Catalogue aux lieux qu'elles auraient dû occuper, mais en renvoyant pour leur description aux Notices particulières dont elles font nécessairement partie.

Pour cette section, comme pour la précédente, c'est l'ordre chronologique que nous adoptons.

Alfred DARCEL.

INTRODUCTION.

L'émail est un verre coloré par des oxydes métalliques, qui tantôt le laissent transparent, qui tantôt le rendent opaque. Par extension, on a donné le nom d'émail au métal que l'on a décoré au moyen de verres colorés fixés par le feu.

C'est de cette dernière espèce d'émail que nous nous occupons ici.

Les émaux sont dits cloisonnés lorsque l'émail est fondu dans des compartiments formés par des lames métalliques qui, soudées sur un fond de même nature, ont été rapportées une à une et disposées de manière à former un dessin qui affleure l'émail.

Lorsque les bandes métalliques qui tracent le dessin ont été réservées dans le métal lui-même par le creusement de toutes les parties intermédiaires qui forment les alvéoles où l'émail est déposé et parfondu, l'émail est dit champlevé ou en taille d'épargne.

Parfois le métal est ciselé en creux, de façon à figurer comme un bas-relief sur lequel on coule des émaux translucides diversement colorés, qui prennent des tons d'autant plus foncés qu'ils recouvrent des parties plus profondément creusées. Ces émaux sont dits translucides sur relief, ou de basse-taille.

Enfin, si la plaque de métal est entièrement recouverte d'émaux dans lesquels le dessin et le modelé sont obtenus au moyen de procédés fort divers, mais qui ne réclament que la main d'un artiste, ces émaux sont appelés émaux peints.

Parmi ces derniers, on a appelé émaux des peintres ceux où l'artiste s'est efforcé d'atteindre aux effets de la peinture ordinaire.

Les émaux, ainsi que les ivoires, offrent les plus anciens témoignages de ce qu'étaient les arts du dessin au moment où la société chrétienne naissait de l'union violente de la barbarie avec ce qui survivait de la civilisation antique.

Se transformant en même temps que le dogme se développe, l'émaillerie semble suivre dans les transformations de ses procédés de fabrication les évolutions de la pensée humaine. Très-complexe, d'ailleurs, dans ses origines, elle paraît adopter plus spécialement certains procédés, suivant les pays, et mêler ensemble des questions d'ethnographie et de civilisation.

A ne considérer les choses que d'une façon restreinte, en ne s'occupant que des émaux chrétiens, l'on peut aisément classer ces derniers et reconnaître qu'à chacun des développements de la liberté dans l'art correspond un procédé nouveau.

Au hiératisme grec, qui emprisonne l'expression dans une formule toujours la même, correspondent les émaux des orfèvres ou émaux cloisonnés, rigides dans leurs formes, nuls dans l'expression.

Lorsque l'art occidental rejette le formulaire grec, tout en restant soumis à la prépondérance de l'architecture, rude encore, l'émaillerie passe aux mains des ciseleurs. Alors les formes s'assouplissent, mais l'expression reste sauvage. Puis la ciselure fait sa place de plus en plus grande aux dépens de l'émail, à mesure que l'architecte donne plus d'élégance à ses constructions. Le dessin est alors plus souple ; les têtes sont plus expressives. L'émail n'offre encore qu'une image plate et sans apparence de relief. C'est alors que le ciseleur se fait sculpteur et lui donne le modelé avec cette apparence qui lui a manqué jusque-là.

A cette phase de la fabrication correspondent les commencements de la peinture italienne, qui progresse si rapidement dans la recherche et dans l'expression du sentiment et de la beauté.

Bientôt les émaux avec leurs contours en métal et leurs teintes plates, ceux même où le relief se combine avec les couleurs vitrifiées, mais uniformément étendues, ne peuvent plus suffire. Les émaux peints naissent et se développent alors que la peinture s'affranchit de la gêne que lui imposait l'architecture, en même temps qu'elle étend son domaine au delà des choses exclusivement religieuses.

Aux trois phases de l'art : le hiératisme grec, le réveil de l'occident au XIIe siècle, la renaissance italienne au XVe, correspondent les émaux cloisonnés, les émaux champlevés et les émaux translucides sur relief.

L'affranchissement du XVIe siècle a pour corollaire les émaux peints.

C'est aux émaux chrétiens, avons-nous dit, que doit s'appliquer cette classification. Mais si l'on étend le champ de ses investigations aux émaux antérieurs au christianisme, à ceux que les populations celtiques ont laissées, ainsi qu'à ceux qui appartiennent à la civilisation antique, on est forcé de faire cette remarque que les émaux cloisonnés ont surtout été fabriqués en Orient, et les émaux champlevés en Occident. De telle sorte que les artisans d'Allemagne, de France ou d'Italie, qui, à partir du XIe siècle, pratiquèrent l'art de l'émaillerie champlevée, revinrent, sans en avoir conscience, aux anciens procédés qu'employèrent les populations barbares qui les avaient procédés sur tout ou partie du même sol.

Ainsi, il y aurait deux origines aux procédés de l'émaillerie ; et, bien que tous deux semblent avoir eu un même objet en leurs commencements, qui était d'imiter les incrustations en pierres précieuses, on ne saurait encore dire lequel a précédé l'autre.

L'étude des monuments semblerait devoir faire résoudre la question en faveur de l'Orient, et l'on concluerait, d'après deux bracelets du Musée des Collections réunies, à Munich, que les Égyptiens avaient connu l'émail (1).

Nous avons examiné avec soin ces bracelets, et nous avons reconnu que la matière qui remplit les alvéoles en or composant leur dessin y a été déposée humide, puis simplement desséchée ou fondue; car sa surface n'affleure point le niveau des cloisons et se creuse en ménisque concave. De plus, cette matière s'effrite aujourd'hui et tombe en poussière sur la tablette où ces bijoux sont déposés.

Il y a présomption pour nous que ces bracelets sont un émail cloisonné; mais à quelle époque faut-il faire remonter leur fabrication?

Il résulte du récit de leur découverte (2) qu'ils furent trouvés à l'intérieur de l'une des pyramides de Méroë, ancienne capitale de l'Éthiopie, dans une excavation voûtée construite non loin du sommet. En continuant la démolition, on trouva des bronzes d'origine évidemment romaine et postérieurs à l'ère chrétienne, de telle sorte que les bracelets de Munich, qui semblent par leur forme appartenir aux origines de l'art égyptien, sont tout au plus contemporains des émaux de la Gaule ou d'un texte célèbre qui parle de ceux-ci. Quoique Égyptiens par la forme, ils auraient été portés par une des reines chrétiennes de l'Éthiopie, dont saint Philippe convertit un des eunuques (3).

Ces émaux étant écartés du débat, l'on a savamment discuté pour savoir si les anciens avaient connu l'émail, et les recherches les plus récentes semblent avoir conclu par la négative, quant aux époques qui précèdent l'ère chrétienne. La lutte s'est surtout engagée entre M. Jules Labarte (4) et M. Ferdinand de

---

(1) J. LABARTE, *Recherches sur la peinture en émail*. Paris, 1856.
(2) D. GIUSEPPE FERLINI, *Cenno sugli scavi della Nubia*. Bologna, 1837.
(3) A.-W. FRANKS, *Observations on the glass and enamel*. Extracted from « *The art treasures of the united kingdom*. In-folio avec gravures sur bois. Day and son. London. Sans date.
(4) Jules LABARTE, *Recherches sur la peinture en émail*.

INTRODUCTION.

Lasteyrie (1), et n'est point encore terminée, car le premier y revient encore aujourd'hui (2) avec une nouvelle insistance.

M. J. Labarte est pour l'affirmative, et cite à l'appui de son système, en outre des bracelets de Munich qu'il faut récuser, un petit épervier du Musée du Louvre. Là encore il est difficile de distinguer si la matière qui remplit les alvéoles est simplement une pâte séchée ou une substance vitrifiée au feu et destinée à imiter les pierres dures incrustées que l'on voit, à côté, sur un grand nombre de bijoux égyptiens. Mais la question fût-elle décidée par les monuments en faveur de l'émail qu'il y aurait encore celle de la date à résoudre, et c'est ici que les textes sont intervenus. M. J. Labarte s'en est servi avec une habileté rare, afin de prouver qu'Homère, Hésiode et Sophocle avaient parlé, sous le nom d'*electrum*, de l'émail, qu'Ézéchiel avaient clairement désigné sous celui d'*haschmal*.

Cette opinion a été contredite par M. Ferdinand de Lasteyrie,, puis, incidemment, par M. J.-P. Rossignol (3), de l'Institut.

Quant à ce qui regarde Homère, M. J.-P. Rossignol, qui semble admettre que les deux poèmes homériques ne sont pas du même auteur, observe que dans l'*Iliade* il n'est pas question de l'électron, tandis que l'*Odyssée* en parle trois fois. Tantôt elle l'associe aux métaux et à l'ivoire, tantôt elle l'associe à l'or des parures qu'il rend semblable au soleil.

Dans Hésiode, l'électron entre dans la composition du bouclier d'Hercule avec le gypse et l'ivoire.

Ces applications semblent éloigner l'idée de l'emploi du feu, et par conséquent de l'émail, et l'on avait pensé qu'il était question de l'ambre ou d'un alliage d'or et

---

(1) Ferd. de LASTEYRIE, *L'Électrum des anciens était-il de l'émail ?*

(2) Jules LABARTE, *Histoire des arts industriels au Moyen Age et à l'époque de la Renaissance*, tome III.

(3) J.-P. ROSSIGNOL, *Les métaux dans l'antiquité*. Paris, 1863.

d'argent. M. Rossignol croit qu'il s'agit d'un métal fabuleux, imaginé par les poètes pour renchérir sur les métaux, même les plus précieux, et s'essaye à prouver que ni l'ambre ni les alliages des métaux n'étaient connus du temps d'Homère et d'Hésiode.

Il y a un passage d'*Antigone* où Sophocle parle de l'électron de Sardes qu'il oppose à l'or de l'Inde, mais il a été reconnu, par les anciens eux-mêmes, qu'il ne s'agit ici que de l'or en paillettes qui se recueillait en Lydie dans le Pactole.

Dans Aristophane, on trouve aussi l'électron ornant les pieds d'un lit, et, quittant l'antiquité grecque pour l'antiquité hébraïque, on arrive enfin au fameux passage d'Ézéchiel (578 avant J.-C.), où le mot *haschmal* désigne une chose brillante qui apparaît au milieu du feu, et portant la représentation des quatre animaux qui sont devenus depuis les symboles des quatre évangélistes. C'est par le mot *electron* que les Septantes ont traduit cette expression, et tous les commentateurs cités par M. F. de Lasteyrie l'expliquent comme étant un alliage d'or et d'argent.

Avant ces commentateurs, Virgile parle à trois reprises de l'*electrum*. Une fois il le cite comme un idéal de la transparence; deux fois il le fait entrer dans la composition des armes fabriquées par Vulcain pour Énée. Dans le premier exemple, M. J.-P. Rossignol pense que Virgile a voulu désigner le verre. Il est induit à le faire par cette opinion que tous les poètes, depuis Homère, ont employé le mot *electron* avec une signification mystique, un genre incertain et un sens indéfini, pour exprimer l'éclat suprême. Il cite même un scoliaste d'Aristophane qui l'emploie comme équivalent du mot verre.

J. Labarte s'empare de cette dernière signification comme d'un argument en faveur de son opinion, en montrant qu'entre le verre et l'émail la différence n'est pas grande, ni quant à la chose ni quant au mot.

Dans les deux autres passages de Virgile, qui parlent de la combinaison de l'electrum avec l'or ou le fer, il est probablement question de l'alliage que nous trouvons enfin désigné dans Pline.

Après avoir défini le succin, que de son temps on appelait aussi electrum, Pline cite deux autres espèces d'électrum. L'un naturel, et composé d'une partie d'argent contre quatre d'or; l'autre artificiel, et formé par l'addition à un alliage naturel de la quantité d'argent nécessaire pour arriver à la composition du premier. Ce qui faisait surtout rechercher cet alliage, c'est qu'il brillait d'un vif éclat à la clarté des lampes, dont il réfléchissait sans doute la lumière, et que, façonné en coupes, il passait pour déceler la présence des poisons qu'on y avait versés.

A cette époque, les documents certains abondent. Martial, Pausanias, Strabon, Tertullien, Eustathe et Lampride, qui parlent de l'electrum, n'en connaissent que deux espèces : le succin et l'alliage d'or et d'argent. Quant à l'émail, s'il existe, on ne lui a pas encore donné de nom.

La première révélation que l'on ait de ce produit se trouve dans ce passage de Philostrate, souvent cité : « On dit que les barbares voisins de l'Océan étendent des couleurs sur de l'airain ardent, qu'elles y deviennent aussi dures que la pierre, et que le dessin qu'elles représentent se conserve. »

Comme Philostrate, qui était Grec de naissance et qui vivait, au commencement du IIIe siècle, à la cour fastueuse de Septime-Sévère, devait connaître les industries de luxe qui se pratiquaient de son temps, cette périphrase, qu'il emploie pour désigner les émaux des barbares, semblerait prouver que l'art de l'émaillerie était alors inconnu à Rome. Des bijoux antiques émaillés existent cependant, et le Musée Napoléon III en possède qui proviennent de l'ancienne collection Campana (1). Ce sont des pendants d'oreilles représentant des oiseaux en or repoussé, tantôt entièrement, tantôt

---

(1) Ch. CLÉMENT, *Catalogue des bijoux du Musée Napoléon III*, n°s 102 à 197.

partiellement recouverts d'une couche de verre diversement coloré, qui n'est autre que de l'émail.

On assure que ces pendants d'oreilles ont été trouvés à Vulci et qu'ils appartiennent à la civilisation étrusque.

Faut-il supposer que l'art de cette émaillerie, spéciale aux bijoux, avait été perdu en même temps que la civilisation étrusque s'était éteinte, et que Philostrate n'avait eu l'occasion de voir aucun bijou émaillé? Nous ne le croyons pas; car les pendants d'oreille en question ne nous semblent pas appartenir à l'art archaïque des anciens habitants de l'Italie. Comment, donc concilier le silence de Philostrate sur ces produits d'un art qui pouvaient chaque jour frapper ses yeux, avec ce qu'il note, et par oui-dire, d'un art inconnu pratiqué par les barbares?

C'est que le livre de Philostrate n'est point une encyclopédie industrielle, comme on pourrait le supposer d'après le seul passage que l'on cite d'habitude, mais la description d'une galerie de tableaux imaginaire. La phrase en question sert à expliquer une particularité du harnais des chevaux dans une image qui représente une chasse à la bête noire.

Or, la plupart des émaux gallo-romains, que les hasards des fouilles nous font découvrir aujourd'hui, sont, ou des fibules ou des pièces de harnais de chevaux. Ainsi, Philostrate avait été frappé par ce qui précisément nous frappe encore aujourd'hui par son caractère bien tranché au milieu de tous les monuments de l'art antique contemporain de ces émaux. Ce qui avait attiré son attention, de même que la nôtre est sollicitée, c'est que les procédés et les produits de l'émaillerie des barbares sont tout à fait différents de ceux du même art chez les Étrusques ou chez les Romains.

Dans les ateliers antiques, une couche de couleurs vitrifiables est posée sur du métal modelé en relief et reste telle qu'elle est sortie du fourneau ou de la flamme qui l'a parfondue.

Dans les ateliers gallo-romains, les couleurs vitrifiables sont incrustées dans le métal champlevé, puis ont été polies, afin d'en affleurer la surface sur laquelle elles forment généralement une mosaïque. L'effet est absolument différent, et il est possible, à notre avis, que les émaux des bijoutiers existassent déjà sans que la remarque de Philostrate sur les émaux des peuples qu'il appelle voisins de l'Océan perde rien de sa justesse. Comment s'étonner alors qu'un auteur, expert dans l'art de bien dire, n'ait pas reculé devant une circonlocution pour désigner une chose qui, après tout, était nouvelle pour lui.

Quels étaient les peuples voisins de l'Océan qui fabriquaient les émaux dont parle Philostrate?

Une discussion, sur laquelle nous aurons à revenir, et qui s'est élevée dans ces dernières années sur l'origine de l'émaillerie occidentale, entre M. F. de Lasteyrie et M. F. de Verneilh, laisse encore la question indécise. Ce qu'il y a de certain, c'est que l'on trouve des émaux un peu partout sur le sol de la France, si les plus importants proviennent du littoral de la Manche, mais surtout de l'Angleterre.

L'émail, cependant, qui doit le plus fixer l'attention, tant à cause de sa grandeur que des circonstances qui ont entouré sa découverte, a été trouvé dans le pays qui s'illustra plus tard dans la pratique de l'émaillerie. Nous voulons parler du vase de la Guierce, qui appartient aujourd'hui à M. John Belle, d'Angoulême. Ce vase est un petit flacon piriforme, en cuivre rouge, haut de 0^{m}117, et orné d'émaux champlevés bleu foncé, orangé et vert clair. Les motifs de l'ornement sont distribués par bandes verticales interrompues par une zone lisse qui circonscrit la panse du vase. Ils se composent, sur une bande, de C affrontés; sur l'autre, de cœurs (qui ne sont que les mêmes C rapprochés par leur sommet), séparés par des points triangulaires. Ces motifs se répètent, mais en sens contraire, au-dessus et au-dessous de la zone médiane (1).

Rien ne rappelle le goût antique, grec ou romain,

---

(1) Maurice ARDANT, *Émailleurs et émaillerie de Limoges*. 1 vol. in-12 de 177 pages, avec une gravure représentant le vase de la Guierce.

dans l'ornementation de ce vase, qui a été trouvé, cependant, en compagnie d'antiques et de médailles romaines qui servent à le dater. On y reconnaît les bustes des deux Tétricus et de Lælianus, qui régnèrent à Rome de l'année 253 à l'an 270 de l'ère chrétienne.

Un autre vase, trouvé également en France, mais à Ambleteuse, sur les bords de la Manche, et possédé par le British-Museum, appartient, par ses ornements, au même art et à la même époque que le précédent, ce que confirme la présence sur le lieu de la trouvaille de médailles toutes fraîches de Tacite, qui vivait en 276.

Le vase d'Ambleteuse est à panse presque sphérique, surmontée d'un long col terminé par un anneau. Deux dauphins partent de cet anneau et s'appuyent, en guise d'anses, sur l'épaulement de la panse. Quant à l'ornement, il se compose d'une combinaison d'alvéoles d'une forme assez simple, où l'on retrouve l'élément cordiforme, alvéoles disposées en colonnes verticales symétriquement disposées au-dessus et au-dessous d'une zone intermédiaire, où l'on voit dessinée une espèce de fleur de lis. Malheureusement, l'émail a été entièrement enlevé des alvéoles creusées à la surface de ce vase, alvéoles qu'il devait certainement remplir.

Avec ce vase, qui, pas plus que le précédent, n'offre rien de romain dans l'ornementation, le British-Muséum possède un certain nombre de pièces qui doivent avoir appartenu à des harnais de chevaux, qui sont d'un caractère tout particulier, et qui, ayant été trouvées sur le sol de l'Angleterre, font penser aux savants d'outre-Manche que c'est à la Grande-Bretagne que fait allusion le texte de Philostrate.

Parmi plusieurs objets trouvés, en 1801, à Polden-hill (Sommerset-Hire) (1) et à Westhall (Suffolk) (2), vers 1855, nous citerons une espèce d'anneau, en bronze, formant pendeloque, dont un des côtés, très-aplati, affecte la forme d'un croissant. Cet anneau,

---

(1) *Archæologia*, année 1803, tome XIV, pl. XVIII et suivantes.
(2) Idem année 1855, tome XXXVI, pl. XXXVIII.

très-usé au point d'attache par le frottement, et qui est recouvert aujourd'hui d'une superbe patine verte, est orné, sur la partie plate, d'enroulements en réserve à parties renflées, de style presque oriental, qui se détachent sur un fond d'émail rouge foncé d'une excellente qualité. Ces ornements, d'ailleurs, ont été trouvés : les premiers non loin d'une station romaine, signalée par un pavé en mosaïque; les seconds avec une lampe en bronze, appartenant par sa forme à la civilisation romaine.

A des peuplades bretonnes contemporaines, sans doute, si ce n'est pas à ces peuplades elles-mêmes, doivent avoir appartenu les boucliers trouvés dans les boues de la Tamise, qui les ont conservés intactes pendant plusieurs siècles. Pièces importantes en cuivre repoussé d'ornements d'une grande élégance, où dominent les lignes ondulées, de façon à reproduire à peu près les motifs flamboyants de l'architecture gothique du xve siècle. Au milieu de ces ornements, des boutons repoussés en bosse sont ornés de quelques émaux rouges incrustés, dont les formes rigides contrastent avec les ondulations des ornements repoussés.

Si toutes les pièces que nous venons d'indiquer semblent un produit exclusif de l'industrie des sociétés barbares que les conquérants romains trouvèrent sur le sol de la Gaule et de la Bretagne, il s'en faut cependant que ces derniers aient négligé de s'approprier un art tout nouveau pour eux. Une grande plaque d'émail incrusté, trouvée à Londres et conservée au British-Museum, montre, en effet, l'alliance des formes romaines avec l'art des barbares.

L'autel figuré sur cette plaque, avec les colonnes torses, le fronton et les oiseaux affrontés qui le décorent, est tout à fait romain par la forme ; mais les émaux bleus, jaunes, rouges et blancs, ceux-ci étant verdis par l'oxyde de cuivre, peuvent être revendiqués par l'industrie autochtone. Quant à l'usage auquel avait été destinée cette plaque, qui nous semble inachevée, à en juger par les ébarbures de ses bords, nous ne savons quel il a pu être.

Nous trouvons encore dans le même Musée deux petits supports à quatre pieds en bronze émaillé de bleu, de vert et de rouge, destinés sans doute à maintenir les petites amphores en verre qui contenaient des parfums(1).

A côté de ces émaux de caractère tout antique, bien que trouvés dans la Grande-Bretagne, nous en placerons un autre, qui aurait été trouvé en Italie, à Bénévent. C'est un cylindre légèrement conique, tel que le serait un gobelet ou le pavillon d'une trompe, orné de zones alternées de feuilles de vigne et de feuilles de fougère se détachant en métal sur fond bleu, séparées par des filets de perles carrées s'enlevant sur fond blanc.

Le métal est du cuivre jaune, et sa surface intérieure répète en relief les principaux linéaments de la partie creuse du dessin extérieur.

Ce mode de fabrication, qui appartient à l'antiquité, suivant M. Castellani, possesseur de cette pièce, de même que le caractère de l'ornement, nous semblent prouver que les émaux champlevés furent pratiqués en Italie à une époque postérieure probablement au 1er siècle.

Des émaux, en assez grand nombre, ont été trouvés en France, dans des sépultures qui semblent appartenir à la période franque. La perfection de ces produits, contrastant avec la barbarie des ornements en bronze ou en fer ciselé, et souvent plaqué d'argent, que l'on trouve dans les mêmes cimetières, fait supposer que ces bijoux proviennent d'anciens ateliers gallo-romains, dont les traditions se seraient conservées au milieu des peuplades conquérantes. Témoins, peut-être, d'une civilisation antérieure ou importations par le commerce, les échanges ou le pillage, d'un centre qui aurait gardé quelque peu de cette civilisation passée, ils ne nous paraissent pas avoir été fabriqués au milieu des peuplades mérovingiennes.

Ces émaux présentent l'apparence de véritables mosaïques sur des fibules de formes très-variées, plusieurs

---

(1) A. W. FRANKS, *Archæological journal*, t. XI, p. 27.

couleurs ayant été juxtaposées les unes aux autres ou incrustées les unes dans les autres au milieu des divers compartiments creusés dans la pièce.

Deux opinions fort différentes ont été émises sur la fabrication de ces fibules. M. le marquis L. de Laborde y voit des émaux : dans certains cas, M. Roach Smith croit avoir affaire à des mosaïques.

Voici qu'elle aurait été la manière d'opérer, suivant M. le marquis L. de Laborde, pour le cas où des couleurs variées se trouvent réparties sur un fond évidemment émaillé :

« Les tailles ménagées en relief, au lieu de séparer
« chaque couleur d'émail, servent à former les divi-
« sions principales du dessin d'ornementation. L'es-
« pace qu'elles laissent entre elles a été rempli d'émail
« d'une seule nuance, qui, passé au feu, a comblé
« exactement les cloisons. C'est dans cet émail refroidi
« qu'on a creusé, au moyen de la roue et de tous les
« instruments qui servaient à la taille et à la gravure
« des pierres précieuses, tantôt des séparations pro-
« fondes mettant le cuivre à nu, tantôt de petites exca-
« vations en forme de ronds, rosaces et autres orne-
« ments. Un nouvel émail, d'une nuance différente, a
« été mis dans ces espaces ménagés, et la fusion opérée
« par le feu a fait adhérer, sans les mêler, l'ancien et
« le nouvel émail. Cette seconde opération donnait
« déjà, par l'opposition de deux tons, des ornements
« variés et assez élégants : au moyen d'un troisième, on
« a produit de véritables fleurs se détachant en rouge
« sur une rosace blanche se détachant sur un fond bleu.

« Ces émaux, ainsi superposés et juxtaposés, car
« nous avons des jaunes et des noirs, des rouges et
« des jaunes disposés en échiquiers dans les cercles
« répétés de fibules en forme de disques..... » (1)

Ce sont ces échiquiers qui ont fait penser à M. Roach Smith (2) que l'on avait affaire à de véritables mo-

---

(1) Comte L. de LABORDE, *Notice des émaux exposés dans les galeries du Louvre*, p. 28.
(2) ROACH-SMITH, *Inventorium sepulcrale*.

saïques. Le savant anglais donne pour exemple une fibule trouvée dans les tombes franques d'Envermen (1) et une bulle trouvée en Angleterre, à Sibertswold Down (2).

La fibule d'Envermen est formée de plusieurs anneaux concentriques de bronze séparant des échiquiers en couleur vitrifiée, qui sont ornés de rosettes au centre de chaque compartiment. C'est un véritable émail, mais un émail d'une fabrication particulière, où le travail du verrier intervient pour une grande part, ainsi que celui du mosaïste.

Voici quel aura dû être, suivant nous, le mode de fabrication de ces bijoux, dont plusieurs sont exposés au Musée dans la Salle des Bronzes, mode qui nous semble beaucoup plus simple que celui imaginé par M. le marquis L. de Laborde.

Les ornements introduits au milieu du champ émaillé qui remplit les alvéoles des fibules nous semblent formés de cylindres en verre filigrané, tels que l'antiquité savait les faire et que les ouvriers de Murano en retrouvèrent la pratique au XVIe siècle. Dans la poudre d'émail qui remplissait les cloisons de la pièce, on aura dû distribuer de ces cylindres avant la cuisson, et l'adhérence résultant du feu n'ayant été qu'incomplète, une partie de ces cylindres aura pu être enlevée par tant de causes de détériorations résultant de l'usage, et surtout d'un séjour de plus de dix siècles dans le sol.

Ce mode de fabrication explique les cavités laissées dans l'émail qui forme le champ du décor.

De même, ce que M. Roach Smith croit être des mosaïques, et ce qui, en effet, en présente toute l'apparence, ne peut-il pas avoir été fabriqué par le même procédé. L'on nous paraît avoir serti dans les alvéoles de la pièce des tronçons de baguettes de verre présentant déjà un dessin ; baguettes usées d'ailleurs sur les côtés et transformées ainsi en prismes à quatre pans, puis

---

(1) L'abbé Cochet, *Normandie souterraine*, pl. XV, f. 4.
(2) Ch. de Linas, *Les OEuvres de saint Éloi*, pl. II, fig, D.

avoir fixé cette mosaïque préalable par de la poudre de verre soumise ensuite à l'action du feu.

Ces procédés nous semblent plus expéditifs, plus pratiques et moins minutieux que ceux donnés par les deux savants, dont nous ne saurions partager l'opinion; de plus, ils nous paraissent devoir fournir des résultats plus durables.

Deux fibules, trouvées à Sens et conservées à Auxerre par M. Poncelet, justifieraient notre manière de voir. L'une est occupée, au centre, par un écusson triangulaire en émail bleu semé de perles noires, qui désaffleurent sa surface. Celui-ci, n'ayant point été poli, est déprimé aux points où les perles ont été posées, tandis, peut-être, qu'il était encore en fusion. L'autre affecte le profil d'une amphore à deux anses. Un large galon suit, à une certaine distance du bord, les contours de la panse de ce vase figuré. Or, ce galon est une vraie mosaïque en verre bleu-noir et vert turquoise. Chaque élément est nettement coupé par une section, courbe parfois, et se détache franchement de son voisin; mais à l'intérieur du fer à cheval que forme ce galon, des points colorés couvrent la pièce. Les uns sont bleu-turquoise d'un ton différent des tables de verre du galon, et en partie oblitérés. Ils semblent adhérer aux petites alvéoles où nous croyons qu'ils ont été parfondus. D'ailleurs, au centre, dans une cavité circulaire plus grande que les autres, il reste un disque de verre blanc opaque, retenu encore en place par quelques traces de verre irisé, derniers restes de celui qui remplissait le surplus de la cavité. Il y a là une marque évidente de la cuisson d'une poudre de verre, qui aura servi, en outre, à fixer les tables de la mosaïque du galon.

Une autre preuve à l'appui de cette manière de voir nous semble fournie par les fouilles entreprises par M. l'abbé Cochet, dans le cimetière mérovingien d'Envermeu (Seine-Inférieure). C'est un bouton qui représente une feuille de vigne. Ses analogues se trouvent assez fréquemment dans les sépultures barbares pour que nous ayons pu en étudier un semblable au British-Museum.

Ce bijou charmant appartient, ce nous semble, à l'art que nous appellerons antique, et sa fabrication dénote des procédés tout à fait différents de ceux qui étaient appliqués aux pièces dont nous venons de parler.

Bien que la feuille de vigne, qui se détache en matière vitrifiée verte sur un fond bleu de même nature, soit entourée d'une légère bande d'or, nous ne croyons pas avoir affaire ici à un émail proprement dit, dans le sens restreint que nous devons attacher à ce mot dans cette étude. En effet, l'excipient n'est point métallique, mais il est composé par une couche de verre bleu sur laquelle a été posée et soudée, sans doute, la couche superficielle formée par la feuille de verre opaque coloré en vert, se détachant sur un champ de verre coloré en bleu. Quant à la bande d'or qui circonscrit la feuille de vigne, et qui dessine même une vrille sur le fond, nous la croyons ajoutée après coup, car elle n'existe point dans le bouton, absolument semblable à celui d'Envermen, qui est conservé au British-Museum.

Nous voyons donc dans cette pièce un de ces produits de l'art du verrier, comme toutes les collections en possèdent et comme nous en trouvons de si beaux spécimens dans le Musée Napoléon III. Un cylindre en verres diversement colorés et convenablement disposés, était formé de façon que sa section représentât un dessin voulu d'avance. Telle a dû être la fabrication de la feuille de vigne, qui est en double exemplaire au Musée d'antiquités de Rouen et au British-Museum. Il est facile de concevoir qu'un grand nombre de tronçons du même cylindre où ces exemplaires ont été coupés ayant dû exister, ce même motif peut avoir été apporté dans différents lieux par le commerce et se retrouver dans les fouilles monté différemment : ici en argent, là en bronze, suivant le goût et la richesse de ses anciens possesseurs.

Laissons maintenant les émaux des barbares pour revenir à ceux que purent fabriquer les héritiers les plus directs de l'ancienne civilisation grecque.

Le terme propre que nous avons vu faire défaut à

Philostrate pour désigner les émaux manqua longtemps encore aux écrivains du Bas-Empire, qui ne savent quel nom donner à des produits que nous croyons être ceux de l'émaillerie.

Ainsi il est un livre attribué à Anasthase le Bibliothécaire, qui n'en n'écrivit qu'une partie, et dans lequel il est facile de reconnaître la main de plusieurs auteurs, où sont énumérés en détail les dons que les papes, depuis saint Pierre jusqu'à Nicolas 1er, au IXe siècle, reçurent pour les églises de Rome ou firent à celles-ci.

Or on y trouve un dérivé du mot *électron* pour qualifier une pièce d'orfévrerie donnée par l'empereur Justin au pape Hormisdas, entre les années 518 et 523.

Un peu plus tard, l'empereur Justinien (527 à 565) ayant donné à l'église Sainte-Sophie de Constantinople une table d'autel en or décorée de couleurs, poëtes et chroniqueurs ne savent quel mot employer pour désigner cette œuvre, où ils savent bien qu'il intervient l'action du feu.

Ce n'est qu'à la fin du IXe siècle que le grammairien Suidas cite cette table comme un exemple de ce qu'on désignait sous le nom d'*électron*. L'électron, dit-il, est un « or allotype » αλλοτυπον χρυσιον, répétant ce ce qu'un glossaire du IIIe siècle a déjà noté; mais ajoutant de plus cette explication : que la chose ainsi désignée est de l'or uni au verre et aux pierreries.

Ce mot, en vieillissant, a changé d'acception; car, du temps de Virgile et surtout de Pline, il ne signifiait qu'un alliage d'or et d'argent, tandis que, dans l'antiquité héroïque, il spécifiait surtout l'or pur trouvé dans quelques fleuves, et, dans certains cas, quelque chose de brillant, que M. J. P. Rossignol croit être un métal imaginaire, et M. Jules Labarte un émail.

Que le mot *électron* ait été ou non synonyme d'émail dans l'antiquité, peu nous importe. Ce qui nous semble certain, c'est qu'à partir des premiers temps du Bas-Empire il doit garder cette dernière acception. Et cette transformation s'explique.

En effet, à une époque où la métallurgie était peu

avancée, l'on devait surtout préférer l'or naturel le plus malléable pour façonner les cloisons de formes assez compliquées où les verres colorés étaient déposés et parfondus pour former un émail; de sorte que l'on aura fini par donner au tout le nom de la partie, et par étendre à l'objet fabriqué et complet le nom de ce qui n'avait commencé que par en être un élément.

Au XIe siècle, le moine Théophile emploie le terme grec latinisé pour désigner les émaux cloisonnés de petite dimension qu'il montait, en guise de pierres précieuses, pour orner le calice. C'est le même dont se sert un chroniqueur allemand pour décrire la reliure d'un évangiliaire donné par l'empereur Henri II à l'évêque de Mersburg.

Mais un mot nouveau s'était déjà introduit, c'est celui de *smaltum*, que nous trouvons pour la première fois employé par Anastase le Bibliothécaire dans *la Vie de Léon IV* (847 + 855). C'est aussi le même que nous trouvons dans Léon d'Ostie pour décrire les ornements du calice que Henri II envoie, en 1022, au monastère du Mont-Cassin. A partir de cette époque, le vocable *smaltum*, surtout usité en Italie, prévaut sur le terme *électron*, que les auteurs allemands reçurent des Grecs, suivant une remarque de M. Jules Labarte.

Ajoutons cependant que M. Littré croit qu' « émail » vient de l'ancien haut allemand *smelzan, smaltjan*, qui veut dire fondre, d'où l'allemand *schmelzen*. Cette étymologie, mieux que le latin *maltha*, mortier, qu'adopte M. le marquis L. de Laborde, rend compte du *es* ou *s* qui commence le mot dans toutes les langues romanes.

Quittons maintenant l'étude du mot pour celle de la chose, et voyons quels furent d'abord les émaux que la civilisation chrétienne fabriqua pour décorer le mobilier de ses églises; puis, quelles transformations subirent les produits coûteux et rares de l'émaillerie primitive pour se plier aux besoins usuels de centres plus pauvres pour qui l'éclat du luxe était cependant un besoin.

ÉMAUX CLOISONNÉS

ou

ÉMAUX DE PLIQUE.

Au lieu de suivre la pratique que semblait leur imposer la tradition gallo-romaine, les Grecs, qui, les premiers, fabriquèrent authentiquement des émaux au VIe siècle, revinrent au procédé oriental du cloisonné en or. C'est ainsi que sont fabriqués les émaux que l'on peut réellement appeler byzantins.

Le plus ancien monument dont l'histoire ait conservé la mention, parmi ceux que nous savons pertinemment avoir été décorés d'émaux, fut l'autel d'or donné par Justinien à l'église Sainte-Sophie et conservé jusqu'à la prise de Constantinople par les Croisés, qui se le partagèrent en 1204.

Parmi les émaux byzantins en assez grand nombre que conservent encore les trésors des églises, surtout en Italie et en Allemagne, nous ne citerons que ceux auxquels on peut assigner une date à peu près certaine.

Tels sont ceux qui décorent la couronne de fer donnée à la cathédrale de Monza par la reine Théodelinde († 625); l'autel d'or de Saint-Ambroise de Milan, fabriqué par Volvinius en 825; la couronne votive du trésor de Saint-Marc, à Venise, où Léon le Philosophe est figuré (886 † 911); le reliquaire de Limbourg, exécuté pour Basile II, antérieurement à son avénement au trône, en 976, et rapporté de Constantinople par un croisé; la couronne de Hongrie, donnée par l'empereur Michel Duncas au roi Geysa 1ᵉʳ (✝ 1077), et enfin la célèbre *Pala d'Oro* de Venise, qui, commencée par le doge Orséolo, en 976, fut agrandie et complétée, en 1105, par le doge Ordelafo Faliero (1).

Tous ces émaux sont exécutés par des artistes byzantins et par les procédés du cloisonnage, comme ceux que nous décrivons dans les premiers numéros de ce catalogue. Ils sont tous de même style, et il est constant qu'à la fin du xıᵉ siècle, Didier, abbé du Mont-Cassin, fut contraint d'avoir recours aux ouvriers de Constantinople pour faire exécuter un parement d'autel où la légende de saint Benoît était figurée par des émaux.

Cependant un auteur à peu près contemporain, le moine Théophile, en décrivant la fabrication des émaux dont, en son temps, on décorait les pièces d'orfévrerie, nous prouve que les procédés byzantins étaient pratiqués dans la contrée où il travaillait, contrée qui était ou l'Italie du nord ou plus probablement l'Allemagne.

L'Allemagne, en effet, semble pouvoir revendiquer la fabrication de plusieurs émaux cloisonnés conservés dans le trésor de l'église d'Essen, et signalés pour la première fois par M. le baron de Quast dans une lettre adressée à M. F. de Verneilh (2).

L'un représente un homme vêtu d'une tunique courte par dessous un manteau, offrant une croix, — la croix même sur laquelle cet émail est placé, — à une femme dont la tête est recouverte d'un voile. Ces deux personnages sont désignés par les inscriptions : MATHILD ABBA et OTTO DVX. La Mathilde dont il s'agit ici est fille de Ludolph, fils aîné de Othon II, et abbesse d'Essen de 974 à 1013. L'Othon est son frère, duc de Souabe de 973 à 982.

Sur la seconde plaque, une abbesse offre également

---

(1) J. Labarte, *Histoire des arts industriels*, t. III, p. 393 *et passim*.
(2) BULLETIN MONUMENTAL, t. XXVI. *Les émaux d'Allemagne et les émaux Limousins*.

une croix, qui est celle que cet émail décore, à la Vierge portant l'Enfant-Jésus sur ses genoux. L'inscription MATHILD(IS) ABBATI(SSA) désigne la même Mathilde.

Enfin une troisième croix, qui porte sur sa tranche, en argent repoussé, le nom de Théophanie, petite fille de l'impératrice du même nom et abbesse d'Essen de de 1041 à 1054, est ornée d'émaux faits pour la croix qu'ils décorent, et représentant les quatre symboles évangéliques ainsi que de simples ornements (1).

Il y a de grandes différences dans l'exécution de ces émaux. Le premier dénote un ouvrier habile, tel que devait être un artiste bysantin travaillant pour un prince. Le second est d'une exécution maladroite et pourrait bien être l'œuvre de quelque ouvrier allemand voulant s'astreindre à une pratique nouvelle pour lui, imiter peut-être le précédent émail donné par Othon à sa sœur. Ce serait le fait de quelque orfèvre ouvrier de l'abbaye d'Essen.

Quant aux émaux de la troisième croix, ils sont en décadence, par rapport à ceux de la seconde, et ils montrent même l'alliance des deux procédés du cloisonné et du champlevé; alliance à laquelle les émailleurs allemands se montrent fidèles dans leurs premiers monuments d'émaillerie sur cuivre.

Ainsi nous croyons trouver sur les trois croix d'Essen le passage de la pratique des émaux cloisonnés en or de la main des orfèvres bysantins dans celles des ouvriers allemands.

Fabriqua-t-on des émaux par le même procédé en Angleterre?

Il n'y aurait guère, pour permettre de répondre à cette question, que le joyau d'Alfred le Grand, conservé dans l'Asmoleian museum, à Oxford. Mais deux motifs font douter aux savants de l'autre côté du détroit

---

(1) Alfred DARCEL, *Les arts industriels du moyen âge en Allemagne. Rapport au Ministre de l'Instruction publique sur l'exposition de Vienne.* — Croix d'Essen, p. 24.

de la nationalité anglaise de l'émail cloisonné qui forme la face de ce bijou : d'abord le style, qui est tout bysantin ; puis, la précaution prise par l'orfèvre qui le monta pour le roi saxon, de le protéger par une plaque de cristal de roche, comme une chose précieuse et peu ordinaire à rencontrer dans son pays. (1)

Quant à la France, aucun émail cloisonné ne peut lui être rigoureusement attribué.

Il y aurait bien ceux qui décorent l'autel portatif de l'ancienne abbaye de Conques. L'un représente sainte Foy, patronne de l'abbaye dès le temps de Charles le Chauve (2). Mais l'inscription S. FIDES, qui caractérise la sainte et qui serait si importante pour résoudre la question qui nous intéresse, simplement gravée sur la plaque d'or amboutie au centre de laquelle la figure est cloisonnée, n'est point exécutée en fils d'or dans l'émail lui-même, comme aux croix d'Essen. De telle sorte que l'on peut objecter que cet émail, venu de Grèce ou d'Italie par le commerce, a pu recevoir après coup l'inscription qui en fait la représentation de sainte Foy, tandis qu'un autre presque semblable représente sainte Marie, grâce à l'inscription S. MARIA qu'on y a gravée. Il n'y a donc que des présomptions plutôt que des preuves en faveur de l'exécution de ces émaux par les orfèvres de l'Aquitaine, où l'abbaye de Conques avait été élevée et dont Limoges était le centre industriel et commercial.

Si la fabrication des émaux cloisonnés fut abandonnée vers le XIIe siècle, quant à la représentation de la figure humaine, il n'en fut point de même quand on s'astreignit à ne faire que de simples ornements, comme les n^{os} D 13 à 22, qui décorent la boîte d'évangéliaire n° D. 711.—Cette fabrication dura pendant tout le moyen âge, pour produire de petits émaux que l'on montait en guise de pierres fines sur les pièces d'orfèvrerie, et se prolongea même jusqu'à la fin de la Renaissance.

---

(1) H. SHAW, *Dresses and décorations*, t. I.
(2) Alfred DARCEL, *Le Trésor de l'église de Conques*. Autels portatifs.

ÉMAUX CLOISONNÉS.

Nous en avons pour preuve les médaillons ovales qui décorent la bordure du bouclier de Charles IX (1).

Faut-il réserver à ces émaux le nom d'« émaux de plicque » ou de « plite » que l'on trouve dans les inventaires des XIVe et XVe siècles, ou étendre ce nom, ainsi que le veut M. le marquis de Laborde à tous les émaux d'« applique » c'est-à-dire appliqués sur l'orfèvrerie ? M. J. Labarte est pour la première opinion dont il donne des raisons assez spécieuses (2). Il trouve l'étymologie de cette appellation dans le mot latin *plicare*, qui indiquerait le mode de fabrication des cloisons de ces émaux « pliées » suivant les nécessités du dessin ; ce qui nous semble bien ingénieux et bien savant pour de simples rédacteurs d'inventaires.

D. 1 à 24. — *Vingt-quatre plaques décorant la boîte d'évangéliaire*, n° D. 711 (3).

1. — *Plaque rectangulaire.*

XIe siècle.   H. 0,067. — L. 0,060.

L'homme de saint Mathieu. — L'homme, nimbé, ailé, posé de face vu en buste, tient le livre de la main droite, couverte de son manteau, tandis que sa gauche est étendue devant sa poitrine.

Un ornement, qui peut former un M majuscule, se confond avec le manteau au-dessous de la main découverte. Fond d'or ; bordure en zig-zag.

Pas de traits de contour, l'émail se détachant sur un fond d'or. Deux des traits de ce que nous supposons un M sont seuls plus épais que tous les autres.

Émaux employés : le vert, le bleu et le pourpre translucides ; le blanc, le blanc bleuâtre, le bleu clair opaques, ainsi

---

(1) N° 69 de la *Notice du Musée des Souverains*, par M. H. Barbet de Jouy.
(2) J. LABARTE, *Histoire des arts industriels...*, t. III, p. 572 *et passim*,
(3) Publié par M. J. Labarte, *Histoire des arts industriels....* Album. pl. XLII.

que le rose vif employé pour les carnations, avec du noir pour former la prunelle des yeux et les lèvres.

Fond qui semble formé tantôt d'une feuille d'or soudée au niveau des alvéoles qui contiennent l'émail, tantôt par la plaque de fond qui est ambouti selon le contour du dessin, de façon à former une caisse dans laquelle sont soudés les lames qui forment les divisions intérieures du sujet. Dans les deux cas, le fond affleure l'émail.

Trésor de Saint-Denis. — Ancienne collection, n° 349.

N° 97 du Catalogue des émaux, par M. le comte L. de Laborde.

2. — *Plaque rectangulaire.*

H. 0,067. — L. 0,060.

L'aigle de saint Jean. — L'aigle, de profil à droite, nimbé, les pieds posés sur le livre fermé, sur un fond orné de feuillages dans une bordure en zig-zag.

Traits de contour exprimés par un filet d'or plus épais que celui qui dessine les détails intérieurs.

Émaux employés : le vert, le bleu et la pourpre translucides ; le blanc, le blanc bleuâtre, le bleu clair et le rouge opaques.

Même fabrication que le n° D. 1.

Trésor de Saint-Denis. — Ancienne collection, n° 349.

N° 95 du Catalogue des émaux, par M. le comte L. de Laborde.

3. — *Plaque rectangulaire.*

H. 0,067. — L. 0,060.

Le bœuf de saint Luc. — Le bœuf, nimbé, ailé, de profil à droite, pose une de ses pattes antérieures sur le livre fermé. Fond d'or, bordure en zig-zag.

Émaux employés : le vert et la pourpre translucides ; le blanc, le bleu lapis et le bleu turquoise opaques.

Même fabrication que le n° D. 1.

Trésor de Saint-Denis. — Ancienne collection, n° 349.

N° 98 du Catalogue des émaux, par M. le comte L. de Laborde.

4. — *Plaque rectangulaire.*

H. 0,067. — L. 0,060.

Le lion de saint Marc. — Le lion, nimbé, ailé, de profil à gauche, une des pattes antérieures posée sur le livre, sur un fond d'ornements, dans une bordure en zig-zag.

ÉMAUX CLOISONNÉS.

Émaux employés : le vert, le bleu lapis et le pourpre translucides ; le blanc, le bleu lapis, le bleu turquoise et le rouge opaques.

Même fabrication que le n° D. 1.

<small>Trésor de Saint-Denis. — Ancienne collection, n° 349.
N° 96 du Catalogue des émaux, par M. le comte L. de Laborde.</small>

5 à 12. — *Huit médaillons triangulaires curvilignes.*

<small>H. de 0,024 à 0,030. — L. de 0,050 à 0,055.</small>

Sur quatre de ces médaillons, l'ornement est cordiforme, formé par des bouquets symétriques de feuillages émaillés, et se détache sur un fond d'or ; sur les quatre autres, l'ornement est formé par le fond d'or, qui se détache sur un fond émaillé monochrome orné de légers rinceaux d'or.

Émaux employés : le vert translucide ; le blanc, le bleu lapis et le rouge opaques.

<small>Trésor de Saint-Denis. — Ancienne collection, n° 349.
N°s 99 à 106 du Catalogue des émaux, par M. le comte de Laborde.</small>

13 à 22. — *Dix petits médaillons incrustés dans l'archivolte de l'arc qui domine la Crucifixion.*

<small>Cinq circulaires, D. 0,012. — Cinq carrés, côté 0,010.</small>

L'ornement est tantôt formé d'un bouquet de feuillages symétriques, tantôt de rosaces d'un dessin varié.

Émaux employés : le vert, le bleu lapis, le chamois et le pourpre translucides ; le blanc, le bleu turquoise et le rouge opaques.

<small>Trésor de Saint-Denis. — Ancienne collection, n° 349.
N°s 107 à 116 du Catalogue des émaux, par M. le comte L. de Laborde.</small>

23 et 24. — *Deux petits médaillons triangulaires.*

<small>H. 0,011. — L. 0,009.</small>

Sertis comme pierres fines dans la bordure.

Émaux employés : le vert, le pourpre translucides ; le blanc et le bleu lapis opaques.

<small>Trésor de Saint-Denis. — Ancienne collection, n° 349.</small>

ÉMAUX CHAMPLEVÉS.

Dès que la pratique de l'émaillerie cloisonnée se fut introduite en Occident, l'esprit de rénovation qui emportait l'architecture dans la voie nouvelle qui devait aboutir au style ogival, transforma également cet art, que les Grecs laissaient périr entre leurs mains.

Pour décorer les églises qui s'élevaient à l'envi en France et en Allemagne dès le XIIe siècle; pour répondre à la variété des peintures répandues sur les murs, au feu des vitraux, au vernis des pavages, au diapré des vêtements de soie que portait le clergé, il fallait recourir à l'émail. Mais les procédés byzantins étaient longs et coûteux et demandaient, de plus, une grande habileté. Lorsque l'on abandonnait l'or, comme trop dispendieux, pour se servir du cuivre, il fallait employer celui-ci en lames plus épaisses, moins flexibles, par conséquent, sous la main de l'ouvrier, et le dessin, déjà si difficile à exécuter avec l'or si malléable, devenait presque barbare. Témoin la plaque représentant saint Théodore, qui est passée de la collection Portalès dans celle de M. Basilewski (1).

L'idée vint alors de réserver dans le cuivre lui-même les filets que l'on était obligé de rapporter dans les émaux cloisonnés, et de parfondre les émaux dans les cavités ainsi ménagées entre les réserves de métal. C'était un retour inconscient à l'ancienne émaillerie

---

(1) N° 592 de l'Exposition rétrospective de 1865.

gallo-romaine en même temps qu'une imitation économique des anciens émaux bysantins.

Nous pensons que c'est en Allemagne que s'opéra cette transformation.

C'est là, en effet, que nous assistons, à l'aide des croix d'Essen, à la transformation des anciens procédés de l'émaillerie cloisonnée de la main des Bysantins à celle des Allemands, et que nous voyons sur la croix de Théophanie (1041 + 1054), bien que celle-ci soit en or, l'alliance du procédé primitif du cloisonné avec le procédé renouvelé ou nouveau du champlevé. De même sur les émaux champlevés allemands les plus anciens, c'est-à-dire sur ceux qui s'essayent à imiter les procédés du cloisonnage en ne laissant voir de métal que ce qu'il en est nécessaire pour former les traits du dessin, l'on rencontre souvent des parties rapportées : pratique qui subsista longtemps dans les ateliers des bords du Rhin pour exécuter certaines parties secondaires des émaux, comme les frises qui ornent les corniches des châsses ou qui garnissent la bordure des reliures en orfévrerie (n° D 77).

Dans cette alliance des deux procédés, soit que le champlevé s'allie au cloisonné dans les émaux où celui-ci domine, soit que le cloisonné intervienne encore dans ceux où c'est le champlevé qui est presque exclusivement employé, nous croyons voir, en l'absence de toutes dates et de tous documents précis, une preuve de l'antériorité des émaux allemands sur ceux de Limoges, qui fut le grand centre de fabrication pendant le Moyen Age.

Un fait important semble venir corroborer cette opinion.

Lorsque Suger voulut, de 1137 à 1144, décorer de pièces d'orfévrerie l'église de l'abbaye de Saint-Denis, qu'il venait de reconstruire, il fit venir des ouvriers de Lorraine (*aurifabros Lotharingos*), qui exécutèrent les travaux d'émaillerie qu'il y eut à faire (1). Or la

---

(1) Voir une restitution de ces travaux dans l'*Histoire des arts industriels....*, de M. J. Labarte, t. II, p. 244 *et passim*.

Lorraine, au XIIe siècle, comprenait Cologne et Verdun, qui possédèrent des ateliers d'émaillerie pendant ce siècle et le suivant.

Pour Cologne, en outre des châsses nombreuses et de même facture que possèdent encore les églises de cette ville et de ses environs, il existe au Musée de Hanovre une châsse en forme d'église byzantine à coupole qui porte cette inscription : « *Eilbertus Coloniensis me fecit.* »

Des mêmes ateliers doit être sortie la belle châsse de saint Héribert, de Deutz, probablement fabriquée lors de la levée du corps de saint, en 1147.

Quant à Verdun, il y existait des ateliers d'orfévrerie où M. J. Labarte voudrait que Richard, abbé de Saint-Victor, eût fait des colonnes d'émail champlevé avant l'année 1046 (1). Il est plus certain que maître Nicolas y exécuta, en 1205, la châsse de Notre-Dame conservée encore aujourd'hui à Tournai (2), et le magnifique antependium de Klosterneuburg, daté de 1181 et transformé postérieurement en rétable (3).

On réclame en faveur de Limoges la belle plaque qui passe pour représenter Geoffroy de Plantagenet. Fixée jadis sur l'un des piliers du chœur de la cathédrale du Mans, elle est conservée aujourd'hui dans le Musée de la même ville.

M. F. Hucher (4) prétend que cet émail fut exécuté par l'ordre de l'évêque Guillaume de Passavent, pour le tombeau préparé pour Geoffroy Plantagenet et avant sa mort ; ce qui est peu dans l'ordre ordinaire des choses, le duc d'Anjou étant mort jeune et par accident, comme le remarque fort judicieusement M. J.

---

(1) *Duæ columnæ ex electro purissimo cum basibus argenteis arte fusili et anaglifo productæ.* J. Labarte, *Histoire des arts industriels*, p. III, p. 605.

(2) B. du Mortier, *Étude sur les principaux monuments de Tournai*, . 66. Tournai, 1862.

(3) Alfred Darcel, *Les arts industriels du moyen âge en Allemagne*, p. 30. — A. Camesina, *Das niello-antependium zu klosterneuburg*, Wienn, 1844.

(4) *Bulletin monumental*, t. XXVI, p. 69, *et passim*. — E. Hucher, *L'émail de Geoffroy Plantagenet*.

Labarte (1). D'après cette hypothèse, cet émail aurait été fabriqué entre l'année 1142, époque de l'avénement de Guillaume de Passavent au siége épiscopal du Mans, et l'année 1151, date de la mort de Geoffroy. Mais, soit qu'il faille le reporter après cette mort et avant celle de l'évêque, c'est-à-dire entre les années 1151 et 1186, soit enfin que cet émail ne représente que Henri de Plantagenet, comme le veut M. J. Labarte (2), peu nous importe, car nous ne croyons pas que cet émail soit limousin. Pour nous, il appartient à un art intermédiaire entre celui de Cologne et celui de Limoges, et pourrait, par conséquent, se rapprocher de l'école de Verdun. Il serait toujours d'un pays aujourd'hui français, mais français de plus fraîche date.

Les tons verts et jaunes dominent, en effet, dans l'émail du Mans comme dans ceux de l'Allemagne, tandis que ce sont les bleus lapis, qui signalent surtout les émaux de fabrique limousine. De plus, les deux vers, non pas léonins, mais dont les terminaisons riment ensemble, qui sont gravés au-dessus de l'effigie de Geoffroy, appartiennent beaucoup plus aux habitudes des ateliers érudits des bords du Rhin qu'à celles des artisans sans instruction des bords de la Vienne.

Cet émail enfin, fût-il de Limoges, militerait à nos yeux en faveur d'une influence allemande sur les origines de cet atelier si important plus tard.

L'on a voulu faire remonter jusqu'au temps de saint Eloi l'existence des ateliers d'émaillerie de Limoges, et la gravure, faite au XVIIe siècle, d'un calice conservé jadis à l'abbaye de Chelles, et qui passait pour avoir été fabriqué par le ministre de Dagobert, a servi d'argument pour cette opinion. M. E. Grésy (3) s'en est fait le promoteur; mais M. Charles de Linas (4), dans

---

(1) J. Labarte, L'*Histoire des arts industriels*, t. III, p. 662 à 677.
(2) *Idem-Ibidem.*
(3) E. Grésy, *Le Calice de Chelles*, in-8° avec gravure; extrait des *Mémoires de la Société des Antiquaires de France*, t. XXXVII.
(4) Ch. de Linas, *Les OEuvres de saint Éloi*, 1 vol. in-8° avec gravures. — Didron. Paris, 1864.

un remarquable travail sur l'orfévrerie mérovingienne, nous semble avoir prouvé pertinemment que ce calice n'était décoré que de feuilles de verre pourpre, blanc et vert enchâssées dans l'or, comme celles qui décorent les bijoux grecs et mérovingiens.

L'on a également tiré un argument d'un anneau trouvé dans la tombe de Gérard, évêque de Limoges, mort en 1022. Cet anneau, décoré de filets très-minces remplis d'une matière que l'on a cru être de l'émail bleu, pourrait bien n'être que niellé, comme le sont d'autres anneaux presque de la même époque trouvés en Angleterre. Mais l'émail eût-il été employé, qu'il y aurait loin encore de ce timide emploi, qui aurait pu se conserver comme une tradition des anciens émaux champlevés gallo-romains, aux applications si abondantes que l'on fit de ce genre de décor à partir du XIIe siècle.

M. l'abbé Texier, en outre, avait attribué à Guinamundus, l'auteur du tombeau de saint Front exécuté à Périgueux en 1077, un émail signé dont il a reconnu plus tard la fausseté. Il faut arriver au second tiers du XIIe siècle pour trouver des témoignages écrits de l'existence à Limoges d'ateliers qui, étant déjà connus, devaient certainement dater d'un certain nombre d'années.

Ainsi en 1170, et non en 1060, comme l'a très-bien prouvé M. J. Labarte (1), un moine de l'abbaye de Saint-Satyre, qui accompagnait Thomas Becquet, lequel retournait en Angleterre, écrivant à Richard, prieur de l'abbaye Saint-Victor de Paris, lui rappelait une couverture d'évangéliaire en « œuvre de Limoges » qu'il lui avait montrée et qu'il destinait au monastère de Wulgh. Cette expression d' « œuvre de Limoges, » devenue fréquente à partir de cette époque, sert à caractériser certainement les émaux.

Parmi les nombreux documents réunis par Ducange dans son *Glossaire*, et par M. Albert Way dans l'*Ar-*

---

(1) J. Labarte, *Histoire des arts industriels*, t. III, p. 656, *et passim*.

cheological Journal (1), nous en trouvons un de 1197 relatif à l'envoi de « deux tables de cuivre doré de l'œuvre de Limoges » (*duas tabulas œneas superauratas de labore Limogiæ*) à l'abbaye de Sainte-Marguerite de Vèglia, en Apulie; document que nous citons parce que, en même temps que le nom, il donne la désignation de la chose.

Nous ne pouvons, à propos des origines de l'art de l'émaillerie champlevée à Limoges, nous empêcher de noter un fait singulier dont nous ne prétendons point tirer de conséquences trop rigoureuses, mais qui ne laisse pas que d'avoir une certaine importance. Il s'agit des relations qui existaient entre les moines de l'abbaye de Grandmont, en Limousin, et celle de Sieburg, dans le diocèse de Cologne, monastères remarquables, tous deux, par les pièces de leurs trésor en partie conservées.

Ainsi, en l'année 1181 (2), un abbé de Sieburg étant allé à Grandmont, deux moines et deux frères convers de Grandmont se rendirent à Sieburg, où il fut convenu qu'un service serait célébré, chaque année, dans les deux manastères pour le repos de l'âme des frères de l'une et de l'autre abbaye. Après leur séjour à Sieburg et à Bonn, les moines limousins restèrent plus d'une semaine à Cologne, visitant les églises et les abbayes, parmi lesquelles celle de Saint-Héribert, de Deutz, qui possédait déjà une magnifique châsse émaillée de son patron. Ils rapportèrent, dans des bouteilles de verre (*lagenas*), de nombreuses reliques dont la mention se trouve dans les inventaires du trésor de Grandmont.

Or l'église de Sieburg possède encore quatre grandes châsses de travail allemand, malheureusement fort mutilées, de même style que celles de saint Héribert, de Deutz et de saint Pantaléon, de Cologne, ainsi qu'un coffret tout en émail champlevé très-barbare et datant

---

(1) L'abbé Texier, *Dictionnaire d'orfèvrerie*, p. 1143, note 731.
(2) L'abbé Texier, *Manuel d'épigraphie… du Limousin*. Pièces justificatives, p. 348 *et passim*.

certainement des origines de cet art (1), et il est impossible que les moines de Grandmont n'aient pas vu ces œuvres dans l'abbaye à laquelle elles appartenaient. Il serait également permis de supposer qu'ils commandèrent, à Cologne, quelque châsse, comme celles qu'ils avaient vues, pour enfermer quelques-unes des reliques qu'ils emportaient, et que l'étude de ces émaux colonais ait aidé au développement de l'émaillerie limousine.

Précisément, nous trouvons dans l'un des inventaires de Grandmont la description d'une châsse contenant les reliques des deux compagnes de sainte Ursule, décorée d'émaux représentant la légende de la sainte et des images de Girard, abbé de Sieburg, et de Philippe, archevêque de Cologne, avec cette inscription :

Hi duo viri dederunt has duas virgines ecclesiæ Grandimontis : Girardus abbas Sibergie : Philippus archiepiscopus Coloniensis. S. Albina virgo et martyr. Sca essentia. Frater Reginaldus me fecit (2).

Or il nous semble bien difficile que « ces deux hommes » ici représentés ne soient pas les donateurs de la châsse, et que ce soit à Grandmont qu'on les ait figurés sur une châsse qu'ils n'auraient point fait exécuter.

Par un gracieux échange, les moines de Grandmont auraient pu envoyer à ceux de Sieburg des châsses de Limoges, dont deux d'une excellente exécution et d'une certaine importance, sont encore conservées dans l'église paroissiale de la ville.

Quoi qu'il en soit de ces hypothèses, deux plaques du Musée de l'hôtel de Cluny nous montrent ce qu'était l'art de l'émaillerie à Limoges vers la fin du XIIe siècle. L'une d'elles représente l'Adoration des rois, l'autre un

---

(1) Alfred Darcel, *Excursion artistique en Allemagne*, p. 180.
(2) L'abbé Texier, *Manuel d'épigraphie... du Limousin*, p. 103.

sujet tout à fait topique pour le Limousin. Une légende explicative en patois du pays, gravée sur celle-ci, prouve que ces émaux ne peuvent avoir été fabriqués autre part qu'à Limoges. Mais à quelle époque?

A cause de saint Étienne de Muret, dont les disciples fondèrent l'abbaye de Grandmont, qui y est figuré sans nimbe, l'abbé Texier voulait que ces plaques provinssent de l'autel de l'abbaye, consacré en 1165, avant la canonisation d'Étienne ; autel émaillé, si c'est à celui-là que se rapportent les descriptions des inventaires des XVIᵉ et XVIIᵉ siècles. M. J. Labarte rapporte, au contraire, cet émail aux années qui suivirent cette canonisation, lorsque le corps de saint Étienne, ayant été levé de terre, fut distribué dans des châsses. Grandmont en possédait précisément une qui était émaillée. Par des motifs tirés de l'exécution de ces émaux, nous nous rapprochons plus de la seconde opinion que la première.

Un des plus beaux spécimens de l'émaillerie authentiquement limousine est le ciboire du Musée (n° D.125), qui porte cette inscription gravée au fond de sa coupe : *Magiter : G : Alpais : me fecit : lemovicarum :* On avait voulu trouver une origine grecque au nom d'Alpais, que l'on prononçait comme s'il eût été écrit avec un tréma sur l'*i* ; mais nous pensons qu'eu égard aux anciennes traditions de la prononciation française, dont l'orthographe du mot *magister* (sans *s*) est une preuve dans l'inscription ci-dessus, il faut faire sonner la fin du nom du vieil émailleur limousin comme nous faisons de Gervais (1). D'ailleurs, d'autres noms limousins à même désinence ont été trouvés dans des actes contemporains, et celui d'Alpais n'est plus isolé, comme on l'avait cru d'abord.

Il faut franchir un long intervalle d'années pour trouver une seconde pièce authentique. C'est un chef de saint Féréol découvert par M. de Jules Verneilh dans

---

(1) *Annales archéologiques*, t. XIV. — ALFRED DARCEL, *Le Ciboire d'Alpais.*—Tirage à part.

l'Église de Nexon, publié et gravé par lui (1), qui est décoré de quelques émaux et porte une inscription constatant qu'il a été fabriqué à Limoges en 1346. Mais il est permis de combler en partie la lacune au moyen de la plaque de consécration de l'autel de l'église de Genouillac (2) qui fait partie de la collection de M. Germeau. Cette plaque émaillée, datée de 1247, est certainement de fabrication limousine, car l'église d'où elle provient est voisine de Limoges ; mais, pour elle comme pour tous les émaux champlevés que possède encore le pays ou qui en proviennent, on ne peut procéder que par conjectures.

En dehors des ateliers de Limoges, qui semblent surtout s'être livrés à l'émaillerie sur cuivre à bon marché, il a dû en exister d'autres partout où il y avait des orfèvres. Ceux-ci exerçaient leur industrie sur les métaux précieux, servant d'auxiliaires aux ouvriers qui transformaient en bijoux et en vaisselles émaillés les richesses mobilières des rois et des nobles. Le *Livre des mestiers*, d'Estienne Boiliaue, ne contient point les statuts des émailleurs de Paris, qui étaient peut-être en trop petit nombre pour s'être constitués en corps d'état à l'époque où les coutumes des corporations furent enregistrées, c'est-à-dire de 1258 à 1269. Mais, dans le rôle de la taille de Paris, en 1292 (3), nous trouvons cinq émailleurs mentionnés. Deux demeuraient sur le pont au Change, habité également par les orfèvres. L'un, dont la boutique est rue des Déchargeurs, habitée par une colonie d'artistes, est ainsi désigné : « Richardin l'esmailléeur, de Londres. »

C'est de l'un de ces ateliers parisiens que sont sortis probablement les émaux qui décorent la boîte qui sert de socle à la statue de la Vierge donnée, en 1339, à

---

(1) *Bulletin monumental*, t. XXIX.—F. DE VERNEILH. *Les émaux français et les émaux étrangers.*—Tirage à part.

(2) N° 649 de l'Exposition rétrospective de 1865.

(3) H. GÉRAUD, *Paris sous Philippe le Bel*, dans la *Collection des Documents inédits*. Paris, 1837.

l'Abbaye de Saint-Denis par la reine Jeanne d'Evreux, et conservée aujourd'hui au Musée des Souverains (1).

L'Angleterre, où nous avons trouvé des émaux datant du temps de la conquête romaine, fabriqua-t-elle des émaux champlevés pendant le moyen âge, avant l'époque même où l'on en voit sur le continent? L'on a présenté, à l'appui de l'affirmative, l'anneau du roi anglo-saxon Ethelvulf conservé au British-Museum (2), et celui d'Alhstan, évêque de Sherborne (817 + 867). Mais M. A. Francks considère comme étant du nielle les pâtes qui décorent ces bijoux (3).
Une pièce fort postérieure, puisqu'elle paraît être du XIIe siècle, a été également attribuée à l'art anglais. C'est un disque formé par la réunion de deux plaques semi-circulaires et légèrement concaves, conservé au British-Museum. Un évêque nommé Henri y est représenté, et cet évêque est certainement anglais, puisque l'inscription en vers léonins qui circonscrit cet émail fait des vœux pour l'Angleterre. Cet évêque, qui offre une représentation du disque sur lequel il est lui-même figuré, est, croit-on, Henri de Blois, assis sur le siége de Winchester de 1129 à 1171. Mais, par suite de certaines considérations historiques, M. A.-W. Francks croit pouvoir assigner à la fabrication de cet émail l'intervalle compris entre les années 1139 et 1146, ce qui nous semble un peu vieillir celui-ci, dans lequel il est impossible de ne point reconnaître une main allemande. Aussi M. A. W. Francks ne le revendique point pour l'Angleterre.

Les documents que nous avons cités plus haut prouvent surabondamment, du reste, que l'Angleterre ou ne fabriquait point d'émaux ou avait recours à Limoges pour les objets ordinaires du culte ainsi que pour les grandes pièces. En effet, les exécuteurs testamentaires

---

(1) N° 38 de la *Notice du Musée des Souverains*, par M. H. Barbet de Jouy.

(2) H. Shaw, *Dresses and decorations*, t. I.

(3) A.-W. Francks, *Observations on glass and enamel.*

de Gauthier de Merton, évêque de Rochester, payent, en 1277, à un certain Jean de Limoges, la somme de XL liv. V s. VI d. pour l'exécution et le transport de la tombe dudit évêque de Limoges à Rochester; celle de XL s. VIII d. à celui qui était allé faire la commande et surveiller l'exécution, et enfin une dernière somme de X s. VIII d. à un garçon (*garcioni*) qui était allé chercher la tombe une fois fabriquée, et qui l'avait apportée en compagnie de maître Jean de Limoges (1).

A défaut de cette tombe, aujourd'hui détruite, il existe, dans l'une des chapelles absidales de l'abbaye de Westminster, celle de Aymar de Valence, comte de Pembroke, de la famille française des Lusignan, qui peut nous donner une idée de ce que Limoges fabriquait pour l'Angleterre au XIIIe siècle (2).

L'effigie tumulaire que nous avons étudiée en compagnie de M. F. de Verneilh, qui l'a décrite (3), est formée de plaques de cuivre repoussé et doré, émaillé par places, notamment dans les détails du costume militaire; plaques assemblées avec beaucoup d'adresse sur une âme en bois. Le socle sur lequel est couchée la statue, revêtu de même, simule une arcature sous laquelle sont suspendus des écussons émaillés. Plusieurs plaques étant enlevées, on trouve sur le bois des signes de repère pour faciliter le montage après que le monument, ayant été ajusté une première fois à Limoges, avait été divisé par morceaux pour les facilités du transport.

Mais à supposer que l'Angleterre n'ait point possédé d'ateliers montés pour faire faire de si grandes pièces, il est probable qu'il y existait cependant des ouvriers pour les œuvres d'orfèvrerie émaillée que les rois et les princes achetaient aux marchands de Londres pendant

---

(1) ALB. WAY, *The archeological Journal*, t. II, p. 171, cité par l'abbé Texier, dans son *Dictionnaire d'orfèvrerie*, note 734.

(2) STOTHARD, *The monumental effigies of Great Britain*, pl. 44 et 45.

(3) *Bulletin monumental*, t. XXIX. *Les émaux français et les émaux étrangers.*

le XIVe siècle, et pour les armoiries nécessaires dans certains cas. Ainsi la chapelle du château de Windsor, où se réunissaient les chevaliers de l'ordre de la Jarretière, fondé par Edouard III en 1350, montre, au dossier de chacune de ses stalles, les armoiries de ceux des membres de l'ordre qui s'y sont succédé. Les plus anciennes sont exécutées en émaux champlevés de fabrique anglaise, très-certainement; les plus modernes, même quand ce sont celles d'empereurs et de rois, ne sont que peintes sur cuivre; ce qui est quelque peu humiliant pour notre époque.

En Italie, l'émaillerie champlevée réussit difficilement à se faire adopter, ayant à subir, dès le commencement du XIVe siècle, une redoutable concurrence de la part d'émaux d'un autre genre, qui étaient d'un bien autre éclat et qui, au lieu de ne donner qu'une image plate, permettaient toutes les finesses du modelé. Aussi ne trouve-t-on guère d'émaux italiens champlevés que par petites plaques, parfois en argent, destinées à être appliquées sur les croix ou sur le bouton des calices ou des ciboires, parfois en cuivre, comme le n° D. 165. Quelquefois ces émaux sont faits sur les ustensiles en cuivre eux-mêmes, et l'on en rencontre fréquemment sur le couvercle des navettes à encens. Mais ces émaux ne sont, le plus souvent, que ce qu'on appelle des émaux de niellure, sans aucune de ces combinaisons de tons et de couleurs que l'on rencontre sur les émaux rhénans et limousins.

Nous avons dit que les émaux champlevés avaient été imaginés pour suppléer les émaux cloisonnés faits à la façon des byzantins. En effet, les émaux qui présentent le caractère le plus ancien n'offrent de métal sur toute leur surface que dans les traits du dessin. Tout le reste, carnations, vêtements, accessoires et fonds, est émaillé. Les carnations sont ou blanches ou légèrement rosées, et les rouges sont granuleux et semi-transparents; ce qui confirme le dire du moine Théophile, qui indique que, de son temps, les émailleurs employaient les cubes en verre rouge provenant des anciennes mosaïques.

Parfois, comme dans les émaux cloisonnés, le fond est en métal plein. Telle est la plaque quadrilobée (n° D. 81), qui représente saint François d'Assise recevant les stigmates. Comme la figure du fondateur de l'ordre des Franciscains est ornée du nimbe, cet émail doit avoir été fabriqué à Limoges, postérieurement à l'année 1228, date de la canonisation de saint François.

Mais, à moins d'apporter de très-grands soins dans le tracé du dessin et dans l'enlevage des fonds, ce procédé ne donne, le plus souvent, que des produits médiocrement satisfaisants et d'un aspect un peu barbare. Aussi trouva-t-on plus simple, d'abord, de réserver les carnations seules sur le fond et d'en exprimer le dessin par la gravure; puis d'étendre cette méthode à toute la figure et d'émailler seulement le fond, qui souvent fut couvert d'un riche semis de fleurs et de rinceaux en partie réservés, en partie émaillés avec d'autres couleurs que le champ de la pièce. Les deux systèmes coexistent pendant un certain temps et sont destinés à faire valoir leurs produits par opposition, comme dans le n° D. 73. La châsse de saint Héribert de Deutz est le plus considérable et le plus magnifique exemple de l'emploi des deux procédés.

Parfois les traits de la gravure sont très-accentués et très-profonds et remplis, surtout aux XIIe et XIIIe siècles, d'un émail bleu noir, que l'on a appelé émail de niellure. Au XIVe siècle, où les figures sont toujours réservées, la gravure est plus superficielle et rarement remplie d'émail.

Au lieu d'une simple gravure, il arrive que les figures sont ciselées en creux, de manière à produire un très-léger bas-relief (n° D. 82), dont les saillies affleurent la surface de la plaque. Pour ajouter à l'illusion, les têtes des personnages, fondues et ciselées la plupart du temps avec soin, sont quelquefois rapportées en relief. (Le ciboire n° D. 125).

Il est arrivé également que la place des personnages

ait été réservée sur le fond et que ceux-ci aient été rapportés en relief. Parfois ces personnages sont une informe poupée grossièrement fabriquée, avec une tête en cuivre éclairée d'yeux en émail noir, et un corps lisse en émail imitant le cloisonné. — Tels sont ceux de la châsse n° D. 102 à 111. Parfois ces figures sont en cuivre fondu et ciselé avec un faible relief. Cela s'est fait surtout pour les plaques destinées à entrer dans les reliures des évangéliaires et qui représentent généralement la crucifixion, n°s D. 83 et 84. Enfin ce sont des figures en cuivre repoussé, ciselé et doré, d'un relief très-prononcé et la plupart du temps d'un grand caractère, que l'on rapporte sur un fond ciselé. C'est de la vraie statuaire que l'on combine avec de l'émail et qui, faisant saillie sur des plaques destinées pour la plupart à garnir les arcatures d'une châsse, sont accompagnées et justifiées par l'architecture qui les encadre. Tantôt on fait asseoir une statue sur l'image plate d'un siège figuré en réserve dans une plaque d'émail couverte de rinceaux dont les tiges métalliques s'épanouissent en fleurons émaillés. Tantôt la liaison est moins intime et les figures sont simplement appliquées sur le fond d'émail, comme au n° D. 120. Ces différents genres d'émaux, ou plutôt d'orfévrerie émaillée, employés au XIIe et au XIIIe siècles, sont presque abandonnés au XIVe siècle, et dans les commencements du XVe siècle, où l'on ne voit plus que des figures en réserve et superficiellement gravées sur un fond émaillé en rouge ou en bleu. Le plus souvent, des motifs empruntés à l'architecture circonscrivent et accidentent ces fonds, où l'on ne rencontre plus les capricieuses végétations des époques précédentes.

Les émaux allemands et les émaux limousins se transforment parallèlement, chacun de leur côté, en restant toujours dissemblables. Les différences consistent dans le dessin, dans la couleur et dans l'érudition qui est fort inégale des deux côtés. On dirait que c'est surtout dans le milieu savant des cloîtres que travaillaient les orfèvres de Cologne ou de Verdun, s'appliquant à des œuvres de choix. Les scènes qu'ils représentent sont presque toujours inspirées par un symbolisme raffiné puisé dans la comparaison de l'ancienne et de la nouvelle loi, et expliquées par de longues inscriptions en vers léonins. Les émailleurs de Limoges sont, au contraire, d'humbles artisans sans humanités, travaillant dans leur boutique, produisant de tout et le plus économiquement possible, et incapables, la plupart du temps, de copier les inscriptions qu'on leur donne à graver sur les reliquaires de commande, et, à plus forte raison, d'en composer pour ceux qu'ils font à la douzaine. Partout où un émail fera montre d'érudition, l'on peut être certain que l'on a affaire à une œuvre de Cologne ou de Verdun.

Le dessin est généralement plus habile et soumis à une influence plus bysantine sur les bords de la Meuse et du Rhin, bien que les airs de la tête et les attitudes y montrent quelque chose de plus farouche que sur les bords de la Vienne.

Enfin le ton de l'émail est d'un grand secours pour distinguer les œuvres des deux centres.

Le bleu lapis domine à Limoges ; à Cologne, c'est le bleu turquoise. Ainsi que le font nos miniaturistes, nos émailleurs enluminent vivement leurs sujets ou leurs ornements en prenant le bleu pour dominante. De même, les miniaturistes et les émailleurs allemands procèdent par tons rompus et adoptent la tonalité verte. La gamme décroissante des tons juxtaposés dont on se sert pour nuancer les draperies et les fleurons sera, en France, une trace de rouge, le bleu lapis, le bleu clair et le blanc. En Allemagne, ce sera une trace de bleu lapis, le bleu turquoise, le vert et le jaune. Certes, cela n'est point absolu, et, dans les émaux des deux pays, on trouvera plus au moins modifiées les échelles de tons que nous venons d'indiquer ; mais en définitive, dans notre pays, ce qui frappe tout d'abord c'est la tonalité qui a le bleu lapis pour base, tandis que, chez nos voisins, c'est celle qui est surtout influencée par le vert.

ÉMAUX CHAMPLEVÉS. 23

En Italie, avons-nous dit, l'on ne rencontre guère d'émaux champlevés, et ceux que l'on rencontre sont généralement de petites dimensions et du genre de ceux qu'on appelle émaux de niellure. La figure gravée et incrustée d'émail noir bleu se détache sur un fond sombre. Le style du dessin, tout italien et souvent d'un très-beau caractère, fait facilement distinguer ces pièces, ainsi que le ton foncé des couleurs employées.

Jamais le revers des émaux champlevés n'est émaillé.

FABRIQUE RHÉNANE.

D. **25**. — *Plaque circulaire.*

XIIe siècle. D. 0,115.

L'Adoration des Rois. — Au centre, la Vierge est assise de face, nimbée de bleu, coiffée d'un voile blanc qui entoure le col, vêtue d'un manteau vert, d'une robe bleue pardessus une autre robe turquoise, et chaussée. Elle tient de la main droite une tige verte fleuronnée, et soutient de la gauche l'Enfant-Jésus, à nimbe bleu croiseté de blanc, vêtu d'un manteau turquoise pardessus une robe blanche. Le siége est un escabeau bleu à siége jaune, portant un coussin blanc.

Saint Joseph, nimbé de turquoise, avec un manteau bleu et une robe verte, se tient debout, à droite, derrière la Vierge. A gauche sont les rois mages couronnés, vêtus : le premier, qui est le plus vieux, d'un manteau turquoise sur une tunique bleue, et de braies vertes ; le second, d'un manteau vert et d'une tunique bleue ; le troisième, d'un manteau vert. Sur le fond, et au-dessus des personnages, ont été gravés en lettres capitales romaines, le G excepté, les noms des personnages : MAGI. SCA. MARIA. JOSEPH. Le sujet est entouré d'une zone bleue chargée d'un chapelet de perles turquoises entre deux filets blancs.

Costumes, nimbes et trône émaillés; carnations réservées, gravées et émaillées de noir. Fond réservé.

Règne de Charles X. — Collection Révoil, n° 252.

N° 2 de la Notice des émaux, par M. le comte L. de Laborde.

D. 26 à 56. — *Plaques décorant le reliquaire du bras de Charlemagne (n° D. 712).*

XIIe siècle.

26 à 33. — *Huit plaques triangulaires, à deux côtés curvilignes, formant les tympans des arcs qui décorent les flancs.*

H. 0,040. — L. 0,102.

Un fleuron symétrique en émail sur un fond réservé, encadré dans un filet triangulaire curviligne. Les émaux sont dégradés suivant les gammes : bleu, vert et jaune ; — bleu et blanc, avec intervention du rouge.

34 à 37. — *Quatre plaques d'encoignure, semblables aux précédentes, mais repliées à angle droit, suivant la ligne médiane garnie d'un perlé, comme l'archivolte intérieure.*

H. 0,040. — L. 0,104.

Mêmes émaux, du même système que les précédents.

38 à 48. — *Onze bandes garnissant en partie les faces verticales du socle et de la corniche.*

H. 0,008. — L. 0,080.

Émaux mixtes. Le fond, en bleu lapis, est incrusté, dans les bandes de cuivre, alternativement gravées et émaillées, et orné de quatre-feuilles jaunes et blancs, circonscrits par une lame de cuivre de cloisonnage rapportée.

49 à 55. — *Quatre plaques rectangulaires et trois rosaces à quatre lobes compris dans des bandes, alternativement émaillées et ciselées, qui entourent le dessus du couvercle.*

Plaques, H. 0,022. — L. 0,050. — Rosaces, D. 0,022.

Fleurons symétriques. Même fabrication que les n°s 26 à 33.

56. — *Plaque circulaire.*

D. 0.030.

Rosace dans une plaque rectangulaire, gravée, qui fait également partie de la garniture du couvercle.
Même fabrication que les n°s 26 à 33.

Trésor de Saint-Denis. — Ancienne collection, n° 347.
N°s 5 à 21 de la Notice des émaux, par M. le comte L. de Laborde.

D. 57 à 59. — *Quatre plaques rectangulaires et quatre rosaces quadrilobées, comprises en trois bandes qui proviennent de la garniture du reliquaire du bras du Charlemagne* (n° D. 712).

Plaques. H. 0,022. — L. 0,050. — Rosaces. D. 0,022.

Sur chaque plaque rectangulaire, deux palmettes émaillées symétriques sur fond réservé, circonscrit par un filet émaillé. Les émaux sont alternativement nuancés bleu, vert, vert clair, jaune ; — bleu, bleu clair, blanc ; — rouge, turquoise et blanc, ou rouge, turquoise et jaune.
Sur chaque quadrilobe, une rosace de feuillages émaillés sur fond réservé, circonscrit par un filet bleu. Les émaux sont alternativement nuancés rouge, vert, jaune : — bleu, bleu-clair, blanc.

Règne de Charles X. — Collection Durand, n°s 123, 2683 et 2684.
N°s 22 et 23 de la Notice des émaux, par M. le comte L. de Laborde.

D. 60. — *Plaque rectangulaire.*

XIIe siècle.   H. 0,116. — L. 0,083.

La Pasque. — Un israélite, coiffé d'un bonnet pointu, vêtu d'une longue robe à orfrois, de chausses et de bottines, portant un linge autour du col, tient de la main droite un vase plein de sang, et inscrit un T sur le montant de la porte de sa maison. Dans l'embrasure, deux autres isréalites se tiennent debout, un bâton à la main, coiffés comme le premier, et vêtus d'une tunique liée autour des reins, de chausses, de bas de chausses et de bottines L'inscription : HOC EST PHASE est tracée en lettres verticalement disposées sur le montant de la porte, au pied duquel gît un agneau égorgé, dont le sang se répand dans un vase. Un filet émaillé circonscrit le sujet, un rang de perles entoure la plaque.

Fond et carnations réservés ; costumes, architecture et terrain émaillés. Les contours et les traits des carnations, ainsi que les lettres de l'inscription, sont gravés et remplis d'émail bleu lapis. Les émaux sont ainsi nuancés : bleu, vert, jaune ; — bleu, turquoise et blanc ; — bleu et blanc ; — gris moucheté de rouge sur les montants de la porte. Les orfrois sont indiqués en rouge.

Cette plaque et les cinq suivantes appartiennent à la même fabrication, sinon au même atelier.

Règne de Charles X. — Collection Révoil.

N° 24 de la Notice des émaux, par M. le comte L. de Laborde.

D. **61**. — *Plaque rectangulaire.*

XIIe siècle.   H. 0,115. — L. 0,083.

L'inscription du Tau sur le front des fidèles. — A gauche se tient, debout, l'envoyé de Dieu, nimbé, coiffé d'un turban, vêtu d'une longue robe, chaussé, un cornet d'écrivain attaché à la ceinture. Il tient un second cornet de la main gauche et trace de l'autre, avec une plume, le T sur le front d'un homme qui s'incline devant lui. Les têtes de dix autres hommes, tous marqués au front du même signe, s'échelonnent sur la droite.

L'inscription SMILIS AARON, en lettres onciales et carrées, est gravée verticalement et horizontalement. Encadrement formé d'un filet bleu et blanc ; entourage formé d'un rang de perles.

Fond et carnations réservées. Costumes émaillés.

Même facture que le numéro précédent.

Règne de Charles X. — Collection Révoil.

N° 25 de la Notice des émaux, par M. le comte L. de Laborde.

FABRIQUE RHÉNANE.

D. **62**. — *Plaque rectangulaire.*

XIIe siècle. H. 0,071. — L. 0,150.

Deux sujets séparés :

1° *Abraham et Melchisedech.* — Melchisedech, nimbé, est debout devant un autel abrité par une courtine, qui est à droite. Il porte une couronne, une ample chasuble pardessus une tunique qui recouvre une aube, et des chaussures. De ses mains, recouvertes de la chasuble, il offre le pain et le vin, représentés par une hostie croisetée et par un calice, à Abraham, nimbé, coiffé du casque à nazal par-dessus la coiffe d'un haubert de mailles, qui recouvre une tunique qui la dépasse sur les bras et sur les cuisses. Ses jambes sont couvertes de bas de chausses, et ses pieds chaussés de bottines. Un manteau est agrafé sur son épaule droite. Deux hommes le suivent en tunique et en manteau. Le nom d'ABRAHAM est inscrit en lettres carrées disposées verticalement auprès du patriarche ; celui de MELCHISEDECH, où l'M seul est oncial, en deux lignes au-dessus de l'autel.

La partie de la plaque consacrée à cette représentation est bordée, haut et bas, par un galon d'émail bleu semé de quatre-feuilles blancs, jaunes et rouges.

2° *L'évangéliste saint Luc,* nimbé, pieds nus, assis sur un banc devant un pupitre placé à gauche, sous une courtine, et écrivant sur un volume, une plume d'une main, un grattoir de l'autre.

Une tête de bœuf, nimbée, sort des nuages derrière lui, à droite. Le mot LUCAS est inscrit verticalement au-dessous de la tête. Cette scène est encadrée dans un filet d'émail.

Figures et fonds réservés : costumes et accessoires émaillés.

Les cloisons des quatre-feuilles de la bordure de la première scène sont en cuivre rapporté.

Les contours et les traits des visages, ainsi que les lettres sont gravés et remplis d'émail bleu-noir. Les séries des couleurs dans les émaux sont : vert et jaune ; — bleu, bleu clair, blanc ; — turquoise et blanc. Le rouge est employé seul.

Règne de Charles X. — Collection Durand, n° 122-2677.

N° 26 de la Notice des émaux, par M. le comte L. de Laborde.

D. 63. — *Plaque rectangulaire.*

XIIe siècle.   H. 0,071. — L. 0,150.

Deux sujets séparés :

1. *L'évangéliste saint Marc.* — Saint Marc, nimbé et pieds nus, qui occupe une position à peu près semblable à celle de saint Luc, de la plaque précédente, se retourne vers la tête de lion, nimbée, qui sort de nuages derrière lui, à gauche. Son nom, MARCVS, est écrit verticalement derrière lui. Un filet d'émail sert de bordure.

2. *Le Sacrifice d'Abraham.* — Abraham, nimbé, en robe et en manteau, pieds nus, tient par les cheveux Isaac prosterné sur l'autel placé à gauche, et va le frapper de son glaive. Un ange, nimbé, sort des nuages au-dessus de l'autel, à droite, et montre à Abraham, qui se retourne, le bélier qui broute, à gauche, les feuilles d'un arbrisseau. Même bordure, dans le haut et dans le bas, qu'au numéro précédent.

Caractère et fonds réservés ; même fabrication que le numéro précédent. Le vert domine dans les émaux.

Règne de Charles X. — Collection Révoil, n° 244.

N° 27 de la Notice des émaux, par M. le comte L. de Laborde.

D. 64. — *Plaque rectangulaire.*

XIIe siècle.   H. 0,075. — L. 0,150.

Deux sujets :

1. *Un chérubin.* — Figure à quatre têtes nimbées, d'homme, de lion, d'aigle et de bœuf, munie et couverte de trois paires d'ailes, celles antérieures parsemées d'yeux, ne laissant voir que les mains et le bas d'une robe, d'où sortent des pieds nus qui posent sur une roue ailée. Le mot *chérubin* est inscrit au bas de la figure. Bordure formée d'un filet émaillé.

2. *Héraclius, vainqueur de Chosroës.* — Héraclius, absolument vêtu comme l'Abraham du n° D. 62, frappe de son glaive Chosroës qu'il tient par les cheveux et qui s'agenouille devant lui. Chosroës porte le costume royal ordinaire, et sa couronne tombe à terre. Un ciel constellé est indiqué dans le haut, à gauche. Les noms de COSROE et d'ERACLIUS REX sont gravés derrière chacun des personnages.

Bordures supérieures et inférieures bleues semées de rosettes blanches à six lobes

Carnations et fonds réservés. Traits et lettres gravés et émaillés de bleu et de rouge. Les séries des couleurs dans les émaux sont : bleu, bleu clair, blanc ; — turquoise et jaune-vert ; — vert clair, jaune-turquoise et blanc.

Les cloisons des rosettes de la bordure sont rapportées.

Règne de Charles X. — Collection Révoil, n° 245.

N° 28 de la Notice des émaux, par M. le comte L. de Laborde.

D. 65. — *Plaque semi-circulaire.*

XIIe siècle.   H. 0,045. — D. 0,066.

Un ange, nimbé, les ailes déployées, vu en buste.

Carnations réservées et gravées, remplies d'émail bleu ; nimbé émaillé de brun roux ; vêtements émaillés suivant les séries : pour la robe, bleu, vert, jaune ; pour le manteau, bleu, bleu clair, blanc ; pour les ailes, turquoise et blanc, vert et jaune. Fond réservé, bordé d'un filet bleu et blanc.

Règne de Napoléon III. — Donation Sauvageot.

N° 1103 du Catalogue de la collection Sauvageot, par M. A. Sauzay.

D. 66. — *Plaque circulaire concave provenant du toit d'une châsse.*

XIIe siècle.   D. 0,128.

Jacob patriarche. — Jacob, nimbé de jaune, avec une longue barbe, coiffé d'un chapeau à rebords, vêtu d'un manteau vert, agrafé sur l'épaule gauche, et d'une robe bleue, est vu en buste portant à la main une rote. Sur une banderole bleu-lapis, doublée de turquoise, qui se développe à gauche, le mot IACOB est réservé en grandes onciales. La lettre P, initiale du mot *Propheta*, est gravée à droite et émaillée de bleu. Costume, nimbe, banderole, émaillés. Carnations réservées, et les traits émaillés de noir violet, ainsi que la barbe nuancée de bleu et de blanc. L'instrument de musique réservé et dessiné par un trait émaillé de bleu. Fond réservé.

Le bord est circonscrit par un rang de palmettes gravées.

Règne de Charles X. — Collection Révoil, n° 247.
N° 78 de la Notice des émaux, par M. le comte L. de Laborde.

D. 67 à 69, — *Trois disques montés sur le pied de la croix reliquaire*. N° D. 714.

1174 à 1205.   D. 0,043.

1. *Le Sacrifice d'Abraham*. — Abraham, la tête nimbée, vêtu d'une robe et d'un manteau, les pieds nus, gravit, vers la gauche, la montagne sur laquelle est dressé l'autel, et tient par la main le jeune Isaac, également nimbé, vêtu d'une courte tunique, de chausses et de brodequins, portant un fagot sur son épaule gauche.

L'inscription suivante, dont les lettres sont réservées dans la bordure, désigne les personnages et les choses représentés dans cet émail : MONS. ISAAC. LIGNA. ARA. ABRAHAM.

2. *Joseph vendu par ses frères*. — Composition assez confuse où, parmi de nombreux personnages, on distingue Joseph représenté comme un enfant, vêtu d'une tunique, de bas de chausses et de brodequins, à côté d'un homme vêtu comme lui et portant, de plus, un chapeau à larges bords et un manteau. L'inscription suivante est gravée et émaillée dans la bordure : FRATRIBVS IRATIS HIC VENDITVR ISMAELITIS.

3. *Le buisson ardent*. — A gauche, Dieu, à nimbe crucifère, vu en buste dans le buisson ardent. A droite, Moïse, nimbé, se déchausse. Une banderole coupe la scène en deux et porte cette inscription, réservée sur un fond d'émail bleu : SOLVE CACTIAMENTA LOCVS IN QVO STAS TRESCA (*terra est sancta*). Au sommet, les mots : RVBVS et MOYSIS sont gravés et émaillés.

Carnations gravées, costumes et accessoires émaillés ; fond réservé. Les émaux présentent des alliances de couleurs peu ordinaires, comme le rouge, le bleu pourpre et le marron dans la tunique d'Isaac; à côté, d'alliances plus ordinaires, dans l'école allemande, du jaune et du vert.

Règne de Napoléon III. — Acquis de l'hôpital de Laon, en 1855.

Publié dans le *Bulletin de la Société académique de Laon*, t. II, 1853.

D. 70 à 72. — *Reliquaire de saint Henri.*

Fin du XIIe siècle.   H. 0,234.

Reliquaire en forme de quatre-lobes à redans, porté par l'intermédiaire d'une courte tige enfilant une boule de cristal de roche, sur une base demi-sphérique portée sur trois pieds. Une perle en cristal de roche, amortie par une pomme de pin accompagnée ou non d'une garniture de feuillages estampés, orne l'extrémité de chaque lobe. Une plaque d'émail garnit chaque face du reliquaire, et une autre forme la base. La tranche des quatrelobes est recouverte par une feuille d'argent, dont l'ornement repoussé imite un galon croiseté entre deux rangs de perles.

Plaque antérieure. — Saint Henri, à nimbe vert, portant une couronne fermée, est assis sur un banc, tient de la main droite un globe blanc, surmonté d'une croix bleue, et un sceptre fleuronné de la main gauche. A gauche, une femme, en buste, portant une couronne par-dessus son voile, vêtue d'un manteau galonné, porte une fleur à la main ; son nom, CVNIGVNDIS, est gravé à côté d'elle. A droite, un moine bénédictin, à genoux, WELANDVS MO(NACHVS), présente à saint Henri un objet quadrilobé vert, qui doit être le reliquaire lui-même. Fond bleu piqueté de points de métal réservé. L'inscription suivante, gravée en lettres majuscules carrées, contourne la plaque : DE COSTA ET PVLVERE ET VESTIBVS S. HEVRICI IMPRIS ET CFESS (*imperatoris et confessoris*).

Plaque postérieure. — Jésus-Christ, la tête ornée d'un nimbe crucifère à fond vert, bénit à la latine de la main droite, tenant le livre des Évangiles, en émail bleu, appuyé sur le genou. Il est assis sur un arc, tandis que ses pieds reposent sur un autre arc de même couleur. A gauche, un buste de roi couronné. A droite, deux bustes de rois. Fond d'émail bleu ponctué en réserve. Sur l'orbe, les inscriptions suivantes sont gravées : ✝ OSWALDVS REX ; au sommet, ✝ REX REGV ; à droite, SIGISMVNDVS LVGEVS REIGES.

Sur le pied hémisphérique, quatre médaillons bleu lapis, entourés d'un cercle vert sur fond blanc, constellé en réserve. Dans chaque médaillon, le buste d'un saint guerrier : GEDEON, nimbé d'émail blanc, tête nue, vêtu d'un manteau, porte une lance à pennon et un bouclier en émail blanc ; MAVRITIVS, nimbé, coiffé d'une calotte de fer, même costume et mêmes armes ; EVSTACHIVS, nimbé, coiffé d'une calotte cerclée d'un diadème, porte un globe croiselé; SEBASTIANVS, nimbé, coiffé d'une calotte.

Figures réservées et gravées sur fond émaillé, ainsi que le sont quelques détails. Métal doré.

Ces émaux, qui représentent Henri de Bavière, qui fut canonisé en 1147 ou en 1162, avec le nimbe, et Cunégonde, sa femme, qui ne fut canonisée qu'en 1200, sans le nimbe, doivent appartenir à la deuxième moitié du XIIe siècle.

Règne de Napoléon III. — Acquis en 1851.
Publié, par M. Alfred Darcel, dans les <i>Annales archéologiques</i>, t. XVIII.</div>

D. 73. — *Plaque rectangulaire.*

Commencement du XIIIe siècle.   H. 0,103. — L. 0,100.

Saint Sébastien, saint Livin et saint Tranquillin. — Les trois saints sont debout, chacun sous un arc plein cintre supporté par une colonne, avec son nom inscrit sous l'archivolte de l'arc. — S. SEBASTIANVS. Saint Sébastien, barbu, vêtu d'une longue robe et d'un manteau agrafé sur l'épaule droite, chaussé de brodequins. Il tient un livre de sa main gauche que son manteau recouvre. — S. LIVINVS. Saint Livin, évêque de Gand, en costume pontifical, est coiffé d'une mitre conique, revêtu d'une chasuble au-dessus d'une tunique, et d'une aube. Il porte le pallium, une crosse et l'évangile fermé de sa main gauche, recouverte par la chasuble. — S. TRANQVILLINVS. Saint Tranquillin, tonsuré, est vêtu d'une longue dalmatique à orfrois et à manches larges par-dessus une tunique Il porte de sa main gauche, recouverte de sa manche, un livre fermé.

La figure de saint Livin et l'architecture sont réservés, ainsi que les carnations et les pieds des deux autres figures. Costumes et fonds émaillés. Les séries de couleurs sont : pour la robe de saint Sébastien et la tunique de saint Tranquillin, rouge, bleu lapis et blanc ; pour le manteau du premier et la robe du second, bleu, vert, jaune; fond bleu lapis. Les traits du visage, les costumes et parties de costume réservés, et les lettres gravées et remplies d'émail bleu, noir et rouge.

Règne de Charles X. — Collection Révoil, n° 253.
N° 29 de la Notice des émaux, par M. le comte L. de Laborde.

D. 74. — *Plaque quadrangulaire.*

XIIIe siècle.   Côté 0,058.

D'une rosace centrale, à quatre lobes dentelés, partent quatre rinceaux terminés par un fleuron émaillé. Tiges et bordures des fleurons et de la rosace réservés et gravés d'un rang de points. Fleurons alternativement émaillés, suivant les séries : rouge, noir, bleu, bleu clair, blanc; et rouge, noir, vert, vert clair, jaune ; ces dernières couleurs étant celles de la rosace centrale. Fond bleu lapis.

Règne de Charles X. — Collection Durand, n°s 122-2670.

N° 77 de la Notice des émaux, par M. le comte L. de Laborde.

D. **75.** — *Plaque rectangulaire de bordure.*

XIIIe siècle.   H. 0,028. — L. 0,201.

Ornements. — Suite de sept losanges et demi, renfermant une rosace à quatre feuilles polylobées. Les demi-losanges de bordure ornés d'un bouquet de feuillages symétriques partant du bord.

Dans les losanges, rosaces émaillées de rouge, bleu pâle et vert, sur fond réservé entouré d'un filet turquoise. Dans les demi-losanges, feuillages en réserve sur fond bleu lapis ; métal doré.

Règne de Charles X. — Collection Durand, n°s 122-2666.

N° 65 de la Notice des émaux, par M. le comte L. de Laborde.

D. **76.** — *Plaque rectangulaire de bordure.*

XIIIe siècle.   H. 0,030. — L. 0,200.

Ornements. — Quatre losanges distancés et réunis par le prolongem nt de leur filet de bordure, entourant alternativement un oiseau et une rosace. Le champ, en forme de trapèze, circonscrit par les côtés des losanges, le filet qui les réunit, et un filet de bordure, est divisé en trois triangles ornés d'une demi-rosace feuillagée.

Losanges, oiseaux et rosaces réservés, gravés et émaillés de rouge sur fond bleu lapis. Bordures et prolongements en bleu cendré. Filet extérieur et division des petits triangles en bleu lapis. Demi-rosaces alternativement turquoise et vert ; fond réservé ; métal doré.

Règne de Charles X. — Collection Durand, n°s 122·2667.

N° 66 de la Notice des émaux, par M. le comte L. de Laborde.

34   ÉMAUX CHAMPLEVÉS.

D. 77. — *Plaque rectangulaire de bordure.*

xiiie siècle.   H. 0,026. — L. 0,080.

Ornements. — Quatre rosaces à quatre feuilles, alternant avec de petits quatre-lobes placés deux à deux. Bordure ponctuée.

Émaux mixtes. — La bordure et le champ intérieur sont champlevés, les rosaces, les quatre lobes et les points sont cloisonnés en lames de cuivre rapportées. Rosaces alternativement bleu lapis et rouge, à cœur jaune, quatre lobes également rouges ou bleus, sur fond vert. Bordure bleu pâle cendré, à points jaunes.

Au revers, un repère  gravé.

Règne de Charles X. — Collection Durand, n°s 122-1675.

N° 117 de la Notice des émaux, par M. le comte L. de Laborde.

D. 78. — *Plaque rectangulaire de bordure.*

xiiie siècle.   H. 0,023. — L. 0,087.

Ornements. — Au milieu, un demi-cercle dans lequel rayonnent des demi-feuilles polylobées partant d'une rosace centrale. A droite et à gauche, deux rinceaux à feuillages polylobés terminés par des fleurons.

Demi-rosace et demi-feuilles émaillées de bleu clair et blanc, ou de vert et jaune, sur fond du demi-cercle réservé.

Rinceaux réservés ; revers des feuillages émaillés de vert, de rouge ou de blanc, fleurons terminaux bleu clair et blanc. Fond bleu.

La plaque est ornée d'un grainetis sur chaque bord ; métal doré.

Règne de Charles X. — Collection Durand, n°s 122-2675.

N° 69 de la Notice des émaux, par M. le comte L. de Laborde.

FABRIQUE LIMOUSINE.

D. **79**. — *Plaque rectangulaire de bordure.*

XIIIe siècle.   H. 0,030. — L. 0,148.

Ornements.— Cinq losanges et demi encadrant chacun une rosace formée de quatre feuilles polylobées. — Les champs triangulaires en dehors chargés d'un croiseté.

Losanges. — Rosaces émaillées de rouge, bleu et vert. Sur fond réservé, bordé de rouge.

Triangles. — Croix réservées sur fond bleu lapis. — Métal doré.

Règne de Charles X. — Collection Durand, n°* 122-2668.

N° 67 de la Notice des émaux, par M. le comte L. de Laborde.

D. **80**. — *Plaque rectangulaire de bordure.*

Commencement du XIVe siècle.   H. 0,030. — L. 0,150.

Ornements. — Quatre demi-losanges formés par un zig-zag qui va d'un bord à l'autre de la plaque, et opposés à trois demi-losanges et deux quarts de losange. Les premiers encadrant quatre bustes de femmes ailées, les cheveux longs, alternativement couverts d'une calotte en réseau ; les seconds chargés d'un croiseté.

Figures réservées, gravées et émaillées de bleu, sur fond bleu lapis. Croix réservées sur fond semblable, zig-zag rouge, métal doré.

Règne de Charles X. — Collection Durand, n° 122-2669.

N° 68 de la Notice des émaux, par M. le comte L. de Laborde.

NOTA. — Voir les vingt-huit plaques de bordure qui décorent la corniche, les frontons et quelques archivoltes de la châsse n° D 713. N°s 126 à 139 de la Notice des émaux pour M. le comte L. de Laborde.

FABRIQUE LIMOUSINE.

D. **81**. — *Plaque en forme de rosace à quatre lobes.*

XIIIe siècle.—Postérieur à l'année 1236, date de la canonisation de saint François d'Assise.   D. 0,210.

La Vision de saint François d'Assise.— Dans le lobe inférieur, saint François est debout, nimbé, tonsuré et barbu. Il est vêtu d'une robe bleu-lapis à capuchon nouée par une ceinture jaune à nœuds. Dans le lobe supérieur, le Christ est figuré par un chérubin, nimbé, vêtu de six ailes, entouré d'une zone qui figure les nuages; de chaque côté du saint s'élèvent deux arbres verts, dont les feuillages garnissent les lobes latéraux.

Carnations émaillées de blanc, plaies et stigmates émaillés de rouge. Nimbes réservés et cerclés de rouge. Les pennes des ailes de l'ange sont nuancées : bleu foncé, bleu lapis, bleu clair et gris perle; — vert et jaune, avec quelques parties rouges,— bleu, vert, jaune. Feuillages : noir, bleu clair, blanc; — noir, vert, jaune. Fond réservé, gravé de traits ondulés parallèles, séparés par un trait droit, avec des rosaces à quatre feuilles lisses remplacées par des étoiles dans le lobe supérieur. Un filet turquoise entoure les trois lobes inférieurs : un filet bleu clair et blanc borde la moitié du lobe supérieur, qui est circonscrit suivant l'autre moitié, par des nuages noir, bleu clair et blanc.

République française. — Acquis à Rodez en 1851.

Musée National, n° 84.

N° 1 de la Notice des émaux, par M. le comte L. de Laborde.

D. 82. — *Plaque rectangulaire.*

XIIIe siècle.   H. 0,260. — L. 0,200.

La Mort de la Vierge. — La Vierge, nimbée, la tête recouverte d'un voile, vêtue, par-dessus une longue robe à manches justes, d'un manteau en forme de chasuble, les pieds chaussés, est étendue sur un lit recouvert d'une draperie, la tête à gauche. Douze apôtres sont placés en arrière; deux d'entre eux, à la tête et aux pieds du lit, tiennent un cierge à la main. Saint Pierre s'incline près de la tête; derrière lui, saint Jean porte un livre où son nom, S. IOHANNES A(POSTOLUS), est tracé. Au-dessus de la composition, deux anges, nimbés, dont le corps émerge de nuages placés au-dessus d'eux, volent en tenant des encensoirs. Des rinceaux feuillagés, terminés par de grandes fleurs, couvrent le fond. Au-dessus règne l'inscription suivante, en lettres onciales gravées et émaillées de bleu : REGINA MVNDI DE TERRIS ET DE.

Figures réservées ciselées en creux et gravées, ainsi que les rinceaux; nimbes, draperies du lit, fleurons et nuages émaillés, ainsi que le fond.

Les nimbes et les fleurons sont nuancés suivant les séries : rouge, bleu lapis, bleu clair, blanc; — rouge, vert foncé, vert clair, jaune. Les nuages appartiennent à la première série; les draperies du lit sont bleu clair et blanc; le fond général, bleu lapis.

Règne de Charles X. — Collection Révoil, n° 217.

N° 41 de la Notice des émaux, par M. le comte L. de Laborde.

D. 83. — *Plaque rectangulaire provenant d'une reliure.*

XIIIe siècle.   H. 0,224. — L. 0, 111.

Le Christ dans sa gloire entre les quatre symboles évangéliques. — Le Christ, barbu, la tête ornée d'un nimbe crucifère, est assis entre l'A et Ω sur un arc nuageux, les pieds posant sur un second arc semblable; de la main droite, il bénit à la latine, et tient un livre fermé de la main gauche. Une auréole elliptique l'entoure, formée de deux zones : la première verte, la seconde imitant des nuages sur fond bleu. En dehors, se tiennent les quatre symboles évangéliques. En haut, à gauche, l'homme, nimbé, ailé, tenant un livre fermé; à droite, l'aigle, nimbé, portant une banderole blanche. En bas, à gauche, le lion, ailé et nimbé, tenant un livre blanc; à droite, le bœuf, ailé et nimbé, portant un livre blanc. Dans le haut et le bas, une bordure de nuages.

Figure du Christ en relief, repoussée, ciselée et gravée; les quatre symboles réservés, avec têtes en relief rapportées; traits du fond réservés et ponctués. Fond bleu lapis constellé de points d'or et de rosaces nuancées rouge, bleu pâle, blanc, ou bleu foncé, vert et jaune. Nimbes également émaillés suivant la série verte; celui du Christ, bordé de bleu, croiseté de rouge, les nuages, suivant la série bleue. Métal doré.

Règne de Charles X. — ollection Révoil, n° 248.

N° 35 de la Notice des émaux, par M. le comte L. de Laborde.

D. 84. — *Plaque rectangulaire provenant d'une reliure.*

XIIIe siècle.   H. 0,220. — L. 0,110.

Le Christ en croix. — Le Christ, à nimbe crucifère, les

reins couverts par une draperie qui descend jusqu'aux genoux, est attaché par quatre clous à la croix, les pieds posés sur un escabeau. Au sommet de la croix, la main de Dieu sortant des nuages et ornée du nimbe crucifère, bénit à la latine, au-dessous est le titre ⌐ ¬. Au pied de la croix, Adam sort du sépulcre et joint les mains. Au-dessus des branches, deux anges nimbés, vus à mi-corps, tenant l'un un rouleau, l'autre un livre fermé, sortent des nuages. Au-dessous, la Vierge et saint Jean, nimbés, se tiennent, l'une à gauche, l'autre à droite, debout sur des rochers. Dans le haut et dans le bas, une bordure nuageuse.

Figure du Christ en relief, repoussée et ciselée ; figures des anges, de la Vierge, de saint Jean et d'Adam, réservées et gravées ; têtes en relief et rapportées. Croix verte, fond bleu lapis constellé de rosaces nuancées de bleu, vert et jaune ou de rouge, bleu clair et blanc, coupé de deux bandes vertes. Nimbes, rochers et nuages nuancés comme les rosaces, avec ou sans addition de rouge. Le nimbe du Christ bordé de bleu et croiseté de rouge.

Règne de Charles X. — Collection Révoil, n° 249.

N° 36 de la Notice des émaux, par M. le comte L. de Laborde.

D. 85. — *Plaque de reliure.*

XIIIe siècle.   H. 0,238. — L. 0,110.

La Crucifixion. — Le Christ vieux, à nimbe crucifère, fixé par quatre clous à une croix verte, les pieds sur une tablette bleue ponctuée de rouge et de blanc. Au sommet, la main de Dieu bénissante, à nimbe crucifère, sort d'un nuage, au-dessus du titre de la croix IHS XPS qui est gravé. Au-dessus, deux anges nimbés, les ailes déployées, portant des livres, émergent leurs bustes de deux demi-rosaces appuyées aux bras de la croix. Au pied, Adam ressuscite les mains jointes. A droite et à gauche de la croix sont la Vierge et saint Jean, debout, nimbés, posant sur l'extrémité de cônes superposés qui figurent des rochers, comme celui sur lequel est plantée la croix. Fond bleu garni de rosaces à contours polylobés émaillées de bleu-lapis nuancé de bleu clair.

Bordures, dans le haut et le bas, formées de nuages.

Figures réservées et gravées, et même très-légèrement

ciselées par places; têtes en relief et ciselées, rapportées après coup; les traits séparatifs des émaux réservés et ponctués à l'outil. Nimbes et rochers émaillés. Les émaux sont nuancés suivant les séries : rouge, noir, vert, jaune ; — bleu, bleu clair, blanc. Le noir et le bleu lapis manquent quelquefois.

Règne de Napoléon III. — Donation Sauvageot.

N° 1110 du Catalogue de la collection Sauvageot, par M. A. Sauzay.

D. 86. — *Plaque rectangulaire provenant du pignon d'une châsse.*

XIIIe siècle.   H. 0,148. — L. 0,143.

Le Christ entre deux anges.—Le Christ, à nimbe crucifère, est debout, imberbe, la main droite appliquée contre le corps, et tenant un livre fermé de la gauche, les pieds nus posés sur des nuages d'où émergent les bustes de deux anges, nimbés, les longues ailes croisées par-dessus la tête.

Figure du Christ, qui n'est sans doute que celle d'un apôtre mise par mégarde sur un nimbe croiseté, en relief, ciselée et gravée ; figures des anges réservées, à têtes rapportées ; nimbes émaillés ; celui du Christ, suivant la série rouge, bleu foncé, bleu clair, blanc; ceux des anges, suivant la série rouge, vert, vert clair, jaune ; nuages émaillés alternativement suivant les deux séries. Fond bleu lapis constellé de rosaces émaillées suivant les deux séries; borné latéralement avec une bordure nuagée suivant la série verte. Métal gravé au point et doré.

Règne de Charles X. — Collection Durand, n°s 123-2681.

N° 39 de la Notice des émaux, par M. le comte L. de Laborde.

D. 87. — *Crucifix.*

XIIIe siècle.   H. 0,170. — L. 0,125.

La figure, en relief et ciselée, est fixée par quatre clous à une croix émaillée de vert, qui occupe le centre d'une croix plus grande dont les bras s'insèrent dans un cercle. Le titre de la croix porte les deux monogrammes $\overline{XPS}$ et IN. Un nimbe croiseté de rouge sur fond bleu, bleu clair et blanc, bordé de bleu, garnit le derrière de la tête du Christ. Ses pieds posent sur une tablette ; au-dessous, la figure d'Adam, dont la tête seule est en relief, sort du tombeau.

La croix extérieure est ornée de rosaces ciselées sur fond bleu lapis, bordé d'un filet blanc et bleu céleste.

Ornements réservés. Fond émaillé

Cette plaque était destinée à être clouée sur une âme en bois pour faire une croix.

Règne de Charles X. — Collection Révoil, n° 250.

N° 38 de la Notice des émaux, par M. le comte L. de Laborde.

D. 88 à 93. — *Six plaques assemblées sur une monture en bois, de façon à figurer un reliquaire en forme de maison.*

XIIIe siècle.

Face antérieure. — Caisse. — H. 0,100. — L. 0,218. — Au centre, *la Crucifixion*. Le Christ, nimbé, est attaché par quatre clous à la croix. Le soleil et la lune, la Vierge et saint Jean, ces derniers nimbés, se tiennent à ses côtés ; les premiers au-dessus de la croix, les seconds au-dessous. A droite et à gauche, deux apôtres assis et tenant des livres.

Couvercle. — H. 0,079. — L. 0,218. — Au centre, le Christ, nimbé, couronné, bénissant de la droite et levant un livre fermé de la gauche, assis sur un arc-en-ciel, entouré d'une auréole elliptique aiguë, en dehors de laquelle se tiennent les bustes des quatre symboles évangéliques, nimbés. A droite et à gauche, des figures d'apôtres, nimbés, assis, comme sur la plaque de la caisse.

Revers. — Caisse. — H. 0,99. — L. 0,180 — Trois rangs de six médaillons circulaires circonscrivant une étoile à quatre branches, alternant avec quatre rangs de petits disques.

Couvercle. — H. 0,078. — L. 0,22. — Deux rangs de sept médaillons à étoiles et trois rangs de disques ; bordure croisetée.

Extrémité de gauche. — Plaque pantagone à bords parallèles — H. 0,166. — L. 0,086. — Une figure d'apôtre, nimbée, les pieds nus, dans une auréole elliptique ; bordure croisetée.

Extrémité de droite. — H. 0,166. — L. 0,086. — Même décoration.

Les personnages des deux plaques antérieures sont en relief, ciselés, gravés et rapportés, à l'exception des symboles évangéliques dont les têtes seules sont en relief. Les personnages des côtés sont réservés et ciselés. Tous les fonds sont bleu lapis semés de rosettes émaillées suivant les séries ; rouge, bleu, bleu clair et blanc ; — rouge, bleu, vert, jaune, et traversés par des bandes turquoises. Les étoiles du revers sont rouge, bleu clair, blanc, dans un médaillon bleu-noir ; ou rouge, vert-jaune, dans un médaillon turquoise ; fond général, bleu ; bordure rouge et turquoise.

Règne de Charles X. — Collection Durand, n°s 111-2647.

N°s 79 à 84 de la Notice des émaux, par M. le comte L. de Laborde.

D. **94** à **101**. — *Reliquaire en forme de maison.*

H. 0,177. — Long. 0,177. — Larg. 0,100.

Ce reliquaire est formé de huit plaques : quatre pour la caisse, quatre pour le couvercle, qui est à charnière.

Face antérieure. — Caisse; plaque rectangulaire munie de pieds; au centre, *la Crucifixion*. Le Christ, couronné, à nimbe crucifère, les reins couverts, est attaché par quatre clous, les pieds sur une tablette, à une croix émaillée de bleu, qui porte pour titre l'inscription IHS.XPS. Le soleil et la lune, exprimés par des demi-figures, qui tiennent l'une un disque à contours ondulés, l'autre un croissant, surmontent les bras de la croix. La Vierge et saint Jean, nimbés, se tiennent debout de chaque côté. Fond vert orné de rinceaux terminés par des fleurs émaillées. A droite et à gauche, une arcature sous laquelle se tient, debout, un apôtre, nimbé, les pieds nus, et portant un livre. Fond bleu orné de rinceaux à fleurs émaillées, et coupé par une bande horizontale verte ornée de rosettes rouges ; bordure croisetée.

Couvercle; plaque rectangulaire. — Au centre, le Christ portant le nimbe crucifère et la couronne, bénissant de la droite et tenant un livre ouvert et élevé de la gauche, est assis sur un arc, dans une auréole à pointes aiguës, émaillée de bleu, ornée de rinceaux à fleurs émaillées. Les lettres A et Ω sont réservées de chaque côté de la tête du Christ. Les têtes des quatre symboles évangéliques, non nimbées, l'ange excepté, sont placées en dehors de l'auréole, aux quatre coins du compartiment central. A droite et à gauche se tiennent des apôtres, nimbés et debout, dans des ornements absolument semblables à ceux de la plaque inférieure. Celui de gauche porte un petit disque à la main ; l'autre porte un livre. Bordure croisetée.

Face postérieure. — Deux plaques rectangulaires semblables, à l'exception que l'inférieure est munie de pieds. Sur chacune, quatre arcades supportées par des colonnes, et comprenant une figure d'apôtre, nimbée, debout, portant soit un livre, soit un disque. Fond bleu orné de palmettes et traversé par une bande verte. Bordure croisetée.

Extrémité de gauche. — Plaque inférieure rectangulaire munie de pieds, ornée de deux arcades et de deux apôtres, et absolument semblable, par le décor, à celles du revers. Plaque du couvercle triangulaire, ornée de dômes et de combles surmontés d'une croix, à fenestrages émaillés sur fond vert ; bordure croisetée.

Extrémité de droite. — Même décor que de l'autre côté.

Figures, architecture, tiges des rinceaux, ornements, réservés et gravés. Les têtes des personnages représentés sur la face antérieure sont seules en relief, ciselées et rapportées.

Les nimbes en partie, la croix, les fonds, émaillés de bleu ou de vert ; la bordure de bleu clair et de rouge.

Règne de Charles X. — Collection Durand, n°s 112-2048.

N°s 71 à 76 de la Notice des émaux, par M. le comte L. de Laborde.

D. 102 à 111. — *Reliquaire en forme de maison.*

XIIIe siècle.   H. 0,192. — Long. 0,214. — Larg. 0,097.

Ce reliquaire est formé de sept plaques, dont quatre seulement sont émaillées, et de six statuettes émaillées rapportées après coup.

Face antérieure. — Caisse : plaque rectangulaire : rinceaux terminés par des feuillages aigus réservés sur un fond gravé, ménageant la place et le nimbe de quatre statuettes, portant chacune un livre. Leur tête est ciselée et leur corps, semicylindrique, est uni et émaillé. Dans l'intervalle des statuettes sont placés deux verres cabochons dans une large sertissure, dont la place est également réservée. — Même ornementation pour le couvercle, mais deux statuettes et une verroterie ont été enlevées pour faire place à un verre qui permet de voir l'intérieur du reliquaire.

Face postérieure. — La plaque de la caisse et celle du couvercle sont semblables. Arcature supportée par des colonnes, abritant dans chaque travée une figure d'apôtre, nimbée, les pieds nus, et portant un livre. Des rosettes nuancées garnissent le fond émaillé de bleu.

Extrémité de droite. — Plaque pentagone munie de deux pieds, décorée d'un arc qui porte une tour à dôme, et abritant une figure d'ange, nimbé, pieds nus, debout, et tenant un livre fermé. Fond semé de rosettes nuancées sur fond bleu.

Extrémité de gauche. — Plaque pentagone munie de pieds, ornée seulement de rinceaux gravés, et percée d'une ouverture cintrée que clôt une porte ornée d'un ange, nimbé, vu à mi-corps, portant un livre et émergeant des nuages; fond décoré de rosettes nuancées sur émail bleu.

Dans les statuettes, la tête seule est ciselée en relief, les yeux étant indiqués par de l'émail noir; les mains et les linéaments des draperies et des livres son réservés sur un fond semi-cylindrique émaillé de bleu, de vert ou de rouge. Sur les plaques du revers et des extrémités, les figures, les détails d'architecture, etc., sont réservés et gravés sur fond émaillé. Les séries des tons sont, dans les rosettes, rouge, bleu lapis, vert, jaune; — rouge, bleu lapis, bleu clair, blanc; le bleu manquant parfois.

Les dispositions qui permettent au toit de s'ouvrir à charnières doivent être plus récentes que la fabrication primitive.

Trésor de Saint-Denis. — Ancienne collection, n° 343.

N°s 42 à 47 de la Notice des émaux, par M. le comte L. de Laborde.

D. **112** à **119**. — *Châsse en forme de maison supportée par quatre pieds, et surmontée d'une crête à jour.*

XIIIe siècle. H. 0,155. — Long. 0,125. — Larg. 0,06.

Plaques d'émail recouvrant entièrement une forme en bois; le milieu de la face postérieure s'ouvrant à charnière, et fermant à clef.

Face antérieure. — Caisse : *la Mort de la Vierge*. La Vierge ensevelie sur son lit, entre deux apôtres, nimbés, pieds nus, et assis. Une croix se dresse derrière sa tête et l'orceau est à ses pieds. Un ange, nimbé, descend pour recevoir son âme. — Couvercle : Le portement du corps de la Vierge par deux apôtres nimbés.

Face postérieure : porte et montants quadrillés. — Toit : trois losanges et deux demi-losanges croisetés sur fond vert entourés de blanc sur un fond bleu quadrillé, entouré d'une bordure croisetée. Pignons : un croiseté en réserve sur fond bleu, entouré d'une bordure ponctuée. — Personnage en réserve et gravés, avec têtes en relief ciselées et rapportées ; la tête de la Vierge seule est réservée et gravée ; linceul en émail blanc ; fond bleu ponctué de bleu pâle et de bleu foncé, semé de rosettes rouge, bleu et blanc, — ou rouge, verte et jaune.

Règne de Napoléon III. — Donation Sauvageot.

Nº 1109 du Catalogue de la collection Sauvageot, par M. A. Sauzay.

D. 120. — *Plaque cintrée avec figure en relief.*

XIIIᵉ siècle.   H. 0,295. — L. 0,142.

Saint Mathieu, nimbé, pieds nus, assis sur un escabeau, tenant un livre fermé de la main gauche, et de la droite les plis de son manteau. Figure en cuivre repoussé, ciselé et gravé, ainsi que l'escabeau où posent ses pieds, ornée, sur les orfrois et sur le livre, de perles d'émail, qui, de plus, forment les yeux. Figure appliquée sur une plaque émaillée qui figure en réserve un coussin sur un escabeau percé d'arcatures et qui est ornée de grands rinceaux à fleurs : coupée par cette inscription en lettres onciales, émaillées de bleu :
S. MATEVS.

Ornements réservés et gravés ; fond émaillé de bleu. Les émaux des arcatures de l'escabeau, du coussin et des fleurons sont nuancés rouge, bleu lapis, vert et jaune ; — rouge, bleu lapis, bleu clair et blanc.

Cette plaque devait garnir l'arcature d'un reliquaire.

Règne de Charles X. — Collection Durand, nᵒˢ 115-2650.

Nº 70 de la Notice des émaux, par M. le comte L. de Laborde.

D. 121. — *Vierge reliquaire.*

XIIIᵉ siècle.   H. 0,225.

La Vierge, en cuivre repoussé et ciselé, couronnée, est assise sur un escabeau, tenant une pomme de la main droite et

FABRIQUE LIMOUSINE.

portant, assis sur son genoux gauche, l'Enfant-Jésus couronné, vêtu de deux robes, dont la supérieure est sans manches, portant un livre fermé et bénissant. L'escabeau, rectangulaire, est orné d'une petite galerie à jour qui dépasse le siége. La partie antérieure est ornée de quatre rangs d'arcatures superposés, émaillées de rouge et de blanc sur fond bleu clair. Les deux côtés représentent l'*Annonciation*. L'ange debout, nimbé à gauche; la Vierge, debout et nimbée, à droite, réservés sur fond émaillé bleu clair. Le revers est muni d'une porte carrée, à charnières et à loquet saillant; un ange en buste, nimbé, est représenté sur la porte, dont l'entourage est garni de filets obliques; fond d'émail bleu.

Le tout porte sur un disque circulaire à bords tombants, qui s'emmanchent avec trois pieds taillés dans la même pièce de cuivre rouge. Le plat du disque est orné de rinceaux à fleurons terminaux émaillés sur fond bleu pâle. Le rebord est gravé d'un zig-zag et les pieds sont gravés d'un masque.

Figures réservées et gravées; fond émaillé. Les nimbes et les fleurons sont rouge, bleu clair et blanc.

Règne de Charles X. — Collection Durand, n°s 118-2654.

N° 34 de la Notice des émaux, par M. le comte L. de Laborde.

D. **122**. — *Crosse en cuivre émaillé et doré.*

XIIIe siècle.   H. 0,295.

La douille est ornée de trois dragons, sans pattes ni ailes, en relief et rapportés, dont la queue s'arrondit sous le nœud. L'intervalle est orné de rinceaux à feuillages d'érable sur fond bleu. Le bouton, méplat, est à jour et formé d'un anneau méridien au-dessus et au-dessous duquel quatre rosaces, dont le cœur est en turquoise, alternent avec des palmettes feuillagées. Une couronne de feuilles aiguës, ornés d'un rang de turquoises, surmonte le bouton et enveloppe la base du crosseron; celui-ci se termine par une tête de dragon qui mord une tige feuillagée et émaillée de vert, qui part de la base de la volute, ornée d'abord sur chaque face de rinceaux à feuilles d'érable, puis de l'inscription : AVE MARIA. GRA. PLENA, dont les lettres sont émaillées de rouge, puis d'écailles émaillées de bleu, et enfin d'une crête à dents de scie. L'Annonciation est représentée dans le crosseron. La Vierge est debout, la tête voilée, vêtue d'une chasuble sur une longue robe. L'ange, dont les longues ailes sont rapportées, vêtu d'une robe collante au corps, pose un pied sur la tête du dragon, tandis que l'autre pied est en arrière contre la volute. Les yeux des deux personnages et du dragon sont émaillés de noir. Les draperies et les ornements sont ciselés. Ornements en réserve et gravés ; fond émaillé.

Abbaye de Montmajour : trouvée, en 1793, selon Révoil, dans le tombeau de Bertrand de Maisang, abbé en 1212.

Règne de Charles X. — Collection Révoil, n° 810.

N° 32 de la Notice des émaux, par M. le comte L. de Laborde.

Gravé par M. L. Steinheil et publié dans la *Revue d'architecture*.

D. 123. — *Crosse* (Fragment de).

XIIIe siècle.   H. 0,175.

Fragment de volute d'une crosse, ornée, sur chaque face, d'un réseau émaillé de bleu et d'une crête de feuillages rudimentaires. Un dragon à deux pattes occupe la partie du crosseron la plus éloignée de la tige ; chacun de ses flancs est orné d'une file de gouttes d'émail turquoise, et sa queue se rattache à la tige par deux terminaisons fleuronnées qui s'enroulent en sens contraire.

De nombreux points d'attache indiquent un groupe intérieur, qui devait représenter saint Michel terrassant le dragon.

Ornements et animaux ciselés, matés à l'outil ; fond émaillé.

Règne de Charles X. — Collection Durand, n°s 120-2659.

N° 33 de la Notice des émaux par M. le comte L. de Laborde.

D. 124. — *Pied de croix ou de chandelier*.

XIIIe siècle.   H. 0,095.

Cône tronqué porté sur trois pieds, garni, entre les pieds, de trois dragons sans pattes, dont la tête dépasse le bord inférieur du cône, et dont la queue se contourne au niveau du bord supérieur. Une zone gravée, représentant des écailles, garnit le haut du cône ; l'intervalle libre entre les dragons est orné d'entrelacs terminés par des fleurons émaillés sur fond bleu. Le haut de chaque pied est ciselé et figure un masque de monstre. Le bas est gravé et imite une griffe.

Ornements réservés ; fleurons nuancés rouge, vert, jaune; et rouge, bleu lapis, bleu clair, blanc. Fond bleu lapis.

Règne de Charles X. — Collection Durand, n°s 120-2659.

N° 37 de la Notice des émaux, par M. le comte L. de Laborde.

Publié par H. Shaw dans les *Dresses and decorations*, t. II.

D. **125**. — *Ciboire.*

xiiie siècle.   H. 0,304. — D. 0,168.

Formé d'une coupe et d'un couvercle de même profil, dont la réunion affecte la forme d'une sphère renflée au-dessus et au-dessous de son grand cercle horizontal, et comprimée par des frettes entre lesquelles le métal semble se dilater, porté sur un pied bas en forme de tronc de cône, et surmonté par un bouton.

Extérieur.—Le couvercle est fretté de seize bandes creusées en gorge, incrustées, à leurs intersections, de turquoises, d'émeraudes et de grenats Ces frettes divisent le couvercle en trente-deux champs : seize quadrilatères et seize triangles, formant quatre rangs superposés.

Chacun des huit grands quadrilatères encadre une figure d'apôtre, nimbée, en buste, sortant des nuages. La tête, en relief, est rapportée sur la coupe, tandis que le corps, en réserve et gravé, se détache sur un fond d'émail bleu lapis.

Les huit triangles inférieurs et les huit quadrilatères supérieurs sont garnis de bustes d'anges à corps en réserve et à tête en relief, émergeant des nuages, se détachant sur un fond d'émail bleu clair. Les huit petits triangles supérieurs sont remplis par un ornement en réserve sur fond bleu lapis.

Le bouton, qui se rattache au couvercle par une large scotie, est divisé en deux zones : l'inférieure est lisse et ornée de trois grenats sertis en relief ; la supérieure est percée de quatre arcatures en plein cintre abritant quatre figures d'anges tenant une hostie. Une pomme de pin surmonte le tout.

La coupe offre les mêmes dispositions, mais inverses, avec les mêmes types de têtes et les mêmes alternances de couleurs. Une bande annulaire règne au-dessous du bord, et est gravée d'une inscription pseudo-arabe, tandis que celle du couvercle est simplement gravée de lignes croisées en frettes.

Le pied, lisse dans sa partie supérieure, est percé à sa partie inférieure de jours formés par des rinceaux ciselés où s'enchevêtrent trois hommes en tunique courte poursuivant chacun un dragon.

Intérieur. — Au centre du couvercle, la main de Dieu bénissant à la latine, gravée au milieu d'un nimbe crucifère.

48 ÉMAUX CHAMPLEVÉS.

Au centre de la coupe, un ange, faisant le signe de la parole ou bénissant, entouré de cette inscription :

Cuivre ciselé, émaillé et doré.

<small>Collection Révoil, n° 98.
N° 34 de la Notice des émaux, par M. le comte L. de Laborde.
Publié par M. Alfred Darcel, dans les *Annales archéologiques*, t. XIV, et par M. E. Viollet-Leduc dans le *Dictionnaire du mobilier*.</small>

D. 126. — *Custode cylindrique, à couvercle conique, surmonté d'un fleuron à six pétales.*

<small>XIIIᵉ siècle.   H. 0,107. — D. 0,070.</small>

Sur la boîte, quatre médaillons chargés d'une étoile à six rayons, sur fond turquoise entouré de blanc, séparés par une palmette entourée de ses deux tiges symétriques sur fond bleu.
Couvercle. — Trois médaillons semblables à ceux de la boîte, séparés par deux volutes opposées sur fond bleu. Ornements réservés et ciselés; fond d'émail; métal doré extérieurement et intérieurement.

<small>Règne de Napoléon III. — Donation Sauvageot.
N° 1104 du Catalogue de la collection Sauvageot, par M. A. Sauzay.</small>

FABRIQUE LIMOUSINE.

D. 127. — *Custode cylindrique à couvercle conique.*

XIIIe siècle.　　　　　H. 0,096. — D. 0,070.

Sur la boîte, quatre médaillons encadrant chacun un buste d'ange, nimbé, sortant des nuages, séparés par une palmette formée de longues feuilles polylobées à leur extrémité. Sur le couvercle, trois médaillons semblables à ceux de la boîte également séparés par de longues feuilles formant palmettes. Une croix moderne surmonte le couvercle.

Figures et palmettes réservées et gravées ; nimbes rouges ; nuages nuancés rouge, vert et jaune ; médaillons turquoise ; champ bleu nuancé de bleu clair. Métal doré.

Règne de Napoléon III. — Donation Sauvageot.

N° 1105 du Catalogue de la collection Sauvageot, par M. A. Sauzay.

D. 128. — *Custode cylindrique à couvercle conique.*

XIIIe siècle.　　　　　H. 0,082. — D. 0,069.

Boîte décorée d'entrelacs symétriques terminés par de grands fleurons.

Couvercle décoré de trois verres cabochons dans des sertissures rapportées et séparées par de grands fleurons à doubles tiges symétriques.

Entrelacs et fleurons réservés et gravés. Fond bleu lapis.

Règne de Charles X. — Collection Durand, n° 119-2655.

N° 53 de la Notice des émaux, par M. le comte L. de Laborde.

D. 129. — *Custode cylindrique à couvercle conique.*

XIIIe siècle.　　　　　H. 0,083. — D. 0,067.

Sur la boîte, quatre médaillons circulaires, encadrant un carré dans lequel est évidée une étoile à quatre branches ; dans l'intervalle, une palmette entourée par sa double tige symétrique.

Sur le couvercle, trois médaillons semblables à ceux de la boîte, séparés par de grands fleurons entourés de leurs doubles tiges symétriques.

Médaillons verts, les carrés en réservé et gravés d'un ponctué ; étoiles bleues et blanches. Palmettes réservées sur fond bleu lapis. De même pour le couvercle; fleurons terminaux verts et blancs. Métal doré.

Règne de Charles X. — Collection Durand, n° 119-2658.

N° 51 de la Notice des émaux, par M. le comte L. de Laborde.

D. 130. — *Custode cylindrique à couvercle conique.*

XIIIe siècle.   H. 0,083. — D. 0,067.

Sur la boîte, quatre médaillons demi-circulaires encadrant un bouclier en amande chargé d'une fleur de lis d'argent. De longues feuilles, polylobées à leur extrémité, garnissent le reste du champ du médaillon; des castilles sont placées dans les tympans extérieurs. Sur le couvercle, trois médaillons circulaires portant une étoile en croix dans un losange formé de quatre branches feuillagées. L'intervalle rempli par de longues feuilles, lobées à leur extrémité, formant palmettes. Un bouton sert d'amortissement.

Boîte : boucliers réservés et gravés d'un ponctué, feuillages et castilles réservés, fleurs de lis en émail blanc, avec un point turquoise à la réunion des pétales; champ des demi-cercles, bleu lapis; champ des tympans vert turquoise. Couvercle : étoiles, feuillages, etc., réservés; losanges bleus entourés de rouge, turquoise et blanc; champ bleu. Métal doré.

Règne de Charles X. — Collection Durand, n°s 119-2656.

N° 50 de la Notice des émaux, par M. le comte L. de Laborde.

D. 131. — *Custode cylindrique, à couvercle conique, surmonté d'une croix.*

XIIIe siècle.   H. 0,110. — D. 0,065.

La boîte est ornée de quatre rosaces comprenant une étoile bleue sur fond blanc, alternant avec quatre fleurons bleus et blancs sur fond turquoise entouré par les deux tiges symétriques du fleuron; fond général, bleu lapis. A la base du couvercle, une zone de billettes obliques réservées sur fond bleu, et au-dessus une seconde zone bleu lapis, de laquelle partent six tiges rapportées qui font saillie sur le couvercle. Le reste du couvercle est orné de deux rosaces et de deux fleurons, comme ceux du cylindre.

Linéaments du dessin réservés; fond émaillé. Cette custode,

d'une exécution grossière, est intéressante en ce sens que l'émail parfondu dans les alvéoles affleure à peine le métal, et n'a point été passé à la meule, puis poli, comme dans les émaux ordinaires. Le métal n'a, non plus, jamais été doré.

Règne de Napoléon III. — Donation Sauvageot.
N° 1103 du Catalogue de la collection Sauvageot, par M. A. Sauzay.

D. **132**. — *Custode cylindrique à couvercle conique.*
XIIIe siècle.   H. 0,082. — D. 0,066.

Sur la boîte, quatre médaillons semi-circulaires, dont la partie droite est limitée par le bord, entourés sur la partie courbe par une bordure ondulée, mi-partie en métal, mi-partie en émail. Dans chaque médaillon, un ange, en buste, sortant des nuages, nimbé, les ailes déployées, accompagné de deux rosaces, sur fond turquoise. L'intervalle triangulaire, entre les médaillons et le bord inférieur, est occupé par un fleuron émaillé sur fond bleu.

Couvercle. Quatre médaillons circulaires, tronqués par le haut, remplis par une figure d'ange nimbé, en buste, sur fond alternativement bleu lapis et turquoise. Les triangles placés en dehors sont ornés de fleurons émaillés sur fond bleu lapis.

Figures et linéaments réservés et gravés ; fond émaillé. Les fleurons et la bordure des médaillons inférieurs suivant la gamme : rouge, bleu clair, blanc. Les nimbes et les rosaces des médaillons inférieurs, rouge, vert, jaune ; fond bleu lapis et bleu turquoise.

Règne de Charles X. — Collection Durand, n°s 119-2657.
N° 54 de la Notice des émaux, par M. le comte L. de Laborde.

D. **133**. — *Custode cylindrique à couvercle conique.*
XIIIe siècle.   H. 0,095. — D. 0,067.

Sur la boîte deux médaillons circulaires portant un ange en réserve et gravé sur fond turquoise. L'intervalle rempli par un fleuron central émaillé, accompagné de rinceaux fond bleu.

Couvercle. Même décor alterné avec celui de la boîte. Figures et rinceaux réservés ; fleurons émaillés rouge, bleu clair et blanc, fond bleu.

Règne de Charles X. — Collection Révoil, n° 99.
N° 52 de la Notice des émaux, par M. le comte L. de Laborde.

D. 134. — *Gémellion* (1).

xiiie siècle.   D. 0,215.

Au centre, dans un médaillon circulaire, une reine, assise sur un banc, couronne en tête, sceptre en main, reçoit une coupe que lui présente une jeune fille vêtue d'une longue robe. Fond d'azur orné de rinceaux ; terrain vert ; siége vert et rouge. Le champ annulaire compris entre le médaillon central et le bord est divisé en six lobes par des arcs de cercle tangents. Chaque lobe, à fond bleu chargé de rinceaux, est occupé par un personnage royal assis sur un escabeau vert et rouge. L'intervalle triangulaire, entre les lobes et le bord, est orné d'une palmette radiée sur fond gris bleu.

Personnages et ornements en réserve ; fonds et meubles émaillés.

Revers orné d'une étoile centrale et d'une rosace, gravées.

Collection de l'abbé Fauvel au xviie siècle.
Règne de Charles X. — Collection Révoil, n° 171.
N° 55 de la Notice des émaux, par M. le comte L. de Laborde.

Publié par B. de Montfaucon dans les *Monuments de la Monarchie française*, t. I, p. 349, pl. 32.

D. 135. — *Gémellion, percé près du bord de petits orifices. La gargouille manque.*

xiiie siècle.   D. 0,230.

Au centre, un écu triangulaire d'azur aux fleurs de lis d'or sans nombre, au lambel de gueules, qui est d'Anjou ancien, dans un cercle dont les secteurs sont ornés de rinceaux sur fond de sinople.

---

(1) On appelait gémellions, dans les anciens inventaires, les bassins à laver que l'on possédait toujours par paires. L'un muni d'une gargouille pour verser l'eau, l'autre pour recevoir celle que l'on avait laissé tomber du premier sur les mains de la personne à qui l'on « donnait à laver. »

Sur le fond, six lobes formés par six arcs de cercles blancs s'entrecroisant. Leur champ est occupé par un homme debout, en tunique courte, armé d'un bâton et d'un petit bouclier, accompagné de rinceaux, fond bleu. L'intervalle triangulaire entre les lobes et le bord est de sinople chargé de rinceaux symétriques. Bord dentelé sur fond d'azur.

Personnages, ornements, pièces de l'écu, réservés sur fond émaillé.

Revers orné d'une rosace gravée.

Règne de Charles X. — Collection Durand, n°s 114-2649.

N° 56 de la Notice des émaux, par M. le comte L. de Laborde.

D. 136. — *Gémellion.*

xiiie siècle.   D. 0,240.

Au centre, un écu triangulaire relevé en bosse, d'azur aux fleurs de lis sans nombre, qui est de France, circonscrit dans un cercle dont les secteurs sont occupés par des dragons rampants réservés sur un fond de sinople.

Le fond est divisé en six lobes, dont le champ, garni de rinceaux, comprend un homme et une femme en costume civil, qui peuvent être des jongleurs, car deux d'entre eux jouent des instruments; fond bleu. Dans le vide triangulaire laissé entre les lobes et le bord sont des écus accompagnés de rinceaux; sur fond de sinople. Ces écus sont : Burelé d'argent et d'azur de huit pièces, qui est de Lezignem ; — bandé d'or et de gueules de dix pièces, qui est de Béthune : — échiqueté d'or et d'azur, qui est des bâtards d'Anjou, au franc quartier d'argent chargé de trois dés d'or, 1 et 2 : — d'or aux cinq pals de gueules : — d'azur à la bande d'argent coticée d'or : — de gueules aux trois castilles d'or, 2 et 1. De plus, une des femmes porte un écu d'or aux trois bandes de gueules, et l'un des hommes un écu d'or aux trois pals de gueules ; ce qui pourrait faire supposer que ce bassin est un présent de noces.

Bord orné d'un zig-zag sur fond bleu.

Émaux champlevés. Les figures, les ornements et les pièces des écus réservés sur fond émaillé.

Revers. Un écu central gravé, coticé de dix-neuf pièces, dans une grande rosace formée par des arcs de cercle entrecroisés, terminés par des fleurs de lis.

Règne de Charles X. — Collection Révoil, n° 170.

N° 57 de la Notice des émaux, par M. le comte L. de Laborde.

54   ÉMAUX CHAMPLEVÉS.

D. **137**. — *Gémellion muni d'une gargouille.*

xiiie siècle.   D. 0,225.

Au centre, un écu triangulaire de France dans un quatre-lobes chargé de rinceaux sur fond vert, dans un médaillon circulaire bleu gris. Le fond est orné de six femmes, debout, accompagnées de rinceaux sur fond bleu, appuyant chaque main sur un médaillon circulaire blanc, chargé d'un écu triangulaire. Ces écus sont : Fascé d'argent et d'azur : — de sinople au chevron d'or accompagné de trois pommes de pin de même, 2 et 1. : — mi-partie au 1er d'azur au lion d'or, au 2e burelé d'or et de gueules de 16 pièces : — échiqueté d'or et d'azur au quartier d'argent au.... d'azur : — d'or à la croix ancrée et évidée de gueules : — burelé d'or et de gueules de seize pièces. Bord orné d'un dentelé sur fond bleu.

Personnages, pièces des écus et ornements réservés ; fonds émaillés.

Revers gravé d'une étoile au centre; entourée d'une rosace à arcs en plein cintre.

Règne de Napoléon III. — Donation Sauvageot.
N° 1100 du Catalogue de la collection Sauvageot, par M. A. Sauzay.

D. **138**. — *Gémellion.*

xiiie siècle.   D. 0,225.

Sur le centre, relevé en ombilic, un écu triangulaire de France semé de fleurs de lis sans nombre, inscrit dans un cercle dont les secteurs sont chargés de trois dragons rampants.

Sur le fond, six femmes, debout, en longues robes, les pieds appuyés sur l'ombilic, soutiennent de chaque main un médaillon circulaire, dans lequel est inscrit un écu triangulaire. Ces écus sont (1) : fascé d'argent et d'azur de huit pièces à la bande de gueules, qui est de Nesles : — mi-partie France et Castille de gueules aux trois castilles d'or superposées : — bandé d'or et d'azur de 10 pièces à la bordure de gueules : — burelé d'argent et d'azur de sept pièces, qui est de Lezignem : — échiqueté d'or et d'azur au franc quartier d'argent chargé de trois dés (?) d'azur, 2 et 1 : — d'azur à trois flammes (?) d'or, 2 et 1.

---

(1) Les émaux de cette pièce ayant été remplacés par une peinture moderne les couleurs que nous indiquons sont celles de la restauration, sans qu'il nous soit possible de dire si elles sont conformes à l'état ancien.

FABRIQUE LIMOUSINE. 55

Le bord orné d'un dentelé qui se détache sur un fond d'émail.

Figures, pièces des écus et ornements réservés, dont la gravure a été enlevée par un long usage.

Revers gravé au centre d'un écu bandé d'or et de... dans une grande étoile formée d'arcs de cercle concaves.

Règne de Napoléon III. — Donation Sauvageot.

N° 1107 du Catalogue de la collection Sauvageot, par M. A. Sausay.

D. 139. — *Plaque circulaire.*

Fin du XIIIe siècle. D. 0,065.

Le Christ bénissant. — Le Christ, à nimbe crucifère, vu en buste, sortant des nuages, placé entre l'A et Ω, bénit à la latine de la main droite élevée, et porte un livre fermé de la main gauche couverte de son manteau.

Figure réservée et gravée, nimbe émaillé de rouge, brun, noir, vert et jaune, ainsi que les nuages : fond bleu lapis constellé de quelques disques émaillés de rouge, bleu clair et blanc ; les bandes de séparation ponctuées. Métal doré.

Règne de Charles X. — Collection Révoil, n° 255.

N° 86 de la Notice des émaux, par M. le comte L. de Laborde.

D. 140. — *Plaque circulaire.*

Fin du XIIIe siècle. D. 0,037.

Un homme, vêtu d'une jaquette, armé d'une rondache et d'un bâton, combat un dragon ailé.

Figures réservées et gravées ; fond bleu. La rondache émaillée de rouge, vert, jaune.

Deux trous percés de chaque côté servaient à fixer cette plaque sur un coffret ou sur un ceinturon.

Règne de Napoléon III. — Donation Sauvageot.

N° 1111 du Catalogue de la collection Sauvageot, par M. A. Sauzay.

D. 141. — *Plaque circulaire.*

Fin du XIIIe siècle. D. 0,037.

Un personnage assis, tend la main vers une femme dont le corps est à peine indiqué.

Figures réservées ainsi que certaines parties de métal de

formes variées qui ont pour objet principal de retenir l'émail : fond émaillé de bleu.

Même fabrication et même usage que le numéro précédent.

Règne de Napoléon III. — Donation Sauvageot.

N° 1112 du Catalogue de la collection Sauvageot, par M. A. Sauzay.

D. 142. — *Écu triangulaire.*

xiiie siècle.　　　　H. 0,017. — L. 0,022.

Ecu échiqueté d'azur et d'or, à la bordure de gueules, qui est de Dreux.

Pièces réservées; fond émaillé.

Même fabrication que le numéro précédent.

Règne de Charles X. — Collection Durand, n°s 122-2678.

N° 49 de la Notice des émaux, par M. le comte L. de Laborde.

D. 143. — *Écu triangulaire.*

xiiie siècle.　　　　H. 0,027. — L. 0,022.

Ecu mi-partie de gueules à la chaîne d'or rangée suivant les partitions et en orle, qui est de Navarre ; mi-partie d'azur à la bande d'argent coticée d'azur potencé et contre-potencé d'or, qui est de Champagne.

Pièces en réserve ; fond émaillé.

Règne de Charles X. — Collection Durand, n°s 122-2680.

N° 48 de la Notice des émaux, par M. le comte L. de Laborde.

D. 144. — *Écu triangulaire garni, dans le haut, d'une bélière.*

xiiie siècle.　　　　H. 0,034. — L. 0,027.

De gueules aux deux épées d'or en sautoir. Revers uni.

Règne de Napoléon III. — Donation Sauvageot.

D. 145. — *Écu quatrilobé, garni latéralement d'une bélière.*

xiiie siècle.　　　　H. 0,031. — L. 0,030.

Face et revers d'or bordé d'azur, au lion de gueules ; une barre de ..... brochant sur le tout.

Règne de Napoléon III. — Donation Sauvageot.

D. **146**. — *Écu triangulaire garni, dans le haut, d'une bélière.*

XIIIe siècle.　　　　H. 0,250. — L. 0,020.

De gueules à la croix d'or. Revers uni.

Règne de Napoléon III. — Donation Sauvageot.

D. **147**. — *Écu triangulaire garni latéralement d'une bélière.*

XIIIe siècle.　　　　H. 0,030. — L. 0,021.

Face et revers : d'azur aux fleurs de lis d'or, sans nombre, et au lambel de gueules chargé de castilles sans nombre.

Règne de Napoléon III. — Donation Sauvageot.

NOTA. — Voir les écus armoriés qui garnissent la cassette de saint Louis. N° 35 de la Notice du Musée des Souverains, par M. H. Barbet de Jouy.

D. **148**. — *Ciboire à coupe sphérique, pédiculé.*

XIVe siècle.　　　　H. 0,226. — D. de la coupe 0,080. — D. du pied 0,104.

La coupe est formée de deux hémisphères dont l'un sert de couvercle et est surmonté d'une tige qui porte une boule amortie par un fleuron plat, percé d'un trou, sans doute pour suspendre le ciboire sur l'autel. La coupe porte par une haute tige interrompue par un nœud, sur un pied en doucine. Les deux parties de la coupe et le pied sont émaillés.

Coupe ornée de quatre médaillons portant le monogramme I H S sur fond blanc, séparés par un champ bleu orné d'une palmette cordiforme. Sur le couvercle, les quatre médaillons circulaires sont remplacés par des quatre-lobes à rédans émaillés de vert circonscrivant un écu triangulaire ; burelé d'or et de gueules à la bande d'azur chargée de 3 ..... d'or.

Le pied répétant en plus grand l'ornement du couvercle ; il n'y a que trois écus. Le fleuron central des ornements qui les séparent émaillé de rouge et vert. Pièces des écus, monogrammes et ornements réservés sur fond bleu lapis.

Règne de Charles X. — Collection Durand, n°s 117-3653.

N° 40 de la Notice des émaux, par M. le comte L. de Laborde.

D. 149 à 153. — *Coffret formé de quatre plaques et d'un couvercle à rebord, garni d'une poignée et d'un médaillon orné d'un lion en relief.*

XIVe siècle. H. 0,125. — Long. 0,250. — Larg. 0,220.

Caisse, plaque antérieure. Trois écus triangulaires inscrits dans un quatrelobes ogival en accolade et à redans. L'écu du milieu est « de gueules aux trois léopards d'or, » qui est d'Angleterre. Les deux autres sont de France. Le champ des lobes est orné de dragons sur fond rouge. Le fond de la plaque est orné autour de l'écu central de monstres à tête humaine, dont deux sont armés de bâtons et de rondaches; et aux extrémités de quatre dragons en forme d'oiseaux.

Face postérieure, même ornementation à cela près que l'écu de France est au centre et accompagné de deux écus d'Angleterre.

Les extrémités sont ornées dans le même système et ne portent que deux écus, de France et d'Angleterre. Une bordure ornée de feuilles entablées gravées circonscrit chaque plaque.

Couvercle. Deux groupes de personnages de grande dimension, formés d'un jeune homme et d'une jeune femme debout et vêtus : le jeune homme d'une robe que recouvre un manteau, capuchon agrafé sur le côté et dégageant le bras gauche, chaussé de brodequins lacés sur le côté; la femme coiffée d'un voile et portant un surcot sans manches par-dessus une longue robe à manches justes. Dans le groupe de droite le jeune homme porte un faucon sur la main droite et étend la main gauche vers la jeune femme qui porte le gant de sa main gauche de la droite qui est gantée.

Dans le groupe de droite, le jeune homme ganté élève sa main gauche au-dessus de la tête de la jeune femme, qui, une main à sa coiffure, tient un anneau dans sa main gauche.

FABRIQUE LIMOUSINE. 59

Le fond est orné de quatre rangs de six médaillons quatrilobés à redans, chargés d'écus triangulaires de deux en deux et ornés de monstres quand ils ne portent point d'écus. Ceux-ci sont de France et d'Angleterre ou d'or à la croix d'azur vairée d'or, sur fond turquoise. Les monstres sont sur fond rouge. L'intervalle en forme de quadrilatère irrégulier compris entre les médaillons est orné d'une croix formée de quatre tiges courbes terminées par une feuille de lierre, cantonnée de quatre points, sur fond bleu lapis.

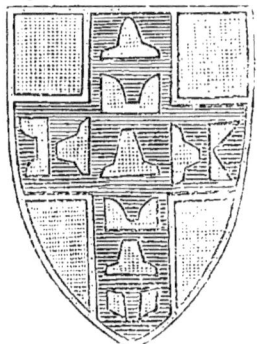

Sur le bord du couvercle l'inscription suivante en lettres onciales sur fond bleu :

« ✠ Dosse dame ie vos aym lealmant,
Por die vos pri qve ne mobblie mia.
Uet si mon cors a uos comandemant
Sans mauueste et sans nulle folia. »

Personnages et monstres réservés, gravés et émaillés de bleu dans la gravure ; pièces des écus, ornements, lettres, etc., réservés ; fonds émaillés.

Cabinet de M. de Migieux.

Règne de Charles X. — Collection Révoil, n° 81.

N° 64 de la Notice des émaux, par M. le comte L. de Laborde.

Publié en partie dans le *Moyen Age et la Renaissance*, t. III.

D. **154**. — *Fibule.*

XIVᵉ siècle.   H. 0,058. — L. 0,058.

Formée d'un cercle inscrit dans un quatrelobes en ogive. Le champ du cercle et des pointes est couvert de rosettes à quatrelobes vertes à centre blanc, alternant avec des étoiles blanches à quatre pointes. Fond bleu lapis.

La dorure n'est visible que sur les côtés.

Le revers est garni partiellement et sur les bords de hausses en métal dont nous ne pouvons expliquer l'usage.

Règne de Charles X. — Collection Révoil, n° 256.

N° 30 de la Notice des émaux, par M. le comte L. de Laborde.

D. **155** à **160**. — *Six chandeliers itinéraires, formés d'un disque bombé, du centre duquel fait saillie une longue pointe creuse, et allant en décroissant de dimensions, de façon à ce que la pointe de l'un entrant dans celle qui lui est de dimensions immédiatement supérieures, les six chandeliers s'emboîtent l'un dans l'autre et occupent un volume très-restreint.*

H. 0,225. — D. 0,100.
H. 0,215. — D. 0,095.
H. 0,185. — D. 0,090.
H. 0,165. — D. 0,086.
H. 6,135. — D. 0,083.
H. 0.105. — D. 0,077.

XIVe siècle.

Le disque est orné de six écus triangulaires semblables deux à deux, qui sont : semé de France : — d'azur à la bande d'argent accompagnée de deux cotices d'or, qui est de Champagne : — cotice d'or et de gueules de douze pièces, qui est de Turenne en Limousin. L'intervalle des écus est rempli par un fleuron. Une zone en zigzag entoure le pied des pointes.

Pièces des écus et ornements réservés ; champ des écus émaillé ainsi que le fond qui est bleu lapis, et blanc sous le zigzag.

Règne de Charles X. — Collection Durand, nos 121-2660-2665.

Nos 58 à 63 de la Notice des émaux, par M. le comte L. de Laborde.

D. **161**. — *Paix circulaire* (1).

XIVe siècle.   D. 0,146.

Dans un champ quatrilobé à redans la Vierge nimbée, assise, tenant debout sur son genoux gauche l'Enfant-Jésus à nimbe crucifère. Deux anges agenouillés à droite et à

---

(1) Bien que la plaque circulaire, armée d'une poignée appliquée à l'intérieur, soit en cuivre rouge et d'une dorure ancienne ; la plaque de cette paix nous semble avoir été fabriquée, dans l'origine, pour faire une agrafe de chape.

FABRIQUE ITALIENNE.

gauche soutiennent d'une main un pavillon sur la tête de la Vierge et l'encensent de l'autre.

Figures repoussées et ciselées, sur fond bleu émaillé avec étoiles en réserve; les nimbes et le pavillon émaillés de rouge. Le bord est découpé en feuilles entablées.

Règne de Charles X. — Collection Révoil, n° 251.

N° 87 du Catalogue des émaux, par M. le comte L. de Laborde.

FABRIQUE ITALIENNE.

D. 162. — *Plaque en forme de rose à quatre lobes inscrite dans un anneau circulaire.*

Fin du XIIIe siècle.   D. 0,098.

Le Christ, orné du nimbe crucifère, assis sur un arc, les pieds nus sur un escabeau, bénit à la latine de la droite ramenée devant lui, et tient de la gauche, sur son genou, le livre des Évangiles ouvert. A ses côtés se tiennent deux petits anges nimbés, portant l'un une couronne, l'autre les clous.

Carnations réservées, gravées et émaillées de bleu, vêtements émaillés ainsi que les nimbes. Le nimbe du Christ, sa robe, l'arc où il est assis et le manteau de l'un des anges sont nuancés vert clair, jaune clair et blanc. Le manteau du Christ est lilas foncé, lilas clair et blanc. L'escabeau, la robe d'un ange et le manteau de l'autre sont bleu, bleu clair et blanc. Enfin la robe de ce dernier est turquoise et blanc, ainsi que ses ailes avec addition de bleu. Fond réservé, gravé d'un quadrillé ponctué d'un anneau au centre de chaque losage. Bordure formée d'un filet vert et blanc; des traces de dorure se voient dans les gravures du fond.

Sur l'anneau circulaire, l'inscription suivante formée de deux vers léonins, est gravée, en capitales émaillées de rouge, les lettres T, G et D, étant seules onciales :

✝ SVM SINE PRINCIPIO DEVS OMNIBVS OMNIA FIO.
✝ CVNCTA REGENS TENEO. IVRE REPLETA MEO.

Règne de Charles X. — Collection Révoil, n° 254.

N° 85 de la Notice des émaux, par M. le comte L. de Laborde.

D. **163**. — *Plaque circulaire.*

xive siècle.   D. 0,072.

Un saint abbé. — Abbé mitré, la tête nimbée, vêtu d'une ample robe à capuchon brodé, bénissant de la droite et tenant de la gauche un livre fermé, assis de face dans un fauteuil à haut dossier aigu orné de crochets et d'accoudoirs.

Figure en réserve, gravée et émaillée de brun verdâtre sur fond bleu noir, orné de rosettes en bleu turquoise. Un cercle d'émail rouge borde la plaque et donne naissance à huit lobes intérieurs émaillés de vert.

Une partie de la dorure est enlevée et laisse voir le cuivre rouge verdegrisé dans les parties du fauteuil et de la bordure qui touchent à l'émail bleu du fond.

Règne de Charles X. — Collection Durand, n°s 123-2682.

N° 93 de la Notice des émaux, par M. le comte L. de Laborde.

D. **164**. — *Plaque en forme de rosace à six lobes.*

xive siècle.   D. 0,070.

Le Christ bénissant. — Le Christ assis sur deux chérubins, les pieds posant sur la tête d'un troisième, la tête ornée d'un nimbe uni (la croix semble avoir été enlevée par une restauration); bénit à la latine de la droite, tient de la gauche un livre appuyé sur ses genoux.

Chaque lobe est divisé intérieurement par une arcature trilobée.

Le Christ et les têtes et une partie des ailes des chérubins sont en réserve, gravés et émaillés de bleu noir. Le reste des ailes rouges des chérubins et le fond noir semblent le résultat d'une restauration. Le champ des divisions des lobes est en émail rouge.

Règne de Napoléon III. — Donation Sauvageot.

N° 1174 du Catalogue de la collection Sauvageot, par M. A. Sauzay.

D. **165**. — *Plaque circulaire.*

xive siècle.   D. 0,074.

Sainte Elisabeth. — Sainte Elisabeth, nimbée, est vue en buste, la tête couverte d'un voile que recouvrent les plis d'un ample manteau et vêtue d'une robe flottante retenue à la ceinture par une cordelière. Elle tient de la main droite un pot rempli de feu.

L'inscription s. HELISABETH en onciales est réservée sur le fond, orné en outre de rosettes et circonscrit par un cercle garni de sept lobes intérieurs, dont les contre-lobes sont garnis de rosettes.

Figure en réserve gravée et émaillée de bleu noir, à l'exception des flammes qui le sont en rouge; fond en émail bleu lapis foncé, ponctué de bleu plus clair, ainsi que le cœur des rosettes des contre-lobes. Les contre-lobes sont mi-partie rouge et blanc; le blanc garnit aussi le cœur des rosettes du fond.

Règne de Napoléon III. — Acquis en 1864.

D. **166**. — *Plaque circulaire en argent doré.*

XIVe siècle.   D. 0,044.

Un apôtre. — Apôtre vieux, vu en buste, à longue barbe, nimbé, vêtu d'une robe avec un manteau sur les épaules, tenant un livre fermé de la gauche et relevant un pan de son manteau de la droite.

Deux rameaux à feuillages polylobés décorent le fond.

Figure en réserve émaillée de bleu dans la tête et la robe, de vert dans le nimbe et les feuillages, de rouge dans le manteau et le livre. Fond bleu.

Règne de Charles X. — Collection Durand, n°s 122-2672.
N° 90 du Catalogue des émaux, par M. le comte L. de Laborde.
Publié par M. J. Labarte dans l'*Histoire des arts industriels*. Album, pl. CXII.

D. **167**. — *Plaque circulaire en argent doré.*

XIVe siècle.   D. 0,044.

Un apôtre. — Apôtre jeune, vu en buste, la tête nimbée; portant de la gauche un rouleau, tenant la droite levée devant lui; vêtu d'une robe et d'un manteau. Un cep de vigne et un autre rameau ornent le fond.

Même fabrication que le numéro précédent.

Règne de Charles X. — Collection Durand, n°s 122-2673.
N° 91 du Catalogue des émaux, par M. le comte L. de Laborde.
Publié par M. J. Labarte dans l'*Histoire des arts industriels*, Album, p. CXII.

ÉMAUX INCRUSTÉS.

D. **168**. — *Plaque circulaire en argent doré* (1).
   XIVe siècle.   D. 0,044.

Un apôtre. — Apôtre vieux, le front découvert, barbu, vu en buste, la tête nimbée, tenant le livre fermé de la droite et tenant la gauche levée; vêtu d'une robe par-dessous un manteau agrafé sur la poitrine. Des grapes de fruits ornent le fond.

Même fabrication que le n° D. 166.

    Règne de Charles X. — Collection Durand, n°^{s} 122-2674.
N° 92 du Catalogue des émaux, par M. le comte L. de Laborde.

ÉMAUX INCRUSTÉS.

FABRIQUE ESPAGNOLE (?)
ATTRIBUTION DONNÉE PAR CH. SAUVAGEOT.

D. **169**. — *Chaîne de ceinture ou de collier.*
   XVIe siècle.   Long. 0,970.

Cette chaîne est composée de soixante-dix-huit petites plaques carrées, en cuivre, avec deux pointes opposées de façon à former presque un exagone allongé (h. 0,022, — l. 0,010), reliées deux à deux par deux anneaux pour lesquels une place a été ménagée.

Décoration composée d'une rose à quatre lobes, encadrée dans un carré et s'y rattachant par des tiges. Celles qui sont dirigées vers les deux extrémités aiguës de la plaque dépassent l'encadrement et se terminent par un fer de lance.

Le champ de cet ornement, exprimé par un filet métallique, est rempli d'émail bleu opaque et blanc. Sur une face, la rose et les pointes sont blanches, le cœur de la rose et le champ carré étant bleus; les couleurs sont inversement disposées sur l'autre face. Les émaux n'ont point été polis après la fusion et avant la dorure.

    Règne de Napoléon III. — Donation Sauvageot.
N° 1182 du Catalogue de la collection Sauvageot, par M. A. Sauzay.

---

(1) Ces trois émaux, mais surtout le dernier, montrent une influence byzantine très-prononcée.

FABRIQUE ESPAGNOLE.

D. **170**. — *Chaîne de ceinture ou de collier.*

XVIᵉ siècle. Long. 0,285.

Cette chaîne est composée de trente-trois plaques rectangulaires en cuivre, terminées par une palmette à chaque extrémité (h. 0,026. — l. 0,007), reliées par des anneaux plats de deux en deux. Le centre est décoré d'une rose à quatre lobes, et les champs sont alternativement émaillés de blanc et de bleu sur une face, de blanc et de noir sur l'autre; le blanc y occupant la place du bleu. Les émaux n'ont point été polis avant la dorure du métal.

Règne de Napoléon III. — Donation Sauvageot.

Nº 1184 du Catalogue de la collection Sauvageot, par M. A. Sauzay.

D. **171**. — *Chaîne de ceinture ou de collier.*

XVIᵉ siècle. Long. 1,286.

Cette chaîne est composée de cent trente-quatre plaques (h. 0,021, — l. 0,008) ornées au centre d'une rosace à quatre lobes et d'un trèfle à chaque extrémité. Sur une face la rose et les trèfles sont émaillés de blanc, le fond de noir. Les couleurs sont inversement disposées sur l'autre face.

Les émaux n'ont point été polis.

Règne de Napoléon III. — Donation Sauvageot.

Nº 1183 du Catalogue de la collection Sauvageot, par M. A. Sauzay.

D. **171** bis. — *Coffret à couvercle prismatique revêtu de onze plaques d'émail à jour, avec poignée et moraillon semblables.*

H. 0,080. — L. 0,095. — E. 0,065.

Les plaques se composent d'un réseau de fleurs de tulipes partant d'une rosace centrale, bordé par une série de fleurons en trèfle accompagnés et circonscrits par un perlé.

Chaque élément, en argent découpé, est bordé par un filet saillant et forme une caisse où des émaux ont été parfondus : blanc et turquoise ponctués de noir : azur ponctué de blanc et vert : perlé blanc.

La poignée et le moraillon formés de la réunion de feuilles de même fabrication. Un perlé blanc entoure la gorge de chaque pied.

À l'intérieur, trois flacons et trois cases à parfums, avec viroles émaillées.

Règne de Napoléon III. — Donation Sauvageot.
N° 1181 du Catalogue de la collection Sauvageot, par M. A. Sauzay.
Publié par M. A. Lièvre dans la *collection Sauvageot*.

D. **172**. — *Boîte ovale à couvercle bombé.*

XVIIe siècle. H. 0,037. — Long. 0,061. — Larg. 0,036.

Les flancs, le couvercle et le dessous sont ornés de fleurons de style pseudo-arabe, dessinés par un filet saillant sur un fond ponctué. Le champ dessiné par les filets est seul émaillé de noir, de bleu lapis et de blanc, affleurant par la cuisson et non poli.

Cuivre non doré.

Règne de Napoléon III. — Donation Sauvageot.
N° 1421 du Catalogue de la collection Sauvageot, par M. A. Sauzay.

FABRIQUE HONGROISE

Un certain nombre d'émaux de même nature que le suivant, que nous avons vus à l'exposition de Vienne décorant des vases ecclésiastiques et civils, y étaient classés comme appartenant à l'industrie hongroise du XVIe siècle.

D. **173**. — *Tasse circulaire en argent doré portée sur trois pieds en boule.*

H. 0,024. — D. 0,062.

Intérieur. Ombilic orné d'une rosace radiée, entouré par un cercle de disques d'où partent des palmettes symétriques. Contre le bord un rang de petites arcades renversées au-dessus d'un rang de perles. Torsade formant l'ourlet.

Même motif à l'extérieur.

Tous les dessins sont formés par des filigranes tordus; leur champ est seul émaillé en vert turquoise ponctué de paillons, ou de noir ponctué de blanc et de jaune. Le fond de l'ombilic est émaillé de blanc.

Règne de Napoléon III. — Donation Sauvageot.
N° 1422 du Catalogue de la collection Sauvageot, par M. A. Sauzay.

ÉMAUX TRANSLUCIDES SUR RELIEF.

En même temps que Giotto, en Italie, brisait le moule grec où la peinture languissait enfermée, et que Nicolas de Pise retournait à l'étude directe de l'antique ; que l'un et l'autre cherchaient à rendre le mouvement aux corps, l'expression aux physionomies, la vie enfin à leurs compositions, les anciens procédés allemands et français de l'émaillerie aux teintes plates ne pouvaient satisfaire le nouveau sentiment plastique qui se développait. Comme les artistes, sculpteurs ou peintres, qui suivaient ces maîtres dans la voie qu'ils leur avaient montrée, passaient presque tous par l'atelier des orfèvres, une alliance s'établit bientôt dans l'orfèvrerie même entre le relief et la couleur.

Peut-être un accident y conduisit-il : car on était d'ailleurs parfaitement préparé au nouvel art qui devait naître, dans ces ateliers d'où, en même temps que les pièces d'orfèvrerie, sortaient des monnaies et des sceaux : dans lesquels, sans doute, l'on était habitué, comme en France, à tailler dans l'or et l'argent ces légers bas-reliefs d'un modelé à peine sensible, qui décorent souvent l'orfèvrerie du xive siècle.

Qu'une goutte d'eau tombe sur une de ces intailles : qu'un artiste intelligent observe l'effet produit, et les émaux translucides sur relief seront trouvés. L'eau étant plus abondante dans les parties creuses que dans les parties plus relevées, y deviendra plus foncée et se modèlera, pour ainsi dire, au-dessus de l'intaille qui semblera disparaître. Ce sera le liquide qui formera le bas-relief avec les divers accidents de ses plans divers. Que ce liquide soit coloré, l'effet n'en acquerra que plus d'intensité ; qu'il soit remplacé par un verre transparent, et l'on obtiendra ce qu'on appelle un émail translucide sur relief.

L'or et l'argent furent surtout employés à fabriquer ces émaux, qui sont d'ordinaire de petites dimensions, et qui, étant destinés à décorer les pièces d'orfévrerie, reçurent peut-être, dans certains inventaires du moyen âge, le nom d'«émaux de plique, » appellation que nous croyons surtout réservée aux émaux cloisonnés, lesquels sont sertis en guise de pierres fines sur la pièce, tandis que les émaux translucides entrent plutôt dans la composition de celle-ci (1). On leur donna aussi le nom d'émaux de basse-taille.

Dès l'année 1286, Jean de Pise fit, pour l'autel d'Arezzo, un parement d'autel, aujourd'hui disparu, et Duccio de Sienne, en 1290, un calice, conservé dans le trésor du couvent de Saint-François d'Assise, enrichis tous deux d'émaux translucides (2).

Mais la plus célèbre des œuvres ainsi décorées est le tabernacle d'Orvieto, fait en 1338 par Ugolino de Sienne, monument qu'aucun de ceux que ces matières intéressent n'a pu voir de notre temps, car, exposé aux fidèles deux jours par année seulement, à Pâques et au Saint-Sacrement, il est tout le reste du temps enfermé sous quatre clefs qu'il est impossible de réunir.

Le trésor de la même église possède heureusement un autre reliquaire du même orfèvre, que M. Didron a pu étudier (3), ainsi que M. J. Labarte l'a fait plus tard, et que de plus il a publié.

Ce goût pour l'orfévrerie ornée d'émaux translucides continua de régner en Italie pendant le XIVe et le XVe siècles, comme le prouvent les pièces, la plupart signées ou à dates certaines, que possèdent les trésors des églises de la péninsule.

---

(1) Comte L. DE LABORDE, *Glossaire*, à l'article « Esmail de plique. »
(2) J. LABARTE, *Histoire des arts...*, t. II, Orfévrerie, et t. III, Émaillerie; émaux translucides sur relief.
(3) *Annales archéologiques*, t. XV, p. 365, « les Artistes du moyen âge en Italie. »

Quelque physionomie bien prononcée qu'ait gardée l'art italien pendant le moyen âge, il lui a été impossible cependant de ne point se laisser influencer par l'art qui produisait des merveilles d'un autre ordre en France et en Allemagne.

L'orfévrerie italienne nous montre, en effet, une certaine réaction contre l'imitation antique introduite par les Pisans, et nous y trouvons les éléments de l'architecture, de la flore et de la faune fantastique, que les artistes du Nord avaient introduites dans l'ornementation de leurs édifices d'abord, puis de leurs œuvres de toute espèce : miniatures, vitraux, orfévrerie ou émaux.

Ces emprunts faits par l'Italie surtout à la France ; d'autres emprunts faits, de leur côté, par la France et l'Allemagne au style italien, à la fin du XIVe siècle, emprunts qui amènent une transformation radicale dans la peinture, en créant, d'une part, l'école de Cologne ; de l'autre, celles des ducs de Berry et de Bourgogne, laissent une grande incertitude sur l'origine d'un certain nombre d'œuvres contemporaines. Les émaux translucides sont du nombre.

La colonie italienne, qui dut suivre les papes dans leur exil à Avignon, explique ce fait pour la France, tandis que le courant commercial qui s'était établi le long du Rhin, entre le Nord et l'Italie, l'explique pour Cologne.

Pour nous restreindre aux émaux qui nous occupent ici, un fait, signalé par M. le marquis de Laborde et analysé par M. J. Labarte, permet d'attribuer aux ateliers de Montpellier la fabrication de ceux qui présentent ce caractère mixte de l'art italien et de l'art français.

Montpellier appartenait à deux maîtres : au roi de France et au roi de Majorque. Philippe le Bel avait établi sa monnaie dans la partie ancienne de la ville, qui était de son domaine, tandis qu'un atelier d'émaux existait dans la partie nouvelle, qui était du domaine de don Sanche.

Mais, comme nous l'avons dit, la gravure des poinçons des monnaies et celle des matrices des sceaux conduisait inévitablement à la fabrication des émaux translucides sur relief. Or, il paraît que les monnayeurs du roi de France faisaient concurrence aux émailleurs du roi de Majorque, qui s'en plaignit. Aussi Philippe le Long rend-il une ordonnance, en 1317, qui défend d'entraver l'ouvrage en émail qui se fabrique dans la partie de la ville ne lui appartenant pas (1).

Pendant le XIVe siècle, les émaux translucides abondent sur l'orfèvrerie des princes, dont les inventaires ont été publiés par M. le marquis de Laborde et par M. Douet d'Arc; mais nous ne connaissons aucun de ces émaux que nous puissions authentiquement attribuer à la France, bien que nous croyons devoir lui faire honneur d'une partie de ceux que possède le Musée. Nous devons cependant revendiquer comme nôtre l'émail qui décore la fibule à inscription française n° D. 186.

Pour l'Allemagne, qui a pu conserver une grande partie des trésors de ses églises, il en est autrement. Celui de la cathédrale de Cologne possède une magnifique crosse de la fin du XIVe siècle, ornée d'émaux translucides sur son bâton et sa volute, qui sont de travail allemand, comme l'orfèvrerie qui les enchâsse; celui d'Aix-la-Chapelle possède également deux reliquaires en forme de chapelle, dont les fenestrages sont garnis d'émaux translucides imitant des vitraux, faits pour la place qu'ils occupent. Enfin, deux reliquaires de la fin du XIVe siècle, venus du trésor de Bâle dans la collection de M. Basilewski (2), sont décorés d'émaux translucides, dont une série représente le sujet tout allemand de la légende de saint Henri et de sainte Cunégonde.

Dès le XVe siècle, en France, et surtout au XVIe, l'émaillerie translucide semble avoir abandonné la reproduction de la figure humaine, et nous ne la

---

(1) J. LABARTE, *Histoire des arts...*, t. III, p. 24.
(2) N°s 459 et 460 du Catalogue de l'exposition rétrospective de 1865.

voyons plus guère s'exercer que pour décorer de feuillages et d'animaux les ustensiles de la vie civile. Alors Benvenuto Cellini arrive en France, et, avec cette imperturbable assurance qui ne lui permet de ne trouver de bien que ce qu'il a fait lui-même, il prétend importer parmi nous un art qui y était pratiqué avec une telle perfection et depuis si longtemps, qu'il était presque abandonné déjà. Néanmoins, dans son Traité d'orfévrerie (1), il donne comme étant nouvelles les méthodes qu'il employait pour fabriquer cette sorte d'ouvrages.

Dans les émaux translucides, les draperies et les accessoires seuls sont colorés en bleu, en vert, en gris, en tanné, en pourpre et en noir. Comme le blanc ne peut être obtenu, ainsi que le jaune et le bleu turquoise, qu'au moyen de l'addition de l'acide stannique, qui rend ces émaux opaques, on ne les rencontre point. Aussi les carnations sont-elles parfois réservées en métal, parfois aussi elles sont glacées de violet clair ou d'émail incolore.

B. Cellini parle d'un autre genre d'émaux dont il donne également les procédés de fabrication (2). Ce sont les émaux à jour.

Il nous a été donné de voir un de ces émaux, excessivement rares même du temps de B. Cellini, au Musée de South Kensington, en 1862.

Ils décoraient un hanap cylindrique en argent doré légèrement évasé, muni d'un couvercle conique en forme de toit. La description d'un gobelet appartenant au duc de Berry, en 1417, peut presque s'appliquer à celui que M. Paul avait prêté au Musée de South Kensington (3) :

« Un gobelet d'argent doré, couvert, orné de taber-
« nacles et fenestrages d'argent blanc et d'esmail et de
« plusieurs couleurs en manière de voirrières, seant

---

(1) B. Cellini, *Trattati sopra oreficiera*, cap. IV.
(2) B. Cellini, *Trattati sopra l'oreficiera*, c. III, p. 41.
(3) Catalogue... on Loan, n° 4800.

« sur trois ours d'argent doré, et sur le fretelet a un
« autre ours (1). »

La coupe du gobelet de M. Paul est entourée d'une zone d'émail vert translucide semé de fleurs détachées bleues et jaunes, et nécessairement opaques, cloisonnées par un filet d'argent. Trois fenêtres ogivales, à réseau flamboyant, interrompent cette zone. Des fenêtres semblables sont percées dans le couvercle. Cette pièce nous semble avoir une physionomie allemande. C'est aussi l'opinion de H. Shaw qui l'a publiée (1).

Le revers des émaux translucides sur relief n'est jamais émaillé.

ÉMAIL MIXTE.

D. 174. — *Plaque circulaire en argent doré.*
Commencement du XIVe siècle.   D. 0,050.

Le Christ bénissant. — Le Christ, à nimbe crucifère, vu en buste, tient le livre ouvert de la gauche et bénit à la latine de la droite. Les deux lettres [symbol] et [symbol] surmontées d'une croix, sont placées de chaque côté de sa tête. La robe est violet clair doublé de bleu; le manteau vert clair doublé de bleu; le champ bleu sur un fond ponctué; le tout en émail translucide entouré d'une zone d'émail rouge opaque dans lequel de petites rosettes à quatre pétales sont réservées en métal.

La tête, les mains, le nimbe, le livre et les deux lettres sont réservés en métal sur le fond et gravés, les traits de la gravure étant remplis d'émail noir.

Règne de Charles X. — Collection Durand, nos 122-2671.

N° 154 de la Notice des émaux, par M. le comte L. de Laborde.

---

(1) Comte L. DE LABORDE, *Glossaire*, p. 275, « Émail imitant les vitraux. »
(2) H. Shaw. *The decorative arts... of the middle age.*

ÉMAUX TRANSLUCIDES.

D. 175 et 176. — *Deux plaques rectangulaires en argent, garnissant le revers d'un diptyque.*

Fin du XIVe siècle.   H. 0,052. — L. 0,075.

Le Baptême du Christ. — Le Christ à nimbe crucifère, nu, debout dans l'eau jusqu'à la ceinture. A droite, saint Jean, nimbé, barbu, vêtu d'une longue robe, pieds nus, verse sur la tête du Christ l'eau contenue dans une aiguière. A gauche, un ange, nimbé, ailé, pieds nus, en longue robe, tenant celle du Christ.

La Crucifixion. — Le Christ, à nimbe crucifère, fixé par trois clous sur la croix qui porte le titulus INRI, entre saint Jean, debout à sa gauche, et la Vierge à sa droite.

Chaque scène est couronnée par deux arcs contrelobés, chacun compris sous un fronton à crochets. Entre les deux frontons, un demi-cercle encadrant un oiseau fantastique, et de chaque côté des frontons un quart de cercle semblable.

Carnations, architecture et animaux réservés; vêtements verts ou violets translucides; eaux en bleu gris; fond bleu sur métal ponctué derrière les personnages, vert derrière l'architecture, noir dans les petits médaillons.

Les plaques, qui servent de fond aux sujets en ronde bosse de l'intérieur du triptyque, sont en émail bleu translucide sur métal guilloché.

Règne de Napoléon III. — Donation Sauvageot.

N° 1108 du Catalogue de la collection Sauvageot, par M. A. Sauzay.

D. 177. — *Plaque circulaire en or.*

Fin du XIVe siècle.   D. 0,067.

Dieu le Père entre saint Jean-Baptiste et saint Charlemagne (?). — Au centre, debout, vu à mi-corps, Dieu le Père à longue barbe, coiffé d'une tiare rosée à trois couronnes d'or, à nimbe crucifère jaune, tient sur le bras gauche la boule du monde bleue, surmontée d'une croix patée à branches égales, portée sur une longue tige, et bénit de la droite. Sa robe est verte et son manteau gris bleu doublé de jaune pâle. — A droite, derrière un mur d'appui, saint Jean, à nimbe jaune, avec de longs cheveux et une longue barbe brune, vêtu d'un manteau légèrement violet doublé de vert, montre de l'indicateur de la main droite l'agneau orné du nimbe crucifère qu'il porte de la gauche.

A gauche, derrière un mur d'appui, saint Charlemagne portant une couronne fleurdelisée et fermée, orné d'un nimbe, à longue barbe blanche, est vêtu d'une ample robe violette par-dessus laquelle est passé en sautoir le baudrier de son épée; un pli d'un manteau vert doublé de gris entoure son épaule. Il tient un globe de la main gauche. Carnation de la couleur de l'or pâle, fond gravé émaillé de bleu lapis.

Trois dais d'architecture ornés de pinacles et de crochets en or par-devant un massif en maçonnerie brun verdâtre couronnent les trois figures.

Règne de Charles X. — Collection Durand.

N° 119 de la Notice des émaux, par M. le comte L. de Laborde.

Publié dans le *Moyen Age et la Renaissance*, t. III, et par M. J. Labarte, dans l'*Histoire des arts industriels*. Album, pl. CXIII.

D. 178. — *Plaque circulaire en or.*

Fin du XIVe siècle.   D. 0,068.

La Vierge et l'Enfant-Jésus entre sainte Catherine et un martyr. — Au centre, la Vierge, nimbée de jaune vif ponctué de blanc, debout, vue jusqu'à mi-corps, vêtue d'un ample manteau bleu à revers rouge pourpre qui lui couvre la tête et l'enveloppe presque entièrement. De la main droite, recouverte de son manteau, elle tient un livre, et de l'autre elle soutient l'Enfant-Jésus, nimbé de bleu croiseté de jaune et vêtu d'une robe rouge, à qui elle présente le sein.

A gauche, derrière un mur d'appui, un saint posé de profil, regardant la Vierge, nimbé de jaune, vêtu d'une robe jaune par-dessous un manteau rouge pourpre doublé de bleu, tenant une palme brune de la main gauche. A droite, derrière un mur d'appui, sainte Catherine couronnée et nimbée de rouge pourpre, tournée vers la Vierge, vêtue d'une robe pourpre violet et d'un manteau gris doublé de bleu, tient sur sa poitrine de la main droite le simulacre d'une roue, et de la gauche, entièrement recouverte de son manteau, une palme brune.

Carnations de la Vierge, de l'Enfant-Jésus et de sainte

ÉMAUX TRANSLUCIDES.

Catherine, très-légèrement rosées; celles du saint martyr pourpre violet. Fond gravé, émaillé de vert.
Mêmes dispositions et même architecture que sur le numéro précédent.

Règne de Charles X. — Collection Durand.

N° 118 de la Notice des émaux, par M. le comte L. de Laborde.

Publié dans *le Moyen Age et la Renaissance*, t. III, et par M. J. Labarte, dans l'*Histoire des Arts industriels*. Album, pl. CXIII.

D. 179. — *Plaque circulaire en or.*

Fin du XIVe siècle.   D. 0,069.

Le Baptême du Christ. — Jésus, orné d'un nimbe jaune croiseté de rouge, entièrement nu, sans sexe, les chairs violettes, les bras croisés sur la poitrine, est plongé jusqu'à mi-jambes dans une excavation circonscrite par les déchirements du terrain qui est vert.

A gauche, saint Jean-Baptiste vieux, à nimbe jaune, coiffé d'un bonnet à oreillères et vêtu d'un ample manteau rouge pourpre par-dessus son vêtement de peau, verse avec un vase l'eau sur la tête du Christ. A droite, un ange nimbé, à ailes vertes, à cheveux blonds, vêtu d'une robe pourpre, tient un linge violet posé sur son épaule. En avant, l'agneau de saint Jean, la tête ornée du nimbe crucifère. Au fond, des arbres. Ciel bleu sur un fond maté avec un outil à tête carrée.

L'émail qui recouvre la tête et la main de l'ange, les eaux et l'agneau semble avoir reçu un coup de feu et est comme aventuriné.

Règne de Charles X. — Collection Durand, n°^s 99-2590.

N° 120 de la Notice des émaux, par M. le comte L. de Laborde.

D. 180. — *Plaque circulaire en or.*

Fin du XIVe siècle.   D. 0,069.

Le Christ à la colonne. — Au centre, le Christ, à nimbe jaune croiseté de rouge, couvert sur les reins d'une draperie blanche bordée de jaune, est lié par les deux bras à une colonnette qu'il tient embrassée. — A gauche, un soldat, la tête couverte d'une coiffe de fer, vêtu de lilas gris par-dessous un ample manteau rouge, porte des verges d'une main recouverte de son manteau, s'apprête à frapper du paquet de verges qu'il tient de l'autre. Derrière lui sont trois personnages coiffés de bonnets, vêtus de longues robes, portant l'un un sabre, l'autre une masse d'armes. — A droite, deux soldats frappent le Christ avec des martinets à lanières armées de boules. Ils sont bizarrement accoutrés, comme tous les personnages de cette scène suivant une habitude constante de l'époque lorsqu'il s'agissait de représenter des Juifs ou des infidèles.

A l'extrême droite, un autre soldat est agenouillé et lie un paquet de verges. — Sur le premier plan, la robe du Christ lilas violet est jetée sur le pavé brun, à compartiments triangulaires dessinés en noir.

Le champ est rouge pourpre sur fond maté avec un outil à tête arrondie.

Les vêtements des soldats sont bleus, verts, olive, jaunes, pourpres et violets; les carnations de la couleur de l'or pâle.

Règne de Charles X. — Collection Durand, n° 99.

N° 121 de la Notice des émaux, par M. le comte L. de Laborde.

D. 181. — *Plaque circulaire en or.*

Fin du XIV° siècle. D. 0,068.

Jésus-Christ cloué sur la croix. — La croix est couchée transversalement sur le sol, le Christ, couronné d'épines et portant le nimbe crucifère, y est étendu et fixé par la main gauche et par les pieds qu'un homme cloue d'un seul clou et d'où s'échappe une traînée de sang répandue sur l'herbe. La Vierge, nimbée de jaune, vêtue d'un ample manteau bleu qui lui couvre la tête, est agenouillée sur le premier plan et baise la main droite du Christ qu'elle tient à deux mains, tandis qu'un homme armé d'un marteau et assis à terre, portant sur ses genoux l'extrémité du croisillon de la croix, saisit le bras et l'attire à lui. Saint Jean, nimbé de jaune, vêtu d'un manteau rouge doublé de vert, est agenouillé en arrière-plan en avant des trois saintes femmes, nimbées d'olive, de vert et de jaune.

A l'extrémité gauche, derrière la tête et le croisillon gauche de la croix, trois Juifs sont vus en buste, l'un portant une lance et accoutré d'un costume moitié fantastique, moitié réel.

Les émaux employés sont le bleu, le vert, le violet et le lilas, tous trois sur un fond ponctué à l'outil; l'olive, le brun,

ÉMAUX TRANSLUCIDES.

le violet noir pour les chaussures. Les carnations sont du ton de l'or, la croix est jaune; l'herbe est verte ponctuée de jaune pour figurer les fleurs qui sont gravées sur le métal, les fentes du terrain brunes et le ciel bleu sur fond maté avec un outil rond.

Règne de Charles X. — Collection Durand, n° 99.

N° 122 de la Notice des émaux, par M. le comte L. de Laborde.

D. 182. — *Plaque circulaire.*

Fin du XIVe siècle.   D. 0,068.

Le Christ en croix. — Au centre, le Christ couronné d'épines, orné du nimbe crucifère, le flanc droit saignant, est attaché par trois clous à la croix, au sommet de laquelle sont gravées les quatre lettres INRI.

A gauche, la Vierge, nimbée, entièrement vêtue de bleu, s'évanouit entre les bras de saint Jean jeune, nimbé, vêtu d'un manteau rouge. Derrière trois saintes femmes nimbées, l'une drapée de violet, les deux autres visibles seulement par la tête. Les cinq nimbes sont verts.

A droite, les Juifs et les soldats au nombre de sept. L'un d'eux, vu de dos, présente l'éponge au Christ. Celui du premier plan, coiffé d'un turban blanc, porte un cimeterre; un autre est armé d'une massue et d'un bouclier. Les costumes bizarres, mais à moitié réels, sont rouges, bleus, violets et verts. Les chairs sont légèrement violacées et la croix est jaune. Terrain brun, semé de touffes d'herbes vertes: ciel bleu, sur fond maté avec un outil à tête allongée, dans lequel sont réservés et gravés, le soleil et la lune placés au-dessus des croisillons, et deux anges à longues robes planant au-dessous, le tout recouvert d'émail bleu.

Règne de Charles X. — Collection Durand.

N° 123 de la Notice des émaux, par M. le comte L. de Laborde.

D. 183. — *Plaque rectangulaire en or.*

XVe siècle.   H. 0,062. — L. 0,054.

Saint Jean-Baptiste prêchant. — A gauche, saint Jean-Baptiste nimbé, debout, à cheveux et à barbe jaunes, vêtu d'un ample manteau rouge doublé de bleu par-dessus son vêtement de peau jaune. Il tient de la gauche une banderole qui porte ces mots gravés en capitales gothiques carrées : *Ecce agnus Dei.* — A droite, trois hommes et deux femmes sont assis à terre et l'écoutent. Leur costume se compose d'une ample robe avec un capuchon à collet sur la tête. Les couleurs sont le rouge, le vert, le violet et le bleu.

Au fond, l'Agneau blanc, orné d'un nimbe crucifère vert, tenant la croix de résurrection rouge à pennon blanc. Le sol rocheux, brun et jaune, est planté d'arbres verts, surtout au fond. Les carnations sont du ton de l'or.

Règne de Charles X. — Collection Durand, n°s 122-2679.

N° 124 de la Notice des émaux, par M. le comte L. de Laborde.

D. 184. — *Plaque circulaire en argent.*

XVe siècle.   D. 0,049.

La crèche. — Au centre, l'Enfant-Jésus couché à terre sur un pan du manteau de la Vierge, la tête ornée d'un nimbe crucifère peu visible, entre la sainte Vierge agenouillée, nimbée de violet, vêtue d'une robe de même couleur par-dessous un manteau bleu, et saint Joseph, non nimbé, qui s'incline et tient un flambeau (?) à la main. Il est vêtu d'une robe bleue et d'un manteau violet. L'âne et le bœuf, l'un bleu violet, l'autre brun sont couchés sur l'herbe, en arrière de la Vierge à l'entrée de la cabane en charpente où est la crèche. En dehors d'une palissade en clayonnage brun, on aperçoit trois bergers, un monticule ; des arbres, quelques constructions, et le ciel émaillés en jaune, en violet, en brun et en vert. Carnations rosées.

Règne de Napoléon III. — Donation Sauvageot.

N° 1177 du Catalogue de la collection Sauvageot, par M. A. Sauzay.

D. 185. — *Plaque rectangulaire en argent.*

XVe siècle.   H. 0,040. — L. 0,031.

Saint Jean l'Évangéliste. — Saint Jean l'Évangéliste jeune, nimbé, pieds nus, est debout, drapé dans un ample manteau bleu, bénit de la gauche un calice qu'il tient de la droite et d'où s'échappent trois serpents, allusion à la coupe empoisonnée qu'il vida impunément après avoir fait dessus le signe de la croix. Le saint est en avant d'un bois entre quatre arbres qui semblent placés dans des caisses carrées.

Les carnations sont de la couleur de l'argent légèrement rosé ; les cheveux, le nimbe et le calice sont jaunes. Les serpents bleu pâle. Les arbres jaunes, verts ou bleu pâle, avec des troncs rosés. L'herbe est verte.

Nota. — Voir le catalogue de l'orfévrerie pour la monture.

Règne de Charles X. — Collection Durand, n°s 115 bis-2651.

N° 125 de la Notice des émaux, par M. le comte L. de Laborde.

D. 186. — *Fibule à quatre lobes en argent émaillé et doré.*

XIVe siècle.　　　　　　D. 0,029.

Au centre, un jeune homme à genoux devant une jeune femme debout, lui présentant une couronne.

Carnations en métal, robe de l'homme violet translucide, celle de la femme vert clair. Fond bleu opaque.

Les trois lobes de droite, de gauche et du bas sont contre-lobés de façon à former des champs noirs sur lesquels se détachent des oiseaux fantastiques.

Bordure en biseau avec cette inscription : ANNES DELONGIAVE, en caractères gothiques réservés sur fond noir.

Revers doré muni d'une épingle à charnière s'engageant sous un crochet.

Règne de Napoléon III. — Donation Sauvageot.

N° 361 du Catalogue de la collection Sauvageot, par M. A. Sauzay.

D. 187. — *Plaque circulaire en argent.*

XVIe siècle.　　　　　　D. 0,053.

Armoiries. — Deux écussons en forme de bouclier à pointe ; le premier *d'azur aux huit boules d'or, 2, 3, 2 et 1* ; le second, *d'azur aux deux dauphins d'or affrontés surmontés de 3 roues d'engrenage (?) de même.* Des fleurons symétriques remplissent le champ laissé libre par les écus.

Fond bleu translucide, fleurons verts et roses. Contre-émail blanc verdâtre.

Règne de Napoléon III. — Donation Sauvageot.

N° 1178 du Catalogue de la collection Sauvageot, par M. A. Sauzay.

ÉMAUX TRANSLUCIDES.

D. 188. — *Plaque circulaire en argent doré.*

XVIe siècle.   D. 0,031.

Armoiries. — Un génie ailé, debout, vu de face, s'appuie sur deux écus d'armoiries de formes contournées. Le premier, *d'or au cep de vigne de sinople fruité d'azur, et à la fasce d'azur chargée des trois lettres FII;* le deuxième, *d'or à l'anille de moulin d'azur.* La date 1594 est inscrite sur deux lignes à droite et à gauche des écus.

Le génie, gravé quant aux chairs qui sont d'argent, est émaillé de violet sur sa tunique, de vert opaque et de bleu transparant sur ses ailes. Ces mêmes couleurs se retrouvent sur les écus et dans le cercle qui les circonscrit.

Revers non émaillé.

Règne de Napoléon III. — Donation Sauvageot.

N° 1176 du Catalogue de la collection Sauvageot, par M. A. Sauzay.

D. 189. — *Plaque circulaire en argent.*

XVIe siècle.   D. 0,053.

Armoiries épiscopales. — Deux écussons à côtés échancrés sont placés de chaque côté d'une crosse en pal et au-dessous d'une mitre; au pied la date 1596.

Écusson de gauche, *d'argent à une sirène vêtue de pourpre, de face tenant deux poissons affrontés nageant sur une mer de sinople, au chef de gueules à l'étoile d'or à six pointes.* Écusson de droite, *de gueules au marteau d'argent emmanché d'or en pal sous une étoile à six pointes entre deux fleurs de lis de même, au-dessus d'une montagne de sinople à trois sommets.*

Les émaux sont le violet rosé, le vert et le bleu translucides, le rouge opaque.

Revers non émaillé.

Règne de Napoléon III. — Donation Sauvageot.

N° 1115 du Catalogue de la collection Sauvageot, par M. A. Sauzay.

NOTA. — Voir au revers de la Paix de la chapelle du Saint-Esprit, seize plaques en argent doré représentant des griffons et des dauphins, dont le corps se termine par des volutes feuillagées en émaux verts, bleus, violets et tannés, translucides sur relief. Ces plaques alternent avec des émaux peints italiens.

N° 79 de la Notice du Musée des Souverains, par M. H. Barbet de Jouy.

ÉMAUX EN RÉSILLE SUR VERRE.

Les émaux cloisonnés byzantins furent remplacés, au XVIᵉ siècle, par un produit qui les imite avec un certain bonheur de réussite, mais qui semble sorti d'un atelier particulier plutôt que d'un centre industriel important. Les pièces, en effet, dont nous parlons, et qui ont reçu le nom d'émaux en résille sur verre, présentent toutes le même caractère de décoration, et semblent inspirées par les estampes d'Étienne De Laulne.

Elles sont formées par des bouquets symétriques de feuillages composés où perchent des oiseaux, le tout s'enlève en couleur transparente cloisonnée par un filet d'or sur un fond également transparent, vert ou pourpre, et parfois bleu.

Ces pièces nous semblent faites ainsi.

Sur une plaque en cristal blanc factice, on creusait l'ornement en ayant soin d'en maintenir les bords inclinés en dedans, de façon à faire la cavité plus large au fond qu'à l'ouverture. Puis on y couchait une feuille d'or qui débordait et formait ainsi une petite caisse parfois guillochée au fond, où l'émail était déposé, puis fondu et fixé au feu à une température inférieure à celle de la fusion du cristal.

La pièce convenablement polie, de façon à égaliser toute la surface, était montée sur une feuille de paillon, pourpre ou verte, qui colorait le cristal par transparence, sans altérer en rien les émaux cloisonnés dans leur caisse opaque en or.

La plaque n° D. 190, destinée sans doute à garnir le revers d'un miroir de ceinture, est un charmant spécimen de ce genre d'émaillerie, ainsi qu'une boîte de montre, cataloguée avec l'orfèvrerie, dont le fond bleu est semi-opaque et coloré dans la masse.

D. 190. — *Plaque ovale.*

XVIIe siècle.   H. 0,082. — L. 0,060.

Au centre, une tige de lis à trois branches sur une tige de pensée et entourée de branches de rosier et de marguerite symétriquement disposées de chaque côté de l'axe.

Au-dessus s'étend une banderole avec cette légende :

GRACE DEDANS. LE LIS-HA.

Au sommet, des rayons de soleil au-dessus d'une bande de nuages.

Le fond est formé d'une plaque de verre blanc coloré en grenat par une feuille de paillon. Émaux employés : le bleu, le vert et le grenat translucides ; le blanc opaque.

L'effet produit est le même que celui des anciens émaux cloisonnés byzantins.

Monture en cuivre doré.

Règne de Napoléon III. — Donation Sauvageot.
N° 1114 du Catalogue de la collection Sauvageot, par M. A. Sauzay.

ÉMAUX VÉNITIENS.

Tandis qu'en France, comme nous le verrons plus loin, l'art de l'émaillerie était entièrement transformé dans ses procédés et dans ses produits,— l'émail couvrant entièrement l'excipient métallique et recherchant les effets de la peinture, — on créait en Italie une sorte de vaisselle qui n'a de commun avec les produits de l'art nouveau que d'être également recouverte entièrement d'émail. On pense que ce fut à Venise que cette industrie naquit et se développa ; mais aucun document certain ne le prouve. Tout ce que l'on sait c'est que, dès les commencements du XVIe siècle, cette industrie était parvenue à toute sa perfection, comme le prouve un ciboire possédé par M. le baron G. de Rothschild, et qui porte cette inscription : DNS BERNARDINVS DE

CARAMELLIS PLEBANVS FECIT FIERI DE ANNO MCCCCII (1).

Cette vaisselle est formée de plats, de bassins et d'aiguières, de quelques vases religieux, dont les formes sont celles de la renaissance, et qui sont remarquables par les godrons, soit droits, soit courbes, qui, étant repoussés dans le métal, forment un des éléments les plus considérables de leur décoration.

Des émaux bleus, verts ou blancs sont couchés sur les diverses parties des pièces, de façon à se servir alternativement de fonds et de repoussoir. Des étoiles et des feuilles de chêne, de fougère, etc., sont appliquées en or après coup sur la pièce.

Parfois de petits émaux garnissent l'ombilic des plats. Ils sont, soit translucides sur relief et représentant surtout des armoiries italiennes ou allemandes; soit peints, et représentant des saints. Dans ce dernier cas, ils appartiennent à l'art limousin du XVe siècle et sont d'une facture assez négligée. En aucun cas, nous n'en avons trouvé avec une physionomie italienne. La présence des émaux translucides allemands à armoiries s'explique facilement par les relations de Venise avec l'Allemagne, si c'est à Venise que cette vaisselle a été fabriquée. Le commerce expliquerait la présence des émaux limousins.

(Commencement du XVIe siècle.)

D. **191**. — *Burette.*

H. 0,195. — D. 0,073.

Burette à panse sphériquée, séparée en deux par un filet saillant, godronnée à la partie inférieure, surmontée d'un col très-allongé muni d'un couvercle à bouton. Un goulot part de la panse et monte au-dessus de l'ouverture. Du

---

(1) N° 2375 du Catalogue du Musée rétrospectif de 1865.

côté opposé une anse en balustre fixée à la partie supérieure du col et se soude sur la panse. Pied en piédouche.

Emaux colorés blancs, bleus et verts ainsi distribués : panse, col, couvercle, bouton de l'anse et tête de dragon qui termine le goulot, bleus; — godrons et bouton du couvercle, blancs; — goulot, anse et pied, verts. Rehauts d'or imitant des feuilles de chêne, des fleurs de lis, des rosaces, etc. La lettre *A*, première lettre du mot AQUA, en or sur le pied.

Revers violet marbré de blanc.

Règne de Charles X. — Collection Durand, nos 28-2449.
N° 172 de la Notice des émaux, par M. le comte L. de Laborde.

D. 192. — *Burette.*

H. 0,195. — D. 0,073.

Pendant du numéro précédent. Les deux lettres tracées en or sur le pied en dessous du goulot indiquent que cette burette était destinée à contenir le vin.

Règne de Charles X. — Collection Durand nos 28-2449.
N° 173 de la Notice des émaux, par M. le comte L. de Laborde.

D. 193. — *Aiguière.*

H. 0,312. — D. 0,130.

Panse ovoïde, ornée de dix godrons à sa partie inférieure, surmontée d'un col que termine un bec allongé se combinant avec une anse qui s'arrondit au-dessus de lui et redescend sur l'épaulement de la panse où elle est attachée par une rosette. Pied orné d'un filet saillant, d'un talon droit, et d'une doucine aplatie.

Panse, col et anse émaillés de bleu lapis, chargés d'un semis de feuilles de chêne, d'imbrications et de rinceaux en or. Godrons bleus sur fond blanc, tous deux chargés d'ornements feuillagés symétriques en or. Pied émaillé de vert sur le filet, de blanc sur le talon et de bleu sur la doucine, semis de rosettes et de feuilles de chêne en or.

Contre-émail bleu, intérieur blanc.

Règne de Charles X. — Collection Durand, nos 53-2511.
N° 171 de la Notice des émaux, par M. le comte L. de Laborde.

ÉMAUX VÉNITIENS.

D. **194**. — *Bouteille à panse aplatie.*

H. 0,365. — D. 0,210.

La panse de la bouteille, en forme de disque, est ornée, au centre, d'une rosace entourée de dix-huit godrons courbes, surmontée d'un col droit et portée sur un piédouche.

La rosace centrale émaillée de bleu chargé de feuilles d'or rayonnantes, entourée d'un filet saillant blanc circonscrit par un anneau vert, chargé de rinceaux dorés, dont le fleuron terminal a le cœur en émail blanc. Les godrons sont blancs, chargés d'un ornement d'or barbelé de chaque côté d'un trait en émail vert et terminé par une rosace. Fond bleu entre les godrons et les entourant, chargé de rosettes et de rinceaux d'or à fleuron terminal blanc entouré de feuillages d'or. Un filet saillant blanc entoure la panse et porte des passants émaillés de vert. Col émaillé de bleu semé de fleurs de lis d'or, ainsi que le pied qui est vert. Garniture d'argent ciselé du temps de l'Empire. — Contre-émail bleu.

Ancienne collection, n° 55.
N° 170 de la Notice des émaux, par M. le comte L. de Laborde.

D. **195**. — *Vasque godronnée.*

H. 0,216. — D. 0,300.

Le corps de la vasque se compose d'une zone de vingt-deux godrons droits, au-dessous d'une gorge profonde, et au-dessus de seize godrons droits qui garnissent le fond.

Le pied se rattache à la vasque par l'intermédiaire d'un nœud aplati, et est orné d'un talon chargé de onze godrons droits, ayant une doucine pour bordure.

La gorge émaillée de bleu lapis semé de fleurs de lis d'or, au-dessus d'un ornement courant. Le premier rang de godrons est blanc sur fond bleu, le second vert sur fond blanc, ceux du pied blancs sur fond bleu, chargés alternativement de rinceaux symétriques, et d'ornements barbelés de chaque côté d'un trait d'émail vert, blanc ou bleu, et terminés par une rosace, le tout en or. Ourlet et doucine émaillés de vert, à rinceaux d'or dont le fleuron terminal a le cœur en émail blanc. Nœud émaillé de bleu, cerclé d'un filet vert, chargé de dessins d'or, comme les fonds.

Intérieur reproduisant l'extérieur en contre-partie et émaillé de même.

Règne de Charles X. — Collection Durand, n°^{s} 52-2508.
N° 169 de la Notice des émaux, par M. le comte L. de Laborde.

D. 196. — *Vasque godronnée.*

H. 0,235. — D. 0,325.

Le corps de la vasque se compose d'une zone de vingt-six godrons droits, au-dessous d'une large gorge et au-dessus de seize godrons courbes qui garnissent le fond. Le pied est creusé de quatorze canaux ou contre-godrons.

La gorge est émaillée de bleu lapis, semée de fleurs de lis d'or au-dessus d'un ornement courant. Les godrons droits sont émaillés de blanc et chargés alternativement de rinceaux symétriques et d'ornements barbelés en or partant d'un filet d'émail bleu, fond bleu. Les godrons courbes sont alternativement rouges et bleus, ornés comme les premiers, sur fond blanc.

Les canaux du pied sont blancs, chargés d'ornements barbelés partant d'un filet alternativement bleu ou rouge, et séparés par des côtes bleues. Ourlet vert sur le bord et autour du pied.

A l'intérieur, des canaux creux correspondent aux godrons de l'extérieur et sont émaillés des mêmes couleurs.

Garniture d'argent ciselé.

Ancienne collection, n° 54.
N° 168 de la Notice des émaux, par M. le comte L. de Laborde.

D. 197. — *Plateau.*

D. 0,245.

Ombilic saillant entouré de dix-sept godrons courbes.

L'ombilic en émail bleu, chargé d'une rosace centrale formée de feuilles imitant des imbrications, entourée de zones de feuilles ; godrons émaillés de blanc, décoré de feuillages pennés en or, sortant d'une tige en émail rouge terminés par une rosace. Fond bleu semé de feuilles d'or.

Revers émaillé de bleu semé d'étoiles d'or.

Règne de Napoléon III. — Donation Sauvageot.
N° 1175 du Catalogue de la collection Sauvageot, par M. A. Sauzay.

ÉMAUX PEINTS.

Ce que l'on appelle les émaux sur apprêt, ou assez improprement les émaux peints, lorsqu'il s'agit des œuvres des XVe et XVIe siècles, nous semble avoir débuté par une imitation des émaux translucides sur relief, imitation qui aurait emprunté à la peinture sur verre une partie de ses procédés.

Dans la peinture sur verre, telle qu'elle se pratiquait encore au XVe siècle, le modelé s'obtenait par un émail ombrant appliqué sur la surface translucide de verres diversement colorés. Les morceaux de verre formant les éléments du dessin étant ensuite réunis au moyen de tringles en plomb.

D'un autre côté, dans les émaux translucides sur relief, le modelé étant obtenu par le plus ou moins d'épaisseur de la couche d'émail, l'ombre apparente semble sous-jacente à la surface de la pièce. Quoi de plus simple, alors, de dessiner un sujet au moyen d'émaux ombrants sur la surface brillante du métal, puis de recouvrir ce dessin monochrome d'émaux translucides diversement colorés. C'est cette préparation inférieure, vue à travers les émaux qui les recouvrent, qui forme le modelé.

Puis, comme dans les émaux translucides sur relief, le brillant du métal apparaît dans les parties où l'émail est le moins épais, c'est-à-dire dans les clairs, on exprime les parties lumineuses par de l'or appliqué au pinceau.

De même que les carnations dans les plus anciens émaux champlevés, puis dans les émaux translucides, sont exprimées par de l'émail violet, c'est par la même couleur qu'ont dû être rendues celles des émaux sur apprêt, car nous retrouvons cette dernière conservée, par tradition, jusque dans les pièces les plus perfectionnées des commencements du xvi siècle.

Dans celles-ci, en effet, le fond des carnations est toujours violet; mais le modelé, au lieu d'être obtenu par une préparation sous-jacente, est rendu au moyen d'émail blanc opaque, qui accentue la lumière sur les saillies et se dégrade en passant insensiblement au violet, à mesure que son épaisseur décroît. Les vêtements et les accessoires sont toujours exprimés par l'ancien procédé ; que l'apprêt, c'est-à-dire le dessin en bistre noir, soit appliqué sur la surface même de la plaque, ou sur une couche d'émail blanc, ou enfin sur une feuille de paillon, c'est-à-dire d'or ou d'argent, le tout distribué suivant les nécessités de l'effet à produire.

Le contour est toujours indiqué par un trait en bistre noir qui recouvre un dessin tracé à la pointe sur le métal lui-même, probablement d'après un poncis.

Les émaux fabriqués suivant ces méthodes présentent, pour la plupart, un style archaïque. Les figures en sont maigres, d'une laideur souffreteuse, vêtues de draperies aux grands plis cassés ou de costumes contemporains, comme on en voit sur les vitraux du milieu du xv siècle. L'inspiration primitive peut être allemande ou flamande, comme l'est celle de tout l'art de ce temps ; mais nous ne connaissons point d'émaux sur apprêt que l'on puisse faire remonter à une époque antérieure à celle où se développe le naturalisme inauguré par les Van-Eyck et leur école. Ceux-là même auxquels il est possible d'assigner une date sont d'une époque bien postérieure.

L'abbé Texier cite une statuette de saint Sébastien reposant sur un soubassement où la légende du saint est représentée par des émaux peints, qui fut donnée, en 1479, à l'abbaye de Grandmont (1), et qui appartient aujourd'hui à l'église de Saint-Sulpice-les-Feuilles.

De son côté, le Musée de Limoges possède une plaque

---

(1) L'abbé TEXIER, *Dictionnaire d'orfèvrerie*, p. 900. — *Annales archéologiques*, t. XIV, les Émaux, p. 381.

représentant l'*Adoration des Mages*, où le donateur, qui est un évêque, s'est fait représenter assisté par saint Jean et accompagné par l'écu de ses armes. Or, cet écu et ce saint patron sont ceux de Jean Barton de Montbas, évêque de Limoges, nommé archevêque de Nazareth en 1484 (1). M. Maurice Ardant pense que cet émail fut commandé par Jean de Montbas en souvenir de sa proclamation à l'archevêché de la ville témoin du fait représenté sur la plaque; mais rien n'oblige à adopter cette interprétation ingénieuse, le prélat représenté étant vêtu d'une chappe et rien n'indiquant son caractère d'archevêque. De sorte qu'il est possible que cet émail soit antérieur ou postérieur à la date assignée.

Du reste, comme ces émaux indiquent une pratique fort habile de l'émaillerie, il faut faire remonter à un certain nombre d'années antérieures à la date de 1479 les origines de l'émaillerie sur apprêt.

Les œuvres de cette époque sont généralement des plaques de destination exclusivement religieuse, montées en triptyques sur des ais de bois au moyen d'étroites moulures en cuivre doré, maintenues par des clous dont les têtes sont dissimulées sous des bouquets de feuilles de chêne en cuivre fondu.

Parfois on en trouve en médaillons, de forme et de dimension variables, aux extrémités des croix ou sur le nœud des calices. Il existe même certains ustensiles, comme les orceaux, qui sont entièrement garnis, à l'extérieur, de plaques d'émail.

Le revers des émaux peints primitifs est recouvert d'un contre émail épais, rugueux, opaque, et formé de résidus de fabrication. La destination de ce contre-émail est d'empêcher la feuille de cuivre de se voiler pendant la cuisson, en faisant dominer la quantité de la matière fusible sur celle du métal qu'elle recouvre de toutes parts. Dans les émaux champlevés, c'est le

---

(1) M. ARDANT, *Emaillerie et émailleurs de Limoges*, édition de 1855, 96.

contraire qui existe; la plaque de métal étant nécessairement épaisse, c'est elle qui résistait aux déformations que le feu essayait de lui faire subir.

Dans les émaux peints de la période suivante, le contre-émail est mince, généralement incolore, mais la feuille de métal est légèrement bombée, afin de pouvoir résister aux dilatations et aux retraits qui résultent de la cuisson.

Pour les émaux de cette période, qui doit commencer vers l'année 1520, l'ancienne pratique de peinture sur préparation peinte est presque entièrement abandonnée pour ce qu'on appelle la grisaille, bien qu'elle intervienne parfois encore pour varier les effets de cette dernière.

La méthode employée pour fabriquer les grisailles est celle-ci.

Une couche d'émail noir, qui tire généralement sur le violet, et parfois d'émail bleu lapis, est étendue sur le métal, puis passée au feu. Sur ce fond, que nous supposerons noir, on étend une couche mince d'émail blanc, qui, laissant transparaître le noir sous-jacent, paraît grise; puis, sur cette pellicule, après qu'elle a été séchée, l'on trace le dessin avec une pointe et l'on en masse les principales ombres par des hachures, en enlevant en dehors des contours l'émail blanc là où le fond doit rester noir. On opère, enfin, comme le graveur à l'eau forte sur le vernis de sa planche. Cette seconde couche d'émail est alors fixée au feu, ainsi que le dessin qui y a été tracé.

Pour modeler, l'émailleur dépose de la poudre d'émail blanc d'épaisseurs variables, qui, suivant qu'il laisse transparaître plus ou moins de l'émail noir du fond, semble plus ou moins gris dans les demi-teintes, pour rester d'un blanc absolu dans les lumières. Il arrive aussi que l'on recouvre partiellement les traits de contour et les hachures de préparation par une mince couche d'émail, afin d'en amortir le noir trop absolu et de ménager, par une transition plus insensible, le passage de l'ombre extrême à l'extrême lumière.

Certains émailleurs, pour obtenir un ton général plus gris et plus doux, usent de deux couches de fond : l'une noire, l'autre grise. C'est sur cette dernière, passée au feu comme la première, qu'ils étendent une troisième pellicule d'émail blanc, sur laquelle ils tracent, à la pointe, le dessin qu'ils veulent figurer. Le sujet s'enlève alors en gris au lieu de s'accentuer en noir, comme dans le premier cas.

Lorsque les couches successives qui doivent modeler l'émail ont été fixées au feu, et que la grisaille est terminée, l'émailleur réveille le tout par quelques rehauts d'or qui dessinent les accessoires, bordent les vêtements, ou dessinent des arabesques dans les pièces de vaisselle en assez grand nombre que l'on décora de grisailles.

Parfois, les émailleurs se sont plu à tracer avec l'or, sur une couche d'émail noir, de simples camayeux, comme les nos D. 201 et D. 229.

Dans toutes les grisailles du XVIe siècle, le trait de contour obtenu par enlevage cerne toujours les divers éléments du sujet, et donne au dessin une fermeté qui, avec le procédé assez sommaire employé pour les modeler, contribue à imprimer à ces émaux un caractère décoratif si prononcé.

Ce mode d'exécution des grisailles, suffisant pour l'ornement, ne pouvait serrer d'assez près la ressemblance dans les portraits que les émailleurs limousins exécutèrent d'après les estampes et les crayons contemporains. Aussi, après avoir préparé les carnations par le procédé ordinaire, en émail blanc se détachant sur un fond bleu ou noir, l'on revint au pinceau avec du bistre brun roux déposé par hachures ou par points pour modeler le visage et en accuser les traits. Les cheveux et la barbe, préparés en émail jaune clair ou brun, étaient redessinés avec du bistre de même couleur, mais de ton plus foncé. Quant aux vêtements et aux détails du costume, comme ils étaient souvent noirs, on se contentait d'en indiquer les détails avec de l'or ; mais les linges étaient exécutés par le procédé de la grisaille, c'est-à-dire par la superposition de couches d'émail blanc.

Parfois, tous les procédés de l'émaillerie peinte se trouvent employés dans un même sujet, comme nous aurons à le montrer plus loin dans la description des émaux du Musée, et comme on peut le voir notamment dans les « tableaux de la Sainte-Chapelle, n°s D. 282 à 304 et 305 à 327. »

Ces émaux, que l'on fait payer si cher aujourd'hui, étaient tombés à bas prix à la fin du XVIe siècle, comme en témoigne la gêne où étaient tombés ceux qui les fabriquaient, ainsi que nous le verrons dans la vie de certains d'entre eux, et comme Bernard Palissy le dit en termes formels en son *Art de terre*: « As-tu pas vu aussi les esmailleurs de Limoges, lesquels, par faute d'avoir tenu leur invention secrète, leur art est devenu si vil qu'il leur est difficile de gaigner leur vie au prix qu'ils donnent leurs œuvres. Je m'asseure avoir veu donner pour trois sols la douzaine des figures d'enseignes que l'on portait au bonnet, lesquelles enseignes étaient si bien labourées et leurs émaux si bien parfondues sur le cuivre qu'il n'y avait nulle peinture si plaisante. Et ce n'est pas cela advenu une fois, mais plus de cent mil, et non seulement esdites enseignes, mais aussi esguières, salières et toutes autres espèces de vaisseaux et autres histoires, lesquelles ils se sont advisés de faire : chose fort à regretter. »

A peu près à l'époque où B. Palissy écrivait ce passage, les émailleurs transformaient leur manière. Au modelé par épaisseur, ils substituaient le modelé par hachures, surtout dans les carnations, et, abusant du paillon et des rehauts d'or, finissaient à peu près comme avaient commencé les initiateurs de la fin du XVe siècle.

ÉMAUX PEINTS ITALIENS.

Bien que l'émaillerie peinte se soit peu développée en Italie, c'est par l'étude des rares spécimens de cet art que possède le Musée que nous croyons devoir commencer. Ces spécimens appartiennent au commencement du xvi° siècle, et n'interrompront point ainsi la série des émaux limousins, que nous aurons ensuite à étudier exclusivement.

Le procédé employé par les émailleurs italiens est généralement le même que nous voyons prévaloir à l'origine de l'art à Limoges. Des émaux translucides sont couchés sur le métal légèrement guilloché, afin de les mieux retenir. Ces émaux, bleus, violets, tannés et verts, sont distribués suivant les nécessités du dessin, qui est ensuite modelé au moyen d'émail blanc ou d'or appliqués au pinceau par fines hachures. Les carnations sont toujours sur fond violet et d'habitude modelées en blanc; mais cet émail est opaque et superficiel, au lieu de faire corps avec le fondant et d'être recouvert par la glaçure provenant du verre en excès qui entre dans la composition des émaux employés, comme cela se remarque sur les produits de Limoges.

Nous ne connaissons jusqu'ici qu'un émail italien sur fond opaque. C'est une petite plaque appartenant à M. Gatteaux, membre de l'Institut, représentant la Vierge glorieuse entre saint François et saint Sébastien (1). Les personnages et l'architecture sont réservés en gris, d'un ton très-fin, légèrement glacé de bleu lapis sur le fond, de bleu cendré et de vert sur quelques costumes, mais toujours modelé en blanc par hachures d'une finesse extrême. Certaines miniatures italiennes du xv° siècle sont l'exact équivalent de ces émaux.

Nous citerons, enfin, une petite frise qui appartenait à l'ancienne collection Le Carpentier (2), et qui représente le Triomphe d'un guerrier. Le fond est blanc et nécessairement opaque; le dessin est un simple trait en bistre brun foncé, cernant parfois une très-légère glaçure bleue ou violette posée sur les costumes.

Tous ces émaux semblent appartenir à l'école lom-

---

(1) N° 2370 du Catalogue du Musée rétrospectif de 1865.
(2) N° 2374 du Catalogue du Musée rétrospectif de 1865.

barde par le style du dessin, et nous donnerons comme preuve, outre la Paix que nous allons décrire, les figures d'ange en pied, et surtout en buste, qui décorent la magnifique Paix de la chapelle du Saint-Esprit au Musée des Souverains (1).

Une plaque représentant la Crucifixion, appartenant à M. Magniac et exposée, en 1862, au musée de South-Kensington (1), dont les carnations sont ombrées de brun sur fond rougeâtre, porte cette inscription : IOANE DE LANDRIANO, qui peut justifier cette appréciation exclusivement tirée du style du dessin. Landriano est une petite ville entre Pavie et Milan, mais l'inscription semble à M. A. W. Franks plutôt un nom de possesseur qu'une signature d'artiste.

D. **198, 199**. — *Paix composée de deux plaques en argent, montées en cuivre doré.*

Commencement du XVIe siècle. — H. 0,220. — L. 0,140.

Sur un soubassement orné de nombreuses moulures et portant l'inscription PAX-HVIC-DOMVI gravée, s'élèvent deux pilastres ornés de filigranes représentant des raisins. Les chapiteaux supportent une architrave au-dessus de laquelle s'arrondit un arc orné de cordons d'oves et de palmettes sur ses moulures. Une plaque rectangulaire est comprise entre le soubassement, les pilastres et l'architrave. Une plaque en demi-cercle, entre l'architrave et l'arc qui la surmonte. Une poignée en forme de console est fixée postérieurement à la garniture.

Plaque rectangulaire. — H. 0,121. — L. 0,080.

La Nativité. — La Vierge et saint Joseph, nimbés tous deux, sont agenouillés devant l'Enfant-Jésus couché à terre vers la gauche, la tête ornée d'un nimbe à rayons crucifères, et

---

(1) N° 79 de la Notice du Musée des Souverains, par M. H. Barbet de Jouy.
(2) N° 4808 du Catalogue... on Loan.

le corps entouré d'une auréole. La crèche est au deuxième plan à droite ; des rochers et des arbres dans le fond.

Plaque semi-circulaire. — H. 0,047. — D. 0,080.

L'Annonciation. — A droite, la Vierge est agenouillée devant un lutrin pédiculé ; à gauche, l'ange portant un lis, s'incline devant elle.

Emaux colorés, translucides, bleus, violets, verts et bruns. Les carnations sont dessinées et modelées en émail blanc opaque sur fond violet améthyste ; les vêtements et les accessoires en émail blanc ou en or indifféremment. Fond bleu.

Revers gros bleu, granité et granulé.

Règne de Charles X. — Collection Durand, nos 116-2652.

Nos 165 et 166 de la Notice des émaux, par M. le comte L. de Laborde.

D. **200**. — *Plaque circulaire, montée dans une bordure également circulaire, en bronze doré, ornée d'une zone de filigranes plats et circonscrite par une torsade.*

XVIe siècle.   D. de l'émail 0,033. — D. total 0,052.

Enseigne de coiffure. — Un jeune enfant vêtu d'une courte tunique, les jambes et la tête nues, conduit une femme vêtue d'une robe ample, relevée par une double ceinture, la tête découverte et chauve. Une houpe de cheveux ou une flamme surmonte son front. Deux arbres au fond. Autour, on lit l'inscription : REGI.TI BONA MADRA MIA.

Grisaille. Sujet dessiné en émail blanc opaque sur fond noir ; rehauts d'or.

Revers invisible à cause de la monture en cuivre, qui est radiée à l'outil et qui porte un anneau pour fixer l'enseigne.

N° 167 de la Notice des émaux, par M. le comte L. de Laborde.

NOTA. — Voir les 32 plaques qui décorent surtout le revers de la Paix de la chapelle du Saint-Esprit : n° 79 de la Notice du Musée des Souverains, par M. H. Barbet de Jouy.

ÉMAUX PEINTS LIMOUSINS.

D. 291. — *Médaillon circulaire, monté en cuivre doré.*
Fin du XVᵉ siècle.   D. 0,068.

Jehan Fouquet. — Portrait d'homme, de trois-quarts à gauche, coiffé d'une calotte par-dessus des cheveux ras, et vêtu d'une robe à collet droit, dont les manches sont à mahoires. Autour de la tête on lit l'inscription : IOHES FOVQVET, en caractères romains pour le corps de l'inscription et en lettres onciales ornées pour les initiales. — Camayeu d'or à deux couches : une première, qui est grise, forme les demi-teintes. Les ombres sont produites par enlevage, les lumières par des hachures d'or vif appliquées presque toutes verticalement. Fond noir.

Revers invisible.

Ce portrait passe pour être celui de Jehan Fouquet, peintre du roi Louis XI.

Règne de Napoléon III. — Donné par M. le vicomte de Janzé.

Publié dans *les Portraits inédits d'artistes*, par M. le marquis P. de Chennevières, et en fac simile dans *l'OEuvre de Jehan Foucquet* par M. Curmer.

Monvaerni.

L'existence de Monvaerni, dont la signature se trouvait sur un triptyque de la collection Didier Petit, a été longtemps mise en doute ; mais cette même signature que nous avons relevée sur deux émaux d'une facture et d'un caractère identiques, et la comparaison de ces émaux avec d'autres pièces de même physionomie nous permettent de constater la personnalité d'un émailleur français, car le mot « *j'enrage* » se lit sur le collet du justaucorps dont est revêtu le diable dans l'émail de la collection Didier Petit (1). Il vivait sans doute à Limoges, au milieu du XVᵉ siècle.

C'est sur une plaque en émail représentant une

---

(1) DIDIER PETIT, *Notices sur le crucifix et sur les émaux et émailleurs de Limoges*. En tête du *Catalogue de la collection d'objets d'art de M. Didier Petit*. Lyon, 1843, p. XXIII, et nº 123.

Pitié, mise en vente avec le cabinet de M. Tondu, à l'hôtel Drouot, en 1865, que nous avons relevé la première signature de Monvaerni. La similitude absolue entre ce sujet, le style et la facture de cet émail avec un autre que possède M. Germeau (1), nous a fait chercher et retrouver sur ce dernier la même signature, MONVAER, mais incomplète. Quatre petites plaques, qui appartiennent aussi à M. Germeau (2) retraçant la légende de sainte Valérie, sainte limousine, nous font croire que cet émailleur était de Limoges.

Monvaerni appartient à cette période de l'art français, qui semble s'être complu dans le laid et dans la maigreur, comme s'il avait voulu nous conserver le souvenir des longues souffrances qui affligèrent notre malheureux pays pendant le long règne de Charles VI et les commencements de celui de Charles VII.

Les personnages sont, en outre, vêtus, soit de costumes réels, soit de ces amples draperies à plis cassés qui semblent avoir été inaugurées par l'art allemand.

Monvaerni dessine ses sujets sur fond blanc, et les revêt de glacis en émaux translucides; ses carnations étant d'un blanc gris-perle particulier et modelées par empâtements. Mais les draperies blanches dont il revêt certains personnages sont remarquables par des empâtements considérables qui se relèvent en bosse entre les traits noirs qui marquent les plis. Des fleurettes en or, semées sur ces draperies, les agrémentent.

En somme, il existe une grande analogie entre les émaux de Monvaerni et les vitraux du XVe siècle, et comme nous croyons que cet émailleur a précédé Nardon Pénicaud, il ne serait point impossible qu'il fût un des créateurs de l'émaillerie peinte à Limoges.

---

(1) N° 2390 du Catalogue du Musée rétrospectif de 1865.
(2) N° 2392 du Catalogue du Musée rétrospectif de 1865.

ÉCOLE DE MONVAERNI.

D. **202**. — *Plaque rectangulaire en cuivre.*

Commencement du xviᵉ siècle. H. 0,245. — L. 0,200.

Le mariage de la Vierge. — Au centre, le grand-prêtre debout devant un autel de style ogival accompagné des deux statues de Moïse et d'Aaron. La sainte Vierge à droite, coiffée d'un voile relevé, en robe juste et en manteau, donne la main à saint Joseph placé à gauche. Trois femmes sont placées derrière la Vierge. La première porte une résille emprisonnant ses cheveux relevés sur la tête, un voile plissé agrafé sur le front, une robe à corsage carré, ajustée avec une ceinture haute et des manches larges.

Derrière saint Joseph, trois hommes, y compris l'acolyte. L'un est coiffé d'un bonnet à plumes, d'une tunique dégageant le cou, d'un ample pardessus sans collet, et chaussé de souliers découverts, larges du bout et retenus par une bride.

Sujet dessiné et légèrement ombré sur fond blanc et recouvert d'émaux translucides bleus, violets et verts. Le sol est bleu turquoise appliqué sur le métal.

Carnations en émail blanc rosé sur préparation grise redessinées en noir.

Règne de Napoléon III. — Donation Sauvageot.

N° 1113 du Catalogue de la Collection Sauvageot, par M. A. Sauzay.

NOTA. — Voir pour le cadre qui entourait cet émail dans la collection Sauvageot le n° B. 243 de la *Notice des Bois sculptés*, etc., par M. A. Sauzay.

LES PÉNICAUD.

Léonard (Nardon) Pénicaud.

Un titre retrouvé dans les archives de Limoges, et une signature déchiffrée sur un émail du Musée de l'Hôtel-de-Cluny, ont fait connaître le nom du chef d'une famille d'émailleurs qui a jeté un grand éclat dès avant le xvi{{e}} siècle, et pendant une grande partie de ce siècle lui-même, sur la fabrique de Limoges.

Cet artiste est Léonard Pénicaud ou Nardon Pénicaud, comme on disait en patois limousin, et c'est à lui qu'il faut attribuer ce qu'il y a de plus parfait parmi les émaux peints de style encore archaïque.

En 1495, il constituait une rente en faveur de la « Confrérie des pauvres à vestir, » et, comme pour disposer ainsi de son avoir il lui fallait être majeur, comme, de plus, la majorité n'était atteinte, dans l'ancien droit coutumier, qu'à l'âge de vingt-cinq ans, Nardon Pénicaud ne pouvait être né postérieurement à l'année 1470 (1).

Aussi était-il déjà un artiste fait en 1503, à l'aurore du xvi{{e}} siècle, comme le prouve l'émail du Musée de l'Hôtel de Cluny, qu'il a ainsi signé et daté à la suite d'une longue inscription en beaux caractères gothiques : NARDON PENICAUD DE LIMOG(IA) H(OC) F(ECIT) P{{A}} (PRIMA) DIE APL(APRILIS) ANNO MIL{{MO}} V{{C}} TERCIO.

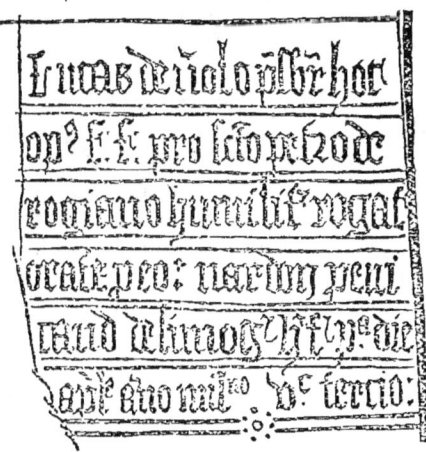

En 1511, il était nommé centenier pour l'élection

---

(1) Maurice ARDANT, *Emailleurs limousins. Les Pénicaud*, 32 pages in-8°. Limoges, 1858.

des deux consuls, et deux années après, en 1513, il était nommé consul lui-même, ce qui montre l'importance qu'il avait acquise.

Divers actes le mentionnent en 1535, 1537 et 1539, à cause des maisons qu'il possédait à Limoges. A cette dernière date, il ne pouvait avoir moins de soixante-neuf ans. Quant à l'époque de sa mort, elle est inconnue, ainsi que la date précise de sa naissance.

Si Nardon Pénicaud, par son éducation et par ses habitudes de travail, appartenait à l'art français et encore gothique du XVe siècle, il dut, pendant ses dernières années de labeur au siècle suivant, subir quelque peu l'influence que l'art italien exerçait en France, surtout par l'entremise de l'Allemagne et des Flandres, dont les gravures arrivaient à Limoges. De là doit résulter, sous l'uniformité des procédés, un certain caractère mixte dans son œuvre, et la difficulté de classer sous un même nom des émaux tout à fait gothiques par le dessin et le détail à côté d'autres qui appartiennent à une certaine renaissance, et par le dessin et surtout par le détail.

Tous les émaux que l'on peut certainement attribuer à Nardon Pénicaud, d'après leur ressemblance avec celui du Musée de l'Hôtel de Cluny, sont exécutés par apprêt sur fond blanc, c'est-à-dire que les traits principaux du dessin sont largement appliqués au pinceau en bistre, sur le fond blanc, excepté pour les bleus turquoises et pour les carnations. Les premiers sont appliqués avant les traits du dessin ; les secondes sont modelées en blanc sur un fond violet bleuâtre, qui donne à toutes les carnations des émaux de Nardon Pénicaud un ton caractéristique et facile à reconnaître. Parfois un trait en bistre noir opaque donne plus de force aux contours dans l'ombre. Des émaux translucides recouvrent le fond, sur lesquels des rehauts d'or sont appliqués au pinceau avec une grande habileté, et souvent avec une grande abondance, afin d'accentuer les lumières.

Souvent les orfrois des costumes et l'architecture sont semés de paillons imitant les pierreries.

Ce sont surtout des triptyques religieux qui sont sortis de l'atelier de Nardon Pénicaud, dont les compositions montrent souvent un grand charme et dénotent un artiste très-habile.

Les revers de ses émaux, toujours très-épais et opaques, ou cachés sous la monture des triptyques, ne nous ont point encore permis de découvrir si Léonard Pénicaud frappa le cuivre de ses plaques d'un poinçon que nous retrouverons plus tard en possession de sa descendance.

D. **203**. — *Plaque circulaire.*

xve siècle. D. 0,230.

Le couronnement de la Vierge. — Le Christ assis à droite dans un fauteuil, coiffé de la tiare à triple couronne, la tête ornée d'un nimbe uni, le nimbe et la tiare étant bruns tous deux, pose de la droite la couronne sur la tête de la Vierge, et tient de la gauche sur ses genoux le globe surmonté de la croix. Il est vêtu d'une ample robe bleue qui laisse voir une aube blanche sur la poitrine, d'une étole violette posée en sautoir de droite à gauche, et d'une chape violette doublée de vert, retenue par une agrafe à quatre lobes, et chaussé. Des paillons bleus, violets et verts, imitant les pierres précieuses, garnissent le nimbe, la tiare, le globe, les chaussures et la bordure de la chape qui porte sur le galon inférieur, qui est brun, cette inscription en capitales gothiques tracées en or : IHS. REX REGUM ET DEUS DOMINUS AUTEM AVE MA. De plus le monogramme IHS en capitales gothiques est tracé en or.

La Vierge nimbée, assise, les mains jointes, les cheveux tombant sur les épaules, est vêtue d'une robe violette à parements verts, dégageant le haut de la poitrine, d'un manteau bleu doublé de vert et chaussée. Des paillons décorent la couronne, le nimbe, le bord du manteau et les chaussures. Le monogramme MA est tracé en or sur le manteau. Les fauteuils à dossier, ornés de boules à l'extrémité de leurs montants, sont bruns et chargés de paillons imitant les pierreries.

Le fond est bleu constellé d'or. Une bordure en émail

blanc porte cette inscription tracée en capitales onciales noires, renflées au milieu, dont nous rétablissons les abréviations : GLORIA ET HONORE EXALTACIONE SINGULARISQUE GRACIIS DOMINUS IHS QUI EST PATER ET FILIVS QUE SPIRITVS SANCTVS, NON DINVSUS SET (divisus sed) SOLUS OPTIMUS DEUS, CORONAVIT SVAM DILECTISSIMAM MATRIAM, REGINAM ATQVE IMPERATRICEM SUI INFINITI REGNI CELORVM ; ET SEDET AD DESTERAM SUAM QVE CVM EO VIVIT ET REGNAT.

Sujet dessiné et ombré en noir sur fond en émail blanc recouvert d'émaux translucides.

Carnations en émail semi-translucide blanc saumonné, éclairé de blanc et ombré de rouge, les contours et les traits redessinés en noir opaque.

Rehauts d'or presque partout disparus.

Contre-émail vert sale opaque par-dessus une première couche noire.

Ancien fonds, n° 53.

N° 163 de la Notice des émaux, par M. le comte L. de Laborde.

D. 204 à 206. — *Triptyque*.

Commencement du XVIe siècle. Plaque centrale. — H. 0,280.
— L. 0,145. — Plaques latérales. — H. 0,280. — L. 0,120.

La Crucifixion, entre *le Portement de croix* et *la Descente de croix*. — Partie centrale : *la Crucifixion*. — Jésus-Christ, sans nimbe, couronné d'épines, attaché par trois clous à une croix en T et sans escabeau, les reins recouverts d'une étroite draperie à bouts flottants.

Le bon larron, à sa droite, nu, les membres rompus, est lié à une croix qui passe sous ses aisselles. Un ange prend son âme. Le mauvais larron est lié de même à sa gauche. Un diable s'empare de son âme.

La Magdeleine, coiffée d'un turban, est à genoux aux pied de la croix qu'elle tient embrassée.

A gauche (droite du Christ), la sainte Vierge, nimbée, se tient debout en avant de trois saintes femmes également nimbées, et de deux Juifs. A droite, les soldats ; les trois premiers à cheval, les autres en nombre considérable et à pied. Au premier plan, l'un des cavaliers est vu de dos et monté sur un cheval blanc qui présente sa croupe. Sur le caparaçon du second, l'inscription en lettres d'or AVE MAR.

Le soldat placé au centre, derrière la Madeleine, porte une lance et un bouclier à figure humaine barbue. Fond de ville et ciel. Des ossements sont disséminés sur le sol qui est couleur d'herbe.

Volet de gauche. *Le Portement de croix*. Le Christ couronné d'épines, non nimbé, vêtu d'une robe violette, porte la croix, et marche vers la droite. Les saintes femmes nimbées le suivent Des soldats l'accompagnent, le premier vêtu d'une armure complète appuie sa main sur la croix et porte cette inscription au bas du tabar qui recouvre son armure : ROBER LEGRAM IVISM (Robert le grand Juif?).

Volet de droite. *La Descente de croix*. Un Juif, monté sur une échelle derrière la croix, soutient dans ses bras le corps de Jésus non nimbé, décloué; Joseph d'Arimathie, debout, soutient les jambes. La Vierge et une sainte femme, nimbées, sont à genoux du côté opposé. Joseph d'Arimathie est vêtu d'un justaucorps vert turquoise par-dessus une tunique violette à collet bleu, dont une bande est visible sur la poitrine et sur le bas-ventre, places où est tracée l'inscription : IASETIBO-ORIMATEA (Joseph d'Arimathie). Sur le haut de ses bottes violettes qui recouvrent des bas de chausses bruns, on a tracé cette seconde inscription : AVE MARIA GRACIA P. Sur le sol couleur d'herbe sont répandus des ossements.

Le dessin est largement tracé et sommairement ombré, en bistre sur un fond blanc et bleu turquoise pour quelques détails par-dessus lequel sont appliqués les émaux translucides bleus, verts, violets, bruns, de deux tons, et éclairés par des rehauts d'or. Le bleu turquoise est recouvert par une glaçure incolore.

Les chairs en blanc saumonné sont modelées par rehauts de blanc, certaines parties par enlevage; les traits accentués en noir dans les ombres.

Plaque très-cintrée, métal épais, contre-émail brun noir.

Règne de Napoléon III. — Donation Sauvageot.

N° 1116 du Catalogue de la Collection Sauvageot, par M. A. Sauzay.

D. **207** à **209**. — *Triptyque formé de trois plaques rectangulaires, encadrées dans une moulure en cuivre doré, ornée de feuilles soudées aux deux extrémités d'une même tige et fixées de place en place. Le tout dans une monture en bois doré, re-*

couverte par places de feuilles de parchemin ornées de peintures et provenant d'un manuscrit.

XVᵉ siècle.   Plaque centrale. — H. 0,203.—L. 0,167.
— Volets. — H. 0,203.— L. 0,067.

La Pitié, entre *saint Pierre* et *saint Paul*.—Partie centrale: *la Pitié.* — Le Christ nu, non nimbé, sanglant, les reins ceints d'une courte draperie, est couché sur les genoux de la Vierge, nimbée, qui le contemple les bras croisés. Sainte Madeleine, nimbée, tenant un vase de parfums, s'incline et baise la main gauche du Christ; tandis que du côté opposé, saint Jean, nimbé, lui enlève la couronne d'épines.

En arrière, une draperie constellée de paillons imitant les pierreries s'accroche à deux colonnes qui supportent une arcature basse à pendentifs, en style gothique de la fin du XVᵉ siècle, et qui précède un édifice voûté.

Quatre anges, non nimbés, deux à droite, deux à gauche, volent en arrière de la draperie. Le sol est couvert d'un pavage orné.

Volet de gauche. *Saint Pierre* debout, nimbé, pieds nus, vêtu d'une robe et d'un manteau, tient les clefs et un livre sous le bras, en avant d'une arcade précédant un édifice et tendue d'une draperie.

Volet de droite. *Saint Paul*, nimbé, pieds nus, vêtu de même, tient l'épée et le livre ouvert. Même fond.

Sujet dessiné et modelé par hachures noires sur un fond général blanc, puis recouvert d'émail translucide éclairé d'or en grande partie enlevé.

Les chairs préparées en émail violet semi-opaque ont été modelées en émail blanc rosé, certains traits étant dessinés par l'enlevage, d'autres ayant été réservés; les accents d'ombre étant posés au pinceau en émail noir.

Les costumes sont violets, verts ou bleus. L'architecture est violette, verte et brune avec les fonds bleus. Les pavages verts et violets de deux tons. Les courtines bleues à paillons verts, bleus et violets avec quelques touches blanches ponctuées de rouge.

Contre-émail invisible.

Règne de Louis-Philippe, nᵉ 296 *bis*.

Nᵒˢ 159 à 161 de la Notice des émaux, par M. le comte L. de Laborde.

D. 210. — *Plaque rectangulaire.*

Fin du XVe siècle.   H. 0,194. — L. 0,174.

Le Couronnement de la Vierge. — La Crucifixion. — La Pitié. — La scène principale est encadrée dans une bordure cintrée du haut, formée d'une banderole enroulée en spirale, et d'un ruban orné de roses et de rosaces. De chaque côté monte une colonne composée partie d'une torsade, partie d'un imbrication de feuilles supportant une frise où sont représentés ; à gauche, *la Crucifixion* : le Christ est en croix entre la Vierge et saint Jean ; à droite, *la Pitié* : le Christ mort est sur les genoux de la Vierge, soutenu par saint Jean et la Madeleine. Les deux sujets sont séparés par un médaillon central où est représenté *saint Michel terrassant le dragon.*

Le Couronnement de la Vierge.

Dieu le Père, vieux, barbu, coiffé de la tiare, nimbé, vêtu d'une robe turquoise et d'une chape violette, assis à l'extrémité d'un banc, bénit la Vierge et tient de la gauche les Tables de la loi appuyées sur ses genoux, portant cette inscription : LES DIS COMAN. A l'autre extrémité, Jésus-Christ, couronné d'épines, à nimbe crucifère, tenant de la gauche la croix de résurrection, la droite ouverte devant lui, le torse nu, couvert d'un manteau violet doublé de vert sur les épaules et sur les jambes. Entre eux plane le Saint-Esprit. La Vierge, nimbée, est en avant, agenouillée de face, les mains jointes, sur le marchepied du trône. Elle a les cheveux pendants, porte une guimpe sous sa robe brune, dégageant la poitrine et ajustée à la taille et un manteau bleu. Dix anges, non nimbés, volent autour du groupe principal, sur un fond bleu étoilé d'or.

Le sujet est largement dessiné sur un fond général d'émail blanc et d'émail bleu turquoise opaque pour certains costumes. Les carnations en violet semi-opaque, éclairées de blanc et accentuées en noir dans les ombres, certains traits étant simplement enlevés.

Les bleus, les verts, les violets et les bruns étant transparents sont appliqués par-dessus le dessin ; une glaçure incolore recouvre les parties en bleu turquoise. Les lumières sont appliquées en or.

Mêmes couleurs pour les scènes secondaires et pour les ornements.

Contre-émail gris cendré, inégal.

N° 162 de la Notice des émaux, par M. le comte L. de Laborde.

Jean I Pénicaud.

L'ordre de la descendance de Nardon Pénicaud est assez difficile à déterminer à cause du même prénom de Jean qu'ont reçu trois de ses membres, presque contemporains tous trois, et tous trois émailleurs.

Le plus ancien des Jean Pénicaud devait être plutôt le frère ou le neveu de Nardon que son fils. En effet, il constituait une rente sur l'un de ses immeubles, en 1510, ce qui, le faisant âgé de vingt-cinq ans au moins, indique qu'il ne pouvait être né postérieurement à l'année 1485. Or Nardon n'avait pas moins de quinze ans à cette époque, mais ne pouvait avoir guère plus de vingt ans.

En 1534 et 1537, des sentences sont rendues contre « Jehan Penicaud l'aîné, » (1) qui est sans doute notre émailleur, que des actes de cette même année 1537 et de 1543 désignent comme propriétaire d'une vigne et d'une maison.

Enfin, de 1557 à 1561, on trouve un Jehan Penicaud payant, conjointement avec sa fille Narde, une rente assise sur une maison, ce qui le ferait au moins âgé de soixante-seize ans à cette époque. Aussi croyons-nous que ce document se rapporte à Jean II.

Mais aucune des maisons visées dans ces actes n'étant les mêmes que celles que désignent les contrats relatifs à Nardon, nous ne pensons point que Jean ait hérité de celui-ci. Nouvelle preuve qu'il n'était point son fils.

Aucun des émaux de ce Jean Pénicaud ne porte de date; tout ce que l'on sait, c'est qu'une *Flagellation*, qui est passée de la collection Soltykoff dans le cabinet de M. le duc de Cambacérès, ayant été exécutée d'après un dessin d'Albrech Durer, fait en 1511 et gravé en 1512, ne peut être antérieure à cette époque.

Dans cette œuvre, Jehan I suit les errements du chef de la famille, tant dans la facture que dans le ton général

---

(1) Maurice ARDANT, *les Pénicaud.*

de l'émail, si ce n'est que toute la composition, les carnations exceptées, est préparée en bistre sur le métal lui-même. Sans la signature, il serait difficile de ne point confondre les produits des deux ateliers qui furent contemporains pendant un assez grand nombre d'années.

IOHИИES. PEИC CЖVD!

Mais Jehan Pénicaud nous semble avoir modifié sa manière et être entré, vers la fin de sa carrière, dans la voie plus savante où d'autres artistes l'accompagnèrent ou le suivirent.

Nous aurons pour base d'appréciation deux émaux de la collection Czartoriski. L'un, qui est circulaire, représente saint Léonard, diacre, qui délivre de ses entraves un prisonnier agenouillé devant lui : plaque signée I. P., mais à contre-émail opaque ; l'autre, qui est carrée, représente la Vierge allaitant l'Enfant-Jésus (1). Celle-ci est sans signature, mais frappée dans le métal, au revers, du poinçon adopté, croyons-nous, par Léonard Pénicaud, mais invisible sur ses émaux, à cause du contre-émail opaque qui en couvre le revers, et conservé par les émailleurs de sa famille.

Ces deux émaux sont des grisailles à fond noir, dessinées par enlevage avec une certaine maladresse, très-simplement modelées, d'un ton un peu froid, mais remarquables par un certain frottis de l'émail blanc dans les ombres, et par un soin tout particulier à dessiner les yeux et à indiquer leur paupière supérieure.

Ces caractères se retrouvent sur un magnifique émail de la collection de M. le baron J. de Rothschild (2), représentant un empereur d'Allemagne en prière, frappé trois fois du poinçon des Pénicaud, et sur une *Ascension* appartenant à M. Gatteaux, membre de l'Institut, également frappée du même poinçon au revers (3).

---

(1) Nos 211 et 200 de la salle polonaise. Musée rétrospectif de 1865.
(2) No 2418 du Catalogue du Musée rétrospectif de 1865.
(3) No 2419 du Catalogue du Musée rétrospectif de 1865.

Ce dernier émail, renfermant des figures nues d'assez grandes dimensions, montre beaucoup d'incertitude dans la mise en pratique, par Jehan I Pénicaud, des procédés du modelé des carnations par superposition de couches d'émail blanc. Il montre, en outre, ce système particulier de frottis que nous venons de signaler. De plus, les costumes et les fonds sont pour la plupart en émaux translucides appliqués sur le métal lui-même, comme dans la plaque appartenant à M. le duc de Cambacérès. Un pourpre, d'une intensité et d'un éclat remarquables, semble appartenir spécialement à cet atelier.

A cause de plusieurs des caractères que nous venons d'énoncer, nous croyons devoir attribuer à Jehan I Pénicaud, ou du moins à son atelier, les numéros qui suivent.

D. **211**. — *Plaque carrée.*

Commencement du XVIe siècle.   H. 0,145. — L. 0,125.

La Vierge douloureuse. — La Vierge en buste, nimbée, les mains jointes, pleurant, vêtue d'une robe violette et d'un manteau bleu couvrant sa tête par-dessus un voile. Un glaive lui perce le côté; une étoile d'or sur son épaule gauche. Fond noir, semé de pleurs d'or, portant les lettres M.A enlacées à gauche, et la lettre M à droite.

Trait noir par enlevage sur fond blanc, recouvert d'émaux translucides, excepté pour les blancs qui sont semi-opaques et modelés par empâtements. Carnations saumonnées.

Contre-émail incolore nuageux passant au rouge à cause du bioxyde de cuivre sous-jacent.

Règne de Charles X. — Collection Durand, nos 105-2622.
No 293 de la Notice des émaux, par M. le comte L. de Laborde.

D. **212**. — *Plaque rectangulaire.*

Commencement du XVIe siècle.   H. 0,127. — L. 0,102.

Le Christ en croix. — Le Christ couronné d'épines, à nimbe radié, attaché par trois clous à la croix dont la Magdeleine, portant un nimbe ovale, embrasse le pied.

A droite de la croix se tiennent la sainte Vierge, saint Jean, nimbés, ainsi que les saintes femmes. A gauche sont les soldats à cheval.

Grisaille légèrement colorée. Trait et premier modelé par enlevage. Glacis saumonné sur les chairs, bleu violet ou vert dans les costumes et sur l'architecture. Rehauts d'or.

Revers translucide.

Règne de Charles X. — Collection Durand, n°s 108-2632.

N° 294 de la Notice des émaux, par M. le comte L. de Laborde.

D. **213**. — *Plaque rectangulaire.*

Commencement du xvie siècle.   H. 0,127. — L. 0,102.

Piéta. — Au centre, la Vierge nimbée, assise, tenant sur ses genoux Jésus mort. A gauche, saint Jean, nimbé, enlève la couronne du Christ. A droite, une sainte femme, nimbée, apporte un vase de parfums. Au fond, le Calvaire.

Grisaille rehaussée de couleur.
Même fabrication que le numéro précédent.
Revers incolore.

Règne de Charles X. — Collection Durand, n°s 108-2631.

N° 295 de la Notice des émaux, par M. le comte L. de Laborde.

Jean II Pénicaud ou Pénicaud jeune.

Il est permis de supposer que l'émailleur qui a signé plusieurs de ses émaux du nom de PENICAUDIUS JUNIOR, et qui les a datés du second tiers du xvie siècle, était plutôt le neveu que le frère de Jean Pénicaud l'ancien.

En effet, si c'est lui que concerne un acte de 1588 qui constate la mort d'un Jean Pénicaud, en lui donnant pour héritiers deux fils, Jean et Antoine ; si, de plus, on lui rapporte un autre acte de 1610 qui, visant une des maisons que nous savons avoir appartenu jadis à Nardon, mentionne que cette maison « a été à Jehan

Pénicaud, esmailleur; » si, enfin, on attribue au Jean, l'un des fils de celui-ci, le payement, de l'année 1584 à l'année 1613, de la rente assise sur ladite maison « à cause des pauvres à vestir », nous pourrons présumer que cet émailleur était Jean II et fils de Nardon.

Ce serait lui alors qui, de 1557 à 1561, aurait payé une rente assise sur une autre maison, avec sa fille Narde, à laquelle il aurait donné le nom de baptême de son grand-père, suivant un usage assez ordinaire à Limoges.

Ce serait encore lui qui, en 1571, aurait partagé avec Léonard Limosin les honneurs du consulat.

Toutes ces dates concorderaient assez facilement avec celles que l'on trouve inscrites sur les émaux qu'il a signés, et avec le style de son dessin, qui appartient bien franchement à la renaissance, mais non à l'école de Fontainebleau.

Nous connaissons, pour les avoir vus, deux émaux signés par lui en toutes lettres : l'un, qui a fait jadis partie de la collection d'Horace Walpole, et que le duc d'Hamilton avait exposé à Londres en 1862 (1), est une coupe qui représente une scène de la vie de Samson, et qui est signée : IOHANNES PENICAVDI IVNIOR, 1539; l'autre, qui appartient à M. le baron A. de Rothschild, est une plaque rectangulaire frappée, au revers, du poinçon de la famille, et représentant une scène de la vie de saint Martial, apôtre de Limoges; elle est signée : IOHANNES M. F. PENICAVDIVS IV, sans date, inscription qu'il faut lire : « Johannes me fecit Penicaudius junior. » (2)

D'un autre côté, le château de Bleinheim possède quatre émaux représentant les personnifications des quatre vertus, dont deux sont signées : IA PENICAVD IVNIOR, et les deux autres P. I.

Il faut donc attribuer à Jean II Pénicaud les émaux marqués du monogramme P. I., qui signifie « Pénicaud

---

(1) N° 1679 du Catalogue... on Loan.
(2) N° 2425 du Catalogue du Musée rétrospectif de 1865.

iunior, » et que nous trouvons, avec la date 1534, sur le portrait du pape Clément VII, donné au Musée par Sauvageot (n° D. 216); une figure à mi-corps, représentant l'*Espérance*, qui fait partie peut-être de la suite du château de Bleinheim, et qui est exposé au British-Museum; un *Christ au tombeau*, appartenant à M. T. Gambier Parry (1), et une Vierge avec l'Enfant-Jésus, appartenant à M. Damour (2), avec le poinçon au revers.

Le style et la facture de ces émaux signés nous permet de constater que le Jean II Pénicaud, dont il s'agit, a pu signer parfois ses œuvres du monogramme I. P. C'est celui que l'on voit sur une *Crucifixion*, datée de 1542 (3), à M. Gatteaux, de l'Institut; sur un magnifique portrait de Luther, âgé de quarante-huit ans, d'après Holbein, poinçonné au revers, appartenant à M. le baron James de Rothschild (4); et, enfin, sur le Combat de cavalerie du Louvre, n° D. 214.

Si maintenant nous rapprochons les dates relevées sur les émaux de Jean II, nous trouvons que sa période de plus grande activité ne dépasse pas le milieu du XVIᵉ siècle.

Après 1531, le portrait de Luther, âgé de quarante-huit ans.

1534, le portrait de Clément VII, du Louvre.

1539, la Coupe, de Horace Walpole.

1541, l'Espérance, du British-Museum.

1542, la Crucifixion, de M. Gatteaux.

1544, une suite de la légende de saint Martial, citée par M. Maurice Ardant, dont une réplique, si ce n'est point la même suite, est formée de quatre plaques appartenant à MM. A. et J. de Rothschid et à M. Germeau.

Dans tous ces émaux, les têtes sont un peu lourdes, parfois un peu vieilles, dessinées avec soin dans tous

---

(1) N° 1677 du Catalogue... on Loan.
(2) N° 2428 du Catalogue du Musée rétrospectif de 1865.
(3) N° 2423 du Catalogue du Musée rétrospectif de 1865.
(4) N° 2421 du Catalogue du Musée rétrospectif de 1865.

leurs détails, dans les yeux surtout, qui sont sèchement enchâssés sous les paupières. Les carnations, exécutées par le procédé ordinaire de la grisaille, sur fond noir, se lient moins à ce fond que chez les autres émailleurs, par suite d'un détail qui nous semble particulier à Jean II Pénicaud.

Comme nous l'avons expliqué plus haut (page 90), les émailleurs en grisaille du XVIe siècle dessinent leur sujet par enlevage sur une couche mince d'émail blanc, encore cru, étendue sur un fond d'émail noir ou bleu déjà passé au feu, de telle sorte que les traits de contour et des hachures du premier modelé apparaissent de la couleur du fond. Afin de donner plus de douceur à son modelé, Jean II Pénicaud ou étend à la place de ses figures une première couche mince d'émail blanc, qu'il fait cuire et qui lui sert de fond pour la préparation de ses figures, ou bien il étend cette couche même sur toutes les figures, après que la préparation a été passée au feu. Toujours est-il que le fond des traits et des hachures de ses émaux est, non pas noir, mais d'un gris transparent qui ne participe en rien du fond général (n° D. 214).

Dans les sujets qui comportent un assez grand nombre de figures, ce procédé n'est employé que pour celles des premiers plans, car dans celles du fond les rehauts blancs se lient avec les dessous noirs et s'y fondent, avec ce charme d'opposition qui rend si remarquables les œuvres d'un autre émailleur de la même famille.

Sur ses pièces ainsi préparées, Jean II Pénicaud étend parfois de légers glacis d'émaux translucides bleus, verts et pourpres, qui achèvent de leur donner un aspect tout particulier.

Comme Pénicaud l'ancien, il frappe les plaques de cuivre du poinçon de la famille, ce qui semblerait prouver que tous les Pénicaud travaillaient dans le même atelier, bien que le poinçon suivant ait été attribué, par M. le marquis L. de Laborde, à Pénicaud le Vieux, qui aurait ainsi joint un V au poinçon de la famille, pour se distinguer de son fils ou de son neveu.

M. Maurice Ardant attribue, de son côté, cette marque à Pierre Viger, dit Calet, émailleur, époux de Valerie Limosin, et qui vivait en 1528 et en 1535.

D. **214**. — *Plaque rectangulaire à angles abattus.*

H. 0,070. — L. 0,105.

Combat de cavaliers. — Au centre, un cavalier vu de dos tenant un grand etendard où sont inscrites les deux lettres I.P; un second cavalier frappant de sa lance un guerrier renversé à terre. A gauche, un guerrier debout portant une tête, et trois cavaliers. A droite, un homme et un cheval renversés à terre et un cavalier galopant au fond.

Dans le bas, une frise d'ornements dorés.

Grisaille sur fond noir. Trait enlevé sur une seconde couche grise et rehauts d'émail blanc pour les lumières. Contre-émail caché.

Règne de Charles X. — Collection Révoil, n° 278.

N° 438 du Catalogue des émaux, par M. le comte L. de Laborde.

D. **215**. — *Plaque ovale.*

H. 0,200. — L. 0,226.

Jupiter. — Jupiter, nu, est assis sur son aigle et tient un foudre de chaque main. Parmi les nuages où l'aigle pose les pieds, les poissons et le sagittaire.

Grisaille colorée, dessinée et très-légèrement préparée par enlevage à travers une première couche gris foncé sur fond noir. Larges rehauts blancs, modelés par de légères hachures saumonnées sur la figure et vert foncé sur l'aigle; glacées par-dessus, dans les ombres, d'une couche grise transparente.

Les deux signes du zodiaque peints en or, ainsi que le mot IVPITER inscrit en légende.

Revers inégal, incolore et translucide, nébuleux dans les épaisseurs.

Règne de Napoléon III. — Donation Sauvageot.

N° 1120 du Catalogue de la collection Sauvageot, par M. A. Sauzay.

D. **216**. — *Plaque circulaire.*

D. 0,118.

Clément VII. — Clément VII en buste, de profil à gauche, tête nue, chauve et portant une couronne de cheveux blancs et une grande barbe blanche. Vêtu d'une chape d'or ornée d'un large orfroi, retenue sur la poitrine par une agrafe carrée et laissant voir le haut de l'aube.

En légende, l'inscription suivante en or : CLÉMENT VII. PONT.MAX.1534.P.1.

L'orfroi de la chape est bordé de chaque côté par un rang de perles interrompu par des pierres fines, et représente en camayeu d'or trois scènes de la légende de saint Pierre.

Grisaille coloriée.

Tête peinte en gris et redessinée sur un fond d'émail bleu noir transparent, et modelée partie par enlevage, partie en bistre au pinceau, recouverte d'une glaçure générale de bistre rose transparent, à l'exception de la barbe qui a été rehaussée de blanc.

Agrafes et pierres glacées de vert, de bleu et de violet sur blanc. Camayeux d'or.

Revers semi-translucide marbré de blanc, de rouge, de vert et de bleu. — Vente Talma, 1827 ; vente Révoil, 1830.

Règne de Napoléon III. — Donation Sauvageot.

N° 1173 du Catalogue de la collection Sauvageot, par M. A. Sauzay.

Anonymes. K I P et M I.

Nous rapprochons de Jean II Pénicaud deux anonymes qui nous semblent avoir de grandes analogies avec lui, et qui peuvent être sortis de son atelier.

Le premier, dont nous donnons plus loin (n° D. 217) la signature, a signé K I une *Adoration des bergers*, appartenant aujourd'hui à M. le baron A. de Rothschild, après avoir figuré dans les cabinets Didier Petit et Rattier (1), et I. K. P. autour d'un lion, *la Calomnie*, d'après Mantegna, gravée par Mocetto,

---

(1) N° 2432 du Catalogue du Musée rétrospectif de 1865.

qui est passée des collections Debruge et Rattier dans celle du duc d'Hamilton (1).

Enfin, la signature K I P se retrouvait sur une petite plaque représentant le *Combat des Athéniens et des Amazones*, en grisaille, et appartenant à M. H. Magniac (2).

La collection du prince de Beauveau possédait, en outre, un coffret rectangulaire orné de cinq émaux qui, réunis par une monture qui semblait ancienne, paraissent être sortis du même atelier. Deux de ces émaux, qui représentent des combats de cavalerie, de même style que le petit vase du Louvre (n° D. 217), portent le même monogramme un peu modifié. Les trois autres, de même style, qui représentent des sujets de sainteté, dont l'un est signé I. P., doivent être de Jean II Pénicaud. Nous verrions dans ce coffret une marque de l'alliance de ces deux artistes dans un même atelier.

L'anonyme M. I. nous semble être l'auteur de trois plaques qu'il aurait signées des deux lettres M. P., différemment disposées. Un *Combat de cavalerie* (3), appartenant à M. Gatteaux, de l'Institut, et *une Vierge avec l'Enfant-Jésus*, répétition, avec quelques variantes, du n° D. 222, de Jean III Pénicaud, exposée à Évreux, en 1864, par M. E. Guersent (4), sont marqués Une *Adoration des bergers*, d'après un maître allemand, appartenant au duc d'Hamilton (5), est marquée d'un M au-dessus du P.

Dans ces trois émaux, comme dans celui du Musée, le modelé par enlevage est adouci par une couche grise, ainsi que nous l'avons remarqué dans les œuvres de Jean II Pénicaud.

---

(1) N° 1687 du Catalogue... on Loan.
(2) N° 1688 du Catalogue... on Loan.
(3) N° 2430 du Catalogue du Musée rétrospectif de 1865.
(4) N° 420 du Catalogue de l'Exposition d'Évreux en 1864.
(5) N° 1686 du Catalogue... on Loan.

D. 217. — *Petit vase en forme de balustre, sur un pied de bronze doré.*

H. 0,066. — D. 0,044.

Panse : *combat de cavaliers et de fantassins*. — Huit cavaliers, armés à l'antique, combattent huit guerriers à pied, distribués en deux groupes principaux. Un cavalier renversé avec son cheval et deux hommes gisent sur le sol. Entre un des cavaliers et un piéton armé d'un bouclier qu'il combat, le monogramme (KI) est tracé en émail blanc.

Goulot : *Adam et Ève* debout de chaque côté de l'arbre qu'enveloppe le serpent à buste féminin. — *Noé*. Le patriarche, placé à l'extrémité de l'arche dont les fenêtres cintrées laissent apercevoir des animaux, reçoit la colombe qui rapporte un rameau.

Grisaille. Figures appliquées du premier coup en gris sur le fond, redessinées par enlevage; rehauts blancs grisâtres. Quelques accessoires en or. Fond noir.

Règne de Charles X. — Collection Durand, nos 25-2444.

N° 358 de la Notice des émaux, par M. le comte L. de Laborde.

D. 218. — *Enseigne de chapeau. Plaque circulaire montée en bronze doré.*

D. de l'émail 0,045.

Un combat. — Un homme chauve, monté à rebours sur un cheval lancé au galop, tient des deux mains un étendard. Sous les pieds du cheval deux hommes nus luttent à terre. A gauche, un autre homme chauve et nu, armé d'un bouclier et d'un bâton, frappe un autre homme renversé à terre. On aperçoit quatre hommes dans le fond.

Grisaille. Trait enlevé à travers une première couche grise grumeleuse, rehauts de blanc gris; quelques touches d'or sur les armes; fond noir.

Revers rouge translucide avec le monogramme MI en or.

Règne de Napoléon III. — Don de M. F. Lagrenée, juge au Tribunal de la Seine.

D. 219. — *Plaque rectangulaire formant frise.*

H. 0,020. — L. 0,161.

Chasse au sanglier. — Au centre, le sanglier attaqué par

deux chiens et deux chasseurs en costume du xvie siècle, l'un armé d'un épieu, l'autre d'une épée et d'un bouclier. A gauche, un homme nu armé d'un épieu, galopant; à droite, un autre semblable sonnant de la trompe; derrière lui courent deux hommes à pied, l'un vêtu d'une tunique et tenant un bâton, l'autre nu menant deux chiens en laisse. Quelques arbres. Les accessoires en or, ainsi que l'inscription :

VIS. EN. LIESSE. ET. MOY. AVSY.

Grisaille avec quelques rehauts bleu turquoise dans les arbres, et verts sur le terrain. Sujet redessiné par enlevage sur fond noir.

Revers incolore.

Règne de Charles X. — Collection Durand, n°s 89-2562.

N° 359 de la Notice des émaux, par M. le comte L. de Laborde.

D. **220**. — *Plaque rectangulaire formant frise.*

H. 0,022. — L. 0,170.

Chasse au cerf. — A gauche, le cerf poursuivi par deux chiens, un cavalier nu, un chien, deux cavaliers nus et un valet de chiens en costume du xvie siècle, sonnant de la trompe et tenant deux chiens en laisse.

Dans le haut de la plaque l'inscription en lettres d'or :

BIEN-ET. LAS QVI NEPET. AVOER. SOVLAS.

Grisaille. Même fabrication que le n° D 219.

Revers incolore.

Règne de Charles X. — Collection Durand. n°s 89-2563.

N° 360 de la Notice des émaux, par M. le comte L. de Laborde.

D. **221**. — *Plaque rectangulaire formant frise.*

H. 0,022. — L. 0,170.

Chasse au lapin. — Au centre, deux lapins (conils) jouant sur leur terrier. A gauche, deux hommes accourent tenant deux chiens; derrière eux deux cavaliers nus galopent. A droite, un homme vêtu d'une tunique accourt les bras étendus accompagné de trois chiens. Derrière lui deux cavaliers nus séparés par un buisson. Le premier vieux, le second tenant une trompe.

Dans le haut, cette inscription : VIVE.LES.PETIS.CONIS. QVI.SE.GARDE.DE.MATIS.

Grisaille. Même fabrication que le n° D. 249.
Revers incolore.

Règne de Charles X. — Collection Durand, n°s 89-2564.

N° 361 de la Notice des émaux, par M. le comte L. de Laborde.

Jehan III Pénicaud.

Nous avons vu qu'un Jean Pénicaud avait payé, de l'année 1584 à 1613, une rente sur une maison « qui a été à Jehan Pénicaud, esmailleur, » laquelle maison avait appartenu jadis à Nardon : nous avons présumé que ce successeur du chef de la famille était Jean II. Nous pensons qu'il s'agit maintenant du Jean, l'un des fils de ce dernier. Ce serait l'auteur d'émaux très-remarquables, très-différents, dans leur facture et dans leur style, de ceux de Jean I et de Jean II, frappés au revers du poinçon de la famille, émaux que l'on attribue, sans trop de preuves, à un Jean III Pénicaud.

Remarquons cependant que si l'auteur des émaux en question est le Jean, fils de Jean mort en 1588, celui-ci devait être, lui-même, d'un certain âge en 1613, car par ses œuvres il appartient encore à la belle époque du XVIe siècle. Il copie surtout Raphaël, bien qu'il le fasse avec beaucoup de liberté et dans le style du Parmesan ; il s'inspire aussi du Rosso, et nous ne connaissons point d'œuvre qui puisse lui être attribuée où il ait imité des petits maîtres qui sont devenus à la mode, vers 1570, à Limoges, et que L. Limosin, P. Reymond copient à la fin de leur carrière.

Sa manière, toute particulière, a été ainsi et fort heureusement définie par M. le marquis L. de Laborde, qui constate sa supériorité sur tous les émailleurs de Limoges. « Il a peint le plus souvent en grisaille les carnations teintées. Les yeux sont frappés, et aussi charmés par les effets vigoureux et harmonieux qu'il sait trouver pour faire poindre ses compositions au milieu du noir, comme une apparition qui perce la nuit et dont l'éclat va grandissant. Ses blancs laiteux, ses rehauts d'or touchés sobrement et à propos, l'ensemble distingué et séduisant de ses émaux, sont des signes caractéristiques que confirme toujours le poinçon de la famille frappé sur toutes ses plaques (1).

Par son dessin, nous l'avons dit, il procède surtout du Parmesan. Ses figures sont longues, d'une silhouette énergique, avec des attaches très-fines, des draperies collantes, le plus souvent fouettées par le vent, avec une tendance à s'effilocher en haillons, par suite de l'importance que les noirs des fonds y acquièrent dans les ombres. A cet égard, les grisailles de Jean III sont la plus complète antithèse de celles de Jean II, où les personnages s'enlèvent entièrement en gris sur le fond. Cependant les personnages des arrière-plans de certaines des grisailles de ce maître montrent une tendance à ces vives oppositions du blanc qu'on voit poindre dans le noir, et qui sont, pour ainsi dire, la caractéristique des émaux de Jean III.

D. **222**. — *Plaque rectangulaire.*

H. 0,176. — L. 0,132.

La Vierge et l'Enfant-Jésus. — La Vierge, la tête entourée d'un nimbe radié, est assise sur les nuages, la main droite ramenée sur la poitrine, la gauche tenant une palme et appuyée sur une corne d'abondance. Un livre ouvert est placé sur ses genoux. L'Enfant-Jésus, la tête entourée d'un nimbe crucifère radié, est debout à côté d'elle, la montrant de la droite et tenant de la gauche le globe du monde. Deux

---

(1) M. le comte L. DE LABORDE, Notice des émaux, p. 154.

anges sont placés de chaque côté et vus à mi-corps au-dessus des nuages. Sur le côté gauche et au sommet de la plaque l'inscription : O MATER DEI MEMENCTO MEI, est tracée en or.

Grisaille appliquée du premier coup sur le fond, puis redessinée et modelée sommairement par enlevage à travers une première couche très-foncée. Rehauts de blanc laiteux vigoureusement opposés aux noirs. Carnations colorées, rehauts d'or. Fond noir.

Revers incolore avec le poinçon frappé dans le métal.

Règne de Charles X. — Collection Révoil, n° 284.

N° 174 de la Notice des émaux, par M. le comte L. de Laborde.

D. **223**. — *Plaque rectangulaire.*

H. 0,152. — L. 0,057.

Sainte Catherine. — La sainte, la tête couverte d'un voile et ornée d'un nimbe annulaire elliptique, est représentée debout, lisant dans un livre qu'elle tient de la main droite, et portant un grand glaive de la gauche. Un fragment de la roue dentée est à ses pieds.

Sur le bord gauche et au sommet du bord droit de la plaque, on lit l'inscription suivante tracée en or : SANCTA KATHERINA. ORG. (*ora pro nobis ?*)

Grisaille avec carnations teintées. Même facture que le n° D. 222.

Règne de Napoléon III. — Acquis en 1862.

D. **224**. — *Plaque rectangulaire.*

H. 0,152. — L. 0,057.

Saint Jérôme. — Le saint, la tête décorée d'un nimbe annulaire elliptique, est debout, vêtu d'une robe sans manches, tenant un crucifix de la droite et une pierre de la gauche. Le chapeau cardinalice est accroché derrière lui. Le lion est à ses pieds.

Sur le bord gauche et au sommet de la plaque l'inscription : SANCTE IHERONIME ORA PRO ME, est tracée en or.

Grisaille, chairs colorées, même facture que le n° D. 222.

Revers violet translucide.

Règne de Napoléon III. — Acquis en 1862.

D. **225**. — *Plaque rectangulaire.*

H. 0,048. — L. 0,080.

Chasse au lion. — Deux cavaliers casqués, mais nus, galopent vers la droite et attaquent un lion sous les jambes du cavalier placé en arrière. Au fond, d'autres chevaux et guerriers.

Grisaille appliquée du premier coup en gris foncé, redessinée par enlevage et rehaussée de blanc laiteux; chairs légèrement colorées. Accessoires en or. Fond noir.

Revers invisible.

Montée dans un cadre en cuivre fondu et doré, ayant une tête d'ange pour bélière, des commencements du XVIIe siècle.

Règne de Napoléon III. — Donation Sauvageot.

N° 1137 du Catalogue de la collection Sauvageot, par M. A. Sauzay.

D. **226**. — *Plaque rectangulaire.*

H. 0,057. — L. 0,080.

Combat de cavalerie. — Au centre, un cavalier, casqué, armé d'un bouclier et d'une épée, galopant à droite contre un guerrier à pied. A droite, un autre cavalier galopant vers la gauche, ainsi que d'autres cavaliers placés en arrière de celui du centre. Dans l'angle à gauche un cheval renversé.

Têtes de guerriers et de chevaux dans le fond.

Grisaille à chairs teintées; même facture et même monture que le numéro précédent.

Revers invisible.

Règne de Napoléon III. — Donation Sauvageot.

N° 1136 du Catalogue de la collection Sauvageot, par M. A. Sauzay.

D. **227**. — *Plaque rectangulaire.*

H. 0,066. — L. 0,084.

Le Buisson ardent. — A droite, le buisson ardent au-dessus duquel apparaît Dieu dans une grande auréole qui lui cent la tête. A gauche, Moïse assis, la tête ornée de deux faisceaux de rayons, les mains jointes. Un chien dort à droite, des moutons paissent dans le fond au centre.

Grisaille. Sujet exécuté du premier coup en gris noir sur

122   ÉMAUX PEINTS.

fond noir et dessiné après coup par un trait qui enlève la couleur au delà des contours et laisse apparaître les dessous. Lumières exprimées par une seconde teinte d'émail blanc ; chairs saumonnées, rehauts d'or.

Revers d'émail transparent, violet aux points où il est épais. Le poinçon P couronné.

Règne de Charles X. — Collection Durand, nᵒˢ 104-2618.

Nᵒ 175 de la Notice des émaux, par M. le comte L. de Laborde.

D. **228**. — *Plaque rectangulaire.*

H. 0,066. — L. 0,084.

Dieu donne à Moïse les Tables de la loi. — A droite, Dieu vu en buste dans les nuages, tenant les Tables de la loi. Au centre, Moïse, la tête ornée des faisceaux lumineux, agenouillé, les mains jointes. Tentes au fond à gauche.

Grisaille. Même facture que le numéro précédent.

Revers d'émail transparent violet dans les parties où il est épais. Le poinçon P couronné.

Règne de Charles X. — Collection Durand, nᵒˢ 104-2619.

Nᵒ 176 de la Notice des émaux, par M. le comte L. de Laborde.

D. **229**. — *Plaque quadrangulaire.*

H. 0,063. — L. 0,070.

Un sacrifice au dieu Mars. — Au centre et à droite, deux guerriers tiennent un renard renversé et étendu sur une table. L'un d'eux agenouillé tient les pattes de devant de l'animal, tandis que l'autre debout, tient les pattes de derrière et lève son glaive.

Au fond, la statue du dieu Mars dans une niche carrée encadrée dans deux colonnes qui supportent un fronton. Au fond, à gauche, un homme drapé entre par une porte ouverte entre deux colonnes qui supportent un fronton circulaire. Un casque et un fagot sont auprès des deux guerriers.

Camayeu en or. Une première couche d'or noirci a été appliquée sur le fond noir et redessinée avec un outil qui l'a enlevé par places de façon à faire réapparaître le fond noir. Une seconde couche d'or brillant a été appliquée sur les lumières.

Revers d'émail translucide incolore. Le poinçon P couronné.

Règne de Charles X. — Collection Durand, n° 108-2630.

N° 177 de la Notice des émaux, par M. le comte L. de Laborde.

D. **230**. — *Plaque rectangulaire.*

H. 0,076. — L. 0,133.

Martyre de saint Sébastien. — A gauche, le saint, lié à un arbre, percé d'une flèche et incliné en avant, les jambes enveloppées d'un manteau. A côté, en arrière plan, un guerrier tenant une pique lève la main vers un archer prêt à lancer une seconde flèche. Devant celui-ci, un jeune homme agenouillé supplie à mains jointes deux personnages assis sur un trône; l'un jeune et couronné, qui se penche vers lui en étendant la main droite; l'autre vieux, coiffé d'une sorte de turban. A l'extrême droite, un guerrier debout, bouclier au bras, tenant deux chiens en laisse. Fond d'architecture et de paysage.

Grisaille. Trait et premier modelé par enlevage. Rehauts blancs de deux tons. Chairs légèrement saumonnées. Fond noir.

Contre-émail incolore.

Règne de Charles X. — Collection Révoil, n° 277.

N° 182 de la Notice des émaux, par M. le comte L. de Laborde.

D. **231**. — *Plaque carrée.*

H. 0,082. — L. 0,100.

Énée consolant les Troyens. — Copie de l'une des scènes qui entourent la composition de Raphaël gravée par Marc-Antoine et connue sous le nom du *Quos ego*.

Grisaille. Trait et premier modelé par enlevage, un large trait de contour détachant des terrains la partie des figures qui y adhère. Larges rehauts blancs. Chairs légèrement saumonnées. Les armes et le mot ENEAS tracés en or. Fond noir. Revers tricolore et rugueux.

Règne de Charles X. — Collection Durand, n°s 104-2620.

N° 181 de la Notice des émaux, de M. le comte L. de Laborde.

D. 232. — *Plaque rectangulaire.*

H. 0,085. — L. 0,130.

Le passage de la mer Rouge.—Les soldats égyptiens sont à demi submergés ainsi que leurs chevaux, tandis que quelques soldats juifs sont debout sur la rive.

Grisaille. Figures appliquées du premier coup en gris sur fond noir, redessinées par enlevage et éclairées de blanc, ainsi que les eaux, par touches rondes réveillant les noirs. Quelques parties rosées dans les chairs; armes et armures dessinées en or,

Revers brun roux translucide : le poinçon P couronné deux fois répété.

Règne de Napoléon III. — Donation Sauvageot.
N° 1135 du Catalogue de la collection Sauvageot, par M. A. Sauzay.

D. 233. — *Buire cylindrique évasée, munie d'une anse et d'un bec.*

H. 0,170. — D. 0,117. — Larg., de l'anse au goulot, 0,200.

La panse est divisée en trois zones par deux filets saillants. Zone supérieure : deux cartouches découpés, chargés d'un cavalier au galop et accostés chacun de deux enfants tenant des grappes de fruits. Un mascaron placé sous l'anse les sépare d'un côté; de l'autre, le goulot à section triangulaire sur chaque face duquel deux personnages nus du corps sont assis.

Zone intermédiaire : *la Purification*. (...... Et ils lavèrent leurs vêtements. *Exode*, chap. XIX, v. 14.) D'un côté, six hommes nus agenouillés ou debout lavant des linges. De l'autre une femme agenouillée devant un vase où elle lave un linge, et sept personnages dont un enlève son vêtement.

Zone inférieure : quatre mascarons drapés séparés par des trophées.

Sur le pied, quatre médaillons ovales représentant, deux fois, un cavalier lancé au galop ; une femme et un amour ; une tête.

Grisailles. Figures appliquées du premier coup sur le fond, redessinées et préparées par enlevage, modelées en blanc. Carnations colorées dans les ombres, quelques parties d'or ; fond noir.

Intérieur émaillé de blanc ; dessous émaillé de noir.

Règne de Charles X. — Collection Durand, n°s 23-2442.
N° 179 de la Notice des émaux, par M. le comte L. de Laborde.

D. **234**. — *Coupe de forme mamelonnée.*

H. 0,110. — D. 0,175.

Intérieur : *le Sacrifice de Noé*. — A gauche d'un autel qui porte un pain, Noé est agenouillé, suivi d'une de ses filles et de l'un de ses fils vêtu en guerrier. — A droite, deux autres filles et deux vieillards. Tous implorent Dieu qui apparaît au sommet dans une auréole de nuages et bénit à la latine. Au centre de la coupe et dans l'enfoncement du mamelon, une femme et un dragon en partie recouverts par un disque noir provenant d'une restauration.

Extérieur : quatre masques de femmes la bouche ouverte accompagnés de draperies, d'où pendent des pièces d'armures, alternant avec des vases ovoïdes allongés qui portent sur des socles drapés qui se relient aux masques. A la base, des feuilles entablées.

Pied. Cinq enfants courant et formant frise ; l'un d'eux est renversé par un lièvre. Bordure formée d'un entrelacs.

Grisaille appliquée du premier coup sur le fond et redessinée par enlevage. Carnations légèrement teintées. Rehauts d'or. Fond noir.

Règne de Charles X. — Collection Durand, nos 34-2456.

N° 178 de la Notice des émaux, par M. le comte L. de Laborde.

D. **235** et **236**. — *Coupe avec son couvercle.*

Coupe. — H. 0,160. — D. 0,180.

Même forme que le numéro précédent et même sujet à l'intérieur. — Extérieur : quatre faunesses alternant avec des camayeux accompagnés de légers ornements d'or.—Tige : deux têtes d'enfants ailées alternant avec des mufles de lion, reliées par des draperies et accompagnées d'ornements dorés. — Pied : une femme offre un gâteau à un dragon, et est entourée d'autres femmes et d'un vieillard qui prie ; représentation probable de la fille du roi de Cappadoce livrée au monstre dont saint Georges la délivra.

Couvercle. — H. 0,050. — D. 0,188.

Dessus : les femmes juives se réjouissent de l'engloutissement de l'armée de Pharaon ; frise de neuf figures debout empruntées pour la plupart à la composition du Rosso : le *Défi des Muses et des Piérides*. (Musée du Louvre, Catalogue de l'Ecole italienne, n° 369.)

Dessous : quatre médaillons ovales encadrant des bustes de femmes, alternant avec des figures d'enfants accompagnés d'ornements dorés.

Grisailles. Même fabrication que le numéro précédent; fond bleu.

Règne de Charles X. — Collection Durand, n°s 31-2453.

N°s 261 et 262 de la Notice des émaux, par M. le comte L. de Laborde.

Pierre Pénicaud.

Un plat du Musée de l'Hôtel de Cluny, qui participe évidemment de la manière de Jean III Pénicaud, mais en l'exagérant, et qui est signé des deux lettres P. P., nous semble appartenir à un membre de la famille Pénicaud, qui portait le nom de Pierre.

Ce Pierre Pénicaud était peintre sur verre, comme le constate le livre des recettes et dépenses de la confrérie du Saint-Sacrement de Saint-Pierre, qui paya, en 1555, un à-compte de 60 fr. pour un vitrail représentant *la Cène*, au prix de 10 fr. la toise carrée (1).

En 1590, il habitait encore à Limoges.

Sa manière, nous l'avons dit, est une exagération de celle de Jean III. Les personnages s'allongent et deviennent plus maniérés; les draperies se transforment en lambeaux déchiquetés, et l'émail est moins brillant.

Nous n'avons pu encore reconnaître le poinçon de la famille derrière ses émaux, dont le revers est généralement translucide.

---

(1) Maurice ARDANT, *les Pénicaud*, p. 29.

D. **237**. — *Plaque rectangulaire cylindriquement concave.*

H. 0,240. — L. 0,165.

Vulcain.—Vulcain, d'après le Rosso (1), debout, coiffé d'un bonnet à oreillères, portant sur les épaules un ample manteau qui découvre tout le corps qui est nu. Il tient un marteau levé. Une enclume, des pinces et le fer d'un second marteau, sont à ses pieds.

Grisaille. Figure appliquée du premier coup sur fond noir, dessinée et modelée par enlevage. Rehauts blancs laiteux, adoucissant par places la dureté du modelé par hachures.

Revers translucide incolore.

Règne de Napoléon III. — Donation Sauvageot.

N° 1156 du Catalogue de la collection Sauvageot, par M. A. Sauzay.

D. **238**. — *Plaque demi-cylindrique et cintrée.*

H. 0,220. — L. 0,120.

Ariane, d'après le Rosso (1). Elle est debout, entièrement nue, vue de face, la tête inclinée à droite et regardant à terre, les deux bras abaissés, les mains ouvertes.

Grisaille. Dessinée et modelée par hachures, parfois croisées, largement rehaussé de blanc qui redessine les contours et atténue, par places, la dureté des hachures. Fond noir.

Revers incolore.

Règne de Charles X. — Collection Durand, n°s 92-2578.

N° 188 de la Notice des émaux, par M. le comte L. de Laborde.

D. **239**. — *Plaque semi-cylindrique et cintrée.*

H. 0,220. — L. 0,120.

Junon, d'après le Rosso (1). Elle est debout, vue de dos, entièrement nue, mais portant une draperie sous le bras

---

(1) Voir la suite des vingt estampes gravées en 1526 par Caraglio (Bartsch, t. XV, n°s 41-18), et plus tard par Jacques Androuet du Cerceau.

gauche, abaissant le bras droit et appuyant la main sur le paon debout à côté d'elle. Sa tête est levée vers le ciel.

Grisaille. Même fabrication que le n° D. 238.

Règne de Charles X. — Collection Durand, n°s 92-2579.

N° 189 de la Notice des émaux, par M. le comte L. de Laborde.

D. 240. — *Rondache convexe.*

D. 0,400.

Combat. — Au centre un cavalier galopant, coiffé d'un casque à panache et vêtu d'une cuirasse, vu de dos et portant un ample étendard. Sous ses pieds un cheval et un cavalier renversés à terre, à côté d'un casque et d'un bouclier. A gauche un cavalier casqué et nu, sur un cheval qui se cabre, séparé des figures précédentes par deux hommes nus, accroupis à terre derrière leurs boucliers. A droite, contre la croupe du cavalier central, deux guerriers à pied, casqués et cuirassés, se garant d'un cavalier qui menace de son poignard un homme renversé à terre à côté d'un autre qui oppose son bouclier à un second cavalier qui s'avance portant aussi un bouclier à la main. Un troisième cavalier, au fond, portant un étendard, sur un cheval qui se cabre. En arrière plan, nombreux combattants dont on n'aperçoit que les têtes casquées et des trophées portés au bout de piques. Dans le ciel une petite figure nue tenant une écharpe, dans une auréole d'or, et marchant sur les nuages : Mars, probablement

Grisaille avec rehauts d'or.

Revers incolore.

Règne de Charles X. — Collection Durand, n^{or} 60-2520.

N° 185 de la Notice des émaux, par M. le comte L. de Laborde.

D. 241. — *Rondache convexe.*

D. 0,400.

Combat de cavalerie au bord d'une rivière. — Mêlée de cavaliers nus, se dirigeant tous vers le centre, occupé par deux chevaux renversés, et par un homme posé sur les genoux et les mains.

A droite et à gauche, deux cavaliers galopant contre un guerrier qui se défend avec son bouclier.

Au fond deux cavaliers portant chacun d'énormes étendards. Au sommet, une petite figure de Mars armé, entouré d'une auréole, et marchant sur les nuages.

Grisaille, avec rehauts d'or en partie enlevés et qui devaient figurer les armures et les armes des combattants.

Même facture que le n° D. 240.

Revers incolore.

Règne de Charles X. — Collection Durand, n° 60-2521.

N° 186 de la Notice des émaux, par M. le comte L. de Laborde.

D. **242** et **243**. — *Coupe mamelonnée sur un pied, et son couvercle également mamelonné.*

Coupe. — H. 0,123. — D. 0,180.

Intérieur. Neptune calmant les flots, d'après la composition de Raphaël, occupant le centre de la planche de Marc-Antoine, connue sous le nom du *Quos ego*. Neptune est debout sur une conque traînée par quatre hippocampes et se dirige vers la droite. Derrière lui apparaissent quatre têtes de Troyens naufragés. Dans le ciel, trois têtes d'enfants représentant les vents. Une bordure d'arabesques contourne le sujet auprès du bord ourlé de blanc. — *Extérieur*. Quatre figures nues, debout, appuyées sur une lance et sur un bouclier, supportant sur leurs têtes des draperies festonnées qui se rattachent à des cartouches qui alternent avec les figures. De ces cartouches, ornés de camayeux d'or, pendent des trophées. De grandes feuilles, profondément déchiquetées, forment une rosace autour de l'insertion du pied. Celui-ci est orné de quatre têtes d'enfant, ailées de trois paires d'ailes de mouche, d'où pendent des trophées d'armes et que relient des festons de feuilles et de fruits. Entre les têtes pendent encore des trophées d'armes et des lampes. Contre émail noir.

Couvercle. — H., sans le bouton qui est en bronze, 0,060. — D. 0,190.

Extérieur. Autour du mamelon central, six médaillons sont relevés en bosse et portent une tête d'homme ou de femme posée de profil. Les médaillons sont séparés par des cartouches en cuirs découpés, surmontés d'un mascaron, et décorés d'un camayeu d'or dans leur champ circulaire; du centre du mamelon rayonnent de grandes feuilles découpées, cantonnées de six mascarons feuillus reliés par des draperies.

130 ÉMAUX PEINTS.

Intérieur. Un buste de guerrier ou de femme dans chacune des cavités des médaillons relevés en bosse de l'autre côté. Des hermès, accompagnés de fleurons symétriques, tracés comme eux en or, se dressent entre les médaillons.

Grisailles. Contour et premier modelé par enlevage sur une couche d'un gris sombre. Rehauts d'un blanc éclatant formant de brusques oppositions. Camayeux et ornements d'or. Fond noir.

Règne de Charles X. — Collection Durand, n°s 35-2457.

N°s 187 et 187 *bis* de la Notice des émaux, par M. le comte L. de Laborde.

ÉCOLE DE JEAN III ET DE PIERRE PÉNICAUD.

D. **244**. — *Assiette.*

D. 0,194.

Moïse sur les eaux. — Deux femmes, vêtues de légères draperies, regardent avec douleur des enfants abandonnés sur les eaux d'un fleuve qui coule au pied de l'escarpement rocheux où elles sont posées. Femmes sur l'autre rive. Ville et pont au fond.

Sur le bord, quatre camayeux ovales, reliés par de légers rinceaux d'or. Bordure blanche.

Revers. Un buste de femme tourné de profil à droite, dans un cartouche, accosté de deux enfants nus, debout, tenant des pancartes. Un masque d'enfant ailé et deux pans, servent de couronnement. Un autre masque où se rattachent deux draperies sert d'amortissement. Sous le bord quatre camayeux reliés par des rinceaux jaunes.

Grisaille sur fond bleu lapis translucide.

Trait enlevé sur une première couche blanche, très-mince et très-laiteuse. Les figures étant redessinées après coup par des empâtements très-épais et semi transparents.

Les camayeux sont peints en rouge sur fond blanc opaque.

Règne de Napoléon III. — Donation Sauvageot.

N° 1157 du Catalogue de la collection Sauvageot, par M. A. Sauzay.

ÉCOLE DE JEAN III ET DE PIERRE PÉNICAUD.

D. **245**. — *Assiette.*

D. 0,194.

Moïse tuant un Egyptien ? — Moïse jeune, vêtu d'une légère tunique, sur laquelle flotte une draperie, frappe avec un bâton un homme nu, renversé à terre. A gauche un homme barbu, debout, portant la main à sa tête. Fond d'arbres et de maisons.

Sur le bord, quatre camayeux ovales reliés par des rinceaux d'or. Bordure blanche.

Revers semblable à celui du numéro précédent.

Grisaille sur fond bleu lapis.

Même fabrication que le numéro précédent.

Règne de Napoléon III. — Donation Sauvageot.

N° 1158 du Catalogue de la collection Sauvageot, par M. A. Sauzay.

D. **246**. — *Plaque rectangulaire.*

H. 0,107. — L. 0,180.

Entrée dans l'Arche. — A gauche, Noé à genoux, les bras étendus, regardant vers le ciel où Dieu, mitré et chapé, tenant le globe du monde, lui apparaît au milieu des nuages, dans une gloire dorée. Au second plan et occupant toute la plaque, l'arche dans laquelle entrent les animaux au moyen d'un pont volant.

Grisaille légèrement teintée. Trait et modelé sommaire par enlevage sur une couche gris foncé, glacis saumoné sur les carnations du Noé, le toit de l'Arche et sur quelques animaux. Fond noir. Exécution très-sommaire.

Revers inégal translucide, blanc opaque avec quelques parties vertes dans les parties épaisses.

Règne de Napoléon III. — Collection Sauvageot.

N° 1144 du Catalogue de la collection Sauvageot, par M. A. Sauzay.

D. **247**. — *Plaque rectangulaire.*

H. 0,120. — L. 0,102.

Le Christ au tombeau. — Le Christ, à nimbe radié, soutenu par Joseph d'Arimathie et Nicodème, est déposé dans le tombeau, tandis que la Vierge, à nimbe plein, se précipite vers lui. Saint Jean, à nimbe annulaire, la soutient ; à côté de lui une sainte femme, à nimbe annulaire, étend les bras. Deux personnages, dont un est nimbé et porte des parfums (la tête de l'autre est restaurée), occupent en arrière-plan les deux angles de la composition.

Grisaille, avec chairs saumonnées. Trait et modelé sommaire par hachures enlevées sur une couche gris foncé granuleux. Seconde couche un peu plus claire, dans les figures des premiers plans, elle-même travaillée à la pointe, pour laisser apparaître la couche la plus foncée ; troisième couche de blanc très-laiteux sur les lumières, posée par points ronds sur les saillies des visages. Quelques parties rouges et rehauts d'or.

Revers incolore laiteux.

Règne de Charles X. — Collection Révoil, n° 272.

N° 184 de la Notice des émaux, par M. le comte L. de Laborde.

LES LIMOSIN.

L'histoire de Léonard Limosin, le plus grand et le plus célèbre des émailleurs de Limoges, et celle de ses successeurs, présente une foule d'obscurités que n'ont pu entièrement éclaircir les recherches patientes auxquelles s'est livré M. Maurice Ardant parmi les archives de la Haute-Vienne (1).

A l'aide de ces documents, élucidés par une patiente critique, M. J. Labarte a dressé à grand'peine la généa-

---

(1) Maurice ARDANT, *Léonard Limosin, émailleur*, in-8° de 20 pages, Limoges, Chapoulard fr., sans date.
Les Limosin, in-8° de 27 pages. Limoges, Chapoulard fr., sans date.

logie suivante, et assez probable, des membres de cette famille (1).

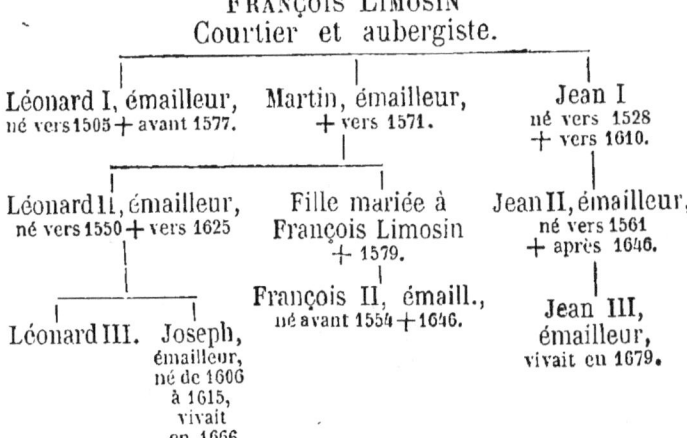

Parmi les onze membres de la famille Limosin, sept se sont livrés à l'art de l'émaillerie, mais il n'y en a guère que trois qui soient connus; ce sont Léonard I, Jean II et François II. Esquissons leur biographie en n'en citant que les faits principaux.

Léonard Limosin.

Il était fils d'un courtier-aubergiste, comme on vient de le voir. On suppose qu'il naquit en 1505, et qu'en 1528 il quitta sa province pour entrer dans l'école de Fontainebleau, sans remarquer que la réunion d'artistes, dirigée par le Rosso et le Primatice, n'existait point alors. En effet, la transformation du château de Fontainebleau ne fut commencée qu'en 1527, sous la direction de Gilles le Breton : le Rosso ne vint d'Italie que vers 1530, le Primatice en 1531, et Niccolo del Abbate en 1552.

---

(1) J. LABARTE, *Histoire des arts industriels*....., t. III, p. 129.

D'ailleurs, dans ses premiers travaux, Léonard Limosin s'inspira des maîtres allemands.

La plus ancienne date que l'on ait trouvée sur ses émaux est celle de 1532, que l'on voit sur une suite de dix-huit plaques représentant la Passion, d'après Albrecht Durer, qui faisaient partie de la collection Debruge-Dumesnil (n° 696); mais dès l'année 1535 il commença de copier les estampes du « maître au dé, » d'après les compositions de Raphaël représentant l'histoire de Psyché : suite qu'il reproduisit souvent. La plaque du Musée (n° D. 248) porte la signature L. L. 1535. Il se laisse dès-lors influencer par l'école italienne et par les maîtres qui, appelés par François Ier pour décorer Fontainebleau, lui fournirent de nombreux modèles pour ses émaux.

En 1541, nous avons la preuve qu'il était établi à Limoges avec son frère Martial, car tous deux sont qualifiés d'émailleurs, et ils paient ensemble les redevances auxquelles sont sujettes les maisons de la rue des Grandes-Pousses et de la rue Manigne, qui communiquaient par leurs derrières; l'une d'elles étant dans la famille des Limosin dès l'année 1510.

En 1544, suivant Robert-Dumesnil, il grava quatre estampes d'après ses propres compositions; travail qui devait lui être facile, d'après ce que nous avons dit du procédé employé pour préparer les grisailles.

En 1545, il reçut la commande des douze apôtres, dont les patrons furent fournis par Michel Rochetel, ainsi qu'il appert des comptes des bâtiments, publiés par M. le comte L. de Laborde (1).

Ces émaux, dont l'un porte la date de 1547, décorèrent la chapelle du château d'Anet, puis furent

---

(1) A Michel Rochetel, peintre, pour avoir par luy fait douze tableaux de painture de coulleurs sur pappier, chacun de deux pieds et demy, et en chacun d'iceux paint la figure de l'un des apostres, qui sont les douze apostres de Notre Seigneur, et une bordure aussy de painture, au pourtour de chacun tableau, pour servir de patrons à l'esmailleur de Lymoges, esmailleur pour le roy, pour faire sur iceux patrons, douze tableaux d'esmail. (L. de LABORDE, Comptes des bâtiments, 1540-1550.)

donnés, lors de la révolution, au département d'Eure-et-Loire, dont l'administration les attribua, lors du concordat, en 1802, à l'église Saint-Père, de Chartres, où ils sont aujourd'hui garnissant la chapelle absidale.

Une autre suite fut sans doute commencée quelque temps après, car le Musée possède deux tableaux semblables à ceux de Chartres, qui proviennent des Feuillantines, de Paris, et qui portent dans leurs bordures les emblèmes de Henri II.

En 1548, suivant M. Maurice Ardant, Léonard fut pourvu de l'office de valet de chambre du roi, et, en 1550, on le trouve faisant vendre en justice les biens d'un créancier.

Rayé en 1551 de l'état des officiers du roi, il signa cependant et data : LEONARD. LIMOSIN. ESMAILLEVR. PEINTRE. VALET DE CHAMBRE DU ROY. 1551, un tableau de l'*Incrédulité de saint Thomas*, que possède le musée de Limoges et qui, servant de rétable à l'église de Saint-Pierre du Queyroix en 1765, était complété par deux volets qui en faisaient un triptyque. Ce tableau, dans lequel les personnages sont de grandeur naturelle et d'un style un peu maniéré, indique une main très-habile, quoi qu'il soit peint d'une touche un peu mince, comme le faisait l'école française à cette époque.

Les tableaux de la Sainte-Chapelle (nos D. 282 à 304 et 305 à 327) se placent à l'année 1553, où Léonard Limosin les a signés avec sa qualité de peintre ordinaire de la chambre du roi. Il prend celle de « serviteur de la chambre du roy nostre syre et son maître esmailleur, » dans un acte de constitution de rente de l'année 1554, dans celui de l'achat d'une vigne, en 1555, et dans un autre acte de constitution de rente daté de 1558.

C'est en cette qualité « d'émailleur du feu roy » que l'année suivante il reçoit « sept aulnes et demye » (1) pour porter sans doute le deuil de Henry II, mort le 10 juillet.

---

(1) Comte L. de LABORDE, *Notice des émaux du Louvre*, p. 176.

Il conserve son titre sous le roi François II et est ainsi porté sur l'*Estat des officiers domestiques du roy pour l'année commencée le* 14 *juillet* 1559 *et finye le* 31 *décembre* 1560 : « à Leonard Limosin, esmailleur ordinaire dudict seigneur, 80 livres » (1).

Nous avons vu que les travaux de l'émaillerie n'empêchaient point Léonard Limosin de se livrer à la peinture ; maintenant, nous allons le voir arpenteur et dressant à ce titre « une figure... de lieux et tenues... » par ordre du président de la chambre des requêtes au parlement de Bordeaux, plan daté de novembre 1561, et conservé aux archives de la Haute-Vienne (2).

Plus tard, en 1571, il illustre de dessins représentant des joyaux le registre de la confrérie du Saint-Sacrement de Saint-Pierre-du-Queroix, sa paroisse, et reçoit 10 testons, 14 sous, 6 deniers, pour quatre panonceaux peints pour la même paroisse.

En cette même année, il dut perdre son frère Martial Limosin, car un acte constate qu'il paye seul, à partir de cette époque, le cens de la maison qui lui était commune avec son frère.

En cette même année encore, il est nommé consul avec Jehan Pénicaud, qui doit être l'émailleur Jean III.

Il serait intéressant de savoir quels étaient les goûts des artistes dont le renom est venu jusqu'à nous, et si, comme Albrecht Durer, Rembrandt, par exemple, et ceux de notre temps, ils aimaient à s'entourer de choses curieuses et pittoresques. Pour Léonard Limosin, nous avons un indice, c'est la relation qu'écrivit un certain André Thevet, d'Angoulême, dans sa *Cosmographie universelle*, de la visite qu'il fit, en 1572, en la maison de Léonard, où il trouva « une petite idole (3) de Mercure, massive de cuivre, ayant des yeux d'argent..... laquelle avait été trouvée en fossoyant quelques vieux murs de la ville. »

---

(1) Comte L. DE LABORDE, *Notice des émaux du Louvre*, p. 18.

(2) Maurice ARDANT, *Léonard Limosin*, p. 16.

(3) *Idem-Ibidem*. — Ce Mercure appartient aujourd'hui au Cabinet des Antiques et des Médailles, auquel il a été cédé par M. M. Ardant.

Les derniers émaux, que nous connaissons, où Léonard Limosin ait inscrit une date, portent celle de l'année 1574. C'est une plaque représentant Catherine de Médicis en Vénus, et faisant suite à deux autres, dont l'une est signée et datée L L 1573, qui représentent Henri III en Jupiter et Charles IX en Apollon (1).

Au commencement de 1575 il vivait encore, car il figure en un contrat avec ses qualités ordinaires ; on place d'habitude sa mort en cette année, mais, ce qu'il y a de certain, c'est qu'il n'existait plus en 1577, car un acte du 10 février fait mention des « hoirs de feu Leonard Limosin esmailleur. »

Léonard Limosin nous semble être, de tous les émailleurs de Limoges, celui qui a le mieux su allier tous les procédés d'exécution connus et pratiqués isolément avant lui. Dans une même composition, il réunit tous les genres et sait les fondre; avec une adresse qui révèle un praticien consommé et un savant coloriste.

Ainsi, la peinture en apprêt sur fond blanc, sur le métal lui-même et sur paillon, se marie, dans certaines de ses pièces, avec la grisaille dessinée et modelée par enlevage, et avec le modelé par hachures ou au pointillé plus spécial au portrait. Mais les couleurs des émaux sont choisies, suivant la nature du fond, de façon à former une gamme continue, qui ménage les transitions entre les tons les plus éclatants et les ombres les plus intenses. Ainsi, ce sont les bleus, les verts et les pourpres des draperies qui recouvrent d'habitude les paillons, lesquels en avivent l'éclat, tandis que les bruns de diverses nuances et les violets reçoivent un éclat moindre du métal ou du fond blanc sous-jacent. Puis, dans ces couleurs transparentes flottent quelques nuages d'émail blanc, qui forment les lumières et qui ont leur écho dans les carnations, les animaux et les accessoires, modelés par les procédés ordinaires de la grisaille. De telle sorte que ce sont les couleurs inter-

---

(1) Collection de M. le baron J. de Rothschild. Nos 2458, 2459 et 2461 du Catalogue du Musée rétrospectif de 1865.

médiaires, couchées sur le métal ou le fond blanc, qui, d'un côté, se lient, par leur transparence, avec les vives clartés des émaux sur paillon, et, de l'autre, avec les grisailles par les touches d'émail blanc qui y sont parfondues. Enfin quelques portraits, ceux des donateurs, par exemple, où la ressemblance doit être cherchée, sont modelés au pointillé. Les tableaux de la Sainte-Chapelle présentent le plus magnifique et le plus complet exemple de la réunion de tous ces genres.

Parfois Léonard Limosin se contente de dessiner en bistre au pinceau sur un fond préparé en blanc, et de glacer les diverses parties du sujet en émaux colorés seulement du côté de l'ombre. Telles sont les figures des apôtres (nos D. 341 à 349 et 350 à 358) et la grande scène champêtre, où l'on croit voir une allusion à Diane de Poitiers au château d'Anet (n° D. 366).

Aimant avant tout les couleurs éclatantes et gaies, nageant dans une surabondance de fondants, Léonard Limosin réveille parfois les grisailles sur fond noir par quelques glacis turquoise couchés du côté des ombres; mais à la fin de sa carrière surtout, il préféra exécuter ces dernières sur un fond bleu d'un aspect moins sévère et d'un ton plus chaud que le dessous noir usité d'ordinaire par les autres émailleurs.

Il lui est arrivé parfois de peindre en grisaille sur une plaque dont les premiers plans étaient, au préalable, repoussés en bosse. Il en redessinait les contours par un trait noir, en accentuait les ombres par un léger glacis coloré, et prolongeait la composition dans les fonds en plate peinture, exécutée par les procédés ordinaires de la grisaille (1).

Son dessin, nous l'avons dit, est celui de l'école de Fontainebleau, maniéré par l'exagération de la musculature, la finesse des attaches et l'allongement des proportions. Même lorsqu'il s'astreint à copier Raphaël,

---

(1) Plaque circulaire représentant *un Combat de cavaliers*. Signée LL. 1539 dans la collection du prince Czartoriski, n° 203 du Catalogue de la salle polonaise. Exposition rétrospective de 1865.

il le fait avec une liberté d'allure telle que la copie devient presque son œuvre propre.

Cependant ce style, si indépendant et si libre dans les compositions, se transforme et se dissimule quand il s'agit de peindre un de ces portraits, qui l'occupèrent depuis l'année 1536 jusqu'à la fin de son existence. Alors il devient sincère et naïf, et s'étudie à copier fidèlement les crayons qu'il devait recevoir des personnages dont il devait rendre l'image impérissable en la fixant sur le cuivre au moyen de couleurs vitrifiées.

Bien qu'il fût un dessinateur fort habile, nous ne croyons pas que L. Limosin ait exécuté en émail beaucoup de ses propres compositions. Ainsi, les modèles de la suite des douze Apôtres ont été fournis par Michel Rochetel, ceux des anges des tableaux de la Sainte-Chapelle sont de Nicolo del l'Abbate (1), et nous devons présumer que le reste doit avoir eu les dessins du même maître pour modèle. Le style de Nicolo se retrouve dans d'autres compositions, et l'on connaît les gravures italiennes d'après lesquelles certaines autres ont été peintes. Pour les émaux de la fin de sa carrière, L. Limosin s'inspire d'Étienne De Laulne. Quant à ses portraits, nous savons que le Musée de Limoges conserve le carton de celui du connétable de Montmorency possédé par le Louvre, n°s D. 330 à 338.

Pendant une carrière si longue, que les œuvres datées seules la font aller de l'année 1532 à l'année 1574, Léonard Limosin produisit, surtout dans sa vieillesse, bien des émaux indignes de son talent. Comme tous il ressentit les atteintes de l'âge, mais les œuvres de sa force et de la plénitude de son talent le placent en tête des émailleurs de Limoges, tant par leur abondance et leur variété que par les qualités du dessin, la merveilleuse entente des ressources de l'émail et l'aisance de l'exécution.

---

(1) Cabinet de M. Émile Galichon.

Martin Limosin.

Tout ce que l'on sait de Martin Limosin, c'est qu'associé et copropriétaire des biens qu'il possède avec Léonard, son frère, il figure en même temps que lui, et avec le titre d'émailleur, dans tous les actes où celui-ci intervient. En 1571, il disparaît.

On suppose que c'est lui qui, dans l'atelier commun, était plus spécialement chargé de l'exécution matérielle des émaux que peignait son frère. Il peut aussi être l'auteur de quelques pièces qui sortent évidemment de leur boutique, mais qui sont indignes de Léonard.

D. **248**. — *Plaque rectangulaire.*

1535　　　　　　　　　　　H. 0,182. — L. 0,240.

Psyché emportée par Zéphir, — d'après une composition de Raphaël, gravée par le « maître au dé. »

Au centre, Psyché endormie au pied de rochers à pic ; au-dessus, elle est portée sur les nuages, d'où sortent les têtes de quelques zéphirs. En arrière plan, à droite, Psyché est reçue par trois femmes à la porte d'un palais.

Fond d'arbres... sur le rocher contre lequel s'appuie Psyché, le monogramme et la date L. L., 1535 en noir.

Au-dessus du sujet, dans un listel qui en occupe toute la largeur, les huit vers suivants sont tracés en noir sur six lignes divisées trois par trois :

Zephir le gonfia come vela in nave
La veste et ponla in un pian dietro al monte
Onde, dormito un sonno assai (soave),
A un pelagio ne vien presso à una fonte
Cui mentre mira et gran meraviglia hove.
S'ode dir da non viste voci et pronti
Cio tutto è tuo, noi tue che guardi omai.
Lanati et oscrea et poscia a cena andrai

(Zéphir gonfle ses habits comme la voile d'un navire et la pose sur une plaine, derrière la montagne, où, après avoir dormi d'un très-doux sommeil, elle s'avança près d'un palais proche d'une fontaine. Tandis qu'elle admire et s'émerveille, elle entend des voix invisibles et légères lui dire : Tout cela que tu regardes, c'est à toi, et nous aussi, nous sommes à toi. Lève-toi, puis viens au repas.)

Grisaille. Trait et modelé par enlevage à travers une couche gris-noir atténué par places par des glacis blancs postérieurs. Chairs légerement colorées; ciel et rehauts d'or.

Revers incolore.

Ancienne collection.

N° 239 de la Notice des émaux, par M. le comte L. de Laborde.

D. **249 à 268.** — *Tablier double, pliant, pour le trictrac et les échecs, monté sur bois, composé de vingt plaques.*

1537.

Trictrac. — Chacune des deux plaques rectangulaires qui forment le tablier du trictrac. (H. 0,310. — L. 0, 158.)

Chacune des huit plaques, rectangulaires par trois côtés, en biseau par une extrémité, qui forment encadrement. (H. 0,190, L. 0,037.)

Le champ vert translucide du trictrac est divisé, sur chaque plaque, dans le haut et dans le bas, par six flèches parallèles de chaque côté, alternativement blanches et vert clair, dirigées vers le milieu et séparées par des pentes de trophées en or, représentant des armes, des bannières, des livres, des sphères, etc.; sur un des cartouches suspendus, on voit, d'un côté, le monogramme L. L., de l'autre, la date 1537. La zone intermédiaire est occupée par deux médaillons en losange, remplis par des bustes en grisaille, accompagnés d'ornements dorés. Chacune des plaques de bordure, également à fond vert translucide, est ornée, dans le haut et dans le bas, de grands rinceaux feuillagés terminés par des bustes, et sur les côtés de pentes de trophées d'armes, de bouquets de feuilles et de fruits liés par des bandelettes en grisaille ombrée de vert, avec quelques légers ornements d'or.

Échiquier. — Chacune des deux plaques rectangulaires qui forment le tablier d'échiquier. (H. 0,310, L. 0,157).

Chacune des huit plaques d'encadrement. (H. 0,190, L. 0,037).

L'échiquier est composé sur chacune des plaques de

trente-deux compartiments carrés disposés sur huit rangs, alternativement verts translucides et bleus, orné au centre d'un petit camayeu noir, circulaire, et encadré dans des ornements symétriques dorés.

Les plaques d'encadrement semblables à celles du côté opposé.

Ornements en grisaille, peints du premier coup sur un fond général vert translucide et redessinés par enlevage, rehaussés de blanc et glacés de vert dans l'ombre. Ornements d'or appliqués du premier coup en une première couche bistrée, modelée avec de l'or pur. Les camayeux noirs des compartiments de l'échiquier peints par teintes plates et opaques par-dessus l'émail blanc.

Revers invisible.

République française, n° 128. — Acquis en 1852.

N°s 265 à 284 de la Notice des émaux, par M. le comte L. de Laborde.

Publié dans les Collections célèbres, par M. A. Liévre.

D. **269 à 273**. — *Cinq plaques. L'une centrale et les quatre autres en trapèze allongé, formant encadrement et comprises dans une bordure en bois doré.*

1543.　　　　Plaque centrale. H. 0,172. — L. 0,232

Le père de Psyché consultant l'oracle d'Apollon, — d'après la composition de Raphaël, gravée par le « maître au dé. » Le roi est debout, à gauche, devant un autel triangulaire, en avant d'une statue d'Apollon, un prêtre est à côté de lui. En arrière, des sacrificateurs amènent deux béliers et un taureau. Composition de huit figures. Fond d'architecture ; sur le socle de la statue d'Apollon le monogramme L. L. et la date 1543 tracée en noir.

L'inscription suivante, composée de huit vers, occupe deux cartouches au-dessous de la composition :

Per questo il re sacrifica et partito
Chiede al milesio Dio per la figliuola.
Il qual risponde, a l'ermo, è multo lito
Menata con l'honor fusse (reo) et sola.
Lascialu quivi che mortal mortal marito
Hauer non Deo, ma chi per l'aer uola

Di velen pieno. Et con immortal foco
Distrugge'l mondo et mai non troua loco.

(Le roi offre un sacrifice et demande au dieu de Milet un mari pour sa fille. Celui-ci lui répond : mène-là avec des honneurs funéraires, sur un rivage solitaire et inculte où tu la laisseras, car, mortelle, elle ne doit point avoir un mortel pour époux, mais celui qui, plein de rage, vole par les airs, et dont le feu immortel détruit le monde, et ne connaît point de repos.)

Grisaille. Trait et premier modelé par enlevage à travers une couche très-mince et paraissant très-foncée, qui laisse transparaître le fond, les hachures étant glacées d'une seconde couche grise dans les carnations qui sont colorées en bistre roux du côté de l'ombre. Larges rehauts blancs. Ornements d'or. Fond noir.

Plaques d'encadrement. — Deux. H. 0,035. — L. 0,300.
Deux. H. 0,035. — L. 0,240.

Arabesques dans le goût des travaux des Azziministes, en or, sur fond bleu.
Revers translucide.

Règne de Charles X. — Collection Révoil, n° 280.

N° 240 de la Notice des émaux, par M. le comte L. de Laborde.

D. **274** à **278**. — *Cinq plaques. L'une centrale et les quatre autres en trapèze allongé, formant encadrement et comprises dans une bordure en bois doré.*

Plaque centrale. — H. 0,172. — L. 0,232.

La Toilette de Psyché, — d'après la composition de Raphaël, gravée par le « maître au dé. » Psyché, assise, à deminue, déroule sa chevelure, assistée par deux femmes debout à ses côtés. Une troisième femme est accroupie à gauche, s'appuyant sur une aiguière dont le pied porte le monogramme L. L. tracé par enlevage. Un lit, garni de courtines, occupe le fond.

L'inscription suivante, composée de huit vers, occupe deux cartels placés au-dessus de la composition :

Lauata la Donzella al novo giorno
Poi che'l uolante arcier fuor mosse'l piedi
Ha l'invisibil serue a se d'intorno
Apparechiate afar quanto ella chiede :

*Chiede ella del suo bel crine aureo adorno
Se lo servi ne ordinato ben procede.
E a questo intenta a se medesima dice:
Psiche chi vive di se felice.*

(La jeune fille levée au jour, alors que l'archer ailé fut parti, est entourée de servantes invisibles prêtes à exécuter ses ordres. Ce qu'elle leur demande, c'est d'orner sa belle chevelure d'or. A ce occupée elle se dit à elle-même : Psyché est-il plus heureuse que toi?)

Grisailles. Même facture que le numéro précédent. Encadrement semblable.

Règne de Charles X. — Collection Révoil, n° 281.

N° 241 de la Notice des émaux, par M. le comte L. de Laborde.

D. **279.** — *Plaque ovale.*

1550.   H. 0,200. — L. 0,144.

Portrait d'homme. — De trois quarts, tourné à gauche. Nez court, yeux bleus, lèvres épaisses; grandes moustaches blondes ainsi que la barbe qui descend en deux longues pointes sur la poitrine. Cheveux courts et frisés : coiffé d'une toque noire brodée d'or, et portant le collier de Saint-Michel.

Émaux colorés. Visage peint du premier coup sur le fond, redessiné et modelé en bistre roux, appliqué avec une grande liberté de main, tantôt par hachures, tantôt au ponctué. Barbe également redessinée sur un léger travail ponctué.

Fond noir.

Revers incolore translucide, avec le monogramme L. L. couronné, suivi de la date 1550, en noir.

Règne de Charles X. — Collection Révoil, n° 283, où il passait pour être le portrait de Jean-Philippe Rheingrave, colonel des Allemands au service de Henri II.

N° 255 de la Notice des émaux, par M. le comte L. de Laborde, qui y verrait plutôt le portrait de Louis II, de la Trémoille (crayons du Cabinet des estampes. t. I, et portefeuille de Gaignières, t. VIII, f° 27), ou celui d'un membre ou allié de la famille d'Armagnac, qui posséda, au XVIe siècle, un château à Carlat, où fut trouvée une répétition de ce portrait, jointe à un portrait de femme. (Collection Germeau.)

D. **280.** — *Plaque ovale.*

Vers 1550.   H. 0,135. — L. 0,104.

Portrait d'homme, vu jusqu'à mi-corps, tourné de trois

quarts à gauche, coiffé d'une toque brun sombre avec une petite plume blanche tombant en arrière, vêtu d'un pourpoint de même couleur, à haut collet, surmonté d'une petite fraise tombante. Une chaîne d'or fait deux ou trois fois le tour du col.

Le personnage représenté a un nez très-long, des yeux bleus, des cheveux, une moustache et une barbe formant collier d'un blond très-clair.

Emaux colorés sur préparation blanche. Visage réservé, glacé d'une couche légèrement saumonnée, puis dessiné et modelé en bistre roux. Barbe peinte après l'application de la couche bleue translucide du champ, puis modelé à l'aide du même bistre avec rehauts d'or pour lui donner plus de légèreté du côté où elle se détache sur le fond bleu. Costume, exprimé par une seule teinte plate, également en réserve. Fond bleu.

Revers translucide rougeâtre.

Règne de Charles X. — Collection Durand, nos 93-2580.

No 287 de la Notice des émaux, par M. le comte L. de Laborde.

D. **281**. — *Plaque rectangulaire.*

Vers 1550.   H. 0,228. — L. 0,178.

Mélanchton ? — Portrait en buste, d'un homme représenté de trois quarts à gauche, portant barbe et moustaches, coiffé d'un bonnet plat à oreillères et vêtu d'une robe noire damassée de noir, par-dessous un surtout noir.

Émaux colorés sur préparation blanche. Visage réservé et redessiné au pinceau ; modelé par un lavis de bistre saumonné par-dessus une préparation de hachures bleues dans les ombres, obtenues peut-être par enlevage. Cheveux et barbe dessinés au pinceau. Costume noir modelé par quelques rehauts gris : fond bleu sur couche blanche.

Revers incolore

Règne de Charles X. — Collection Révoil, no 282, où ce portrait passait pour être celui de Calvin.

No 255 de la Notice des émaux, par M. le comte L. de Laborde, qui admet la même attribution avec un point d'interrogation. Ce portrait, qui ne rappelle en rien les traits de Calvin, nous semble se rapprocher davantage de celui de Mélanchton, peint par Albrecht Durer, et possédé par le Musée de Munich.

146   ÉMAUX PEINTS.

D. **282** à **304**. — *Tableau votif, dit de la Sainte-Chapelle. Assemblage de vingt-trois plaques d'émail réunies dans une monture en bois.*

1553.   H. totale 1,070. — L. 0,750.

Une plaque centrale ovale est entourée d'une bordure annulaire formée de huit pièces, et cantonnée de quatre plaques circulaires posées sur les diagonales. Les champs restés libres entre ces plaques et l'encadrement général rectangulaire, sont remplis par dix autres plaques de formes irrégulières.

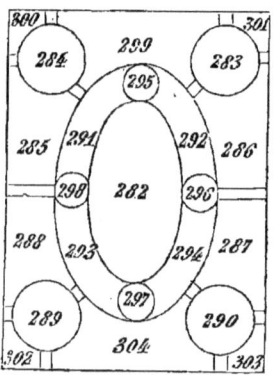

282. — *La Crucifixion.* — Jésus-Christ, à nimbe radié, est attaché par trois clous à une haute croix au centre de la composition. A droite et à gauche se dressent celles des deux larrons liés par des cordes. Sur le premier plan, à gauche, la Vierge s'évanouit, accompagnée de quatre femmes dont deux seules sont nimbées. En arrière, la Magdeleine embrasse le pied de la croix. A droite trois hommes se disputent la robe du Christ. Au second plan, un grand nombre de cavaliers montés sur des chevaux blancs entourent les croix. Parmi eux trois têtes d'une autre exécution que le reste de l'émail, doivent être des portraits. Dans un cartel, au bas de la composition, on lit l'inscription suivante :

283. — *Jésus portant sa croix.* — Au centre, Jésus à nimbe radié, couronné d'épines, succombe sous la croix que deux hommes soulèvent derrière lui. A gauche, deux autres hommes traînent le Christ avec des cordes, et l'un d'eux le frappe du pied à la poitrine; en arrière plan, deux cavaliers et des soldats.

Sainte Véronique, agenouillée, tend vers lui le linge. Derrière elle sont la Vierge à nimbe elliptique, les saintes femmes et des soldats à cheval. Fond d'édifices.

284.— *La Mise au Tombeau.*— Le corps du Christ, la tête ornée d'un nimbe elliptique, soutenu par trois hommes, est déposé sur un rocher que le suaire recouvre en partie.

La Vierge, à nimbe elliptique, est placée en arrière ainsi que trois saintes femmes. Fond de rochers. Sur le sol le monogramme et la date ·L·L·I553· en noir.

285. — Un ange debout, le front orné d'un croissant, tourné vers la droite, tenant les saints clous au nombre de trois. Sur deux pierres posées sur le sol, la date et l'inscription 1552 LÉONARD LIMOSIN. MF en noir.

286.—Un ange debout, tourné vers la gauche, s'appuyant sur la colonne du prétoire. Au-dessus, sur une pierre, le monogramme L. L. en or.

287.—Un ange debout, tourné vers la gauche, tenant de ses deux mains la sainte Face; sur un cartouche, l'inscription en noir : LIONARD LIMOSIN M. F. 1553.

288.—Un ange debout, vu de face, tenant de chaque main un fouet à trois lanières. Dans un cartouche suspendu au-dessus du terrain qui le porte, l'inscription en noir. LEONARD· M·F IXMOSIN 1553

289. — Le roi François Ier, en costume royal, agenouillé devant un prie-Dieu, où sont déposés un livre, le sceptre et la couronne. Des guirlandes de feuilles et de fruits garnissent le fond de l'appartement qui laisse voir la campagne par une fenêtre. Sur le socle d'une colonne le monogramme et la date L. L., 1553 tracés en or, tandis que le monogramme L. L. est encore tracé en noir sur le sol, derrière les pieds du roi.

290. — La reine Eléonore agenouillée sur un coussin, les mains jointes devant un prie-Dieu, qui porte un livre. Fond

8

148 ÉMAUX PEINTS.

d'appartement qui laisse voir un paysage par une fenêtre. Sur le socle de deux colonnes le monogramme et la date L L 1553 en or.

291 à 298. — Bordure du sujet central : quatre médaillons circulaires chargés de la lettre F, en or sur fond bleu. Quatre bandes curvilignes, ornées chacune de trois camayeux, en or sur fond bleu, dont deux représentent deux apôtres, et celui qui est intermédiaire, la salamandre. Les camayeux sont reliés par des pentes de grotesques et de trophées en or sur fond noir. Les quatre évangélistes se trouvent dans les camayeux des n°s 291 et 292 ; saint Pierre et saint Paul, dans ceux des n°s 293 et 294.

299 — L'écu de France, d'azur aux trois fleurs de lis d'or, timbré de la couronne royale et entouré du collier de l'ordre de Saint-Michel, cantonné en haut de deux F., en bas de deux salamandres.

300 à 303. — Quatre plaques triangulaires, ornées de la salamandre en or sur fond bleu.

304. — Un cartouche en forme de trapèze, surmonté de la salamandre et aussi de deux petits génies sonnant de la trompe, avec cette inscription : NVTRISCO
ET
EXTINGOR
1553.

Emaux colorés en partie sur paillon. Trait et modelé sommaire en noir, au pinceau, sur une première couche blanche, ou sur le paillon, recouverts d'émaux translucides rehaussés de blanc ou d'or dans les couleurs foncées. Carnations légèrement modelées par hachures enlevées sur une préparation bleue, rehaussées de blanc, et glacées de bistre dans les ombres. Les figures du roi, de la reine, et de trois des personnages placés dans la scène de la *Crucifixion*, qui doivent être des portraits, sont en outre modelées au pointillé en bistre rouge.

Les figures des quatre anges qui portent les instruments de la Passion sont exécutées sur des dessins de Nicolo dell' Abbate (1). L'ange qui porte la colonne est dans la même

---

(1) Ces dessins, que possède M. Émile Galichon, sont exactement de la même dimension que les émaux ; sont piqués sur leurs contours pour former un poncis, et chaque figure se détache sur un fond lavé au bistre suivant la forme donnée à la plaque d'émail.

attitude qu'un ange portant une clef, de la collection des dessins du Musée du Louvre (n° d'ordre 5,844) (1).

Les airs de tête et le style général du dessin, doivent faire attribuer à Nicolo dell' Abbate, la composition des trois scènes de la *Crucifixion*, du *Portement de Croix* et de la *Mise au Tombeau*. Le style des petites figures d'enfant qui ornent les pieds des prie-Dieu de François Ier et d'Eléonore, ainsi que la bordure du cartouche placé entre les deux médaillons où se trouvent ces figures, appartiennent aussi au maître Milanais. Le caractère est moins évident dans les camayeux d'or qui représentent les quatre évangélistes et quatre apôtres. Cependant on peut affirmer que la composition entière de ce tableau appartient à Nicolo dell' Abbate, et qu'elle aura dû être envoyée de Fontainebleau à Limoges pour y être exécutée sur émail.

Ce tableau servait de rétable à l'autel dressé contre la clôture du chœur de la Sainte-Chapelle, à gauche de l'entrée (2).

N° 466 du *Musée des monuments français*, par M. A. Lenoir, qui l'avait intercalé, ainsi que le suivant et les deux apôtres (n^{os} D. 341 à 349 et D. 350 à 358), dans le soubassement d'un monument qui supportait l'effigie tumulaire de Diane de Poitiers en prière.

Entré au Musée du Louvre en 1816, après la suppression du Musée des Monuments français, n° 268 de l'ancienne collection.

N°s 190 à 212 de la Notice des émaux, par M. le comte L. de Laborde.

D. **305** à **327**. — *Tableau votif, dit de la Sainte-Chapelle. Assemblage de vingt-trois plaques d'émail réunies dans une monture en bois.*

1553. H. totale 1,070. — L. 0,750.

Une plaque centrale ovale et entourée d'une bordure annulaire formée de huit pièces et cantonnée de quatre plaques circulaires posées sur les diagonales. Les champs restés libres entre ces plaques et l'encadrement général qui

---

(1) Gravé dans la *Gazette des Beaux-Arts*, t. III.
(2) MORAND. *Histoire de la Sainte-Chapelle*, p. 36.

est rectangulaire, sont remplis par dix autres plaques de formes irrégulières.

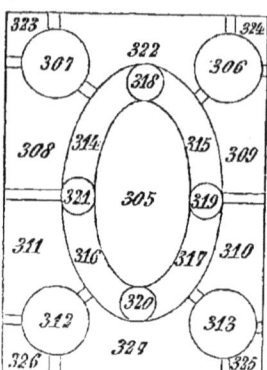

305. — *La Résurrection.* — Le Christ, à nimbe radié et le corps entouré par une auréole également radiée, se tient debout sur son tombeau, bénissant de la droite et tenant de la gauche la croix résurrectionnelle à pennon. Il est encadré par l'ouverture du rocher où a été creusé le sépulcre. Cinq soldats dorment; trois sur le premier plan, deux en arrière plan. Sur la cuve du tombeau, on lit l'inscription tracée en noir. *LEONARD LIMOSIN · M · F 1553*

306. — *Jésus au Jardin des Olives.* — Jésus-Christ, à nimbe elliptique, est agenouillé, les mains jointes, tourné vers la gauche où lui apparaît un ange portant un calice surmonté d'une hostie. Trois apôtres dorment sur le premier plan. Les soldats, guidés par Judas, arrivent au fond à droite par la porte du jardin ouverte dans le mur par-dessus lequel on aperçoit les édifices de Jérusalem. Sur la pierre où s'appuie la tête de saint Pierre, on lit le monogramme et la date L. L. 1553, tracés en noir.

307. — *Le Christ apparaissant à la Magdeleine.* — Jésus-Christ, vêtu d'une tunique, un manteau sur l'épaule, une bêche à la main gauche, impose la droite sur la tête de la Magdeleine agenouillée à droite devant lui, après avoir déposé à

ses pieds un vase de parfums. Au fond, les plates-bandes d'un jardin, un mur de clôture et des édifices. A gauche, le monogramme et la date L. L. 1553, en or.

308. — Un ange debout, tourné vers la droite, portant la croix. Sous son pied droit, le monogramme L L, et sur une petite pierre la date 1553, tous deux en or.

309. — Un ange debout, tourné vers la gauche, relevant d'une main son manteau, présentant de l'autre la couronne d'épines. Son pied droit est posé sur une pierre qui porte le monogramme et la date $\frac{LL\ MF}{1553}$ en or.

310. — Ange debout tourné vers la gauche et marchant. Il tient de la gauche la lance et de la droite l'éponge fixée au bout d'un bâton. Au-dessous du terrain où il est posé un petit cartouche porte le monogramme et l'inscription $\frac{LL}{1553}$ tracés en noir.

311. — Ange debout, tourné vers la droite, soutenant l'échelle de ses deux mains. Un écu placé au bas du terrain où il pose, porte l'inscription suivante tracée en or :

    LEONARD
    LIMOSIN
   PEINTRE DV
   ROYS 1552

312. — Le roi Henri II en costume royal, agenouillé, les mains jointes, de profil à droite, devant un prie-Dieu où sont placés un livre et la couronne de France. Le fond d'architecture est orné de guirlandes de feuilles et de fruits. Sur le bois du prie-Dieu le monogramme L L en or.

Répétition avec quelques variantes de l'effigie de François Ier de l'autre tableau.

313. — La reine Catherine de Médicis, agenouillée de trois quarts à gauche, coiffée d'un bonnet d'orfèvrerie, vêtue d'une robe antique garnie d'hermine au corsage par-dessous le manteau royal. Un livre est ouvert sur le coussin que porte le prie-Dieu placé à gauche. Fond d'architecture avec une ouverture au fond montrant un paysage. Sur le soubassement de deux colonnes, le monogramme et la date L L 1553 tracés en or.

Répétition presque identique du portrait d'Eléonore de l'autre tableau.

314 à 321. — Bordure du sujet central. Quatre médaillons circulaires chargés de l'H combiné avec le double C ressem-

blant à deux D. Quatre bandes curviliques chargées d'un croissant dans lequel deux branches de laurier sont enlacées, placé entre deux paires d'arcs affrontés.

322. — L'écu de France, d'azur à trois fleurs de lis d'or, timbré de la couronne royale et entouré du collier de l'ordre de Saint-Michel, cantonné dans le haut de deux H et dans le bas de deux croissants.

323 à 326. — Quatre plaques triangulaires, dont deux portent la lettre H; les deux autres la lettre C en forme de croissant.

327. — Cartouche en forme de trapèze, surmonté d'un croissant et accosté de deux petits génies sonnant de la trompe, avec cette inscription :
DONEC
TOTVM
IMPLEAT
ORBEM
1553.

Emaux colorés en partie sur paillon. Même facture que le tableau précédent. Les figures des quatre anges qui portent les instruments de la Passion exécutées comme celles du précédent tableau sur des dessins de Nicolo dell' Abbate (1).

Ce qui tendrait à prouver que les autres compositions sont du même artiste, c'est que le sujet du *Christ apparaissant à la Magdeleine* se trouve presque identique, quoique retourné, parmi les dessins de Nicolo, appartenant au Musée (n° d'ordre 5,838).

Ce tableau servait de rétable à l'autel dressé dans la nef de la Sainte-Chapelle du Palais contre la clôture du chœur, à droite de l'entrée (2).

N° 466 du Musée des Monuments français, par A. Lenoir, qui l'avait intercalé, avec le précédent tableau et les deux Apôtres (n°s D. 341 à 349 et D. 350 à 358), dans le soubassement d'un monument qui supportait l'effigie tumulaire de Diane de Poitiers en prière.

Entré au Musée du Louvre en 1816 après la suppression du Musée des Monuments français. N° 208 *bis* de l'ancienne collection.

N°s 213 à 235 de la Notice des émaux, par M. le comte L. de Laborde.

---

(1) Cabinet de M. Émile Galichon.
(2) MORAND, *Histoire de la Sainte-Chapelle*, p. 36.

D. 328. — *Plaque ovale.*

1555.   H. 0,196. — L. 0,265.

Vénus et l'Amour. — La déesse, entièrement nue, est couchée sur une draperie rouge étendue sur l'herbe d'une prairie. Elle s'appuie sur le coude du bras gauche et tient embrassé un petit amour qui la caresse. Une toque de velours noir à perles d'or est posée par-dessus une résille qui emprisonne ses cheveux blonds. Un carquois est posé sur le premier plan. Un vase de fleurs en arrière de la figure. Fond d'arbres, de mer et de ville. Au-dessous de la main de Vénus, on lit sur une feuille le monogramme LL, et au-dessous la date 1555.

Émaux colorés en partie sur paillons.

Figure dessinée par un trait de contour et très-légèrement préparée par enlevage sur une première couche bleue : modelé très-fin en bistre rouge. La draperie et le paysage sont glacés de bleu lapis, de vert et de turquoise sur une couche blanche, et rehaussés de blanc surtout dans les fonds. Le carquois, les ailes de l'amour et le vase de fleurs sont sur paillons. Rehauts d'or.

Revers incolore.

N° 242 de la Notice des émaux, par M. le comte L. de Laborde, qui résout par l'affirmative la question de savoir si c'est Diane de Poitiers qui est représentée dans cet émail, car le visage est évidemment un portrait. Mais comme les traits ne rappellent en rien ceux de la médaille qui représente la duchesse de Valentinois, nous sommes forcé de croire que quelque autre personnage que le roi aura bien pu commander à Léonard Limousin cette représentation de sa maîtresse.

Publié, par M. J. Labarte, dans l'*Histoire des arts industriels*, t. IV, p. 39.

D. 329. — *Plaque rectangulaire.*

Vers 1555.   H. 0,183. — L. 0,270.

Neptune et Doride, d'après la composition du Rosso, gravée par J. Androuet du Cerceau. — Les deux divinités assises sur un lit se tiennent enlacées et s'embrassent, tandis qu'un amour debout auprès d'elles à côté d'un dauphin porte le trident. Cette composition est entourée d'une bordure en camayeu brun, ornée d'une tête de satyre au sommet et accostée latéralement de deux cariatides en forme de termes accompagnées de trophées et de grappes de fruits.

Grisailles. Trait et modelé par enlevage, surtout dans les draperies des fonds. Larges rehauts blancs fondus dans les carnations qui sont teintes en bistre roux très-vif dans les ombres. Les camayeux de l'encadrement sont bruns largement dessinés par enlevage et rehaussés d'or.

Revers en émail incolore, rugueux, tournant au jaune vert.

Règne de Charles X. — Collection Durand, n°^s 75-2543.

N° 183 de la Notice des émaux, par M. le comte L. de Laborde.

D. **330** à **338**. — *Tableau en forme de cuir découpé, composé de neuf plaques d'émail montées en bois doré.*

1556.   H. 0,72. — L. 0,56.

Une plaque centrale ovale est accompagnée de huit plaques de formes irrégulières formant encadrement.

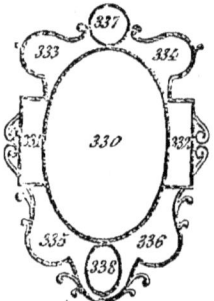

330. — *Portrait de Anne de Montmorency* (h. 0,450, l. 0,320), connétable de France, à l'âge de soixante-trois ans [1]. Le connétable est représenté en buste, de trois quarts à gauche, cheveux et barbe grisonnants, coiffé d'une toque plate ornée d'une médaille et de points d'or. Son justaucorps est fermé sur la poitrine par un rang de petits boutons et galonné en noir autour de l'ouverture du col, qui laisse passer une petite fraise tuyautée. La plaque de Saint-Michel pend sur la poitrine suspendue à une chaîne d'or. Un manteau noir garni d'hermine couvre ses épaules. Une tablette interrompt le portrait par le bas.

---

[1] Le crayon de ce portrait existe au Musée de Limoges. (M. ARDANT *Léonard Limosin*, p. 14.)

331. — Un pan debout, portant sur sa tête un vase qu'il soutient des deux mains, et accompagné de deux petits pans qui s'enlacent à ses jambes

332. — Un pan femelle dans la même attitude et accompagnée de deux petits pans. Ces figures doivent être des compositions du Rosso.

333 à 336. — Quatre plaques relevées en bosse à leur milieu où est représentée une main sortant des nuages et tenant une épée élevée qu'entoure une banderole avec le mot APLANOS, devise du connétable.

337. — Une tête d'enfant relevée en bosse.

338. — Une tête de Méduse également relevée en bosse.

Les parties plates décorées de grotesques en or. Sur la plaque du haut, à gauche, le monogramme L L et la date 1556 sont tracés en or.

Emaux colorés et grisailles. Figure peinte du premier coup sur le fond, modelée au pointillé en bistre rouge; cheveux dessinés au pinceau en noir. Costume non modelé et niellé de noir. Fond bleu par-dessus une couche blanche. Tablette bleue et verte. Les ornements en grisailles appliqués du premier coup sur le fond, redessinés et modelés sommairement par enlevage. Quelques teintes de chair sur la tête de Méduse. Ornements et rehauts d'or; fond noir.

Revers incolore.

Ancienne collection, n° 3.

Nos 215 à 253 de la Notice des émaux, par M. le comte L. de Laborde.

D. **339**. — *Plaque ovale.*

1557. H. 0,463. — L. 0,312.

François de Lorraine, duc de Guise. — Portrait en buste vu presque de face. Yeux bleus, cheveux et barbe blond clair; une balafre traverse le nez. Il est coiffé d'une toque noire garnie d'une plume de même couleur et de quelques fils d'or : vêtu d'un pourpoint blanc tailladé à haut collet que dépasse un col tuyauté. Sur la poitrine pend la plaque de Saint-Michel suspendue à un cordon d'or. Un manteau noir doublé de fourrure violette est posé sur ses deux épaules. Sur une tablette dorée qui interrompt le buste sont tracés en or le monogramme L L et la date 1557.

Un portrait identique de la collection de Gaignières à la

Bibliothèque impériale (t. IX, folio 24), porte cette inscription :

« François de Lorraine copié sur son portrait, dont l'ori-
« ginal, peint par Janet, est dans le cabinet de M. Gai-
« gnières. »

Émaux colorés. Visage modelé sur une préparation blanche par petites hachures en bistre rouge et en bistre bleu dans les ombres. Vêtements dessinés au pinceau. Rehauts d'or; fond bleu sur une couche blanche.

Revers incolore.

Ancienne collection, n° 2.

N° 254 de la Notice des émaux, par M. le comte L. de Laborde.

D. **340**. — *Plaque circulaire.*

Antérieur à 1559.   D. 0,280.

Henri II, roi de France. — Le roi porte la moustache, la barbe et les cheveux blonds. Il est à cheval, de profil, tourné vers la gauche, tête nue, tenant une palme de la main gauche. Son costume se compose d'un justaucorps blanc rayé d'or, à col élevé surmonté d'une fraise et à manches justes, et d'un haut-de-chausses collant semblable; de bas de chausses et de brodequins blancs; un surtout brun noir à manches courtes et sans col, recouvre le buste et se confond aujourd'hui avec la couleur du fond, ayant perdu les passements d'or qui devaient l'accentuer. Le cheval et son harnachement sont blancs; le chiffre H D ou H C et des croissants d'or décorent la housse de la selle (1).

Grisaille partiellement colorée. Figure peinte directement sur le fond, redessinée et préparée par enlevage et largement rehaussée de blanc qui recouvre et adoucit les hachures de la préparation. Carnations légèrement saumonnées, barbe et cheveux jaunes. Terrains glacés de vert. Rehauts d'or, fond brun noir.

Revers incolore.

Ancienne collection, n° 1.

N° 238 de la Notice des émaux, par M. le comte L. de Laborde.

---

(1) M. B. Fillon pense que cet émail pourrait rappeler une statue équestre de Henri II, que Claude Gouffier avait fait exécuter en bronze et placer sur le perron de son château d'Oiron. (*L'art de terre chez les Poitevins.*)

D. **341** à **349**. — *Tableau composé de neuf plaques :
une grande et huit petites servant d'encadrement.*

Antérieur à 1559.   H. totale 0,915. — L. 0,435.

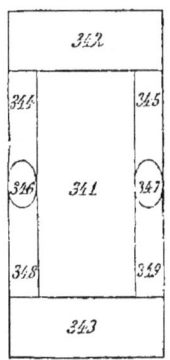

341. — *Saint Thomas sous les traits de François Ier*, d'après Michel Rochetel (1). (H. 0,595. — L. 0,265.) — Le saint est nimbé, debout, tourné de profil à gauche, vêtu d'une robe bleue qui laisse dépasser le haut collet et la fraise du costume du roi, et drapé dans un ample manteau rouge d'où sort la main droite portant une équerre.

342. — Un cartouche allongé orné de cuirs découpés, et accompagné de deux vases ovoïdes portant l'inscription : S THO.

343. — Un cartouche en forme de tablette semi-circulaire, portant deux croissants sur un disque et accompagné extérieurement de deux masques posés de profil.

344 et 345. — Deux colonnes de grotesques composées de deux masques séparés par un ornement ovale qui encadre un terme.

346 et 347. — Deux médaillons ovales portant le chiffre de Henri II en argent sur fond brun.

348 et 349. — Deux colonnes de grotesques formées d'une tête ailée portant un vase.

---

(1) Cet émail et le suivant font partie d'une autre suite que celle commandée, en 1545, à L. Limosin, sur les dessins de M. Rochetel, achevée d'exécuter en 1547, et aujourd'hui dans l'église Saint-Père, à Chartres. (Voir la notice sur Léonard Limosin, p. 154.)

158 ÉMAUX PEINTS.

Emaux colorés. Trait au pinceau sur fond blanc. Carnations presque entièrement saumonnées, modelées en bistre rouge. Les cheveux et la barbe dessinés et modelés en noir. La robe bleue, entièrement glacée de bleu et rehaussée de blanc dans les lumières; le manteau, au contraire, blanc, ombré de rouge; terrain vert; fond blanc. Les ornements sont glacés de bleu, de vert, violet, etc., seulement dans les ombres. Fond blanc.

Revers invisible.

Ancien couvent des Feuillantines (1).

N° 466 du *Musée des Monuments français*, par A. Lenoir, qui l'avait intercalé, ainsi que son pendant et les deux tableaux votifs de la Sainte-Chapelle, dans le soubassement d'un monument qui supportait l'effigie funéraire de Diane de Poitiers en prière.

Entré au Musée du Louvre en 1816 après la suppression du Musée des Monuments français.

Ancienne collection, n° 211.

N° 236 de la Notice des émaux, par M. le comte L. de Laborde.

D. **350** à **358**. — *Tableau composé de neuf plaques: une grande et huit petites servant d'encadrement.*

Antérieur à 1559. H. totale 0,915. — L. 0,435.

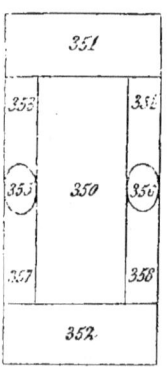

350. — *Saint Paul sous les traits de l'amiral Chabot* (h. 0,595, l. 0,265). — Le saint est debout, nimbé, posé de face, vêtu d'une robe tannée et drapé d'un ample manteau bleu qu'il

---

(1) *Bulletin du comité*, t. III, p. 179.

soutient de la main gauche, tandis que la droite s'appuie sur une épée nue.

351. — Un cartel orné d'un cuir découpé, accosté de deux vases ovoïdes portant l'inscription : s. pav.

352. — Un cartouche en forme de cuir, portant un croissant au centre et accompagné de deux masques de jeune homme posés de face.

353-354. — Deux colonnes de grotesques, que surmonte un buste.

355-356. — Deux médaillons ovales portant le chiffre de Henri II en argent sur fond noir.

357-358. — Deux colonnes de grotesques exclusivement composées de fleurons, de consoles, etc.

Emaux colorés, même fabrication que le numéro précédent.

Même provenance que le numéro précédent.

Ancienne collection, n° 210.

N° 237 de la Notice des émaux, par M. le comte L. de Laborde.

D. 359. — *Plaque ovale.*

Postérieur à 1560.   H. 0,447. — L. 0,316.

François II, roi de France. — Portrait en buste, de trois quarts à gauche. Le jeune roi porte des cheveux châtains courts; ses yeux sont bleus; un anneau d'or d'où pend une perle traverse son oreille. Il est coiffé d'une toque noire semée de perles, à plume blanche. Vêtu d'un pourpoint blanc tailladé à haut col d'où sort une fraise; une mince chaîne d'or à plusieurs tours supporte le médaillon de saint Michel. Un manteau doublé de fourrure blanche est posé sur les épaules. Une tablette bleu turquoise interrompt le buste.

Emaux colorés. Visage modelé en bistre saumonné au pointillé avec quelques hachures en bistre bleuâtre dans les ombres.

Costume dessiné en or. Fond bleu par-dessus une préparation blanche.

Revers incolore.

Partie du n° 795 de l'inventaire du château de Fontainebleau en 1560. « Une peinture d'émail de Limoges…; une autre de feu roy François deuxième. »

N° 244 de la Notice des émaux, par M. le comte L. de Laborde.

D. **360**. — *Plaque rectangulaire.*
  1565 à 1568.   H. 0,300.— L. 0,370.

Catherine de Médicis et deux personnages inconnus. — La reine, en costume de veuve, est assise à droite, vue à mi-corps sous un dais noir dont le ciel porte l'écu mi-partie de France, mi-partie de Catherine de Médicis, lequel est écartelé de Médicis avec Boulogne en abîme, et de Magdelaine de Boulogne, qui porte écartelé de Latour et d'Auvergne ; ses mains, ornées de bagues, posent sur les bras de son fauteuil. A gauche sont deux personnages. Le plus voisin d'elle le front très-découvert, portant les cheveux, les moustaches et la barbe blancs, ne montre de son costume qu'un col de chemise rabattu, le bout du collet et quelques parties d'un manteau bleu, plus un médaillon de gueules à la croix de Malte d'Argent ; tout le reste n'est que restauration. Le personnage placé à gauche est plus jeune, avec un col rabattu et un manteau.

Tout le fond de la plaque est rempli par cette inscription tracée eu capitales d'or : CATHERINE, FILLE DE LAVRAN DE MEDICYS DVC DVRBIN ET DE MAGDELAINE DE BOLLOGNE, VNIQVE HÉRITIÈRE DES SVSDICTES MAISONS, LAQVELLE EXPOVSA HENRY SECOD, ROY DE FRANCE, DVQL SQNT YSSVS FRAÇOYS ET CHARLES, ROYS DE FRACE, HERY, ROY DE FRACE ET DE POLLOGNE ET MOSEIGNEVR FRANÇOYS DVC DAIOU, ACCORDE EN MARIAGE A LA ROYNE DAGLETAIRE, ET VNG FILS DONT LE ROY DE PORTVGAL ESTOIT COPERE, LE QVEL ESTAN IEUNE DECEDA. PLVS ELLE EVST DE FILLES MADAME ELIZABET, MARIÉE AV ROY DES ESPAGNES DVQVEL ELLE A EV DEVX FILLES, PLVS MADAME LA DVCHESS DE LORAINE DOT ET SORTI PLVSIEVR ENFANS, PLVS MADAME MARGERITE ROYNE DE NAVARE ET EVST ENCORES DEVX FILLES IVMELLES QUI SOT DECEDEES.

Emaux colorés. Figures peintes sur fond bleu qui apparaît par transparence pour faire les ombres, redessinées en noir. Carnations colorées et modelées par un ponctué rouge. Les cheveux dessinés au pinceau. Les vêtements de la reine de la couleur noire du fauteuil et des draperies du dais, modelés par des rehauts gris. Costumes des hommes en bleu, rehaussés d'or ; fond bleu.

Revers incolore.

   Règne de Charles X. — Collection Durand, nos 81-2549.
N° 291 de la Notice des émaux, par M. le comte L. de Laborde.

LÉONARD ET MARTIN LIMOSIN.

D. 361. — *Plaque concave ovale.*

1572.   H. 0,285. — L. 0,210.

Scène de Famille. — Un vieillard déchaussé est assis devant une cheminée à haut manteau, placée à droite, et fait sécher un linge. En second plan, une femme, également assise, tient un enfant sur ses genoux. En arrière, un homme, un second appuyé sur un mur bas, qui laisse voir la campagne plantée d'arbres, édifiée de maisons, et que traverse une rivière. Sur un dé, où est placée une aiguière, près de la cheminée, le monogramme L L et la date 1572 tracés en rouge.

Trait et modelé en noir sur un fond blanc général, glacé de couleur translucide bleue, turquoise, verte, verte et jaune mélangées, violette, et rehaussée de couleur blanche opaque dans toutes les parties de l'émail. Rehauts d'or.

Revers translucide incolore.

Règne de Charles X. — Collection Durand, nos 80-2548.

No 243 de la Notice des émaux, par le comte L. de Laborde.

D. 362. — *Plaque ovale concave.*

1572.   H. 0,285. — L. 0,200.

La Chasse. — Un seigneur en costume du XVIe siècle, sur un cheval blanc, qui marche vers la droite, tenant une femme en croupe; un levrier court sur le premier plan. Au fond, dans la plaine plantée d'arbres, en arrière d'un pommier chargé de fruits, des piqueurs et des chiens attaquent un cerf.

Grisaille teintée. Traits de contour et modelé sommaire, tracé en noir, par enlevage. Chairs saumonnées dans l'ombre, glacis bleu, bleu turquoise et tanné sur les costumes. Larges rehauts blancs et glacis en émail vert, bleu et jaune, et violet translucides sur les terrains et les arbres, en réservant les lumières en blanc; rehauts d'or. Fond noir.

On a voulu voir Henri II et Diane de Poitiers dans les deux personnages du premier plan. Ne serait-il pas moins hasardeux de supposer que cette plaque, et la précédente, qui sont des mêmes dimensions, faisaient partie d'une série des douze mois de l'année, celle-ci, malgré la présence du pommier chargé de fruits, représentant le mois de mai, con-

formément à la tradition du moyen âge, qui figure ce mois toujours ainsi. La précédente figurant Février.
Revers translucide incolore.

Règne de Napoléon III. — Donation Sauvageot.
N° 1122 du Catalogue de la collection Sauvageot, par M. A. Sauzay.

D. 363. — *Plaque rectangulaire.*

Fin de Léonard.   H. 0,345. — L. 0,247.

Portrait de Françoise d'Orléans, princesse de Condé. † 11 juin 1601. — Figure en buste, tournée de trois quarts à droite, coiffée de cheveux descendant en pointe sur le front et relevés des deux côtés, ornés de perles et de bijoux, avec deux pendants attachés par trois anneaux à chaque oreille; vêtue d'une robe brune à manches bouffantes, ouverte sur la poitrine, garnie de revers en lingerie bordée de dentelle, laissant voir une guimpe grise, couverte d'un réseau de perles et terminée par une large collerette tuyautée. Deux tours d'un collier de trois rangs de perles, retenus de place en place par un nœud d'orfévrerie posés sur le tout.

Trait, partie par enlevage à travers une préparation grise sur un fond noir, partie au pinceau sur cette préparation et sur le métal; second modelé au pinceau, par teintes roses sur les chairs, en gris sur les linges, exprimés par une seconde couche d'émail blanc. La guimpe figurée par une mince couche d'émail blanc sur un fond gris translucide où la place des perles et des bijoux a été réservée; les premières exprimées par un disque d'émail blanc; les secondes par de l'émail brun sur le métal, et vert sur le paillon.

Robe brun foncé, fond bleu. Rehauts d'or sur les bijoux.
Revers incolore translucide.

Règne de Napoléon III. — Donation Sauvageot.
N° 1123 du Catalogue de la collection Sauvageot, par M. A. Sauzay.

D. 364. — *Plaque rectangulaire.*

Fin de Léonard.   H. 0,300. — L. 0,250.

Hippolyte. — Buste de jeune homme, de trois quarts à droite. Les cheveux blonds, ceints d'un diadème de pierreries, noué par une bandelette verte. Vêtu d'une tunique blanche, retenue par un collier de pierreries. Un manteau brun pourpre agrafé sur l'épaule gauche.

Trait et modelé sommaire sur émail blanc, excepté pour le manteau où le métal est à nu.

Chairs recouvertes d'un glacis saumonné et modelées en bistre roux appliqué à petits coups de pinceau. Paillons pour les pierreries Rehauts d'or sur les cheveux, les bijoux et les vêtements.

Champ bleu lapis translucide avec cette inscription en capitales : HIPPOLYTUS.

A gauche, sur la manche, les deux lettres L. L. tracées en noir.

Revers incolore, inégal, nébuleux et blanc dans les épaisseurs.

Règne de Charles X. — Collection Durand, n° 84-2554.

N° 286 de la Notice des émaux, par M. le comte L. de Laborde.

D. 365. — *Plaque rectangulaire.*

Fin de Léonard. H. 0,300. — L. 0,250.

Buste de femme. — Buste de femme, de trois quarts à gauche, coiffée d'une étoffe brodée, en partie cachée par une gaze; vêtue d'une robe juste, retenue au col par une garniture en orfrois; un manteau retenu par une agrafe sur l'épaule gauche.

Trait et modelé à peine indiqué, sur fond blanc, pour les chairs, la robe, les cheveux et la gaze, et peint largement en brun et en vert, sur le métal, pour l'étoffe brodée de la coiffure, l'orfroi de la robe et le manteau qui semblent être en or.

Cheveux brun foncé translucide, gaze rosée, ombrée en vert et rehaussé de bleu très-vitreux. Emploi de paillons pour les bijoux. Quelques rehauts d'or. Champ bleu.

Revers incolore, inégal, et blanc verdâtre dans les épaisseurs.

Règne de Charles X. — Collection Durand, n°s 84-2553.

N° 285 de la Notice des émaux, par M. le comte L. de Laborde.

D. 366. — *Plaque rectangulaire.*

Fin de Léonard. H. 0,460. — L. 0,415.

Un Concert. — Sur le premier plan, à droite, cinq femmes assises sur l'herbe. L'une, au centre du groupe, un croissant sur la tête, joue de la guitare, l'autre de la flûte, deux chantent et la dernière touche d'un clavecin posé sur ses genoux.

A gauche, en second plan, trois jeunes hommes, debout, jouant de la trompe, du haubois et du violon. A côté d'eux un vieillard debout.

L'arriere plan, séparé par une rivière, représente des constructions entourant un préau dont une fontaine à deux vasques occupe le centre. Trois jardiniers bêchent la terre ; différents personnages y stationnent ou sont placés aux fenêtres des bâtiments.

Les costumes sont ceux du milieu du xvie siècle ; pour les hommes, des braies à crevés sur les cuisses, un justaucorps à ceinture basse, une toque à plumes ; pour les femmes, des robes carrément échancrées sur la poitrine, et à manches bouffantes sur l'épaule, laissant passer d'autres manches justes, des guimpes à haute collerette entourant le cou ; pour coiffure, une toque à plumes ou un bonnet noir pendant derrière la tête.

Le croissant qui orne le front de la joueuse de guitare, le bonnet de veuve qu'elle porte, rapprochés des doubles D, peints sur le corps de logis à droite, ne seraient-ils pas une allusion à Diane de Poitiers et au château d'Annet. La rivière elle-même semble corroborer cette hypothèse.

Trait et modelé sommaire tracé et peint en noir ou en brun foncé sur un fond blanc, glacé de saumonné dans les chairs et d'émaux translucides pour les costumes, les terrains et les édifices, le fond blanc faisant les lumières ; excepté pour les jaunes qui, étant opaques, sont éclairés par l'émail et ombrés par une teinte grise.

Les couleurs employées sont le bleu lapis, le bleu turquoise, le violet, le vert, les bruns roses pour l'architecture, le jaune opaque, le tout avec des rehauts d'or.

Revers incolore.

Règne de Charles X. — Collection Durand, n°s 63-2524.
N° 362 de la Notice des émaux, par M. le comte L. de Laborde.

ATELIER DE LÉONARD LIMOSIN.

D. **367**. — *Plaque rectangulaire sur trois côtés, cintrée en dedans sur le quatrième.*

H. 0,260. — Grande L. 0,083. — Petite L. 0,066.

Une Sybille ? — Femme jeune, coiffée d'une abondante

chevelure relevée, debout, les jambes croisées, le menton dans la main droite, la main gauche posée sur un bâton à béquille, au-dessous du coude droit. Vêtue d'une robe violette à manches courtes, par-dessus une première robe blanc-lilas, à manches justes, tombant sur les pieds qui sont nus. Une draperie verdâtre recouvre la poitrine; un ample manteau bleu turquoise l'enveloppe de ses plis.

Trait et modelé par enlevage. Chairs saumonnées. Larges rehauts d'émail blanc, et glacis général en émaux translucides colorés.

Revers translucide.

Règne de Napoléon III. — Donation Sauvageot.

N° 1128 du Catalogue de la collection Sauvageot, par M. A. Sauzay.

D. **368**. — *Plaque rectangulaire sur trois côtés, cintrée en dedans sur le quatrième.*

H. 0,260. — Grande L. 0,260. — Petite L. 0,066.

Une Sybille? — Femme jeune, coiffée en cheveux, debout, une main ramenée sur la ceinture, l'autre pendant le long du corps. Vêtue d'une robe bleue turquoise, à manches courtes, fendue sur la jambe et retenue par une ceinture. Chairs saumonnées.

Même fabrication que le numéro précédent.

Règne de Napoléon III. — Donation Sauvageot.

N° 1128 du Catalogue de la collection Sauvageot, par M. A. Sauzay.

D. **369**. — *Plaque rectangulaire.*

H. 0,223. — L. 0,033.

Colonne de trophées. — Au sommet, une tête d'enfant ailé, d'où pend un long cordon où sont successivement accrochés deux boucliers, un bouquet de feuilles et de fruits, une tablette et un bouquet de feuilles, le tout relié par des bandelettes et accompagné de légers ornements d'or. Grisaille, sur fond noir, avec or.

Peint du premier coup sur fond noir avec de l'émail gris semi-translucide, et dessiné sur les contours par enlevage.

166   ÉMAUX PEINTS.

Deuxième couche moins grise, granuleuse, modelée par enlevage, sur la première couche; rehauts blancs.
Revers incolore.

Règne de Charles X. — Collection Durand, n° 4967.

N° 439 de la Notice des émaux, par M. le comte L. de Laborde, qui l'attribue à Jehan II Pénicaud, à cause du ton des grisailles.

D. **370**. — *Plaque rectangulaire.*

H. 0,223. — L. 0,033.

Colonne de trophées.— Au sommet, une tête d'enfant ailé, d'où pend un long cordon où sont successivement attachés une cuirasse antique, un bouquet de feuilles et de fruits, une bannière, un casque à masque humain et un bouquet de fleurs et de fruits; le tout attaché par des bandelettes et accompagné de légers ornements dorés.

Même fabrication que le numéro précédent.
Revers incolore

Règne de Charles X. — Collection Durand, n° 4968.

N° 440 de la Notice des émaux, par M. le comte L. de Laborde.

D. **371**. — *Plaque ovale.*

H. 0,420. — L. 0,290.

Siège d'une ville. — Vue cavalière d'une ville au bord de la mer, de ses environs et des forts qui s'y rattachent avec le tracé des routes et des rivières; des vaisseaux sur la mer, des canons disposés dans la ville pour la défense et contre la ville pour l'attaque; des bataillons armés de lances, rangés dans la plaine et des groupes variés répandus de tous côtés. Dans un canal qui baigne les murs de la ville et de son château, des hommes à la nage. Bordure de paillons, imitant des pierres précieuses alternant avec des perles.

Émail coloré. Trait et modelé au pinceau, en bistre brun noir, sur fond blanc recouvert très-légèrement et en partie, de vert sur les terrains, de bleu sur les eaux, de rouge, de violet et de bleu sur les constructions, ces émaux étant translucides. La bordure peinte de feuillages et de sertissures simulées en brun, sur le métal même qui est repoussé au-dessous des pierres figurées.

Revers incolore, très-mince.

Règne de Charles X. — Collection Durand, n°s 62-2523.

N° 357 de la Notice des émaux, par M. le comte L. de Laborde.

D. 372. — *Assiette.*

D. 0,208.

Le Mois de janvier, d'après Étienne Delaune. — Dans un appartement, un homme et une femme, en costume du xvie siècle, sont attablés, l'homme, tournant le dos au feu. deux serviteurs en costume antique sont placés à droite. L'un remplit une coupe, l'autre porte élevé un plat de fruits. Par la fenêtre ouverte, on voit le signe du *verseau* dans une auréole de nuages.

Sur le bord, quatre masques, alternant avec quatre camayeux.

Grisaille rehaussé d'or sur fond noir brun.

Trait et premier modelé enlevé sur une première couche grise. Larges rehauts blancs tournant au gris, redessinés par enlevage, dans les draperies. Chairs légèrement saumonnées. Rehauts d'or. Camayeux d'or, modelés en rouge sur fond blanc.

Revers. Un buste d'empereur, lauré, de profil à gauche. Sur le bord, quatre camayeux en ornements feuillagés réunis par de légers rinceaux qui semblent avoir été argentés.

Grisaille à deux tons, dessinée par enlevage, les chairs étant en outre modelées par un ponctué ou de légères hachures saumonnées. Camayeux rouges sur fond blanc.

Règne de Napoléon III. — Donation Sauvageot.

N° 1124 du Catalogue de la collection Sauvageot, par M. A. Sauzay.

D. 373. — *Assiette.*

D. 0,210.

Le Mois de mars, d'après Étienne Delaune. — Un intérieur d'appartement. Un vieillard, coiffé d'un bonnet, vêtu d'une large houppelande et de braies, les jambes et les pieds nus, est assis devant une cheminée et se chauffe; derrière lui, une femme, en costume du xvie siècle arrangé, une escarcelle pendant au côté, se tient debout et file. Derrière, un serviteur s'avance, portant un fagot sur l'épaule. Deux coqs et un coq d'Inde sont sur le premier plan, à côté d'un cartouche vide. Au sommet, le signe des *poissons* dans une auréole de nuages.

Sur le bord quatre camayeux ovales, alternant avec quatre masques, séparés par des rinceaux d'or.

Grisaille rehaussée d'or sur fond brun.

Revers. Un buste d'homme gras, le cou et les épaules recouverts d'une draperie, tourné à gauche.

Même fabrication, pour l'endroit et le revers, que le n° D. 372.

Règne de Napoléon III. — Donation Sauvageot.

N° 1125 du Catalogue de la collection Sauvageot, par M. A. Sauzay.

D. 374. — *Assiette.*

D. 0,212.

Le Mois d'avril, d'après Étienne Delaune. — Deux femmes, l'une cueillant des fleurs et l'autre tressant une couronne, sont accompagnées d'un berger assis. Au fond, des moutons, un berger jouant de la cornemuse; une femme trayant une vache, des constructions rustiques et des arbres dans une plaine. Au sommet, le signe du *taureau*.

Sur le bord, quatre camayeux ovales, alternant avec des masques, séparés par de légers rinceaux d'or. Bord blanc.

Grisaille rehaussée d'or sur fond noir brun.

Revers. Un buste d'empereur, lauré, tourné à droite. Sous le bord quatre camayeux d'ornements feuillagés réunis par de légers rinceaux qui semblent avoir été argentés.

Même fabrication, pour l'endroit et le revers, que le numéro D. 372.

Règne de Napoléon III. — Donation Sauvageot.

N° 1126 du Catalogue de la collection Sauvageot, par M. A. Sauzay.

D. 275. — *Assiette.*

D. 0,210.

Le Mois de juin, d'après Étienne Delaune. — Trois femmes sont en avant d'un parterre. L'une, assise au centre, joue de la mandoline, l'autre, agenouillée à droite, tient un panier rempli de fleurs; la dernière, assise à gauche, tresse une couronne. Au fond, sous un berceau, cinq hommes, assis autour d'une table, chantant. Une femme cueille des fleurs dans le parterre, entouré de palissades, au-delà desquelles on voit un cavalier tenant une femme en croupe et un faucon au poing. Au sommet, les *gémeaux* dans une auréole de nuages.

Sur le bord, quatre masques alternant avec quatre camayeux.

Grisaille rehaussée d'or sur fond noir brun.
Revers. Un buste d'empereur, lauré, tourné à droite.
Même fabrication pour l'endroit et le revers que le numéro D. 372.

Règne de Napoléon III. — Donation Sauvageot.

N° 1127 du Catalogue de la collection Sauvageot, par M. A. Sauzay.

D. 376. — *Assiette.*

D. 0,206.

Adam et Ève. — Adam, debout, une main appuyée sur un bâton, tend la main vers Ève, assise de l'autre côté de l'arbre qui occupe le milieu de la composition, et prenant la pomme dans la gueule du serpent enroulé autour de l'arbre.
Paysages et animaux dans le fond.
Marly décoré de rinceaux d'arabesques d'or.
Bord. Décoré de rinceaux d'arabesques, ourlet blanc.
Revers. Un buste d'homme barbu, lauré, tourné de profil à gauche, dans un médaillon circulaire entouré de rinceaux de feuillages symétriques et rayonnants. Sous le bord une couronne de laurier.
Grisaille. Trait et premier modelé sommaire par enlevage, sur une couche gris clair, rehauts blancs, carnations colorées presque en plein. Rehauts et ornements d'or. Fond bleu.

Règne de Charles X. — Collection Durand, n°s 19-2438.

N° 413 de la Notice des émaux, par M. le comte L. de Laborde.

D. 377. — *Coupe plate portée sur un piédouche.*

H. 0,078. — D. 0,225.

Intérieur : *Junon.* — Junon portée sur un char traîné par trois paons, qu'elle guide vers la droite sur les nuages. Un amour voltige au-dessus des oiseaux, entouré lui-même de nuages. Bordure d'arabesque d'or, ourlet blanc recouvert de dorure par suite d'une restauration.
Extérieur. Quatre Termes à tête ailée et drapée, deux d'enfants et deux de vieillards, rattachés par des draperies qui passent par des anneaux intermédiaires, d'où pendent des camayeux accompagnés de banderoles et d'arabesques d'or.
Pied entièrement noir avec un ourlet blanc.

Grisaille. Trait et préparation par enlevage sur une première couche gris sombre. Rehauts blancs, adoucissant par places les noirs des hachures, et franchement opposés au noir. Rehauts et ornements d'or. Fond noir.

Règne de Charles X. — Collection Durand, n°^s 43-2465.

N° 264 de la Notice des émaux, par M. le comte L. de Laborde.

D. 378. — *Coupe plate portée sur un piédouche.*

H. 0,075. — D. 0,222.

Intérieur. *Psyché transportée par Zéphyr*, d'après la composition de Raphaël, gravée par le « maître au dé. »

Psyché est couchée sur les nuages, et au-dessous représentée endormie. Des femmes la reçoivent à droite sous le péristyle d'un palais.

Bordure d'arabesques d'or, ourlet blanc, recouvert de dorure dans une restauration.

Revers. Quatre masques ailés et drapés, deux d'enfants, deux de vieillards, reliés par des draperies qui s'attachent à un anneau intermédiaire d'où pend un camayeu accompagné de bandelettes et d'arabesques d'or.

Pied entièrement noir avec un ourlet blanc.

Grisaille. Même facture que le numéro précédent.

Un accident de cuisson a marqué la place de l'insertion du pied au fond de la coupe, en y faisant manquer la couleur blanche.

Règne de Charles X. — Collection Durand, n°^s 45-2466.

N° 263 de la Notice des émaux, par M. le comte L. de Laborde.

D. 379 *et* 379 *bis.* — *Coupe avec son couvercle.*

Coupe portée sur une tige en balustre, se raccordant à un pied élevé en doucine. (H. 0,174. — D. 0,185.) Intérieur : *Sacrifice de Noé après la sortie de l'Arche.* — Noé est agenouillé à gauche, devant le bûcher au centre. Dieu apparaît au sommet à droite, dans une auréole de nuages.

Des animaux sont répandus dans le bas de toute la composition. Au fond, à gauche des hommes élèvent des constructions en charpente.

Extérieur. Deux masques et deux têtes de bélier, drapés, d'où pendent des trophées, reliés ensemble par des draperies accompagnées de légers ornements en or. Sur la tige deux têtes d'enfant ailé alternant avec des têtes de lion, d'où pendent des draperies.

Sur le pied, une frise formée d'un enfant à califourchon sur un dauphin, d'un enfant sur un bouc, et d'un amour volant qui poursuit un oiseau.

Couvercle. (H. 0,060.—D. 0,190.) Dessus. Quatre médaillons ovales comprenant des bustes, deux d'hommes barbus et deux de femmes, séparés par des chimères et des termes en or. Sur le bord une couronne de lauriers. — Intérieur : quatre médaillons ovales comprenant quatre bustes de femmes dont deux casqués, séparés par des ornements dorés.

Grisaille. Sujet principal dessiné et modelé par enlevage à travers une couche blanche mince qui recouvre tout le fond; les autres ornements appliqués sur le fond, puis redessinés et modelés par enlevage. Rehauts d'or. Fond bleu. Revers bleu.

Règne de Charles X. — Collection Durand, n°s 32-2455.

N°s 259 et 260 de la Notice des émaux, par M. le comte L. de Laborde.

D. 380 et 380 bis. — *Coupe avec son couvercle.*

Coupe mamelonnée portée sur un pied à tige en balustre. (H. 0,148. — D. 0,183.)

Intérieur. *Dieu apparaissant à Abraham.* — Le prophète agenouillé à droite se prosterne au-dessous de la figure de Dieu, qui lui apparaît dans les nuages. A gauche, Abraham, armé d'une houlette, surveille ses bergers endormis auprès de leurs troupeaux.

Extérieur. Quatre figures de femmes terminées en termes séparées par de légers ornements d'or. — Sur le nœud de la tige, quatre masques d'enfants reliés par des draperies. Sur le pied, des chiens poursuivant un cerf.

Couvercle (H., sans le bouton, 0,055. D. 0,190). — Extérieur. Quatre médaillons ovales encadrant chacun un buste d'homme ou de femme alternés; l'intervalle des bustes étant rempli par des termes et des colonnes de grotesques en or. La feuillure du bord ornée d'une couronne de laurier. — Intérieur. Quatre médaillons ovales encadrant chacun un buste de femme posé de trois quarts ou de profil. De légers ornements d'or symétriques sont tracés dans l'intervalle des médaillons. Contre-émail bleu.

Grisailles. Figures appliquées sur le fond, redessinées et

préparées par enlevage. Carnations colorées, rehauts et ornements d'or. Fond bleu lapis.

Règne de Charles X. — Collection Durand, nos 32-2454.

Nos 257 et 258 de la Notice des émaux, par M. le comte L. de Laborde.

D. 381. — *Gobelet à pied.*

H. 0,158. — D. 0,110.

Coupe. *La création de l'homme*, d'après la composition de Raphaël. Dieu le Père, à nimbe radié, coiffé d'une couronne dentelée, debout, relevant son manteau de la gauche, anime de la droite Adam couché à terre sur le dos. Quelques animaux paissent sur les terrains qui s'étagent en arrière plan. — *La création de la femme*. Dieu le Père, à nimbe radié, la tête ceinte d'une couronne dentelée, soulève de la main gauche Eve à moitié sortie du côté d'Adam, et la bénit de la droite. Arbres et paysage montagneux dans le fond. — De légers grotesques d'or sont suspendus à des lanières sous le fond de la coupe. — Tige ornée d'un anneau de feuilles tombantes où se rattachent deux têtes de lion et deux têtes de chérubins d'où pendent des guirlandes. Quatre petits médaillons ovales portant des têtes d'hommes et de femmes garnissent l'intervalle des guirlandes.

Grisailles. Le trait et premier modelé des sujets par enlevage; carnations très-légèrement colorées. Ornements appliqués du premier coup, et parfois redessinés par enlevage. Rehauts d'or. Fond bleu lapis.

Règne de Charles X. — Collection Durand, nos 22-2441.

No 288 de la Notice des émaux, par M. le comte L. de Laborde.

Jehan Limosin.

M. Jules Labarte, d'après les documents assez confus publiés par M. Maurice Ardant, distingue deux Jehan Limosin. L'un, qui est le frère de Léonard et de Martin, qui n'exerça point l'art de l'émaillerie, et qui fut consul en 1565; l'autre, qui serait son fils, né vers

1561, et qui peignit en émail. Le Louvre possède quelques pièces de celui-ci, qui serait Jehan II. Un des rares émaux auxquels on puisse assigner une date est le portrait de Bardon de Brun, avocat, fondateur, à Limoges, de confréries de Pénitents, puis prêtre, signé I. L. 1597 (1).

Un acte de 1610, relatif à la maison de son père qu'il possède alors, le qualifie d'«esmailleur.»

En 1619, il exécuta, pour l'église de Solignac, une girouette émaillée des armes de l'abbé qui gouvernait alors ce monastère, et la signa, d'un côté, JEHAN LIMOSIN, ESMAILLEUR DU ROY, 1619, et, de l'autre, des lettres I L séparées par une fleur de lis.

Il vivait encore en 1646, car il paye une rente sur la maison de la rue des Pousses, que posséda jadis Léonard, son oncle, et qu'il possède par moitié indivise avec François II Limosin, son cousin.

Jehan Limosin, s'il est réellement né en 1561, avait de quatorze à seize ans lorsque son oncle mourut, et s'il entra comme apprenti dans l'atelier de ce dernier, il ne put guère en recevoir de leçons. Aussi sa manière se rapproche-t-elle surtout du genre adopté par Jean et par Suzanne de Court.

Son dessin est très-ressenti ; d'une musculature un peu exagérée, et il donne à ses têtes ce profil aigu, qui imprime comme une physionomie particulière à l'art français de la fin du XVIe siècle, et que présentent à l'envi les figures peintes et sculptées sous les derniers Valois.

Bien qu'il ait persévéré dans la pratique des grisailles préparées par enlevage, il modèle les figures de ses compositions au moyen de fines hachures en bistre rouge et celles-ci s'enlèvent sur un fond bleu légèrement opaque.

Mais il sacrifie au goût de son temps pour les émaux éclatants, pour le paillon, et pour les rehauts d'or.

---

(1) Cabinet de M. Germeau, n° 2501 du Catalogue du Musée rétrospecti de 1865.

Les scènes de chasse, qu'il affectionnait, se passant en avant de paysages, c'est le vert qui domine comme fond dans la plupart des émaux que nous connaissons.

Les revers de sa vaisselle émaillée sont d'un dessin quelque peu lourd et pénible, et ne montrent plus le grand goût de ceux que P. Courteys et P. Reymond imaginèrent.

D. **382**. — *Plat ovale.*

Fin du XVIe siècle.   H. 0,390. — L. 0,490.

Esther aux pieds d'Assuérus. — A gauche, Assuérus est assis sur un trône placé sur une estrade en avant d'un pavillon à rideaux. Quatre personnages sont en arrière-plan, aux pieds du trône. Esther s'agenouille, tandis que le roi la touche de son sceptre. Deux suivantes relèvent les plis de son manteau. Au fond, à droite, en arrière de degrés, qui descendent, Assuérus, couronne en tête, sceptre en main, couché sur son lit, aux pieds duquel se tiennent debout trois personnages, l'un lisant, l'autre parlant, le troisième portant une torche.

Par la porte cintrée ouverte au fond et gardée par des soldats, on voit Mardochée à cheval conduit par Aman dont la potence se dresse au fond. Aux pieds du trône, dans un cartouche carré, la signature `IEHAN LIMOSIN`

Marly. Ornements d'or en forme d'S feuillagés séparés par des flèches.

Bord. Quatre médaillons comprenant en haut une tête de séraphin, à droite un buste d'homme cuirassé, à gauche un buste de femme à tête laurée; au bas un buste de femme vu de face. Trois enfants chevauchant des dauphins ou sonnant de la trompe placés au milieu de rinceaux de feuillages occupent le champ resté libre entre les médaillons.

Revers. Au centre, dans un médaillon ovale, un buste d'homme barbu. Deux grandes figures de femmes, terminées par des draperies, accompagnent le médaillon en se combinant avec des lanières découpées qui forment des cartouches comprenant des têtes d'enfants dans le haut et dans le bas. Fond semé de fleurs d'or. Sous le bord une couronne de feuilles de laurier en or.

JEHAN LIMOSIN.

Sujet. Emaux colorés translucides, en partie sur paillon, en partie sur couche blanche dans les bleus. Carnations opaques, colorées, dessinées au pinceau et modelées par un ponctué rouge. Nombreux rehauts d'or dans l'ameublement et les draperies.

Bord. Emaux colorés de même facture, sur fond noir brun.

Revers. Même facture, avec cette exception que les carnations sont en émail brun et rehaussées d'or. Fond noir.

Ancienne collection, n° 12.

N° 634 de la Notice des émaux de la galerie d'Apollon, en 1820.

N° 432 de la Notice des émaux, par M. le comte L. de Laborde.

D. **383**. — *Plaque octogone.*

Fin du XVIe siècle.   H. 0,047. — L. 0,036.

Un vieillard à demi recouvert d'une draperie, tient embrassée une femme presque nue, casquée, la main appuyée sur un bouclier à face de Gorgone, qui doit être Minerve. Ils sont assis tous deux sur un tertre en avant de quelques arbres. Au fond, une rivière, une ville et un moulin à vent. Sous les pieds de Minerve la marque I. L. tracée en or.

Emaux colorés sur paillon pour les costumes. Trait noir sur fond blanc ou sur le paillon. Emaux bleus, violets, pourpres, verts, avec rehauts d'or.

Carnations très-légèrement colorées, modelées par un pointillé saumoné.

Revers opalin.

Monté en cuivre doré.

Règne de Napoléon III. — Donation Sauvageot.

N° 1162 du Catalogue de la collection Sauvageot, par M. A. Sauzay.

D. **384**. — *Plaque rectangulaire repoussée.*

Fin du XVIe siècle.   H. 0,094. — L. 0,073.

La tête du Christ, de profil à droite, en relief en avant d'un nimbe radié, entourée d'un filet formant un cadre octogone allongé avec fleurettes sur paillon, dessinées en or dans les angles. Fond noir avec rosettes d'or.

Traits en noir, carnations blanches modelées par petites

hachures saumonnées; cheveux jaunes redessinés en or; robe en violet transparent.

Revers blanc opaque, grumeleux avec quelques parties vertes.

Règne de Napoléon III. — Donation Sauvageot.

N° 1163 du Catalogue de la collection Sauvageot, par M. A. Sauzay.

D. 385. — *Croix.*

Fin du XVIᵉ siècle.   H. 0,056. — L. 0,050.

Face. Le Christ en croix, à nimbe radié, couronné d'épines, attaché par trois clous.
Revers. La Vierge, nimbée, debout, les mains jointes, les cheveux tombants, vêtue d'une robe violette et d'un manteau bleu. Grisailles sur fond noir orné de fleurs sur paillon et de fleurons d'or. Fond noir.
Monture en cuivre doré.

Règne de Napoléon III. — Donation Sauvageot.

N° 1164 du Catalogue de la collection Sauvageot, par M. A. Sauzay.

D. 386. — *Plat ovale.*

Fin du XVIᵉ siècle.   H. 0,380. — L. 0,505.

La femme d'Urie. — Au centre de la composition, la femme d'Urie, à moitié nue, est assise sur la margelle d'un bassin, les pieds dans l'eau. Une femme s'avançant de la gauche lui présente des tablettes, une autre la peigne. Deux autres sont placées en arrière, à droite. Du même côté, une fontaine ornée d'un cheval ailé qui galope au-dessus d'un homme couché, sur un soubassement garni de sirènes aux angles et d'une tête de lion sur l'une de ses faces, alimente un premier bassin où est posé un paon, et se déverse dans le second bassin où Bethsabée plonge ses pieds. Un berceau de feuillages, supporté par des termes, s'enfonce au centre en avant des édifices d'un palais. David est placé à gauche au sommet de l'une des terrasses, à droite, dans le lointain, un ermite, qui doit être le prophète Nathan, se dirige vers sa cellule.

Marly orné d'arabesques d'or sur fond noir.
Bord orné d'un buste dans un médaillon à chaque extrémité du grand axe, et de deux mascarons aux extrémités

du petit, séparés par un monstre à buste humain, posé de face entre deux longs dragons fantastiques.

Emaux colorés en partie sur paillons. Trait enlevé sur fond noir pour les carnations qui sont blanches, légèrement modelées par des hachures bistrées ; peint sur couche blanche et sur paillon pour les draperies, les verdures, l'architecture, le ciel, etc.; rehauts d'or.

Revers. Un grand cartouche elliptique, en cuirs découpés et contournés se combinant avec des lanières de bordure intérieure et extérieure, chargé de deux mascarons suivant le grand axe, et de deux mascarons sur un buste, suivant le petit axe. Couronne de lauriers en or sous le bord. Grisailles dessinées par enlevage. Fond noir semé d'or.

Règne de Charles X. — Collection Durand, n°s 8-2413.

N° 433 de la Notice des émaux, par M. le comte L. de Laborde.

D. 387. — *Plat ovale.*

Fin du XVIe siècle.   H. 0,390. — L. 0,300.

L'enlèvement d'Europe, d'après la composition de Virgilius Solis. Au centre, deux femmes éplorées à genoux au milieu d'une prairie où paissent deux taureaux. Au fond, à gauche, un taureau blanc enlevant Europe à travers un fleuve. Arbres et ville dans le fond, ciel.

Marly noir uni.

Bord décoré d'une guirlande formée de quatre vases ovoïdes opposés deux à deux, d'où naissent des ornements symétriques.

Email coloré, en partie sur paillon. Trait peint en noir sur fond blanc ou sur paillon. Carnations modelées par hachures et par un pointillé rouge. Emaux transparents, bleus et pourpres pour les vêtements ; vert, vert turquoise pour les terrains et les eaux ; gris bleu pour les constructions ; bleus pour le ciel ; rehauts d'or.

Mêmes couleurs pour les ornements du bord.

Revers. Au centre, dans un médaillon ovale, un buste de femme tourné de profil à gauche, chairs en grisaille. Sous le bord, quatre camayeux blancs alternant avec quatre fleurons, et séparés par des rosettes d'or. Fond noir bleu.

Règne de Charles X. — Collection Durand, n°s 9-2414.

N° 434 de la Notice des émaux, par M. le comte L. de Laborde.

178 ÉMAUX PEINTS.

D. 388. — *Salière pentagone en piédouche, garnie en cuivre doré au* XVIIe *siècle.*

XVIIe siècle. H 0,108. — D. 0,160, avec la monture.

Dans la cavité destinée à recevoir le sel, le buste de Louis XIII enfant, de profil à droite, couronné de lauriers et vêtu d'une cuirasse gravée, au-dessus de laquelle la croix du Saint-Esprit pend à un cordon bleu. Sur chacune des faces, une Vertu debout et caractérisée par ses attributs. La Charité allaitant un enfant et appuyant sa main sur la tête d'un autre. La Justice, le bandeau relevé sur le front, marche tenant l'épée levée et une balance. La Tempérance versant d'une aiguière dans un calice. La Force portant une colonne. La Prudence se regardant dans un miroir qui a disparu.

Émaux colorés en partie sur paillons.

Figures appliques du premier coup sur le fond, contours, redessinées en partie par enlevage. Traits dessinés au pinceau ; modelé des carnations par hachures en bistre rouge ; vêtements sur paillons, et rehaussés d'or : terrains glacés de vert et de violet sur couche blanche. Fond noir ponctué d'or.

Contre-émail violet orné de fleurs de lis, de rosaces, d'étoiles et de point d'or.

Règne de Napoléon III. — Donation Sauvageot.

N° 1166 du Catalogue de la collection Sauvageot, par M. A. Sauzay.

D. 389. — *Écuelle ovale garnie d'argent.*

XVIIe siècle. H. 0,040. — Long. 0,138. — Larg. 0,078.

Intérieur. Au fond, un buste de femme tournée de profil à gauche ; sur le bord, divisé en quatre compartiments, un semis de fleurs et d'oiseaux.

Extérieur. Sous le bord divisé en six compartiments et sous le fond un semis de fleurs et d'oiseaux.

Émaux colorés en partie sur paillon.

Figure appliquée du premier coup, puis dessinée et modelée par enlevage. Carnations légèrement colorées. Cheveux et costumes glacés de couleurs translucides. Rehauts d'or ; ornements dessinés en or sur paillons. Fond noir.

La partie de la garniture en argent qui est destinée à consolider l'émail à l'endroit où on devait le saisir, est gravée de deux L affrontées et enlacées sous un petit ovale ponctué qui les couronne.

N° 436 de la Notice des émaux, par M. le comte L. de Laborde.

D. **390**. — *Plaque circulaire repoussée.*

XVIIe siècle.   D. 0,174.

Pompée. — Buste d'homme barbu, à tête laurée, de profil à gauche, le cou recouvert d'une draperie; sur le fond la légende circulaire : POMPEIVS. M.

Grisaille. Traits et cheveux en partie réservés, en partie dessinés en noir sur relief. Carnations rehaussées de saumon vif appliqué au pointillé. Fond noir.

Revers violet opaque, épais.

Règne de Charles X. — Collection Durand, n°s 65-2519.

N° 349 de la Notice des émaux, par M. le comte L. de Laborde.

D. **391**. — *Plaque circulaire repoussée.*

XVIIe siècle.   D. 0,174.

Julie, femme de Pompée. — Buste de femme, diadémée, coiffée de longs cheveux, tourné de profil à gauche. La naissance du cou est recouverte d'une draperie.

Sur le fond, la légende circulaire en or : IVLIA CAESAR. F. POMPEI. V.

Grisaille. Traits et cheveux en partie réservés, en partie dessinés en noir sur relief. Les carnations rehaussées de saumon vif appliqué par pointillé. Fond noir.

Revers violet opaque épais.

Règne de Charles X. — Collection Durand, n°s 65-2530.

N° 350 de la Notice des émaux, par M. le comte L. de Laborde.

D. **392**. — *Plaque rectangulaire.*

XVIIe siècle.   H. 0,106. — L. 0,075.

L'amour divin vainqueur de l'amour profane. — L'amour divin couronné et nimbé, avec cette inscription dans le nimbe : DIVINVS AMOR, ailé, vêtu d'une tunique qui le laisse à moitié nu, chaussé de brodequins, foule aux pieds l'amour renversé à terre, sur son carquois, ses ailes à moitié coupées, les yeux couverts d'un bandeau, qui porte ce mot : *Cupido;* les bras liés derrière le dos. L'amour divin, un arc de la main gauche, montre de la droite, qui porte deux flèches, un petit crucifix. Dans une auréole radiée qui, au-dessus du sommet de la croix, entoure le monogramme IHS, plane une colombe. L'inscription : *Ignem veni mittere terram* suit la direction de l'un des rayons. Sur une banderole qui entoure le pied du crucifix, cette autre inscription : *Amor meus crucifi(xus)*. Au fond une foule de personnages en costume religieux, debout, en adoration devant le crucifix. Au-dessous du sujet un listel chargé d'un ornement, avec le monogramme [monogramme] tracé en or.

Emaux sur paillon. Trait noir sur fond blanc, ou sur paillon pour les ailes et le costume. Carnations modelées par des rehauts blancs sur une première couche grise, et recouvertes de hachures et d'un ponctué saumonné. Emaux violets, verts, bleus et brun roux.

Revers incolore.

Règne de Napoléon III. — Donation Sauvageot.

N° 1161 du Catalogue de la collection Sauvageot, par M. A. Sauzay.

Léonard II Limosin.

Léonard II semble avoir joué auprès de François II, son neveu, le même rôle que Martin, son père, auprès de Léonard I. On trouve très-peu d'émaux signés de son nom, tandis qu'on le voit associé à François II dans tous les actes où il est question de ce dernier, dont les émaux sont plus nombreux et plus connus.

Né vers 1550, il put recevoir les leçons de Léonard I et travailler dans son atelier, puisqu'il devait avoir de vingt-cinq à vingt-sept ans lorsque son oncle mourut. Il conserva cet atelier, car nous le voyons propriétaire en 1587, conjointement avec François II, des deux maisons possédées et occupées par Léonard I et Martin, rue Manigne et rue des Grandes-Pousses.

De 1576 à 1580, il exécuta diverses peintures sur les registres et sur les pannonceaux de la confrérie du Saint-Sacrement; mais, soit que l'atelier ne prospérât guère encore, soit que l'art de l'émaillerie donnât alors peu de bénéfices, en raison de l'avilissement des prix résultant de la concurrence, en 1579 les deux associés sont poursuivis pour le payement d'une rente assise sur une de leurs maisons.

Nous voyons qu'en 1588 il était beau-frère de François Limosin, un membre d'une autre branche de la famille, qui avait épousé sa sœur, fille de Martin.

Il se maria une première fois l'année suivante, une seconde en 1602, une troisième en 1615.

Il mourut après l'année 1625.

Comme aux autres émailleurs, il lui arriva d'être chargé de dresser des plans à l'occasion de procès, et les archives de Limoges en possèdent un dressé par lui en 1614.

Ses émaux authentiques sont excessivement rares. Il les signe tantôt L. Limosin, tantôt L. L., et leur aspect est celui des compositions de Suzanne de Court. Le Musée de Limoges en possède un qui représente saint Martial prié par les notables de Limoges, en tête desquels est M. de Verthamont, qui fut consul de Limoges en 1623.

François Limosin.

François II, neveu de Léonard II et son cohéritier dans les biens de Léonard I et de Martin, du chef de sa mère, était né avant 1554.

En 1579, l'acte cité plus haut l'associe à Léonard II.

Un plan relatif à un procès est exécuté par lui en

1586. Des actes de 1588 et de 1600 le montrent propriétaire des maisons occupées par Léonard I, son grand-oncle. En 1610, il figure comme propriétaire d'une vigne. Antérieurement à l'année 1622, il épouse la fille de l'une des femmes de Léonard II, son oncle et son associé, et sa belle-mère lui intente un procès à cause des mauvais traitements qu'il exerçait sur un fils qu'elle avait placé comme apprenti dans l'atelier de son mari et de son gendre.

Il était mort en 1646.

Ses émaux sont tantôt signés *François Limosin*, tantôt F. L. (1), et ce qu'il y a de plus singulier, c'est que la date de 1633 se trouve inscrite sur ceux qui nous ont servi à expliquer le monogramme F. L. des pièces du Louvre, comme sur l'une de ces pièces elles-mêmes.

Quoique appartenant à la même génération que ses oncles Jean et Léonard II, il suit moins qu'eux les errements des de Court.

Ses formes plus pleines, son modelé plus ressenti, le rapprocherait, à quelques égards, des émailleurs du XVIe siècle.

Dessinateur sans grand caractère, d'ailleurs, il copie les compositions de Virgilius Solis et d'Étienne De Laulne.

Cependant, le ton de sa couleur est plus foncé et le modelé est obtenu par l'emploi de fines hachures ; il emploie volontiers les violets sombres dans les fonds sur lesquels se détachent des émaux plus brillants posés parfois sur paillon avec rehauts d'or.

---

(1) Coffret formé de six plaques, dans la collection de M. le baron A. de Rothschild. N° 2504 du Musée rétrospectif de 1865.

FRANÇOIS LIMOSIN.

D. **393**. — *Plaque rectangulaire.*

1633.   H. 0,090. — L. 6,110.

Neptune sur les flots, — d'après une composition gravée par Virgilius Solis. Neptune debout sur une conque, une main appuyée sur un trident, et conduisant de l'autre deux hippocampes. En arrière plan, à droite, trois tritons sonnant de la conque. Un monstre marin à gauche. Au fond, l'Arche échouée au sommet du mont Ararat. Dans le bas, au-dessous de la conque, le monogramme et la date ·F·L·1633· en or.

Émaux colorés en partie sur paillon. Trait et modelé sommaire en hachures par enlevage sur une première couche blanche, recouverte d'émaux translucides, turquoise pour les eaux, bleus et violets pour le ciel, verts pour le monstre, les rochers, etc. Les figures, cernées par un trait noir enlevé, colorées en saumon et modelées par hachures de bistre rouge. La draperie qui couvre les épaules du Neptune, violette sur paillon, rehaussée d'or. Rehauts blancs sur les flots et sur les hippocampes qui sont en grisaille. Dessous noir.

Revers incolore.

Règne de Charles X. — Collection Durand, n°s 53-2510.

N° 447 de la Notice des émaux, par M. le comte L. de Laborde.

D. **394**. — *Plaque ovale.*

H. 0,110. — L. 0,080.

Orion percé de flèches par Apollon. — Diane est assise au sommet d'un rocher et montre du doigt Orion, qui nage dans la mer, à Apollon qui vient de décocher une flèche sur lui. Dans le bas, trois nymphes assises à terre, et une autre nymphe debout contre un arbre, tenant un chien en laisse. Au fond, à droite, des nymphes et un chien gardant les habits d'Orion.

Émaux colorés en partie sur paillon. Trait et premier modelé sommaire, par enlevage, à travers une couche blanche, recouverts d'émaux translucides, verts, bleus et ardoisés, pour les terrains, le ciel, l'eau, et les rochers. Figures cernées par un trait de contour enlevé. Carnations légèrement colorées, vêtements sur paillons. Rehauts d'or. Dessous noir.

Revers incolore légèrement rougi par l'oxyde rouge de la plaque.

Règne de Charles X. — Collection Durand, n°ˢ 106-2623.

N° 448 de la Notice des émaux, par M. le comte L. de Laborde.

D.**395**. — *Plaque ovale.*

H. 0,092. — L. 0,067.

Psyché implorant Vénus. — Psyché, vêtue de deux robes, est debout dans la campagne, tournée vers Vénus qui apparaît accompagnée d'un paon, dans une auréole d'or circonscrite de nuages violets. Au bas de la composition le monogramme I&L en or. Entourage formé d'oiseaux et de fleurs sur paillon, accompagnés de branchages d'or sur fond noir.

Emaux colorés en partie sur paillon. Trait en partie par enlevage, à travers une couche blanche sur le fond qui est noir, en partie au pinceau sur le paillon. Emaux translucides, excepté dans les carnations légèrement colorées; rehauts d'or.

Revers incolore.

Règne de Charles X. — Collection Durand, n°ˢ 106-2625.

N° 449 de la Notice des émaux, par M. le comte L. de Laborde.

D. **396**. — *Plaque ovale.*

H. 0,091. — L. 0,067.

Orphée devant Pluton et Proserpine, — d'après Virgilius Solis.

A gauche, Pluton, couronné, tenant en main un long sceptre terminé par deux ailes, est assis en avant d'un pavillon à côté de Proserpine, couronnée comme lui. A droite se tient Orphée, couronnée de lauriers, debout et jouant de la lyre. Fond de rocher qui forme un arc; en avant, du ciel et de la mer.

Emaux colorés en partie sur paillon. Même facture que le numéro précédent.

Revers incolore.

Règne de Charles X. — Collection Durand, n°ˢ 106-2626.

N° 450 de la Notice des émaux, par M. le comte L. de Laborde.

D. **397**. — *Plaque ovale.*

H. 0,100. — L. 0,074.

Orphée charmant les animaux, — d'après Etienne De Laulne. Orphée, couronné de lauriers, est assis au centre sur un tertre au pied de trois arbres où sont perchés des oiseaux. A ses pieds sont couchés un lion, un cerf, une licorne et divers animaux, un ruisseau coule au premier plan. Fond de paysage et de ciel.

Emaux colorés en partie sur paillon. Même facture que le n° D. 395.

Règne de Charles X. — Collection Durand, nos 106-2624.

N° 451 de la Notice des émaux, par M. le comte L. de Laborde.

D. **398**. — *Plaque ovale montée en cuivre doré, pour servir de revers à un miroir.*

H. 0,083. — L. 0,060.

Vénus et l'Amour. — Vénus est assise sur un tertre, tournée à droite, tenant l'Amour debout à côté d'elle. Fond de paysage.

Entourage d'oiseaux et de fleurs, accompagnés de branchages d'or.

Emaux colorés en partie sur paillon. Même facture que le n° D. 395.

Règne de Charles X. — Collection Révoil, n° 205.

N° 452 de la Notice des émaux, par M. le comte L. de Laborde.

Joseph Limosin.

Tout ce que l'on sait sur cet émailleur, dont le Musée possède une salière, c'est qu'en 1666 il figure parmi les héritiers des biens possédés jadis par Léonard I.

On suppose qu'il était l'un des fils qui naquirent à Léonard II dans les années 1606, 1608 et 1615.

Notons, comme pouvant compliquer quelque peu

cette biographie si peu connue, qu'un Joseph Limosin était consul en 1616. M. Maurice Ardant, qui signale le fait (1), croit qu'il s'agit de l'émailleur, ce qui semble difficile à admettre en considérant que celui-ci vivait encore en 1666.

Joseph Limosin était cousin de François II et, comme lui, arrière-neveu de Léonard I. Son style est celui des derniers membres de sa famille et procède de l'école des de Court. Ses figures longues, de formes un peu exagérées, sont modelées par hachures en bistre roux. Il emploie volontiers le paillon sous les vêtements, et abuse quelque peu des rehauts d'or.

—

Nous ne parlerons d'un prétendu Bernhart Limosin, signalé comme ayant exécuté un plat qui serait au Musée de Dresde, que pour nier l'existence de cette œuvre (2). Nous l'avons vainement demandée et cherchée à la Grune-Gewelbe, dont nous avons pu voir et manier tous les émaux, et nous n'avons point été plus heureux dans la Gœver-Galery.

—

D. 399. — *Salière en forme de piédouche, à six pans, base et faîte circulaires.*

H. 0,100. — D. de la base 0,142.

Dans la concavité circulaire, destinée à recevoir le sel, une figure de femme vue à mi-corps, et tenant un papegeai sur sa main droite. Entourage d'un semis de fleurs. — Sur chaque face une figure, debout sous un pavillon, d'après les compositions d'Etienne De Laulne, datées de 1569. *Minerve*, casquée, tenant la lance et appuyée sur le bouclier. — *Apollon*, jouant de la lyre. — *Terpsichore*, jouant des cimbales et dansant.

---

(1) M. ARDANT, *Cody Noylier*, in-8° de 20 pages. Angoulême, 1865.
(2) Didier PETIT. *Notices sur le Crucifix et sur les Emailleurs de Limoges.* Lyon, 1843.

— La *Grammaire*, tenant un livre ouvert. — Une femme jouant d'une flûte et dansant. — Une femme sonnant d'une longue trompe. Sur le fond courent des rameaux ; sous la cinquième figure, l'inscription : *Ioseph Limosin Fect.* tracée en or.

Emaux colorés en partie sur paillon. Carnations colorées et modelées par hachures. Vêtements, feuillages et fleurs sur paillon, rehaussés et accompagnés d'or.

Fond noir. Contre-émail bleu lapis, semé de fleurs de lis d'or.

Règne de Charles X. — Collection Durand, n°s 48-2497.

N° 437 de la Notice des émaux, par M. le comte L. de Laborde.

D. 400. — *Salière en forme de piédouche, à six pans, base et faîte circulaires.*

H. 0,082. — D. à la base 0,125.

Dans la concavité circulaire, destinée à recevoir le sel, un buste de guerrier, tourné de profil à gauche ; entourage d'oves. Sur chaque face une figure debout, d'après les compositions d'Etienne De Laulne, représentant Apollon et cinq muses jouant chacune d'un instrument. Sur la moulure de la base des papegeais dans des rinceaux d'or.

Emaux colorés en partie sur paillon. Carnations vivement colorées et modelées au pointillé. Vêtements, oiseaux, centre des oves en émaux translucides sur paillon, rehaussés et accompagnés d'or. Fond noir semé de points ou de brandilles d'or. Contre-émail noir semé de fleurettes d'or.

Règne de Charles X. — Collection Durand, n°s 49-2502.

N° 435 de la Notice des émaux, par M. le comte L. de Laborde.

LES NOUAILHER

Colin Nouailher (Couly Noylier).

La famille des Nouailher date, à Limoges, du milieu du xve siècle. Dès l'année 1456, il est question d'un Jean et d'un Couly Noylier, c'est ainsi que le nom s'écrivait alors, Couly étant le synonyme patois de Colin, qui est le diminutif de Nicolas (1).

En 1503, un Noylier est désigné comme émailleur dans un acte qui constate que deux autres membres de la même famille, Simon et Nicolas, doivent une rente sur une maison qu'il possède à l'angle des rues Manigne et des Petites-Pousses.

Cet émailleur doit être Couly, fils de Pierre, que nous trouvons consul pendant les années 1513, 1519, 1525 et 1531.

Mais, en 1567, on voit qu'un Nicolas Noylier était consul, et ce ne peut être le même, car, pour être parvenu au consulat en 1513, le Couly Noylier dont il est question alors devait être déjà un homme mûr.

Quant au second Couly, qu'un acte de 1558 dit être le frère de Pierre, et que M. Maurice Ardant assure être le père d'un Martin Noylier, émailleur, nous croyons pouvoir lui attribuer les émaux signés des initiales C. N.

---

(1) M. Maurice ARDANT, *Couly Noylier*, in-8° de 20 pages. Angoulême, 1863.

Nous avons pour point de départ une coupe, qui figurait, en 1865, à la vente du cabinet d'un M. Tondu, qui était signée :COLIN꞊ en toutes lettres, et qui était de même style que les émaux marqués des initiales seules.

L'époque, non pas d'activité, mais de vogue suffisante pour que cet émailleur ait jugé à propos de signer ses émaux, se place entre les années 1539 (1) et 1545 (2). C'est cette dernière date qui se lit sur la plaque du Musée représentant *la Lignée de Madame sainte Anne* (n° D. 401).

Couly Noylier vivait encore en 1588.

Dessinateur très-négligé, mais émailleur très-habile, Couly Noylier est de plus possédé d'un goût malheureux pour les inscriptions qu'il trace avec un grand dédain de l'orthographe française ou latine.

Les traits de contour de ses grisailles sont épais et incertains ; ces grisailles sont d'habitude colorées dans les vêtements par de légers glacis. Le fondant est généralement en excès dans son émail, de sorte que ses gris sont légèrement translucides et vitreux.

Ce caractère, qui doit être spécial à l'atelier où il travaillait, pourrait peut-être aider à attribuer certaines œuvres à Couly I, en considérant, de plus, que cet émailleur, qui travaillait dans les premières années du XVIᵉ siècle, doit montrer encore quelque chose de gothique dans son dessin.

Or, ces deux caractères, de l'archaïsme dans les figures et du vitreux dans l'émail, se reconnaissent dans les charmants coffrets formés de grisailles colorées sur fond bleu ou sur fond rouge, qui d'habitude représentent des jeux d'enfants ou les travaux d'Hercule (3).

---

(1) Collection Basilewski. N° 2433 du Catalogue du Musée rétrospectif de 1865.

(2) Collection Czartoriski. N° 207 du Catalogue de la salle polonaise. Exposition rétrospective de 1865.

(3) Collection de M. le baron A. de Rothschild, N°ˢ 2435 à 2437 du Catalogue du Musée rétrospectif de 1865.

Une particularité du modelé des figures dans ces émaux, c'est que les articulations des genoux et des coudes semblent vus comme à travers un trou de la peau.

Un Pierre Noylier, en 1588, un Jehan Noylier, en 1597, nous permettent d'établir, sinon une filiation, du moins des jalons, entre les membres de la famille au XVIe siècle et ceux qui, au XVIIe siècle, continuèrent à pratiquer l'émaillerie, mais changèrent l'orthographe de leur nom, qu'ils écrivirent Nouailher.

D. **401**. — *Plaque rectangulaire.*

1545.   H. 0,315. — L. 0,255.

La Famille du Christ. — La Vierge, couronnée et nimbée, est assise sur un trône couvert de rideaux que relèvent deux anges, à côté de sainte Anne, également nimbée, et tient l'Enfant-Jésus, non nimbé, debout sur ses genoux, appuyant la main gauche sur celle de sainte Anne.

Derrière la Vierge est Joseph, reconnaissable à la banderole, qui le désigne, ainsi que tous les autres. Plus bas Alphée (DALFEVS), assis, tenant appuyé sur ses genoux saint Jacques le Mineur, enfant, nimbé (S. I. LEMINEVR), à côté est assise Marie Cléophas (M. CLEOPHE), faisant lire Judas (I. LEIVSTE) nimbé.

Derrière sainte Anne sont Joachim (IOACHIN), Salomas (SALOMAS) et Cleophas (CLEOPHAS). Au-dessous Zébédé (ZEBEDE), debout, appuyé sur un bâton, ayant auprès de lui saint Jacques Majeur (S. IAQVES), nimbé et enfant, tenant un bourdon. A côté est assise Marie Salomé (M. SALOME), sur les genoux de laquelle s'appuie saint Jean Ev., enfant, nimbé, tenant son calice.

Au centre, saint Jude (S. IVDE) montre sainte Anne à saint Simon (S. SIMON). Le dé où est assis Alphée porte cette inscription, tracée en noir, sur émail blanc : LA LIGNEE MADAME SAINTE ANNE, *1545*. .C. N.

Dessin de pratique. Trait peint en noir, partie sur le métal lui-même, recouvert d'émaux translucides pour les bruns et les violets, partie sur fond blanc pour les bleus et les verts, de plusieurs tons, éclairés d'émail blanc semi-translucide avec rehauts d'or. Carnations grises, semi-translucides, éclairées de blanc légèrement saumonné, modelées par enlevage et accentuées d'un trait noir.

Exécution très-habile, très-sommaire, à procédés variés, les émaux nageant dans le fondant.

M. N., n° 140. — Acquis en 1853.

N° 369 *bis* de la Notice des émaux, par M. le comte L. de Laborde.

D. 402. — *Salière en forme de piédouche.*

1545.   H. 0,080. — D. de la base 0,120.

Dans la cavité destinée à recevoir le sel, un buste de guerrier casqué, tourné de profil à droite. Sur les flancs, une première zone de guirlandes, séparée par un filet saillant d'une seconde zone ornée de quatre médaillons ovales, encadrant des bustes de femmes et d'hommes, en costumes du XVIe siècle. Entre les médaillons pendent des feuillages, un masque et un écusson sur lequel la date 1545 est tracée en or. Une couronne de laurier contourne le bord.

Grisailles appliquées sur le fond et redessinées par enlevage à travers une première couche grise, semi-transparente, rehaussée de blanc. Ornements glacés de turquoise et de vert. Rehauts d'or, fond noir. Contre-émail noir avec une inscription circulaire en grandes capitales d'or : CONFIDE IN DOMINO.

Règne de Charles X. — Collection Durand, n° 2498.

N° 371 de la Notice des émaux, par M. le comte L. de Laborde.

D. 403. — *Buire conique à bec, avec anse et pied rapportés, en bronze doré.*

H. de la partie émaillée 0,140. — D. 0,116.

La surface du vase est divisée en trois zones par deux filets saillants. Zone supérieure : quatre médaillons d'hommes et de femmes vêtus à l'antique.

Zone intermédiaire : Jupiter porté par l'aigle sur les nuages et lançant la foudre, placé entre deux génies tenant

192 ÉMAUX PEINTS.

l'un, un grand serpent, l'autre, une colombe sur sa tête.

Zone inférieure : quatre mascarons d'où pendent des guirlandes de feuilles.

Grisailles appliquées du premier coup et redessinées par enlevage. Noirs vigoureusement opposés aux blancs, émaux grumeleux. Rehauts et ornements d'or. Fond noir.

Sous le bec du vase le monogramme C N enlevé dans un cartouche d'or.

Intérieur : émail bleu.

Règne de Charles X. — Collection Durand, nos 24-2443.

No 368 de la Notice des émaux, par M. le comte L. de Laborde.

D. 404. — *Plaque rectangulaire.*

H. 0,106. — L. 0,088.

Job. — Job, nu, assis sur son fumier, les mains jointes, se retourne vers un diable placé derrière lui, en avant d'une maison en feu. La femme de Job, en costume du XVIe siècle, les poings sur les hanches, est debout vers la droite. Au-dessus, Dieu le Père, le globe croiseté dans la main, apparaît en buste dans une auréole de nuages, et montre un cartouche placé dans le haut où est inscrit ce passage de l'oraison dominicale : *et ne nons indvis point en tentation.*

Grisaille colorée par places. Trait par enlevage sur un premier fond très-foncé, rehaussé de blanc. Chairs colorées par places, yeux ponctués de noir. Globe de Dieu et flammes glacés de vert et de rouge.

Revers rouge translucide.

Règne de Napoléon III. — Donation Sauvageot.

No 1138 du Catalogue de la collection Sauvageot, par M. A. Sauzay.

D. 405. — *Plaque cintrée du haut.*

H. 0,160. — L. 0,134.

La Sainte Famille. — La Vierge, couronnée et à nimbe ovale, assise, allaite l'Enfant-Jésus, à nimbe ovale, qui caresse l'agneau que lui présente le petit saint Jean, également nimbé. La Vierge porte une couronne et un nimbe bruns, une robe violette, fendue sur le sein, des manches vertes et un manteau bleu. Saint Jean, une tunique brune en avant d'une draperie bleu turquoise, le tout rehaussé d'or. Les carnations sont blanches.

COLIN NOUAILHER.   193

Trait par enlevage sur fond noir. Carnations légèrement rosées. Draperies modelées au pinceau, tantôt sur le métal, tantôt sur fond blanc, et glacées d'émaux translucides.
Revers translucide tirant sur le rouge.

Règne de Napoléon III. — Donation Sauvageot.

N° 1139 du Catalogue de la collection Sauvageot, par M. A. Sauzay.

D. **406**. — *Plaque rectangulaire.*

H. 0,161. — L. 0,132.

Le Christ devant Pilate. — Composition de cinq personnages.
Émail coloré Trait et modelé sommaire par enlevage, à travers une première couche gris foncé. Carnations grisaille. Costumes glacés de bleu, de violet, de pourpre et de vert sur fond blanc. Rehauts d'or.
Revers incolore translucide.

Règne de Napoléon III. — Donation Sauvageot.

N° 1180 du Catalogue de la collection Sauvageot, par M. A. Sauzay.

D. **407**. — *Plaque rectangulaire.*

H. 0,353. — L. 0,273.

Le Calvaire. — Le Christ est en croix entre les deux larrons. Les saintes femmes se tiennent à gauche, et les soldats, dont un cavalier, sont à droite.
Émaux colorés. Trait en partie par enlevage à travers un premier fond blanc, en partie au pinceau sur le métal ou sur le fond blanc, glacés d'émaux translucides : carnations saumonnées.
Revers en émail incolore laissant transparaître l'oxyde rouge du cuivre.

Règne de Napoléon III. — Donation Sauvageot.

N° 1179 du Catalogue de la collection Sauvageot, par M. A. Sauzay.

D. **408**. — *Plaque circulaire.*

D. 0,210.

Josué, d'après une estampe de Lucas de Leyde, coiffé d'un casque et vêtu d'une cuirasse antique, les jambes et les pieds couverts d'une armure du xvie siècle, une masse d'armes à la main droite, un bouclier rond de la gauche, est à cheval, de profil à droite. Un manteau bleu flotte sur ses épaules.

Grisaille rehaussée. Trait et modelé sommaire noirs, enlevés à l'outil sur une couche gris vitreux, circonscrite par les contours du personnage et des terrains; rehauts blancs modelés par places à la pointe, de façon à laisser transparaître la couche grise; fond noir violet. Glacis bleu, tanné et violet pour le manteau, le jupon de la cuirasse, la selle et le harnachement du cheval : chairs légèrement saumonnées. Rehauts d'or dessinant les harnais; un soleil sur la croupe du cheval tracé après coup en couleur noire. Légende circulaire en or : IOSVE LE FOR. La lettre D, lettre de série, est placée sous la tête du cheval.

Revers translucide.

NOTA. — Cette plaque et les deux suivantes, qui portent les lettres E et F, faisaient partie d'une série des Neuf Preux. Les trois premiers, appartenant à l'histoire ancienne, sont : Hector, Alexandre et César; les trois autres, appartenant à l'histoire sainte, que possède le Musée, sont : Josué, David et Judas Machabée; les trois derniers, appartenant aux temps modernes, sont : Artur, Charlemagne et Godefroy de Bouillon. Sur l'écu de Josué, l'émailleur a dessiné les armes du royaume de Jérusalem, qui sont « d'argent à la croix potencée d'or, accompagnée de quatre croisettes de même, » lesquelles appartiennent à Godefroy de Bouillon; celles de Josué sont d'habitude un soleil, par allusion au soleil qu'il arrêta.

Règne de Charles X. — Collection Durand, n°s 64-1526.

N° 365 de la Notice des émaux, par M. le comte L. de Laborde.

D. 409. — *Plaque circulaire.*

D. 0,210.

David. — David à cheval, coiffé d'un casque couronné, vêtu d'une armure bleue moitié antique, moitié de la Renaissance, chaussé de bottes à crevés, armé d'un cimeterre, à cheval, de profil à gauche. Un caparaçon blanc, bordé de violet, orné de dessins rouges, entoure le cheval et porte une grande harpe sur la croupe.

Légende circulaire en or : DAVID ROX. IV (DEORUM).
La lettre de série E en or à côté de David.
Même fabrication que le n° D. 408.
Revers incolore.

Règne de Charles X. — Collection Durand, n°s 64-2527.

N° 266 de la Notice des émaux, par M. le comte L. de Laborde.

D. **410**. — *Plaque circulaire.*

D. 0,210.

Judas Machabée. — Judas, d'après Lucas de Leyde, casqué, vêtu d'une armure à moitié antique et à moitié de la Renaissance, un manteau bleu sur les épaules, est à cheval, galopant de profil à droite. Il tient une hache d'armes à la main. Son cheval couvert d'un caparaçon bleu, bordé de noir, à dessins rouges, porte trois corbeaux noirs sur la croupe, qui sont ses armes.

Légende circulaire en or : IVDAS MACHBEVS ; la lettre F de série est tracée sous la hache d'armes.

Grisaille colorée. Même fabrication que les n°s D 408 et D 409.

Revers incolore.

Règne de Charles X. — Collection Durand, n°s 64-2525.

N° 364 de la Notice des émaux, par M. le comte L. de Laborde.

D. **411**. — *Plaque circulaire.*

D. 0,240.

La déesse Cérès. — Buste de femme couronnée d'épis, de profil à gauche. En légende, l'inscription tracée en or : SERES.LA.D.

Grisaille, trait et modelé par enlevage sur fond noir.

Revers incolore avec quelques parties opaques.

Règne de Charles X. — Collection Durand, n°s 78-2547.

N° 290 de la Notice des émaux, par M. le comte L. de Laborde.

D. **412**. — *Plaque circulaire.*

D. 0,240.

Jules-Cæsar. — Buste lauré de profil à droite. En légende : IVLIVS S.

Grisaille sur fond noir. Même fabrication que le numéro précédent.

Revers incolore, opaque par places.

Règne de Charles X. — Collection Durand n°s 78-2546.

N° 289 de la Notice des émaux, par M. le comte L. de Laborde.

D. **413**. — *Plaque circulaire.*

D. 0,210.

Claude. — L'empereur Claude, d'après Lucas de Leyde, couronné de lauriers, vêtu d'une grande robe, portant sur l'épaule un écu armorié de l'aigle impériale, la main gauche sur la poignée d'un large sabre au fourreau, chaussé de bottes pointues, par-dessous une espèce de pantalon, chevauche de profil à gauche. Le cheval richement caparaçonné en blanc bordé de violet avec ornements d'or.

L'inscription en or : IMP. CLAVDIVS forme légende.
Grisaille colorée.
Même fabrication que le n° D. 408, quoique plus négligée.
Revers incolore, inégal, opaque dans les épaisseurs.

Règne de Charles X. — Collection Durand, n°s 64-2528.

N° 367 de la Notice des émaux, par M. le comte L. de Laborde.

D. **414**. — *Plaque ovale.*

H. 0,205. — L. 0,164.

Béranger. — Béranger, d'après Lucas de Leyde, de profil, à cheval, galopant vers la droite. Coiffé d'un bonnet bleu, plat, à oreillères, garni d'une enseigne, vêtu d'un pourpoint violet, long, taillade, par-dessous une houppelande bleue à larges manches courtes et à large collet fourré, chaussé de bottes tannées, tailladées, à revers verts par-dessus des chausses violettes.

Le cheval est couvert d'un grand caparaçon blanc niellé de noir, bordé de turquoise; dans le haut de la plaque, l'inscription : BERNNGIER.
Grisaille colorée.
Trait noir par enlevage sur une couche grise délimitée par les contours du personnage équestre et du terrain, de façon à laisser découvert le fond noir étendu sur toute la plaque. Larges rehauts blancs, nielles appliqués après coup. Rehauts d'or.

République. M. L., n° 94. — Donné par M. le comte de Nieuwerkerke, directeur général des Musées, en novembre 1851.

N° 363 de la Notice des émaux, par M. le comte L. de Laborde.

D. **415**. — *Médaillon circulaire* (1).

D. 0,040.

Hercule. — Tête d'homme de profil à gauche, laurée, le buste recouvert d'un vêtement; en légende, l'inscription : HERCVLES IE SVIS APELE, tracée en or.

Emaux colorés. Tête appliquée du premier coup et redessinée par enlevage sur fond bleu. Barbe et cheveux jaune clair. Couronne verte. Robe violette.

Revers invisible.

Règne de Charles X. — Collection Durand, nos 116-2404.

N° 374 de la Notice des émaux, par M. le comte L. de Laborde.

D. **416**. — *Médaillon circulaire* (1).

D. 0,040.

Femme nue, tenant un voile déployé, assise sur une boule croisetée qui est portée sur les flots. Fragments d'inscription : ...VNE IE.

Grisaille colorée, peinte du premier coup et dessinée par enlevage sur fond noir. Voile glacé de violet, eaux de bleu pâle.

Revers invisible.

Règne de Charles X. — Collection Durand, nos 116-2404.

N° 374 de la Notice des émaux, par M. le comte L. de Laborde.

D. **417**. — *Plaque rectangulaire*.

XVIe siècle.   H. 0,100. — L. 0,085.

Portrait de femme. — Buste de trois quarts à gauche d'une femme coiffée d'un bonnet plat, vêtue d'une robe rouge garnie d'un collet noir à revers blancs laissant voir une chemise brodée fermée au col. La main droite qui sort d'une manche fermée, garnie d'une manchette tuyautée, porte une marguerite surmontée d'un cœur.

Fond bleu et vert translucides sur couche blanche, rehaussé d'ornements dorés.

---

(1) Appliqué sur une gourde en verre bleu doré, monté en plomb doré, exposée avec les verres de Venise.

Grisaille colorée : trait par enlevage, rehauts blancs. Carnations légèrement colorées. Robe dessinée sur le métal recouvert d'émail translucide pourpre.
Revers incolore.

<blockquote>Règne de Charles X. — Collection Révoil, n° 259, où il était inscrit sous le nom de Marguerite de Navarre.</blockquote>

N° 292 de la Notice des émaux, par M. le comte L. de Laborde.

D. 418. — *Plaque carrée.*

XVIe siècle.   H. 0,105. — L. 0,088.

Une prédication. — A gauche, un prêtre, coiffé d'un bonnet carré plat, vêtu d'un surplis à manches larges, parle du haut d'une chaire à pieds. Des femmes assises à terre l'écoutent, en avant de deux hommes, dont l'un est assis sur un banc, coiffé d'un chapeau. Derrière, deux autres hommes debout, coiffés, précédant un nombreux auditoire.

Au fond, entre les colonnes de l'édifice, trois personnages à table. Dans le haut, un grand écusson avec cette inscription : DONNE-NOVS AVIOVRD'HVI NOSTRE PAIN COTIDIAN, explique le sujet de la prédication.

Grisaille. Fond noir recouvert d'une couche grise semi-translucide, sur laquelle le dessin et un premier modelé sommaire ont été enlevés à la pointe. La couche grise forme la demi-teinte, et un rehaut de blanc donne les lumières.

Un fond d'or entoure les personnages assis à table en arrière-plan. Revers rouge.

Une note placée au revers prétend que cet émail représente Pierre Viret, prêchant devant Calvin et Théodore de Bèze.

<blockquote>Règne de Charles X. — Collection Durand, n°^{s} 103-2617.</blockquote>

N° 373 de la Notice des émaux, par M. le comte L. de Laborde.

D. 419. — *Coupe.*

H. 0,110. — D. 0,190.

Intérieur : *Le triomphe d'un guerrier.* — Un guerrier est assis sur un char à quatre roues, traîné vers la gauche par deux hommes nus; d'autres guerriers accompagnent jouant des instruments, portant des trophées, etc. Une ville au fond. Le sujet est circonscrit par une couronne de lauriers, qu'entoure une frise de feuilles d'or: ourlet blanc. Extérieur : quatre grandes feuilles accompagnées d'ornements d'or. Sur la tige, quatre autres grandes feuilles. Torsade sur le pied.

Sujet en grisaille, d'un dessin barbare, par enlevage à travers une première couche gris foncé : modelé obtenu par deux autres couches, l'une grise, l'autre blanche, granuleuses. Rehauts d'or, fond noir. Les feuillages en blanc glacé de vert ou de bleu, rehaussés d'or, fond noir. Dessous du pied, noir lilas.

Règne de Charles X. — Collection Durand, n° 38-2460.

D. **420**. — *Couvercle de coupe.*

D. 0,196.

Frise formée de quatre scènes qui semblent représenter : Hercule armé d'une courte massue suivi d'un guerrier bandant un arc. — Hercule cueillant les pommes d'or. — Hercule terrassant un guerrier. — Deux guerriers emmenant un homme nu que l'un des deux frappe d'une courte massue.

La frise est entourée d'une torsade bleue et d'un filet blanc.

Grisaille dessinée par enlevage à travers une couche grise très-granuleuse. Rehauts d'or, fond noir.

Revers. Quatre médaillons ovales, comprenant chacun un buste de profil, et accompagnés de fleurons symétriques ; le tout en or sur fond noir, entouré d'une couronne de lauriers, en émail jaune et vert, et d'une torsade d'or sur fond noir. Les noms des personnages représentés dans les médaillons sont désignés par les inscriptions suivantes : ERCVLES. SVIS. APELE : — HELENE. SVIS. APELEE : — ERCVVES SVIS TSERE : — ELENE SVIS APELEE LEN.

Ancienne collection, n° 4965.

N° 372 de la Notice des émaux, par M. le comte L. de Laborde.

D. **421**. — *Salière en forme de prisme hexagone.*

H. 0,057. — L. 0,065.

Côtés : 1° deux femmes, l'une entièrement vêtue, l'autre le sein découvert et soulevant une cassette, sont placées de chaque côté du piédestal d'une petite statue d'un personnage drapé, tenant une boule croisetée d'une main, élevant l'autre main. L'inscription SA(LVA)TOR MONDI... est tracée en lettres d'or mal formées au-dessus du sujet.

2° Une femme drapée à l'antique, portant une corne d'abondance, une baguette dans la main gauche, auprès d'un casque et d'un bouclier orné d'une grosse tête. Longue inscription illisible.

3° Le jugement de Pâris, avec l'inscription : PARIS.

4° Une femme, le sein demi-nu, drapée à l'antique, portant un coffret. Inscription : LA DÉSE DE BAIACIE AI DEVAN TOI.

5° Deux femmes, l'une assise et appuyée sur une lyre; l'autre debout tenant un serpent de la main gauche, en arrière d'un bouclier à tête de Gorgone posé à ses pieds. Au-dessus la fin d'une inscription : SVIS VALIAN ARD.

6° Une femme étend un voile au-dessus d'un autel enflammé, derrière lequel est placée une autre femme. AVDACA FORTVNE IEA.

Dessous, dans la concavité destinée à renfermer le sel, un buste de femme tourné de profil à gauche, en costume du XVIe siècle. Sur le plat des bords, trois grandes palmettes feuillagées. Le dessus est le résultat d'une restauration.

Émaux colorés. Sujets peints sur le fond, redessinés par enlevage. Rehauts blancs, grumeux, chairs légèrement colorées. Les terrains et les arbres glacés de vert translucide, les accessoires de violet ou de brun. Rehauts d'or, fond noir.

Règne de Charles X. — Collection Durand, n° 4964.

D. **422**. — *Salière prismatique hexagone.*

H. 0,070. — L. 0,075.

Côtés : *les travaux d'Hercule.* 1° Hercule et Cerbère.

2° Hercule déchirant la gueule du lion de Némée.

3° Hercule enlevant Déjanire.

4° Hercule portant le globe céleste; un petit homme se tient debout vis-à-vis de lui.

5° Hercule portant les deux colonnes.

6° Hercule montant sur un rocher et portant sur ses épaules le bois du bûcher. Il est représenté une seconde fois sur le même compartiment assis à terre.

Dessus et dessous creusés de cavités circulaires, ornées d'un buste de guerrier casqué, posé de profil. La partie plate porte : dessus six consoles en S liées deux à deux ; dessous six rosaces reliées par des tiges feuillagées.

Grisailles peintes sur le fond et redessinées par enlevage ; fond noir.

Règne de Charles X. — Collection Durand, n°ˢ 49-2500.

N° 370 de la Notice des émaux, par M. le comte L. de Laborde.

D. 423. — *Salière prismatique hexagone.*

H. 0,078. — L. 0,187.

Sur les côtés : *Scènes de la vie de Moïse*, placées entre deux bordures ornées de consoles en camayeu d'or.

1. *Moïse recevant les tables de la loi.* — Il est agenouillé, tendant les bras vers la droite où lui apparaissent les deux mains du Seigneur sortant des nuages et tenant les Tables.

2. *Moïse portant les Tables de la loi.* — Moïse, la tête ornée d'un nimbe elliptique, porte les Tables sous son bras droit, et une baguette de la gauche.

3. *Le serpent d'airain.* — Deux Israélites sont au pied d'une perche où le serpent est enlacé. L'un d'eux est renversé à terre et mordu par un serpent.

4. Suite du *Serpent d'airain.* — Deux Israélites en prière.

5-6. *Moïse présentant les Tables de la loi.* — Israélites debout auprès d'un édifice. Moïse, nimbé, s'avance vers eux portant les Tables devant lui.

Extrémité supérieure creusée d'une petite cavité où un buste de femme à tête laurée, de profil à gauche, est représentée et désignée par cette légende : DIANIRA. Des ornements d'or en forme de console garnissent le plat, en dehors de la cavité.

Extrémité inférieure semblable, avec un buste de femme tourné de profil à gauche, en camayeu d'or.

Emaux colorés. Carnations blanches appliquées sur le fond et redessinées par enlevage, ainsi que les terrains et les herbes qui sont en outre glacés de vert, de turquoise, de bleu et de violet. Draperies en camayeu d'or sur le fond général qui est bleu lapis.

Règne de Charles X. — Collection Durand, n°ˢ 49-2502.

N° 369 de la Notice des émaux, par M. le comte L. de Laborde.

La descendance du vieux Couly Noylier se présente à nous dans un désordre tel qu'il faudrait, pour en débrouiller les parentés, faire dans les archives de Limoges des recherches plus approfondies que celles dont M. Maurice Ardant (1), d'une part, et l'abbé Texier (2), d'autre part, nous ont donné des résumés qui ne sont pas toujours concordants.

Voici quel serait à peu près l'ordre dans lequel il faudrait la placer :

BRANCHE DES CHABROU.

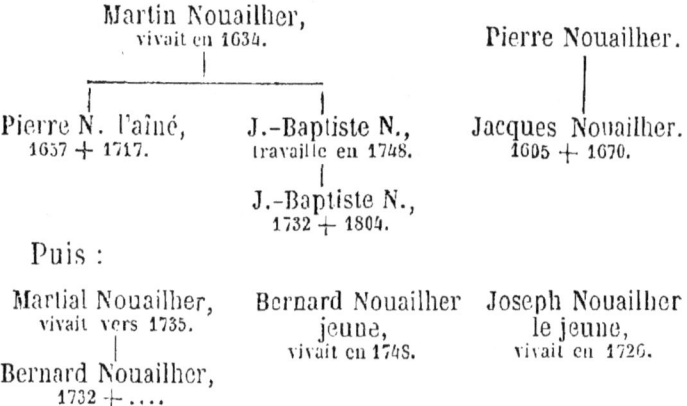

Puis :

Martial Nouailher,
vivait vers 1735.
|
Bernard Nouailher,
1732 + ...

Bernard Nouailher jeune,
vivait en 1748.

Joseph Nouailher le jeune,
vivait en 1726.

Pierre I Nouailher.

On est dans l'habitude d'attribuer au même émailleur toutes les pièces qui portent, soit la signature d'un

---

(1) M. Maurice ARDANT. *Émailleurs et émaillerie de Limoges*, p. 156, et passim.

(2) L'abbé TEXIER, *Dictionnaire d'orfèvrerie*, article NOUALHIER.

Pierre Noualhier, soit le monogramme P. N. Nous pensons qu'il n'en peut être ainsi, et qu'il faut distinguer les œuvres de deux mains.

Il est impossible, en effet, que le Pierre Noualhier, que l'on sait être né en 1657, et qui ne devait guère produire avant l'année 1680, ait possédé le style et la facture encore tout influencés par les habitudes du XVIe siècle, que l'on remarque dans les pièces nos D. 424 à 428.

En effet, les figures montrent encore une certaine élégance héritée de la Renaissance, même dans le dessin des extrémités, qui sont accentuées avec fermeté. Puis la pratique est encore celle de la grisaille, telle qu'elle fut employée pendant le XVIe siècle; mais au dessin par enlevage tracé en dessous se mêlent déjà quelques traits de bistre noir appliqués par-dessus.

Enfin, de la comparaison des pièces signées P. N. avec celles des I. Laudin, du milieu du XVIIe siècle, il nous semble ressortir que, quelle qu'ait été la lenteur avec laquelle les émailleurs limousins se sont mis à suivre le mouvement et les transformations de l'art, il est difficile que leur auteur appartienne à la fin de ce même siècle. Nous attribuons ces pièces au Pierre Noualhier que l'abbé Texier dit être le père de Jacques.

D. 424. — *Coupe basse à bords godronnés et à deux anses.*

D. 0,130.

Au fond. *Saint Martial.* Le saint, la tête ornée de rayons, vêtu d'une robe et d'un manteau, touche d'une baguette Hortarius qui se lève du tombeau. Au sommet, l'inscription Sᵗ MARTIAL.

Dans les six godrons ovales du bord de petits génies, parfois avec des oiseaux, au milieu de fleurs et de branchages filiformes.

Grisailles peintes sur le fond, redessinées partie par enlevage sur une première couche très-foncée, partie au pinceau. Rehauts d'or, fond noir.

Revers : sous chaque godron une volute de feuillages terminée par un buste d'enfant. Grisaille sur fond noir. Sous le fond, saint Ignace, la tête ceinte d'un nimbe radié, en chasuble verte, vu en buste, disant la messe. Un listel placé sous lui porte l'inscription : S. IGNATIVS. D. L. Grisaille colorée en vert sur la chasuble et le manipule, en bleu sur le ciel à fond blanc. Médaillon encadré dans une couronne de lauriers, au delà de laquelle on lit l'inscription : PIERRE. NOVALHER, en or.

Règne de Charles X. — Collection Révoil, n° 178.
N° 467 de la Notice des émaux, par M. le comte L. de Laborde.

D. 425. — *Fond de coupe.*

D. 0,183.

Quatre médaillons circulaires occupent le fond de la coupe, le sujet central manquant, et sont encadrés par des feuillages au milieu desquels se trouve un buste d'enfant les bras relevés sur la tête. Chacun des médaillons porte un des sujets suivants désignés par une inscription. CÉPHALE ET PROCRIS. Céphale reçoit une flèche que lui offre Procris accompagnée d'un chien ; — MÉLÉAGRE ET ATALANTE. Méléagre offre la hure du sanglier à Atalante assise sur un tertre. — VENVS ET ADONIS. Vénus sur son char traîné par deux cignes descend vers le corps d'Adonis couché à terre. — PYRAME ET THISBÉ : Thisbé se perce le sein sur le corps de Pyrame étendu à terre.

Le monogramme P. N. est tracé en lettres noires sur les terrains du premier médaillon.

Grisailles redessinées et modelées sommairement par enlevage ; sur fond noir, rehauts d'or.

Sur le bord, un rang de feuilles blanches entablées en relief.

Revers : une rosace centrale, puis une large zone semée de fleurs à tige d'or sur paillons et une bordure de même : fond noir. La rosace centrale et huit fleurons symétriquement distribués sur la zone et la bordure sont en grisaille.

Règne de Charles X. — Collection Durand, n°s 29-2461.
N° 469 de la Notice des émaux, par M. le comte L. de Laborde.

D. 426. — *Tasse à six godrons et à anses.*

D. 0,135.

Au fond. *Le repos de la Sainte-Famille.* — La Vierge est

assise au pied d'un arbre, présentant le sein à l'Enfant-Jésus couché sur ses genoux. Au fond, saint Joseph dort appuyé sur son coude, à moitié caché par un tertre. L'âne au fond. L'Enfant-Jésus porte le nimbe circulaire, la Vierge un nimbe radié, saint Joseph le nimbe annulaire elliptique. Grisaille dessinée partie par enlevage, partie au pinceau, sur fond noir. Rehauts d'or.

Sur les godrons, alternativement, un paysage en grisaille et un oiseau sur paillon dans des branchages d'or; fond bleu. Ourlet vert.

Revers : sous les godrons dessinés par un trait d'or des fleurs sur paillon; branchages d'or, fond bleu. Sous le pied un paysage en grisaille à rehauts d'or, fond noir. Sur les terrains le monogramme P. N. en noir.

Règne de Charles X. — Collection Durand, n°s 44-2469.

N° 465 de la Notice des émaux, par M. le comte L. de Laborde.

D. **427**. — *Tasse circulaire à six godrons et à deux anses.*

D. 0,135.

Au fond, Hérodiate présentant la tête de saint Jean à Hérode assis sur son trône. Sur chaque godron, un buste d'empereur en armure et drapé, en avant d'une draperie et d'un fond de ciel. Grisailles en partie colorées. Celle du fond peinte et dessinée en partie par enlevage, en partie au pinceau, sur fond noir. Celles des godrons dessinées au pinceau, les fonds blancs étant glacés de vert, de tanné et de bleu; rehauts d'or. Des fleurs sur fond blanc séparent les godrons.

Revers : sous les bords, une corbeille de fruits dans un cartouche de feuillages symétriques blancs et or. Fond noir. Sous le pied un paysage avec un pont sur les eaux, le monogramme P. N. en or. Emaux colorés, rehaussés d'or.

Règne de Charles X. — Collection Durand, n° 44-2468.

N° 466 de la Notice des émaux, par M. le comte L. de Laborde.

D. **428**. — *Coupe basse à deux anses.*

D. 0,133.

Le triomphe de Neptune et d'Amphitrite. — Au fond, les deux divinités marines assises sur un char guidé par un amour, et couronnées de fleurs par un autre amour qui voltige. Sur le bord des groupes de tritons et de monstres marins se combattant. Ourlet bleu turquoise.

Grisaille peinte sur le fond et redessinée par enlevage. Rehauts d'or, fond noir.

Revers : sous le bord un semis de fleurs sur paillons à branchages blancs et or, sur fond noir.

Sous le pied, une tour et des ruines près d'une cascade. Le monogramme P. N. en noir sur les terrains du premier plan. Grisaille.

Règne de Charles X. — Collection Durand, n°s 44·2167.

N° 468 de la Notice des émaux, par M. le comte L. de Laborde.

D. **429**. — *Gobelet à deux anses.*

H. 0,085. — D. 0,080.

Extérieur : *Méléagre et Atalante*. — Méléagre, vêtu d'un costume de guerrier antique, debout, un pied sur le corps du sanglier de Calydon, en offre la hure à Atalante assise sur un tertre. A l'opposite, une tête de chérubin placée au milieu de cartouches et de fleurs.

Emaux colorés, sur grisaille à deux tons, redessinée par enlevage; chairs colorées par quelques hachures rouges et redessinées au pinceau. Rehauts d'or, fond noir bleu. Les anses chargées et accompagnées d'ornements blancs en relief.

Intérieur : rosace d'or au fond; sur les côtés, pentes de fleurs et d'ornements. Emaux polychromes, rehaussés d'or, sur fond noir bleu.

Sous le pied, une rosace de même fabrication.

Règne de Charles X. — Collection Durand, n°s 30-2452.

N° 77 de la Notice des émaux, par M. le comte L. de Laborde.

Jacques Nouailher.

Ce Jacques naquit, en 1605, de Pierre et de Narde Guybert, qui appartenait sans doute à la famille des émailleurs de ce nom. Il mourut postérieurement à l'année 1680, où il perdit sa femme.

Il semble s'être exclusivement livré à la fabrication des émaux en relief.

Dans la collection de M. Andrew Fountaine, en Angleterre, une aiguière ornée de dessins en relief est signée : *Faict à Limoges, par Jacques ..... ler, rue Magninie.*

De son côté, l'abbé Texier a possédé deux chandeliers ornés de reliefs, où les arabesques sont supérieures aux figures, qui sont signées : *Faict à Limoges, par Jacque Noalher, rue Magninie.*

C'est par analogie avec ces produits que nous n'avons point vus, que M. le marquis de Laborde a attribué à Jacques Noualhier la plaque décorée d'émaux en relief ci-dessous décrite.

Nous ferons observer que cette pièce d'un ton si mat, sans aucune glaçure, ne participe en rien de l'aspect ordinaire des émaux limousins, même de ceux du XVIIe siècle. Lorsque ces derniers, en effet, sont ornés de fleurons en relief, l'émail en est encore brillant.

D. **430**. — *Plaque rectangulaire.*

H. 0,205. — L. 0,160.

L'Adoration des bergers, d'après la composition de Van Acken, gravée par Sadeler.

Au centre, la Vierge agenouillée derrière la crèche, tient de ses deux mains écartées le linge sur lequel est couché l'Enfant-Jésus entouré d'une auréole radiée. Saint Joseph est agenouillé à droite, en avant de trois anges ; à gauche, deux personnages vus à mi-corps ; puis en arrière plan deux bergères et un berger.

Dans le ciel, trois anges voltigeant. L'un d'eux tient une banderole avec ces mots : GLORIA IN EXCELSIS. Fond d'architecture d'un temple ruiné.

Emaux en relief en partie colorés dans la pâte et ciselés, en partie peints après la ciselure. Carnations blanches mo-

delées en rose ponctué. Draperies violettes, jaunes, orangées, roses, bleu clair, cendré, jaune, etc.
Revers non émaillé.

Règne de Charles X. — Collection Durand, n°s 66-2531.
N° 461 de la Notice des émaux, par M. le comte L. de Laborde.

Pierre II Nouailher.

Nous attribuons au Pierre Noualhier, fils de Martin, dit *Chabrou*, qui, né en 1657, mourut en 1717, les deux plaques signées et la plaque non signée qui suivent.

Le style nous en semble plus moderne que celui des autres émaux qui portent la signature ou le monogramme d'un Pierre Nouailher, bien que l'on puisse objecter que le procédé du modelé par hachures de bistre ait été employé dès le XVIe siècle, dans les portraits.

De plus, l'orthographe de la signature, qui a pris la forme tout à fait moderne, n'est plus la même que celle de la plaque n° D. 424, où l'*i* est oublié.

D. **431**. — *Plaque rectangulaire.*

H. 0,133. — L. 0,104.

Saint Charles Borromée. — La tête se détachant sur un nimbe radié, debout, de profil, les mains jointes devant un crucifix, en avant duquel un livre est posé. Saint Charles est vêtu d'une aube à collet rabattu et d'un camail violet.

Dans les angles, en dehors de l'ovale qui l'encadre, des ornements blancs en relief, accompagnés d'or.

Grisaille teintée, trait et modelé au pinceau. Chairs colorées par des hachures et un ponctué saumonné. Rehauts d'or. Fond noir.

Revers incolore craquelé avec l'inscription en noir :

P. NOUAILHER
émailleur
à Limoges.

Règne de Charles X. — Collection Durand, n°s 108-2633.

N° 463 de la Notice des émaux, par M. le comte L. de Laborde.

D. **432**. — *Plaque rectangulaire.*

H. 0,130. — L. 0,100.

La Vierge et l'Enfant-Jésus. — Dans un encadrement ovale, la Vierge vue à mi-corps, assise, tournée vers la droite, porte sur ses genoux l'Enfant-Jésus, qui tient une rose à la main. La Vierge et l'Enfant-Jésus sont décorés du nimbe radié.

Dans les angles des ornements blancs en relief, rechampis de noir, accompagnés d'or sur fond noir.

Grisaille colorée ; appliquée sur fond noir en réservant les traits ; glacée d'émaux translucides dans les vêtements ; les carnations et les linges étant redessinés et modelés après coup, les premiers par des hachures rouges, les seconds en noir. Rehauts d'or, fond noir.

Revers incolore, avec l'inscription en noir :

P. NOUAILHER
émailleur
à Limoges.

Règne de Charles X. — Collection Durand, n°s 108-2634.

N° 462 de la Notice des émaux, par M. le comte L. de Laborde.

D. **433**. — *Plaque de bénitier formée d'une plaque ovale surmontée d'une autre plaque polylobée.*

H. 0,210. — L. 0,140.

Sur la plaque inférieure, *la Vierge et l'Enfant-Jésus*, d'après Ch. Lebrun, dans un cartouche contourné, entouré de fleurs d'ornement d'émail blanc en relief. Sur la plaque supérieure, le Saint-Esprit sous la forme d'une colombe dans un médaillon circulaire bordé d'ornements en relief.

Emaux colorés, dessinés et peints sur une couche blanche. Carnations colorées par hachures. Fond noir.
Revers d'émail bleu.

Règne de Charles X. — Collection Durand, n°s 87-2559.

N° 464 de la Notice des émaux, par M. le comte L. de Laborde.

Jean-Baptiste Nouailher.

Auquel des deux Nouailher qui ont porté les mêmes prénoms faut-il attribuer les trois émaux qui suivent ? Au père, qui a daté un émail de 1748, ou au fils qui, né en 1732, fut le dernier représentant de ce qui avait été la grand art limousin, et qui mourut en 1804.

La plaque, signée des initiales I. B. N., n° D. 434, nous semble supérieure aux deux autres émaux qui ne portent que le prénom de *Baptiste*, qui appartiennent à la décadence de l'art, et qui sont exclusivement de la classe des émaux peints.

Quant aux autres membres de la même famille : Bernard, dont nous avons vu un *saint Charles Borromée*, signé *bernard Nouaillher jeune juuentia*, c'est un artiste de la même valeur que Jean-Baptiste, son contemporain. On a une plaque de lui signée de 1748.

Joseph Nouailher le jeune descend encore un peu plus bas. Les extrémités de ses personnages sont d'un dessin maladroit ainsi que d'une grosseur exagérée, et le bistre qu'il emploie pour modeler est d'un rose vif tout à fait particulier.

D. **434**. — *Plaque rectangulaire.*

H. 0,170. — L. 0,130.

Saint Louis. — Dans un encadrement ovale, saint Louis en prière, décoré d'un nimbe elliptique, vêtu d'une armure par-dessous un manteau bleu fleurdelisé doublé d'hermine, à genoux devant un autel sur lequel sont déposés la couronne d'épines et deux clous. Une gloire entourée de nuages apparaît au-dessus de l'autel.

Les coins de la plaque sont garnis de palmettes et de feuillages symétriques en relief d'émail blanc rechampi de bleu, accompagné d'or sur fond noir. Sur le filet d'encadrement le monogramme •I•B •N• en noir.

Emaux colorés, dessinés et peints sur couche blanche; chairs colorées par hachures rouges. Rehauts d'or, fond noir.

Revers noir nuageux.

Règne de Charles X. — Collection Durand, n°s 85-2555.

N° 470 de la Notice des émaux, par M. le comte L. de Laborde.

D. **435**. — *Plaque rectangulaire.*

H. 0,159. — L. 0,125.

Saint Denis habillé en évêque, portant sa tête qu'il tient par les cheveux. Fond de ville et de paysage.

Au sommet, l'inscription : SANCTVS DYONISIVS, tracée en or.

Email coloré, dessiné et peint sur fond blanc; chairs colorées par hachures violacées. Fond noir.

Revers noir nuageux avec l'inscription en or.

Bap.te nouailher
emalieur,
A Limoges

Règne de Charles X. — Collection Durand, n°s 85-2556.

N° 471 de la Notice des émaux, par M. le comte L. de Laborde.

D. 436. — *Couvercle de sucrier.*

D. 0,110.

Quatre médaillons circulaires, séparés par des palmettes blanc et or sur fond bleu noir. Une vertu cardinale est représentée en pied dans chaque médaillon, désignée par ses attributs ordinaires et par une inscription.

PRUDENCE, un serpent enroulé autour de son bras droit et se regardant dans un miroir; — IVSTISE, tenant une balance inégale et une épée; — FORCE, portant une colonne, un pied sur un chapiteau; — TEMPÉRANCE, vidant dans une coupe un vase rempli de vin. — Emaux colorés, dessinés, peints et modelés sur fond blanc.

Sur la feuillure du couvercle, l'inscription suivante en or : BAP NOVAILLIER.

Revers émaillé de blanc.

Règne de Charles X. — Collection Durand, n°s 22-2441.

N° 473 de la Notice des émaux, par M. le comte L. de Laborde.

D. 437. — *Tasse circulaire à douze godrons allongés et à deux anses.*

D. 0,145.

Au fond, un empereur galopant, à droite. Grisaille en partie colorée, peinte en blanc avec traits probablement réservés sur fond noir. Glacis bleu sur le manteau, bleu et violet sur le harnais; vert sur le terrain. Rehauts d'or, fond noir.

Chaque godron chargé d'une fleur en émaux colorés sur fond blanc et séparé des godrons adjacents par un fond noir avec quelques ornements blancs et or.

Revers : godrons dessinés en jaune et ornés de feuillages symétriques blanc et or, sur fond noir.

Sous le pied, un paysage. Emaux colorés, rehauts d'or.

Règne de Napoléon III. — Donation Sauvageot.

N° 1169 du Catalogue de la collection Sauvageot, par M. A. Sauzay.

LES REYMOND.

La famille des Reymond, dont un des membres fut consul au XIVe siècle, et un autre au commencement du XVIe, a fourni pendant ce dernier siècle un certain nombre d'émailleurs et d'orfèvres. Ces artistes devaient appartenir à deux branches différentes, mais assez rapprochées cependant pour que ceux de l'une d'elles aient été les tuteurs de certains de l'autre.

D'après les actes relatés par M. Maurice Ardant (1) et par l'abbé Texier (2), leur généalogie peut à peu près s'établir ainsi :

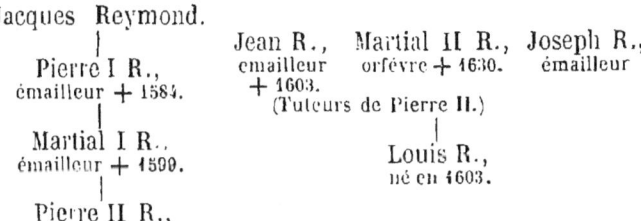

Jacques Reymond.
|
Pierre I R., émailleur † 1584.
|
Martial I R., émailleur † 1599.
|
Pierre II R., orfèvre † 1631.

Jean R., émailleur † 1603. Martial II R., orfèvre † 1630. Joseph R., émailleur
(Tuteurs de Pierre II.)
|
Louis R., né en 1603.

Pierre Reymond.

Pierre Reymond, fils de Jacques, dut naître dans les premières années du XVIe siècle (3).

Il se maria en 1530. Il habitait alors une maison voisine de celle occupée par Jehan Court, dit Vigier,

---

(1) Maurice ARDANT. *Émailleurs limousins.* — *Les Reymond*, in-8° de 42 pages. — Chapoulard fr., Limoges, 1861.

(2) L'abbé TEXIER. *Dictionnaire d'orfèvrerie*, article REYMOND.

(3) M. Maurice ARDANT. *Émailleurs limousins.* — *Les Reymond*, in-8° de 42 pages. Limoges, 1861.

son concurrent, dans la rue des Étaux, « descendant de Manigne, » ce quartier général de l'émaillerie pendant le XVIe siècle.

La date la plus ancienne que l'on ait relevée sur ses ouvrages est celle de 1534, que porte une coupe citée par M. Maurice Ardant. A partir de cette époque, ses œuvres se succèdent en nombre considérable jusqu'en 1584, c'est-à-dire pendant un intervalle de cinquante années, montrant des qualités fort diverses; parfois, la hâte d'une fabrication négligée, puis, enfin, l'affaiblissement de l'âge.

Le Musée est riche en œuvres de toutes espèces de cet émailleur : plaques, coupes, aiguières, plats, assiettes, chandeliers, dont un certain nombre sont signées et portent une date, ce qui nous a permis d'en essayer un classement chronologique.

Pierre Reymond se contente, le plus souvent, de signer ses émaux avec les initiales P. R. tracées en noir après l'achèvement de la pièce, et quelquefois en or. Lorsqu'il inscrit son nom en toutes lettres, il le fait avec une orthographe assez variable. Ainsi, on trouve P. *Rexmon*, en 1544, sur le couvercle d'une Coupe du Musée, n° D. 439, et, en 1562, sur un plat de Munich. P. *Rexmond*, et la date 1546 sur une Coupe de la collection de M. le baron Seillière; *P. Raymo*, sur le couvercle d'une Coupe datée de 1544, appartenant à M. E. Dutuit, et *P. Remond* en 1561, et enfin *P. Rexman*, et même *P. Rexmann*, suivant M. Maurice Ardant. Mais, dans tous les actes trouvés par ce dernier, l'orthographe réelle est celle que nous avons adoptée dans le cours de cette Notice.

L'époque du plus grand talent de P. Reymond et de son exécution la plus parfaite semble se placer aux environs de l'année 1550.

Alors ses émaux, d'un dessin toujours précis et accentué, même dans les figures les plus petites, perdent la sécheresse et la dureté que l'on peut reprocher à ceux des premières années, que dépare l'abus des travaux préparatoires par enlevage. On dirait de planches gravées recouvertes de grisailles par places.

Plus tard, les figures s'allongent, deviennent maniérées, la main, plus lourde, est moins sûre; la couche de bistre saumonnée, dont il ne coloriat les carnations que du côté de l'ombre, envahit toutes les chairs et leur donne une certaine dureté qu'accroît encore le ton de la grisaille.

D'ailleurs, ce ne sont plus les maîtres allemands des commencements, ni les maîtres italiens de la belle époque qu'il imitait au moment de sa force, qu'il copie alors. Les compositions de Virgilius Solis, d'Androuet du Cerceau, d'Étienne De Laulne et de Théodore de Bry lui servent de modèles pour les figures et pour les ornements compliqués du bord de ses plats et de ses assiettes.

Les ornements des revers ne conservent point non plus le grand goût d'autrefois, qui les rendait supérieurs bien souvent, au point de vue décoratif, au sujet peint dans la face intérieure.

Moins coloriste et moins hardi que Léonard Limosin, dont il est le contemporain, il ne sait point, comme lui, marier les tons divers, et s'il lui est arrivé parfois de glacer, comme lui, ses grisailles en bleu turquoise du côté de l'ombre, les émaux polychromes sont relativement rares en son œuvre.

Dans les seuls qu'il ait exécutés, et cela surtout dans ses commencements, croyons-nous, le fond noir est remplacé par un fond bleu qu'il fait apparaître par enlevage, suivant le procédé ordinaire, surtout dans les carnations; puis, pour les costumes et les accessoires, le sujet est exécuté au bistre brun sur la couche d'émail blanc qui recouvre le fond; le tout est glacé d'émaux colorés translucides que réveillent quelques rehauts d'or dans les lumières.

C'est un retour aux anciens procédés encore employés au commencement du siècle par Nardon Pénicaud, que Léonard Limosin appliqua aussi, mais avec plus de liberté, et qu'affectionne surtout Pierre Courteys.

Mais, tandis que P. Reymond laisse dominer les tons gris qui sont l'écueil de sa couleur, P. Courteys emploie une coloration plus soutenue et en même temps plus harmonieuse. De plus ses airs de tête sont tout autres.

Malgré son talent et le nombre considérable de ses émaux, P. Reymond ne semble pas avoir été favorisé des commandes princières qui occupèrent si souvent Léonard Limosin.

Quelques membres de la famille de Bourbon, établis dans le Limousin, semblent l'avoir fait travailler en ses commencements, comme le prouve le triptyque en émaux polychromes, daté de 1538, que possède M. le baron G. de Rothschild et qui représente Mme Louise de Bourbon aux pieds de la Vierge (1), et le magnifique triptyque, sans date, mais de la plus grande force de son talent, qui, de la collection Pourtalès, est passé dans celle de M. Basilewski, et qui porte les armes de Philippe de Bourbon et de Louise de Borgia, dame de Chalus, mariés en 1530 (2).

Il faut descendre jusqu'à l'année 1566 pour trouver les pièces du service qu'il exécuta pour les Séguier, n° D. 467.

Mais à cette époque P. Reymond, ayant hérité de son père en 1550, et augmenté sa fortune patrimoniale par son industrie, avait reçu en 1560 les honneurs consulaires, qu'il recevait encore en 1567.

De même que les émailleurs, ses concurrents, ne se contentaient point des bénéfices que leur procurait leur atelier et faisaient au besoin le métier d'arpenteur. P. Reymond donnait, lui, des modèles de verrières, de pièces d'orfévrerie et de fonte, et enluminait de frontispices, ainsi que de lettres ornées, les registres de confrérie.

Ce sont ceux de la confrérie du Saint-Sacrement, dans l'église de Saint-Pierre du Queyroix, à Limoges, qui nous donnent ces renseignements sur ces travaux de P. Reymond (3), dont ils mentionnent le nom pour la dernière fois en 1584.

---

(1) N° 2509 du Catalogue du Musée rétrospectif de 1865.
(2) N° 2520 du Catalogue du Musée rétrospectif de 1865.
(3) M. Maurice ARDANT. *Emailleurs limousins. Les Reymond.*

D. **438**. — *Plaque rectangulaire.*

1541.   H. 0,135. — L. 0,105.

Un berger. — Un berger coiffé d'un chapeau à larges bords, vêtu d'une tunique à manches relevées et chaussé de bas de chausses qui découvrent les cuisses, la pannetière à la ceinture, court vers la gauche et enfonce le manche de sa houlette dans la gueule d'un lion. Deux autres carnassiers sont du même côté, les moutons en arrière plan derrière le berger. Cabanes, rochers et paysage au fond.

Trois cartels blancs occupent, deux le haut, un le bas à droite de la composition et portent les inscriptions suivantes :

Premier cartouche.

FUYER, FUYER EN AVLTRE PART
OVRS, LYON ET LOVX RAVISSANT
MES BREBIS PAR LE DIEU PVISSANT
NE MENGEREZ NE TOST NY TARD.
QVAND BREBIS ONT PASTEVR COVARD
LE QVEL S'ABVSE A LA PASTVRE
CEST VNG CAS DE GRAND ADVENTVRE
QVANT ELLES EVITENT LADSARD.
LAM 1541 PR.

Deuxième cartouche.

AVLCVNS DELAISSANT A LESCARD
LEVRS BREBIS SANS EN AVOIR SOING
POVRTANT IL DITZ QVIL NECT BESOIN
DE LES BAILLER A VNG SONGEARD.

Troisième cartouche.

LE PLVS SVVENT VNG SOT QVOQVARD
AVRA BREBIS PLVS DE CENT MILLE
OV SOIT AVX CHAMPS OV EN LA VILLE
QVI NEN PLVS SAVRAIT GARDER LE QVART.

Grisaille légèrement colorée. Trait et premier modelé par enlevage. Rehauts blanc gris, glaçure verte et bleu turquoise sur les terrains et les arbres, tannée sur le lion, saumonnée sur les chairs.

Revers translucide rougeâtre.

Règne de Napoléon III. — Donation Sauvageot.

N° 1148 du Catalogue de la collection Sauvageot, par M. A. Sauzay.

D. **439** et **440**. — *Coupe plate portée sur un piédouche, et couvercle relevé de quatre mamelons, ayant un anneau pour amortissement.*

1544.   H. avec l'anneau 0,210. — D. 0,205.

Couvercle. — H., sans l'anneau, 0,305. — D. 0,205.

Dessus : sur chacun des mamelons un buste d'homme casqué ou lauré alternant avec un buste de femme. Une couronne de lauriers circonscrit chaque médaillon. Entre eux un bucrane d'où pendent des bouquets de feuilles et de fruits, interrompus soit par un camayeu, soit par des instruments de musique et des cartels, le tout accompagné de bandelettes. Sur l'un des cartels, le nom de P. REXMON tracé en noir; sur l'autre la date 1544. Couronne de laurier circonscrivant le tout autour de la feuillure chargée d'une torsade.

Dessous : dans la cavité de chaque mamelon, un buste d'homme et de femme alternés, circonscrits par une couronne de lauriers·; deux autres couronnes entourent le centre que décore une étoile radiée et enveloppent les médaillons près du bord, orné en outre d'une cordelière et d'une torsade en or dans la feuillure. Fleurons symétriques en or entre les médaillons.

Coupe. — H. 0,140. — D. 0,195.

Intérieur : *L'Ivresse de Noé* (?) — Un homme encore jeune, vêtu d'une tunique, se penchant en arrière, est assis sur la marche d'une terrasse, une tasse en main et entouré de quatre vases de formes diverses. A gauche, un jeune homme le regarde appuyé sur un bâton; deux serviteurs marchent vers la droite, l'un d'eux portant un vase sur un plateau. Au centre, un jeune homme presque nu montre le buveur. A droite, un jeune homme appuyé à un vieillard placé près d'un arbre regarde également l'homme assis. Un petit génie vole dans les airs tenant un broc d'une main, une coupe de l'autre. Fond d'architecture et de paysage. Sur une pierre le monogramme P. R. Bordure formée d'une couronne de lauriers. Ourlet blanc.

Dessous. Grandes feuilles s'irradiant autour de l'insertion du pied et donnant naissance à de grands rinceaux de feuillages d'or. Bordure formée d'une couronne de lauriers.

Pied. Grandes feuilles d'où pendent de longues guirlandes

et des bouquets de feuilles, soit en dehors, soit en dedans des guirlandes. Ces derniers sont séparés par une tête d'enfant, deux flûtes en sautoir, une tablette circulaire avec le monogramme P. R., et une tablette rectangulaire avec la date 1544 en noir. Une couronne de lauriers autour du pied.

Grisailles avec parties colorées. Sujet dessiné et modelé par enlevage. Larges rehauts blancs fondus. Les carnations du jeune homme nu sont seules colorées. Vases glacés de bleu; arbres de vert et de turquoise, ainsi que les terrains. Ciel bleu semé de points d'or. — Ornements peints sur le fond, redessinés et modelés par enlevage. Carnations colorées en partie, feuillages glacés de vert turquoise dans les ombres, ornements d'or. Fond noir.

Contre-émail violet noir semé de petites roses d'or.

Règne de Napoléon III. — Donation Sauvageot.
Nº 1146 du Catalogue de la collection Sauvageot, par M. A. Sauzay.

D. 441. — *Plaque circulaire.*

Vers 1545.   D. 0,120.

Le Christ portant sa croix. — Au centre, le Christ debout, portant sa croix sur l'épaule, saisi à la poitrine par un homme qui marche devant lui. La sainte Véronique est agenouillée sur le premier plan, vers la gauche. Saint Jean et les saintes femmes sont debout, les mains jointes. Soldats et édifices au fond.

Grisaille avec quelques parties colorées.

Trait et préparation par hachures par enlevage sur une couche gris clair. Quelques rehauts blancs peu importants. Carnations colorées en saumon. Terrain et couronne du Christ glacés de vert turquoise.

Contre-émail incolore.

Règne de Napoléon III. — Donation Sauvageot.
Nº 1153 du Catalogue de la collection Sauvageot, par M. A. Sauzay.

D. 442. — *Salière en forme de prisme hexagone.*

Vers 1545.   H. 0,077. — L. 0,083.

Sur chacun des côtés un des épisodes de la fable d'Hercule, parfois désignés par une inscription en or.

1. *Hercule étouffant Antée :* ERCVLES ANTEO.

2. *Hercule assomant Cerbère* : SERBERE QVANE, avec le monogramme P. R. tracé en noir dans le bas.

3. *Hercule enlevant Déjanire* au centaure Nessus : ERCVLES PRIN DIANIRA.

4. *Hercule portant sur ses épaules le globe céleste.* Au fond, il est représenté dans un enclos combattant l'hydre.

5. *Le centaure Nessus* tombe percé d'une flèche, tandis que Hercule et Déjanire fuient derrière des rochers.

6. *Hercule couché sur son bûcher* au pied d'un rocher. Deux personnages se tiennent dans le fond.

Cavité supérieure : un buste de femme de profil à gauche et sur les bords trois massacres de bouc, reliés par des guirlandes de feuilles. — Cavité inférieure : un buste d'homme lauré, tourné à droite. Même ornement sur le bord.

Grisailles appliquées sur le fond, redessinées et sommairement modelées par enlevage. Carnations très-légèrement teintées. Quelques ornements d'or. Fond noir.

Règne de Charles X. — Collection Révoil, n° 155.

N° 324 de la Notice des émaux, par M. le comte L. de Laborde.

D. **443**. — *Salière en forme de prisme hexagone.*

Vers 1545.   H. 0,075. — L. 0,083.

Sur chacun des côtés est représentée une scène empruntée soit à l'histoire sainte, soit aux fabliaux, montrant l'influence pernicieuse de la femme.

1. *Le péché originel.* Eve, à moitié couchée à terre, reçoit la pomme du serpent à tête humaine, tandis qu'Adam, debout près de l'arbre, y cueille un fruit.

2. *Salomon et la reine de Saba.* Le roi est agenouillé devant une idole placée au sommet d'une colonne que lui montre la reine de Saba, debout derrière lui. Dans le haut l'inscription. SALAMON. Sur le socle de la colonne le monogramme P. R tracé en noir.

3. *Jahel et Sisara*, d'après Lucas de Leyde. Elle enfonce un clou dans la tête de Sisara, couché à terre devant elle. La scène se passe au pied d'un arbre, et le mot SISERO est inscrit à gauche.

4. *Le fabliau de Virgile.* Virgile, vieux, est suspendu dans un panier au-dessous d'une fenêtre où deux femmes se rient

de lui ainsi que font de nombreux spectateurs assemblés dans la rue, d'après Lucas de Leyde. Le nom de VIRGILE est inscrit dans le sommet, à droite.

5. *Samson et Dalila.* Les soldats s'avancent dans le fond pour l'arrêter après que Dalila vient de lui couper les cheveux, d'après Lucas de Leyde. Au sommet l'inscription SANSO.

6. *Le lai d'Aristote.* Aristote jeune, marchant sur les mains et les genoux, est mené à la bride par une jeune femme à califourchon sur son dos, d'après Lucas de Leyde. — Cavité supérieure : un buste de guerrier, casqué, de profil à droite. Sur le bord, six cornes d'abondance séparées par trois vases de fruits. — Cavité inférieure : un buste de femme tourné à gauche. Sur le bord, six guirlandes de fruits.

Grisailles appliquées sur le fond, redessinées et sommairement modelées par enlevage. Carnations très-légèrement teintées. Quelques ornements d'or. Fond noir.

Règne de Charles X. — Collection Révoil, n° 154.

N° 323 de la Notice des émaux, par M. le comte L. de Laborde.

D. 444. — *Salière en forme de prisme hexagone terminé à chaque extrémité par une petite cuvette circulaire.*

Vers 1545.   H. 0,070. — D. sur l'angle 0,090.

Faces latérales. *Les travaux d'Hercule,* dont le sujet est plus souvent indiqué par une inscription tracée en or.

1. *Hercule étouffe les serpents.* Il est couché dans son berceau en avant du lit où repose sa mère. Une servante, assise au premier plan, tient le jeune Iphiclès dans ses bras.

2. *Hercule et le lion de Némée.* Hercule, déjà revêtu d'une peau de lion, déchire la gueule d'un autre lion qu'il maintient entre ses jambes. ERCVLES TVE VN LYONS.

3. *Hercule et l'Hydre.* Il assomme l'Hydre qui se dresse contre lui à l'entrée d'une caverne. LI DRAM.

4. *Hercule et le Taureau.* Hercule porte sur ses épaules le taureau de Crète. ERCVLES.

5. *Les colonnes d'Hercule.* Hercule portant sur ses épaules les deux colonnes, gravit des rochers. ERCVLES.

6. *Hercule et Cacus.* Hercule assomme Cacus renversé

à terre. ERCVLES. — Cavité supérieure : un buste d'homme casqué, de profil à gauche. Sur les bords, six cornes d'abondance affrontées deux à deux, et séparées à leur extrémité fermée par trois bucrânes. — Cavité inférieure : un buste d'homme coiffé du bonnet phrygien, de profil à gauche. Sur les bords, six volutes en S liées les unes avec les autres.

Grisailles. Figures appliquées sur le fond, redessinées et modelées par enlevage. Larges rehauts blancs fondus. Accessoires d'or. Fond noir.

Règne de Napoléon III. — Donation Sauvageot.

Partie du n° 1550 du Catalogue de la collection Sauvageot, par M. A. Sauzay.

D. 445. — *Salière en forme de prisme hexagone terminé à chaque extrémité par une petite cuvette circulaire.*

Vers 1545.   H. 0,070. — L. sur l'angle 0,090.

Faces latérales. *Les travaux d'Hercule*, dont le sujet est expliqué par une légende tracée en or.

1. *Hercule et Antée.* Hercule tient Antée à bras le corps et soulevé de terre. ERCVLES ET ANTE.

2. *Hercule et Cerbère.* Hercule frappe de sa massue Cerbère qu'il tient enchaîné. CERBERE QUANE.

3. *Hercule et Déjanire.* Hercule enlevant Déjanire au centaure Nessus. ERCVLES TVE LE CENTAVRE.

4. *Hercule porte sur son dos le globe céleste.* Dans le fond on aperçoit à gauche un vieillard en grande robe, armé d'une longue baguette, un philosophe sans doute; et à droite Hercule lui-même combattant un monstre, dans la même attitude que dans le n° 3 de la salière précédente, mais de très-petites proportions.

5. *La mort du centaure.* Le centaure tombe à terre au premier plan frappé d'une flèche au cœur; Hercule et Déjanire se voient au fond sur une éminence boisée. ERCVLES.

6. *Hercule sur le bûcher.* Hercule est couché parmi les flammes au pied du rocher de l'Œta, tandis que Pœas apporte des fascines. ERCVLES FINE..

Cavité supérieure : un buste de femme de trois quarts à

droite. Sur le bord dix cornes d'abondance affrontées deux à deux et séparées à l'autre extrémité par trois bucrânes.

Cavité inférieure : un buste d'homme casqué, tourné de profil à droite. Bordure de volutes en S liées.

Grisailles. Même facture que le numéro précédent dont cette salière forme le pendant.

Règne de Napoléon III. — Donation Sauvageot.

Partie du n° 1150 du Catalogue de la collection Sauvageot, par M. A. Sauzay.

D. **446**. — *Plaque rectangulaire.*

Vers 1545.   H. 0,080. — L. 0,130.

Le jugement de Salomon. — Au centre, Salomon sur son trône, étendant le bras droit vers la gauche où sont la vraie mère agenouillée et le soldat qui va couper l'enfant. L'enfant mort sur les degrés du trône; à gauche la seconde mère à genoux. Cinq personnages en arrière plan. Fond de ville et de paysage.

Grisaille légèrement teintée.

Trait et modelé par enlevage. Second modelé par une couche blanche, translucide par places et recouvrant les hachures de la préparation. Glacis de couleur saumonée dans les chairs et sur les draperies.

Revers incolore.

Règne de Napoléon III. — Donation Sauvageot.

N° 1143 du Catalogue de la collection Sauvageot, par M. A. Sauzay.

D. **447**. — *Plaque rectangulaire.*

Vers 1545.   H. 0,087. — D. 0,150.

Phaëton sur son char. — Phaëton assis sur un char à deux roues, tient de la droite les rênes du quadrige qui galope sur les nuages. Une image du soleil est placée à l'arrière du char. Au centre et en arrière plan, Jupiter assis, montre à Phaëton la route qu'il doit suivre.

Grisaille. Trait et première préparation sommaire par enlevage sur une couche grise partielle, de façon à laisser apparaître le fond. Rehauts de blanc sur les lumières : chairs saumonées dans l'ombre. Figure du soleil et rehauts en or.

Revers translucide violet aux endroits où l'émail est épais.

Règne de Charles X. — Collection Durand, n°s 53-2509.

N° 421 de la Notice des émaux, par M. le comte L. de Laborde.

224 ÉMAUX PEINTS.

D. **448**. — *Plaque rectangulaire.*

Vers 1545.   H. 0,190. — L. 0,146.

Enée et Didon, d'après la composition de Raphaël, qui sert de bordure à l'estampe gravée par Marc Antoine, connue sous le nom du *Quos ego*. A gauche, Enée et Didon sont assis sous un dais, en arrière d'une table à trois pieds Ascagne s'appui seur le sein de Didon. Cinq esclaves apportent des mets. A droite, devant la porte d'entrée, un esclave accorde sa lyre.
Grisaille légèrement teintée.
Trait et premier modelé noir par enlevage, larges rehauts blancs. Chairs saumonnées dans l'ombre. Quelques rehauts d'or.
Revers translucide un peu rouge.

Règne de Napoléon III. — Donation Sauvageot.

N° 1154 du Catalogue de la collection Sauvageot, par M. A. Sauzay.

D. **449**. — *Salière circulaire portée sur un pied à tige en balustre.*

Vers 1545.   H. 0,106. — D. du pied 0,100.

Cavité destinée aux épices: un buste de femme en costume du XVIe siècle, tourné de trois quarts à gauche. Sur le bord les quatre enroulements d'un cartouche, ornés de têtes de lions ou de rosettes, séparés par des groupes de fruits.
Sous le bord une couronne de lauriers.
Nœud : le *Triomphe d'Amphitrite*, imité de la composition gravée par A. du Cerceau. Neptune et Amphitrite voguent portés par des hippocampes, précédés par un triton qui soulève une néréide, et suivis par un centaure ailé, portant de chaque main des branchages.
Pied : *les Travaux d'Hercule*, disposés dans l'ordre suivant en allant de droite à gauche. — Hercule renverse à terre Achélous, figuré comme un satyre. — Hercule portant sur ses épaules les colonnes, que l'on voit dans le fond plantées sur une éminence. — Hercule enchaîne Cerbère, sujet expliqué par cette inscription : CERBERO CA. — Hercule étouffant Antée — Hercule sur son bûcher. — Entre cette scène, et celle qui commence la série, on voit un écu : « d'argent à la face d'azur portant trois étoiles d'or. » Deux DD enlacés, mais tournés dans le même sens, sont tracés en noir

à la pointe de l'écu. — Bordure formée d'une torsade rouge.

Grisailles. Trait et premier modelé par hachures enlevées. Rehauts d'or. Fond noir.

Revers incolore.

Règne de Napoléon III. — Donation Sauvageot.

N° 1152 du Catalogue de la collection Sauvageot, par M. A. Sauzay.

D. **450**. — *Salière en forme de piédouche circulaire.*

Vers 1545.   H. 0,075. — D. de la base 0,105.

Dans la cavité destinée à recevoir le sel : une tête d'homme de profil à droite, coiffée d'un bonnet phrygien. (La gorge qui supporte la cavité, et les lobes qui l'entourent, sont le résultat d'une restauration.)

Sur les flancs : *le Triomphe de Vénus*. — *Énée reçu par Didon*. — Imitation des compositions de Raphaël, connues sous le nom du *Quos ego*, et gravées par Marc Antoine.

Vénus est assise sur un char traîné par quatre colombes, précédé et accompagné par trois petits génies ailés. L'Amour, portant son carquois, se tient debout sur des nuages, au-dessus des colombes. Un enfant est couché sur une partie élevée du char, derrière Vénus. — Didon et Enée, revêtus d'un costume complet du XVIe siècle, s'avancent vers la gauche, suivis par un homme et une femme.

Grisailles, dessinées et préparées par enlevage, rehaussées de blanc. Fond noir.

Revers noir orné de quelques arabesques d'or effacées.

Règne de Charles X. — Collection Durand, n°s 49-2499.

N° 325 de la Notice des émaux, par M. le comte L. de Laborde.

D. **451**. — *Plaque rectangulaire.*

Vers 1550.   H. 0,204. — L. 0,170.

Jésus-Christ lavant les pieds des Apôtres. — Jésus-Christ, à nimbe radié, est agenouillé à gauche, tenant le pied droit de saint Pierre, dont le pied gauche est placé dans un bassin. Saint Jean, tenant une aiguière et un linge, se tient debout derrière le Christ. Les dix apôtres, tous décorés du nimbe annulaire elliptique, comme les deux précédents, occupent le second plan de la composition.

Emaux colorés. Trait en noir au pinceau sur un fond blanc recouvert d'émaux colorés transparents, rehaussés d'or dans les lumières. Carnations opaques colorées, redessinées et modelées par enlevage sur un fond noir. Il en est de même des draperies blanches. Outre leur coloration générale, les chairs sont rehaussées de hachures en bistre rouge sur les visages.

Revers translucide tirant sur le violet.

Règne de Charles X. — Collection Durand, n°s 67-2532.

N° 328 de la Notice des émaux, par M. le comte L. de Laborde.

D. **452.** — *Couvercle de coupe de forme mamelonnée.*

Vers 1550. D. 0,182.

Dessus : *Le Triomphe de Neptune*, imitation d'une composition de Androuet du Cerceau. Un triton ailé et un autre triton, à mi-corps dans les ondes, sonnant de la conque ; Neptune et Diane, portant un arc, les suivent assis sur le dos de deux dauphins, et couronnés par deux sirènes dressées sur leurs queues. Un triton à corps de cheval les suit, tenant par la bride deux chevaux marins que montent une seconde personnification de Neptune et Diane, le front décoré du croissant et une flèche en main.

Une rosace sous le bouton qui est en métal, et des postes en or sur le bord.

Dessous : Un grande rosace centrale ; deux masques de Diane drapés, compris dans des cartouches dont les cuirs se terminent par des rinceaux feuillagés, reliés deux à deux, occupent symétriquement chaque moitié du champ. Une couronne de lauriers l'entoure. Une torsade sous le bord.

Grisaille légèrement colorées dans les carnations. Trait et modelé par enlevage, rehauts de blanc, sur fond noir ; accessoires en or ainsi que les ornements du bord.

Règne de Charles X. — Collection Durand, n°s 34-2456.

N° 326 de la Notice des émaux, par M. le comte L. de Laborde.

D. **453.** — *Couvercle de coupe.*

Vers 1550. D. 0,192.

Dessus : *le Triomphe de Diane*, — d'après la composition d'Androuet du Cerceau. Frise circulaire. Quatre nymphes

portant des trophées de chasse, et accompagnant des chiens, précédent deux génies féminins ailés, sonnant de la trompette. En arrière, quatre cerfs conduits par des nymphes traînant le char sur lequel Diane est assise tenant Vénus et l'Amour liés et assis derrière elle. Un chien épagneul marche à côté. Deux nymphes suivent le char accompagnées de deux levriers et conduisant trois amours enchaînés. Au-dessous des roues du char le monogramme P. R.

Dessous. Quatre médaillons ovales comprenant quatre bustes. Deux d'hommes en toques, deux de femmes nues. Des arabesques d'or entre les médaillons. Une couronne de lauriers entoure le dessus et le dessous.

Grisaille sur fond noir.

Trait et premier modelé par enlevage. Rehauts blancs très-fondus. Chairs entièrement saumonnées, accessoires en or.

<small>Règne de Charles X. — Collection Durand, n° 4960.
N° 327 de la Notice des émaux, par M. le comte L. de Laborde.</small>

D. 454. — *Enseigne de chapeau circulaire.*

<small>Vers 1550. D. 0,063.</small>

Deux hommes et deux femmes en costumes du xvi° siècle, et deux musiciens jouant, l'un de la flûte, l'autre du tambour, dans un bateau aux flancs duquel pendent deux flasques. En exergue cette inscription en lettre d'or, MON AME CONFIE.

Grisaille teinté. Trait et modelé sommaire par enlevage sur une couche grise placée sur un fond noir général. Quelques traits plus pâles y semblent indiquer soit une seconde couche, dans laquelle ils auraient été enlevés, soit qu'ils ont été recouverts par la couche des rehauts blancs : glacis vert pour une des flasques, bleu turquoise pour l'autre et pour les manches de l'un des musiciens, violet pour le tambour, bleu violet pour l'eau. Rehauts d'or.

Revers incolore.

<small>Règne de Napoléon III. — Donation Sauvageot.
N° 1155 du Catalogue de la collection Sauvageot, par M. A. Sauzay.</small>

D. 455. — *Aiguière ovoïde.*

<small>1554. H. 0,270. — L. 0,100.</small>

La panse ovoïde est divisée en trois parties par un filet saillant orné d'une couronne de lauriers. Zone supérieure :

228 ÉMAUX PEINTS.

le Triomphe de Diane d'après une estampe d'Androuet du Cerceau. Deux femmes ailées, vêtues de tuniques courtes sonnent de la trompette et précèdent le char traîné par deux paires de cerfs conduits par deux nymphes. Diane est assise sur un char qui porte en outre Vénus et l'Amour enchaînés. Une nymphe suit en sonnant de la trompe. Zone inférieure : une *Chasse à l'ours* et une *Chasse au cerf*, d'après Virgilius Solis. Sur le col, et sur le culot des arabesques d'or. Sur le pied des guirlandes et des pentes de fruits. Bordure formée d'une torsade noire sur fond blanc.

L'anse, ornée entièrement de grotesques niellés sur blanc, porte sur une tablette la date 1554.

Grisailles peintes et redessinées par enlevage. Carnations colorées, accessoires d'or, fond noir.

Revers noir semé de fleurettes d'or.

Règne de Charles X. — Collection Durand, n°s 15-2420.

N° 322 de la Notice des émaux, par M. le comte L. de Laborde.

D. 456. — *Plaque ovale* (1)

Vers 1555.   H. 6,147. — L. 0,110.

Henri II. Le roi est de profil, la tête laurée, revêtu d'une cuirasse couverte d'ornements imitant les reliefs, avec les trois croissants sur la cubitière, portant le collier de Saint-Michel et tenant à la main droite une épée levée.

Grisaille colorée par partie, trait et modelé par hachures enlevées à travers une première couche gris sombre. Rehauts blancs. Chairs colorées. Couronne glacée de vert clair. Fond noir ponctué d'or et entouré d'une cordelière.

D. 457. — *Plaque circulaire*.

Vers 1560.   D. 0,038.

Le Lavement des pieds. Sur le premier plan, Jésus-Christ, à nimbe radié, agenouillé, tenant les pieds d'un apôtre assis à droite. Un second apôtre, tient une aiguière. Les dix autres apôtres placés en arrière-plan. Fond d'architecture. Grisaille.

---

(1) Incrustée dans le fronton du meuble n° B. 88 exposé dans la salle des verreries de Venise.

Trait noir par enlevage sur une couche gris foncé, placée sur un fond noir général. Rehauts blancs.

Revers translucide avec la marque P. R. en noir et le chiffre 9 indiquant le numéro de série de cette plaque qui devait faire partie d'une suite de la Passion. Monture en cuivre estampé du XIXe siècle.

Règne de Napoléon III. — Donation Sauvageot.

N° 1149 du Catalogue de la collection Sauvageot, par M. A. Sauzay.

D. **458**. — *Plaque rectangulaire.*

Vers 1560.   H. 0,225. — D. 0,287.

La Visitation.—Au centre, la Vierge nimbée d'une auréole, la tête enveloppée d'un voile et d'une guimpe, vêtue d'une robe ample et d'un manteau, prend dans ses bras sainte Élisabeth, nimbée et vêtue comme elle. A gauche, derrière la Vierge, une servante, les bras croisés, sur le seuil de la maison. A droite, une autre servante derrière sainte Elisabeth. Elles sont toutes deux coiffées du turban donné aux femmes juives. Fond de constructions maçonnées, avec un coteau, un moulin à vent et le ciel.

Emaux colorés.

Trait et modelé par hachures noires sur fond blanc, recouvert d'émaux translucides bleus et violets pour les vêtements, verts pour les terrains, bleus pour le ciel. La robe de dessus de la suivante de la Vierge, et les constructions, sont éclairées en blanc semi-transparent; les autres costumes le sont en or.

Carnations dessinées par enlevage sur fond bleu rehaussé de blanc.

Revers incolore.

Règne de Charles X. — Collection Durand, n°s 70-2537.

N° 329 de la Notice des émaux, par M. le comte L. de Laborde.

D. **459**. — *Plaque rectangulaire.*

Vers 1560.   H. 0,225. — L. 0,287.

La Nativité. — Sainte Anne, nimbée, et vêtue, couchée dans un grand lit à ciel, remet la Vierge nimbée, à peine recouverte d'une draperie, à une femme debout près du lit. De l'autre côté une femme offre une tasse. Sur le premier plan, une troisième femme, agenouillée, apporte le berceau.

Saint Joachim est assis à gauche sur un escabeau. A droite, une grande cheminée avec du feu allumé; une vasque au-devant, et au fond l'embrasure garnie de bancs d'une fenêtre fermée d'un châssis à moitié vitré, à moitié en panneaux de menuiserie.

Même fabrication que n° D. 458.
Revers incolore.

Règne de Charles X. — Collection Durand, n°s 70-2538.
N° 230 de la Notice des émaux, par M. le comte L. de Laborde.

D. **460**. — *Plaque rectangulaire.*

Vers 1500.   H. 0,245. — L. 0,240.

Le Baptême de Jésus-Christ. — Au centre, Jésus-Christ à nimbe radié, nu, debout dans le Jourdain, et se tournant vers saint Jean qui est à genoux sur la rive à gauche, la tête ornée d'un nimbe annulaire elliptique, et vêtu d'une peau de bête. A droite, sur l'autre rive, un petit ange, à nimbe annulaire elliptique, portant le manteau du Christ et deux pains dans la main gauche.

Au sommet, Dieu, le Père, coiffé de la tiare, portant le globe du monde, orné d'un nimbe radié, dans une gloire entourée de nuages, bénit à la latine.

Au-dessus plane le Saint-Esprit, en forme de colombe, dans une auréole radiée. Fond de paysage boisé où paissent quelques animaux.

Emaux colorés. Trait et modelé par hachures, au pinceau, sur fond blanc recouvert d'émaux translucides rehaussés de blanc. Carnations colorées, dessinées par enlevage sur un fond bleu qui transparaît. Rehauts d'or, surtout dans la tunique en peau que revêt saint Jean, et dans les nimbes,
Revers incolore.

Règne de Charles X. — Collection Durand, n°s 71-2539.
N° 331 de la Notice des émaux, par M. le comte L. de Laborde.

D. **461**. — *Salière en forme de vase ovale.*

Vers 1560.   H. 0,067. — Long. 0,120. — Larg. 0,090.

(Le pied manque, ainsi que le fond de la cuvette destinée à recevoir les épices.)

Sur le bord les quatre enroulements d'un cartouche orné de deux têtes de lions, et séparés par des groupes de fruits.

Neptune et Amphitrite, d'après les compositions d'Androuet du Cerceau. Sur une des faces ils sont assis sur deux hippocampes que guide Amphitrite; sur l'autre ils sont assis sur deux dauphins, précédés d'un triton ailé qui déploie une draperie, suivis de deux sirènes ailées qui leur tendent des couronnes. Amphitrite porte le carquois de Diane. Sur l'une des extrémités, un centaure marin ailé, tenant deux branches d'arbre fait pendant au triton qui précède les dauphins.

Sous le fond un cartouche entourant l'insertion du pied.

Grisaille. Trait et premier modelé par enlevage, carnations colorées en plein. Rehauts d'or. Fond noir.

Règne de Charles X. — Collection Durand, nos 55-2513.

N° 351 de la Notice des émaux par M. le comte L. de Laborde.

D. 462. — *Chandelier.*

1564. H. 0,333. — D. du pied 0,210.

Sur un pied circulaire s'élève une tige conique renversée, au-dessus de laquelle pose un balustre d'où naît le binet qui est entièrement refait ainsi que la bobèche.

Sur le pied : *Ruth et Booz* en une frise circulaire au dessus d'un rang d'oves qui forme bordure.

Booz, assis au pied d'un groupe d'arbres, et vu de dos, interroge trois moissonneurs placés à droite. Un se retourne et lui montre Ruth qui sort du milieu des blés. Un second groupe d'arbres sépare ce sujet d'un berger assis près d'eux et gardant son troupeau en avant d'un fond de constructions et de campagne.

Sur la tige : quatre masques accompagnés de guirlandes et de pentes de glands qui supportent deux petits cartouches. Sur l'un d'eux le monogramme P. R., sur l'autre la date 1564. — Sur le balustre, *Neptune et Amphitrite* portés sur des hippocampes et un centaure-triton.

Grisaille. Dessinée et largement modelé par enlevage. Chairs légèrement saumonnées. Fond noir, très-apparent sur la tige et sur le balustre. Des zones d'ornements dorés séparent les différents éléments du chandelier.

Revers noir semé de fleurettes d'or.

Règne de Charles X. — Collection Durand, n° 51-2505.

N° 320 de la Notice des émaux, par M. le comte L. de Laborde.

D. 463. — *Chandelier.*

1564.   H. 0,333. — D. du pied 0,210.

Pendant du numéro précédent; binet et bobèche refaits.

Sur le pied : *la Mort d'Absalon.* — Absalon est pendu par sa chevelure à un arbre tandis que son cheval s'enfuit. A gauche, derrière Absalon, un guerrier s'avance au galop, la lance au poing, suivi d'une troupe de cavaliers. Les arbres d'une forêt les séparent du cheval d'Absalon.

Sur la tige le monogramme P. R. et la date 1564. Sur le balustre une divinité marine portée par un triton-centaure, suivi d'un centaure ailé sonnant de la trompe.

Grisaille. Même fabrication que le numéro précédent.

Revers noir semé de fleurettes d'or.

Règne de Charles X. — Collection Durand, n°ˢ 51-2507.

N° 321 de la Notice des émaux, par M. le comte L. de Laborde.

D. 464. — *Plat ovale.*

1565.   H. 0,375. — L. 0,310.

La Cène. — Les douze apôtres entourent une table ovale, de chaque côté du Christ, la tête ornée d'un nimbe radié, assis au centre et tenant saint Jean endormi sur sa poitrine. Judas, reconnaissable à la bourse qu'il tient à la main, est assis sur un escabeau, à gauche en avant de la table, recouverte d'une nappe damassée et chargée de coupes et de pains, entourant un plat central.

Deux aiguières sont placées en avant de la table. Sur l'une est tracé le monogramme P. R. en noir. La date 1565 est tracée de même sur le sol. Un personnage, placé à gauche en arrière des apôtres, doit être un serviteur.

La scène se passe dans un appartement dont le mur du fond est percé de deux fenêtres géminées.

Marly couvert d'un ornement d'arabesques en forme de double console.

Bords chargés de grotesques formés de quatre motifs différents opposés deux à deux. — 1ᵉʳ motif : les deux parties encadrent un écusson dont le champ est restauré, — chacune d'elles se compose d'une chimère à tête de vieille femme, que chevauche un singe et dont la queue sert de timon à un char qui porte un enfant assis. Un satyre le suit en jouant de la trompe. — 2ᵉ motif : un éléphant qui porte un escargot sur son dos, et un phenix sur sa trompe recourbée en l'air. Un dragon ailé dont la queue recourbée en dessous, se prolonge en timon d'un char-dragon sur lequel est assis un singe. Un satyre à tête de lièvre, à califourchon sur le timon, pousse le char. — 3° motif : des rinceaux terminés par des têtes monstrueuses, dont les tiges passent à travers de moulins à vent à tête humaine, et qui portent un oiseau à tête de femme et un chien. — 4° motif : une autruche qui porte suspendu à son cou l'arrière d'un char que monte un singe et qui est emmanché au long cou d'un levrier ailé dont la queue prolonge la pointe du capuchon d'un monstre formé d'une tête barbue et de l'arrière corps d'un chien. Un autre monstre à peu près semblable est à cheval sur le cou du levrier ailé, et s'appuie à ses ailes.

Dessous. Au centre une tête de personnage lauré, de profil à gauche, entourée d'un grand ornement ovale, formé de quatre cartouches en cuirs découpés dont les prolongements se contournent et se replient autour d'une guirlande de fruits intermédiaire entre deux lanières ovales et concentriques. Des masques drapés et des têtes ailées d'enfant chargent les cartouches. Arabesques d'or sur le fond.

Sous le bord, un motif huit fois répété et formé d'une longue et double volute en console feuillagée, et terminée par une large crosse côtelée.

Grisailles. Sujet dessiné et modelé par enlevage à travers une première couche gris pâle, rehaussé de blanc. Chairs vigoureusement colorées. Ornements peints du premier coup sur le fond, redessinés et modelés par enlevage. Ornements d'or ; fond noir.

Règne de Charles X. — Collection Durand, n°⁵ 10-2415.

N° 296 de la Notice des émaux, par M. le comte L. de Laborde.

D. **465**. — *Vase en forme de balustre.*

Vers 1565.   H. sans le col, qui est une restauration, 0,195.
— D. 0,120.

La panse est divisée en deux zones, au niveau de l'épaulement, par une garniture en cuivre gravé, qui est le résultat d'une restauration.

Zone inférieure : *Abraham et Melchisedech*. — Melchisedech offre des pains au patriarche, vêtu en guerrier et suivi d'un nombreux cortége formé de personnages parmi lesquels se trouvent une femme. Des ânes que déchargent trois serviteurs sont en arrière. Derrière le grand prêtre s'avancent cinq serviteurs portant des urnes ; un bouquet d'arbres sépare les deux extrémités de la composition. Un rang d'oves lui sert de bordure inférieure. Zone supérieure : Silène (?) couché à terre et appuyé sur une outre, auquel un satyre apporte un plat de fruits. Ce sujet est accompagné de chaque côté par un hermès féminin tenant d'une main une boule et appuyant l'autre sur un oiseau posé sur un socle et tenant dans son bec une guirlande de feuilles. Cette guirlande s'attache à un mascaron placé sur la panse d'un vase oviforme à deux anses et fait pendant à une autre guirlande. De l'autre hermès part un autre ornement semblable symétriquement disposé.

Sur le pied, descendent de grandes feuilles entablées, bordées d'un rang d'oves qu'interrompt un écusson « d'azur au cerf nature couché au pied d'un arbre d'or, au chef d'argent chargé d'une coquille de sable entre deux roses de gueules. » Une torsade sert de bordure.

Grisailles, dessinées et modelées par enlevage sur une première couche grise. Rehauts d'or fond noir. Revers noir étoilé d'or.

Règne de Charles X. — Collection Durand, n°s 21-2440.

N° 319 de la Notice des émaux, par M. le comte L. de Laborde.

D. **466**. — *Aiguière*.

Vers 1565.   H. avec l'anse 0,300. — D. 0,105.

Panse ovoïde portée sur un pied aplati par l'intermédiaire d'une tige très-courte, et surmontée d'un col étroit qui s'évase pour former deux lèvres. L'anse qui s'implante sur l'épaulement de la panse monte et s'arrondit au-dessus de l'orifice où elle s'insère.

Sur le pied quatre têtes d'enfants ailés reliées par des draperies qui se rattachent à des pentes de fruits qui tombent de larges feuilles figurées sur la tige.

La panse est divisée en deux zones par un filet saillant. Zone inférieure. — *Melchisedech offrant à Abraham le pain et le vin*. Melchisedech, vêtu en grand-prêtre, porte des pains et est suivi de quatre personnages, dont une femme, portant des amphores. Derrière Abraham, vêtu en guerrier, se trouvent d'autres guerriers en assez grand nombre. Un arbre sépare les deux extrémités de la frise. Dans la partie inférieure l'inscription : GENÈSE XIII. — Zone supérieure. — Un bucrâne d'où naissent les timons courbes de deux chars à dossier terminé en enroulements sur chacun desquels est assis un satyre sonnant de la trompe.

Sur le col de grandes feuilles, avec arabesques d'or sous les lèvres de l'ouverture.

L'anse décorée extérieurement d'une suite de petits trophées d'or dessiné en rouge sur fond blanc. La partie intérieure noire semée de fleurettes d'or.

Grisailles, dessinées et modelées par enlevage sur fond noir. Chairs très-légèrement colorées. Des ornements d'or garnissent le culot de la panse, et divisent les différents éléments de l'aiguière. Fond noir. Revers noir semé de fleurettes d'or.

Règne de Charles X. — Collection Durand, n°s 11-2416.

N° 318 de la Notice des émaux, par M. le comte L. de Laborde.

D. 467. — *Assiette.*

1566. (1) D. 0,193.

Le Mois de juillet, d'après Étienne De Laulne.—Un homme fauche un pré, un autre assis dans les herbes, vide une gourde ; un troisième en arrière-plan conduit une charrette chargé de foin. Fond de chaumières et de ruines à l'horizon.

Marly. Une torsade d'or.— Bord. Un ornement quatre fois répété et composé chacun de deux longs dragons ailés et à deux pattes, adossé à un cartouche en cuirs découpés.

Deux dragons sont séparés au sommet par un médaillon ovale chargé du signe de la Balance, dans le bas par un écu aux armes de Pierre Séguier. « D'azur au chevron d'or et au cerf d'argent, et au chef de gueules chargé de trois étoiles d'or. » Ourlet blanc.

Revers. Un buste d'homme barbu et casqué, tourné de profil à gauche, dans un médaillon circulaire. Ce médaillon est formé d'un rang d'oves entouré d'un cartouche dont les quatre enroulements sont séparés par des groupes de fruits. — Sous le marly une couronne de feuillages portés par une tige continue. — Sous le bord un ornement composé d'un élément quatre fois répété et formé d'une double console feuillagée, dont l'un des bouts se termine en crosse côtelée.

---

(1) La date 1566 est donnée par d'autres assiettes du même service, suivant une remarque de M. le comte L. de Laborde.

Dans un des petits médaillons ovales qui séparent ces éléments, le monogramme P. R. en noir.

Grisaille. Traits et modelé très-accentué par enlevage à travers un fond gris; rehauts blancs gris; carnations durement colorées; ornements d'or; fond noir.

Règne de Charles X. — Collection Durand, n°s 19-2431.

N° 316 de la Notice des émaux, par M. le comte L. de Laborde.

D. **468**. — *Assiette.*

1566.   D. 0,204.

Le Mois de décembre, d'après Étienne De Laulne. — Un homme tient renversé sous son genou un porc qu'il vient d'égorger. Une femme agenouillée à droite reçoit le sang dans un poêlon. Un homme debout, à gauche, porte une gerbe de paille sur ses épaules. Fond d'architecture ornée et de campagne séparé du lieu de la scène par un mur d'appui orné de balustres.

Marly et bord semblables à ceux du numéro précédent. Le signe du *Taureau*? occupe le médaillon du bord en pendant aux armes des Séguier.

Revers. Au centre un buste de femme, tournée de profil à gauche. Ornements semblables à ceux du numéro précédent. Dans un médaillon sous le bord le monogramme P. R.

Grisaille. Même facture que le n° D. 467.

Règne de Charles X. — Collection Durand, n°s 19-2429.

N° 317 de la Notice des émaux, par M. le comte L. de Laborde.

D. **469**. — *Salière en forme de vase ovale, à panse godronnée.*

1566.   H. 0,075. — D. 0,103.

Dessus. Dans la cavité ovale destinée à recevoir le sel, *Hercule étouffant Antée*. Bordure d'oves interrompue par l'écu des Séguier. Ourlet blanc chargé d'une torsade rouge.

Panse. Huit godrons alternativement bleus et noirs, séparés par un champ tanné, représentant pour la plupart les *Travaux d'Hercule*. 1. Hercule portant les colonnes sur ses épaules; — 2. Hercule portant le taureau de Crète; — 3. l'Hydre de Lerne; — 4. Hercule la combattant avec sa massue; — 5. Déjanire? — 6. Acheloüs sous la forme d'un satyre; — 7. Cerbère; — 8. Hercule le frappant de sa massue. Ces sujets sont la reproduction, avec quelques variantes dans les poses, de ceux des deux salières n°s D. 444 et 445, mais avec moins de fermeté dans le dessin.

Pied. Quatre têtes ailées séparées par des lanières en volute auxquelles elles se rattachent. Bordure blanche chargée d'une torsade rouge.

Grisailles. Peintes sur le fond, redessinées et modelées par enlevage. Rehauts blancs laiteux, vivement opposés à la couche de demi-teinte. Carnations colorées; quelques accessoires d'or; fond noir ou bleu lapis clair.

Contre émail noir brun, étoilé et semé de roses d'or.

Règne de Napoléon III. — Donation Sauvageot.

N° 1151 du Catalogue de la collection Sauvageot, par M. A. Sausay.

D. 470. — *Coupe plate sur une tige à balustre portée par un pied en doucine allongée.*

1569.   H. 0,140. — D. 0,185.

Intérieur. — *Les Juifs dansant autour du veau d'or.* Au centre, le veau d'or porté sur le chapiteau d'une colonne, autour de laquelle dansent des Juifs, hommes et femmes, au son d'une musette et d'un flageolet joués par deux hommes placés à droite. A gauche quatre hommes et deux femmes sont assis autour d'une table, servie par un enfant assis au pied de la colonne, un vase en main. Tente dans le fond du même côté, de l'autre une montagne au sommet de laquelle Moïse est en prières. Sur le socle de la colonne la date 1569. Au-dessous sur un cartel l'inscription EXODE. XXXII, et sur le terrain le monogramme P R., le tout tracé en noir.

Bordure de consoles symétriques en S en or.

Extérieur. Autour de l'insertion du pied, un cartouche circulaire orné de cuirs découpés, de quatre mascarons drapés auxquels se rattachent des pentes de fruits et des guirlandes de feuillages. — Bordures d'oves très-larges. Entre le cartouche et la bordure des arabesques d'or symétriques.

Tige. *Le Triomphe d'Amphitrite* La déesse est portée sur un dauphin et accompagnée de Neptune portant un pot de feu, suivis par deux syrènes tendant des couronnes, d'après la composition gravée par A. du Cerceau.

Pied. *Les Enfants dans la fournaise :* frise comprise entre deux torsades, celle extérieure étant en couleur rouge. Un roi, derrière lequel se tiennent quatre personnages, est assis devant la fournaise dont les flammes se rabattent et renversent les bourreaux. Les enfants apparaissent au-dessous des flammes, sous la voûte du feu. La scène est encadrée par des arbres. Un vieillard et un soldat debout en avant d'édifices complètent la frise.

Grisailles. Trait et premier modelé par enlevage; rehauts de blanc gris; carnations vigoureusement colorées; flammes et bordure inférieure en rouge. Ornements d'or; fond noir.

Contre-émail blanc.

Une monture en argent réunit les différents éléments de cette coupe, au fond de laquelle est un disque d'argent gravé représentant un écu de veuve, « mi-parti : au 1er *d'argent au chevron de gueules*, au 2e *mi-parti d'argent au sauvage de sable et d'argent au lion de...* » le tout entouré d'une cordelière.

Règne de Napoléon III. — Donation Sauvageot.

N° 1147 du Catalogue de la collection Sauvageot, par M. A. Sauzay.

D. 471. — *Plateau avec ombilic percé.*

1569. D. 0,465.

Jethro au camp de Moïse. — Le champ du plateau est divisé en deux scènes principales. L'une est expliquée par le passage suivant de l'Exode, ch. VIII. « Jethro, beau-père de Moïse, ayant appris comment l'Éternel avait retiré Israël de l'Egypte, prit Séphora, femme de Moïse, et les deux fils de cette femme, et vint à Moïse où il était campé, en la montagne de Dieu. Il arriva comme Moïse siégeait pour juger le peuple. » L'autre doit représenter Séphora dans le camp.

1re scène. Moïse, caractérisé par deux cornes, est assis sur un trône et parle à cinq personnages drapés ou en armure qui se tiennent à droite. Du côté opposé Jethro s'avance suivis de Séphora, qui tient un livre, tandis qu'une servante est assise avec les deux enfants. Sous les pieds de Moïse l'inscription EXODE XVIII. et sous les pieds d'un des vieillards debout à droite le monogramme et la date P. R. 1569. La scène est encadrée par deux arbres.

2e scène. — Un camp et des tentes au fond. L'une entr'ouverte et laisse voir deux femmes assises à terre avec un enfant. Sur le premier plan trois autres femmes sont assises avec deux enfants. A droite s'avancent deux guerriers suivis de deux hommes. A gauche un homme, vêtu en paysan, les deux index étendus, est tourné vers les tentes. Deux personnages le suivent.

Marly décoré de rinceaux d'or symétriquement affrontés.

Bord, chargé de quatre motifs formés du même sujet symétriquement répétés. 1° un cartouche ovale encadrant le monogramme P. R. à côté d'une chimère que chevauche un singe et dont la queue sert de timon à un char où est assis un enfant portant une aiguière et que suit un satyre. — 2° Un chariot portant un panier où est assis un satyre à tête de singe, armé d'une branche. Le timon du chariot, sur lequel un autre singe-satyre est à califourchon, sert de queue à un oiseau-dragon fantastique. En arrière un éléphant porte un colimaçon tandis que sa trompe relevée sert de perchoir à un phénix. — 3° Un dragon ailé dont la longue queue s'épanouit en un bouquet de feuillage, tourné vers un quadrupède ailé, à long cou ayant pour tête un char sur lequel est assis un chien et pour queue le buste d'un homme encapuchonné et armé de pattes. Un satyre se tient à califourchon à l'envers sur le cou du monstre. — 4° Un rinceau à deux volutes terminées d'un côté par un monstre, de l'autre par un buste d'enfant, porte un chien, un oiseau à tête de femme, et traverse un moulin à vent à face humaine.

Grisaille. Trait et modelé de hachures par enlevage. Chairs très-saumonnées sur fond noir. Rehauts d'or.

Revers. Une couronne de fruits encadrée par deux rubans que relient six cartouches en cuirs découpés et deux masques qui laissent apercevoir et cachent tour à tour la couronne de fruits. Quatre cartouches s'accrochent au ruban intérieur; les quatre autres au ruban extérieur; les deux premiers portent en leur centre un monstre, les quatre derniers une tête d'ange. Les deux masques sont drapés et surmontés par un croissant. Arabesques d'or sur le fond.

Sous le bord un motif huit fois répété, et formant quatre sujets, et composé d'une tête de dauphin d'où naît un rinceau abondant en feuillage. Même fabrication que l'intérieur.

Ancienne collection, n° 11.

N° 633 de la Notice des émaux de la galerie d'Apollon, en 1820.

N° 297 de la Notice des émaux, par M. le comte L. de Laborde.

240 ÉMAUX PEINTS.

D. 472. — *Aiguière, à panse ovoïde, portée sur un pied en doucine allongée, munie d'une anse courbe s'arrondissant au-dessus de l'ouverture.*

Vers 1570.   H. 0,295. — D. 0,120.

Goulot à ouverture échancrée, orné à la base de grandes feuilles entablées et d'arabesques d'or. — Panse divisée en deux zones par un filet saillant. Zone supérieure. *Une bacchanale.* Neuf satyres et bacchants, précèdent ou suivent Silène porté sur un âne et soutenu par deux satyres. — Zone inférieure. *Le passage de la Mer Rouge.* Les israélites sont sortis de la mer, qui se redresse sur le bord et engloutit les bataillons de l'armée de Pharaon, que l'on aperçoit assis sur son char traîné par deux chevaux au-dessous de l'inscription : EXODE XIII, PHARAO, et précédé d'un porte-étendart à cheval. Un bouquet d'arbres sépare les deux extrémités de la frise; le monogramme P. R sur le terrain, derrière le char. — Sous le culot deux zones d'arabesques d'or.

Pied. Quatre masques suspendus au-dessus d'une frise formée de deux groupes de deux satyres accostés à un gros vase d'où débordent des raisins, et couchés en avant d'un guirlande de fruits.

Grisailles. Trait et modelé par hachures enlevées sur une couche foncée, rehauts blancs, chairs colorées, ornements d'or. Fruits colorés en rouge sur le pied. Fond noir. — Ornements et entrelacs rouges sur fond blanc, sur la gorge de l'anse, le filet de la panse et l'ourlet du pied.

Contre-émail noir semé de petites roses d'or.

Règne de Napoléon III. — Donation Sauvageot.

Partie du n° 1145 du Catalogue de la collection Sauvageot, par M. A. Sauzay.

Publié par M. A. Lièvre dans *les Collections célèbres.*

D. 473. — *Assiette.*

Vers 1570.   D. 0,197.

Suzanne au bain. — Elle est nue et assise à gauche sur le bord d'une vasque semi-circulaire qui reçoit l'eau de la gueule d'un dauphin placé au sommet d'un cippe élevé derrière elle. Les deux vieillards sont à droite cachés par le tronc d'un arbre. La scène se passe dans un parterre séparé par un treillage d'une prairie où l'on voit deux hommes en avânt d'un édifice à pignon. Sur la vasque le monogramme P. R. est tracé en or.

Marly couvert d'une torsade.

Bord. Quatre ornements semblables dont le motif est formé de deux sirènes terminées en volutes feuillagées, affrontées à un vase; chaque motif étant séparé par une tête d'enfant ailé.

Revers. Un médaillon central circulaire, entouré d'un ornement formé de quatre termes convergents, soutenant de leurs bras levés des lanières contournées en cartouches, qui encadrent des masques de satyres placés entre chaque terme. Sous le fond, le marly et le bord des arabesques d'or.

Intérieur. Émaux colorés, trait peint sur fond blanc. Carnations colorées et dessinées par enlevage sur préparation bleue. Costumes et draperies en émaux translucides à rehauts d'or. Terrains, vasque et arbres en émail gris bleu. Herbes et feuillages en émail vert translucide. Ciel bleu. Marly et bord en grisailles sur fond bleu. — Revers. Grisaille dessinée et modelée par enlevage. Carnations colorées. Ornements d'or. Fond noir.

Cette assiette et les cinq qui suivent appartiennent au même service et reproduisent l'histoire de Suzanne.

Règne de Charles X. — Collection Durand, n°⁸ 18-2423.

N° 301 de la Notice des émaux, par M. le comte L. de Laborde.

D. 474. — *Assiette.*

Vers 1570.   D. 0,197.

Suzanne surprise par les deux vieillards. — Elle est nue et assise au centre sur le bord d'un bassin rectangulaire qu'emplit l'eau qui tombe d'un mufle de lion placé aux flancs d'une fontaine à gauche. L'un des vieillards tient d'une main le corps de Suzanne, dont il approche ses lèvres. L'autre vieillard maintient un de ses bras. Au fond un vivier, un parterre et un édifice. Sur la margelle du bassin le monogramme P. R. en or.

Marly, bord et revers semblables à ceux du n° D. 473, et même facture.

Règne de Charles X. — Collection Durand, n°⁸ 18-2428.

N° 302 de la Notice des émaux, par M. le comte L. de Laborde.

ÉMAUX PEINTS.

D. 475. — *Assiette:*
Vers 1570.   D. 0,198.

Suzanne traînée devant les Juges. — A gauche deux vieillards sont assis causant entre eux. A droite, Suzanne est conduite par deux soldats en costume antique : un arbre coupe le milieu de la composition dont le fond représente la campagne. Le monogramme P. R en or est sous les pieds de l'un des vieillards.

Marly, bord et revers semblable à ceux du n° D. 473, et même facture.

Règne de Charles X. — Collection Durand, n°s 18-2424.
N° 303 de la Notice des émaux, par M. le comte L. de Laborde.

D. 476. — *Assiette.*
Vers 1570.   D. 0,198.

Suzanne conduite au supplice. — Elle se dirige vers la gauche conduite par cinq soldats vêtus à l'antique. Le jeune Daniel, un sceptre en main, s'avance vers le groupe, en étendant le bras. Fond de campagne. Sous les pieds des soldats, à droite, le monogramme P. R en or.

Marly, bord et revers semblables à ceux du n° D. 473, et même facture.

Règne de Charles X. — Collection Durand, n°s 18-2425.
N° 304 de la Notice des émaux, par M. le comte L. de Laborde.

D. 477. — *Assiette.*
Vers 1570.   D. 0,199.

L'innocence de Suzanne proclamée. — Daniel est assis à droite sur un trône élevé de trois marches au-dessus duquel est étendue une draperie. Suzanne est debout devant lui, s'essuyant les yeux. A gauche est un des vieillards, un autre est emmené dans le fond les bras liés derrière le dos. Un soldat et trois vieillards entourent Suzanne. Deux personnages sont à l'extrême droite appuyés à une colonne sur le socle de laquelle le monogramme P. R est tracé en or. Fond d'édifices.

Marly, bord et revers semblables à ceux du n° D. 473, et même facture.

Règne de Charles X. — Collection Durand, n°s 18-2426.
N° 305 de la Notice des émaux, par M. le comte L. de Laborde.

D**478**. — *Assiette.*

Vers 1570. D. 0,198.

La lapidation des Vieillards. — Les deux vieillards qui ont accusé Suzanne, nus jusqu'à la ceinture, sont agenouillés au centre de la composition, et frappés à coups de pierre par trois soldats. Un vieillard assiste au supplice debout à droite. Fond de campagne avec montagnes à l'horizon.

Marly, bord et revers semblables à ceux du n° D. 473, et même facture.

Règne de Charles X. — Collection Durand, n°s 18-2427.
N° 306 de la Notice des émaux, par M. le comte L. de Laborde.

D. **479**. — *Plat ovale.*

1578. H. 0,390. — D. 0,515.

Intérieur : *Saphan lisant devant Josias le livre de la loi.* — A gauche Josias est assis sur un trône élevé sur deux degrés, personnage et trône semblables au Pharaon du plat n° D. 480. Trois vieillards sont placés derrière lui. Au centre Saphan est agenouillé devant un pupitre, lisant le livre de la loi, où est tracée cette inscription : LA SAINTE LOY AV LIVRE COSERVÉE LVE ET DEVANT JOSIAS ROY PVISSANT QVI VEVT DE FAIT QVELLE SOIT OBSERVÉE TAT IL SE REND A DIEU OBEISSANT. Derrière lui, deux jeunes gens vêtus d'une tunique courte, s'inclinent. Ils semblent empruntés à quelque *Adoration des bergers* de Raphaël. Deux vieillards sont placés à l'extrême droite. En arrière plan est un groupe de neuf vieillards empruntés au carton de Raphaël représentant la mort d'Ananias. Sur le second degré du trône on lit l'inscription : IIII ROIS XXII. et la date 1578 tracés en noir, et sous les pieds d'un des jeunes gens à droite, le monogramme P. R tracé de même.

Marly. Arabesques d'or formées de rinceaux symétriques.

Bord. Mêmes motifs, avec de légères variantes, que sur le plat n° D. 464, interrompus par un écusson portant la date 1578 en chiffres d'or.

Revers. Semblable à celui du n° D. 492, avec la figure de Minerve, debout, casquée, s'appuyant sur un étendart et sur un bouclier. Autour de la figure, l'inscription suivante est tracée en or. 1578. *Minerve mère de tovs les arz.* Les rinceaux du bord sont interrompus par un écu ovale portant cette inscription en noir : JVILLET 1578. P. R.

Grisailles. Même facture que d'habitude. On sent la main d'un vieillard.

Règne de Charles X. — Collection Durand, nos 14-2449.
N° 298 de la Notice des émaux, par M. le comte L. de Laborde.

D. 480. — *Plat ovale.*

Vers 1578.   H. 0,385. — L. 0,500.

Intérieur : *Joseph expliquant les songes de Pharaon.* — Pharaon est assis à droite sur un trône élevé sur deux gradins. Deux vieillards sont debout derrière lui. Joseph se tient au centre vis-à-vis de lui, suivi de huit vieillards placés vers la gauche. Une grande arcade ouverte au fond de la pièce où la scène se passe laisse voir la campagne où sont représentées les sept vaches grasses et les sept vaches maigres : les sept épis gras et les sept épis maigres. Sur les degrés du trône les deux inscriptions, PHARAON et GENÈSE XLI, sont tracées en rouge.

Marly. Arabesques symétriques en or comme celles du n° D. 491.

Bord. Au milieu un écu supporté par deux lions, et timbré d'un casque de profil et fermé. Les armoiries sont « de gueules au chevron d'azur chargé de trois croisettes d'argent et appointé d'un croissant d'argent, accompagné de trois quinte-feuilles de même : 2 et 1 ». L'ornement courant est semblable à celui du plat déjà indiqué. Ourlet blanc orné d'une cordelière rouge.

Revers, semblable à celui du même plat n° D. 491, avec cette différence qu'au centre un guerrier casqué, portant un manteau par-dessus son armure, se tient debout.

Grisaille. Trait et modelé très-important par enlevage à travers un fond gris clair. Rehauts blancs peu étendus. Carnations colorées dans l'ombre. Rehauts et ornements d'or. Fond noir.

Ancienne collection, n° 10.
N° 299 de la Notice des émaux, par M. le comte L. de Laborde.

D. 481. — *Assiette.*

Vers 1578.   D. 0,205.

Le Mois de Janvier, d'après Etienne De Laulne. — Un homme assis dans un grand fauteuil adossé au feu d'une cheminée à haut manteau, est devant une table ronde et porte la main sur un pâté. Un tranchoir (1) carré est placé devant lui. Une femme est assise à ses côtés. Deux serviteurs sont placés à droite, l'un remplissant une coupe, l'autre apportant un mets. A terre sont deux chiens et un chat sous le fauteuil du maître. Au fond un miroir entre deux fenêtres qui laissent voir la campagne. Au sommet, le signe du Verseau dans une auréole de nuages. A droite, une porte ouverte laisse voir un homme accroupi devant la cheminée de la cuisine, sur le manteau de laquelle est tracé le monogramme P. R. Au bas de la composition on lit le mot : IANVIER.

Marly décoré d'une torsade d'or.

Bord. Chargé d'un ornement quatre fois répété formé de deux sirènes sans bras, à longue queue en volute, affrontés à un vase ou à une corbeille, et séparées par un masque à longues oreilles tombantes. Ourlet blanc.

Revers. Au centre une rosace, entourée de quatre termes convergents, saisissant de chaque main des lanières qui encadrent des masques à longues oreilles droites placées entre eux, accompagnées de légers branchages d'or.

Sous le marly un ornement courant, formé d'une tige d'où s'épanouissent des feuillages symétriques.

Sous le bord un ornement formé d'un même motif quatre fois répété, et composé de deux consoles feuillagées, se reliant à un médaillon ovale.

Grisaille dessinée et modelée par enlevage. Carnations très-saumonnées. Rehauts d'or, fond noir.

Cette assiette et les huit suivantes font partie du même service.

Ancienne collection, n° 10.

N° 307 de la Notice des émaux, par M. le comte L. de Laborde.

D. **482**. — *Assiette.*

Vers 1578. D. 0,205.

Le Mois de Février, d'après Étienne De Laulne. — A gauche : Un homme vieux, assis devant le feu d'une haute

---

(1) Le tranchoir était, au moyen âge, une tranche de pain fait exprès et servant d'assiette. Vers la renaissance, on lui substitua une plaque de métal qui prit enfin la forme d'un disque à rebords.

cheminée. Une femme, debout, file à côté de lui. En arrière, un serviteur apporte un fagot : on voit, par la porte entr'ouverte, un homme abattant un arbre. A terre sont un chien, un coq et une poule, à côté du monogramme P. R. Au sommet le signe des *Poissons*, dans une auréole de nuages.

Dans le bas de la composition, l'inscription : FÉVRIER.

Même ornementation sur le marly, sur le bord, et sur le revers, et même fabrication que n° D. 481.

Ancienne collection, n° 47.

N° 308 de la Notice des émaux, par M. le comte L. de Laborde.

D. 483. — *Assiette.*

Vers 1578. D. 0,205.

Le Mois de Mars, d'après Étienne De Laulne. — Un homme, taille la vigne armé d'une serpette et portant une autre serpette passée à la ceinture. Derrière lui une femme se dirige vers la gauche portant un fagot sur l'épaule. Au fond, à droite, une seconde femme, avec un fagot sur la tête, marche derrière quelques moutons. Fond d'arbres et de paysage. Au sommet le signe du *Bélier* dans les nuages. Dans le bas, le mot MARS, et le monogramme P. R. tracés en noir.

Même ornementation sur le marly, sur le bord et sur le revers, et même fabrication que n° D. 481.

Ancienne collection, n° 49.

N° 309 de la Notice des émaux, par M. le comte L. de Laborde.

D. 484. — *Assiette.*

Vers 1578. D. 0,205.

Le Mois d'Avril, d'après Étienne De Laulne. — Une femme agenouillée tresse un chapeau de fleurs que cueille une autre femme à côté d'un berger assis à terre. En arrière-plan des moutons, un berger jouant de la cornemuse, une femme qui trait une vache, un chasseur; fond d'arbres, de maisons et de paysage. Au sommet le signe du *Taureau*, dans une auréole de nuages. Dans le bas le mot AVRIL et le monogramme P. R. à droite derrière la femme qui cueille des fleurs.

Même ornementation sur le marly, le bord et sur le revers et même fabrication que n° D. 481.

Ancienne collection, n° 50.

N° 310 de la Notice des émaux, par M. le comte L. de Laborde.

D. **485**. — *Assiette.*
Vers 1578.   D. 0,205.

Le Mois de Juillet, d'après Étienne De Laulne.— Un homme fauchant un pré, tandis que derrière lui un homme aiguise sa faux. En arrière-plan une rivière avec des baigneurs ; au-delà une charrette de foin : fond de maisons et de paysage accidenté. Au sommet le signe du *Lion*, dans une auréole de nuages. A gauche le monogramme P. R. et au bas le mot IVILLET.

Même ornementation sur le marly, le bord et le revers, et même fabrication que n° 481.

Ancienne collection, n° 50.

N° 311 de la Notice des émaux, par M. le comte L. de Laborde.

D. **486**. — *Assiette.*
Vers 1578.   D. 0,205.

Le Mois d'Août, d'après Étienne De Laulne.—Trois hommes coupent des blés, un seul étant entièrement visible. Derrière lui, à gauche, un autre lie les gerbes. Au fond, du même côté, une charrette les porte à la grange. Fond d'arbres et de paysage accidenté. Au sommet le signe de la *Vierge*, dans une auréole de nuages. Dans le bas le mot AOVST et le monogramme P. R., tracé en noir.

Même ornementation sur le marly, le bord et le revers, et même fabrication que n° D, 481.

Ancienne collection, n° 46.

N° 312 de la Notice des émaux, par M. le comte L. de Laborde.

D. **487**. — *Assiette.*
Vers 1578.   D. 0,205.

Le Mois de Septembre, d'après Étienne De Laulne. — Au centre, un semeur marchant vers la droite ; derrière lui, en arrière-plan, une femme assise près des sacs de semence. A droite un homme conduisant une charrue attelée de deux bœufs. Fond de fabrique, de ruines et de paysage. Au sommet le signe du *Scorpion*, dans une auréole de nuages. Au bas le mot septembre.

Même ornementation sur le marly, le bord et le revers, et même fabrication que n° D, 481.

Ancienne collection, n° 52.

N° 313 de la Notice des émaux, par M. le comte L. de Laborde.

D. **488**. — *Assiette*.

Vers 1578. D. 0,205.

Le Mois de Novembre, d'après Etienne De Laulne. — Un porcher abat des glands pour ses pourceaux. A droite, en arrière-plan, une femme teille du chanvre. Au fond, un berger est assis au pied d'une colline. Au sommet le signe du *Sagittaire*, dans une auréole de nuages. Dans le bas, le mot novembre et à droite, au-dessous de la femme qui teille, le monogramme P. R.

Même ornementation sur le marly, le bord et le revers, et même fabrication que n° D. 481.

Ancienne collection, n° 45.

N° 314 de la Notice des émaux, par M. le comte L. de Laborde.

D. **489**. — *Assiette*.

Vers 1578. D. 0,205.

Le Mois de Décembre, d'après Étienne De Laulne. — Un homme et une femme sont occupés à saigner un porc. Au fond, à gauche, un homme en fait brûler deux autres. Fond de maisons et de paysage. Au sommet le signe du *Capricorne*. Dans le bas le mot decembre; à droite, derrière la femme, le monogramme P. R.

Même ornementation sur le marly, le bord et le revers, même fabrication que n° D. 481.

Ancienne collection, n° 51.

N° 315 de la Notice des émaux, par M. le comte L. de Laborde.

D. **490**. — *Assiette*.

Vers 1580. D. 0,200.

Le Mois de Juin, d'après Étienne De Laulne. — Au centre,

une femme, assise à terre, tond un mouton placé sur ses genoux. A gauche s'avance un berger, portant sur ses épaules un mouton d'un troupeau placé derrière lui, et gardé par un autre berger placé dans le fond. A droite un troisième berger se penche pour prendre un mouton noir. Cabane au fond derrière lui. Au sommet de la composition le signe de l'*Écrevisse*, dans une auréole d'or entourée de nuages. Dans le bas le mot IVING, en noir, sur un petit listel blanc.

Marly décoré d'une torsade.

Bord. Quatre ornements semblables dont le motif est composé de deux sirènes terminées en volute feuillagée, affrontées à un masque de satyre, chaque motif étant séparé par une tête d'enfant ailée.

Revers. Sous le fond une rosace formée de quatre termes convergents, à jambes de feuillages, les bras levés soutenant une draperie courante, et portant une coupe deux à deux.

L'intervalle de deux termes est occupé par deux harpies affrontées. Sous le marly, un ornement courant formé d'une tige ornée de légers feuillages symétriques en or.

Sous le bord, quatre camayeux rouges, représentant des guerriers morts, séparés par des arabesques d'or en forme de rinceaux en S.

Sujet. Emaux colorés partie sur paillon. Trait en noir sur le métal ou sur paillon. Carnations colorées, modelées à deux tons sur un fond rosé. Vêtements en émail translucide bleu ou brun. Toisons blanches ou brunes; terrains verts; nuages violets. Rehauts d'or.

Ornements. Grisailles peintes sur le fond, redessinées et modelées par enlevage. Carnations colorées. Ornements d'or. Fond noir. Camayeux rouges modelés en or sur fond blanc.

Règne de Charles X. — Collection Révoil, n° 172.

N° 180 de la Notice des émaux, par M. le comte L. de Laborde.

D. **491**. — *Plat ovale.*

Vers 1580. H. 0,385. — L. 0,500.

Intérieur. *Le Jugement de Salomon.* Salomon, le sceptre en main, assis sur un trône dressé sur une plate-forme élevée de trois degrés, est assis au centre de la composition, en avant de deux colonnes d'un portique qui se prolonge de chaque côté. A gauche est la fausse mère, étendant les deux bras en signe d'indifférence. Derrière elle un soldat et deux vieillards en long manteau.

A droite un soldat, un pied posé sur l'un des degrés de l'estrade, tient l'enfant vivant par la jambe et s'apprête à le trancher. Derrière lui est la vraie mère, agenouillée, mais sans expression.

L'enfant mort est posé à terre sur une draperie, en avant du trône; un chien vient le flairer. Un soldat et deux vieillards, dont un est coiffé du chapeau plat du xvie siècle.

Au fond, et de chaque côté du trône, en arrière d'un mur d'appui qui joint les colonnes entre elles, se presse un nombreux public, dans une cour en arrière-plan, dont on voit l'enceinte de colonnes, en avant des édifices d'une ville. Sur les trois degrés de l'estrade est peint en capitales noires le passage du *Livre des Rois*, relatif au jugement. DATE (INQVIT) HVIC. INFANTEM. VIVVM. QVADO QVIDEM. HEC. EST. MATER. EIVS. ET. TIMVERVNT. OMNES. REGEM. 3. REG 3. Au-dessous de la femme agenouillée, le monogramme P. R. tracé en noir.

Marly. Des arabesques d'or formés d'un motif de rinceaux plusieurs fois répété.

Bord. Rinceaux feuillagés commençant ou terminés par des corps de sirènes ou d'enfants, et s'enchevêtrant dans des figures de satyres ou d'enfants, motifs plusieurs fois répétés, mais sans symétrie absolue et avec quelques changements. Ourlet blanc.

Revers. Un grand ornement inspiré des compositions d'Étienne De Laulne, et ainsi formé :

Sur un soubassement, en forme de lanières découpées, deux chimères adossées, accroupies, portent chacune une petite bannière sur laquelle s'appuie un cerf ailé, qui se cabre, tenant une branche de laurier dans une de ses pinces. Les pieds de devant de ces animaux s'appuient aux montants d'un dais à lambrequins, surmonté de vases et d'un mascaron dans des ornements, et porté sur un culot accompagné de grandes consoles symétriques, qui se relient avec les queues des chimères. Des mascarons, des colimaçons, des vases qui s'épandent, des bouquets de fruits, etc., accompagnent les éléments principaux de cette décoration.

Sous le dais se trouve une femme en costume de la seconde moitié du xvie siècle, en cornette, vêtue d'une robe à corsage carré, à manches hautes, tombant d'aplomb, et ouverte sur le devant. Les deux mains de la femme sont passées dans un manchon. Des branchages d'or couvrent le fond.

Marly. Rinceaux d'arabesques.

Bord. Un ornement huit fois répété et formé d'un grand

rinceau feuillagé, commençant par une tête de dauphin et terminé par une large volute côtelée.

Grisailles. Trait et modelé par enlevage à travers une première couche gris foncé. Rehauts blancs peu intenses. Carnations vigoureusement colorées. Rehauts et ornements d'or. Fond noir.

Règne de Charles X. — Collection Durand, n° 12-2417.

N° 300 de la Notice des émaux, par M. le comte L. de Laborde.

D. **492**. — *Plat ovale.*

Vers 1580.   H. 0,380. — L. 0,500.

Abraham refusant les présents du roi de Sodome. — Fond. Abraham, vêtu en guerrier, est placé au centre et se retourne vers le roi de Sodome agenouillé à gauche, en avant de plusieurs prêtres qui se tiennent debout à la porte d'un édifice. A droite, un groupe de guerriers, ainsi que deux autres groupes en arrière-plan. Fond d'arbres et d'édifices en ruine. Sur le terrain, en avant du groupe de guerriers qui sont au fond à droite, cette inscription : NO. ACCIPIAM. EX. OMNIBVS. QVE. TVA. SVNT. NE. DICAS. EGO. DITAVI. ABRAHA. GENES 14 (je n'accepterai point des biens qui t'appartiennent afin que tu ne dises pas; j'ai enrichi Abraham) : sur terrain entre le premier et le second guerriers du premier plan à droite le monogramme P. R. en noir.

Marly. Un ornement courant d'arabesques d'or.

Bord. Frise de grotesques formée de quatre éléments différents répétés deux fois et symétriquement opposés. — 1° Un satyre à tête de singe sur un chariot en forme de panier poussé par un satyre à tête de lièvre, le timon se prolongeant en corps de dragon ailé dont la queue forme la trompe d'un éléphant qui porte un escargot. — 2° Un dragon à quatre pattes qui a une queue commune avec l'éléphant, et pour tête un chariot sur lequel est monté un nègre. Un satyre enjambe le cou-timon du monstre et est tourné vers lui. L'arrière de chariot entre dans la poitrine d'un dragon ailé à queue feuillagée. — 3° Un satyre à tête de chien à califourchon sur un violon porté par une roue sur laquelle pose un phénix. La queue de l'instrument est le prolongement du nez d'un chien maigre que chevauche un petit satyre, tandis qu'un autre satyre à tête de bouc marche derrière ayant pour queue un enroulement muni de deux pattes et terminé par une tête. — 4° Un chien à tête humaine, monté par un satyre à tête de chien, et ayant pour queue le timon d'un chariot sur lequel un enfant est assis.

Revers. Hercule debout, les jambes écartées, appuyé sur sa massue, vêtu de la peau d'un lion. Au milieu d'un ornement formé de lanières combinées avec des feuillages, des vases, des oiseaux, des monstres cénocéphales agencés avec un dais. Le tout dans le genre des compositions d'Étienne De Laulne.

Sous le marly un dessin courant d'arabesques d'or.

Sous le bord, un motif composé d'une tête donnant naissance à de grands rinceaux feuillagés répétés huit fois, et afrontés deux à deux.

Grisaille. Trait et premier modelé par enlevage sur un fond gris noir, discrètement rehaussé de blanc. Chairs entièrement et durement colorées en saumonné. Rehauts et ornements d'or. — Fond noir.

Règne de Napoléon III. — Donation Sauvageot.
Partie du n° 1145 du Catalogue de la collection Sauvageot, par M. A. Sauzay.
Publié par M. A. Lièvre, dans les *Collections célèbres*.

D. **493**. — *Plaque cintrée par le haut, montée en cuivre doré pour former une paix.*

H. 0,094. — L. 0,075.

La Vierge entre deux Saints. — Au centre la Vierge debout, couronnée, les cheveux pendants, portant sur le bras gauche l'Enfant-Jésus nu, qui bénit de la droite, et prend de la gauche un fruit que la Vierge lui présente. A gauche un homme, barbu, en costume du XVIe siècle, agenouillé, les mains jointes, que recommande à la Vierge saint Jean-Baptiste, debout en arrière-plan, tenant un livre ouvert à la main. A gauche saint Sébastien, debout, vêtu en diacre, tenant une palme, et quatre pierres sur un livre fermé.

Grisaille avec quelques rehauts d'or, notamment sur la couronne de la Vierge, et pour former les nimbes de l'Enfant-Jésus et des deux saints. — Trait et premier modelé par enlevage. Larges rehauts de couleur blanche un peu opaque. — Aspect dur.

Règne de Napoléon III. — Donation Sauvageot.
N° 1140 du Catalogue de la collection Sauvageot, par M. A. Sauzay.

Martial Reymond.

Martial Reymond semble à M. Maurice Ardant avoir été le fils de Pierre, par ce motif qu'il aurait donné à son fils un prénom qui est précisément celui de son grand-père, suivant un usage fort ordinaire à Limoges (1).

Il est de ceux dont parle Bernard Palissy lorsqu'il les plaignait d'avoir laissé tomber à si vil prix les produits de l'émaillerie. Il n'est connu, en effet, de l'année 1550 à l'année 1599, où il mourut, que par les actes de production des titres de ses créanciers.

M. Maurice Ardant cite de lui un plat signé en toutes lettres MREYMOND; M. J. Labarte, un triptyque de la Kuntz-Kammer de Berlin, qui est signé M. R., et qui, portant les armoiries du pape Clément VIII (1591 + 1605), est de la fin de la carrière de notre émailleur. Enfin, M. Germeau possède une *Nativité* également signée M. R.

Tous ces émaux sont très-éclatants, sur paillon, avec de nombreux rehauts d'or et des carnations saumonnées. Ils appartiennent au style des de Court, et ne s'en distinguent que par un ton plus enfumé dans les demi-teintes des carnations. D'ailleurs, le dessin est médiocre tout en restant correct.

Un second Martial Reymond, qui fut tuteur des enfants du premier, est qualifié d'« émailleur » dans les actes de baptême de ses propres enfants; mais les mentions de quelques-uns de ses travaux, que M. Maurice Ardant a publiées, montrent que surtout il était orfévre. Il mourut en 1630.

---

(1) M. Maurice ARDANT. *Emailleurs limousins. Les Reymond*, p. 35.

D. **494.** (1 à 6.) — *Six médaillons circulaires.*

D. 0,055.

1° *Le Couronnement d'épines.* — Jésus-Christ, sans nimbe, assis à droite, sur une estrade, le buste nu, est couronné d'épines par un soldat, tandis qu'un autre lui présente le roseau. Fond d'architecture.

2° *Jésus portant sa croix.* — Jésus, la tête radiée tombe et est frappé par deux soldats. Saint Jean, et deux saintes femmes s'avancent au fond à droite.

3° *La Crucifixion.* — Le Christ, la tête radiée, est en croix, fixé par quatre clous. La Vierge et saint Jean la tête ornée d'un nimbe elliptique, se tiennent debout à gauche et à droite. Un écu de France en avant d'une crosse en pal, indique que ces émaux ont été fabriqués pour une abbaye royale. — A côté est le monogramme MR tracé en or.

4° *La Pitié.* — La Vierge, nimbée, assise au pied de la croix tient sur ses genoux le corps du Christ dont la tête porte le nimbe radié. A gauche, saint Jean soutient sa tête : sainte Magdeleine pleure à gauche; portant tous deux un nimbe elliptique. Le monogramme est tracé en or près de saint Jean.

5° *La Mise au tombeau.* — Joseph d'Arimathie et Nicodème déposent le Christ dans un sarcophage. La Vierge, saint Jean et deux saintes femmes, à nimbes elliptiques, occupent le fond. Sur le premier plan le même écu que plus haut et le monogramme .

6° *La Résurrection.* — Le Christ entouré d'une auréole radiée, se tient debout sur la pierre de son sépulcre, tenant de la gauche la croix de résurrection. Quatre soldats qui gardaient le tombeau se réveillent et fuient.

Émaux colorés en partie sur paillon. Trait et premier modelé en partie par enlevage sur une couche noire à travers une couche blanche qui recouvre toute la pièce; et partie au pinceau sur les paillons. Le tout glacé d'émaux colorés translucides, violets, bleus, verts, roses, etc., excepté sur les carnations qui sont opaques, cernées et dessinées par un trait noir enlevé, et colorées. Rehauts d'or abondants.

Revers.

Règne de Charles X. — Collection Révoil n° 284.

N°ˢ 441 à 446 de la Notice des émaux, par M. le comte L. de Laborde.

Jean et Joseph Reymond.

Jean et Martial II Reymond sont désignés comme étant frères dans une sentence de 1599, où ils interviennent comme tuteurs des enfants de Martial I. Peut-être étaient-ils ses oncles et fils de Jacques Reymond. De plus, Joseph est indiqué comme oncle de Louis Reymond, dans l'acte de baptême de celui-ci, en 1603, où il figure comme parrain.

Jean est qualifié d'« émailleur » dans la cote des rôles de 1602. Bien que nous n'ayons point trouvé que la même qualité fût octroyée à Joseph dans les actes que vise M. Maurice Ardant, il est certain que Jean Reymond étant mort en 1603, tous les émaux signés I. R., qui seraient de date postérieure, doivent appartenir à Joseph.

Mais quant à attribuer plutôt à l'un qu'à l'autre les pièces antérieures à 1603, qui portent les initiales que l'on peut aussi raisonnablement rapporter à l'un qu'à l'autre, nous ne pouvons le faire n'ayant point eu de termes de comparaison sous les yeux.

Ce qu'il y a de certain, c'est que l'auteur de la plaque n° D. 495, non datée, le fut aussi d'une autre plaque appartenant à M. le baron A. de Rothschild, qui représente les frères carmélites de Rouen en prière aux pieds de saint Élysée, qu'entourent des médaillons où sa légende est représentée. Cet émail, signé et daté I. R. 1599 (1), est absolument de même dessin, de même facture et des mêmes dispositions générales que celui du Louvre.

Le I. Reymond qui les a peintes est un artiste très-habile, supérieur à Martial, et qui nous semble procéder surtout de Pierre Courteys. C'est le même éclat vigou-

---

(1) N° 2548 du Catalogue de l'exposition rétrospective de 1865.

reux dans les émaux colorés ; le même ton violet dans les nuages ; le même sfumato dans les ombres, et presque la même accuité dans les profils. Dessinateur plutôt correct qu'élégant, d'ailleurs, il possède quelques-unes des qualités du modelé ressenti de Pierre Reymond, l'illustration de la famille.

D. **495**. — *Plaque rectangulaire.*

H. 0,116. — L. 0,096.

Le Saint-Sacrement. — Au sommet la Trinité, figurée par Dieu le Père et Jésus-Christ assis sur un trône, au-dessus duquel plane le Saint-Esprit en colombe. Sur le degré du trône cette inscription, GLORIA PATRI ET FILIO ET SPIRITUI SANCTO. Une auréole d'or radiée enveloppe la Trinité et est entourée d'un double rond de chérubins, qu'accompagnent des anges portant les instruments de la Passion, au-dessus des quatre symboles évangéliques, portant des livres ouverts avec leur nom.

Partie inférieure. — Un monument supporté par des colonnes au centre duquel est le tombeau ouvert. Au-dessus volent deux anges portant un ostensoir en forme de soleil au centre duquel est l'hostie avec le monogramme I. H. S., autour règne l'inscription : O SALVTARIS HOSTIA. A droite et à gauche sont des chartreux agenouillés. De la bouche du premier à gauche part une banderole avec ces mots : O. DVLCEDO. La Vierge couronnée et à nimbe radié portant l'Enfant-Jésus à nimbe radié est debout derrière ce groupe, une banderole part de sa bouche avec cette inscription : ATTRAHE. HOS. AD. TE. — Le premier moine du groupe de droite porte sur la banderole qui part de sa bouche : O. BONITAS. Saint Jean-Baptiste, à nimbe radié, est placé derrière, de sa bouche se dégage une banderole avec ces mots : MANIFESTA. TE. ISTIS. Sous la base de la colonne de gauche du monument, ce monogramme en or I. R. Un listel réservé au-dessous de la composition porte cette inscription : VNA. SALVS; TRIADIS WLTVS, SPECTARE VERENDOS QVEM MONADEM PRIMVM. CREDIDIT. VNA. FIDES. VNAQVE. SPES. PROSTANT. QVIA. TOT. MONIMENTA. SALVTIS. AD. QVÆ. PERDVCIT. SOLVS. ET. VNVS. AMOR.

Émaux colorés en partie sur paillon ; trait de contour probablement obtenu par enlevage sur fond noir à travers la couche blanche qui recouvre toutes les parties de la plaque qui n'ont point reçu de paillon. Modelé par hachures peintes sur les paillons ; au pinceau sur les carnations qui sont colorées et sur les vêtements blancs. Les autres couleurs sont translucides. Nuages violets : ainsi que le monument et la terrasse où sont agenouillés les religieux. Ciel bleu. Rehauts d'or. Fond blanc sur couche noire.

Revers incolore avec cette inscription en or :

M. F. VERTHAMON,
C. D. R. (conseiller du roi) (1).

Règne de Napoléon III. — Acquis de la vente Barnal.

M. D. Pape.

Parmi les énigmes que présentent les émailleurs anonymes, il n'en est point de plus singulière que celle soulevée par certaines pièces, tantôt signées d'initiales seules, tantôt de ces initiales variables suivies d'un nom, qui n'est peut-être qu'un surnom.

D'abord, ces pièces sont en assez grand nombre ; elles indiquent beaucoup de talent chez leur auteur et nous semblent être sorties d'un atelier de Limoges, et cependant aucun nom, parmi ceux des émailleurs assez nombreux que les archives de cette ville nous ont révélés sans que jusqu'ici nous connaissions leurs œuvres, ne peut s'adapter aux signatures relevées.

Celles que l'on a trouvées jusqu'ici sont les suivantes : M. D., M. ⅅ., M. D. P. P., M. PAPE, M. D. PAPE. Or, M. le marquis L. de Laborde ayant trouvé dans les comptes royaux de l'année 1599 l'article suivant : « A Martin Diedier, esmailleur de Sa Majesté, la somme de

---

(1) M. Martial de Verthamon, trésorier général, conseiller du roi, fut consul en 1609.

30 livres tournois ordonnée pour ses gages », a pensé que les monogrammes que nous venons de citer se rapportaient à cet émailleur en titre d'office, qui, en 1609, céda sa place à son fils Albert. Il suppose qu'il entra en charge à la mort de Léonard Limosin, vers 1574, et qu'il avait acquis sa réputation par des travaux d'une date bien antérieure.

En effet, tous les émaux qui portent les signatures ci-dessus appartiennent pour le moins au milieu du XVIe siècle, ainsi que tous ceux qui, n'étant point signés, peuvent s'en rapprocher par le faire. Aussi a-t-il semblé difficile à M. J. Labarte d'accepter l'attribution de M. le marquis L. de Laborde (1), d'autant plus qu'il n'y aurait aucune raison pour que Martin Dicdier eût oublié précisément son nom lorsqu'il signe M. PAPE, comme sur l'émail n° D. 496.

Sans prétendre, comme le fait M. J. Labarte, que Martin Dicdier n'ait été qu'un émailleur sur métaux et non un peintre émailleur, nous ne pouvons ne point partager l'opinion de ce savant plutôt que celle de M. le marquis L. de Laborde. Quel que soit le nom de l'émailleur en question, ce n'est point certainement le même qui travaillait en 1599; et de toutes les opinions, la plus probable est celle qui lui attribue le nom de PAPE.

Notons ici que ces questions de date, qui reviennent sans cesse dans la biographie des émailleurs limousins, compliquent singulièrement celles-ci au lieu de les éclairer, et que ce n'est point sans une grande hésitation que nous rapportons à des artistes qui ont daté leurs œuvres d'une certaine époque, des documents d'une autre époque bien postérieure. Ainsi en est-il, notamment, pour la biographie des Pénicaud, et nous sommes toujours étonné de la longévité de tous les émailleurs dont nous avons à nous occuper dans le cours de ces études.

---

(1) J. LABARTE. *Histoire des arts industriels*, t. IV, p. 107 et *passim*.

M. D. Pape nous semble appartenir à la génération des Léonard Limosin, des Jean Pénicaud II et III, et des P. Reymond. Il procède des deux derniers surtout : de P. Reymond par le style du dessin et par les procédés d'exécution, abusant parfois, comme lui, des préparations par enlevage qui donnent un ton dur aux émaux; de Pénicaud par la puissance du relief, l'opposition des blancs éclatants aux noirs absolus, et l'adoucissement des travaux préparatoires par de légers frottis d'émail blanc. En tous cas, son dessin est d'un grand style ; ses grisailles, qu'il glaça rarement de couleurs, sont d'un ton puissant, remarquables par l'intensité des noirs. Quelque chose de sinistre, enfin, se remarque dans ses physionomies par la façon dont il éclaire le blanc des yeux.

D. **496** et **496** bis. — *Plaque cintrée.*

H. 0,050. — D. 0,150.

Dieu bénissant. — Dieu le père nimbé, vu à mi-corps dans les nuages, tient le globe de la main gauche, bénissant de la droite.

— *Plaque rectangulaire.*

H. 0,185. — L. 0,150.

La Vierge entre un saint archevêque et une sainte abbesse. — Au centre la Vierge assise sous un dais, nimbée, en robe rose et manteau bleu, portant l'Enfant-Jésus, nimbé, nu, qui la tient embrassée et se retourne ; figures imitées de Raphaël. A gauche un archevêque nimbé, à mitre bleue, portant une chappe bleue, une tunique verte et l'aube, ganté en bleu turquoise et tenant une croix. A droite une abbesse bénédictine, nimbée, vêtue de violet foncé par-dessus un voile blanc, tenant un livre ouvert et une crosse. Sous ses pieds, tracée en or, sur le carrelage brun, la signature *M. PAPE* Fond de draperies vertes.

Trait et premier modelé très-étudié, peint en noir sur le

métal. Première couche noire sur toutes les parties qui doivent figurer les chairs. Celles-ci modelées après-coup par enlevage à travers une couche grise rehaussée de blanc, et saumonnée dans les ombres. Les draperies éclairées de blanc et glacées d'émail translucide qui recouvre en même temps le métal. Rehauts et accessoires en or.

Revers incolore.

Règne de Napoléon III. — Donation Sauvageot.

N° 1141 du Catalogue de la collection Sauvageot. par M. A. Sauzay.

D. 497. — *Plaque rectangulaire.*

H. 0,147. — L. 0,120.

Jésus cloué sur la croix. — Le Christ, à nimbe ovale, est déjà couché sur la croix étendue en travers, la tête à droite. Un soldat cloue sa main gauche : un autre perce un trou de tarrière dans le croisillon droit. A gauche, sur le premier plan, un homme debout, coiffé d'un chapeau à oreillères, porte une gourde à sa main. Au fond un juif et des soldats. A droite, en arrière-plan, un hallebardier et les saintes femmes à nimbes ovales, devant un fond de rochers.

Grisailles avec rehauts d'or pour former les nimbes et border les vêtements.

Trait et premier modelé par hachures sur une couche gris-noir appliquée sur un fond noir. Rehauts d'émail plus blanc, appliqué probablement à deux couches. Au bas à gauche, le monogramme ·𝐌·𝐃· en bleu verdâtre.

Revers incolore.

Règne de Napoléon III. — Donation Sauvageot.

N° 1142 du Catalogue de la collection Sauvageot, par M. A. Sauzay.

D. 498. — *Plaque cintrée du haut.*

XVI° siècle.   H. 0,290. — L. 0,235.

La Vierge. — La Vierge à genoux sur les nuages, nimbe enlevé, pieds nus, mains jointes, la tête sérieuse, légèrement inclinée, tournée à droite

Elle est vêtue d'une robe violette à manches courtes par-dessus d'autres manches justes grises, et d'un manteau bleu, qui recouvre sa tête.

Trait et premier modelé sommaire par enlevage. Second modelé par empâtements glacés d'émail bleu et violet translucides. Carnations largement saumonnées. Prunelles des yeux indiquées en bleu. Rehauts d'or presque partout effacés. Fond noir.

Revers incolore, nuageux, tirant sur le violet aux endroits où il est épais.

Règne de Charles X. — Collection Révoil, n° 258.

N° 417 de la Notice des émaux, par M. le comte L. de Laborde.

D. **499**. — *Plaque rectangulaire.*

H. 0,160. — L. 0,300.

Diane surprise au bain par Actéon. La déesse est assise dans un bassin bordé de trois côtés par une margelle et alimenté par un priape qui se dresse dans un angle. Deux nymphes nues sont debout derrière Diane. A droite Actéon, portant le costume du xvie siècle, sonne de la trompe, accompagné d'un levrier qui poursuit un cerf qui fuit en arrière-plan, à gauche. Les avenues d'une forêt et quelques montagnes forment le fond.

Grisailles. Trait de contour et premier modelé par enlevage à travers une première couche très-foncée; rehauts blancs fondus surtout sur les carnations.

Les herbes et quelques parties des feuillages glacés de bleu turquoise. Rehauts d'or. Fond noir.

Revers incolore.

Règne de Charles X. — Collection Durand, n°s 69-2535.

N° 418 de la Notice des émaux, par M. le comte L. de Laborde.

D. **500**. — *Plaque rectangulaire.*

H. 0,160. — L. 0,300.

Néréide et divinités marines. — Deux centaures marins saisissent une néréide. L'un la tient embrassée, tandis que l'autre prend à deux mains une de ses jambes, et enlace l'autre avec sa queue de poisson.

A gauche une sirène se tient debout une palme en main. A droite un triton sonne de la conque. Au-dessous de lui apparaît la tête d'un monstre marin. Des rayons d'or percent les nuages.

Grisailles. Même facture que le n° précédent. Revers incolore.

Règne de Charles X. — Collection Durand, n°s 69-2536.
N° 419 de la Notice des émaux, par M. le comte L. de Laborde.

D. 501 à 505. — *Coffret en bois orné de cinq plaques représentant l*'Histoire de Psyché, *d'après les compositions de Raphaël, gravées par le Maître au dé.*

1° Couvercle (Plaque rectangulaire. H. 0,93; L. 0,165.)

Psyché emportée par Zéphir. — Elle est représentée endormie à terre, puis soulevée sur les nuages, puis au fond, reçue dans le palais. Cartouche ovale entouré d'un cuir d'où pendent des grappes de fruits, et soutenu par un satyre et une satyresse, debout de chaque côté.

2° Face antérieure. (Plaque rectangulaire. H. 0,085, L. 0,165).

Le repas de Psyché. Elle est assise à une table ronde auprès de l'Amour, et servie par deux femmes : trois musiciens se tiennent debout à gauche. Cartouche ovale, entouré d'un cuir découpé, avec pentes de fruits, soutenus par deux centaures jeunes.

3° Face postérieure. (Plaque rectangulaire. H. 0,085, L. 0,165).

Le bain de Psyché. — Psyché est assise sur le bord de la baignoire, tordant ses cheveux, et servie par une femme nue agenouillée devant elle. Deux autres femmes nues font leur toilette à côté d'elle. Psyché est aperçue couchée au fond. Cartouche ovale, accompagné de cuirs enroulés et de pentes de fruits. Sur les enroulements latéraux sont assis un homme vu de dos et une femme vue de face.

4° Face latérale droite (Plaque rectangulaire. H 0,085, L. 0,093).

La toilette de Psyché. — Psyché presque nue, est assise et servie par deux femmes. Une troisième est accroupie à gauche, près d'une grande aiguière. Un lit occupe le fond. Cartouche ovale accompagné de cuirs découpés, de pentes de fruits et accosté de deux termes vieux.

5° Face latérale de gauche (Plaque rectangulaire. H. 0,085, L. 0,093).

Psyché et l'Amour.— Psyché est couchée et l'Amour s'approche d'elle. Cartouche ovale, entouré d'un cuir découpé, accompagné de fruits, et de deux têtes de satyres.

Grisailles. Trait de contour assez large, et modelé par hachures enlevées sur un fond gris très-foncé. Rehauts blancs très-habiles et formant une brusque opposition. Membres maigres et très-allongés. Emploi très-discret de l'or. Fond noir.

Revers invisible.

Règne de Charles X. — Collection Révoil, n° 90.

N°s 352 à 356 de la Notice des émaux, par M. le comte L. de Laborde.

D. **506.** — *Fond de coupe plate.*

H. 0,040. — D. 0,195.

Intérieur. *Le triomphe de Galathée*, d'après la partie centrale de la composition de Raphaël, peinte à la Farnesine.

Galathée, debout sur une conque, guide deux dauphins qu'accompagne un amour couché sur les flots. A gauche un hippocampe marin tient une neréide embrassée. A droite deux tritons sonnent de la conque à côté d'ue hippocampe. Deux amours voltigent dans les airs en lançant des flèches. Une bordure de rinceaux d'or entoure le sujet près du bord qui est ourlé de blanc.

Extérieur. Arabesques d'or formant des enlacements qui rappellent les travaux des Azziministes.

Grisailles. Trait et préparation très-importante par hachures fines et souvent croisées enlevées à travers une couche très-foncée, rehaussée de blanc fondu de manière à éteindre parfois les duretés de la préparation. Carnations teintées de rouge dans les ombres. Quelques rehauts d'or. Fond noir.

Règne de Charles X. — Collection Révoil, n° 279.

N° 422 de la Notice des émaux, par M. le comte L. de Laborde.

D. **507** à **511.** — *Coffret en ébène orné de cinq plaques représentant des jeux d'enfants.*

1° Couvercle. (Plaque rectangulaire. H. 0,060, L. 0,193.)
Quatre enfants. Deux font balancer un troisième assis sur une corde attachée à deux arbres. L'un d'eux tient un petit moulin à la main. Le dernier est couché à terre en avant.

2° Face antérieure. (Plaque rectangulaire. H. 0,067; L. 0,205.)

Deux enfants montés sur des boucs armés de lances et de boucliers galopent l'un contre l'autre. Un troisième enfant est assis à terre entre eux deux. A gauche un enfant battant du tambour. A droite un autre enfant jouant de la flûte. (La serrure cache la partie supérieure de la plaque en son milieu et empêche de voir l'extrémité des épieux que portent les deux combattants, et qui devaient être ornés de bandelettes.)

3° Face postérieure. (Plaque rectangulaire. H. 0,065; L. 0,195).

Deux enfants à califourchon sur des bâtons à tête de cheval se dirigent l'un sur l'autre armés de moulinets à vent, emmanchés à l'extrémité de bâtons auxquels des banderoles sont nouées. Un troisième enfant est assis à terre entre eux.

4° Face latérale de gauche (Plaque rectangulaire. H. 0,060; L. 0,065).

Deux enfants luttent à qui montera à califourchon sur le dos d'un troisième qui est à quatre pattes.

5° Face latérale de droite. (Plaque rectangulaire. H. 0,060; L. 0,065.)

Un enfant tient une chèvre par les cornes, tandis qu'un autre enfant porte sur sa tête une corbeille de feuilles.

Grisailles. Figures peintes du premier coup sur le fond, contours redessinés par enlevage, modelé préparé de même. Larges rehauts blancs très-fondus. Carnations légèrement colorées. Cheveux couleur chamois, terrains verts sur une couche blanche, accessoires et herbes en or. Fond noir.

Règne de Charles X. — Collection Durand, n°s 54-2512.

N°s 423 à 427 de la Notice des émaux, par M. le comte L. de Laborde.

LES COURTEYS.

La famille des Courteys, établie à Limoges depuis le XIV° siècle, est surtout connue par deux émailleurs qui appartiennent à la seconde moitié du XVI°. Peut-être se rattache-t-elle à celle des Courtoys, qui, au XV°

et au XVIe siècles, ont orné de vitraux l'église de la Ferté-Bernard.

En 1498, Robert Courtoys s'était engagé à fabriquer une verrière représentant l'arbre de Jessé, qui devait garnir la grande fenêtre occidentale de l'église (1). Dans le devis, le verrier prend le titre d'habitant de La Ferté, et, en effet, il y figure, en 1500, en 1503 et en 1509, dans des assemblées publiques, et, à cette dernière date, il est chargé de dessiner les orfrois d'un ornement que l'on décide de faire pour l'église.

En 1534, Jehan Courtoys est chargé d'exécuter les verrières de la chapelle du chevet; mais ce Courtoys n'habitait point alors la ville, suivant M. Léopold Charles, qui n'a malheureusement publié que des extraits de documents (2), en suivant une orthographe variable pour les noms des artistes dont il s'agit.

Les vitraux de Robert Courtoys n'existent plus, et les seuls fragments du XVe siècle, que l'on voit encore dans une des fenêtres du bas-côté nord de l'église, et que l'on puisse attribuer, sinon à Pierre Courtois, du moins à son époque, offrent tous les caractères de maigreur dans le dessin, de pâleur dans les carnations, de cassé dans les plis, qui sont si ordinaires dans l'art français de l'extrême fin du style gothique.

Quant aux vitraux de Jean Courtoys qui existent encore, ils ont été tellement restaurés, bien qu'avec un scrupule fort louable, qu'il est très-difficile de discerner les parties neuves des parties anciennes, et de distinguer ces verrières de celles qu'un autre artiste contemporain, François de Lalande, exécuta avec un grand talent dans la même chapelle et dans le collatéral sud.

---

(1) *Bulletin monumental*, t. V, p. 496 *et passim*. — L'abbé MORANCÉ, *Notice sur les verrières de l'église de La Ferté-Bernard.* — *Bulletin du comité de la langue, de l'histoire et des arts*, t. 1, années 1852 et 1853, p. 46, Rapport de M. le comte L. de Laborde sur une communication de M. L. Charles.

(2) *Bulletin monumental*, t. XXX, p. 705 *et passim*. — L. CHARLES, *Les vieilles maisons de La Ferté-Bernard; artistes et ouvriers de leur époque*.

Toujours est-il qu'il nous a été impossible, à nous et à M. Ph. Burty qui nous accompagnait dans notre visite à la Ferté-Bernard, de distinguer rien qui, dans ces vitraux, se rapprochât, par le style, le dessin et la couleur, des émaux, non pas de P. Courteys (1), le nom de cet émailleur n'est point cité, mais de Jean Courteys, dont le nom, à l'orthographe près, se trouve dans les documents publiés par M. Léopold Charles.

En outre, il faut se rappeler que c'est en 1534 que le verrier Jehan Courtoys travaille à La Ferté-Bernard, tandis que Jean Courteys, ou plutôt que l'émailleur qui a signé I. C., et auquel on donne ce nom, appartient surtout à la seconde moitié du xvie siècle.

En résumé, s'il y a des liens de parenté entre les Courtoys de la Ferté-Bernard et les Courteys de Limoges, nous sommes convaincu qu'il ne faut point confondre les verriers de l'une avec les émailleurs de l'autre, malgré la similitude des prénoms et des noms.

Pierre Courteys.

Pierre Courteys a signé ses émaux le plus souvent des initiales P. C. ou P. C. T. (n° D. 538), mais quelquefois de son nom, qu'il écrit de plusieurs façons différentes : P. Corteys, Courteys, Cortoys, Courtoys, Courteu, qui toutes devaient sonner Courtois. Mais comme dans tous les actes visés par M. Maurice Ardant l'orthographe est Courteys, c'est cette orthographe que nous adoptons. Les membres de la même famille aujourd'hui vivants signent Courteix (2).

On ignore la date de sa naissance, mais M. M. Ardant pense, à tort, que c'est de lui qu'il s'agit en 1529, dans un acte qui parle d'un Pierre Courteys le Petit.

---

(1) Comte DE LABORDE. *Notice des émaux*, p. 243, note 2.

(2) Maurice ARDANT. *Les Courteys, Court et de Court*. In-8 de 41 pages. Limoges 1860.

En effet, le sujet comme la date de ses émaux indiquent un artiste appartenant surtout à la seconde moitié du xvi° siècle, et, si c'est à lui que s'applique l'article d'un rôle de 1602, il nous semble bien difficile d'adopter l'opinion de M. M. Ardant. En admettant que P. Courteys n'ait eu que vingt ans en 1529, il en aurait eu quatre-vingt-treize en 1602, et ce serait une fois de plus le cas de s'étonner de la longévité des émailleurs limousins.

Quoi qu'il en soit, les plus anciennes dates que l'on ait trouvées sur les émaux de P. Courteys sont celles de 1545 et de 1548, suivant M. Maurice Ardant. La collection Brunet-Denon en possédait un daté de 1550, et c'est en 1559 qu'il exécuta les grands émaux décoratifs incrustés jadis dans les façades du château de Madrid, et conservés aujourd'hui au Musée de l'Hôtel de Cluny. Ces émaux ovales, qui représentent des divinités de l'Olympe presque de la grandeur de la nature, mesurent 1 mètre 65 cent. de hauteur sur 1 mètre environ de largeur, et sont formés de quatre plaques de cuivre dont la réunion est dissimulée sous des bracelets, des ceintures et les détails des vêtements. Les figures sont exécutées sur des reliefs obtenus au marteau, qui en épousent à peu près les formes, et dessinées avec une certaine exagération dans les contours ; elles sont également colorées avec quelque brutalité ; les carnations étant entièrement saumonnées, et le tout étant modelé par de larges hachures de bistre sur fond blanc, glacé d'émaux colorés. Mais dans ces émaux, placés à une certaine hauteur, les exagérations du dessin et de la couleur devaient disparaître dans un effet d'ensemble destiné à s'harmoniser avec les nombreux motifs en fayence émaillée dont les façades étaient en outre décorées.

L'année suivante, il exécutait le plat ovale de la collection du Louvre (n° D. 512), et en 1568 le plat circulaire (n° D. 513). Cette date est la dernière que l'on ait jusqu'ici trouvée sur ses émaux.

En cette même année, il demeurait rue Manigne.

Enfin, comme nous l'avons dit plus haut, un Pierre

Courteys est rayé du rôle de la taille, en 1602, sans que nous sachions si celui qui y était soumis est bien l'émailleur qui nous intéresse.

Pierre Courteys nous semble sorti de l'atelier de P. Reymond. Du moins est-il assez difficile de distinguer les émaux de l'un de ceux de l'autre, surtout lorsqu'ils sont exécutés en apprêt sur fond blanc, comme le n° D. 516, par exemple. Nous inclinerions même à penser que les émaux de cette espèce, où l'imitation est flagrante, sont des commencements de P. Courteys, qui, plus tard, étant devenu maître de lui-même, a montré d'autres allures dans le dessin et une couleur plus puissante.

Nous possédons trop peu de pièces que P. Courteys ait datées, et les dates que ces pièces nous donnent sont trop rapprochées, pour qu'il nous soit possible d'essayer, comme nous l'avons fait jusqu'ici pour d'autres, un classement chronologique des œuvres de cet émailleur. Cependant, l'étude des sujets qu'il a copiés, ou dont il s'est inspiré, pourrait, suivant que leurs auteurs sont plus ou moins avancés vers la fin du XVIe siècle, servir à essayer un classement sommaire. Toujours est-il que les émaux datés de 1560 et de 1568 présentent une physionomie bien tranchée.

Sa main, un peu lourde, accuse par un trait épais le dessin de ses figures énergiques et d'une musculature puissante. Les profils tendent vers cette acuité que nous avons déjà signalée. Ses chairs, généralement saumonnées, sont exécutées sur préparation violette ou bleue, et, dans les grisailles, sont modelées avec un gris foncé très-fumeux. Le violet, dans les nuages et les eaux, soutient ces colorations puissantes et s'harmonise avec les verts intenses éclairés de quelques touches blanches nageant dans l'émail.

Mais il serait possible qu'il fallût attribuer plusieurs de ces pièces à Martial Courteys, dont nous avons vu, chez M. Spitzer, un plat ovale, reproduisant en grisaille le sujet des *Niobides* du n° D. 515 et signé M. C. Le trait est plus lourd, les figures sont plus grimaçantes, le revers est moins simple que dans les œuvres de Pierre Courteys.

Martial Courteys apparaît dans les registres de la confrérie du Saint-Sacrement de Saint-Pierre du Queyroix aux années 1579 et 1580, pour des modèles d'un candélabre et de pannonceaux.

D. **512**. — *Plat ovale.*

1560. H. 0,385. — L. 0,505.

Le repas des Dieux, imitation arrangée de la composition de Raphaël pour l'histoire de Psyché, à la Farnesine.

Au bas un écu « de gueules aux trois fers de moulin d'argent » dans une couronne verte.

Marly orné de rinceaux d'or.

Bord, chargé de huit entrelacs de lanières séparés par des fleurons, quatre comprenant des camayeux d'or, un l'inscription P⁂ CORTEYS ⁂ et l'autre la date 1560.

Grisaille, dessinée et modelée par enlevage sur fond noir ; carnations rehaussées de couleur par places. Quelques rehauts d'or.

Revers. Un grand cartouche ovale formé de quatre cuirs opposés deux à deux, encadrant soit un masque, soit une tête de lion, reliés par des grappes de fruits, et enroulés autour de deux zones d'oves. Au centre de cet encadrement, un fleuve est couché à terre, appuyé sur une urne. Sous le bord, un rang d'oves.

Grisailles à carnations teintées, sur un fond noir.

Ancienne collection, n° 40.

N° 379 de la Notice des émaux, par M. le comte L. de Laborde.

D. **513**. — *Plat à ombilic.*

1568. D. 0,525.

Ombilic. Une femme demi nue, écrit sur un livre. Devant elle est accroupie et entièrement couverte d'une robe à capuchon, une figure dont on n'aperçoit que le pied nu. Un lion et une chèvre sont placés comme accessoires. Deux tores séparés par une scotie relient l'ombilic au fond du plat. Les deux tores sont ornés de torsades interrompues par des bijoux figurés. La scotie est ornée de quatre médaillons unis entourés d'un cartouche, séparés deux à deux par une corne d'abondance.

Fond. *La Terre et la Mer*. La Terre est figurée par une femme, coiffée d'une couronne que surmonte une tour, assise sur le sol, allaitant un enfant et une chèvre avec deux de ses quatre mamelles, et portant une nacelle. Un loup passe sous ses jambes : un lion, un cerf et un ours sont placés derrière elle. Deux arbres la séparent de l'autre sujet. La Mer est figurée par Neptune debout sur une coquille traînée par quatre hippocampes. Un triton sonnant de la conque le précède. A gauche est un fleuve, barbu, tenant une corne d'abondance, les jambes drapées, un bras appuyé sur son « urne qui penche » assis au milieu des roseaux : A droite un autre fleuve, plus jeune, appuyé sur un gouvernail et sur son urne, et porté par les eaux.

Marly marqué par une torsade.

Bord. Quatre camayeux bleus, représentant des animaux terrestres du côté de la Terre ; des oiseaux d'eau et une divinité sur un char traîné par trois dauphins du côté de la Mer. Un mascaron de satyre accompagné de grands cartouches en lanières sépare et encadre les camayeux.

Revers. Sous l'enfoncement de l'ombilic, cette inscription en noir rechampi d'or.

1568
FAICT
A. LIMOG
ES. PAR
P. COVRTEYS

Des godrons simulés l'entourent sous la scotie.

Sous le fond. Deux faunes femelles sont accroupis les bras passés dans des lanières qui leur servent d'encadrement. Deux sphinx tenant chacun deux branches de laurier leur sont affrontés. — Un vase dressé et rempli de fruits occupe l'intervalle entre les deux sphynx.

Sous le bord, quatre camayeux représentant des chats, des singes et des monstres marins sont reliés par des lanières enlacées de façon à former des médaillons.

Émaux colorés. Trait et premier modelé en noir au pinceau sur fond blanc recouvert d'émaux translucides verts, bruns, violets et pourpres, rehaussés de blanc. Carnations colorées dans le sujet principal, redessinées et modelées par enlevage sur fond bleu, rehauts d'or, fond bleu.

Règne de Charles X. — Collection Durand, n°s 1-2406.

N° 381 de la Notice des émaux, par M. le comte L. de Laborde.

D. **514**. — *Plat ovale.*
L. 0,500. — L. 0,385.

Apollon et les Muses, d'après Luca Penni. — Apollon assis au sommet d'un tertre rocheux, au pied d'un olivier, joue du violon à cinq cordes, Pégase ailé galope derrière lui. A ses pieds les Muses sont séparées en deux groupes que couronnent deux petits génies qui voltigent dans les airs. A gauche sont quatre muses jouant de la basse, du triangle, de la mandore et du tambour de basque, en avant de deux vieillards barbus, probablement Homère et Virgile. A droite sont cinq muses, trois jouent de la mandore, des cimbales et de l'orgue. La quatrième chante en tenant un livre, la dernière tient une trompette.

Au pied du tertre, entre les deux groupes, la nymphe Castalie, couchée sur les eaux que forme la réunion de deux sources qui tombent des rochers, y épand les eaux qui jaillissent de ses seins, et qui tombent de l'urne où elle est appuyée.

Marly couvert de légers rinceaux d'or.

Bord chargé de quatre masques et de quatre têtes de bélier, séparés par des lanières de cuir formant des cartouches qui les encadrent.

Grisaille sur fond noir. Trait et premier modelé par hachures enlevées sur une première couche grise. Rehauts blancs. Chairs légèrement saumonées et relevées d'un pointillé rouge sur les joues des personnages. Rehauts d'or.

Revers. Au centre un cartouche ovale encadrant des instruments de musique et portant l'inscription :

PAR. PIERRE. COR..YS. A LIMOGES.

Ce cartouche est entouré d'une large zone formée de huit autres cartouches reliés ensemble. Quatre ovales comprenant des figures de satyres mâles et femelles, accroupis de face et portant de chaque main une branche de laurier; quatre en forme d'écusson portant un masque. Sous le marly de légers branchages. Sous le bord quatre écussons ovales et quatre rectangulaires entourant des rinceaux d'or, reliés par une double torsade.

Grisaille sur fond noir.

Trait et premier modelé par hachures enlevées sur couche grise. Rehauts blancs. Carnations légèrement teintées. Quelques accessoires en or.

Règne de Charles X. — Collection Durand, n° 2439.

N° 380 de la Notice des émaux, par M. le comte L. de Laborde.

D. **515**. — *Plat circulaire.*

D. 0,465.

Intérieur. *Les Niobides*, d'après Jules Romain. — Apollon nu, armé d'un arc et Diane, dans une auréole d'or, portés sur les nuages, lancent des flèches sur les enfants de Niobé. Les six fils sont déjà couchés à terre et les filles s'enfuient où implorent les dieux. Au fond, les monuments d'une ville séparés par une rivière des premiers et des arrière-plans plantés d'arbres. — Marly couvert d'arabesques d'or.

Bord. Orné d'un motif quatre fois répété et composé de quatre mascarons posés sur des lanières en forme de consoles, accompagnés de draperies, de feuillages, de pavillons, d'oiseaux, etc.. Des vases séparant chaque motif différent. Ourlet blanc.

Revers. Au centre une rosace formée de fleurons d'or convergents, entourée d'une zone composée de deux motifs alternés quatre fois répétés : 1° un adolescent ailé, debout, les pieds posés sur une corbeille de fruits, portant une aiguière sur chacune de ses mains étendues; 2° un mascaron drapé, posé sur des fleurons symétriques et sous un pavillon dont les draperies se relèvent pour passer deux fois sur les bras des adolescents. Des lanières découpées qui forment soubassement de chaque côté des figures debout, se relient aux mascarons et portent des figures de nymphes ou de fleuves couchés, appuyés sur leurs urnes et adossés aux mascarons. Au-dessous des lanières de support, des camayeux d'or, figurant deux cygnes. Sur l'un des pavillons on lit en or la signature COVRTOIS

Couronne de lauriers en or sous le bord,

Émaux colorés, en partie sur paillons pour les vêtements dans le sujet principal. Trait appliqué au pinceau, soit sur une préparation blanche, soit sur le paillon. Carnations préparées en violet pâle transparent, redessinées intérieurement par enlevage, surtout dans la figure d'Apollon; largement cernées de noir au pinceau; rehaussées de blanc, saumonées. Draperies bleues, tannées et violettes transparentes, sur fond blanc; ou bleues, vertes, violettes et rubis sur paillon, éclairées d'or. Terrains et arbres verts, édifices violet pâle et bleus, ainsi que les eaux; ciel turquoise; nuages légèrement violets, le tout éclairé de blanc.

Même système pour les ornements du bord et des revers, peints en blanc sur le fond, redessinés par enlevage; glacés de couleurs transparentes, sur fond noir.

Règne de Charles X. — Collection Durand, n°s 7-2412.
N° 382 de la Notice des émaux, par M. le comte L. de Laborde.

D. 516. — *Plaque rectangulaire.*

H. 0,150. — L. 0,130.

Le sacrifice d'Abraham. — Isaac agenouillé sur le bûcher, les bras croisés, la tête inclinée; Abraham, debout, le bras gauche appuyé sur l'épaule de son fils, lève de la droite un cimeterre dont se saisit un ange volant dans les airs. Un bélier peint à gauche. A droite un vase enflammé. En arrière-plan deux bergers et un âne. Fond de paysage.

Émaux colorés. Trait et modelé noir par hachures sur fond blanc, glacé de bleu, de violet, de tanné, de vert transparents rehaussés de blanc. Carnations modelées par hachures enlevées sur une première couche grise glacée de blanc saumonnée dans l'ombre.

Quelques rehauts d'or. Sur une pierre à droite le monogramme P. C.

Revers incolore avec l'inscription en noir : P-CORTEYS-
M. F.

Règne de Charles X. — Collection Durand, n°s 105-2622.
N° 375 de la Notice des émaux, par M. le comte L. de Laborde.

D. 517. — *Plaque rectangulaire ayant les coins supérieurs arrondis.*

H. 0,117. — L. 0,136.

La Prédication de saint Jean-Baptiste. — A gauche saint

Jean-Baptiste, à nimbe annulaire ovale, debout entre deux arbres. A droite un nombreux public composé, sur le premier plan, de femmes assises à terre portant pour la plupart des enfants nus sur leurs genoux : en arrière-plan d'hommes debout. Fond de paysage.

Emaux colorés. Trait et modelé en noir sur une première couche blanche recouverte d'émaux translucides. Carnations modelées par enlevage sur fond légèrement bleu et rehaussées de blanc saumonné. Vêtements violets, tannés, bleus et rosés, éclairés tantôt de blanc, surtout aux arrière-plans, et tantôt d'or, surtout aux premiers. Terrains verts nuancés de gris. Sous les pieds de saint Jean-Baptiste le monogramme P. C. en or.

Revers translucide incolore.

Règne de Napoléon III. — Donation Sauvageot.

N° 1118 du Catalogue de la collection Sauvageot, par M. A. Sauzay.

D. 518. — *Plaque cintrée en ogive.*

H. 0,146. — L. 0,138.

Saint Jean emmené en prison. — A gauche, saint Jean, vêtu d'une tunique en lambeaux, la tête couverte d'un nimbe annulaire ovale, debout, est conduit par deux soldats vers la porte d'une prison : au fond, à droite Hérode suivi de Hérodiade. Fond de constructions.

Emaux colorés. Même fabrication que le n° D. 517.

Le monogramme P. C. est le produit d'une restauration.

Revers translucide.

Règne de Napoléon III. — Donation Sauvageot.

(Non catalogué.)

D. 519. — *Plaque cintrée en ogive.*

H. 0,145. — L. 0,135.

La décollation de saint Jean-Baptiste. — Au centre le bourreau tient par les cheveux la tête de saint Jean-Baptiste, dont le corps est couché à terre à ses pieds, et la pose dans le plat que lui présente la fille d'Hérodiade.

En arrière-plan, un édifice formé d'un soubassement et d'un premier étage, orné de colonnes où l'on monte par un escalier.

A travers les colonnes ornées de courtines, on voit le banquet d'Hérode et les serviteurs.

Émaux colorés, avec rehauts d'or. Même fabrication que le n° D. 517.
Au bas à gauche, le monogramme P. C en or.
Revers translucide incolore.

Règne de Napoléon III. — Donation Sauvageot.

N° 1119 du Catalogue de la Collection Sauvageot, par M. A. Sauzay.

D. 520. — *Plaque ovale.*
H. 0,355. — L. 0,280.

Le Mois d'Octobre, d'après Etienne De Laulne. — Sur le premier plan un semeur, coiffé d'un chapeau rond, vêtu d'une espèce de blouse bleue à manches relevées par-dessus d'autres manches pourpres, d'un pantalon violet, de bas verts et de brodequins ouverts sur le côté. Un linge noué à sa ceinture renferme les semences.

Au second plan, un homme conduisant un cheval blanc attelé à une herse. Plus loin, un autre laboure.

En arrière-plan des vergers enclos de palissades, des maisons, une église, une rivière, un moulin à eau. Au fond des arbres, un village et la mer. Au sommet le signe de l'*Ecrevisse* dans les nuages.

Sur un tonnelet déposé dans un coin avec les sacs de semences, le monogramme P. C. en or.

Emaux colorés en partie sur paillons. Trait noir au pinceau, partie sur un fond blanc, partie sur paillons, recouverts d'émaux translucides rehaussés de blanc. Les carnations, le cheval et les linges préparés en bleu, rehaussés de blanc et redessinés par enlevage. Chairs colorées. — Rehauts d'or.

Revers violet translucide.

Règne de Charles X. — Collection Durand, nos 111-2646.

N° 378 de la Notice des émaux, par M. le comte L. de Laborde.

D. 521. — *Plaque circulaire.*
D. 0,300.

L'Enlèvement d'Hélène; imitation de la composition de Raphaël. — Au centre, Hélène, tombant à genoux, est saisie par un guerrier dont un pied est déjà posé dans une barque placée à droite : un serviteur la retient par sa draperie et est secouru, à gauche, par un guerrier que combattent deux Troyens. A droite, des vaisseaux et des matelots. Au fond, la mer, des édifices, etc.

Sur les terrains du premier plan le monogramme P. C. en or.

Emaux colorés. Trait et premier modelé sommaire en bistre brun sur fond blanc, recouvert d'émaux translucides avec rehauts de blanc et d'or. Carnations sur préparation bleue dessinées par enlevage, saumonnées et même rehaussées de hachures rouges.

Revers invisible.

Règne de Charles X. — Collection Révoil, n° 173.

N° 376 de la Notice des émaux, par M. le comte L. de Laborde.

D. 522. — *Plaque circulaire.*

D. 0,300.

La Prise de Troie. — A gauche, Enée chargeant son père sur ses épaules. A droite un guerrier, escaladant les ruines, s'avance protégé par son bouclier, un glaive dans la main gauche; derrière lui deux autres guerriers brisent une porte avec un bélier. Au fond, dans le temple de Pallas et au pied de sa statue, le roi Priam et deux femmes échevelées. Sur une pierre le monogramme P. C. en or.

Emaux colorés. Trait et premier modelé sur fond blanc, recouvert d'émaux translucides rehaussés d'or ou de blanc. — Carnations sur fond bleu, modelées par enlevage à travers une première couche d'un gris transparent qui semble bleu, rehauts blancs légèrement colorés.

Revers invisible.

Règne de Charles X. — Collection Révoil, n° 276.

377 de la Notice des émaux, par M. le comte L. de Laborde.

D. 523 à 531. — *Coffret à couvercle semi-cylindrique.*

H. 0,200. — Long. 0,215. — Larg. 0,115.

Le corps du coffret est formé de quatre plaques d'émail rectangulaires assemblées au moyen de quatre colonnes cannelées, avec base et chapiteau, en émail blanc niellé de noir. Monture en bois, au-dessus d'un soubassement à gradins en bois doré, et sous une baguette semblable surmontée d'une frise en bois noir rechampie de rinceaux d'or formant gorge. Le couvercle est formé d'une plaque d'émail semi-cylindrique montée en bois doré. Les deux plaques semi-circulaires de chacune des extrémités sont le produit d'une restauration ainsi, fort probablement, que toute la monture en bois.

 ˋCouvercle. Face antérieure : *La Création de l'homme.* — Dieu, la tête ornée d'un nimbe radié et portant une couronne dentelée, anime Adam encore couché à terre. Il lui impose une main sur la tête tandis qu'il le soulève de l'autre. Quelques animaux entourent la scène qui se passe dans un paysage. Au bas du sujet l'inscription GENESE II. — Face postérieure : *La Création de la femme.* — Dieu, la tête entourée d'un nimbe radié, coiffé d'un bonnet qu'entoure une couronne dentelée, saisit la main d'Eve à demi sortie du flanc d'Adam endormi. Quelques animaux entourent le groupe central. Fond de paysage. Au bas de la plaque l'inscription en noir GENESE II, et le monogramme P. C.

Boite. Plaque antérieure : *Lapidation du blasphémateur.* — Agenouillé, les jambes couvertes d'une draperie, il est entouré d'Israélites qui lui lancent des pierres. Sur le premier plan, à l'extrême droite, Moïse armé de sa baguette, suivi de deux anciens. Tentes dans le fond sur une éminence. Dans l'angle à gauche l'inscription en or : LÉVITIQUE XXIIII. Dans le bas, le monogramme P. C en noir. — Face postérieure. *Le Festin de Balthazar.* — A droite, une table circulaire autour de laquelle sont assis Balthazar et dix autres convives ; hommes et femmes. Sur la muraille placée en arrière le doigt de Dieu trace les trois mots MANE . THECEL . PHARES. A gauche deux serviteurs en avant d'une table chargée de coupes et de vases ; au fond trois musiciens dans une tribune. Sur le pied de la table, l'inscription tracée en or : DANIEL V. — Côté gauche. *David calmant Saül.* — David, debout à gauche, joue de la harpe devant Saül que deux hommes maintiennent sur son siége. Au bas de la plaque et tracés en or, l'inscription : I ROIS XVI et le monogramme P. C. — Côté de droite. *Loth et ses filles.* — Loth embrasse une de ses filles, qui tend à sa sœur une coupe qu'elle remplit. Fond de rochers, la statue de sel et la ville. Dans le bas de la plaque tracés en lettres d'or, l'inscription : GENESE XIX et le monogramme P. C.

Emaux colorés. Trait et modelé sommaire par hachures au pinceau sur fond blanc glacé d'émaux colorés, les carnations et les linges étant redessinés par enlevage et modelés sur une couche de bleu clair. Rehauts d'or.

Règne de Napoléon III. — Donation Sauvageot.

Nº 1117 du Catalogue de la collection Sauvageot, par M. A. Sauzay.

278 ÉMAUX PEINTS.

D. 532. — *Coupe à pied.*

H. 0,080. — L. 0,021.

Le repos de Silène. — Silène, la tête couronnée de pampres est assis à terre, le coude appuyé sur une cuve sculptée, remplie de raisins. Un satyre ithyphallique, placé à droite, remplit la coupe qu'il tend. A gauche, deux enfants soulèvent une corbeille de raisins. Au fond, une femme en porte une semblable sur sa tête, et deux serviteurs sont chargés d'amphores. Le sujet est entouré par une couronne de feuilles et de fruits. Ourlet blanc.

Grisaille, dessinée et modelée par enlevage. Chairs très-légèrement colorées. Fond noir.

Revers. Un cartouche à quatre côtés rentrés, se combinant avec d'autres cartouches placés dans l'arc que fait chaque face. Sur le pied une frise de feuilles entablées tombantes. Sous le pied le monogramme P. C. en or dans des arabesques de même.

Règne de Charles X. — Collection Durand, nos 41-2463.

No 391 de la Notice des émaux, par M. le comte L. de Laborde.

D. 533 et 534. — *Coupe plate avec couvercle relevé de quatre bossages.*

Couvercle. — H. sans le bouton, qui est refait, 0,045. — D. 0,198.

Extérieur. Sur chacun des bossages, un buste de femme alternant avec un buste d'homme, tous de profil. L'intervalle est occupé par deux masques d'où pendent des feuillages et par deux têtes de lion placées au-dessus de deux cartouches en cuirs découpés, ornés de camayeux et signés P. C. l'un et l'autre. De larges feuilles rayonnent autour du bouton.

Intérieur. Dans chacune des cavités un buste de femme, de profil, alternant avec un buste d'homme. L'intervalle est décoré de branchages dorés.

Coupe. — H. sans le pied, qui est refait, 0,045. — D. 0,190.

Intérieur. *Jupiter, Vénus et Mercure.* — Jupiter est assis, une main appuyée sur son sceptre, les pieds posés sur un arc que l'aigle soutient sur ses ailes. A gauche, Vénus accompagnée de l'Amour supplie Jupiter. Du côté opposé Mercure se dirige vers la droite, obéissant à un ordre de

Jupiter. Le monogramme P. C. en noir, est tracé près du pied droit de Mercure. Une zone formée de la succession des douze signes du zodiaque entoure les trois personnages. Une bordure d'arabesques d'or et un ourlet blanc encadrent le tout.—Extérieur. Autour de l'insertion du pied un cartouche en cuirs découpés. Au delà une frise d'arabesques; puis une couronne de lauriers contre le bord.

Grisailles. Peintes du premier coup sur le fond, redessinées et amplement modelées en hachures par enlevage adoucies par places au moyen des rehauts blancs, largement appliqués et fondus. Dans les demi-teintes, yeux ponctués de blanc. Rehauts d'or. Fond noir excepté sur les médaillons de l'extérieur du couvercle qui sont bleus.

Règne de Charles X. — Collection Durand, n°s 37-2459.

N°s 389 et 390 de la Notice des émaux, par M. le comte L. de Laborde.

D. 535 et 536. — *Coupe plate avec couvercle.*

Couvercle. — H., sans le bouton, 0,048. — D. 0,188.

Extérieur. *Le bon Samaritain.* — Il est debout, à côté de son cheval, appuyant une main sur le front d'un homme couvert de blessures couché auprès d'un massif d'arbres et de rochers, et versant sur sa poitrine le contenu d'une fiole. A droite, en arrière du cheval, un grand-prêtre passe suivi d'un lévite lisant, portant tous deux un costume à moitié réel et à moitié de fantaisie. Deux hommes sont à gauche dans le massif d'arbres. L'inscription s. LUC tracée au-dessus de la scène indique l'évangile d'où est prise la parabole du bon Samaritain. Le monogramme P. C., en or, est tracé sur le terrain eu avant des deux prêtres. — *Daniel.*— Le prophète, jeune, est debout sur les degrés d'un trône, avec Suzanne voilée debout à gauche, suivi d'un garde. Un des vieillards est debout devant lui accompagné de deux soldats : le second vieillard est emmené par deux autres soldats. Des vieillards assistent dans le fond. Bordure formée d'une couronne de feuilles et de fruits, en dedans d'une torsade d'or.

Intérieur. Quatre médaillons ovales, entourés d'un filet blanc où est inscrit le nom du personnage représenté en buste dans l'intérieur. — Un homme cuirassé et casqué, tourné de profil à droite. SEMIRAMIS . BABYLONIA. — Une femme de trois quarts à gauche, coiffée de cheveux crépelés. PORTIA . BRVTI . VXOR. — Une tête d'homme laurée, de profil à droite. DOMITIAN . AVG . GERM . COS XI . IMP . CAES. — Femme de trois quarts à gauche, portant un diadème. CLAVDIA . METELLI. L'intervalle des médaillons est garni d'arabesques d'or. Une couronne de feuilles et de fruits circonscrit le tout près de la feuillure du bord qui est couverte d'une torsade d'or.

Coupe. — H. sans le pied 0,045. — D. 0,180.

Intérieur. *Job* nu, assis sur son fumier, frappé par le diable à pieds de bouc armé d'un fouet, joint les mains et implore le Seigneur qui apparait dans une auréole de nuages. — En arrière-plan sont représentées les calamités qui assaillirent Job. A gauche ses fils sont écrasés sous les débris de son palais. A droite un serviteur sort d'un bâtiment en feu : au fond une pluie de pierres tue serviteurs et bestiaux Un cartel allongé sous les pieds de Job porte ces mots : PACIANSE . AN FOY . I . A. Au-dessus le monogramme P. C. Une guirlande d'arabesques d'or entoure le sujet près du bord ourlé de blanc. — Extérieur. Un grand cartouche circulaire en cuirs découpés, et orné de deux masques de femme drapés, combiné avec un cadre carré tangent à une torsade annulaire, entoure l'insertion du pied. Une guirlande d'arabesques court près du bord.

Grisaille. Peinte du premier coup avec un gris très-foncé, redessinée et modelée par enlevage. Rehauts blancs fondus mais couvrant peu le fond, de telle sorte que les tons sombres dominent. Carnations colorées en saumonné dur, les têtes des médaillons étant en outre modelées par hachures. Accessoires d'or. Fond noir.

Règne de Charles X. — Collection Durand, n°s 36-2458.

N°s 387 et 388 de la Notice des émaux, par le comte L. de Laborde.

D. **537**. — *Assiette.*

D. 0,187.

Intérieur. *Le Mois de Février*, d'après Étienne De Laulne. — Un homme, une femme et un enfant sont assis à gauche devant une cheminée. Un second enfant est assis à terre au premier plan. Un serviteur apporte, de la droite, quelques bûches, que l'homme qui se chauffe lui indique de mettre au feu. Fond de ruines et d'édifices.

Marly chargé d'une torsade d'or.

Bord orné de deux cartouches et de deux camayeux, reliés par un ornement en cuirs découpés sur lesquels posent deux coupes enflammées, et d'où pendent des poissons, des coquillages et des filets. Dans le cartouche supérieur (restauré en partie), on voit le P., initiale du prénom de Pierre Courteys. Dans celui du bas l'indication du mois FEBRVARIVS.

Ourlet blanc.

Revers. Le signe des *Poissons*, accompagné de sa marque, dans un cartouche circulaire en cuirs découpés, orné d'une tête d'enfant ailé au sommet, et à la base d'une tête de bouc à laquelle se relient des draperies dentelées.

Sous le bord, des camayeux imitant les marbres rouges veinés, encadrés dans des lanières découpées.

Grisaille. Trait et premier modelé par enlevage, à travers une couche sombre. Rehauts blancs, larges et épais, chairs colorées. Rehauts d'or. Fond noir.

Règne de Charles X. — Collection Durand, n°s 19-2437.

N° 383 de la Notice des émaux, par M. le comte L. de Laborde.

D. 538. — *Assiette.*

D. 0,190.

Le Mois de Juillet. — Un homme fauche l'herbe d'un pré, une femme fane, celle-ci avec un rateau ; un autre homme, placé en arrière, boit à même une gourde. Fond d'arbres.

Marly orné d'une torsade d'or.

Bord. Deux écussons ovales, entourés de cuirs découpés et contournés, placés à l'extrémité d'un même diamètre. Dans celui du haut, le monogramme P. C. T., en or. Dans celui du bas le mot IVLIVS, de même. Chaque intervalle compris entre les deux médaillons est rempli par une pente formée d'une corbeille de fruits, de deux pierres à aiguiser dans leur étui, d'une botte de foin avec deux faux, de deux gourdes et d'une grappe de fruits. Ourlet blanc.

Revers. Le signe du *Lion*, dans une rosace formée de lanières découpées et enlacées. Arabesques d'or sous le bord.

Grisailles Trait et modelé par enlevage. Rehauts blancs. Chairs légèrement colorées. Rehauts et ornements d'or. Fond noir.

Règne de Charles X. — Collection Durand, n°s 19-2433.

N° 384 de la Notice des émaux, par M. le comte L. de Laborde.

D. 539. — *Vase à large col, en forme de balustre, sur un socle circulaire, et surmonté d'un couvercle portant une figure de Mercure en bronze doré.*

H. totale 0,515. — D. 0,172.

Couvercle décoré de godrons et d'imbrications alternés, combinés avec une garniture d'argent qui supporte la statuette de Mercure. Sur ce col quatre masques de femmes, drapés, reliés par des guirlandes ; sur l'épaulement, quatre camayeux bleus dans des cartouches accostés de quatre personnages couchés. Les camayeux représentent Diane sur son char.

Sur la panse. Le *Triomphe de Diane*, emprunté, pour quelques figures, à la composition gravée par Androuet du Cerceau. Deux nymphes ailées, sonnant de la trompette, précèdent le char traîné par deux autres femmes. Diane y est assise soutenant un globe de la main gauche. Une nymphe la suit tenant en laisse deux dauphins ; une portant le croissant, et une dernière, sonnant d'une trompe, ferment le cortége qui est porté sur des nuages. Culot orné de godrons et d'imbrications alternés.

Sur le pied. Deux écussons, chargés de flammes, accostés, l'un, de deux aigles, l'autre, de deux dragons, vomissant également des flammes, et séparés par deux cartouches portant une tête d'enfant enflammée.

Sur le socle. *Le Triomphe de Junon*. La déesse, les deux bras étendus, est assise sur un char, traîné et accompagné par des paons. A l'opposé, une figure nue soulève des deux mains le voile qui l'enveloppe et qu'entourent des nuages.

La moulure est ornée d'un rang de perles, et d'une torsade extérieure.

Émaux colorés. Trait appliqué au pinceau sur le métal même recouvert d'émaux translucides, rehaussés de blanc, recouvert parfois lui-même d'émaux colorés translucides. Carnations colorées, dessinées et modelées sommairement par enlevage sur fond bleu. Rehauts d'or ; fond bleu. Revers incolore.

Règne de Charles X. — Collection Durand, n°s 2-2417.

N° 385 de la Notice des émaux, par M. le comte L. de Laborde

D. **540** à **555**. — *Tableau de la chapelle du château d'Écouen; assemblage de seize plaques d'émail réunies dans une monture en bois sculpté et doré.*

H. totale 0,890. — L. 1,400.

Le champ du cadre est divisé en dix-huit compartiments rectangulaires égaux, disposés sur trois lignes et séparés par des montants et des traverses se coupant à angle droit.

Douze plaques rectangulaires, placées quatre sur chaque rang horizontal, garnissent les douze compartiments du milieu, et représentent différentes scènes de la Passion, imitation des gravures d'Albrecht Durer (H. 0,180. L. 0,145).

Quatre plaques circulaires, représentant les quatre évangélistes, sont placées aux quatre angles (D. 0,140.) (1).

Les sujets se suivent sur chaque ligne, en commençant par la gauche et par le dernier rang.

1. *La Cène.* Jésus, à nimbe radié, est assis au milieu de ses disciples, soutenant sur sa poitrine saint Jean endormi, et bénissant de la main droite. Quatre apôtres sont assis deux à deux, en avant de la table, sur des bancs ornés de sculptures. Une aiguière est placée sur le sol recouvert d'un carrelage alternativement rouge et vert. Une arcature à jour supportée par des colonnes garnit le fond.

2. — *Jésus au Jardin des olives.* Jésus, à nimbe radié, vêtu d'une ample robe, est agenouillé, les mains jointes, tourné vers la droite, en avant d'un massif de rochers. Un petit ange vole vers lui en lui présentant le calice. Trois

---

(1) Deux compartiments, à chaque extrémité du rang intermédiaire, sont remplis par des écussons en bois sculpté. L'un, celui de gauche, est de Montmorency « d'or à la croix de gueules cantonnée de seize alérions d'azur, » surmonté de la couronne ducale, entouré du collier de Saint-Michel. L'autre est mi-partie de Montmorency et mi-partie de Savoie « de gueules à la croix d'argent, » et représente l'alliance d'Anne de Montmorency avec Magdeleine de Savoie. Il est surmonté de la couronne ducale et entouré d'une cordelière. Les traverses et la moulure intérieure du cadre sont sculptées de branches de laurier détachées du fond. L'insertion des montants verticaux sur la bordure est recouverte par un cartel vide. Celle des traverses horizontales avec la bordure par un écu ovale chargé de l'épée de connétable. Les intersections des montants et des traverses portent des écussons circulaires chargés alternativement d'un alérion et d'un chiffre formé des trois lettres A. M. D. enlacées. Ces lettres, qui nous semblent les initiales d'Anne Montmorency Damville, feraient reporter l'exécution de cet encadrement à l'époque de Henri IV, qui nomma connétable de France le second fils du grand Anne de Montmorency.

apôtres à nimbe annulaire elliptique sont couchés à terre au premier plan et endormis. Saint Pierre tient un glaive sous son bras. D'autres apôtres dorment sous des arbres au fond à droite. A gauche Judas guide des soldats qui pénètrent dans le jardin par une porte ouverte dans le clayonnage qui l'enclot.

3. — *Le Baiser de Judas.* Au centre le Christ, à nimbe annulaire elliptique, marchant vers la gauche, est embrassé par Judas. Des soldats entourent le groupe et l'un s'apprête à frapper Jésus avec une courroie. A droite saint Pierre lève son glaive sur Malchus renversé à terre une lanterne à la main. Les apôtres se sauvent au fond poursuivis par un soldat, qui arrache le manteau de l'un d'eux. D'autres soldats gardent la porte du jardin.

4. — *Jésus devant Caïphe.* Jésus, à nimbe annulaire elliptique, s'avance de la gauche, entouré de soldats. Caïphe est à droite assis sur un siége élevé de deux marches. Un ancien est debout sur l'estrade. D'autres vieillards se tiennent au fond, en avant de deux arcades. Un chien est couché au premier plan.

5. — *Jésus flagellé.* Le Christ, à nimbe radié, nu, sauf les reins, est attaché par les mains à la colonne d'un portique placé derrière lui. Deux hommes le frappent de verges. Quatre docteurs, placés au fond, assistent au supplice. La robe du Christ est jetée à terre au premier plan.

6. — *Le Christ est montré au peuple.* Le Christ, à nimbe radié, est debout à droite sur les marches d'un perron, la tête ceinte de la couronne d'épines et nu, sauf les reins ; les mains liées en avant et tenant un roseau de la main gauche ; les épaules couvertes d'un manteau qu'écartent deux juifs placés à ses côtés. La foule et les soldats entourent les degrés du perron. Fond d'architecture.

7. — *Jésus devant Pilate.* Pilate, assis à gauche sur une estrade protégée par un dais, lave ses mains sur un plateau que tient un serviteur debout à ses côtés et lui versant de l'eau. Le Christ, couronné d'épines, à nimbe radié, les mains liées et couvert de sa robe, est amené de la droite par un homme vêtu d'une tunique et suivi de soldats. Les anciens sont debout, en arrière-plan, au centre. Constructions au fond.

8. — *Jésus succombant sous la croix.* Le cortége se dirige vers la gauche, et monte vers le calvaire qui s'élève au fond, déjà planté de deux croix. Le Christ, tombé à terre, s'appuie sur une pierre, frappé par un soldat et par un homme en

tunique qui est le même, mais dans une position retournée, que celui qui tient le Christ dans le tableau précédent. Saint Jean et la Vierge, tous deux à nimbe annulaire elliptique, une sainte femme et le peuple débouchent à droite d'une porte de Jérusalem. Montagnes au fond, en arrière du calvaire.

9. — *Le Christ en croix*. Le Christ, couronné d'épines, à nimbe radié, est attaché par trois clous à une croix en T. Un cartouche portant les quatre lettres INRI, surmonte la traverse. Saint Jean, à nimbe annulaire elliptique, se tient debout, un livre sous le bras, à gauche du Christ. La Vierge à nimbe plein elliptique, les mains jointes, est à sa droite. La Magdeleine est agenouillée au pied de la croix qu'elle tient embrassée. Une auréole de nuages où volent six chérubins entoure la partie supérieure de la composition. Ville et montagnes au fond.

10. — *Le Christ mis au tombeau*. Joseph d'Arimathie et Nicodème, soutenant par la tête et par les pieds le corps du Christ à tête radiée, couché dans un linceul, le déposent dans un sépulcre sculpté. La Vierge, deux saintes femmes et saint Jean sont placés en arrière portant tous le nimbe annulaire. La Magdeleine se penche vers le tombeau un vase d'aromates dans les mains, un autre vase et la couronne d'épines sont à terre sur le premier plan. Une caverne s'ouvre derrière les saintes femmes. Ville au fond.

11. — *La Résurrection*. Le Christ entouré d'une gloire radiée, les épaules couvertes d'un manteau brun, la croix de résurrection de la gauche et bénissant de la droite, est debout sur la pierre du sépulcre. Trois soldats armés, dorment autour du tombeau : un quatrième s'éveille. Fond de rochers, d'arbres et de ciel.

12. — *L'Ascension*. — Les apôtres et la Vierge nimbée seule d'un nimbe elliptique annulaire, entourent un tertre au-dessus duquel on aperçoit les pieds et le bas de la robe du Christ dans une auréole de nuages. Fond de ciel.

13. — *Saint Jean l'Évangéliste*. Saint Jean, jeune, à nimbe annulaire elliptique, est assis au pied d'un arbre, un livre sur les genoux, une plume à la main, et regardant le ciel où apparaît une auréole avec ce mot : JESVS. L'aigle est à côté de lui, les ailes étendues, également nimbé. La mer, des îles et des montagnes s'étendent à l'horizon.

14. — *Saint Luc, évangéliste*. Saint Luc vieux, coiffé d'un bonnet à oreillères qu'entoure le nimbe annulaire ellip-

tique, vêtue d'une tunique et chaussé de bas de chausses, est assis sur un escabeau devant un pupitre où, d'une main, il feuillette un livre, tandis qu'il écrit de l'autre sur un cahier placé sur ses genoux Le bœuf est couché à terre derrière lui. Une crédence chargée de vases est au fond, contre un mur percé de fenêtres cintrées et laissant voir la campagne par une grande ouverture percée à droite.

15. — *Saint Marc, évangéliste.* Saint Marc, vieux et entièrement chauve, la tête surmontée du nimbe elliptique annulaire, vêtu d'une robe et d'un manteau, est assis dans un fauteuil en avant d'un pupitre où il écrit sur un rouleau. Un chandelier est placé sur la table. Le lion est couché derrière lui sur un carrelage vert et noir, où sont épars quelques livres. Au fond un bahut chargé de deux vases, en avant d'un mur percé d'ouvertures ceintrées, et contre lequel est pendue une draperie.

16. — *Saint Mathieu évangéliste.* Saint Mathieu, vieux, coiffé d'un bonnet qu'entoure un nimbe annulaire elliptique, vêtu d'une robe, d'un manteau et de bas de chausses, est assis sur un banc, tenant de la gauche un livre ouvert posé à ses côtés, et étendant la droite sur un autre livre posé sur un pupitre, auquel s'appuie l'ange. Deux vases sur le meuble où est posé le pupitre. Fond de muraille percé d'une grande ouverture à droite, laissant voir la campagne et une ville

Émaux colorés. Trait noir et modelé par hachures au pinceau sur un fond blanc général. Carnations préparées sur un dessous bleu, légèrement colorées. Vêtements glacés en émail transparent bleu de deux tons, tanné, vert turquoise, pourpre, violet et brun, parfois éclairés de blanc, surtout dans les armures, parfois éclairés d'or. Terrains verts, bruns, etc. Ciel bleu étoilé d'or.

Revers invisible.

Ancienne collection, n°s 13 à 38.
N°s 332 à 347 de la Notice des émaux, par M. le comte de Laborde.

D. **556**. — *Plaque rectangulaire.*

H. 0,234. — L. 0,174.

Un massier? Personnage debout, barbu et en longs cheveux, tenant ses gants de la main gauche, un bâton d'or de la droite, en costume de la première moitié du XVIe siècle, consistant en un bonnet plat à plumes; en un pourpoint vert sans col et à jupe, en un ample surcot bleu fourré et fleurdelisé, et en bas de chausses blancs. La chemise retenue autour du col par un galon, dépasse le pourpoint qui est tailladé verticalement sur la poitrine et laisse apparaître une croix suspendue, et un vêtement de dessous violet. Une écharpe forme ceinture par-dessus un baudrier d'où pend une épée. Les manches qui sont crevées et laissent voir la chemise terminée par une large manchette tuyautée, sortent de l'une des ouvertures des longues manches du surcot. Les bas de chausses blancs sont retenus au-dessous du genou par une jarretière violette.

(Les souliers à crevés et découverts sont une restauration, ainsi que la main droite et le milieu de la plaque.)

Émaux colorés ; trait et premier modelé par enlevage, recouvert d'émaux transparents : carnations très-colorés. Rehauts d'or.

Revers invisible.

Règne de Charles X. — Collection Révoil, n° 873.

N° 348 de la Notice des émaux, par M. le comte L. de Laborde.

Jehan Courteys?

Un émailleur de la seconde moitié du XVIe siècle a signé I. C. des émaux qu'il n'a jamais datés, et l'on suppose que cet émailleur était Jehan Courteys. Nous avons dit plus haut (page 266) que nous ne pensions point qu'il fût le même que le Jehan Courtoys qui, en 1534, exécutait des vitraux dans l'église de la Ferté-Bernard.

M. Maurice Ardant a trouvé qu'un Jehan Courteys, — émailleur probablement, — habitait, en 1545, dans la rue Manigne une maison sur laquelle il payait une rente au profit d'un établissement charitable, et possédait quelques terres aux portes de Limoges. Un Jehan Courteys mourut en 1586, laissant un fils qui a porté les mêmes noms que lui (1).

---

(1) Maurice ARDANT, les Courteys, Court et de Court, p. 12.

C'est de celui-là que devraient surtout être les émaux signés I. C., s'ils sont d'un membre de cette famille, et s'ils ne sont pas de Jehan de Court, comme nous serions tenté de le croire.

Les œuvres de Jehan Courteys, outre qu'elles portent presque toujours les initiales I. C., sont reconnaissables d'abord aux sujets empruntés pour la plupart aux petits maîtres, au style qui est maniéré, au profil aigu des personnages dont la tête, suivant une heureuse expression de M. le marquis L. de Laborde, peut être inscrite dans un as de carreau, au ton des carnations qui est très-saumonné; et, dans les grisailles, à celui des demi-teintes qui est très-foncé; enfin dans toutes les pièces, qu'il s'agisse de grisailles ou de peintures polychromes, au brillant de l'émail et au précieux de l'exécution.

D. **557**. — *Plaque rectangulaire.*

H. 0,20. — L. 0,125.

Jésus-Christ au jugement dernier. — Le Christ, à nimbe radié, placé dans une gloire dorée qui imite des nuages, où l'adorent deux anges et deux chérubins, les jambes seules recouvertes d'une draperie, appelle de la droite les élus qu'il bénit; étend la gauche sur les réprouvés.

Il est assis sur l'arc-en-ciel, les pieds posant sur les nuages. La Vierge est agenouillée à sa droite, et au-dessous de lui. Les apôtres, saint Pierre en tête sont derrière elle. A gauche saint Jean-Baptiste, les jambes recouvertes d'une draperie, est assis sur les nuages et montre le Christ. David jouant de la harpe et quelques prophètes sont placés en arrière. Tous les élus sont nimbés.

Émaux colorés. Trait et premier modelé sommaire exécuté au pinceau sur le métal, recouvert d'une couche grise opaque pour les carnations, qui sont cernées par un trait de contour, et redessinées partie au pinceau, partie par enlevage, puis rehaussées de blanc, et glacées d'une teinte saumonée intense. Les lumières des draperies et des nuages sont exprimées par un rehaut blanc, tandis que le reste est en métal, le tout recouvert d'une couche translucide, violette pour les nuages, pourpre, bleue, tannée et verte pour les costumes, etc.

Rehauts d'or pour les lumières et le fond, ou les deux lettres I C ont été enlevées sous l'arc-en-ciel, à gauche du Christ.

Revers translucide.

Règne de Napoléon III. — Donation Sauvageot.

N° 1129 du Catalogue de la collection Sauvageot, par M. A. Sauzay.

D. **558**. — *Plaque rectangulaire.*
H. 0,203. — L. 0,158.

La prédication de saint Jean-Baptiste. — Saint Jean, à nimbe annulaire elleptique, vêtu d'une tunique, est debout vers la gauche derrière une lisse, parlant à un homme debout à côté de lui, et levant la main gauche vers le ciel. Une femme est assise à terre vers la droite, avec un enfant sur les genoux ; un homme appuyé contre un arbre, des femmes et d'autres personnages sont en arrière : fond d'arbres. Sous les pieds du personnage, à l'extrême gauche, le monogramme I. C. en noir.

Émaux colorés. Trait et préparation en noir sur le métal. Carnations sur fond bleu entièrement saumonnées. Terrains, verdure et costumes glacés d'émaux translucides, éclairés de rehauts blancs dans les arbres. Rehauts d'or.

Contre-émail incolore.

Règne de Napoléon III. — Donation Sauvageot.

N° 1130 du Catalogue de la collection Sauvageot, par M. A. Sauzay.

D. **559**. — *Plaque ovale bombée.*
H. 0,310. — L. 0,410.

Le Passage de la Mer Rouge. — Moïse et les Israélites placés sur la gauche, sont séparés de l'armée de Pharaon, placée à droite au milieu des flots, par une double vague qui coupe la composition en deux parties égales.

Moïse debout, étend sa baguette sur les flots. Deux femmes portant des vases sur la tête et cinq vieillards l'entourent. Au fond l'armée israélite s'enfonce à travers une arcade naturelle percée dans les rochers.

Pharaon sur son char, attelé de deux chevaux, un blanc,

l'autre noir, est entouré de cavaliers dont les chevaux sont renversés dans les flots. Fond de ville.

Émaux colorés en partie sur paillon. Rehauts d'or.

Trait et premier modelé très-sommaire en noir brun sur le métal ou sur le paillon, pour tout ce qui est en émaux translucides. Carnations et chevaux dessinés par enlevage à travers une couche très-grise. Rehauts blancs : chairs presque entièrement recouverte d'un glacis saumonné. Le ciel est en partie peint sur une première couche blanche et recouvert de bleu transparent, comme les eaux qui paraissent plus sombres, malgré les rehauts blancs, étant appliqués sur le métal. Les rochers sont violets, les terrains verts avec quelques rehauts blancs : les costumes bleu, bleu turquoise, vert, pourpre et tanné. Aspect général sombre.

Revers incolore tirant sur le tanné.

Règne de Charles X. — Collection Durand, n°s 61-2522.

N° 392 de la Notice des émaux, par M. le comte L. de Laborde

D. **560**. — *Fond de coupe.*

D. 0,260.

Loth et ses filles. — Sur le premier plan à gauche, Loth assis tend une coupe à l'une de ses filles, qui l'emplit de vin, tandis que l'autre assise près de lui appuie une de ses mains sur son épaule et soutient la coupe de l'autre. Fond de rochers, de cavernes et d'arbres. En arrière-plan à droite, la femme de Loth changée en statue, et au fond la ville qui brûle.

Grisaille. Trait et modelé par enlevage sur fond noir à travers une seconde couche d'un bistre très-foncé et tirant sur le noir-violet. Rehauts blancs. Carnations saumonnées. Bord noir, jadis couvert d'ornements d'or : ourlet bleu.

Revers. Au centre un anneau chargé d'oves qui entourent le pied. Autour quatre médaillons ovales, opposés deux à deux, et distribués dans un grand cuir quadrangulaire orné d'un masque de satyre au-dessous de chaque médaillon. Ceux-ci encadrent un fleuve, une nimphe, un taureau et un cerf. Sur le cuir le monogramme I. C en noir.

Même facture que l'intérieur. Fond noir.

Règne de Charles X.— Collection Durand, n°s 40-2462.

N° 403 de la Notice des émaux, par M. le comte L. de Laborde.

D. 561. — *Coupe plate, montée sur un pied en bronze doré.*

H. sans le pied 0,047. — D. 0,190.

Intérieur : *La Création de l'homme*, imitation de la composition de Raphaël. — Dieu le père, à nimbe radié, portant une couronne dentée, vêtu d'un ample manteau par-dessus une robe, se tourne vers Adam couché à gauche, et l'anime en étendant sa main droite. Des animaux garnissent le paysage planté d'arbres, en avant de la mer où nagent des monstres ; des montagnes bordent l'horizon. Le monogramme I. C est tracé en noir sous les pieds d'Adam. La scène est encadrée dans une zone d'arabesques d'or.

Extérieur : un grand cartouche circulaire, orné de cuirs découpés, et de masques grimaçants combinés avec des guirlandes de fruits. Contre le bord un rang d'oves. Entre cette bordure et le cartouche central un guirlande de rinceaux en arabesques d'or.

Grisailles. Trait et premier modelé sommaire par enlevage à travers une première couche gris foncé. Rehauts d'un blanc rosé. Carnations colorées entièrement en saumonné intense. Quelques rehauts d'or. Fond noir.

Règne de Charles X. — Collection Durand, n°ˢ 42-2464.

N° 404 de la Notice des émaux, par M. le comte L. de Laborde.

D. 562. — *Assiette.*

D. 0,202.

La Continence de Joseph, d'après Lucas de Leyde. — La femme de Putiphar, vêtue et assise sur un lit à pavillon en forme de dôme, d'où tombent des rideaux, saisit le manteau de Joseph, qui fuit vers la droite, où est placée une table portant une aiguière.

Deux chiens occupent le premier plan : fond d'architecture. Au sommet la lettre G et le chiffre xxxix, désignent des chapitres de la Genèse, d'où la scène est tirée.

Sur le marly un ornement en or composé de seize éléments formés de deux rinceaux séparés par un trait.

Sur le bord, un ornement formé d'un motif quatre fois répété et composé de deux bustes d'enfants sans bras, terminés en longue volute feuillagée, affrontés à un vase en balustre à deux anses : chaque élément étant séparé par un masque. Ourlet blanc.

Émaux colorés en partie sur paillons; dessinés sur le fond presque partout recouvert d'émaux translucides, avec nombreux rehauts d'or. Carnations vigoureusement teintées. Le marly et le bord sur fond bleu.

Revers. Une rosace centrale entourée de quatre termes convergents, tenant dans leurs mains des lanières qui forment cartouches et encadrent quatre masques.

Sur l'une d'elles le monogramme I. C. en noir.

Sur le fond courent des rinceaux d'or. Sous le bord une couronne de lauriers de même.

Grisaille à carnations colorées sur fond bleu.

Ce numéro et les cinq suivants appartiennent au même service.

Ancienne collection, n° 4.

N° 393 de la Notice des émaux, par M. le comte L. de Laborde.

D. 563. — *Assiette.*

D. 0,202.

Joseph conduit en prison. — Au centre, Joseph est entouré de trois hommes costumés en guerriers, dont un porte deux trousseaux de clefs attachés à un bâton, qui le dirigent vers la porte d'une tour placée à gauche. Au fond à droite, la femme de Putiphar présente à son mari le manteau de Joseph. Fond d'architecture. Au sommet la lettre G et le numéro XXXIX, désignant le chapitre de la Genèse, d'où la scène est tirée.

Même marly que le n° D. 562.

Sur le bord un ornement quatre fois répété, dont chaque élément est formé de deux volutes en S, interrompues par un joyau losangé, affrontées à un masque; chaque élément étant séparé par un autre joyau elliptique.

Émaux colorés sur paillon.

Même fabrication que le n° D. 562.

Revers. Au centre une petite rosace entourée de nombreuses lanières symétriquement découpées, qui se combinent avec deux cartouches encadrant des masques. Le monogramme I. C. en noir sur une des lanières.

Sur le fond un semis d'arabesques d'or. Sous le bord une couronne de lauriers de même.

Grisailles sur fond bleu.

Ancienne collection, n° 5.

N° 394 de la Notice des émaux, par M. le comte L. de Laborde.

D. 564. — *Assiette.*

D. 0,202.

Le Songe de Pharaon. — Le roi est couché dans un grand lit en bois sculpté, dont le ciel en pavillon est soutenu par des cariatides. Sur le pavé, au pied du lit, un chien. A gauche, on aperçoit la campagne et les deux troupeaux de vaches grasses et de vaches maigres. Au sommet la lettre G et le n° XLI, désignant le chapitre de la Genèse d'où la scène est tirée.

Marly décoré de rinceaux de feuillages en or.

Sur le bord un ornement quatre fois répété et composé de deux dragons affrontés à un joyau, et chaque élément étant séparé par un masque.

Émaux colorés sur paillon. Même fabrication que le n° D. 562.

Revers semblable au n° D. 562, et de même fabrication, avec le monogramme I. C. en noir.

Ancienne collection, n° 9.

N° 395 de la Notice des émaux, par M. le comte L. de Laborde.

D. 565. — *Assiette.*

D. 0,202

Joseph explique le songe de Pharaon. — Au centre, vers la gauche, Joseph est debout, en avant d'un certain nombre de vieillards vêtus de longues robes, et parlant à Pharaon, assis, vers la droite, un bâton fleurdelisé à la main, sur un trône derrière lequel trois vieillards sont placés.

Au fond, la campagne, où l'on voit les deux troupeaux de vaches grasses et de vaches maigres, entre un édifice placé à gauche et un large dais qui couvre la droite. Des rayons tombent des nuages sur la tête de Joseph.

Au sommet la lettre G et le n°XLI, désignant le chapitre de la Genèse d'où la scène est tirée.

Même marly et même bord que le n° D 564.

Émaux colorés en partie sur paillon. Même fabrication que le n° D. 562.

Revers semblable à celui du n° D. 563, avec le monogramme I. C. et même fabrication.

Ancienne collection, n° 6.

N° 396 de a Notice des émaux par M le comte L. de Laborde.

D. 566. — *Assiette.*

D. 0,202.

Joseph conduit en triomphe. — Une couronne sur la tête, un bâton fleurdelisé à la main, il est assis sur un char, se dirigeant vers la gauche, et traîné par deux hommes; précédé par deux joueurs de trompe et suivi par des hommes portant des palmes. Des femmes s'agenouillent sur son passage.

Au fond, à gauche, un temple carré, un autre circulaire à droite, laissent voir la campagne. Des rayons d'or tombent des nuages sur la tête de Joseph. Au sommet la lettre G et le numéro XLI, indiquant le chapitre de la Genèse d'où la scène est tirée.

Marly semblable à celui du n° D. 564.

Bord semblable à celui du n° D. 563.

Émaux colorés en partie sur paillon. Même fabrication que le n° D. 562.

Revers décoré de trois termes convergents vers le centre, et tenant de leurs deux mains abaissées des lanières symétriquement découpées, qui encadrent des coupes pleines de fruits ou enflammées. Sur une des lanières le monogramme I. C. en noir.

Grisailles sur fond d'arabesques d'or. Sous le bord une couronne de lauriers en or. Fond bleu.

Ancienne collection, n° 8.

N° 397 de la Notice des émaux, par M. le comte L. de Laborde.

D. 567. — *Assiette.*

D. 0,202.

Joseph préside à l'approvisionnement de l'Egypte. — A gauche sur le perron d'un palais, Joseph debout, suivi de deux vieillards, donne des ordres à un homme qui porte une pelle. En arrière est un autre homme à côté de quatre sacs posés à terre. Au fond, à gauche, on décharge une charrette pleine de gerbes de blé, que l'on bat au centre ; à droite deux hommes portent des sacs au grenier. Fond d'édifices avec un perron percé d'une arche qui laisse voir une charrette qui arrive chargée. Des rayons d'or tombent du ciel sur la tête de Joseph. Au sommet la lettre G et le chiffre XLI, indiquant le chapitre de la Genèse d'où la scène est tirée.

Marly et bord semblables à ceux du n° D. 562.

Émaux colorés en partie sur paillon. Même fabrication que le n° D. 562.

Revers semblable à celui du numéro précédent, avec le monogramme I. C. en noir. Même fabrication,

<blockquote>Ancienne collection, n° 7.

N° 398 de la Notice des émaux, par M. le comte L. de Laborde.</blockquote>

D. 568. — *Flambeau composé d'un fût en balustre surmontant un disque qui s'élargit au-dessus du pied, formé d'une scotie au-dessus d'un tore godronné.*

H. 0,000. — D. 0,200.

Balustre. *Le Triomphe d'Amphytrite*, imité de la composition gravée par A. du Cerceau. — Neptune et Amphitrite, portés sur des hippocampes, sont précédés et suivis par des tritons-centaures, qui portent l'un un vase de feu, l'autre une massue, et par de petits génies.

Disque. *Chasse à l'Ours*. d'après H. Aldegraver. — Frise circulaire, composée d'enfants armés d'épieux, attaquant deux ours. Bordure de rinceaux d'or, circonscrite par un rang d'oves interrompues par les masques.

Pied. Scotie ornée d'arabesques d'or, entourée par une couronne semblable. Tore chargé de douze godrons elliptiques, représentant six travaux d'Hercule alternant avec six divinités, placées debout. Hercule combattant Cerbère. — Apollon (figure restaurée). — Hercule enlevant Déjanire à Achélous. — Mercure (figure restaurée). — Hercule portant sur ses épaules la sphère céleste. — Minerve (figure très-restaurée). — Hercule tenant un arc. Nessus est dans le fond. — Cybèle pressant ses deux seins et entourée d'animaux. — Hercule et la biche du mont Cerynée. — Mars (figure restaurée). — Hercule étouffant Antée. — Junon (figure restaurée).

Émaux colorés en partie sur paillon. Figures peintes du premier coup sur le fond; parfois redessinées par un trait de contour, modelées avec deux tons. Carnations entièrement colorées. Vêtements et draperies sur paillon. Nombreux rehauts d'or. Fond bleu ponctué ou couvert de rameaux d'or. Revers bleu semé de fleurs de lis, de roses et de points d'or, avec le monogramme I C en or.

<blockquote>Règne de Charles X. — Collection Durand, n°s 50-2504.

N° 406 de la Notice des émaux, par M. le comte L. de Laborde.</blockquote>

D. 569. — *Flambeau composé d'un fût en balustre surmontant un disque qui s'élargit au-dessus du pied, formé d'une scotie au-dessus d'un tore godronné.*

H. 0,080. — D. 0,200.

Balustre divisé en deux zones séparées par un filet. Sur la supérieure des ornements : sur l'inférieure, *le Triomphe d'Amphytrite*, fragment d'une composition gravée par A. du Cerceau.— Neptune et Amphitrite assis sur le dos de deux dauphins, précédés par un amour qui sonne de la trompe, suivis de deux sirènes ailées qui les couronnent, entourés de tritons et de néréides.

Disque. *Chasse à l'Ours*, d'après H. Aldegraver. Frise circulaire composée d'enfants, dont un est à cheval attaquant un ours, bordure de rinceaux d'or, circonscrite par un rang d'oves interrompu par quatre masques.

Pied. Scotie ornée d'arabesques. Tore chargé de douze godrons représentant six travaux d'Hercule alternés avec six dieux placés debout. Jupiter, avec l'aigle placé à ses pieds. — Hercule tenant une flèche. — Diane tenant un croissant à la main et suivant deux lévriers. — Hercule et le lion de Némée. — Neptune armé du trident, avec deux hippocampes à ses pieds. — Hercule combattant l'hydre. — Vénus et l'Amour. — Hercule tuant le dragon des Hespérides. — Bacchus pressant des raisins dans une coupe, et accompagné d'un petit satyre. — Hercule portant les deux colonnes. — Minerve, figure casquée, portant une trompette à la main (très-restaurée). — Hercule et Cacus.

Émaux colorés, même facture que le numéro précédent, dont celui-ci est le pendant.

Revers émaillé de bleu, semé de fleurs de lis, et de rosaces d'or, avec le monogramme I. C. de même.

Règne de Charles X. — Collection Durand, n°s 50-2505.

N° 407 de la Notice des émaux, par M. le comte L. de Laborde.

D. 570. — *Aiguière.*

H. avec l'anse 0,265. — D. 0,120.

Panse ovoïde divisée en deux zones par un filet saillant orné d'oves, portée sur un pied circulaire en doucine, au moyen d'une courte tige, et surmontée d'un col qui s'épanouit en une ouverture polylobée. L'anse, qui s'insère au milieu de la panse, s'arrondit au-dessus de l'ouverture, où elle s'implante.

Pied. Des masques et des trophées, au-dessous d'un rang de grandes feuilles tombantes. Ourlet blanc orné de nielles rouges.

Panse ; zone inférieure. Un combat de huit cavaliers nus formant frise. — Zone supérieure. Une frise de trophées d'armes, casques, boucliers, carquois, cuirasses, etc. Col couvert de larges feuilles entablées. Anse et intérieur du col, ornées de nielles rouges sur fond blanc, avec le monogramme I. C. en noir.

Grisailles dessinées et très-légèrement modelées par enlevage. Carnations très-vigoureusement colorées. Fond noir. Revers et dessous de l'anse noir.

Règne de Charles X. — Collection Durand, n°s 13-2418.

N° 405 de 'a Notice des émaux, par M. le comte L. de Laborde.

D. 571. — *Coupe plate portée sur un piédouche interrompu par un filet saillant.*

H. 0,105. — D. 0,263.

Intérieur. *L'entrée dans l'Arche.* — Au premier plan à gauche, Noé à genoux en avant d'une maison, étend les deux bras et regarde le Seigneur, qui lui apparaît dans une auréole d'or entourée de nuages. En arrière plan au centre, la femme de Noé et deux de ses fils ; plus loin, à droite, un fils et une fille de Noé, au milieu d'animaux assemblés par paires, se dirigent vers le pont qui accède à l'arche placée sur le sol au centre, au milieu d'arbres et en avant d'une ville que baigne la mer. Au sommet à gauche, l'inscription G E. vi et vii, indique les passages de la Bible auxquels le sujet se rapporte. — Bordure d'arabesques d'or sur fond noir. Ourlet blanc.

Extérieur. Trois termes convergents, saisissant des deux mains levées des lanières découpées qui servent d'encadrement à des cartouches en cuirs également découpés. Au centre de ces cartouches est placé un masque de satyre portant sur sa tête une corbeille de fruits reliée aux termes qui l'encadrent par des draperies à bords festonnés. — Sur l'une des lanières le monogramme I. C en noir.

Pied. Arabesques d'or sur la tige ; couronne d'or sur le filet saillant. Sur la doucine quatre chimères affrontées deux à deux à une autre chimère vue de face, et séparées par

298 ÉMAUX PEINTS.

deux autres chimères. Bordure de rinceaux de feuillages. Ourlet blanc.

Émaux colorés en partie sur paillons. Trait enlevé à travers une couche blanche, partout ailleurs que sur les paillons, où il est peint en noir. Carnations saumonnées. Une partie des animaux, les accessoires, les nuages, les terrains et les arbres glacés d'émaux translucides tannés, bruns, violets, verts, parfois rehaussés de blanc. Rehauts d'or. Fond noir.

Contre-émail noir violet, semé de fleurs de lis et de fleurettes d'or.

Règne de Charles X. — Collection Durand, nos 39-2461.

No 402 de la Notice des émaux, par M. le comte L. de Laborde.

D. **572.** — *Assiette.*

D. 0,203.

Vénus sur son char. — La déesse, portant une longue flèche, est assise sur un char à quatre roues, dirigé vers la droite et traîné sur les nuages par deux colombes. Un amour voltige en avant de Vénus et lance une flèche.

Marly. Une torsade d'or.

Bord. Deux mascarons et deux mufles de lion, symétriquement disposés et séparés par des ornements en forme de doubles consoles, reliés par des bouquets de fruits et de feuilles. Ourlet blanc.

Revers. Le Centaure sagittaire dans un médaillon circulaire, formé d'une zone de feuillages entablés, qu'entoure un cartouche circulaire en cuirs découpés et enroulés. Sous le bord une couronne de lauriers.

Grisaille. Figures et ornements en partie peints du premier coup, en partie redessinés et sommairement modelés par enlevage sur le fond, à travers une couche d'un gris très-intense. Rehauts blancs. Carnations saumonnées. Ornements et rehauts d'or. Fond noir.

Règne de Charles X. — Collection Durand, nos 19-2430.

No 420 de la Notice des émaux, par M. le comte L. de Laborde.

D. **573.** — *Assiette.*

D. 0,183.

Le Mois de Mai. — Un jeune homme ayant en croupe une jeune femme, tous deux en costume du milieu du XVIe siècle, chevauchant dans une forêt. Au sommet le signe des Gémeaux dans une auréole ponctuée d'or.

Sous les pieds du cheval, un écusson d'armoiries écartelé. « Au premier et au quatrième échiqueté de gueules d'or et de seize pièces. Au deuxième et au troisième d'azur, à la tête de chien, posée de face, au-dessus d'un croissant d'argent sous un lambel de même. »

Marly. Un dessin courant d'arabesques d'or.

Bord. Quatre cartouches allongés formés de cuirs découpés et enroulés, entourant chacun un masque coiffé de draperies nouées sur les tempes, et séparées par des bouquets de fruits, comme sur le n° D. 590.

Revers. Une rosace centrale au milieu d'un cartouche circulaire en cuirs découpés et enroulés quatre fois en dehors et quatre fois en dedans. Quatre masques tenant des draperies dans la bouche, occupent le champ des premiers enroulements. Des grappes de raisin et des feuilles de vigne débordent les seconds, sur un fond bordé d'un rang de perles.

Sous le bord, une couronne de lauriers en or.

Grisailles. Large trait de contour par enlevage, ainsi que le modelé; blancs peu éclatants. Carnations légèrement saumonnées. Yeux ponctués de blanc.

Ornements et quelques rehauts d'or. Fond noir.

Règne de Charles X. — Collection Révoil, n° 173.
N° 408 de la Notice des émaux, par M. le comte L. de Laborde.

D. 574. — *Assiette.*

D. 0,182.

Le Mois de Juin. — Un homme et une femme assis sur un banc rustique, tondent chacun un mouton couché sur leurs genoux. Un berger est debout, à gauche, les regardant. Fond de maisons et de paysage séparé en deux par un clayonnage. Au sommet le signe de l'Écrevisse dans une auréole de nuages. Dans le bas, sous les pieds de la femme, le même écu d'armoiries qu'au n° D. 573.

Bord et revers semblables à ceux du numéro D 573.

Marly lisse.

Grisailles. Trait et modelé par enlevage. Blancs peu éclatants. Carnations légèrement saumonnées. Yeux ponctués de blanc. Ornements d'or. Fond noir.

Règne de Charles X. — Collection Durand, n°s 19-2436.
N° 409 de la Notice des émaux, par M. le comte L. de Laborde.

D. 575. — *Assiette.*

D. 0,183.

Le Mois d'Octobre. — Un homme foule des raisins dans un cuvier, au bord duquel il appuie ses deux mains. Derrière lui, un enfant nu, monté sur un baquet renversé, tient une coupe élevée. A gauche une femme, vêtue à l'antique, apporte une corbeille de raisins posée sur sa tête. A droite, un vieillard vêtu d'une tunique, porte sur ses épaules une hotte pleine de raisins.

Fond garni d'une treille en forme de berceau. Au sommet de la composition, le signe de la Balance dans une auréole à fond d'or. Au bas, les mêmes armes qu'au n° D. 573.

Marly, bord et revers semblables à ceux du même numéro.

Grisailles. Même facture qu'au n° D. 573.

Règne de Charles X. — Collection Durand, n° 19-2435.

N° 410 de la Notice des émaux, par M. le comte L. de Laborde.

D. 576. — *Assiette.*

D. 0,200.

Le Mois de Février, d'après Étienne De Laulne. — A gauche, un homme vieux, assis devant le feu d'une haute cheminée. Une femme debout file à côté de lui. En arrière un serviteur apporte un fagot. On voit par la porte ouverte un homme abattant un arbre. A terre sont un chien accroupi, un coq et une poule. Au sommet, le signe des Poissons dans une auréole de nuages.

Au milieu de la composition, entre la femme et le serviteur, l'inscription : FEVRIER.

Marly. Une guirlande de branches de laurier en or.

Bord. Un ornement quatre fois répété, et composé de deux bustes d'enfants sans bras terminés par de longues volutes feuillagées, affrontés à un vase à deux anses; chaque élément étant séparé par un masque.

Revers. Une rosace centrale entourée de quatre termes convergents tenant de leurs deux mains des lanières formant cartouches et encadrant un masque. Sur le fond couvert des rinceaux d'or. Sous le bord, une couronne de lauriers en or.

Grisailles. Dessinées par enlevage à travers une première couche très-sombre, contrastant vivement avec les rehauts blancs. Carnations vigoureusement teintées; rehauts d'or. Fond noir violet.

Ce numéro et les deux suivants appartiennent au même service.

Ancienne collection, n° 40.

N° 399 de la Notice des émaux, par M. le comte L. de Laborde.

D. 577. — *Assiette.*

D. 0,200.

Le Mois de Juin, d'après Etienne De Laulne. — Au centre, une femme assise à terre tond un mouton. A sa droite, un berger se baisse pour prendre un mouton tondu. A sa gauche, un autre est debout avec un mouton sur ses épaules. Troupeaux et berger dans le fond, édifié de fabriques et planté d'arbres. La mer au fond. Au sommet, le signe de l'Écrevisse dans une auréole de nuages. Sur la maison, à droite, l'inscription : JVING en or.

Marly. Une suite de légers rinceaux d'or.

Bord. Un ornement quatre fois répété, et composé de dragons affrontés à une coupe à anses, chaque élément étant séparé par un masque.

Même revers et même fabrication que le n° D. 576.

Ancienne collection, n° 44.

N° 400 de la Notice des émaux, par M. le comte L. de Laborde.

D. 578. — *Assiette.*

D. 0,200.

Le Mois de Juillet. — Au centre un homme fauchant un pré. A gauche derrière lui une femme armée d'une fourche et fanant. A droite un homme rassemble le foin en petites meules à l'aide d'un rateau. Une palissade en clayonnages fait sur des pieux alternant avec des arbres entoure le pré et le sépare de la campagne. Au sommet le signe du Lion dans une auréole de nuages. L'inscription JVILLET se lit au pied de la palissade au fond.

Même décoration sur le marly, sur le bord et sur le revers qu'au n° D. 576.

Le monogramme I. C. est tracé en noir sur une des lanières du revers.

Un monogramme tracé en or et formant les trois lettres H. M et D., cette dernière étant deux fois répétée, est tracée sur le fond, dans l'un des enroulements de l'une des lanières.

La fabrication est la même que celle des deux numéros précédents: mais, bien qu'elle sorte du même atelier et qu'elle appartienne au même service, cette assiette ne semble pas due à la même main.

Ancienne collection, n° 42.

N° 401 de la Notice des émaux, par M. le comte L. de Laborde.

D. 579. — *Assiette.*

D. 0,020.

La naissance des fils de Joseph. — Un appartement : à droite, dans un lit d'apparat, avec ciel supporté par des colonnes, une femme est couchée, mais vêtue. Une matrone lui parle dans la ruelle. Au centre, deux autres matrones lavent un enfant. Au fond, une autre habille un second enfant, assise à terre devant une vaste cheminée, où une servante fait chauffer un linge. Entre le lit et la cheminée, une porte dont une servante soulève la portière. Tout au sommet, l'indication G. XLI, tracée en lettres d'or.

Marly. Rinceaux d'or sur fond bleu lapis.

Bord. Quatre masques, reliés par deux S fleuronnés et ornés de bijoux. Ourlet blanc.

Émaux colorés en partie sur paillon. Trait noir sur fond brun violacé et sur paillon.

Carnations entièrement saumonnées, dessinées par enlevage ainsi que les linges. Les couleurs employées sont le bleu lapis, le turquoise, le vert, le jaune et le pourpre chacun de deux tons. Rehauts d'or.

Revers. Quatre termes rayonnent autour d'une rosace, la tête au centre, et tenant les entrelacs d'un ornement rubané, qui encadre dans ses méandres quatre masques alternant avec les quatre termes. Les lettres I. C. sont tracées sur le ruban.

Rinceaux d'or sous le marly; une couronne de lauriers en or sous le bord.

Appliqué du premier coup sur fond bleu lapis, redessiné par enlevage. Carnations très-saumonnées.

Règne de Napoléon III. — Donation Sauvageot.

N° 1131 du Catalogue de la collection Sauvageot, par M. A. Sauzay.

ATTRIBUÉS A JEHAN COURTEYS.

D. **580**. — *Paix cintrée par le haut.*

H. 0,095. — L. 0,075

Une Pitié. — La Vierge assise au pied de la croix, d'où pend une draperie, tient le corps de Jésus-Christ sur ses genoux. Saint Jean agenouillé à gauche; la Madeleine, à droite, porte un mouchoir à ses yeux. Fond de paysage.

Émaux colorés sur paillon. Trait sur le métal ou sur le paillon. Carnations saumonnées. Émaux translucides bleus, violets, rosés et verts pour les draperies, rehaussés d'or. Arbres verts, ciel bleu violacé.

Revers invisible.

Règne de Napoléon III. — Donation Sauvageot.
N° 1133 du Catalogue de la collection Sauvageot, par M. A. Sauzay.

D. **581**. — *Plaque ovale.*

H. 0,245. — L. 0,200.

Judith. — Judith, posée de profil à gauche, debout devant la tente entr'ouverte où gît le cadavre d'Holopherne. Elle met la tête d'Holopherne dans le sac que tient la servante. Soldats endormis et camp dans le fond à gauche. Les costumes sont de fantaisie.

Émail en partie sur paillon. Trait et premier modelé sommaire en noir sur le métal ou sur les paillons. Carnations très-saumonnées. Les linges dessinés par enlevage sur couche gris foncé et rehaussés de blanc. Costumes, armes, accessoires et terrains bruns, violets, bleus, verts ou violets translucides, tantôt légèrement rehaussés de blanc, tantôt d'or, surtout sur les paillons.

Revers incolore, nébuleux, blanchâtre.

Règne de Napoléon III. — Donation Sauvageot.
N° 1132 du Catalogue de la collection Sauvageot, par M. A. Sauzay.

D. **582**. — *Aiguière.*

H. avec l'anse 0,282. — D. 0,105.

Panse ovoïde portée sur un pied en forme de scotie, et surmontée d'un goulot étroit qui s'évase pour former deux lèvres. L'anse s'attache au milieu de la panse et s'arrondit au-dessus de l'orifice, où elle s'implante.

Col orné de grandes feuilles entablées, surmontées d'arabesques d'or.

Panse divisée en deux zones. Zone supérieure : *Le Triomphe de Neptune*, d'après la composition de A. du Cerceau. — Un génie ailé, dont le corps émerge des flots, sonne de la trompe en avant de deux centaures marins, dont l'un porte un vase enflammé. Neptune et Diane montés sur des hippocampes, les suivent, en avant d'un centaure marin qui porte deux palmes, et d'un vieux génie ailé sonnant de la trompe. — Zone inférieure : *Le Triomphe de Cérès*, d'après une composition de Virgilius Solis. — La déesse, tenant une faucille à la main, est assise sur un char traîné par deux grues. Apollon, à tête radiée, jouant de la lyre, la précède, ainsi que Vertumne, coiffé de feuilles et portant une corbeille de fruits à la main. Deux femmes suivent le char, l'une les seins nus, portant un rateau et des épis, l'autre un fléau sur l'épaule. Deux personnages cuirassés et casqués, appuyés l'un sur l'autre relient les deux groupes. L'un porte des épis, l'autre un trident.

Pied orné de feuilles entablées, d'où pendent des ornements d'or. Ourlet blanc à nielles noires.

Anse à section demi cylindrique, bleue, à grotesques d'or, bordée de blanc sur la partie plate : noire ponctuée d'or sur la partie courbe.

Intérieur blanc à nielles d'or. Revers noir.

Emaux colorés, en partie sur grisaille, en partie sur paillon. Zone supérieure. Trait et préparation par enlevage. Carnations colorées en bistre foncé. Les monstres marins, les eaux, les nuages et les rochers, glacés de couleurs transparentes sur une grisaille. Les ailes des génies seules en émaux transparents sur paillon : fond bleu-violet foncé.

Zone inférieure. Trait appliqué au pinceau sur une première couche générale tannée transparente, ou sur le paillon qui la recouvre par places. Carnations colorées sur fond violet. Costumes en émaux translucides rehaussés d'or sur le paillon, et partout ailleurs de blanc glacé de la couleur du fond. De même pour la verdure et le ciel. Rehauts et accessoires d'or. Feuilles du col et du pied de couleur tannée. Fond bleu noir.

Règne de Charles X. — Collection Durand, n°s 6-2411.

N° 386 de la Notice des émaux, par M. le comte L. de Laborde.

D. **583**. — *Plaque ovale.*
H. 0,131. — L. 0,098.

Au centre, *Vénus et l'Amour* au milieu de grotesques symétriquement disposés, et composés de dauphins feuillagés, de dragons à tête de chien et à ailes de papillon, de masques, de vases de fleurs, d'oiseaux, de draperies, etc., dans le goût d'Étienne De Laulne.

Émail coloré en partie sur paillon, en partie sur préparation blanche; fond noir et rehauts d'or. Carnations modelées à deux teintes et entièrement saumonnées.

Revers incolore.

Règne de Napoléon III. — Donation Sauvageot.

N° 1134 du Catalogue de la collection Sauvageot, par M. A. Sauzay.

D. **584**. — *Plat.*
D. 0,290.

Le repas des noces de Psyché, imitation de la composition de Raphaël. Les dieux, au nombre de neuf, sont assis autour d'une table. L'Amour, enfant, se tient debout auprès de sa mère. Les Heures répandent des fleurs sur la table.

Marly. Arabesques d'or d'un dessin oriental.

Bord. Motif quatre fois répété et composé d'une tête ailée d'enfant, d'où partent des rinceaux à double volute.

Revers. Le fond est couvert d'un ornement deux fois répété et composé d'un masque feuillu qui sert à lier les queues feuillagées et arrondies en volutes de deux longs dragons bipèdes, adossés. Sous le bord un rang d'oves.

Grisailles. Trait épais et incertain, et premier modelé par enlevage à travers une première couche gris clair. Rehauts blancs épais. Carnations colorées. Accessoires et ornements d'or. Fond bleu. Exécution peu soignée et peu habile. La surface de l'émail est inégale.

Règne de Charles X. — Collection Durand, n°ˢ 16-2421.

N° 411 de la Notice des émaux, par M. le comte L. de Laborde.

D. **585**. — *Plat.*
D. 0,265.

Le Mois d'Avril, d'après la composition d'Étienne De Laulne. — Un berger est assis à gauche auprès d'une femme agenouillée et faisant une couronne de fleurs. Plus au centre une autre femme, nue jusqu'à la ceinture, cueille des fleurs. Un chien est couché devant elle. En second plan, à droite, un berger appuyé contre un arbre, et entouré de moutons, joue de la cornemuse. En arrière plan, des chasseurs et une meute descendent une colline et poursuivent un cerf qui se jette dans une pièce d'eau, en avant d'un groupe de maisons. Montagnes et maisons groupées dans le fond.

Au sommet de la composition le signe du Taureau dans une auréole d'or entourée de nuages. Dans le bas le mot AVRIL, tracé en noir.

Marly. Rinceaux d'arabesques d'or symétriquement disposés.

Bord. Ornement quatre fois répété et formé de deux cornes d'abondance adossées, terminant un long rinceau feuillagé; chaque élément étant séparé par un masque de l'élément adjacent.

Revers. Une figure de Minerve, debout et casquée, s'appuyant sur sa lance et sur son bouclier, portée sur un soubassement en forme de lanière découpée, qui s'ajuste avec d'autres ornements du même genre, que terminent des têtes de dauphins. Deux tiges feuillagées supportent au-dessus de la tête de Minerve un fronton dont la corniche est interrompue par un arc, et que surmonte un vase de fleurs; les tiges se recourbent par en bas, et remontent garnies de feuilles. Des draperies festonnées, s'attachant de chaque côté du fronton et portent des oiseaux chimériques.

Sous le bord une couronne de feuilles.

Grisailles. Même fabrication que le numéro précédent.

Règne de Charles X. — Collection Durand, n⁰ˢ 17-2422.

N⁰ 412 de la Notice des émaux, par M. le comte L. de Laborde.

D. 586. — *Assiette.*

D. 0,197.

Le Prophète Élysée. — Le prophète Élysée, debout, distribue des pains qu'un homme placé à droite lui présente et tire d'un sac. Des hommes et des femmes sont assis à terre, à gauche et à droite. Fond de paysage.

Marly chargé d'une torsade en or.

Bord décoré de six serpents ailés, affrontés deux à deux, et séparés par un bijou à quatre lobes. Ourlet blanc.

Émaux colorés en partie sur paillons. Trait noir sur le fond nu du métal ou sur le paillon, recouverts d'émaux transparents bleu lapis, vert, jaune ou violet. Carnations semblant dessinées par enlevage, et saumonnées. Rehauts d'or.

Le marly et le bord sont sur fond brun roux.

Revers. Un buste d'homme lauré, tourné à gauche dans un anneau décoré d'oves, encadré par un cuir orné de deux masques à ailes de papillon et de fruits.

Sous le bord une tige à feuillages symétriques interrompue à quatre places par des losanges et des disques.

Grisaille à deux tons dessinée par enlevage, avec les carnations et certains fruits saumonnés : ornement du bord en or : fond noir brun.

Règne de Napoléon III. — Donation Sauvageot.

N° 1121 du Catalogue de la collection Sauvageot, par M. A. Sauzay.

D. 587. — *Cuilleron.*
H. 0,061. — L. 0,043.

Intérieur. Un buste de femme, de trois quarts à droite, coiffée d'un voile.

Revers. Un perroquet perché.

Email avec paillons sur le costume et le perroquet, carnations opaques sur fond noir décoré de fleurettes sur paillons.

Traits du visage dessinés par enlevage à travers une couche grise. Rehauts blancs avec quelques touches roses sur les joues et les lèvres. Trait du costume peint en noir sur le paillon. Rehauts d'or.

Ce cuilleron est emmanché, au moyen d'une garniture en métal, d'une branche de corail terminée d'un côté en tête de dauphin, et amortie de l'autre en une main qui fait la figue.

Règne de Napoléon III. — Donation Sauvageot.

N° 1165 du Catalogue de la collection Sauvageot, par M. A. Sauzay.

Anonyme I. C.

Bien que les initiales tracées sur l'émail suivant soient les mêmes que nous venons de voir sur les émaux que l'on croit être de Jehan Courteys, nous

308 ÉMAUX PEINTS.

pensons devoir, ainsi que l'a fait M. le comte L. de Laborde, distinguer un émailleur particulier dans celui qui les a adoptées.

Dessinateur peu habile et coloriste sans puissance; d'une ignorance iconographique digne d'un faussaire moderne, il nous laisserait incertain sur l'époque où il vivait si la facture de ses émaux n'était encore celle du XVIe siècle.

D. **588**. — *Plaque ovale.*

H. 0,200. — L. 0,145.

L'Annonciation. — A droite la Vierge agenouillée devant un banc, les cheveux pendants, vêtue d'une robe brun-rouge et d'un manteau bleu posé sur sa tête. A gauche l'ange à nimbe crucifère, vêtu de blanc, ailes multicolores, dans une auréole dorée circonscrite par des nuages bleus, surmonté d'une colombe placée dans la même auréole. Entre-deux, sur le sol, un vase où croît un lis. Au fond un lit à baldaquin et à couverture lilas, à rideaux verts, banc à dossier contre le mur qui est bleu. Carrelage violet

Sur le fond, à côté de celui des rideaux du lit qui est relevé, le monogramme I. C., en or.

Grisaille glacée d'émaux translucides. Trait par enlevage sur une couche grise; seconde couche blanche pour les lumières, quelques touches rouges sur les chairs. Rehauts d'or nombreux.

Revers translucide rouge ponctué.

Règne de Napoléon III. — Donation Sauvageot.

N° 1172 du Catalogue de la collection Sauvageot, par M. A. Sauzay.

Jehan Court, dit Vigier.

Une grande confusion a longtemps régné, à cause de la quasi-similitude des monogrammes et des noms, et souvent des œuvres, entre les émailleurs Jehan Courteys, Jehan de Court et Jehan Court, dit Vigier. Mais, à défaut des actes, une ode du poète limousin, Jacques Blanchon, composée en 1583, semble nommer en toutes lettres les trois émailleurs que nous venons de citer.

Cette ode parle de :

> La surartiste excellence
> De l'estimable *de Court*

ainsi que :

> De la scavante industrie
> D'un *Vigier* pour l'esmailheure,
> Et de la science meilheure
> D'un *Corteys* des mieux appris (1).

Jehan Court, dit Vigier (2), semblerait n'avoir exercé l'émaillerie que pendant un petit nombre d'années, car on possède peu d'œuvres de sa main, et les seules dates que l'on y relève sont des années 1556 et 1557. Cependant c'était un émailleur des plus habiles.

Né de Jehan Court, orfèvre cité avec le surnom de Vigier en 1509, et qui était mort en 1541, il figure peut-être sous le nom de Jehan Court de Vigier dans la liste des consuls pour les années 1529 et 1530. En 1536, on le trouve, sous le nom de Vigier-Court, comme acquéreur d'une maison qu'il avait revendue en 1547. On le voit apparaître, en 1555, dans un autre acte. C'est en cette même année qu'il fabrique les émaux dont les signatures, parfaitement tracées, ne peuvent laisser aucune incertitude sur la façon d'écrire son nom, quoique des scribes inattentifs l'aient plusieurs fois transcrit « Vigier dit Court. »

Trois plans existent aux archives de la Haute-Vienne, qu'il dut exécuter, par autorité de justice, vers les années 1563 et 1564. L'un porte cette mention : « *Figure faicte par moy, Jean Court dict Vigier, maistre*

---

(1) M. Maurice ARDANT, *les Courteys, Court et de Court*, p. 37.
(2) Les vigiers étaient des juges d'un degré de juridiction inférieure à celui des consuls.

peintre de la ville de Limoges. » Ce qui ferait supposer que l'émaillerie n'était point sa profession ordinaire. Nous donnons, d'après un calque que nous devons à l'obligeance de M. Maurice Ardant la signature

apposée sur l'un de ces plans.

Marié à Leonarde Jourdanie, il eut un fils, qui se maria en 1580, et se distingue de lui par le surnom de « le jeune » qu'il prit en son contrat.

Un acte de 1583, qui mentionne la « vigne de Vigier, esmailleur, » fait supposer qu'il vivait encore, quoiqu'un registre des dîmes, commencé vers cette époque, mentionne « les hoirs de feu Jehan Court dict Vigier » pour la maison qu'il possédait jadis rue Manigne.

Pour Jehan Court, dit Vigier, comme pour la plupart des émailleurs dont nous avons eu à étudier la biographie, les documents semblent témoigner d'une bien longue existence. Aussi croyons-nous que c'était l'orfèvre, son père, qui avait reçu le consulat en 1530. Mais il fallait que lui-même eût déjà dépassé vingt-cinq ans pour acquérir en 1536, de sorte qu'il serait mort au moins à soixante-douze ans, en 1583.

Son fils, qui portait le même prénom que lui, était émailleur, et dans le rôle des tailles de 1602, pour le quartier Manigne, figure ainsi : « Jehan Court, dit Vigier, et Petit-Jean, son fils : 1 écu, 2 sols. »

Mais ici la question se complique, car trois actes de baptême de 1614, 1618, 1621, sont relatifs à des enfants de ce « Jehan Cortz dict Vigier, maistre esmailleur, » qui est qualifié de « le jeune » dans le dernier, relatif à un fils qui reçoit aussi le prénom de Jehan. Or, si c'est lui qui, marié en 1580, a déjà un fils assez grand pour être noté sur la taille de 1602, comment se fait-il qu'il lui naisse encore, et de la même femme, Valérie de La Jomart, en outre de deux filles, un autre fils après quarante et un ans de mariage. La chose est possible, mais elle est pour le moins extraordinaire.

Les émaux signés par Jehan Court, dit Vigier, sont assez rares, avons-nous dit. Le plus complet et le plus remarquable est une coupe munie de son couvercle, de l'ancienne collection Pourtalès, qui porte les armes de Marie-Stuart, alors qu'elle était fiancée au Dauphin, et l'inscription suivante :

A LVMOGES
PAR IEHAN
COVRT DIT
VIGIER 1556

Elle représente, en grisaille, le *Festin des Dieux*, imitation de la composition de Raphaël, et sur le couvercle le *Triomphe de Diane*, d'après la composition gravée par J. Androuet du Cerceau dans la série de ses coupes. Un couvercle de coupe, appartenant à Mme la princesse Iza Czartoriska, qui représente, à l'intérieur, le Neptune du *Quos ego* entouré de tritons et de néréides, et à l'extérieur des têtes séparées par des bouquets de fruits, porte la même inscription et la même date (1). C'est encore la même que nous trouvons sur trois plaques, exécutées en émaux de couleur sur fond blanc, qui représentent des scènes de l'histoire de Joseph, et qui appartiennent à M. Mordret (2).

L'émail signé

ᴬ ALYMOGES·PAR·IEHAN·COVRT··DIT·VIGIER·1557.

appartient aujourd'hui à M. Webb, après avoir fait partie des collections Callet et Daugny. C'est un plat au fond duquel sont représentées les *Noces de Psyché*, d'après Raphaël.

Enfin, le Louvre possède les deux assiettes suivantes,

---

(1) Exposition rétrospective de 1865. — Salle polonaise. n° 209, (Ancienne collection Debruge-Dumesnil).

(2) N° 2604 du Catalogue de l'Exposition rétrospective de 1865.

dont l'une est signée I. C. D. V., et qui, rappelant le faire des autres pièces signées de Jehan Court dit Vigier, doivent lui être attribuées. M. Basilewski possède également une salière signée des mêmes initiales tracées en vert sur le fond blanc du revers.

Cet émailleur, qui appartient encore à la grande époque de l'art français de la renaissance, nous semble occuper une position intermédiaire entre P. Reymond et P. Courteys. Il possède le dessin précis et ferme du premier, avec quelque chose de la couleur du second : comme le sfumato de ses grisailles et le ton violet de ses pièces colorées. Seulement, il est plus sobre de teintes saumonnées dans les carnations, et le fondant de ses émaux donne à ceux-ci une glaçure d'un brillant extraordinaire.

D. **589**. — *Assiette.*

D. 0,183.

Le Mois d'Avril. — Un homme et une jeune femme en costume du temps de Henri II, sont assis sur un banc rustique, en avant d'un rideau d'arbustes. Ils se tiennent amoureusement enlacés, tandis qu'un fou, placé près d'eux, étend un bras pour les tenir unis. Une table ronde est placée à droite derrière le fou, un flacon et une coupe sont à terre au premier plan. Le signe du *Taureau* est placé dans le haut de la composition, dans une auréole pointillée d'or. Le monogramme ·I·C·D·V· est tracé en bistre roux sur le banc à gauche.

Marly décoré d'une torsade en or.

Bord chargé de méandre en lanières découpées, et d'arabesques d'or.

Revers. Un grand ornement composé de deux cartouches qui comprennent chacun un terme à grosse tête, et se relient à deux groupes de découpures en forme de queue d'aronde. Fond et bord décoré d'arabesques d'or.

Grisaille. Traits et premier modelé par enlevage sur une couche gris clair; rehauts en blanc éteint. Yeux ponctués de blanc. Carnations peu colorées. Accessoires et ornements d'or. Fond noir.

Règne de Charles X.— Collection Durand, n°s 13-2434.

N° 415 de la Notice des émaux, par M. le comte L. de Laborde.

D. **590**. — *Assiette.*

D. 0,187.

Le Mois d'Octobre. — Une femme en costume du XVIe siècle est assise à gauche sur un tertre, au pied d'un groupe d'arbres, tenant un pain sous le bras droit, et présentant de la gauche une coupe à un semeur qui se dirige vers la droite. Un flacon est à terre devant elle. Au-delà du champ est un fond de paysage accidenté avec une chaumière et des ruines. Au sommet de la composition le signe du *Scorpion* dans une auréole à fond d'or, à côté le mot OCTOBRE est écrit en lettres d'or.

Marly décoré d'une torsade d'or.

Bord. Quatre cartouches allongés formés de cuirs découpés et enroulés, entourant chacun un masque coiffé de draperies nouées sur les tempes, et séparées par des bouquets de fruits, comme sur le n° D. 573.

Revers semblable à celui du n° D. 589.

Grisailles. Même facture que le numéro précédent.

Règne de Charles X. — Collection Durand, n°s 19-2432.

N° 416 de la Notice des émaux, par M. le comte L. de Laborde.

Jehan de Court.

Jehan de Court est le troisième des artistes que mentionne ainsi, en 1583, le poète J. Blanchon.

> La surartiste excellence
> De l'estimable de Court
> . . . .
> Veu en la royale court.

Ce dernier vers laisse supposer que cet émailleur peut être le même que le Jehan de Court qui succéda à François Clouet, en 1572, dans l'office de peintre du roi (1), et qui, en 1574, avait peint un portrait de Henri III, alors qu'il était duc d'Anjou.

Sur lui, les documents sont absents dans les archives du Limousin, et ne serait-il pas possible d'en faire une même personne avec un autre émailleur sur lequel les mêmes archives sont également avares de documents. L'artiste qui signe I. C., et que l'on suppose être Jean Courteys, et celui qui signe I. D. C., et que l'on suppose être Jean de Court, pourraient bien n'être qu'un seul émailleur. En effet, deux petites plaques ovales, d'après Étienne De Laulne, qui se font pendants, et qui présentent les mêmes caractères d'exécution, qui sont passées de la collection L. Fould dans celle de M. le baron de Rothschild de Vienne, portent : l'une le premier monogramme, et l'autre le second.

Les deux vers de J. Blanchon :

> Et de la science meilheure
> D'un Corteys des mieux appris.

se rapporteraient alors à Pierre Corteys qui, croyons-nous, devait vivre encore à cette époque, et non à Jehan Courteys, qui n'aurait jamais existé comme émailleur. Cependant, nous devons faire remarquer une pratique constante du modelé au pointillé dans les carnations des trois émaux que nous connaissons, et qui sont d'une certaine importance comme dimensions, tandis que dans les grisailles de l'émailleur, quel que soit son nom, qui a signé I. C., les carnations sont toujours modelées par empâtement, et généralement entièrement recouvertes de bistre saumonné couché au pinceau.

L'un de ces trois émaux est signé en toutes lettres;

---

(1) Comte L. DE LABORDE, *la Renaissance des arts à la cour de France*, t. I, p, 231 et 317.

les deux autres des seules initiales I. D. C. Tous trois sont colorés et avec paillons.

Le premier est un portrait de Marguerite de France, fille de François I, costumée en Minerve, qui appartient à M. le comte de Nieuwerkerke. Il est signé au revers, et en noir :

IEHAN DECOVRT MA FAICT 1555

Cet émail, exécuté dans la manière de Léonard Limosin, et que l'on croirait sorti de son atelier, est préparé, dans les accessoires et les draperies, par enlevage à travers une couche blanche que recouvrent des émaux translucides éclairés d'un nuage blanc dans les violets et de rehauts d'or dans les bleus. Mais les carnations sont modelées par hachures de bistre roux et de noir, ce qui s'explique dans un portrait.

Le second, qui est l'écusson du Louvre (n° D. 591), et qui nous semble d'époque postérieure, porte également de nombreuses traces de modelé des carnations au moyen de hachures.

Le dernier, qui appartient à M. Bazilewski, et qui doit provenir de Mme La Sayette, de Poitiers, est un plat représentant *le Serpent d'airain* (1). Il est d'une facture très-négligée et doit appartenir à la vieillesse de Jehan de Court. Les profils y sont aigus comme ceux de l'émailleur I. C.; les carnations préparées par enlevage et modelées par rehauts, à la façon ordinaire, ne montrent que de rares hachures de bistre roux sur les visages.

Enfin, un quatrième émail appartenant à M. Ber-

---

1) N° 2600 du Catalogue du Musée rétrospectif de 1865.

thon (1), et représentant la triple Hécate : comme lune au ciel, comme chasseresse sur terre et comme déesse, mais déesse ressemblant à une victime, aux enfers ; émail signé I. D. C., dont les figures sont de petites dimensions, se rapproche considérablement des pièces les moins colorées parmi celles qui portent le monogramme I. C.

Nous trouvons ainsi, entre les émaux signés I. C. et I. D.C., de nombreux points de ressemblance, mais aussi quelques différences qui nous laissent indécis s'il faut faire un seul artiste de qui les a signés, ou croire que deux émailleurs différents les ont faits.

Ajoutons que Jean de Court est certainement sorti de l'atelier de Léonard Limosin, dont il montre la facture dans la Marguerite de France en Minerve, de M. le comte de Nieuwerkerke, datée de 1555, et que plus tard il modifie son style et son faire pour se rapprocher de celui de Jehan Courteys, s'il n'est pas lui-même celui que l'on appelle de ce nom.

D. 594. — *Écusson ovale en partie repoussé.*

H. 0,520. — L. 0,400.

La partie centrale qui est déprimée et entourée d'un cartouche repoussé, est occupée par la figure de Minerve debout, vêtue d'une cuirasse et casquée. Elle s'appuie de la droite sur un bouclier orné de la tête de Méduse et porte un drapeau de la gauche. Deux livres sur lesquels est posée une chouette sont à terre à droite. Fond d'édifices et de paysage.

L'encadrement se compose d'une bordure ovale combinée avec un cartouche en lanières découpées et contournées qui s'ajustent avec deux termes, hommes et femme, placés de chaque côté, et deux mascarons, l'un d'enfant au sommet,

---

(1) N° 2601 du catalogue du Musée rétrospectif de 1865.

l'autre d'une figure grimaçante dans le bas. Les deux mascarons sont accompagnés de draperies et de grappes de fruits, qui sont peints sur le champ en dehors du cartouche. Le monogramme •I•D•C• est tracé sous le masque d'enfant. L'I et le C étant en or, et le D semblant obtenu par la gravure ou ayant été effacé.

Émaux colorés en partie sur paillons. Trait de contour par enlevage à travers une couche blanche, redessiné au pinceau sur les carnations qui sont modelées par hachures bistrées. Dessin au pinceau sur les paillons pour les costumes, toutes les draperies et quelques accessoires. Le paysage, les nuages et le ciel préparés en grisaille et glacés d'émaux colorés. Nombreux rehauts d'or pour les lumières. Les cuirs du cartouche en or éteint et recouvert d'une couche d'émail incolore, se détachant sur un fond noir orné de grappes de fruits multicolores.

Revers incolore.

Règne de Charles X. — Collection Durand, nos 59-2519.

N° 414 de la Notice des émaux, par M. le comte L. de Laborde.

Susanne de Court.

Les archives de Limoges sont muettes sur la femme qui signant ses émaux tantôt Susanne Court et plus souvent Susanne de Court, et parfois S. C., ce qui complique singulièrement la question que nous avons soulevée à propos des émailleurs I. C. et I. D. C.

M. Maurice Ardant, qui nous apprend qu'elle demeurait, en 1600, au faubourg Boucherie, explique ainsi cette différence (1). Il suppose que Susanne étant fille de Jehan Court a signé Susanne Court tant qu'elle a été demoiselle, et qu'elle a pris le nom de Susanne de Court après avoir épousé, soit Jehan de Court, soit

(1) Maurice Ardant, les Courteys, Court et de Court.

un membre de sa famille. Dans ce cas, le *de* étant la marque du génitif, indiquerait le nom du mari, suivant un usage limousin.

Ce qui nous semble plus certain, c'est qu'elle est élève de l'émailleur I. C., tant leurs émaux montrent de ressemblance entre eux. Ce sont les mêmes sujets, d'après les maîtres ronflants de la décadence, exprimés avec le même dessin mou et exagéré tout ensemble ; ce sont les mêmes profils aigus, le même abus des paillons que recouvrent des émaux éclatants indiscrètement rehaussés d'or.

Les chairs seulement sont moins colorées de bistre saumonné.

D. **592**. — *Aiguière.*

H. avec l'anse 0,287. — D. 0,135.

Panse ovoïde portée sur un pied bas, dont elle est séparée par un disque annulaire. Col court, dont le limbe forme deux lèvres saillantes. Anse en console implantée sur l'épaulement et remontant au-dessus de l'ouverture.

La panse est divisée en deux zones par un filet saillant, blanc niellé de noir.

Zone supérieure. *Le Triomphe de Flore*, d'après une composition de Virgilius Solis. — La déesse est assise sur un grand char traîné par deux bœufs et précédé par une femme jouant de la trompe, que suit Mercure portant son caducée. Un jeune homme couronné de fleurs, et qui figure le Printemps, joue du violon, assis sur le dossier du char. Derrière marche une femme sonnant de la trompe ; une autre portant un compas, puis Mars armé et tenant Vénus embrassée. — Zone inférieure. Une scène qui se développe ainsi en partant de l'aplomb de l'anse et en se dirigeant vers la droite. Un homme et une femme qui sortent d'une maison de ferme, portant une corbeille de pains, précédés par un homme qui porte deux gourdes, dont l'une sur ses épaules, en arrière d'un troupeau de moutons. Un berger, avec une longue houlette, reçoit des ordres d'une femme richement vêtue. Des serviteurs chargent un âne de corbeilles de pains posées à terre. Trois serviteurs chargent un autre âne de paniers cylindriques et fermés qui semblent faits en tresses de paille. Un dernier serviteur attend appuyé sur son âne.

Sur le pied, quatre termes reliés par des draperies : moulures extérieures ornées d'arabesques d'or. Garnitures d'argent.

Col orné de grandes feuilles entablées vertes. Fond noir semé de rameaux d'or. Intérieur blanc avec cette inscription tracée en noir dans un cartouche, près de l'insertion de l'anse : SVSANNE·DE·COVRTF

Anse à section elliptique, noire semée de fleurettes d'or.

Revers noir brun semé de fleurs d'or.

Émaux colorés en partie sur paillon. Sujet appliqué en blanc sur fond noir, en partie redessiné par enlevage, en partie au pinceau sur les paillons, le tout recouvert d'émaux colorés translucides, avec rehauts d'or dans les lumières. Les carnations opaques et légèrement colorées, ainsi qu'un bœuf et les moutons. Les terrains sont verts. Fond noir semé de fleurettes d'or.

Règne de Charles X. — Collection Durand, n°^{s} 4-2409.

N° 430 de la Notice des émaux, par M. le comte L. de Laborde.

D. **593**. — *Plat ovale.*

H. 0,383. — L. 0,513.

La Reine de Saba apportant des présents à Salomon. — A droite, la reine de Saba, agenouillée ainsi que trois femmes qui la suivent, à côté d'étoffes et de vases déposés à terre. Au fond des serviteurs déchargeant des ânes. A gauche Salomon cuirassé et casqué, suivi d'un enfant qui porte les pans de son manteau et accompagné de guerriers qui précèdent une armée. Un cartouche placé au bas de la composition contient cette inscription : SVSANNE DE COVRT. F.

Marly chargé d'arabesques d'or.

Bord. Quatre médaillons ovales, représentant les quatre éléments, sont accompagnés chacun d'un sphinx à tête d'homme ou de femme. L'intervalle compris entre deux est occupé par un vase de fleurs, où sont affrontés deux monstres à buste de femme et à corps de lion, derrière lesquels sont placés des termes. Ourlet blanc.

Émaux colorés en partie sur paillon. Trait sur fond blanc et sur paillon, recouverts d'émaux translucides. Chairs légèrement colorées, nombreux rehauts d'or. Bordure sur fond noir.

Revers. Au centre un ovale sur les grands côtés duquel sont posés deux termes féminins sans bras. Sur les extrémités de l'ovale un vase de fleurs au-dessous d'un masque de satyre drapé. Des cartouches en cuirs découpés et en lanières encadrent les termes et les masques, et forment une frise où posent des têtes d'enfants ailés. Arabesques et semis d'or sur le fond. Couronne de lauriers en or sous le bord.

Grisailles de trois tons de blanc, celui des carnations des termes et des têtes d'enfant se rapproche de celui de l'ivoire, tandis que les ornements sont d'un blanc plus absolu.

Les deux masques sont colorés. Dessin en grande partie par enlevage. Fond noir.

Règne de Charles X. — Collection Duraud, n°s 5-2410.

N° 428 de la Notice des émaux, par M. le comte L. de Laborde.

D. 594. — *Plat ovale.*

H. 0,385. — L. 0,495.

Les Vierges sages et les Vierges folles. —Dix jeunes filles en costumes pseudo-antiques sont répandues dans une prairie et divisées en deux groupes.

A gauche sont les vierges sages. L'une porte sa lampe sur ses genoux et joint les mains en regardant la lampe de l'une de ses compagnes qui se dirige vers elle tenant celle-ci d'une main, son vase d'huile de l'autre. Les trois autres sont assises, leur lampe en main. Deux portent sur leurs genoux un livre ouvert qui est l'évangile de saint Mathieu (EVANGELE MATHEI CAD). avec notations musicales ; un vase d'huile droit et une mandoline sont aux pieds de l'une ; un livre dont on ne voit que la reliure avec des cahiers de musique est aux pieds de l'autre. La dernière placée au centre mesure un globe céleste avec un compas ; une règle graduée et un quart de cercle sont à terre à ses côtés. Les cinq vierges folles sont à droite, couchées sur l'herbe, deux endormies, trois éveillées, mais oisives, leurs vases et leurs lampes renversés à terre. En arrière-plan, au centre, les cinq vierges sages se présentent leur lampe allumée en main à la porte du palais. A droite, les vierges folles se pressent autour des marchands d'huile pour remplir leurs vases.

Dans les airs un ange, armé d'une trompette, vole en avant d'une auréole où le Christ, la tête couronnée d'épines, et radiée, montre ses plaies ; une colombe est posée sur ses épaules et entourée de cinq vierges sages. Fond d'arbres où perchent des oiseaux, et d'édifices. Dans le bas de la composition la signature [SVSANNE·COVRT] en noir dans un cartouche blanc.

Marly. Arabesques symétriques en or sur noir.

Bord. Quatre médaillons placés aux extrémités des deux axes et symbolisant les quatre éléments séparés par un ornement semblable à celui du numéro précédent.

Émaux colorés en partie sur paillon. Trait réservé sur fond noir à travers une couche blanche pour les carnations, enlevé à travers une couche blanche ou peint sur paillon et recouvert d'émaux translucides pour les costumes et les fonds, etc. Rehauts d'or pour les lumières.

Revers semblable au numéro précédent et de même facture.

Règne de Charles X. — Collection Durand, n°s 5-2408.

N° 429 de la Notice des émaux, par M. le comte L. de Laborde.

D. **595**. — *Coupe de calice.*

H. 0,065. — L. 0,095.

Cette coupe est montée sur un pied de verre émaillé.

Intérieur. *Jacob reçoit la tunique ensanglantée de Joseph.* — Jacob, assis sur un fauteuil, étend la main en apercevant la tunique que lui apporte un de ses serviteurs, tandis qu'un homme placé à côté de lui étend les bras. Quatre bergers debout, deux derrière le fauteuil, deux derrière celui qui porte la tunique, complètent la composition, que signale l'inscription GENESE. XXXVII tracée en or près du bord. Extérieur. *Abraham renvoie Ismaël à la prière de Sarah.* — Jacob confie le jeune Ismaël à trois hommes armés qui le séparent de Sarah qui s'avance vêtue en reine et suivie de deux femmes qui portent la queue de sa robe. En arrière de ce groupe on aperçoit, au second plan, deux hommes conduisant trois chameaux chargés. Enfin un serviteur est placé derrière Abraham vers lequel il se retourne. L'inscription GENESE. XXIX tracée en or près du bord explique le sujet, tandis que le monogramme •S•C• indique le nom de l'émailleur

Émaux colorés en partie sur paillon.

Trait de contour tracé par enlevage à travers une couche blanche qui recouvre une première couche noire. Carnations colorées et fouettées de rouge sur les joues et sur les jointures. Vêtements dessinés sur paillons et rehaussés d'or. Les figures se détachent sur un fond de paysage glacé de verts variés sur une couche blanche ou des buissons, etc., ont été dessinés par enlevage. Le ciel est noir semé de brindilles d'or.

Règne de Charles X. — Collection Durand, n°s 26-2445.

N° 431 de la Notice des émaux, par M. le comte L. de Laborde.

ÉCOLE OU ATELIER DE SUZANNE DE COURT.

D. **596**. — *Plaque ovale.*

Fin du XVIe siècle.   H. 0,090. — L. 0,065.

Diane et Calisto. — Diane debout dans la vasque d'une fontaine, accompagnée de trois nymphes, nues comme elle, et vues jusqu'aux genoux, se tourne vers Calisto assise à droite et se couvrant à moitié d'une draperie.

Fond de paysage.

Émaux colorés en partie sur préparation blanche, en partie sur paillon pour les draperies.

Trait enlevé sur fond noir. Carnations modelées à deux tons et recouvertes d'une couche saumonnée très-légère. Draperies violettes, roses et bleues avec rehauts d'or. Architecture brun et vert-brun. Végétations vertes ; eaux et ciel bleus.

Revers incolore.

Règne de Napoléon III. — Donation Sauvageot.

N° 1159 du Catalogue de la collection Sauvageot, par M. A. Sauzay.

D. **597**. — *Plaque ovale.*

Fin du XVIe siècle.   H. 0,075. — L. 0,061.

Vénus et l'Amour. — Vénus assise sur un tertre, à moitié couverte d'une draperie. L'Amour, debout, tend ses bras vers elle.

Bordure ornée d'oiseaux et de fleurs sur fond noir.

Émaux colorés. Trait tracé en noir en partie sur préparation blanche, en partie sur paillon pour les draperies, les oiseaux et les fleurs; rehauts d'or. Carnations légèrement saumonnées et modelées par hachures en partie enlevées.

Revers incolore très-craquelé.

Règne de Napoléon III. — Collection Sauvageot.

N° 1160 du Catalogue de la collection Sauvageot, par M. A. Sauzay.

ÉCOLE OU ATELIER DE SUZANNE DE COURT.

D. **598**. — *Tasse à six lobes.*

XVII° siècle.   L. 0,559.

Un cavalier en costume antique galopant à gauche, fond de constructions. Émaux colorés, en partie sur paillon. Trait et modelé par hachures enlevés à travers une couche blanche, recouverte d'émaux translucides. Fond noir bleu. Sur les bords des branches de fleurs dessinées en rouge, en émaux colorés pâles, sur fond blanc.

Revers. Sous les bords des fleurs sur paillon à branchages d'or, sur fond bleu noir. Sous le fond une chasse. Émaux colorés, dessinés par enlevage à travers une couche blanche sur fond bleu noir.

Règne de Charles X. — Collection Durand, n°s 45-2479.
N° 559 de la Notice des émaux, par M. le comte L. de Laborde.

D. **599**. — *Tasse circulaire.*

XVII° siècle.   D. 0,112.

Au fond. L'Enfant-Jésus, à nimbe radié, portant les instruments de la passion, marchant vers la gauche, fond d'arbres. Émaux colorés appliqués en blanc, les traits probablement réservés sur fond noir : carnations rehaussées de rouge ; les vêtements et les arbres glacés, la robe de violet, le manteau de bleu, les arbres de vert. Rehauts d'or. Fond noir.

Bord. Décoré d'une couronne de branchages de fleurs avec oiseaux. Émaux colorés, dessinés en noir. Fond blanc.

Revers. Semis de fleurs sur paillon à branchages filiformes d'or. Fond noir-bleu.

Règne de Charles X. — Collection Durand, n°s 45-2474.
N° 556 de la Notice des émaux, par M. le comte L. de Laborde.

D. **600**. — *Tasse circulaire.*

XVII° siècle.   D. 0,112.

Au fond sainte Agnès, à nimbe radié, portant un agneau sur ses genoux, une palme dans la main gauche, assise sur un tertre ; figure à mi-corps. — Émail coloré. — Même fabrication que le n° D. 599. Même bord et même revers.

Règne de Charles X. — Collection Durand, n°s 45-2475.
N° 557 de la Notice des émaux, par M. le comte L. de Laborde.

H. Poncet.

Nous attribuons à cet émailleur la coupe qui suit, à cause du ton enfumé de la grisaille qui la décore. H. Poncet, bien qu'appartenant au xviiᵉ siècle, comme nous allons le voir, nous semble avoir beaucoup conservé des traditions de la fabrication du xviᵉ, et se rapprocher de Jean Court, dit Vigier, dans une certaine mesure. Il nous semble, toujours d'après le ton des demi-teintes de ses grisailles, être sorti de l'atelier de cet émailleur.

Les émaux représentant saint Ignace de Loyola et saint François-Xavier, que possédait M. Le Carpentier, et qui étaient signés : l'un, au revers, HPoncet. l'autre seulement HP.F. servent à assigner une date approximative à ses travaux. Ces portraits furent exécutés en assez grand nombre à Limoges, vers 1622, après la canonisation des deux patrons de l'ordre des Jésuites, qui en dirigèrent le collége à partir de l'année 1599.

M. Maurice Ardant ne donne aucun détail sur H. Poncet, dont il suppose que le prénom était Hélie (1). Il descendait d'une ancienne famille limousine qui avait compté un dinandier (*concarius*) parmi ses membres, en 1375.

D. 601. — *Tasse à godrons et à deux anses.*

xviiᵉ siècle.   D. 0,130.

Au fond sainte Marie Madeleine, debout, vue de face et à

---

(1) Maurice ARDANT. *Les Poncet, émailleurs*, in-8° de 7 pages.—Limoges, 1863.

mi-corps. Elle lève vers le ciel sa tête ornée d'un nimbe radié, et croise ses deux mains sur sa poitrine.

Fond de paysage. — Grisaille colorée, dessinée par enlevage, modelée par empâtement. Les vêtements sont glacés de violet et de vert; et les arbres de vert. Fond noir.

Lobes du bord chargés d'un oiseau au milieu de branches de fleurs, dessinés en noir sur fond blanc, les lobes étant séparés par des fleurs sur paillon, à tiges d'or, sur fond noir.

Revers. Sous les lobes, fleurs sur paillon, à tiges filiformes en or. Fond noir. Sous le fond un paysage avec pont. Émaux colorés, rehaussés d'or.

Règne de Charles X. — Collection Durand, nos 44-2472.

N° 558 de la Notice des émaux, par M. le comte L. de Laborde.

LES LAUDIN.

Il est peu de généalogies d'émailleurs qui présentent plus d'obscurités, tant le nombre est grand de ceux dont on cite les noms, et tant sont grandes les incertitudes qui planent sur leur parenté.

M. M. Ardant en nomme neuf, dont il n'établit point très-clairement la filiation (1). Ce seraient :

Noël I Laudin, 1586 + 2 avril 1681, à 95 ans.
Jacques I Laudin, 1627 + 16 mai 1696.
Nicolas I Laudin, 1628 + 14 avril 1698.
Jean Laudin, 1616 + 3 nov. 1688 (faub. Manigne).
Valérie Laudin, 1622 + 19 déc. 1682 ⎫ Issus
Noël II Laudin, 1657 + ...1727 ⎬ du même
Jacques II Laudin, 1663 + 8 nov. 1729 ⎭ père.
Joseph Laudin,   + ...1727 (faub. Boucherie).
Nicolas II Laudin, 1697 + 27 mai 1749.

---

(1) M. Maurice ARDANT, *Émailleurs et émaillerie de Limoges*. — Isle... 1855.

De son côté, l'abbé Texier réduit à six le nombre des émailleurs membres de la même famille, et établit ainsi leur filiation (1).

L'ancêtre serait Pierre Laudin, armurier, qui aurait eu la descendance suivante :

Noël I Laudin, 1586 + 1681
(faubourg Manigne).

Jacques I Laudin,	Nicolas Laudin,
1627 + 1695	1628 + 1698
(faubourg Manigne).	(près les Jésuites).
Noël II Laudin,	Jacques II Laudin,
1657 + 1727	1663 + 1729
(faubourg Boucherie).	(faubourg Manigne).
	Noël III Laudin
	vivait en 1749.

Il y a, comme on le voit, d'assez notables différences entre ces deux nomenclatures et dans les parentés qui y sont indiquées. Ainsi, la seconde omet complètement Jean Laudin, auquel jusqu'ici l'on était accoutumé d'attribuer tous les émaux signés du monogramme I. L., si fréquent à rencontrer. Mais la première ne mentionne point le Noël III Laudin, dont l'abbé Texier dit avoir vu un émail daté de 1749. Remarquons, cependant, que c'est en cette année 1749 que M. M. Ardant place la mort de son Nicolas II Laudin, et qu'il pourrait bien se faire que les deux émailleurs n'en fissent qu'un.

Nous sommes d'autant plus porté à le croire que l'abbé Texier ne nous semble avoir cité ce Noël III Laudin que sur le vu d'un émail qui n'était sans doute signé que du nom précédé, suivant l'habitude, de l'N, que jusqu'ici nous avons rencontré seul et jamais suivi

---

(1) L'abbé TEXIER. *Dictionnaire d'orfèvrerie,....*, tome XXVII de l'*Encyclopédie théologique* de S.-P. Migne. Paris, 1856.

d'autres lettres indiquant un nom de baptême plutôt qu'un autre.

L'abbé Texier mentionne Valérie Laudin, mais sans indiquer de qui elle est fille, et nous serions assez embarrassé pour adopter l'indication de M. M. Ardant, puisque cet auteur la fait sœur de Noël II ainsi que de Jacques II, qui, suivant l'abbé Texier, seraient simplement cousins.

Autre difficulté. Jacques I habite le faubourg Manigne, tandis que Noël II, son fils, habite le faubourg Boucherie, et que, d'un autre côté, Nicolas, qui aurait quitté l'atelier paternel de Noël I pour en établir un, près des Jésuites, dans le faubourg Boucherie, n'y aurait point eu pour successeur son fils Jacques II, qui serait retourné au faubourg Manigne.

Tout ceci est plein de contradictions et d'obscurités qui nous laissent fort perplexe en présence de tant d'émaux de différents styles, dans lesquels le nom n'est précédé que d'une simple initiale, tantôt I, tantôt N. Quant à ces derniers, qui appartiennent, soit à un Nicolas, soit à un Noël, l'indication de la demeure, qui y est souvent ajoutée, nous a été de quelque secours pour nous débrouiller dans toutes les attributions que nous avons faites.

Voici les observations sur lesquelles nous nous sommes basés :

Noel I Laudin (1586 † 1681), le premier et le père de toute cette lignée d'émailleurs, ne nous semble point avoir signé ses travaux. En effet, il demeure au faubourg Manigne, et celui qui signe *N. Laudin laisné*, habite le « faubourg Boucherie; » l'autre, qui signe *N. Laudin*, habite « près les Jésuites. »

Ainsi, nous ne pouvons faire aucune attribution à ce Noel I Laudin, si ce n'est celle des deux plaques n^{os} D. 602 et 603, qui représentent des femmes en costume du temps de Louis XIII, que n'auraient pu peindre ses deux fils, nés, l'un en 1627, l'autre en 1628, et incapables de rien faire avant l'année 1645 environ.

———

Nous attribuons à Jacques I (1627 + 1695) toutes les grisailles signées I. L. et exécutées suivant les anciens procédés de dessin et de premier modelé par enlevage.

Peut-être faut-il mettre sur le compte de Jean Laudin (1616 + 1688), son contemporain, une partie de ces travaux; mais il nous a été impossible d'établir aucune différence de faire ou de style dans les grisailles signées I. L.

Nous ferons néanmoins remarquer que les coupes basses nos D. 621, 623 et 624 présentent sur leurs revers des souvenirs évidents de l'influence du grand art décoratif adopté par les émailleurs du XVIe siècle.

———

Les pièces signées *N. Laudin, près les Jésuites*, nous paraissent être de Nicolas (1628 + 1698), frère de Jacques I. Cet émailleur semble avoir abandonné la grisaille pour se livrer presque exclusivement aux émaux colorés. L'ancien procédé du dessin par enlevage est également mis de côté, et les traits noirs du contour ou des lignes principales du dessin, bien qu'ils existent encore, sont réservés dans les couches d'émail blanc, tandis que l'on posait celles-ci sur le fond, et non enlevées après qu'on les avait posées. Des glacis d'émaux colorés translucides les recouvrent, et des rehauts d'or éclairent les draperies. Les carnations sont modelées par hachures en bistre.

———

Noel II Laudin (1657 + 1727) aurait, suivant nous, signé *N. Laudin laîné au faubourg Boucherie*, pour se distinguer d'abord de Nicolas, qui habitait le même quartier, mais « près les Jésuites, » puis de Jacques II, son frère suivant M. M. Ardant, son cousin suivant l'abbé Texier.

Enfin, si le fils de Jacques II est encore un Noel et non un Nicolas, cette qualification de « l'aîné » aurait encore servi à distinguer Noël II de ce dernier des émailleurs de la famille.

Noël II Laudin a tout à fait abandonné les anciens procédés, et ses travaux sont des émaux entièrement modelés au pinceau sur un fond blanc.

Les deux plaques n^{os} D. 658 et 659, signées I. L. et datées de 1693, doivent appartenir à Jacques II Laudin (1663 + 1729). Il nous semble difficile, en effet, que Jacques I, qui avait soixante-six ans en 1693, possédât une main assez sûre et assez légère pour peindre ces grisailles, qui sont d'une exécution supérieure. Quant à Jean Laudin, il était mort. Remarquons, de plus, que dans ces grisailles les anciens procédés de dessin par enlevage sont tout à fait abandonnés, et que dans celles qui, étant du même ton légèrement verdâtre, doivent être de la même main, comme les n^{os} D. 660 et 661, ce que l'on remarque de traits noirs est posé au pinceau et non enlevé.

C'est à ce même Jacques II Laudin que nous attribuons les tasses et les soucoupes signées I. L. (n^{os} D. 676 à 682), qui sont la reproduction d'autres tasses qui accompagnent le sucrier signé *N. Laudin* (n^{os} D. 636 et 637).

Quant aux pièces décorées par Valérie Laudin, dont on n'a point encore trouvé la signature, elles doivent se confondre avec celles de l'atelier de celui des émailleurs du même nom, qui était son frère ; car il n'est point probable qu'elle ait dirigé un atelier particulier.

Remarquons que les sujets qui décorent les pièces de Noël II et de Jacques II sont empruntés à des compositions de Claude Vignon, qui était un artiste appartenant surtout à la première moitié du xviie siècle, bien qu'il ait vécu jusqu'en 1673, où il mourut à l'âge de soixante-dix-sept ans.

A l'époque où travaillaient Noël II et Jacques II Laudin, il y avait longtemps déjà que d'autres modes régnaient dans les arts de la décoration; et cet amour attardé qu'ils montrent pour un peintre de la génération précédente n'est pas un des symptômes les moins caractéristiques que la vie se retirait des ateliers de Limoges. On y travaillait sur de vieux poncis, et l'on était loin de se mettre au courant du siècle, comme l'avaient fait les grands émailleurs du xvie siècle.

Un seul veut s'inspirer de quelque estampe qui lui apporte en sa province un regain du grand art qui florissait en Italie au siècle précédent. Il peint, en 1730, *le Martyre de sainte Agnès*, d'après le Dominiquin. Celui-là signe *N. Laudin*. C'est, ou Noël III, suivant l'abbé Texier, ou Nicolas II, suivant M Maurice Ardant. Avec lui expire l'art de l'émaillerie.

ATTRIBUÉ A NOEL I LAUDIN.

D. **602**. — *Plaque circulaire.*

xviie siècle.   D. 0,071.

Femme vue de face à mi-corps tenant un gant de la main droite, en costume du xviie siècle.

Cheveux tombant en grosses touffes de chaque côté de la figure, par-dessous un bonnet cylindrique violet et noir avec une pièce violette rabattant sur le devant.

Robe décolletée; d'où sort un large col plat orné de dentelles sur le bord. La robe est violette bordée de noir, à manches relevées à revers noirs, laissant voir une large manche blanche. Un tablier noir est attaché par une ceinture jaune au moyen de deux affiquets dorés placés près du bord supérieur, loin des angles qui sont libres.

Emaux colorés sur fond noir ponctué d'or. Trait tracé en noir sur préparation grise, rehaussée de blanc dans les carnations et les linges. Le violet de la robe est transparent. Les affiquets sont sur paillon. Rehauts d'or.

Revers Un paysage couleur nature représentant une fabrique abritée de grands arbres en avant d'un pont qui conduit à une tour entourée d'un massif d'arbres. Trait noir par-dessus une préparation blanche, peinte après coup en bistre noir, en bleu, en violet et en vert, avec rehauts d'or. Nuages dessinés en bistre saumonné. Rehauts d'or.

Règne de Napoléon III. — Donation Sauvageot.
N° 1170 du Catalogue de la collection Sauvageot, par M. A. Sauzay.

D. **603.** — *Plaque rectangulaire.*
H. 0,10. — L. 0,078.

Femme vue de face à mi-corps, tenant un livre et un chapelet, en costume de l'extrême fin du XVI° siècle. Coiffure formée d'un cylindre noir bordé de rouge, avec pièce violette rabattant sur le devant, par-dessus des cheveux tombant de chaque côté de la figure.

Col rond, froncé autour du cou, plat sur les bords et tombant sur les épaules. Robe violette, ample sur les hanches, bordée de noir, à manches relevées, à revers noirs, laissant voir d'autres manches noires recouvertes au poignet de manchettes blanches. Tablier carré, épais, fixé à la taille par des cordons qui s'attachent au tablier par des affiquets dorés, placés près du bord supérieur, loin des angles qui sont libres.

Émail coloré. Les carnations modelées en couleur bistrée légèrement violette, avec rehauts saumonnés et rouges. La robe peinte par-dessus une préparation blanche; les parties noires légèrement modelées par un rehaut gris, et la collerette, qui est grise, par des rehauts blancs.

Rehauts d'or dans les cheveux et les bijoux, etc.
Revers incolore, craquelé.

Règne de Napoléon III. — Donation Sauvageot.
N° 1171 du Catalogue de la collection Sauvageot, par M. A. Sauzay.

Jacques I Laudin.

D. **604.** — *Plaque ovale.*
H. 0,157. — L. 0,128.

L'Annonciation. — La Vierge, la tête ornée d'un nimbe

ÉMAUX PEINTS.

radié est agenouillée sur un prie-Dieu; l'ange Gabriel, la tête ornée d'un nimbe elliptique, se tient debout devant elle, lui montrant la colombe qui descend dans des rayons d'or. Un vase de lis est placé à terre contre le prie-dieu. Les draperies d'un lit s'aperçoivent au fond, à droite, derrière la Vierge. Sous ses pieds le monogramme I. L tracé en noir. Dans un listel placé au-dessous du sujet on lit l'inscription : *Ave Maria gratia plena*, en lettres d'or.

Grisaille. Peinte du premier coup sur le fond, redessinée et modelée en partie par enlevage à travers une première couche grise, en partie au pinceau par-dessus les rehauts blancs. Le vase est rouge. Rehauts d'or. Fond noir.

Revers bleu violet, avec l'inscription en or.

Laudin. Emaillieur
à Limoges
. I. L.

Règne de Charles X. — Collection Durand, nos 107-2629.
N° 478 de la Notice des émaux, par M. le comte L. de Laborde.

D. **605**. — *Plaque rectangulaire.*

H. 0,098. — L. 0,080.

La Magdeleine. — La sainte, la tête entourée d'une auréole radiée, coiffée de longs cheveux tombants, est vue en buste, appuyée sur un livre, devant une croix et une tête de mort.

Les coins placés en dehors de l'encadrement ovale portent des fleurs.

Au bas un listel avec l'inscription : S. MARIA MAGDALENA, et le monogramme I. L

Grisaille sur fond noir avec rehauts d'or. Les fleurs colorées.

Revers violet avec l'inscription en noir

. Laudin.
I. L.

Règne de Charles X. — Collection Durand, nos 108-2638.
N° 483 de la Notice des émaux, par M. le comte L. de Laborde.

D. **606**. — *Plaque rectangulaire.*

H. 0,100. — L. 0,080.

Saint Augustin. — Le saint évêque, tête nue, entourée

d'un nimbe radié, vêtu d'une aube, avec l'étole croisée, et d'une chappe, est vu en buste, assis devant une table où est posée sa mitre. Il tient de la main gauche une plume appuyée sur un livre. La Trinité dans les nuages apparaît au sommet à droite.

Les coins placés en dehors de l'encadrement ovale portent des fleurs.

Au bas sur un listel, l'inscription
    S. AVGVSTINVS et le monogramme .I. L.

Grisaille sur fond noir, avec quelques ornements rouges et rehauts d'or. Fleurons colorés en jaune, rouge-violet et bleu pâle entourés d'or.

Revers violet pâle avec l'inscription en noir.
Laudin
.I. L.

Règne de Charles X. — Collection Durand, n°s 108-2639.
N° 482 de la Notice des émaux, par M. le comte L. de Laborde.

D. **607**. — *Plaque ovale.*

H. 0,150. — L. 0,120.

Saint Louis. — Le saint roi est représenté jeune, la tête couverte d'une couronne fermée, et entourée d'un nimbe radié. Il est vêtu d'un manteau royal, bleu fleurdelisé, à collet d'hermine, portant la couronne d'épines de la gauche et le sceptre de la droite. Légende : S. LVDOVICE. X. F.

Émaux colorés. Trait et premier modelé par enlevage, second modelé après coup en bistre noir. Carnations légèrement teintées. Manteau et couronne en émaux bleu et vert transparents sur couche blanche. Rehauts d'or. Fond noir.

Revers violet avec l'inscription.
. Laudin . Emailleur
. à Limoges.
.I. L

Règne de Charles X. — Collection Durand, n°s 88-2560.
N° 485 de la Notice des émaux, par M. le comte L. de Laborde.

D. **608**. — *Plaque ovale.*

H. 0,150. — L. 0,120.

Sainte Thérèse. — La sainte, habillée en carmélite, est agenouillée les bras étendus. Un ange plane et lui enfonce une flèche dans la poitrine.

Sur la base d'une colonne l'inscription : s. THERESIA. et a u bas de la plaque le monogramme I. L.

Émaux colorés sur fond noir, avec rehauts d'or, partie dessinée par enlevage, partie au pinceau.

Revers violet avec l'inscription en rouge pâle.

. Laudin. Emaillieur
à . Limoges
.I. L.

Règne de Charles X. — Collection Durand, n⁰ˢ 88-2561.

N° 486 de la Notice des émaux, par M. le comte L. de Laborde.

D. **609** à **620**. — *Douze plaques circulaires.*

D. 0,120.

Les douze Césars. — Le nom de chacun est tracé autour de la tête, qui est laurée, et placée de profil alternativement à droite et à gauche :

. IVLIVS CÆSAR. I.

Tête laurée, de profil à droite. Sous la tête le monogramme I. L en or.

Revers violet bleu, avec l'inscription en or :

Laudin Emaillieur
à Limoges.
.I. L.

C. T. AVGVSTVS. II.
TIBERVS CÆSAR. III.
CÆSAR CALIGULA IIII.
CLAUDIUS CÆSAR. V.
NERO CLAVDIVS CÆSAR. VI.
SER. GALBA. VII.
SILVIUS OTHO. VIII.
AVL. VITELLIUS VIIII.
FLAVIVS VESPASIANVS. X.
TITVS VESPASIANVS. XI.
FLAVIVS DOMITIANVS. XII.

Grisailles peintes du premier coup avec une première couche grise, largement rehaussée de blanc rosé, dessinée en noir. Couronne glacée de vert. Rehauts et inscriptions en or. Fond noir, cerclé de blanc.

Revers violets.

Règne de Charles X. — Collection Révoil, n⁰ˢ 260 à 271.

N⁰ˢ 491 à 502 de la Notice des émaux, par M. le comte L. de Laborde.

JACQUES I LAUDIN.

D. **621**. — *Coupe basse à deux anses.*

D. 0,138.

Au fond, *Tobie et l'Ange,* traversant un gué sur des pierres.

Grisaille par enlevage. Dans le bas du sujet, le monogramme I. L.

Bord. Orné, près du limbe, de lobes intérieurs d'où pend un bouquet de fleurs, en émaux colorés sur fond blanc. Le fond des contre-lobes noir, à arabesques d'or.

Revers. Sous les lobes, arabesques d'or sur fond noir. Sous les contre-lobes, fond blanc à arabesques noirs. Sous le pied un paysage en émaux colorés.

Règne de Charles X. — Collection Révoil, n° 174.

N° 518 de la Notice des émaux, par M. le comte L. de Laborde.

D. **622**. — *Coupe basse à bords godronnés et à deux anses.*

D. 0,145.

Au fond, *Tobie et l'Ange.* — Même sujet et même fabrication que sur le n° D. 621. Rehauts d'or.

Sur chacun des douze godrons allongés du bord, une tige de fleurs. Émaux peints sur fond blanc. Sur l'un d'eux le monogramme I. L.

Revers. Sur chacun des godrons des fleurs sur paillon à tiges d'or, sur fond noir. L'entre-deux des godrons blanc niellé. Sous le pied un paysage en émaux colorés à rehauts d'or.

Règne de Charles X. — Collection Durand, n°s 44-2471.

N° 517 de la Notice des émaux, par M. le comte L. de Laborde.

D. **623**. — *Coupe basse à bords godronnés et à deux anses.*

Au fond, *Jésus-Christ,* en buste, la tête de profil, à gauche, sur un nimbe radié. Sur le fond, l'exergue : FILIVS DEI, et le monogramme I. L. sur la draperie. Dans chacun des godrons du bord, un buste d'apôtre, la tête ornée d'un nimbe radié : saint Pierre; saint Thomas, avec une lance; saint Philippe; saint Jacques, en pèlerin; saint André, tenant un livre; saint Paul, lisant.

Grisailles peintes sur le fond, redessinées et modelées par enlevage. Rehauts d'or. Fond noir.

Revers. Une grande volute sous chaque godron; un paysage sous le pied. Grisailles glacées de vert, de brun et de rouge dans le paysage.

Règne de Charles X. — Collection Révoil, n° 176.

N° 519 de la Notice des émaux, par M. le comte L. de Laborde.

D. **624**. — *Coupe basse à bords godronnés et à deux anses.*

D. 0,146.

Au fond, *Un porte-balle*, vu à mi-corps, assis et se reposant, sa hotte appuyée sur un tertre, où est tracé le monogramme I. L.

Dans chacun des godrons ovales du bord, un personnage debout: une femme portant une hotte; un crieur de papiers; une paysanne portant une corbeille sur la tête; un chasseur appuyé sur son fusil; un homme portant une hotte; un paysan debout auprès d'un panier.

Grisailles peintes sur le fond, redessinées et modelées par enlevage. Les paysages, les arbres et quelques accessoires en or. Fond noir.

Revers. Une grande volute sous chaque godron. Un paysan sous le fond. Gisailles glacées de vert dans les arbres du paysage. Rehauts d'or. Fond noir.

Règne de Charles X. — Collection Révoil, n° 175.

N° 523 de la Notice des émaux, par M. le comte L. de Laborde.

D. **625**. — *Coupe basse à bords godronnés et à deux anses.*

D. 0,145.

Au fond, *La Vierge et l'Enfant-Jésus*. — La Vierge est assise de face, et soutient sur ses genoux l'Enfant-Jésus, qui la tient embrassée. Tous deux portent le nimbe radié. Sur le fond, cette légende : *S. Maria mater Dei.*

Grisaille peinte sur le fond et redessinée par enlevage. Rehauts d'or: fond noir.

Sur les douze godrons allongés du bord, un bouquet de fleurs en émaux peints sur fond blanc. Sur l'un deux le monogramme I. L.

JACQUES I LAUDIN.

Revers. Sur les godrons. des fleurs en pastillage, tiges d'or sur fond noir ; l'entre-deux en émail blanc niellé. Sous le pied un paysage en émaux de couleur.

Règne de Charles X. — Collection Révoil, n° 177.
N° 515 de la Notice des émaux, par M. le comte L. de Laborde.

D. 626. — *Coupe basse à godrons et à deux anses.*

D. 0,140.

Au fond, *La Vierge et l'Enfant-Jésus.* — La Vierge, vue en buste à mi-corps, la tête à nimbe radié, tournée de profil à droite et tenant sur ses genoux l'enfant, à nimbe radié, nu, tendant les bras vers la droite. Sur le fond, l'inscription *Mater-Deus*, et le monogramme I. L.

Grisaille peinte sur le fond et redessinée partie par enlevage, partie au pinceau. Rehauts d'or.

Dans chaque lobe du bord, un bouquet de roses et de tulipes. Emaux colorés sur fond blanc.

Revers. Sous chaque lobe, un bouquet de fleurs sur paillon, branchages d'or. Sous le pied, un paysage représentant des chaumières. Émail coloré.

Règne de Napoléon III. — Donation Sauvageot.
N° 1168 du Catalogue de la collection Sauvageot, par M. A. Sauzay.

D. 627. — *Tasse.*

D. 0,092.

Au fond, *La Vierge*, à nimbe radié, en buste, de profil à gauche. Sur la draperie le monogramme I. L.

Grisaille peinte sur le fond et redessinée par enlevage. Rehauts d'or.

Le bord est orné d'une couronne de roses et de tulipes avec leurs feuilles ; émaux colorés sur fond blanc.

Revers. Sous le bord des rosaces en pastillage à tiges d'or. — Sous le fond une grande rosace blanche.

Règne de Charles X. — Collection Durand, n°s 45-2473.
N° 516 de la Notice des émaux, par M. le comte L. de Laborde.

D. 628. — *Tasse à six lobes et à deux anses.*

D. 0,000.

Au fond, qui est hexagone, *l'Amour vainqueur de la*

Force. L'Amour est à califourchon sur le dos d'un lion qu'il tient en bride. Au bas de la composition le monogramme I. L. en or.

Grisaille peinte sur le fond et dessinée par enlevage. Rehauts d'or. Fond noir.

Sur les lobes des pentes de fleurs : émaux colorés sur fond blanc.

Revers. Sous les lobes des fleurs en paillon à tiges d'or sur fond noir. Sous le fond un paysage avec ruines. Emaux colorés à rehauts d'or sur fond noir.

Règne de Charles X. — Collection Durand, nos 45-2478.

No 521 de la Notice des émaux, par M. le comte L. de Laborde.

D. **629**. — *Tasse à six lobes et à deux anses.*

D. 0,147.

Au fond, qui est hexagone : *un cavalier*, en costume du xviie siècle, galopant vers la gauche, l'épée au poing.

Grisaille peinte sur le fond ; redessinée par enlevage, glacée de rouge dans la houppelande du cavalier et dans quelques détails du harnachement. Rehauts d'or.

Les lobes du bord chargés d'un semis de branches, de fleurs et d'oiseaux : émaux colorés sur fond blanc. A la naissance de l'un des lobes le monogramme I. L.

Revers. Sous les lobes, des fleurs et des oiseaux sur paillon ; tiges en or. Fond noir. Sous le fond un paysage. — Emaux colorés.

Règne de Charles X. — Collection Durand, nos 45-2476.

No 524 de la Notice des émaux, par M. le comte L. de Laborde.

D. **630**. — *Coupe basse à anses.*

D. 0,138.

Au fond un homme en costume des commencements du xviie siècle jouant de la guitare au pied d'un arbre, où sont assis, en lui tournant le dos, un autre homme portant une panneti ère et une houlette, et une dame. Sur les terrains du premier plan le monogramme I. L.

Grisaille peinte, dessinée et modelée en partie par enlevage, en partie au pinceau sur fond noir. Rehauts d'or.

Large bordure de tulipes et de fleurs avec oiseaux ; émaux colorés en orangé, bleu vert, et jaune sur fond blanc.

Revers. Semis de fleurs et d'oiseaux sur paillon au milieu de branchages d'or sur fond noir. — Sous le fond, un paysage circonscrit par le pied, qui est à jour. Émaux colorés.

Règne de Charles X. — Collection Durand, n^{or} 44-2470.

N° 522 de la Notice des émaux, par M. le comte L. de Laborde.

D. **631**. — *Tasse à six lobes et à deux anses.*

D. 0,150.

Au fond, qui est hexagone, *saint Michel* terrassant le démon représenté par un dragon à sept têtes. Au-dessus du sujet l'inscription s. michael, et dans le bas le monogramme l. L. en or. — Emaux colorés. Rehauts d'or sur fond noir.

Les lobes du bord chargés d'un semis de branches, de fleurs et d'oiseaux : Emaux colorés sur fond blanc.

Revers. Sous les lobes, des rosaces et des oiseaux sur paillon; branchages en or; fond noir.

Sous le fond, un paysage traversé par une rivière sur laquelle un pont est jeté en avant de fabriques : Emaux colorés sur fond noir. Rehauts d'or.

Règne de Charles X. — Collection Durand, n°s 45-2477.

N° 520 de la Notice des émaux, par M. le comte L. de Laborde.

Nicolas Laudin.

D. **632**. — *Plaque primitivement rectangulaire dont les angles ont été rabattus.*

H. 0,230. — L. 0,188.

Daniel dans la fosse aux lions. — Daniel jeune, est agenouillé entre quatre lions couchés à terre.

Le monogramme N. en or dans le bas.

Emaux colorés, trait en réserve dans une couche d'émail blanc glacé d'émaux translucides violets et bleus pour le costume, tannés pour les lions, brun verdâtre pour les

terrains. Carnations colorées, redessinées et modelées en bistre rouge par hachures. Rehauts d'or. Fond noir.
Revers émaillé de gris noir, l'inscription en or.

NLaudin emaillieur
près les iesuites
a Limoges

Règne de Charles X. — Collection Durand, n°ˢ 77-2545.
N° 546 de la Notice des émaux, par M. le comte L. de Laborde.

D. **633**. — *Plaque ovale.*

H. 0,125. — L. 0,118.

Un saint évêque en prière. — Il est à genoux, les mains croisées sur la poitrine, sur la marche d'un autel; sa tête, ornée d'un nimbe radié, est celle d'un vieillard. Son costume se compose d'une soutane bleue, d'un rochet blanc, et d'un camail bleu.

L'encadrement est formé de branchages en relief.

Emaux de couleur, dessinés et modelés au pinceau sur couche blanche. Carnations modelées par hachures colorées. Vêtement en émail bleu transparent. Rehauts d'or. Fond noir.

Revers d'émail noir bleu avec cette inscription en or.

NLaudin emailleur
près les iesuites
à Limoges.

Règne de Charles X. — Collection Durand, n°ˢ 108-2637.
N° 542 de la Notice des émaux, par M. le comte L. de Laborde.

D. **634**. — *Plaque rectangulaire.*

H. 0,233. — L. 0,208.

La Cène. — Le Christ, à nimbe radié, est assis avec saint Jean endormi sur ses genoux. Les autres disciples sont groupés, cinq à gauche, six à droite, deux d'entre eux étant assis sur le devant de la table. Fond d'architecture.

Emaux colorés. Trait en réserve dans une couche d'émail blanc redessiné et modelé après coup dans les carnations, qui sont colorées par hachures; glacis d'émaux translucides dans les costumes.

Revers d'émail bleu.

Règne de Charles X. — Collection Durand, n°ˢ 72-2540.
N° 544 de la Notice des émaux, par M. le comte L. de Laborde.

D. **635**. — *Plaque rectangulaire.*

H. 0,113. — L. 0,101.

Sainte Magdeleine. — Dans un encadrement ovale, la Magdeleine vue à mi-corps, tournée de profil à gauche, devant un autel, la tête ornée d'un nimbe radié. Elle est coiffée d'abondants cheveux blonds d'où pend un voile, et vêtue d'une large chemise recouverte d'un manteau bleu doublé de violet, dont la sainte se sert pour essuyer ses yeux.

Ornements blancs en relief rechampis de noir accompagné d'or dans les angles.

Emaux colorés. Trait en réserve dans une couche blanche, glacée d'émaux translucides, excepté dans les carnations qui sont redessinées au pinceau et modelées par hachures rouges. Rehauts d'or sur les vêtements. Fond noir.

Revers noir avec l'inscription en or.

*NLaudin
a Limoges.*

Règne de Charles X. — Collection Durand, n°ˢ 107-2628.

N° 541 de la Notice des émaux, par M. le comte L. de Laborde.

D. **636** et **637**. — *Sucrier avec son couvercle.*

H., sucrier seul 0,093, avec le couvercle 0,152. — D. 0,080.

Sucrier. — Deux grands médaillons ovales alternant avec deux petits rectangulaires à angles abattus, encadrés dans des feuillages d'ornement en relief symétriquement disposés. — Dans l'un des cartouches ovales : *Artémise* figurée à peu près comme dans la coupe n° D. 646, coiffée d'un turban d'où tombent de longs cheveux, les épaules et un sein découverts, vêtue d'une chemise, de deux robes attachées à la taille par une ceinture jaune, un manteau bleu doublé d'hermine sur le bras gauche qui porte une coupe. Elle est désignée par l'inscription : ARTEMIZE. Sur l'autre médaillon *Antiope* casquée, armée d'une épée et d'un bouclier, vêtue d'une robe verte par-dessus une robe tannée à ceinture jaune, et d'un manteau violet, désignée par l'inscription ANTIOPE. Dans les petits médaillons carrés, les bustes laurés des empereurs *Othon* et *F. Vespasien* posés de profil, désignés par les chiffres VIII et X.

Couvercle. — Deux médaillons ovales, portant les bustes laurés des deux empereurs *T. Vespasien* et *Domitien*, désignés par les nos d'ordre xi et xii, séparés par une rosace et des feuillages d'ornement en relief.

Émaux colorés. Traits en réserve dans une couche blanche. Visages dessinés après coup et modelés par hachures saumonnées. Rehauts d'or. Fond noir. Ornements en relief, en émail blanc, rechampi de noir, accompagnés de traits d'or.

Intérieur émaillé de bleu turquoise.

Sous le fond l'inscription : *NLaudin emaillieur près les iesuistes à Limoges*, en or sur fond noir.

Règne de Charles X. — Collection Durand, n°s 46-2450.

No 539 de la Notice des émaux, par M. le comte L. de Laborde.

D. 638. — *Tasse en forme de gobelet.*

H. 0,080. — D. 0,078.

Deux grands médaillons ovales alternant avec deux autres petits encadrés dans des ornements blancs en relief, symétriquement disposés.

Dans les deux grands cartouches, *Zénobie* et *Pauline*, d'après Claude Vignon. — Zénobie, en buste, coiffée d'un casque orné de plumes, et vêtue d'une robe à épaulières de cuirasse. Dans l'autre Pauline, en buste, les cheveux pendants, les seins à peine recouverts d'une draperie, étendant le bras droit d'où jaillit un filet de sang. — Dans les petits cartouches *Tibère et Caligula*, têtes laurées, tournées de profil, portant les chiffres iii et iv.

Sous le fond le monogramme NL en or.

Intérieur en émail bleu turquoise.

Même service et même fabrication que le sucrier n° D. 636 et 637.

Règne de Charles X. — Collection Durand, n°s 46-2485

N° 531 de la Notice des émaux, par M. le comte L. de Laborde.

D. 639. — *Tasse en forme de gobelet.*

H. 0,080. — D. 0,078.

Dans les deux grands médaillons. *Judith* et *Jeanne d'Arc*, d'après Claude Vignon. — ivdith, vue à mi-corps : portant la tête d'Holopherne, comme sur le n° D. 646. — *La Pucelle*: à mi-corps, coiffée d'un chapeau plat à plumes, vêtue d'une

cuirasse décolletée par-dessus une chemisette, portant un drapeau bleu fleurdelisé. Sur les deux petits médaillons, les têtes laurées et de profil des empereurs *Galba* et *Othon*, désignées par les chiffres vii et viii.
Emaux colorés sur fond noir.
Même décor et même fabrication que le n° D.638.
Sous le fond le monogramme NL en or.

Règne de Charles X. — Collection Durand, n°s 46-2487.

N° 532 de la Notice des émaux, par M. le comte L. de Laborde.

D. **640**. — *Soucoupe.*
D. 0,136.

Dans le fond. *La mort de Mariamne*, d'après Claude Vignon. — Le corps de Mariamne, reine de Judée, les mains liées derrière le dos, est étendu sur une estrade recouverte d'une draperie où est également posée sa tête tranchée et encore ceinte d'une couronne. Salomé, vieille, à demi vêtue, armée d'un glaive et d'une torche se précipite vers l'estrade, que des nuages dominent. Hérode est debout en arrière.
Dans le haut la légende MARIANE.
Emaux colorés à rehauts d'or. Fond noir.
Sur le bord un ornement en relief quatre fois répété et composé d'une rosace d'où naissent deux doubles volutes dirigées de sens contraire, en émail blanc rechampi de noir, accompagné de feuillages filiformes d'or.
Revers noir bleu.
Même service et même fabrication que le n° D. 636 et 637.

Règne de Charles X. — Collection Durand, n°s 42-2482.

N° 536 de la Notice des émaux, par M. le comte L. de Laborde.

D. **641**. — *Soucoupe.*
D. 0,136.

Sémiramis, d'après Claude Vignon. — Sémiramis, casquée, le sein et la jambe à moitié découverts, tenant un arc, est assise sur une estrade, sous une draperie bleue; un carquois est placé auprès d'elle, en avant d'un lion. Elle regarde deux constructions circulaires placées au milieu de l'eau qui figurent les murs et les terrasses de Babylone placées au milieu de l'Euphrate. Au sommet l'inscription SEMIRAMIS.

Même service, même fabrication et même décor que le n° D. 640.

Revers d'émail noir bleu.

Règne de Charles X. — Collection Durand, nos 46-2484.

N° 538 de la Notice des émaux, par M. le comte L. de Laborde.

D. **642**. — *Soucoupe.*

D. 0,138.

La mort de Panthée, d'après Claude Vignon. — Panthée assise sur un tertre, une épée dans le sein, s'appuie sur le corps d'un guerrier mort, assis à terre : un char recouvert d'une draperie dans le fond à droite. Dans le haut la légende PANTHEE.

Même service, même décor et même fabrication que le n° D. 640.

Même fabrication, même décor et même sujet que le n° D. 680.

Règne de Charles X. — Collection Durand, nos 46-2488.

D. **643**. — *Burette en balustre.*

H. 0,135.

Panse décorée de trois médaillons ovales, séparés par des fleurons blancs en relief qui forment une frise de palmettes sur le col et sur le pied qui sont refaits.

Dans chacun des médaillons une figure en buste : au centre la *Vierge*, à gauche la *Magdeleine*, à droite *saint Antoine*.

Émaux colorés, dessinés et peints sur une couche blanche en partie glacée d'émaux transparents. Carnations redessinées au pinceau et colorées par hachures. Rehauts d'or. Fond noir.

Règne de Charles X. — Collection Durand, nos 27-2447.

N° 488 de la Notice des émaux, par M. le comte L. de Laborde.

D. **644**. — *Burette en balustre.*

H. 0,135.

Panse décorée de trois médaillons ovales, séparés par des fleurons blancs en relief qui forment une frise de palmettes sur le col et sur le pied en partie refaits.

Dans chacun des médaillons une figure en buste : au centre *Jésus-Christ* jeune, la tête entourée d'un nimbe radié, à gauche *saint Louis*, roi de France, tenant la couronne d'épines, à droite *la reine Blanche*, portant un crucifix, tous deux ornés du nimbe radié et ceints de la couronne fermée, portant le manteau fleurdelisé. Emaux colorés.

Même fabrication que le n° précédent.

Règne de Charles X. — Collection Durand, n° 27-2446.
N° 489 de la Notice des émaux, par M. le comte L. de Laborde.

D. **645**. — *Gobelet.*

H. 0,083. — D. 0,083.

L'extérieur orné de deux médaillons ovales, adossés, séparés par des fleurons en relief, blancs rechampis de noir, accompagnés d'or sur fond bleu noir.

Sur l'un des médaillons : *Daphnis et Chloé* assis à l'entrée d'une grotte : composition identique à celle du gobelet de Noël II Laudin n° D. 655. Sur l'autre *Hercule terrassant le lion de Némée*.

Emaux colorés, dessinés et peints sur une couche blanche en partie glacée d'émaux translucides, en partie d'émaux opaques, redessinés et modelés après coup. Carnations saumonnées par hachures. Rehauts d'or. Fond noir bleu.

Le pied et l'intérieur sont refaits en cuivre doré.

N° 555 de la Notice des émaux, par M. le comte L. de Laborde.

D. **646**. — *Plaque rectangulaire.*

H. 0,063. — L. 0,095.

Arthémise, d'après Claude Vignon. — Vue en buste, coiffée d'un turban, vêtue d'une chemise par-dessous un manteau rouge doublé d'hermine, tenant une coupe à la main. Sur le côté de la plaque l'inscription : ARTEMIZE.

Revers. *Judith*, d'après Claude Vignon. — Elle est vue à mi-corps, en longs cheveux flottants, coiffée d'un turban, vêtue d'un manteau rouge agrafé sur l'épaule par-dessus un autre manteau bleu doublé d'hermine qui recouvre une robe verte, laissant voir des manches violettes et d'autres manches blanches. Elle porte la tête d'Holopherne. Sur le fond l'inscription : IVDITH.

Emaux colorés, dessinés et modelés sur fond blanc, appliqué en réservant les traits dans une partie du costume. Rehauts d'or. Fond noir bleu.

Règne de Charles X. — Collection Durand, nᵒˢ 108-2636.

N° 540 de la Notice des émaux, par M. le comte L. de Laborde.

Noel II Laudin.

D. 647. — *Plaque rectangulaire.*

H. 0,240. — L. 0,185.

L'Adoration des Rois. — La Vierge est assise à gauche, tenant l'Enfant-Jésus sur ses genoux. Saint Joseph est debout derrière elle. Au centre et à droite sont les trois mages, prosternés, suivis de trois serviteurs, dont un négrillon portant une couronne.

Fond d'architecture. Ruines d'un temple.

Émaux colorés peints sur fond blanc, et modelés au pinceau. Ciel noir, quelques accessoires et rehauts d'or.

Revers. Noir violet avec cette inscription en or :

Laudin laisne emailleur au faubourg boucherie a Limoges

Règne de Charles X. — Collection Durand, nᵒˢ 73-2541.

N° 543 de la Notice des émaux, par M. le comte L. de Laborde.

D. 648. — *Plaque ovale.*

H. 0,193. — L. 0,174.

Une Reine en prière. — Elle est agenouillée devant une table où sont posés le sceptre et la couronne. Elle est tête nue, en cheveux tombants ; vêtue d'un manteau rouge doublé d'hermine par-dessus une robe à manches larges, jaune à reflets violets. Fond d'architectuce caché par les nuages.

Une bordure ornée de huit branches de fleurs nouées deux à deux encadre le sujet.

Émaux colorés, dessinés et peints sur fond blanc.

Revers noir bleu avec l'inscription en or.

N Laudin laisné.

Règne de Charles X. — Collection Durand, n°s 83-2552.

N° 548 de la Notice des émaux, par M. le comte L. de Laborde.

D. **649**. — *Plaque rectangulaire.*

H. 0,107. — L. 0,085.

Un Martyr. — Un chartreux, en robe brune avec manteau blanc, est assis sur un fauteuil, les deux bras en l'air. Un soldat, vêtu à l'antique et coiffé d'un turban, appuie sur son épaule sa main gauche, et de la droite lève un poignard. Figures vues à mi-corps dans un médaillon ovale. Les coins sont remplis par des ornements en relief.

Émaux colorés, entièrement dessinés et modelés au pinceau, les carnations étant modelées par hachures colorées, sur fond noir.

Les ornements en relief sont en émail blanc, rechampi en noir accompagnés de traits d'encadrement en or

Revers noir bleu avec cette inscription en or.

N Laudin laisné.

Règne de Charles X. — Collection Durand, n°s 108-2635.

N. 490 de la Notice des émaux, par M. le comte L. de Laborde.

D. **650**. — *Tasse en forme de gobelet.*

H. 0,096. — D. 0,105.

Exterieur. Deux médaillons entourés d'un écusson, opposés l'un à l'autre et représentant : l'un, *Orphée*, entouré d'animaux, assis au pied d'un arbre et jouant du violon; l'autre un chiffre composé des lettres M. J. L. B. enlacées, peintes en or sur fond bleu clair. Les deux médaillons sont séparés par un bouquet formé de trois fleurs dont les longues tiges sont liées par un ruban.

Émaux colorés, dessinés et peints sur fond blanc. Rehauts d'or. Le fond et le pied de la coupe sont noirs; ce dernier porte l'inscription : ORPHÉE au-dessous du médaillon représentant ce sujet.

Intérieur. Rose entourée de feuilles symétriques et de sept tiges de fleurons niellés noir sur fond blanc.

Sous le fond, cette inscription en or sur fond noir.

Règne de Charles X. — Collection Durand, n°s 109-2644.

N° 553 de la Notice des émaux, par M. le comte L. de Laborde.

D. **651**. — *Tasse en forme de gobelet.*

H. 0,088. — D. 0,084.

Dans le médaillon. *L'Enlèvement d'Europe.*
Sur le pied l'inscription en or. *Iupiter rauit Europe.*
Émaux colorés sur fond blanc.
Même fabrication et même décor que le numéro D. 650.
Sous le pied le monogramme NL sur fond noir bleu.

Règne de Charles X.— Collection Durand, n°s 47-2493.

N° 549 de la Notice des émaux, par M. le comte L. de Laborde.

D. **652**. — *Soucoupe appartenant à l'une des tasses précédentes.*

D. 0,150.

Au fond un grand médaillon circulaire représentant : *l'Aurore et Céphale.* — L'Aurore debout, en tunique courte, sur une robe plus longue, montre la forêt à Céphale, vêtu d'une cuirasse, armé d'un épieu, et accompagné de deux chiens qui vont vers la droite.

Fond d'arbres à plusieurs plans.

Bord décoré de huit tiges de fleurs nouées deux à deux, et

portant l'inscription : *l'Aurore ayme Céphale*, tracée en noir.
Émaux colorés, dessinés et peints sur fond blanc.
Revers noir bleu, décoré du même chiffre que les tasses, tracé en or.

Règne de Charles X. — Collection Durand, n° 2494.
N° 550 de la Notice des émaux, par M. le comte L. de Laborde.

D. **653**. — *Tasse en forme de gobelet.*

H. 0,084. — D. 0,084.

Dans le médaillon, *l'Enlèvement de Ganimède*, monté à califourchon sur le dos de l'aigle, dont il embrasse le cou.
Sur le pied l'inscription en or. *Iupiter ravit Ganymède.*
Émaux colorés, sur fond blanc.
Même fabrication et même décor que le n° D. 651.
Sous le pied, le monogramme NL sur fond noir.

Règne de Charles X.— Collection Durand, n°s 47-2495.
N° 551 de la Notice des émaux, par M. le comte L. de Laborde.

D. **654**. — *Soucoupe appartenant à l'une des tasses précédentes.*

D. 0,151.

Vénus et Adonis, assis sur un tertre au pied d'un bouquet d'arbres et se tenant embrassés. Deux chiens les accompagnent. Fond de paysage.
Sur la bordure, l'inscription en noir : *Uenus ayme Adonis.*
Émaux colorés peints sur fond blanc.
Même fabrication et même décor que le n° D. 652.
Revers noir bleu avec chiffre en or.

Règne de Charles X.— Collection Durand, n° 2496.
N° 552 de la Notice des émaux, par M. le comte L. de Laborde.

D. **655**. — *Tasse en forme de gobelet.*

H. 0,085. — D. 0,085.

Dans le médaillon, *Daphnis et Chloé* assis à l'entrée d'une grotte.
Même décor et même fabrication que le n° D. 651.

Règne de Charles X. — Collection Durand, n°s 109-2643.
N° 554 de la Notice des émaux, par M. le comte L. de Laborde.

ATTRIBUÉS A NOEL II LAUDIN.

D. 656. — *Plaque ovale.*

H. 0,184. — L. 0,163.

L'Assomption. — La Vierge, assise sur les nuages, la tête ceinte d'une auréole radiée, les bras étendus, les pieds nus. Quatre chérubins voltigent au-dessous d'elle.

Émaux polychromes, dessinés et peints sur un fond blanc général.

Bordure formée de feuillages en relief, blancs, rechampis de noir, accompagnés d'or sur fond noir.

Revers bleu foncé, avec la signature en or :

Laudin.

Règne de Charles X. — Collection Durand, n°ˢ

N° 545 de la Notice des émaux, par M. le comte L. de Laborde.

D. 657. — *Plaque rectangulaire.*

H. 0,220. — L. 0,174.

Sainte Marie-Magdeleine. — Elle est à genoux, la tête entourée d'un nimbe radié, en manteau rouge et en robe jaune, devant un autel de rochers où sont posés une croix, un livre, une tête de mort, une fiole et une discipline.

Émaux colorés, dessinés et modelés en partie sur fond blanc glacé de vert, de brun et de violet, qui figure des rochers et qui est peint en réservant les traits du dessin sur le fond bleu général qui forme le ciel.

Le sujet est encadré par un filet qui trace un rectangle à angles rabattus, cintré par le haut. Le champ placé en dehors étant orné de feuillages en relief blanc sur bleu. Rehauts d'or.

Revers bleu, nuageux et opaque.

Règne de Charles X. — Collection Durand, n° 4961.

N° 547 de la Notice des émaux, par M. le comte L. de Laborde.

Jacques II Laudin.

D. **658**. — *Plaque rectangulaire.*
H. 0,165.— L. 0,235.

Le Triomphe de César, imité d'une composition de Jules Romain. — Jules César est assis sur un char à quatre roues, que deux chevaux traînent vers la gauche. Des hommes portant des palmes et des vases, puis des guerriers armés de lances escortent le char ; des prisonniers le suivent accompagnés de soldats. Soubassements d'édifices au fond. Dans l'angle inférieur à droite est tracée l'inscription :

I. Laudin emaillieur a limoges 1693

Grisaille. Contour réservé en noir ; modelé avec deux tons, l'un gris et l'autre blanc. Rehauts d'or. Fond noir.
Revers bleu violet.

Règne de Charles X. — Collection Durand, n° 68-2533.

N° 474 de la Notice des émaux, par M. le comte L. de Laborde.

D. **659**. — *Plaque rectangulaire.*
H. 0,165. — L. 0,235.

Le Sac d'une Ville, imité d'une composition de Jules Romain. — A droite un général à cheval s'élance au galop, précédé de deux soldats auxquels il donne des ordres, vers un groupe de soldats qui enlèvent une femme à un personnage vêtu d'une toge. Soubassements d'un édifice à droite, avec des lances et des drapeaux en arrière plan. Dans l'angle inférieur à droite, la signature :

I. Laudin émaillieur à Limoges, 1693.

Grisaille. Même facture que le numéro précédent.
Revers. Bleu violet.

Règne de Charles X. — Collection Durand, n°s 68-2534.

N° 475 de la Notice des émaux, par M. le comte L. de Laborde.

D. **660**. — *Plaque rectangulaire.*

H. 0,180. — L. 0,150.

L'Air. — Un fauconnier vu à mi-corps, en costume des commencements du xviie siècle, tenant un faucon encapuchonné sur la main droite, et portant de la gauche un bâton où est accroché un héron.

Son costume se compose d'un chapeau pointu à larges bords mous ; d'un pourpoint à épaulières boutonné sur le devant, d'un col carré rabattu et de larges chausses. Une boite plate est attachée à son côté.

Dans un listel ménagé au bord de la plaque on lisait le mot AER, et l'on voit le monogramme .I. L.

Grisaille. Trait et premier modelé par enlevage, mais dissimulé sous les larges rehauts de blanc cru, qui sont redessinés et modelés par des hachures noires au pinceau. Le paysage au fond est en or, ainsi que quelques oiseaux qui volent dans le ciel.

Le capuchon du faucon est rouge ; son grelot vert.

Revers gris, semi-transparent avec cette inscription :

Laudin Emaillieur.
. au faubour. de Magnine.
a . Limoges.
I L

Règne de Charles X. — Collection Durand, n°s 86-2557.

N° 476 de la Notice des émaux, par M. le comte L. de Laborde.

D. **661**. — *Plaque rectangulaire.*

H. 0,180. — L. 0,150.

La Terre. — Un valet de chiens, vu à mi-corps, en costume des commencements du xviie siècle, un poing sur la hanche, tenant un chien en laisse, et portant de l'autre main un bâton appuyé sur son épaule, où pend un lièvre.

Son costume se compose d'un chapeau pointu à larges bords, d'une ample fraise, d'un pourpoint ouvert sur la poitrine et laissant voir un justaucorps, de braies courtes à taillades qui recouvrent les bas de chausses. Il porte une écharpe en sautoir et une escarcelle à la ceinture.

Dans un listel réservé au bas de la plaque on lit le mot TERRA et le monogramme .I. L.

Grisaille. Même fabrication que le numéro précédent.

Revers violet pâle, avec l'inscription en noir :

> . *Laudin. Émaillieur*
> .*au faubour de Magnine*
> *a Loges.*
> *.I. L.*

Règne de Charles X. — Collection Durand, n°s 86-2558.

N° 477 de la Notice des émaux, par M. le comte L. de Laborde.

D. 662. — *Plaque rectangulaire.*

H. 0,127. — L. 0,102.

La Vierge Marie. — Figure en buste, de face, la tête recouverte d'un voile, se détachant sur un nimbe radié.

En dehors de l'encadrement ovale, des ornements en relief et en or.

Grisaille. Dessinée partie par enlevage, partie au pinceau, et modelée à deux couches, d'un ton gris cendré.

Sur un listel dans le bas, MATER AMABILIS et le commencement du monogramme I L.

Revers violet, avec l'inscription en or :

> *Laudin Emaillieur*
> *à Limoges.*
> *.I. L.*

Règne de Charles X. — Collection Durand, n°s 107-2627.

N° 481 de la Notice des émaux, par M. le comte L. de Laborde.

D. 663. — *Plaque carrée bombée.*

H. 0,160. — L. 0,200.

La Sainte Famille. — La Vierge, assise sur un tertre à droite ; sur ses genoux l'Enfant-Jésus, debout, et tendant la main vers une grappe de raisin que lui tend saint Joseph, debout en arrière. Un panier de fruits est placé à gauche, à l'extrémité du tertre.

L'Enfant-Jésus et la Vierge portent le nimbe radié. Saint Joseph un nimbe ovale. Le monogramme .I. L. est peint sur les plis du vêtement de la Vierge.

Grisaille à rehauts d'or sur fond noir ; la grappe de raisin est seule colorée en violet.

Trait et premier modelé, partie par enlevage, partie appliqué au pinceau après les rehauts blancs, qui tournent au vert.

Revers violet noir avec l'inscription en or :

*Laudin Emaillieur
à Limoges
.I. L.*

Règne de Charles X. — Collection Durand, n°s 74-2542.
N° 479 de la Notice des émaux, par M. le comte L. de Laborde.

D. **664**. — *Plaque ovale.*

H. 0,200. — L. 0,170.

La Visitation. — La Vierge, portant le nimbe ovale, vêtue d'une robe rouge et d'un manteau bleu formant voile, les pieds nus, tient embrassée sainte Élisabeth, vêtue d'une robe violette, d'un manteau jaune, et coiffée d'une écharpe turquoise. Fond de terrains et d'architecture.

Émaux colorés, dessinés et modelés sur une couche blanche, appliquée en réservant les traits du dessin dans les terrains; ciel et fond noir. Rehauts d'or.

Encadrement formé de fleurons et de feuillages blancs en relief accompagnés d'or. Fond noir.

Revers bleu avec l'inscription en or.

*Laudin
aux fauxbourgs
De Manigne
a Limoges
. I. L.*

Règne de Charles X. — Collection Durand, n°s 83-2551.
N° 484 de la Notice des émaux, par M. le comte L. de Laborde.

D. **665**. — *Plaque ovale.*

H. 0,162. — L. 0,142.

Saint Jean-Baptiste, avec nimbe ovale, debout, à moitié

vêtu d'une peau sur laquelle passe une draperie; appuyé du bras gauche sur un rocher, de la main droite sur la hampe de sa croix, d'où flotte une banderole avec l'inscription : *Ecce agnus Dei*. Un agneau est couché à ses pieds. Fond de paysage et de rochers.

Émaux colorés, dessinés et peints sur fond blanc légèrement bleuâtre. Rehauts d'or.

Revers. Noir bleu, avec cette inscription en or.

Laudin au faubourgs
De Manigne
à Limoges
.I. L.

Règne de Charles X. — Collection Durand, nos 108-2640.
N° 487 de la Notice des émaux, par M. le comte L. de Laborde.

D. **666**. — *Plaque ovale.*

H. 0,178. — L. 0,150.

Le Baptême du Christ. — Le Christ nu, debout dans le Jourdain, une jambe relevée et recouverte d'une draperie, est appuyé sur la rive, où saint Jean se tient agenouillé, imposant la main gauche, et regardant le Saint-Esprit, qui descend sous la forme d'une colombe. La tête du Christ se détache sur un nimbe radié : la colombe est dans une auréole également radiée, et un nimbe ovale est suspendu sur la tête de saint Jean-Baptiste. Dans le bas, le monogramme I L.

Grisaille d'un blanc gris, dessinée et modelée en partie par enlevage, en partie au pinceau après l'application des rehauts blancs. Rehauts d'or. Fond noir ardoisé.

Revers bleu ardoisé, semi-transparent, avec cette inscription tracée en or.

Laudin Emaillieur
à Limoges
.I. L.

Règne de Napoléon III. — Donation Sauvageot.
N° 1167 du Catalogue de la collection Sauvageot, par M. A. Sauzay.

D. **667**. — *Plaque rectangulaire.*

H. 0,203. — L. 0,167.

La Sainte Famille, d'après une composition de Raphaël, qui doit être retournée.

La Vierge, assise à gauche, sur un tertre, les mains jointes, porte sur ses genoux l'Enfant Jésus, à nimbe elliptique crucifère. Sainte Anne, assise près de la Vierge, tient le bras de l'Enfant-Jésus, et lui fait bénir le petit saint Jean, agenouillé devant lui, et tenant de la droite une croix de roseau. Saint Joseph entre par une arcade au fond. Il porte, ainsi que saint Jean, le nimbe elliptique : la Vierge et sainte Anne le nimbe radié. Fond de ruines. Dans le coin inférieur à droite, le monogramme I. L. en or.

Grisaille. Trait et premier modelé par enlevage à travers une couche de bleu d'empois ; quelques parties dans les visages et les extrémités étant redessinées au pinceau. Rehauts blancs. Accessoires et rehauts d'or. Fond noir.

Revers violet, avec cette inscription en or.

Laudin. Émaillieur
à Limoges
I. L

Règne de Charles X. — Collection Durand, n°s 76-2544.

N° 480 de la Notice des émaux, par M. le comte L. de Laborde.

D. 668 à 675. — *Huit plaques circulaires.*

D. 0,120

Partie de la suite des douze Césars. — *Jules César*. Tête laurée de profil à droite, avec cette inscription : IVLIVS CÆSAR. I. en or.

Dans le filet blanc d'encadrement, le monogramme I. L.

C. T. AVGVSTVS II. — TIBERIVS CÆSAR III. — CLAVDIVS CÆSAR V. — SER. GALBA VII. — AVL. VITELLIVS VIIII. — FLAVIVS VESPASIANVS X. — FLAVIVS DOMITIANVS XII.

Grisailles. Dessinées et modelées sur couche blanche, traits noirs au pinceau, glacis de vert dans la couronne. Rehauts d'or. Fond noir.

Revers rosé translucide ponctué, avec l'inscription en noir :

Laudin Émaillieur
au faubour de Maignine
à Limoges
.I. L.

Règne de Charles X. — Collection Durand, n°s 91-2566.

N°s 503 à 514 de la Notice des émaux, par M. le comte L. de Laborde.

D. **676**. — *Tasse en forme de gobelet.*
H. 0,080. — D. 0,079.

 Deux grands médaillons ovales, alternant avec deux autres, encadrés dans des ornements blancs en relief et symétriques.
 Dans les deux grands médaillons, *Monime* et *Jahel*, d'après Claude Vignon. — Monime, vue à mi-corps, casquée, vêtue d'une robe qui laisse une de ses épaules découverte, portant un arc. — Jahel, vue à mi-corps, les cheveux noués par un bandeau, en robe blanche, frappant avec un marteau le clou qu'elle enfonce dans l'oreille de Sizara. Dans les petits médaillons, les têtes laurées et de profil des empereurs *Vitellius* et *Vespasien*, désignés par les chiffres ix et x.
 Émaux colorés sur fond noir.
 Même service et même fabrication que les pièces du service exécuté par Nicolas Laudin : nos D. 636 à 642.
 Sous le pied l'inscription :

Laudin
aux faubourgs
de Manigne
à Limoges
I. L

Règne de Charles X. — Collection Durand, nos 46-2483.
N° 527 de la Notice des émaux, par M. le comte L. de Laborde.

D. **677**. — *Tasse en forme de gobelet*
H. 0,079. — D. 0,079.

 Dans les deux grands médaillons, *Antiope* et *Lucrèce*, d'après Claude Vignon. — Antiope vue à mi-corps, coiffée d'un casque à plumes, vêtue d'une robe à épaulières de cuirasse, portant un bouclier. — Lucrèce, vue à mi corps, coiffée d'un voile retenu par un double ruban, tenant un poignard de la main droite. Dans les petits cartouches, deux têtes laurées et de profil des empereurs *Galba* et *Othon*, désignés par les chiffres vii et viii.
 Émaux colorés sur fond noir. Intérieur bleu turquoise.
 Même fabrication et même décor que le n° D. 676.
 Sous le pied, l'inscription en or :

Laudin
aux faubourgs
de Manigne
à Limoges
I. L

Règne de Charles X. — Collection Durand, nos 64-2491.
N° 528 de la Notice des émaux, par M. le comte L. de Laborde.

D. **678**. — *Tasse en forme de gobelet.*

H. 0,078. — D. 0,080.

Dans les deux grands médaillons *Débora* et *Salomé*, d'après Claude Vignon. — Débora, vue à mi-corps, coiffée d'un casque, vêtue d'une cuirasse, tenant de la droite une épée levée. — Salomoné, mère des Machabées, vue à mi corps, à longs cheveux blancs, coiffée d'un turban, les yeux et une main levés vers le ciel. Dans les petits médaillons, les têtes laurées et tournées de profil des empereurs *Titus* et *Domitien*, désignés par les chiffres xi et xii.

Émaux colorés sur fond noir.

Même fabrication et même décor que le n° D. 676.

Sous le fond, l'inscription en or.

Laudin
aux faubourgs
de Manigne
à Limoges
I. L

Règne de Charles X. — Collection Durand, n°s 46-2481.

N° 529 de la Notice des émaux, par M. le comte L. de Laborde.

D. **679**. — *Tasse en forme de gobelet.*

H. 0,078. — D. 0,078.

Dans les deux grands médaillons, *Zénobie* et *Pauline*, d'après Claude Vignon. — Zénobie, vue à mi-corps, coiffée d'un casque, vêtue d'une cuirasse, et portant une flèche. Même figure, avec quelques variantes, que sur le n° D. 638. — Pauline, comme sur le n° D. 638. Dans les petits médaillons, les têtes laurées des empereurs *Claude* et *Néron*, désignés par les chiffres v et vi.

Même décor et même fabrication que le n° D. 676.

Émaux colorés sur fond noir.

Sous le pied, l'inscription : *Laudin aux faubourgs de Manigne à Limoges*. I. L.

Règne de Charles X. — Collection Durand, n°s 46-2489.

N° 530 de la Notice des émaux, par M. le comte L. de Laborde.

JACQUES II LAUDIN.

D. 680. — *Soucoupe.*

D. 0,138.

La mort de Panthée, d'après Claude Vignon.
Même sujet que le n° D. 642, même décor et même fabrication que le n° D. 640.
Révers noir bleu avec le monogramme I. L.

Règne de Charles X. — Collection Durand n°ˢ 46-2490.

N° 533 de la Notice des émaux, par M. le comte L. de Laborde.

D. 681. — *Soucoupe.*

D. 0,134.

La mort de Camma, d'après Claude Vignon. — Sur le premier plan le roi, père de Camma, couché à terre, à côté d'une coupe renversée. Au fond, Camma est également renversée à terre, la tête appuyée sur les genoux d'une suivante qui pleure. Un autel embrasé est auprès d'elle. Au sommet l'inscription en or : CAMME.
Émaux colorés, rehaussés d'or sur fond noir.
Même fabrication et même décor que le n° D. 640.
Revers noir bleu avec le monogramme en or I. L.

Règne de Charles X. — Collection Durand, n°ˢ 46-2486.

N° 535 de la Notice des émaux, par M. le comte L. de Laborde.

D. 682. — *Soucoupe.*

D. 0,135.

La mort d'Arria, d'après Claude Vignon. — Arria, les cheveux tombants et la poitrine à demi couverte, est couchée à terre, appuyée sur la main gauche, et présentant à Pœtus, vêtu en guerrier, qui se penche vers elle, le glaive dont elle vient de se percer le sein.
Un rideau vert est relevé sur le bord à gauche, auprès de l'inscription en or : ARRIE.
Émaux colorés sur fond noir.
Même fabrication et même décor que le n° D. 640.
Revers noir bleu avec le monogramme en or I. L.

Règne de Charles X. — Collection Durand, n°ˢ -2492.

N° 537 de la Notice des émaux, par M. le comte L. de Laborde.

D. **683** et **684**. — *Bourse formée de deux plaque ovales ajustées sur un soufflet en soie et garnies de passements d'or.*

Plaques. — H. 0,090. — L. 0,065.

Sur l'une des plaques, un médaillon ovale représentant un jeune homme en grande perruque blonde, vêtu d'un habit bleu par-dessus une chemise à jabot et une cravate blanche.— Sur l'autre plaque, une jeune femme à haute coiffure crepelée, avec boucles tombant sur les épaules; des mouches sur la figure. Vêtue d'une robe à long corsage, ouverte et décolletée, un manteau sur l'épaule.

La partie supérieure de la plaque est ornée de fleurons en relief et percée de deux trous qui laissent passer les cordons qui ferment la bourse.

Sur le filet blanc qui circonscrit les médaillons, le monogramme I. L.

Émaux colorés, sur fond blanc, dessinés en partie en réserve, et glacés d'émaux colorés, peints en partie sur les couleurs opaques. Chairs modelées par hachures rouges.

N°s 525 et 526 de la Notice des émaux, par M. le comte L. de Laborde.

Noël III Laudin.

D. **685**. — *Plaque ovale.*

1730. H. 0,215. — L. 0,173.

Le martyre de sainte Agnès, imitation de la composition du Dominiquin. — Le sujet central est placé dans un cadre rectangulaire, à angles rabattus. Le champ resté libre en dehors est occupé, de chaque côté, par un médaillon ovale, représentant à droite sainte Catherine en buste; à gauche, un archevêque portant une croix à double croisillon. Des feuillages d'ornements accompagnent ces médaillons, et garnissent le haut et le bas de la plaque.

Émaux polychromes peints sur un fond blanc recouvrant entièrement un fond noir, et modelés par hachures.

Revers noir bleu avec l'inscription :
N Laudin
1730

Règne de Charles X. — Collection Durand, n°s 82-2550.

FABRICATIONS DIVERSES.

B. **686** à **693**. — *Huit plaques sur or décorant le couvercle et le pied d'une coupe ovale en sardoine orientale.* (N° 574 de la Notice des bijoux, par M. le comte L. de Laborde.)

Allemagne. — XVIIe siècle.
Couvercle.— Deux plaques circulaires.—D. 0,049.
Deux plaques ovales. — H. 0,072. — L. 0,047.

Combats de cavalerie. — Guerriers vêtus à l'antique combattant des Turcs. Personnages très-grands sur le premier plan, séparés par un certain espace vide de ceux du fond.

Pied. — Quatre plaques oblongues à bords contournés, ambouties en doucine. — H. 0,012. — L. 0,049.

Combats de cavalerie. — Cavaliers en avant d'un carré de fantassins armés de piques. — Cavaliers en avant d'un combat de fantassins et d'éléphans. — Cavaliers en avant d'un combat de fantassins.
Émaux colorés imitant la peinture, sur fond blanc.
Revers blanc.

Ancienne collection, n° 126.
N°s 453 à 460 de la Notice des émaux, par M. le comte L. de Laborde.

D. **694** à **702**. — *Neuf plaques d'émail sur argent décorant un hanap.* (N° D. 853.)

Allemagne. — XVIIe siècle.
Couvercle. — Trois plaques ovales. — H. 0,018. — L. 0,048.

Chasse au cerf, chasse au panneau. Pêche.

Coupe. — Trois plaques ovales. — H. 0,018. — L. 0,040.

Personnages, hommes et femmes, en costume du XVIIe siècle.

Nœud. — Trois plaques ovales. — H. 0,022. — L. 0,020.

Une tête d'homme à moustaches, — une tête d'homme barbu, — une tête de femme.
Émaux colorés peints sur fond blanc.

Le bouton, les moulures et les garnitures du couvercle et de la coupe, sont revêtues d'émaux colorés et de camayeux noir sur fond bleu.

Règne de Napoléon III. — Légué par M. Th. Dablin.

D. **694** bis à **702** bis. — *Neuf plaques montées sur le plat n° D. 922 : l'une circulaire formant ombilic, les huit autres en secteur annulaire dans la bordure.*

Allemagne. — Fin du XVII° siècle.
Plaque circulaire. — D. 0,110.

Le Triomphe d'Amphitrite. — Amphitrite et deux autres néréides, qui étendent un voile sur sa tête, sont portées sur une conque que traînent des dauphins. Neptune, guidant quatre hippocampes, suivi d'un triton, les précède à gauche. Une néréide assise sur un rocher, des tritons et des océanides occupent la droite. En avant, un amour vogue sur un dauphin ; d'autres amours semant des fleurs voltigent dans les airs.

Huit plaques en secteur annulaire. — H. 0,055. — L. 0,212.

Des divinités marines sont portées sur les flots dans des chars traînés par des chevaux ou des monstres marins, accompagnées de tritons, d'océanides et d'amours, se rencontrent ou abordent sur la plage où un repas est servi. — Émaux colorés, dessinés et modelés au pinceau sur fond blanc.

Règne de Napoléon III. — Légué par M. le baron des Mazis.

D. **703** et **704**. — *Tasse et soucoupe montées en argent ciselé et doré.*

Allemagne. — XVIII° siècle.   Tasse. — H. 0,049. — T. 0,83.

L'extérieur de la tasse est divisé en deux demi-hémisphères par la garniture des anses, par le pied et le cercle qui forme bord et maintient l'hémisphère qui constitue l'intérieur de la coupe. Un bouton est rapporté sous le pied.

Extérieur : sur l'un des demi-hémisphères, *Diane et Actéon*, assis sur un tertre, près d'un terme. Un amour soutient une draperie derrière eux. Trois amours dansent dans le fond à gauche. Sur l'autre : l'*Automne*, représentée par une femme à demi nue, assise, portant des fruits sur ses genoux, accompagnée d'une autre femme agenouillée devant elle, et de deux amours qui mangent des raisins.

Sous le pied, une rose.

— Intérieur. Un médaillon central représentant un port de mer, entouré d'un semis de branches de fleurs sur fond blanc.

Soucoupe. — D. 0,152.

Intérieur. — *Neptune et Amphitrite*, assis sur une coquille, entourés d'océanides et de tritons qui apportent des poissons et des coquillages, auprès de rochers d'où tombe en cascade une fontaine qui sort de l'urne qu'épand une nymphe. Bordure d'oves.

Extérieur. Un parterre où s'élève une fontaine, en avant d'un palais.

Émaux colorés exécutés au pinceau sur fond blanc.

Règne de Charles X. — Collection Durand, n°s 56-2514-2515.

D. **705**. — *Coffret à angles contournés.*

XVIIIe siècle.   H. 0,060. — Long. 0,185. — Larg. 0,121.

Sur le couvercle, deux paons au bord d'un étang, entourés de canards et d'oiseaux qui volent, dans un cartouche contourné, formé d'ornements en relief et doré sur un fond rose. Sur chacun des côtés un cartouche entouré de même sur fond rose, représentant des paons, des canards, etc.

Émaux colorés dessinés et peints sur fond blanc.

Intérieur émaillé de blanc.

Règne de Charles X. — Collection Durand, n°s 57-2516.

N° 561 de la Notice des émaux, par M. le comte L. de Laborde.

D. **706**. — *Salière circulaire à trois pieds.*

XVIIIe siècle.   H. 0,033. — D. 0,068.

Trois médaillons entourés de cartouches d'or en relief, représentant des paysages avec animaux, peints en émaux colorés sur fond blanc.

Entre les médaillons, des cartouches d'or en relief sur fond bleu de roi.

Intérieur. Émail blanc.

Règne de Charles X. — Collection Durand, n° 4963.

N° 562 de la Notice des émaux, par M. le comte L. de Laborde.

D. **707**. — *Salière circulaire à trois pieds.*

H. 0,033. — L. 0,608.

Même décor que sur la pièce précédente, avec cette seule différence que le fond général est vert de mer.

Règne de Charles X. — Collection Durand, n° 4962.

N° 563 de la Notice des émaux, par M. le comte L. de Laborde.

D. **708**. — *Plaque ovale.*

H. 0,055. — L. 0,041.

Échantillon d'émaux de toutes couleurs, mêlés d'aventurine, noyés dans un verre incolore translucide qui les fixe.

Ancienne collection, n° 4966.

N° 460 *bis* de la Notice des émaux, par M. le comte L. de Laborde.

ORFÉVRERIE

JOAILLERIE ET BIJOUTERIE.

ORFÉVRERIE

JOAILLERIE ET BIJOUTERIE.

L'orfévrerie fut presque le grand art en ces époques où l'or et l'argent, composant la seule fortune mobilière, étaient accumulés à l'envi par les princes et par les églises. On s'en faisait honneur en les transformant en œuvres d'art, quitte à les envoyer au creuset lorsqu'il en était besoin. Malgré tout, les heureux hasards des trouvailles et de l'esprit de conservation ont fait parvenir jusqu'à nous un grand nombre de pièces d'orfévrerie de toutes les époques, en même temps que des textes abondants nous révèlent les richesses accumulées dans certains trésors princiers et ecclésiastiques. De telle sorte qu'une histoire de l'orfévrerie et de la bijouterie peut s'appuyer sur des textes nombreux que corroborent et que commentent des monuments qui, s'ils sont quelque peu dispersés, se présentent cependant nombreux et authentiques.

Ce n'est qu'une esquisse de cette histoire que nous prétendons faire ici.

Si les bijoux antiques qui nous sont parvenus montrent l'alliance de l'or et des pierres fines, il est rare que cette même alliance se retrouve dans le peu d'orfévrerie antique que nous connaissons. Bien que l'on puisse objecter les passages des poëtes qui témoignent que les métaux précieux, l'ivoire et les pierres fines, étaient combinés dans une même œuvre, il est permis de supposer que ces combinaisons avaient pour résultat de produire ces effets auxquels on est arrivé plus tard au moyen des pâtes colorées et des émaux. Certains bijoux égyptiens, presque exclusivement formés de pierres incrustées dans des alvéoles d'or, nous le font présumer plutôt qu'ils ne nous en donnent une certitude absolue.

Il était certains cas, cependant, où les pierres incrustées ne devaient jouer que le rôle où on les employa plus tard : celui de simples ornements. C'est lorsque l'on voulait figurer un bijou, comme un collier ou une agrafe, sur une statue. Ainsi, dans la salle des bronzes du Musée du Louvre, il existe un masque de femme en argent dont le cou montre trois larges sertissures qui, vides aujourd'hui, devaient maintenir jadis des pierres précieuses. Dans la même collection, une statuette de Vénus, en bronze, porte encore une pâte de verre bleu incrustée sur la poitrine.

Il existe, enfin, au Cabinet des Antiques et des Médailles à la Bibliothèque impériale, une bulle d'or trouvée en Syrie, représentant une Vénus à cheval sur un lion, obtenue au repoussé, qui est ornée de deux petits grenats cabochons et de quatre pâtes de verre montés en relief dans une sertissure festonnée entourée d'un grainetis. Des rosaces en grainetis et en filigrane tordu accompagnent ces pierres sur le fond de la bulle. C'est à l'époque des Antonins que M. Chabouillet fait remonter ce bijou (1).

Mais, quoi qu'il en soit de l'autorité de ces exemples, on peut affirmer que c'est à partir du règne de Constantin, c'est-à-dire de l'introduction du luxe asiatique à la cour des empereurs désormais fixés à Bysance, que l'orfévrerie emprunta surtout un nouvel éclat aux pierres appliquées en relief sur sa surface.

La destination de ces pierres est autre que celle qu'on leur avait donnée antérieurement. Au lieu d'être par leur forme et par leur couleur la partie intégrante d'un

---

(1) N° 2554 du *Catalogue du Cabinet des Antiques...*, par M. Chabouillet.

ornement, espèce de mosaïque incrustée, elles valent par elles-mêmes, par leur couleur ou par leur éclat. La décoration dont elles font partie résulte de la combinaison des chatons où elles sont maintenues. Elles se combinent avec la gravure, avec le filigrane et le granulé si fréquent dans les bijoux antiques, avec les nielles que citent les textes grecs du VIe siècle et Grégoire de Tours, avec la damasquine et le repoussé, et enfin avec l'émail.

L'orfévrerie mérovingienne nous fournit les plus anciens exemples de cet art renouvelé par l'emploi des pierres fines, qui dominent dans l'ornementation et la composent presque seule à des époques et chez des peuples barbares. Les garnitures des armes que l'on croit avoir appartenu à Childéric (1), celles que l'on a trouvées à Pouan (2), et qui sont conservées au Musée de Troyes, certaines fibules trouvées en Normandie (3), en Bourgogne (4), en Angleterre, etc., et qui sont incontestablement mérovingiennes, se reconnaissent à ce caractère : des tables de grenat ou de verre coloré en pourpre, à contours généralement rectilignes, y sont serties dans des cloisons d'or, de façon à former des bordures ou à couvrir toute la pièce. Parfois aussi grenats ou verroteries sont sertis en relief et alternent avec quelques ornements filigranés.

A côté des bijoux d'or et d'argent que portaient les Francs, il existe des pièces de costume qui, bien qu'exécutées en fer, ont reçu de l'orfèvre leur principale

---

(1) N°s 1 à 18 du Catalogue du Musée des Souverains, par M. H. Barbet de Jouy.

(2) PEIGNÉ-DELACOUR. *Recherches sur le lieu de la bataille d'Attila, en 451*, in-4° de 58 pages, avec chromo-lithographies.

(3) L'abbé COCHET. *La Normandie souterraine*, p. 213, pl. VII et pl. XII. — *Sépultures romaines, gauloises, franques et normandes*. Boucles de centuron (table). — *Le tombeau de Childéric*. Les boucles ou agrafes, p. 233 et passim. — *La Seine-Inférieure historique et archéologique*.

(4) H. BAUDOT. *Mémoires sur les sépultures des barbares......*, pl. XII et XIII.

décoration. Ce sont des plaques de ceinture avec ou sans leurs boucles, quelquefois de dimensions considérables, qui sont couvertes de feuilles d'argent repoussé ou qui sont incrustées de filets d'argent formant des entrelacs si caractéristiques de l'ornementation de tous les peuples barbares (1). Parfois, un simple étamage remplaçait l'argent.

Une certaine activité régnait dans les cités gallo-romaines où les évêques s'étaient établis en civilisateurs et les rois mérovingiens en conquérants, car il résulte des chroniques contemporaines que si les Francs purent recevoir des œuvres de Byzance, il leur fut également possible de tirer de leur propre pays le luxe de leurs armes et de leur vaisselle.

Ainsi, Sidoine Apollinaire (+ 484) nous apprend qu'il envoya à Toulouse une inscription destinée à être gravée sur un vase d'argent à anses.

Sans parler du vase de Soissons que saint Rémy réclama de Clovis, et qui motiva chez le roi franc ce trait si connu de cruelle discipline militaire, parce que rien ne nous indique où ce vase fut fabriqué, nous trouvons des renseignements plus explicites relatifs à la transformation de ce vase ou d'un autre que Clovis avait donné au même évêque. Saint Remy, en effet, dans son testament, écrit vers 525, ordonne de fabriquer un ciboire et un calice ornés de figures, sur lequel on devra graver l'inscription qu'il a composée pour un calice appartenant à l'église de Laon.

De ce document, il résulte ce fait qu'il existait des ateliers à Reims, et que dans ces ateliers l'on était capable de repousser des figures, comme sur l'orfèvrerie antique.

L'antiquité, d'ailleurs, avait laissé à Reims une empreinte si puissante que l'art du moyen âge en garda encore des traces.

Les envois d'orfèvrerie et les trésors jouent un grand

---

(1) H. Baudot, *Mémoires sur les sépultures...*, pl. IV et V.

rôle dans l'histoire des rois francs. Ici, c'est Théodoric qui calme les ressentiments de Clotaire, qu'il a voulu tuer, par l'envoi d'un plat d'argent qu'il lui fait reprendre (529). Là, c'est Childebert qui, étant allé en Espagne délivrer sa sœur que le roi arien Amalaric, son époux, maltraite à cause de sa croyance, en rapporte les trésors que son beau-frère n'a pu sauver. Il donne aux églises les calices, les patènes, les boîtes d'évangéliaires qu'il trouva en grand nombre avec les pierres précieuses qu'Amalaric avait oubliées dans la précipitation de sa fuite, et qui furent cause de sa mort, lorsqu'il débarqua pour les prendre (530) (1).

Ce même Childebert avait donné à la basilique de Saint-Germain-des-Prés une croix d'or enrichie de pierreries, que Philippe I, au XIe siècle, voulut briser pour en partager les fragments entre ses compagnons (2).

Un peu plus tard, c'est Brunehaut, fille du roi de Tolède, qui, étant venue épouser Sigebert d'Austrasie, en 566, donne aux églises d'Auxerre des vases en matières précieuses et des pièces d'orfèvrerie, qui sont certainement d'origine antique, et qu'elle avait pu apporter de son pays. C'est un calice en agate onyx ; c'est un plateau d'argent où l'on voit l'histoire d'Énée accompagnée de lettres grecques et du nom d'un roi visigoth ; ce sont différents vases d'un alliage qui porte le nom d'*anacteum*, qui n'est peut-être que l'*electrum* dont parle Pline. (Introduction de l'émaillerie, p. XI.) Tous ces vases, malgré la description sommaire qui en est faite, appartiennent évidemment à l'art antique et peut-être oriental (3).

Ces introductions des produits des ateliers d'Espagne, dont nous étudierons plus tard de si magnifiques mo-

---

(1) GRÉGOIRE DE TOURS. *Histoire des Francs*. L. III, ch. 7 et 11.

(2) *Acta sanctorum ordinis sancti Benedicti*, t. IV, p. 122.

(3) LABBE. *Nova bibliotheca. mss. lib.* t. I, *Historia episcoporum Autissiodorensium*, p. 425, citée par M. J. Labarte, *Histoire des arts industriels*, t. I, p. 424.

numents, devaient entretenir le goût parmi ceux du royaume des Francs. Aussi est-ce à ces ateliers que la même Brunehaut demanda un bouclier d'une merveilleuse grandeur, en or orné de pierres précieuses, et deux patères de bois, « qu'on appelle vulgairement des bassins »(*bacchinon*), ornés d'or et de pierreries, suivant une habitude qui s'est conservée jusqu'à la renaissance, présents qu'elle envoya au roi d'Espagne (1).

Plus tard, Chilpéric ne craignait point de s'enorgueillir des pièces d'orfèvrerie exécutées par ses ouvriers, en même temps qu'il montrait les présents que lui avait rapportés l'ambassade envoyée auprès de l'empereur Tibère. Cette ambassade, sans aucun doute, avait porté à la cour de Bysance les produits des ateliers dont le roi se trouvait si fier, qu'il disait à Grégoire de Tours en lui montrant ce qui en était sorti : « J'ai fait cela pour la gloire et l'honneur de la nation franque, et je ferai plus encore si je vis. » (2).

Sous le même Chilpéric, il existait à Paris des boutiques d'orfèvrerie sur le parvis de l'église Notre-Dame, ainsi que le constate un passage de l'histoire de Leudaste racontée par Grégoire de Tours. L'ex-comte de Tours ayant suivi le roi à Paris (583) pour implorer le pardon de la reine jusque dans l'église Notre-Dame, et ayant été repoussé par elle attendit sa sortie sur la place, parcourant les boutiques des marchands, examinant ce qu'ils mettaient en vente, pesant les pièces d'orfèvrerie, choisissant divers ornements en disant : « J'achèterai ceci et cela... » (3).

Ce qui ressort de la plupart des passages que nous venons de citer, c'est que l'orfèvrerie mérovingienne a

---

(1) Grégoire de Tours. *Histoire des Francs*, l. vi, ch. 32.
(2) « *Ego ex exornandam atque nobilitandam Francorum gentem feci. Sed et plurima adhuc, si vita comes fuerit, faciam.* » *Idem, ibidem*, vi, ch. 32.
(3) *Idem, ibidem*, l. vi, ch. 2.

pour principal caractère l'alliance des pierreries aux métaux précieux (1).

Ce caractère se retrouve dans l'ornementation des couronnes de Guarrazar, qui sont de la fin du VIIᵉ siècle, et dans l'orfévrerie bysantine, comme le prouve une reliure conservée à Monza et donnée, en 693, par la reine Théodelinde. Une bordure en tables de grenat, absolument semblable aux garnitures des pièces mérovingiennes, la circonscrit(2). Mais ce genre d'ornement n'est qu'un accessoire dans les œuvres faites à Constantinople. Il faut lire dans l'Anonyme, dans Paul le Silentiaire, et enfin dans Constantin Porphyrogénète, la description des merveilles d'orfévrerie que Justinien et ses successeurs accumulèrent dans l'église de Sainte-Sophie et dans le palais dont elle était une dépendance.

Comme on doit s'y attendre, il ne reste rien de ces richesses, rien que leurs descriptions, et les monuments les plus anciens comme les plus authentiques de cette antique orfévrerie seraient la croix reliquaire et la reliure d'évangéliaire données à l'église de Monza par la reine Théodelinde, à la fin du VIIᵉ siècle.

La croix est d'or, bordée par un cordonnet granulé, et décorée sur sa tranche de rinceaux en filigranes également granulés. Sur la face, un crucifix vêtu du long colobium, et attaché par quatre clous, est exprimé par une gravure remplie d'émail noir.

La reliure dont nous avons parlé plus haut, en outre de sa bordure et de quelques ornements de caractère mérovingien, porte une grande croix couverte de pierres fines, serties en relief. Suivant une règle presque invariable pendant tout le moyen âge, une grosse pierre, parfois remplacée plus tard par un émail, alterne dans cet ornement avec cinq pierres plus petites.

Ce même trésor possède un petit reliquaire qui, datant du temps de Béranger, suivant les uns, aurait été

---

(1) Charles DE LINAS. *Les Œuvres de saint Éloi.*
(2) J. LABARTE. *Histoire des Arts industriels...* Album, pl. XXXIII.

donné par Théodelinde, suivant d'autres. Toujours est-il qu'il est un excellent spécimen de l'ornementation en pierreries usitée dans l'orfévrerie byzantine antérieurement au Xe siècle.

Le trésor de Venise a également conservé un grand nombre de pièces d'orfévrerie d'origine grecque incontestable, antérieurs à l'an 1000, pour la plupart, et décorées d'émaux.

A côté de ces produits de Byzance, il est intéressant de placer ceux de l'Allemagne et de l'Espagne.

L'importante découverte des couronnes de Guarrazar, conservées, les unes au Musée des Thermes et de l'Hôtel de Cluny, les autres au Musée de Madrid, nous a révélé ce qu'était l'orfévrerie sous les derniers rois goths de l'Espagne (Suinthila, 621 + 631. — Reccesvinthus, 649 + 672). Ces couronnes, dont les unes sont exclusivement votives, dont les autres ont pu être portées, mais sont devenues votives par l'addition de chaînes de suspension, sont trop connues aujourd'hui, par elles-mêmes ou par les publications que l'on en a faites, pour qu'il soit nécessaire de les décrire (1).

Comme nous l'avons dit déjà, le principal caractère de quelques-unes est d'être ornées de tables, soit de verre pourpre, soit de pierres rouges de Carie, qui forment comme un dessin courant sur lequel se détachent des pierres cabochons serties en relief. D'autres sont simplement ornées de ces pierres distribuées sur leur surface; d'autres sont formées d'un réseau d'or dont les points d'intersection sont marqués par des pierres, tandis que d'autres pierres pendent à la circonférence, justifiant presque certaines descriptions de pièces d'orfévrerie qu'Anastase le Bibliothécaire signale dans les églises de Rome; d'autres, enfin, sont formées de lames

---

(1) Ferdinand DE LASTEYRIE, *Description du trésor de Guarrazar*, in-4° avec figures chromo-lithographiées. — É. Gide. — Paris. 1860. — PEIGNÉ-DELACOUR. *Recherches sur le lieu de la bataille d'Attila*. — D. JOSE AMADOR DE LOS RIOS. *El arte latino-bizantino en España y las coronas visigodas de Guarrazar*, in-4° de 174 pages, avec gravures, Madrid, 1861. — J. LABARTE. *Histoire des Arts industriels...*, t. I, p. 499 *et passim*. Album, pl. XXXII.

d'or repoussées et percées à jour, imitant des motifs d'architecture empruntés au style latin.

C'était un style tout différent qui régnait en Allemagne, comme le prouve le calice que fit exécuter Tassilo, duc de Bavière, cet acharné défenseur de la liberté saxonne contre Charlemagne, qui le vainquit en 788 et l'exila dans l'abbaye de Jumières, où il mourut.

Ce calice, en cuivre doré, est formé d'une coupe semi-ovoïde, portée sur un pied très-étroit et conique, par l'intermédiaire d'un nœud. Toutes ces parties, qui semblent fondues d'un seul monceau, sont ciselées d'entrelacs en relief bordés par des filets d'argent niellé, et décorées de monstres moitié animaux, moitié végétaux, et de feuillages de style quelque peu oriental qui encadrent des médaillons en argent niellé. Ceux-ci représentent le Christ, les symboles évangéliques à tête humaine et des bustes de saints.

Tout est barbare dans cet œuvre, mais les entrelacs rappellent le système adopté dans la décoration des bijoux mérovingiens, et nous retrouvons dans les cercles entrecroisés, qui sont tracés en quelques-unes de ces parties, le motif de l'une des bordures en verre cloisonné des couronnes de Guarrazar et de la reliure donnée par Théodelinde à la cathédrale de Monza. Quant aux entrelacs, ils appartiennent à un système de décoration spécial aux lettres initiales des manuscrits carlovingiens et aux monuments scandinaves (1).

Une branche de cet art a poussé de si vigoureux rameaux sur la côte occidentale de la Grande-Bretagne et en Irlande, que nous en trouvons qui y végétaient encore au XIIe siècle.

L'exposition temporaire de 1862, au Musée de South-

---

(1) Alfred DARCEL, *Les arts industriels en Allemagne*, p. 4.

Kensington, offrait un certain nombre de monuments de cet art, dont plusieurs descendaient jusqu'au XIIe siècle, et qui tous, quelle que soit la date de leur fabrication, offraient le même système de décoration (1).

Ainsi, la coupe de Dunvegan, en corne garnie d'argent, bien que la monture ait été remaniée au XVe siècle environ, était ornée sur celle-ci de dessins géométriques en repoussé et de filigranes formant des étoiles et des amas de perles.

La châsse de saint Monaghan, exposée par l'évêque de Kilduff, fabriquée au commencement du XIIe siècle, en forme de pupitre, garnie dans le bas d'anneaux, soit pour la fixer, soit pour la porter, est décorée sur ses arêtes de grands monstres efflanqués qui se combinent avec des galons. Ces galons, ces entrelacs, ces bêtes, le tout formant d'inextricables enchevêtrements, en cuivre ciselé, se combinant avec des émaux incrustés qui forment des mosaïques, absolument comme sur les fibules mérovingiennes.

La statuaire se mêle à ces ornements, mais statuaire barbare, représentant soit des têtes de lion, soit de petites figures d'hommes, barbus ou non, simplement vêtus d'une draperie autour des reins.

Le bâton pastoral de Nial-Mac-Mic Aeducian, évêque de Limor, décédé en 1112, appartenant au duc de Devonshire, semblable à une autre crosse appartenant à l'Académie royale d'Irlande, est en bois garni de cuivre ciselé d'entrelacs, et incrusté de filets d'argent formant des dessins géométriques qui se détachent du fond par leur forme et par la couleur. Des dragons, portant des nœuds enlacés dans leur gueule et se poursuivant, forment la crête du crosseron. Mais ce qui est aussi remarquable que cette persistance de l'ornementation empruntée aux manuscrits saxons, c'est la présence de cabochons en mosaïques de verre à dessins géométriques faits avant la cuisson.

---

(1) Catalogue on Loan..., nos 851 à 916 et 8030 à 8053.

Le joyau d'Alfred le Grand (1) (849 + 901), conservé à l'Ashmoleam Museum, d'Oxford est un émail byzantin en forme de cœur, protégé par un cristal de roche et monté en or. Il est décoré sur la tranche de filigranes accompagnant une inscription, tracée en caractères romains, qui constate qu'Alfred l'a fait exécuter. Une tête d'animal, dont les éléments sont dessinés par des bandes d'or encadrant un fond granulé, à la façon antique, termine ce bijou par la pointe et le fait ressembler à un sifflet. Une feuille d'or, représentant un bouquet de longues feuilles symétriques en réserve sur un fond natté, sert de revers à ce bijou, où il est aisé de reconnaître une influence méridionale qui s'explique à la fin du IX siècle.

C'était sans doute une orfévrerie de ce style qui formait le devant d'autel en lames d'or que le roi saxon Witlase avait donné à l'abbaye de Croyland, et que les Danois détruisirent ; et celui qu'Edgard, le dernier roi anglo-saxon au XI siècle, donna à l'abbaye d'Abingdon, dont on dit que le travail surpassait la matière, bien qu'on y eût employé trois cents livres d'argent.

Du reste, l'Angleterre était moins barbare au VIII siècle que n'était la France, car c'est d'York, dont l'archevêque Wilfrid chanta, en 785, les splendeurs, qu'Alcuin était venu à la cour de Charlemagne, et c'est de là qu'il fit venir au monastère de Saint-Martin de Tours, où il s'était retiré, les copies des livres saints qu'on y avait faites sur les originaux achetées par lui à Rome.

L'orfévrerie donnait son éclat aux « textes » que l'école anglo-saxonne transcrivait et enluminait avec un art dont nous possédons encore de remarquables spécimens, et il fallait qu'elle eût donné une physionomie bien caractéristique à ses œuvres pour qu'en l'an 1000 on en désignât une comme étant de façon anglaise. C'était la monture en pierreries d'un reliquaire du mont Cassin, où une particule du saint lange (*lintei*)

---

(1) H. Shaw. *Dress and decorations*, t. 1, pl. 1.

était conservée sous une lentille de cristal de roche, monté en or et en argent, décoré de pierres précieuses (1). (*Argento et auro gemmisque anglico opere subtiliter ac pulcherrime decoratus.*)

Du reste, un orfèvre anglais était tué par la foudre quelques années après à la porte de cette abbaye, qui bientôt allait avoir recours à des ouvriers byzantins pour régénérer ses écoles.

Entraîné peut-être par un trop grand désir d'exalter l'ancien art anglo-saxon, M. le chanoine D. Rock, dans le livre d'où nous empruntons les faits ci-dessus, pense que le Volvinius qui, en 835, exécuta le célèbre parement, encore subsistant, de l'autel de Saint-Ambroise de Milan, était un orfèvre anglais, dont le nom est Walwin, nom commun durant cette période (2).

Il pense aussi que les *gabathæ saxiscæ*, que l'on trouve dans le « *liber pontificalis* » comme données aux églises de Rome par les pontifes Grégoire IV, Léon IV et Benoît III, sont des coupes anglo-saxonnes. En effet, on trouve dans la vie de Benoît III (855 ╌ 858), « *Rex Saxonum... obtulit B. Petro Apostolo... gabatas saxiscas de argento exaurato quatuor.* » Mais ce roi saxon n'est-il pas plutôt un prince allemand, comme semble le prouver ce passage d'une bulle du pape Benoît VIII, en 1023, cité par Du Cange en son *Glossaire* au mot « Saxiscus » : « *Nec non et calicem saxonicum majorem, cum patera sua, quem Theodoricus Saxorum rex B. Petro olim transtulerat.* »

Pour revenir à l'orfévrerie anglo-saxonne, Guillaume le Conquérant et ses compagnons en trouvèrent les églises et les abbayes d'Angleterre bien pourvues. Si les vainqueurs en emportèrent un grand nombre, plusieurs firent retour aux lieux d'où elles avaient été enlevées. L'abbaye de la Bataille, fondée par le conqué-

---

(1) Daniel Rock. *The church of our fathers*, t. I, p. 288, d'après la Chronique du Mont-Cassin.

(2) *Idem, ibidem.* t. I, p. 251.

rant, en reçut plusieurs, en même temps que son manteau royal magnifiquement orné d'or et de pierres précieuses ; les églises de Normandie en reçurent plusieurs autres.

Pour ce qui est relatif à la France, nous attribuons à l'art du VIIIe siècle, à cause de la ressemblance que présentent les dessins niellés sur quelques-unes de ses parties avec les ornements des lettres initiales de cette époque, un fragment de reliquaire conservé dans l'église de Conques (1).

Ce fragment se compose d'une lentille en verre gris bleu dans une large sertissure d'argent doré portant neuf perles solidement enchâssées. Un anneau de verres pourpres triangulaires, entouré lui-même d'un anneau en argent niellé, enveloppe cette monture et forme avec elle un large cercle qui devait occuper le sommet d'une pyramide tronquée, dont les côtés étaient garnis de plaques d'argent niellé. Trois de ces plaques existent encore assemblées à plat autour du bijou central.

Le dessin des nielles où les feuilles cordiformes se trouvent alliées avec des feuilles trilobées, où des oiseaux becquètent des graines en forme de point, où l'on rencontre même les lacis mérovingiens ; la présence des verres pourpres, que l'on est accoutumé à trouver dans les bijoux francs, nous semblent indiquer que ces fragments appartiennent peut-être au temps de Pepin, qui fut le restaurateur de l'ancienne abbaye de Conques.

A l'époque carlovingienne, une vraie passion pour l'orfévrerie s'était emparée du clergé. Ce n'était plus uniquement des vases pour le culte que l'on façonnait alors, mais, imitant ce que Justinien avait fait à Constantinople, on élevait des autels entiers en matières précieuses, ainsi que la confession qu'ils surmontaient,

---

(1) Alfred DARCEL. *Le Trésor de l'église de Conques.* Phylactères, p. 36, pl. IX.

que le ciborium qui les dominait et que la clôture qui les précédait.

L'architrave (*trabes*) de cette clôture portait des arcades abritant des statues d'or et d'argent, et soutenait des lampadaires de toutes formes, les uns destinés à porter des lampes, les autres des cierges. Des candélabres (*phara*) se dressaient autour du ciborium de l'autel, d'où pendaient ces couronnes (*regna*) au centre desquelles brillait une croix.

Des calices ornés de pierreries, des corbeilles pour recevoir les offrandes, des vases pour le service des autels, tous de poids si considérables qu'ils nous étonnent, même quand nous savons qu'ils étaient destinés à la communion sous les deux espèces, accompagnent cette architecture d'or et d'argent.

Pour nous donner une idée de ces merveilles, depuis longtemps disparues, il ne nous reste plus que l'autel de Saint-Ambroise de Milan, exécuté par Volvinius en 835. Autel orné de pierres et d'émaux translucides sur ses quatre faces, ainsi que de figures obtenues au repoussé dans l'or et dans l'argent.

D'après cet exemplaire, on peut voir que les orfèvres byzantins, poussés en Italie par les persécutions des iconoclastes, avaient à leur service toutes les ressources pratiques que leur art possède aujourd'hui. De plus, les quelques monuments de ces époques qui nous sont parvenus, en même temps qu'ils nous montrent quelle était la nature de l'orfévrerie dont nous possédons les descriptions, nous expliquent certains termes assez difficiles à élucider chez les auteurs contemporains, et surtout chez les différents rédacteurs du *Liber Pontificalis*. Ainsi nous trouvons des œuvres obtenues au repoussé, puis ciselées (*battutiles anaglytiphas*); les fontes également ciselées (*fusiles anaglyphas*); le repercé à jour (*opus interrasile*); le nielle (*nigellum*); l'émail, qui commença au IXe siècle à porter le nom (*smaltum*) sous lequel il est connu aujourd'hui, tandis qu'antérieurement il était désigné par un nom (*electrum*) qui prête à la controverse, comme nous l'avons vu dans l'introduction à la Notice des émaux, p. IX.

L'emploi des pierres fines résulte de la description des pièces. Quant à celui des bas-reliefs à personnages, il résulte également de la désignation des sujets figurés, soit au repoussé, soit par la fonte, soit par la gravure; quant au filigrane, nous n'en verrions la mention que dans l'expression *spanoclistum* ou *spanoclastum*, qui revient plusieurs fois dans le *Liber Pontificalis*.

A la fin du XIIIe siècle, il porte en Italie le nom d'*opus veneticum*, à cause sans doute de l'habileté des ouvriers vénitiens à l'exécuter, et à Venise même celui d'*opus entrecoseum*.

Tandis que l'Italie se livrait à ces magnificences, dont il nous est difficile de nous faire une idée, la France, loin de rester en arrière, conservait à ses orfèvres leur antique réputation.

Charlemagne, nouveau Constantin, ainsi que le disent les panégyristes de tous les princes qui ont honoré et enrichi les souverains pontifes d'une façon particulière, Charlemagne s'entourait de luxe et gratifiait les églises de Rome de ses dons, que les incursions des Sarrasins devaient bientôt enlever.

L'orfévrerie carlovingienne devait imiter ce que faisaient en Italie les ouvriers byzantins qui s'y étaient établis, si l'on peut en juger par la similitude des descriptions que les annalistes français et italiens nous ont laissées de ce qui décorait les églises en ce temps. Peut-être s'y introduisait-il, comme dans les ornements des manuscrits contemporains, quelques souvenirs de l'ancien art franc. Mais toujours est-il que, sous Louis le Débonnaire, les ouvriers français recevaient de Venise la commande d'un calice, ainsi que l'or nécessaire pour le fabriquer et les pierres destinées à le décorer, et que l'église de Ravenne conservait précieusement un autre calice envoyé par l'empereur lui-même.

Il existe peu de pièces d'orfévrerie qui appartiennent authentiquement à l'époque de Charlemagne. Nous citerons cependant un reliquaire, en forme de maison, entièrement recouvert de plaques de métal repoussé, — or ou argent, — qui est conservé dans le trésor de la cathédrale de Sion (1). Exécuté, comme le constate une inscription repoussée dans le métal, par Altheus, qui était évêque de Sion en 780, ce reliquaire, d'une fabrication assez barbare, montre une singulière alliance entre les trois arts qui se trouvaient alors en conflit. Des émaux byzantins s'y rencontrent représentant des personnages bénissant à la grecque, mais désignés par des inscriptions latines; tandis que des ornements formés de serpents à doubles têtes, comme dans les amortissements des lettres tournures des manuscrits, s'allient à des tiges aux feuillages symétriques et de style oriental, comme ceux que nous avons trouvés loin de là sur certains fragments du trésor de Conques. (2)

Nous n'osons classer parmi les monuments du temps de Charlemagne la magnifique aiguière du trésor de Saint-Maurice (3), décorée d'émaux de caractère sassanide, à cause des lions affrontés au « homa sacré. » La tradition seule témoigne de ce don, et si nous la prenions seule pour guide, les pièces d'orfévrerie de ce temps seraient aussi abondantes que nous les trouvons rares.

S'il existe peu de monuments que l'on puisse dater authentiquement du règne de Charlemagne, en revanche Eginhart nous a conservé la mention de ce que le grand empereur possédait et distribua de trésors par son testament fait en 811. Au nombre des trésors et des meubles précieux qui, séparés en quatre parts, furent attribués à vingt et une églises, à ses enfants, aux pauvres et à ses serviteurs, il y avait trois tables d'argent et une d'or, d'une dimension et d'un poids considérables. L'une d'elles, de forme carrée, représentait la ville de Constantinople et fut donnée à la basilique

---

(1) J.-D. BLAVIGNAC. *Histoire de l'architecture sacrée, du IVe au Xe siècle, dans les anciens évêchés de Genève, Lauzanne et Sion*, p. 134 et passim., pl. XI et XXIII*.

(2) Alfred DARCEL. *Le Trésor de l'église de Conques*, p. 39.

(3) J.-D. BLAVIGNAC. *Histoire de l'architecture..., du Ve au Xe iècle*. p. 156 et passim., pl. XV, XVI et XXVI*.

de Saint-Pierre de Rome; l'autre était ronde, montrait une vue de Rome, et échut à l'église de Ravenne. La troisième, qui surpassait beaucoup les deux autres par la beauté du travail, offrait la description de l'univers entier, tracée avec beaucoup d'art sur les trois cercles qui la formaient et qui la faisaient ressembler à trois boucliers réunis.

Évidemment, ces tables ne pouvaient être de fabrication franque; venues sans doute de Byzance, elles affectaient ce style antique dégénéré que l'on retrouve dans les bronzes qui ornent encore aujourd'hui le dôme d'Aix-la-Chapelle. Les relations avec l'empire d'Orient étaient d'ailleurs fréquentes à cette époque, et les Grecs étaient assez nombreux en France pour que les annalistes bénédictins aient signalé ce fait que ceux-ci étaient en majorité dans le monastère de Gorze, près de Metz.

Les grandes abbayes bénédictines possédaient, d'ailleurs, des ateliers, où les moines, d'après leur règle, se livraient à l'industrie des choses nécessaires au monastère, et même de celles dont la vente augmentait ses revenus. Ainsi, le plan de l'abbaye de Saint-Gal, à côté de l'atelier des orfèvres, montre celui des fourbisseurs d'épées et des fabricants de boucliers. Ces ateliers monastiques, établis au contact des écoles où, dans les dépendances du cloître, l'on transcrivait les livres saints et les auteurs sacrés, devaient être un reflet de Rome, qui elle-même ne s'éclairait guère qu'aux lumières de Byzance.

Aussi, l'influence grecque devait-elle dominer partout, d'autant plus que l'art national lui-même s'était confondu depuis longtemps, à certains égards, avec celui de l'Orient.

Nous en aurions une preuve dans un monument aujourd'hui disparu, mais dont un tableau nous a gardé un fidèle souvenir.

Comme dans toutes les abbayes, un atelier d'orfèvrerie était établi dans le cloître de Saint-Denis, qui était une école où les moines des autres monastères venaient apprendre leur art sous des maîtres renommés. De cette école était probablement sorti le devant d'autel d'or dont Suger fit plus tard le rétable d'un autel placé, au XVe siècle, au pied du tombeau-reliquaire de saint Louis. Un tableau de l'école des Van-Eyck, appartenant à lord Ward, et qui était exposé à Manchester, représente cet ensemble avec un scrupule archéologique dont bien peu de peintres actuels seraient capables, et nous donne une idée fort précise de cette œuvre d'art, qui affectait un caractère tout byzantin.

Enfin, Louis le Débonnaire, pour marquer par un fait cette influence que nous signalons, avait établi, dans son palais impérial de Soissons, une chapelle dédiée à sainte Sophie, à cette sainte incorporelle, la divine sagesse, à qui Justinien avait élevé le plus magnifique des temples, celui dont les coupoles dominent encore Constantinople.

De même que les abbayes, les villas impériales renfermaient tous les artisans et tous les ouvriers dont avait besoin le maître, et c'est dans ces ateliers laïques, sans doute, qu'avait dû se conserver ce qu'il restait de traditions d'art national, combattu par les influences latines et orientales, qui donnent leur physionomie si complexe aux décorations des manuscrits, par exemple, les témoignages les plus abondants que nous possédions sur l'art de l'époque de Charlemagne.

Le mouvement imprimé aux beaux-arts en France par Charlemagne ne tarda pas à être suivi sur les bords du Rhin, qu'habitait surtout cet empereur de race germanique plutôt que franque. Les abbayes de Saint-Gall, de Fulde, de Richenaw, furent des centres d'où l'art rayonna en Allemagne. Il en fut de même de l'abbaye de Saint-Émeran, de Ratisbonne, dont le trésor enrichit aujourd'hui de ses débris la bibliothèque royale de Munich.

On peut donner comme exemplaires de l'orfévrerie de ces époques la croix d'or, enrichie de pierreries, conservée dans le trésor d'Aix-la-Chapelle sous le nom de « Croix de Lothaire; » la couronne d'évangéliaire que fit exécuter, en 975, Romuold, abbé de Saint-Émeran, où les sujets exécutés au repoussé sont encadré par une large bordure de pierres montées avec un grand luxe sur un fond orné de quelques filigranes.

A côté de ces œuvres, tout au moins byzantines par le caractère, la reliure du Psautier de Charles le Chauve (1), conservé au Musée des Souverains, est d'une pauvreté relative.

Un caractère que nous croyons particulier à l'orfévrerie carlovingienne est donné par la monture des pierres. Les chatons, au lieu d'être soudés immédiatement sur le fond, sont soutenus à une certaine hauteur, soit par des arcades en filigrane, soit par des supports feuillagés, tandis que les pierres sont maintenues dans les alvéoles de ceux-ci par des griffes qui imitent la forme de feuilles. Toute la joaillerie de cette époque n'offre pas ces détails, mais partout où nous les avons trouvés, la pièce appartenait à la période qui commence à Charlemagne et même en deçà, — car nous les rencontrons sur la belle fibule en forme de croix, qui est suspendue au centre de la couronne de Reccesvinthus, — et se prolonge jusqu'au delà de l'an 1000.

Il ne faut pas croire, en effet, que cet an 1000 ait pesé sur l'art de toute la terreur qui avait envahi les âmes. Nous voyons qu'à l'extrême fin du Xe siècle, on exécutait à Ratisbonne des œuvres d'un luxe et d'un travail admirables. D'autres spécimens d'orfèvrerie à date certaine, comme la croix de Gisèle, conservée à la « riche chapelle » de Munich, prouvent que dans les premières années du XIe siècle les orfèvres germano-byzantins n'avaient point cessé de pratiquer leur art.

L'écroulement de l'empire fondé par Charlemagne ne causa point partout des secousses également profondes, et dans les pays qui purent jouir d'une certaine tranquillité relative, les arts continuèrent de briller d'un certain éclat.

Certes, en s'éloignant de l'antiquité, les artistes ou-

---

(1) N° 24 de la *Notice du Musée des Souverains*, par M. H. Barbet de Jouy.

bliaient chaque jour davantage les exemples qu'elle leur avait légués. L'étude de la figure humaine, étrangement négligée, laissait tout déchoir et forçait de remplacer le goût par la richesse. Cependant, entre la première renaissance, au IXe siècle, et la seconde, au XIIe, il existe une série non interrompue d'œuvres qui préparent et qui expliquent cette dernière.

Comme, de tous les pays, c'était encore l'empire d'Allemagne qui alors était le moins troublé, c'est au delà du Rhin que se fait le réveil.

A partir du XIe siècle, l'orfévrerie change de caractère.

Ainsi, l'abbé Bernard d'Ildesheim (999 à 1022) passe pour avoir fabriqué une crosse en bronze, qui nous permettra de discerner les transformations qui s'introduisent dans le style de l'ornementation à ces époques. Ce n'est déjà plus l'imitation obstinée de feuille d'acanthe qui en forme l'élément principal, mais c'est une feuille réduite à l'état rudimentaire, pour ainsi dire, celle de la fougère probablement. A peine sortie du bourgeon, elle montre cette vigueur et cette rudesse qui caractérisent la flore sculpturale de l'époque romane, flore qui, pendant la période ogivale, se développe de siècle en siècle, s'épanouit et meurt, comme dans la nature la plante et la fleur naissent, se développent et se fanent dans l'espace d'une saison.

L'antependium d'or, possédé aujourd'hui par le Musée de l'Hôtel de Cluny, et donné jadis à la cathédrale de Bâle par l'empereur Henri II (1002 et 1024), comparé au parement exécuté par Volvinius, en 835, pour l'église Saint-Ambroise de Milan, montre un autre genre de transformation dans l'orfévrerie. C'est l'introduction des éléments de l'architecture. Rien n'est emprunté à une flore quelconque dans l'œuvre de Volvinius; rien n'y rappelle non plus les formes de l'architecture. Dans celle de l'ouvrier allemand, au contraire, le champ de chaque figure est couvert de rinceaux feuillagés, et ce champ est circonscrit par une arcade en plein cintre dont chaque retombée repose sur une colonne : imitation évidente de ces arcatures qui décorent, avec une certaine profusion, les murs des églises rhénanes.

Du reste, avec le xie siècle les monuments deviennent plus abondants.

Les trois croix d'Essen citées plus haut (1), qui ont été fabriquées depuis l'année 974 jusqu'à l'année 1054, présentent toutes le même caractère. Elles sont décorées sur leur face principale d'émaux sertis comme des pierres, de pierres cabochons et de filigranes.

Non-seulement ces filigranes, soudés sur le champ des croix, servent d'accompagnement aux pierreries, mais ils s'arrondissent en arcades pour supporter leur chaton, et même ils forment des griffes pour maintenir les pierres les plus grosses.

Les filigranes des bijoux antiques semblent faits de fils ronds tordus ensemble. Il en est de même de ceux qui décorent les pièces d'orfévrerie byzantine et mérovingienne. Avec le xie siècle, une nouvelle pratique semble s'introduire dans les ateliers d'orfévrerie. Les filigranes des croix d'Essen, qui sont de grosseurs variées, nous paraissent fabriqués, pour la plupart, avec des fils laminés et plats par conséquent, dont la tranche aurait été striée à la lime, suivant le procédé décrit par le moine Théophile à une époque quelque peu postérieure (2). Cependant plusieurs de ceux-ci, les plus gros notamment, pourraient bien avoir été formés de fils ronds aplatis au marteau ou au laminoir.

Quelquefois un fil strié sur la tranche et un fil uni qui le dépasse quelque peu, sont accolés et forment des ornements d'une grande richesse.

Les filigranes au lieu d'être soudés sur le fond, y sont maintenus, les uns par de petites brides en lames d'or, les autres par ces mêmes brides et par des clous

---

(1) *Les émaux cloisonnés*, p. 2.
(2) C. DE LESCALOPIER. *Theophili diversarum artium Schedula*, l. III, ch. x, *De ferris inferius fossis*.

qui passent dans l'œil formé à l'extrémité des volutes et des rinceaux.

Les croix d'Essen, sur lesquelles nous insistons parce qu'elles ont le grand avantage d'être datées, sont garnies sur leur revers de plaques gravées de bouquets symétriques de feuillages polylobés, ou de grandes volutes amorties par ces mêmes feuillages qui sont devenus d'un usage si fréquent à partir de cette époque. Ces ornements se détachent sur un fond maté d'un grainetis annulaire.

La reliure d'un évangéliaire conservé à la bibliothèque de Munich, et exécutée vers 975 par Romuold, abbé de Saint-Emmeran de Ratisbonne, est l'un des plus beaux spécimens de l'orfévrerie byzantine de la fin du xe siècle. La figure du Christ, celles des quatre évangélistes et quelques scènes de l'évangile, bas-reliefs d'un excellent style exécutés en or repoussé, sont encadrées dans des bordures formées de pierres cabochons maintenues au moyen de griffes feuillagées dans des bâtes très-élevées, portées sur des arcades, sur des balustres en forme de vase, ou sur des feuillages fixés à un fond orné de filigranes retenus par des frettes et des clous (1).

Nous citerons encore comme appartenant probablement à la même époque la croix reliquaire, toute ornée de filigranes et de quelques pierres montées sur de hautes sertissures, qui est passée de la collection Soltykoff dans le musée de l'hôtel de Cluny (2).

A cette époque l'art byzantin régnait encore en maître ; c'est à lui qu'appartient le bas-relief en argent repoussé et doré (n° D. 709), qui est venu du trésor de Saint-Denis au musée du Louvre. C'est lui qui venait encore donner de nouvelles leçons à l'Italie, et c'est à lui que Didier, abbé du Mont-Cassin (1058 + 1088), demandait des maîtres pour les écoles d'art qu'il voulait

---

(1) J. LABARTE. *Histoire des arts industriels.* Album, pl. XXXIV et XXXV.
(2) *Idem ibidem,* pl. XXVII : n° 3129 du *Catalogue du Musée des Thermes et de l'Hôtel de Cluny.*

établir dans son monastère, suivant les préceptes que saint Benoît avait donnés à tous ses disciples.

Cependant des ateliers prospéraient dans d'autres abbayes placées plus au nord, probablement peut-être en Allemagne, comme le prouve l'encyclopédie des arts écrite par le moine Théophile vers la fin du XIe siècle, époque où les arts renaissent en occident et se préparent aux magnifiques épanouissements des XIIe et XIIIe siècles.

Ecrite par un moine qui travaillait certainement de ses mains, le *Diversarum artium schedula* (1), nous donne de précieux renseignements, mais d'importance fort inégale, sur les travaux auxquels la décoration des églises pouvait donner lieu.

Il commence par un traité de la peinture telle que les Grecs la pratiquaient alors et qu'on la pratique encore dans les couvents du mont Athos, suivant des formules et des recettes transmises par écrit.

Après avoir indiqué les couleurs que l'on doit employer dans les peintures murales pour les chairs, pour les lumières et pour les ombres, ainsi que pour les vêtements et les arcs-en-ciel, ce qui suffisait sans doute aux compositions hiératiques de ce temps-là, le moine Théophile s'occupe de la peinture sur bois et sur parchemin.

Dans les procédés qu'il décrit, nous retrouvons le mode de fabrication suivi pour décorer des monuments d'une époque postérieure, comme le coffret de saint Louis (2), mais nous découvrons aussi sans grand étonnement l'emploi de l'huile siccative de lin comme véhicule des couleurs et celui des vernis pour aviver la peinture.

Après avoir donné ces recettes, qui, dans la pensée

---

(1) C. DE LESCALOPIER. *Theophili diversarum artium schedula*, in-4° de 314 pages. — Paris, 1843. — R. HENDRIE. *Theophili qui et Rugeri... diversis artibus*, in-8° de 447 pages. London, 1847.

(2) N° 35 de la *Notice du Musée des Souverains*, par M. H. Barbet de Jouy.

du moine Théophile, ne sont applicables qu'à la peinture du mobilier en bois des églises qui était à ces époques plutôt peint que sculpté, le manuel s'occupe de l'application de l'or, de l'argent, auxquels il substitue parfois l'étain recouvert de vernis colorés ; puis il passe à la peinture sur verre, à laquelle il donne comme appendice la décoration des poteries (1).

Ce n'est qu'après que l'église a été peinte, garnie de vitraux, meublée et décorée, que Théophile s'occupe de l'orfévrerie, décrivant les outils et les procédés pour purifier les métaux, la fabrication du calice, celle des nielles qui parfois le décorent, la sertissure des pierres et des émaux incrustés dont parfois on l'enrichit ; la fabrication de ceux-ci ; le travail de celles-là ; la fonte du bronze à cire perdue ; la ciselure, le repoussé, l'estampage, la gravure, la dorure, la révivification de celle-ci, puis enfin les procédés de soudure des différents métaux. Le livre se termine par la sculpture en ivoire.

Le moine Théophile indique encore quels peuples furent les plus habiles dans les différents arts qu'il étudie. Les Grecs, comme l'on doit s'en douter, occupent la première place dans la peinture ; les Toscans dans le nielle et les émaux ; les Arabes dans le travail des métaux ; l'Italie — celle du nord, sans doute — dans la sculpture de l'ivoire et des pierres précieuses, ainsi que dans la décoration des vases ; la France dans la fabrication des vitraux ; l'Allemagne enfin, dans le travail de tous les métaux, du bois et des pierres.

Comme pour justifier cette opinion de Théophile, qui était à ce qu'on présume autant allemand qu'orfèvre, l'Allemagne nous a conservé un grand nombre de pièces magnifiques de l'orfévrerie du XIIe siècle, en tête desquelles on doit placer la châsse des rois mages à Cologne (Othon IV, 1198) (2), et celle des grandes

---

(1) Alfred Darcel, *Notice des fayences peintes.* Introduction, p. 17.
(2) L'abbé F. Bock. *Les Trésors sacrés de Cologne,* avec fig.—Paris, 1862.

reliques (Frédéric II, 1220) (1), et celle de Charlemagne à Aix-la-Chapelle (Frédéric I à Frédéric II, 1152 à 1220) (2).

Ces châsses qui affectent toutes les formes d'une église tantôt à bas-côtés, tantôt à une seule nef, avec façade et chevet carrés, ont les principales divisions de leur architecture, socles, corniches, colonnes, arcatures, encadrements, etc., marquées par des bandes d'émail alternant avec des bandes de filigrane servant de fond à des pierres cabochons, et quelquefois à des pierres antiques disposées de façon à ce qu'une pierre d'un certain volume soit cantonnée de quatre pierres plus petites. Le champ des arcatures est occupé par des figures en or ou en argent repoussé, et les rempants des toits par des bas-reliefs de même matière.

La châsse du musée (n° D. 713) rappelle, et par la composition et par le style, celles que nous venons de citer, et de plus est comme elles de fabrication allemande

Maintenant que l'Allemagne nous a conduit jusqu'au XIIIe siècle, revenons un peu sur nos pas pour voir ce que la France a conservé, que nous sachions, des œuvres fabriquées dans ses abbayes à partir de cette seconde renaissance qui a suivi l'établissement des Capétiens sur le trône.

Le trésor de l'église de Conques conserve encore quatre pièces d'orfévrerie qui portent le nom de l'abbé Bégon (1099 + 1118), qui les a fait exécuter. C'est d'abord le reliquaire de Pascal II, qui renfermait un morceau de la vraie croix envoyé par ce pape à l'abbaye de Conques. Ce reliquaire, aujourd'hui très-mutilé, était constitué principalement par une plaque en ar-

---

(1) Le R.P. Arthur MARTIN. *Mélanges d'archéologie et d'histoire*, t. I. Châsse des grandes reliques, avec fig.

(2) J. LABARTE. *Histoire des arts industriels*, t. II, p. 285, et Album pl. XLVII.

gent repoussé représentant une Crucifixion d'un assez bon style.

Vient ensuite un reliquaire, appelé « la Lanterne de saint Vincent, » qui se compose, en effet, d'une lanterne octogone surmontée par un dôme côtelé, et portant sur une base carrée. Des bustes de saints et un Samson combattant le lion, en argent repoussé, décorent ce petit monument de physionomie byzantine, mais fait en Occident, et portant des inscriptions latines. Le Samson est long et maigre, et appartient, par le caractère, à l'école de sculpture à qui l'on doit le bas-relief du tympan de la cathédrale d'Autun.

L'autel portatif de Bégon, consacré en 1106, et entièrement décoré de figures niellées; enfin, le reliquaire que l'on appelle l'A de Charlemagne, qui indique un art bien supérieur à celui des pièces précédentes, décoré d'émaux cloisonnés, de filigranes faits à la lime et de pierres fines (1), appartiennent à la même période.

Tandis que l'abbé d'un modeste monastère suspendu aux flancs d'une vallée sauvage de l'Aquitaine faisait fabriquer les pièces d'orfèvrerie que la piété des habitants de Conques a conservées jusqu'à nous, c'est à des travaux d'une bien autre importance que présidait le chef de l'abbaye royale de Saint-Denis. Suger (1137 + 1144), dans le livre qu'il a écrit sur son administration, parle de ces travaux.

L'autel reliquaire et les châsses de saint Denis et de ses acolytes, saint Rustique et saint Eleuthère, occupèrent Suger, ainsi que la croix qu'il éleva sur le lieu où les corps des trois saints martyrs avaient longtemps reposé. Cette croix, où un poids considérable d'or et un nombre prodigieux de pierres précieuses avaient été employés à l'ancienne façon byzantine, nous intéresse surtout par la colonne qu'elle surmontait. Des ouvriers, que l'on avait fait venir de « Lotharingie, » l'avaient revêtue de plaques en émail champlevé (2).

---

(1) Alfred DARCEL. *Le Trésor de l'église de Conques.*
(2) Voir la « Notice des émaux champlevés, » page 9.

Cette colonne, qui avait 10 pieds de haut, était carrée et revêtue de 68 plaques d'émail de grandes dimensions, représentant des scènes de l'Ancien et du Nouveau Testament, alternant, suivant une habitude constante, avec des plaques filigranées et gemmées; œuvre importante et qui n'a rien qui doive nous étonner lorsque nous la comparons à l'antependium de Klosterneuburg, exécuté beaucoup plus tard par Nicolas de Verdun, en 1181.

Enfin Suger avait achevé d'envelopper de parements en orfévrerie l'autel où il avait prononcé ses vœux, et dont l'antependium seul existait dès le temps de Charles le Chauve, qui l'avait donné. La description des additions faites par l'ordre de l'abbé de Saint-Denis témoigne de cette introduction des formes architecturales que nous avons signalées comme caractérisques de l'orfévrerie du XIe siècle. Caractère qui n'est point exclusif, nous le répétons, et qui s'allie avec ceux de l'orfévrerie carlovingienne, que constitue l'emploi des pierres fines, des émaux d'applique et des filigranes.

Le Musée possède encore dans la collection des gemmes, et dans le Musée des Souverains, quelques pièces fabriquées par ordre de Suger. Ce sont les suivantes :

Un vase antique, en cristal de roche, qui porte le nom d'Aliénor d'Aquitaine, et qui, donné par elle à Louis VII et par le roi à Suger, fut donné par lui aux saints (1), ainsi que le constate l'inscription niellée sur son pied. Des pierres cabochons et des ornements en filigranes constituent la décoration de la monture de ce vase, qui affecte dans son dessin quelque chose de la physionomie orientale.

Un vase de sardouix, monté en vermeil, garni de cercles ornés de pierres cabochons et de quelques filigranes, portant sur un pied orné de godrons obtenus

---

(1) N° 27 de la *Notice du Musée des Souverains*. — H. BARBET DE JOUY. *Gemmes et Joyaux de la Couronne*, pl. VII. — J. LABARTE. *Histoire des Arts industriels*. Album, pl. XLV et XLVI.

au repoussé (1). En étudiant la transformation élégante que la monture du XIIe siècle a fait subir au vase antique de forme assez lourde que Suger avait livré à ses orfèvres, il est impossible de ne point songer aux aiguières que l'on fabrique encore en Perse aujourd'hui.

La patène du calice de Suger, disque en serpentine incrustée de poissons en or, probablement de fabrication orientale, monté en pierres cabochons alternant avec des tables en verre pourpre qui forment comme le fond du dessin (2). De petits cylindres en verre pourpre sont également montés sur le bord de la patène, de façon à en former l'ourlet. Cet emploi tardif des verres pourpres de l'orfévrerie mérovingienne est un fait intéressant à citer en plein XIIe siècle, car il témoigne de la persistance des anciennes traditions nationales.

Un vase antique de porphyre, que sa monture a transformé en aigle (3). Nous avons réservé ce vase pour la fin, parce qu'ici il ne s'agit point seulement d'application de filigranes et de pierreries, mais d'un travail qui dénote une certaine science de modelé. Si l'artiste ingénieux, qui avec une urne égyptienne a composé le corps d'un aigle, a été nécessairement forcé de conserver des formes un peu roides à ses additions en orfévrerie, plus maître de lui-même dans le travail de la tête de l'animal, il a montré une grande habileté et un grand caractère.

Les artistes capables d'imaginer de telles œuvres et de les exécuter étaient dès-lors capables de se livrer à toutes les créations et à toutes leurs fantaisies, et aussi ils ne s'en firent point faute.

A cette époque, plus qu'antérieurement, les reliquaires, car il nous faut surtout parler de l'orfévrerie religieuse, la seule dont nous connaissions les monuments, les reliquaires affectent toutes les formes, cher-

---

(1) H. BARBET DE JOUY. *Gemmes et Joyaux de la Couronne*, p. 5.
(2) *Idem, ibidem*, pl. VIII.
(3) *Idem, ibidem*, pl. VI.

chant surtout à reproduire celle de la relique qu'ils sont destinés à renfermer Tantôt c'est un os du bras, du pied ou de la tête : alors le reliquaire affecte la forme d'un bras, d'un pied ou d'un chef, parfois d'une statue entière. Si la relique est une côte, la boîte se recourbe en arc de cercle porté sur une tige. Pour la sainte épine, il affecte la forme d'un petit cylindre vertical ; pour la sainte couronne, celle d'une couronne royale ; pour la sainte larme, celle d'une perle en cristal de roche.

Les fragments de la vraie croix sont d'ordinaire renfermés dans une croix à doubles branches, comme celle de l'hôpital de Laon (n° D. 714), et la sainte chandelle d'Arras était conservée dans un cierge d'argent composé d'anneaux niellés et filigranés.

Dans ces pièces d'orfèvrerie de toute forme, la fonte et le repoussé, le repercé et le ciselé, l'estampé et le frappé, le relief et l'intaille, le nielle, le filigrane et l'émail, les pierres fines, l'ivoire, l'or et l'argent, sont alliés avec un goût qui en fait des modèles précieux, malgré la barbarie et l'infériorité d'exécution que parfois on y remarque. C'est que chaque chose y est à sa place, employée avec les formes et le travail qui lui conviennent, et que là, de même que dans l'architecture, on est frappé de cette qualité exquise des grandes époques d'art, que nous appellerons la sincérité.

A partir du XIIe siècle, l'orfèvrerie suit l'architecture dans ses développements, mais la suit de loin, toujours en retard de quelques années. On dirait que les artisans livrés au travail des métaux se pliaient difficilement aux innovations de la forme et du décor qu'imaginèrent les architectes et les imagiers, et qu'enfermés dans leurs boutiques, parqués dans leurs corporations, ils se montraient rebelles à ce qu'on pouvait appeler l'esprit nouveau.

Parfois elle imite les constructions de l'architecte.

Déjà, au IX siècle, en 877, un orfèvre d'Angers avait fondu des châsses en façon d'église, ce qui laisse soupçonner dans son œuvre certaines imitations des formes de l'architecture. A mesure que l'on s'avance vers l'époque ogivale, ces imitations deviennent de plus en plus fréquentes; imitations libres, il est vrai, qui n'empruntent aux édifices religieux que leurs formes générales, et dans lesquelles l'ornementation, à part quelques colonnes, appartient exclusivement à l'orfévrerie.

Telles sont les châsses allemandes que les trésors des églises de Cologne possèdent encore en grand nombre, telles sont celles du trésor d'Aix-la-Chapelle et celle du Musée (n° D. 713) dont nous avons déjà parlé. Les émaux, alternant avec les filigranes et les pierres fines, y dessinent les principales divisions d'une architecture toute de fantaisie, et qui n'a rien de constructif avec des éléments autres que ceux qui étaient à la disposition des orfèvres.

Plus tard, seulement, vers la fin du XIIIe siècle, l'imitation des œuvres de pierre devient plus flagrante. Ce qu'a fait, vers 1265, l'orfèvre de la châsse de saint Taurin, d'Evreux (1), et à peu près à la même époque ceux auxquels on doit « la Fierte » de saint Romain, de Rouen (2), œuvres qui existent encore ; ce que firent les orfèvres auxquels la cathédrale de Paris dut, en 1262, la châsse de Saint-Marcel ; ce que fit, en 1242, Bonnard, de Paris, auteur de celle où l'abbaye de Sainte-Geneviève conservait les reliques de la patronne de Paris ; en 1402, les trois orfèvres de Paris qui fabriquèrent celle où les moines de Saint-Germain-des-Prés avaient renfermé les reliques de l'ancien évêque de Paris (3) ; ce que firent enfin les orfèvres, élèves ou laïques, de l'abbaye de Saint-Denis (4), œuvres aujourd'hui perdues, mais dont la gravure nous a conservé le souvenir, c'était

---

(1) A. LE PREVOST. *Notice sur la châsse de saint Thaurin d'Évreux*, avec fig. — ÉVREUX. 1838. — *Mélanges d'archéologie et d'histoire*, t. II. Le R.P. MARTIN, « la Châsse de saint Thaurin, » avec fig.

(2) E.-H. LANGLOIS. *Remarques sur la châsse de saint-Romain*. — DEVILLE. *Notice sur la châsse de saint Romain*, avec fig. — Pages 573 à 595 de l'*Histoire du privilége de saint Romain*, par FLOQUET.

(3) D. BOUILLARD. *Histoire de l'abbaye de Saint-Germain des Prés*, pl. VIII.

(4) FELIBIEN. *Histoire de l'abbaye de Saint-Denis*, pl. I à IV.

des églises avec contreforts à pinacles, arcs-boutants et clochers, colonnes et appareils de maçonnerie. Il est vrai que tout cela est singulièrement interprété. Les colonnes sont bien grêles pour leurs bases aplaties et leurs chapiteaux évasés dont les crossettes feuillagées rapportées après coup se dégagent en longues volutes. On devine qu'elles n'ont rien à porter. Des bandes de feuilles estampées, d'émaux ou de filigranes remplacent les moulures des soubassements, des corniches ou des arcs, garnissent le rampant des pignons ou le faîte des toits. C'est un habile compromis entre deux arts, celui de la pierre et celui du métal qui, en somme, ne peut tromper personne.

Plus tard encore l'imitation des formes et des décorations architecturales devient plus servile, et il est telle œuvre d'orfévrerie ou de bronze exécutée au xve siècle, dont il n'y a qu'à changer les proportions pour en faire un édifice de pierre.

Bien peu de chose nous reste de cette orfévrerie d'or ou d'argent. Quand nous aurons cité les quelques pièces conservées au trésor des cathédrales de Reims et de Sens, la croix de Clairmarais de la cathédrale de Saint-Omer (1), la châsse de sainte Jule à Jouarre (2) (1202 à 1220), un reliquaire dans l'ancienne abbaye de Charroux, nous aurons presque tout dit pour le xiiie siècle. Nous sommes plus heureux pour l'orfévrerie de cuivre, que l'on fabriquait à Limoges, concurremment avec les émaux.

Le trésor de l'abbaye de Grandmont qui était célèbre jadis en Limousin ayant été plutôt dispersé qu'anéanti pendant la révolution, existe encore en partie disséminé dans un certain nombre d'églises. M. l'abbé Texier, qui en a publié les anciens inventaires (3), en a

---

(1) *Annales archéologiques*, t. XIV et XV.
(2) *Idem, ibidem*, t. VIII.
(3) Abbé TEXIER. *Dictionnaire d'orfévrerie*, article « Grandmont, » — *Annales archéologiques*, t. XIII.

fait aussi connaître un certain nombre de pièces remarquables par l'exécution, la variété des formes et l'abondance des motifs de décoration.

Presque toujours l'émaillerie se mêle à ces œuvres de la fonte, de la ciselure et du repoussé qui, bien qu'exécutées sur un métal de peu de prix, doivent néanmoins être classées dans l'orfévrerie. C'est en effet de l'orfévrerie que le ciboire d'Alpais (n° D. 125), l'apôtre saint Mathieu (n° D. 120), la Vierge reliquaire (n° D. 121) et la crosse (n° D. 122) que nous avons dû classer parmi les émaux ; tandis que nous avons pu réserver pour la section de l'orfévrerie le Christ bénissant (n° D. 715).

L'activité qui régnait dans les ateliers de Limoges, activité dont tant de témoignages nous sont restés, ne devaient pas être moindre dans ceux des orfèvres de Paris. La réputation de ces derniers n'avait fait que s'accroître, et ils s'étaient constitués en une communauté dont le prévôt de Paris, Estienne Boilieaue (1258 à 1269), enregistra les statuts.

Un certain libéralisme régnait dans ces coutumes. Chacun pouvait être orfèvre, pourvu qu'il n'employât que de l'or à la « touche de Paris, » la meilleure qu'il y eut, ou de l'argent égal à celui des esterlins (sterling anglais) ou meilleur.

Les étrangers eux-mêmes pouvaient s'établir pourvu qu'ils se conformassent aux statuts.

Le maître avait autant d'apprentis de sa famille qu'il le voulait, mais un seul apprenti étranger qu'il était obligé de garder dix ans.

Comme pour tous les métiers, le travail de nuit était prohibé, sauf les cas où l'on travaillait pour la roi, la reine, leur famille ou l'évêque de Paris.

Il y avait deux ou trois gardes de métier qui traduisaient les délinquants aux coutumes devant le prévôt de Paris, qui pouvait les bannir pendant un nombre d'années qui variait de quatre à six années.

Les dimanches et les jours de certaines fêtes, les boutiques étaient fermées, hormis une seule que chacun ouvrait à son tour. Mais les bénéfices de la vente étaient versés dans un tronc avec les deniers à Dieu de chaque opération commerciale relative au métier. Cet argent était réservé pour un dîner que l'on donnait chaque année aux pauvres de l'Hôtel-Dieu (1).

La corporation était placée sous l'invocation de saint Éloi.

Un document presque contemporain nous montre que les orfèvres qui étaient établis, sous Childebert, au parvis de Notre-Dame n'avaient guère abandonné le quartier. Dans la taille de Paris, en 1292, nous les voyons installés rue de la Barillerie, en face du Palais, et sur le Grand-Pont, qui s'appela depuis le pont au Change. Dans ce document, qui nous donne les noms des artisans soumis à la taille, nous trouvons que l'article des statuts qui permettait aux étrangers de s'établir orfèvres à Paris n'était point lettre morte. Des orfèvres venus d'Angleterre, d'Allemagne, de Montpellier, d'Arras et de Tours, y sont en effet mentionnés (2).

Par contre, les orfèvres parisiens allaient porter au loin l'art français, et l'on en cite un, du nom de Guillaume Boucher, qui était fixé du temps de saint Louis à la cour du kan de Tartarie, pour lequel il avait fait une fontaine d'argent qui pesait trois mille marcs. Elle figurait un arbre au sommet duquel un ange jouait de la trompette, et dont les pieds étaient gardés par quatre lions qui vomissaient des liqueurs.

Un second document, qui est antérieur à la « taille de Paris, » le *Dictionnaire de Jehan de Garlande* (1218 à 1229), nous montre que dès les commencements du XIIIe siècle les orfèvres étaient établis sur le Grand-Pont, fabriquant des hanaps d'or et d'argent, des fermaux, des colliers, des épingles et des nœuds, et montant en bagues des pierres précieuses (3).

---

(1) DEPPIG. Le *Livre des Mestiers*, p. 38, dans la *Collection des documents inédits*.

(2) H. GERAUD. *Paris sous Philippe le Bel*, p. 135 et 136, dans la *Collection des Documents inédits*.

(3) *Idem, ibidem*, p. 594.

Lorsque les changeurs vinrent se fixer sur le même pont, qui pour cela finit par s'appeler le pont au Change, les orfèvres établis dans les maisons bâties sur le côté d'aval luttèrent avec leurs voisins afin de pouvoir se livrer aux opérations du change, mais succombèrent, en 1303, dans leurs prétentions.

L'argent étant plus facile à altérer que l'or, Philippe le Hardi, par son ordonnance de décembre 1275, avait enjoint aux argentiers (*argentarii*) de marquer leurs ouvrages du « seing » de la ville où ils travaillaient, sous peine de confiscation des ouvrages non marqués. En 1313, Philippe le Bel soumit également l'or aux mêmes nécessités du poinçonnage. Les gardes du métier apposaient le poinçon qui leur était personnel à côté de celui de la ville (1). Le roi Jean confirma cette ordonnance en 1355, et Charles V, en 1378, établit que le poinçon commun serait fourni par les officiers de la couronne chargés de la direction de la monnaie.

A Rouen, le poinçon de chaque maître était frappé à côté de son nom, gravé sur une plaque de cuivre qui était gardée dans la maison commune de la corporation, comme le montre une de ces plaques, daté de 1408, que possède aujourd'hui le Musée de l'Hôtel de Cluny.

L'orfévrerie n'était point œuvre de vilain, et Raoul, qui fut l'orfèvre en titre de saint Louis, et qui avait peut-être exécuté les revêtements en argent du tombeau où était enfermé le corps du saint roi, reçut des lettres de noblesse, en 1270, de la part de Philippe le Hardi.

Les orfèvres de Paris jouissaient du privilége d'être gardes du buffet où les rois étalaient leur argenterie pendant les banquets donnés dans la grande salle du palais, lors de leur sacre ou de leur joyeuse entrée dans la ville, ou de la visite de quelque prince étranger.

Il était juste qu'ils eussent cet honneur car c'était eux

---

(1) Paul LACROIX. *Histoire de l'orfèvrerie, joaillerie*, p. 42 *et passim*.

qui avaient fabriqué les pièces merveilleuses dont les descriptions nous ont été conservées dans les inventaires des rois de France et des princes français du xive siècle : inventaires dont plusieurs sont publiés, mais dont un plus grand nombre encore est resté inédit.

Le roi Charles V possédait quatre châteaux pourvus de meubles et d'argenterie, luxe inouï à cette époque où rois et princes transportaient avec eux leur mobilier, usage qui se perpétua jusque sous Louis XIV. La chambre aux joyaux du Louvre était environnée d'armoires, renfermant, à ce que dit Christine de Pisan, des pièces d'orfévrerie que malheureusement nous n'avons point à décrire. Les inventaires du roi Charles V et celui que son frère, le duc d'Anjou, rédigea lui-même de ses joyaux (1), nous donnent le détail des nefs, des fontaines, des hanaps, des bassins, des pièces de surtout qui constituaient la vaisselle d'un prince, à côté des images, des calices et des encensoirs qui constituaient l'argenterie de sa chapelle.

Trois monuments authentiques de l'orfévrerie de cette époque nous sont parvenus. C'est la statuette de la Vierge en argent doré, donnée en 1334 à l'abbaye de Saint-Denis, par la reine Jehanne d'Évreux, et conservée au musée du Louvre (2). Puis une reliure en orfévrerie, exécutée pour la sainte Chapelle par ordre de Charles V et conservée à la Bibliothèque, dans le département des manuscrits (3), et le joyau, formé d'un camée antique, représentant Jupiter, monté en or niellé, exécuté par l'ordre du même roi, en 1367, et conservé au Cabinet des Antiques.

La reliure nous semble de deux époques : *la Cruci-*

---

(1) Comte L. DE LABORDE. « Inventaire des Joyaux de Louis, duc d'Anjou (1360 à 1368), » dans la *Notice des émaux.* (Documents et Glossaire.)
DOUET D'ARCQ. « Inventaire du garde-meuble de l'argenterie en 1353, » dans les *Comptes de l'argenterie des rois de France.*

(2) N° 38 de la *Notice du Musée des Souverains*, par M. H. Barbet de Jouy.

(3) Fonds latin, n° 8851.

fixion qui est sur la couverture étant un peu antérieure au nielle du revers, et d'une autre fabrication. Ce nielle offre cette particularité singulière d'être une copie, aussi exacte qu'il était possible de le faire alors, de l'une des miniatures du manuscrit qui est des environs de l'année 1010. C'est le frontispice de l'évangile de saint Mathieu ; seulement on y a ajouté les quatre symboles évangéliques et un fond fleurdelisé ; puis le nom de saint Jean a été substitué à celui de saint Mathieu. Enfin, au-dessus de l'arc qui abrite le saint, et renferme une figure d'ange dans son tympan, il existe un cartel dans lequel on a substitué, aux vers qui accompagnent d'ordinaire chaque évangéliste, l'incription suivante : CE LIURE BAILLA A SA SAINTE CHAPELLE DU PALAIS CHARLES, LE Ve DE CE NOM, ROI DE FRANCE, QUI FU FILZ DU ROI JEHAN, LAN MIL TROIS CENS LXXIX.

Trois autres reliures, à peu près de la même époque, existent à la bibliothèque et y sont exposées dans les vitrines.

Nous y ajouterons le sceptre dit de Charlemagne, qui appartient évidemment au temps de Charles V (1).

Dans ces pièces, ainsi que dans celles dont nous ne possédons que la description, les orfèvres sont de vrais artistes. En ces époques, il n'existait point d'art qui n'eût son application utile, et d'œuvre qui n'eût sa destination. La statuaire y acquiert de plus en plus d'importance et les émaux et le nielle s'y substituent aux pierreries; la tristesse de ces temps troublés ayant étendu une teinte mélancolique sur l'art de cette époque.

Un nouvel élément nous semble intervenir, au XIVe siècle, dans la décoration de l'orfévrerie. C'est la ciselure en bas-relief, qui, ainsi que nous l'avons montré plus haut (page 67), a dû conduire à la fabrication des émaux translucides sur relief.

Les orfèvres qui étaient en même temps fabricants de sceaux, habitués à entailler le métal, trouvaient fa-

---

(1) N° 41 de la *Notice du Musée des Souverains*, par M. H. Barbet de Jouy.

cile de creuser sur les surfaces planes de leurs œuvres des figures et des sujets dont le relief, à peine sensible, n'en dépassait point le niveau. Ce genre de décor, qui est plus que la gravure, laquelle fut usitée de tout temps; dont nous trouvons les prémisses dans la plaque émaillée (n° D. 82); que nous avons rencontré sur quelques pièces d'orfévrerie de cuivre de la fin du XIIIe siècle, se trouve notamment sur le pied d'un ostensoir du XIVe, qui est conservé dans le trésor de l'église de Conques (1).

Mais le plus magnifique exemple de ce genre de travail, d'autant plus intéressant qu'il est daté, est la garniture de l'autel portatif du monastère d'Admont, en Autriche.

Douze rosaces quadrilobées forment la bordure de la pierre qui est en améthyste quartzeux. Le Christ bénissant, entre saint Pierre et saint Paul occupe les trois rosaces du sommet. L'adoration des rois, les trois rosaces de la base : deux apôtres acccompagnés des quatre symboles évangéliques les six rosaces des cotés. Des feuilles d'érable et de petites figures à longues draperies flottantes, portant des banderoles, occupent le champ de l'intervalle des rosaces. Le tout, intaillé dans l'argent et très-légèrement mondelé, se détache sur un fond niellé. Une inscription en lettres aiguës, gravées sur la tranche, nous fait connaître la date de cette belle œuvre qui est de l'année 1375 (2).

A ces époques où le crédit n'existait point, où la fortune mobilière se réduisait à des matières précieuses, les princes fastueux qui se disputèrent le pouvoir pendant le long règne de Charles VI afin de s'approprier les dépouilles de la France, le duc d'Orléans, comme les ducs de Bourgogne, comme le roi lui-même, avant sa folie, étalaient leurs richesses sous forme de vaisselles et de joyaux de toute espèce. C'était une réserve pour les temps difficiles. Ce fait, qui résulte implicite-

---

(1) Alfred DARCEL. *Le Trésor de l'église de Conques*, pl. x.
(2) *Idem* *Les Arts industriels en Allemagne*, p. 20.

ment de l'étude de cette époque, nous est confirmé par par Jean Juvenel, dans sa chronique de Charles VI.

« ... Et fut alors avisé que le seigneur de Noujant, qui avait la charge principale des finances et autres, du conseil du roi, qu'on ne garda pas d'or monnayé et que tout tantôt fut amassé en gros lingots d'or, comme le faisait Charles cinquième, et avisa le dit Nojant ferait un cerf d'or pareil à la grandeur et corpulence de celui qui est au palais entre 2 piliers. Et fut commencé et en fut fait la tête et tout le col et non plus (1). »

Dès la fin du XIVe siècle et au XVe, en France, comme en Allemagne, l'architecture se substitue à la statuaire dans les œuvres d'orfévrerie. Les formes que l'on avait commencé à imiter timidement dès le XIIe siècle, d'un peu plus près à la fin du XIIIe, dans la châsse de saint Thaurin, et au milieu du XIVe dans le socle de la statuette donnée par la reine Jehanne d'Évreux, de plus près encore au commencement du XVe dans la châsse de Saint-Germain des Prés, où l'on a imité jusqu'aux fenestrages de la nef, viennent dominer pendant ce siècle, de telle sorte qu'en changeant les proportions, l'œuvre de métal pourrait presque se construire en pierre.

Les pièces de cette époque abondent, et cependant nous n'en avons point en France auxquelles nous puissions donner une date certaine. Ce ne sont que clochers, qu'arcs-boutants et contre-forts, surmontés d'aiguilles à crochets feuillagés, que frontons dont le tympan est ajouré comme une rosace d'église, dont les rampants portent des crochets que domine un fleuron terminal, le tout ciselé comme dans la pierre ; ce sont enfin des fenestrages dont les meneaux, assouplis suivant les caprices du style flamboyant, sont parfois garnis d'émaux translucides afin d'augmenter l'illu-

---

(1) J. JUVENEL DES URSINS. *Histoire de Charles VI*. Édition Godefroy.

sion. Quelques petites statues, en argent fondu, se mêlent à cette architecture qui les domine par son importance et par ses proportions. OEuvres géométriques parfois d'une grande élégance, et exécutées d'ailleurs avec une habileté merveilleuse.

C'est en Allemagne surtout que nous avons pu trouver quelques dates parmi le grand nombre de pièces d'orfévrerie exécutées dans le style architectural qui a dominé pendant le xve siècle, pièces que possèdent les trésors des églises de Cologne, celui d'Aix-la-Chapelle et celui d'Essen, ainsi que les églises de l'Autriche. La date la plus ancienne, puisqu'elle est de 1375, se trouve sur une mitre reliquaire exécutée par la confrérie des orfèvres de Prague, auxquels elle appartient encore. Cette mitre, en vermeil, était destinée à renfermer une mitre de saint Éloi, qui, donnée par Charles V à son beau-père l'empereur Charles IV, roi de Bohême, avait été concédée par celui-ci à la confrérie des orfèvres de Prague, placée, sans doute, sous le patronage de saint Éloi.

Cette mitre, sur laquelle une longue inscription constate toutes ces transmissions, est percée de nombreux fenestrages à réseau flamboyant, et ornée, sur les rampants de ses cornes, comme le seraient ceux d'un fronton, de crochets de feuilles de vigne déchiquetées et d'une forme très-accentuée, fondus dans la masse.

Plus d'un siècle après, en 1487, fut fabriquée une crosse qui appartient à l'abbaye de Saint-Pierre de Saltzbourg. Sainte Catherine se tient debout sous un dais admirablement ouvragé, au milieu de la volute dont l'arête extérieure est ornée de crochets de feuillages profondément déchiquetés. Le nœud est une architecture entière en métal, maigre, aiguë, menuisée et contournée. L'ouvrier chargé d'exécuter cette crosse, forcé par la destination même de l'objet à le faire le plus léger possible, a repoussé et modelé dans une feuille mince de métal les crochets feuillagés de la volute, et a amenuisé le plus possible les détails de l'architecture, qui est toute à jour et réduite à de simples arêtes.

Nous citerons encore le n° 3125 du Musée de l'Hôtel de Cluny, composé d'une statuette de sainte Anne assise sur un fauteuil à dais, tenant sur ses genoux deux enfants qui supportent un reliquaire. Cette pièce, d'une exécution très-soignée, dont les carnations sont peintes, porte la signature de l'orfèvre Hanns Greiff et la date MCCCCLXXII. Il faut donc faire osciller pendant la durée de plus d'un siècle le règne de ce style dont les deux monstrances (n°s D. 733 et D. 734) sont des spécimens. Selon le plus ou moins de sobriété du dessin, le plus ou moins d'ampleur et de fermeté de l'ensemble et des détails, on les classera tantôt au commencement, tantôt à la fin de cette période. Aussi, c'est à la fin du XVe siècle que nous avons rejeté les monstrances en cuivre doré que nous venons de mentionner. C'est aussi à la même époque que l'on a dû fabriquer les deux reliquaires provenant du trésor de Bâle, en forme de longues boîtes percées de fenestrages, dont le toit est surmonté de clochers très-amenuisés, qui, de la collection Soltikoff, sont passés au Musée de l'Hôtel de Cluny.

La salière de jaspe monté en or (n° D. 735) est un des rares spécimens de l'orfévrerie en métaux précieux que le Musée ait hérités de l'ancien trésor des rois de France. L'élégante délicatesse de cette pièce nous est un précieux témoignage de ce que pouvaient être tous ces joyaux dont il ne nous reste plus que les descriptions.

Enfin, le Musée des Souverains possède un magnifique reliquaire en vermeil, formé d'une terrasse qui porte un étagement de niches abritant sous leur dais à pinacles et à frontons des statuettes émaillées de rose sur les carnations, de rouge et de blanc sur les vêtements, qui se détachent sur un fond émaillé de bleu (1).

Dans cette pièce, où les pierres fines ajoutent leur

---

(1) N° 79 de la *Notice du Musée des Souverains,* par M. H. Barbet de Jouy.

éclat à celui du métal doré, nous voyons, ainsi que sur la salière n° D. 735, les émaux intervenir pour donner aux personnages les colorations de la nature. Là où les émailleurs n'existaient point pour donner aux orfèvres le secours de leur industrie, une pratique singulière s'était introduite : on peignait l'orfévrerie. Nous en avons un exemple, qui date du xive siècle, dans deux anges en vermeil qu'une dame de Jaucourt fit ajuster, en 1330 environ, à un reliquaire byzantin que possède encore aujourd'hui l'église de Jaucourt (1). Un autre est fourni par les anges de la fin du xve siècle, puisqu'ils portent les armes de France et de Bretagne, qui ont dû passer du trésor de Charles VIII ou de Louis XII dans celui de la chapelle du Saint-Esprit (2). Dans ces œuvres, les carnations sont peintes de couleur rosée, afin de mieux imiter la chair.

L'Angleterre ne possède guère d'œuvres du moyen âge. La suppression du culte catholique au xvie siècle ayant dû motiver la destruction de ce que possédaient les églises et les abbayes. Ni le British-Museum, ni le musée de South-Kensington, ni les expositions temporaires de Manchester et de Londres, ne nous ont rien montré, au delà des orfèvreries si caractéristiques de l'Irlande, que l'Angleterre revendiquât d'une façon bien certaine.

Cependant, lord Hastings avait exposé à Manchester un reliquaire en forme de rosace, orné au centre d'un cristal de roche cabochon d'où partent les quatre bras d'une croix en argent niellé. Entre les bras de la croix sont inscrits, en lettres repoussées, les noms des saints dont ce phylactère renferme les reliques. Cette pièce d'orfèvrerie, qui présente tous les caractères du xiiie siè-

---

(1) A. GAUSSEN. *Portefeuille archéologique*. Orfévrerie, p. 9, pl. III. — *Gazette des Beaux-Arts*, t. XVII, p. 335. Alfred DARCEL. « Troyes et ses expositions d'art. »

(2) N°s 76 et 77 de la *Notice du Musée des souverains*, par M. H.   rbet de Jouy.

cle, a été trouvée à Londres sur l'emplacement de l'ancienne église Saint-Paul.

M. W. Wells avait aussi exposé une navette en argent, trouvée en Angleterre, garnie à son pourtour de ces créneaux, si chers au xive siècle et à l'Angleterre, où ils étaient une marque de noblesse que concédait la couronne.

D'autres pièces que nous ignorons existent certainement, mais c'est dans les anciens inventaires qu'il faut aller chercher les documents qui peuvent donner une idée de ce que pouvait être l'orfévrerie anglaise au moyen âge.

Ainsi, dans l'inventaire de l'église de Salisbury, fait en 1214, nous trouvons des évangéliaires et des croix recouverts en or décoré de pierreries ; des mors de chape donnés par les archevêques, remarquables également par le nombre des pierres. Quant aux châsses, elles sont en ivoire; une seule est mentionnée comme étant en émail (1).

Faut-il conclure de là qu'au commencement du xiiie siècle les orfévres anglais étaient encore incapables d'exécuter ces belles châsses ornées de statuettes en métal repoussé qu'on fabriquait en Allemagne et en France?

Toujours est-il que moins d'un siècle après, l'inventaire de l'église Saint-Paul, de Londres, nous révèle des œuvres que la statuaire surtout rend importantes. Ainsi, l'évêque Richard de Gravesende avait fait exécuter un vrai rétable en orfévrerie imagée pour accompagner une croix, et sa crosse était ornée de statues. La châsse de saint Laurent était décorée des figures des apôtres en vermeil (2).

Enfin, le monastère de Saint-Alban était une école d'orfévrerie d'où étaient sortis des moines, peintres et

---

(1) Daniel ROCH. *The church of our fathers*, t. III, p. 11. *Inventarium ornementorum in ecclesia Sarum.*

(2) J. LABARTE. *Histoire des arts industriels...*, t. II, p. 312 *et passim.*, d'après le *Monasticum anglicanum.*

ciseleurs, dont Matthieu Paris a signalé des œuvres qui datent des commencements du XIIIe siècle.

Tandis que l'Angleterre rivalisait avec la France par les orfèvres de ses abbayes, voyons ce que faisait l'Italie.
Si l'histoire de la renaissance des arts en Italie doit remonter plus haut que l'époque où on a pris l'habitude de la faire commencer, il est incontestable, cependant, que les plus éclatantes manifestations du réveil de ceux-ci, après leur assoupissement dans l'imitation byzantine, datent de l'extrême fin du XIIIe siècle. Déjà, à cette époque, l'Allemagne avait construit et décoré ses belles églises romanes; la France, toujours inquiète du mieux, était partie de cette forme romane pour arriver, par des transitions insensibles, à l'épanouissement du style qu'on appelle ogival ou bien gothique, et qu'il serait plus juste d'appeler le style français. Toutes nos grandes cathédrales étaient bâties, sculptées et décorées.
L'Angleterre n'avait pas tardé à nous suivre dans cette voie, où l'Allemagne finit par entrer aussi; c'est alors que le génie latin, rebelle jusque là à ces influences venues du pays des barbares, se prit à imiter notre architecture, mais avec réserve, et en la modifiant suivant les habitudes de son éducation et les incitations de son tempérament.
Lorsqu'il fallut décorer ces édifices, où l'on reconnaît l'imitation des formes françaises, deux hommes se trouvèrent. L'un qui retourna tout d'abord à l'antique, de façon à renouer la chaîne des temps et à faire croire que plusieurs siècles n'avaient point existé : ce fut Nicolas de Pise. L'autre qui sut allier du premier coup la forme et le sentiment : ce fut Giotto. Sur les pas de tels guides, l'art italien parcourut pendant deux siècles, et sans défaillances, une carrière que nous n'avons pas à examiner ici. Mais ce qu'il y eut de plus singulier dans l'histoire de la plupart des artistes qui en marquèrent les étapes, c'est qu'avant d'être architectes, peintres ou sculpteurs, ils passèrent par la boutique

des orfèvres. De là l'intime alliance de l'orfévrerie avec la sculpture et, à certains égards, avec la peinture.

Les émaux translucides sur relief furent, ainsi que nous l'avons montré plus haut (page 67), le résultat de cette triple alliance.

Pour ce qui est spécial à l'orfévrerie, il nous semble constant que les artistes y semblent combattus par deux influences contraires : la tradition antique et l'art du Nord.

Le paliotto de Pistoja, et l'autel de Saint-Jean, à Florence, nous semblent en fournir les preuves.

Les artistes florentins et siennois, qui pendant plus de deux siècles s'obstinèrent à l'achèvement du paliotto de Pistoja, réagirent dans une certaine mesure contre les exemples de l'antiquité et des Pisans, et se laissèrent influencer par cet art gothique auquel Giotto lui-même s'était montré soumis.

Ce paliotto de Pistoja se compose d'un rétable et d'un antependium, accompagné de deux ailes en retraite. Le rétable est formé d'un ancien antependium, représentant la Vierge et les douze apôtres, exécuté en 1287, que l'on a encadré dans des motifs d'architecture en orfévrerie combinés avec d'autres figures.

Les archives de Pistoja nous ont heureusement conservé le nom des auteurs et la date d'exécution de toutes les parties de cette œuvre complexe, pour laquelle Giglio de Pise fit, en 1347, la statue de saint Jacques, qui en occupe le centre, et à laquelle une foule d'artistes, parmi lesquels il faut compter Brunelleschi, ont travaillé jusqu'en 1456.

En 1316, Andrea d'Ognabene refit un nouvel antependium, auquel Pietro de Florence, en 1357, et Leonardi di Giovanni, en 1371, ajoutèrent les bas-reliefs latéraux.

Le style des bas-reliefs et des figures de ce monument est celui que l'on peut appeler giottesque, modifié suivant le tempérament et suivant l'époque où vivaient les artistes qui les ont exécutés.

C'est, au contraire, l'influence des Pisans qui semble dominer dans l'autel d'argent du baptistère de Florence, où quelques parties du XIIIᵉ et du XIVᵉ siècle sont combinées avec d'autres beaucoup plus importantes et qui datent du XVᵉ siècle.

Une foule d'attributions erronées ont été données aux éléments divers de cette œuvre magnifique ; mais les archives de Florence ont permis de rétablir la vérité des faits et de restituer à chacun la part de gloire qui lui revient (1).

Le parement de l'autel du Baptistère de Saint-Jean de Florence se compose de douze bas-reliefs distribués sur deux lignes, encadrés dans de magnifiques motifs d'architecture gothique, percés de fenestrages et de niches à pinacles qui encadrent des statues, bas-reliefs qui accompagnent la statue centrale de saint Jean-Baptiste, dont ils figurent la légende.

Un de ces bas-reliefs passe pour être le fragment d'un ancien antependium de la fin du XIIIᵉ siècle, fabriqué par Cione, qui, si cette attribution est exacte, fut un élève de Jean de Pise, dont il adopta le style tout antique. En 1366, le parement fut refait par Berto di Geri et par Leonardo di Giovanni, le même qui travailla, quelques années plus tard, au paliotto de Pistoja. L'architecture du parement date de cette époque, ainsi que six de ses bas-reliefs. Quelques années après, de 1334 à 1402, Cristofano di Paolo refit le huitième de ceux qui sont placés sur le devant de l'autel. Ce ne fut guère qu'après un intervalle d'une cinquantaine d'années, en 1452, que Michelozzo Michelozzi modela la belle statue de saint Jean qui occupe le centre de l'œuvre, et que l'on attribue faussement à Donatello.

Enfin, de 1477 à 1480, la confrérie des marchands de Florence fit exécuter quatre bas-reliefs placés en retraite, deux de chaque côté de l'autel. L'architecture qui les encadre est différente en ses détails que celle de l'autel, mais elle en suit les lignes et en rappelle les masses. L'exécution de chacun des bas-reliefs fut

---

(1) J. LABARTE. *Histoire des arts industriels...*, t. II, p. 401 *et passim* Album, pl. LXI à LXIV.

confiée à l'un des artistes suivants : Bernardino di Cenni, Antonio del Pollaiuolo, Antonio de Salvi et Andrea del Verrochio.

Tout l'art de la sculpture italienne est donc résumé pour ainsi dire dans cette œuvre admirable où l'influence du vieux Cione semble avoir dominé tous ses successeurs. Les bas-reliefs de Leonardo lui-même paraissent d'un sentiment plus antique sur le parement de Florence que sur le paliotto de Pistoja.

Que pourrions-nous ajouter pour faire comprendre la splendeur de l'orfévrerie italienne, lorsque nous voyons de tels hommes la pratiquer, non! pas seulement pour l'enrichir de bas-reliefs, mais pour fabriquer des bijoux, des calices, des chandeliers, des croix, des reliquaires. Ainsi, c'est Lorenzo Ghiberti qui, en 1439, exécute la châsse où est renfermé le chef de saint Zanobi, fabriqué cent ans auparavant par Arditi, et celle de saint Protais, qui est conservée au musée des offices. En 1446, Thommaso Ghiberti, son fils, fabrique les chandeliers de bronze du baptistère de Saint-Jean, à Florence, pour accompagner la croix dont Pollaiuolo avait fait le pied en 1459 et Betto la partie supérieure.

Une œuvre d'Arditi, que nous venons de citer et que nous avons pu étudier en France, montre cette lutte entre les deux arts. C'est un calice (1).

Bien que la forme en cône évasé, bien que les émaux translucides qui décorent la fausse coupe et le pied, bien que le ruban dont les enlacements encadrent tous les médaillons, appartiennent à l'art italien, la composition des chimères de la fausse coupe, chimères réservées en métal sur fond d'émail opaque, à la façon allemande ou française, le dessin des feuilles d'érable, ciselées en demi-relief, dans l'intervalle des médaillons, nous les retrouvons à une époque antérieure dans toutes les manifestations de l'art en notre pays.

Si nous voulions revenir sur nos pas, nous aurions encore à citer les travaux que Ghoro et Giovanni

---

(1) J. LABARTE. *Histoire des arts industriels...*, t. II, p. 401 *et passim*. Album, pl. LV.

Turini exécutèrent à Sienne au commencement du xve siècle ; il nous fraudrait rappeler que le Francia était orfèvre et s'en faisait gloire ; puis relater les travaux exécutés à Rome, ainsi qu'à Milan, et encore conservés de nos jours. Nous arriverions enfin à l'artiste en qui se résume, aux yeux du plus grand nombre, la suprême perfection de l'orfévrerie.

Benvenuto Cellini a beaucoup travaillé, mais surtout s'est beaucoup vanté. Cependant, comme il ne reste de lui que fort peu d'œuvres authentiques, nous ne saurions dire si sa gloire n'a point été un peu surfaite.

La salière, qui est la seule œuvre de nous connue, qui puisse lui être attribuée d'une façon certaine, et que nous avons pu étudier au Cabinet des Antiques de Vienne, est d'une composition fort maladroite, mais d'une exécution d'autant plus merveilleuse que les figures y sont plus petites.

Si les artistes italiens adoptèrent les formes antiques, dès le milieu du xve siècle, Benvenuto Cellini, qui appartient surtout au xvie siècle, subit la domination de Michel-Ange, à tel point que les figures couchées dans la gorge du soubassement en ébène de sa salière ne sont que des imitations libres des magnifiques statues allégoriques du tombeau des Médicis. (1)

Les orfèvres français attendirent-ils l'arrivée de Benvenuto Cellini à Paris (1537 et 1540 à 1545) pour transformer leur style et se livrer à l'influence italienne qui avait déjà fait une révolution dans l'architecture ? — Nous ne le pensons pas. Le cardinal d'Amboise, qui fut l'un des plus actifs promoteurs de la renaissance italienne en France, avait réuni au château de Gaillon un grand nombre de pièces d'orfévrerie italienne, que se partagèrent ses neveux à sa mort, en 1510.

Michel Coulomb, qui avait fait, en 1500, le modèle de la médaille de Louis XII, qu'exécuta l'orfèvre Papillon, appartient à la renaissance par ses œuvres.

---

(1) Joseph ARNETH, Studien uber Benvenuto Cellini, avec fig. — Wien 1859.

D'ailleurs, la manie de l'orfèvrerie, qui avait toujours régné en France, semble s'être de nouveau emparée de la noblesse française en ces heures d'expansion et de renouvellement. Aussi, en 1506, Louis XII publia-t-il un édit afin de restreindre le poids des métaux que les orfèvres pouvaient mettre en œuvre dans une seule pièce, édit qu'il rapporta en 1510, en astreignant toujours les pièces au poinçonnage des gardes du métier.

D'autres dispositions de la même ordonnance réglaient les rapports entre les orfèvres et les « jouailliers » non fabricants, qui étaient confondus avec les tabletiers, merciers, etc. Ceux-ci ne devaient vendre ni acheter aucune vaisselle ni chose d'argent, sinon « les menus ouvrages d'or et d'argent, comme ceintures, demi-ceints, hochets, bagues, chaînettes d'or. »

Les changeurs ne pouvaient vendre qu'aux hôtels des monnaies, et non aux orfèvres, les matières d'or et d'argent qu'ils avaient seuls le droit d'acheter (1).

Les gemmes que l'on rapporta d'Italie ; celles que Matteo del Nassaro, venu à Paris en 1526, y taillait ou décorait de légères fantaisies, se servant avec habileté des veines du cristal de roche ou des taches sanglantes du jaspe, et qu'il montait lui-même, car il était orfèvre en même temps que lapidaire ; puis le mariage de Henri II avec la florentine Catherine de Médicis introduisirent et propagèrent en France le goût de ces œuvres précieuses.

Un moulin avait été établi sur la Seine par les soins du lapidaire italien « pour servyr à pollir diamans, aymeraudes, agathes et autres espèces de pierres, » d'où sortaient sans doute des gemmes et les pierreries nécessaires aux orfèvres parisiens (2). Un de ceux-ci, Pyramus Triboullet, se montra surtout habile dans l'art de monter les premières, et les comptes de 1529 à 1530 mentionnent la monture de treize vases d'albâtre qu'il exécuta en or pour le roi. Il n'est pas jusqu'aux tra-

---

(1) Paul LACROIX, *Histoire de l'orfèvrerie, bijouterie.*
(2) *Gazette des Beaux-Arts.* t. IX. Paul MANTZ. *Recherches sur l'histoire de l'orfèvrerie française.*

vaux de damasquine à la façon des Azziministes du nord de l'Italie auxquels on ne se soit livré en France ; et l'on cite, en 1530, un bassin ouvré d'or et d'argent à la moresque sur laiton, par Jehan Davet, de Dijon (1).

Nous ne possédons guère d'orfévrerie authentique du temps de François Ier. Les pièces magnifiques, où la statuaire jouait un grand rôle, qu'il avait reçues, ou fait exécuter ou données, furent fondues pour payer sa rançon. Par une singulière dérision du sort, l'épée de Pavie qui, malgré l'orgueilleuse inscription émaillée sur sa garde : IN BRACHIO SUO FECIT POTENTIAM, ne put sauver le roi, nous a été conservée par l'Espagne victorieuse, qui nous l'a rendue lorsqu'elle fut vaincue à son tour (2).

Une paire de flambeaux d'argent, du même modèle que ceux de la collection Sauvageot, qui sont en cuivre à tige droite cannelée, posée sur un pied quadrangulaire orné d'une ample doucine sur laquelle des dauphins ont été repoussés au milieu de feuillages, semble à son propriétaire, M. le baron J. Pichon, avoir été fabriquée à Paris en 1526. Elle porte, en effet, le poinçon de Paris et celui de Pierre Mangot, orfèvre de François Ier (3).

L'église de Saint-Jean-du-Doigt, dans le Finistère, conserve précieusement un grand calice qui passe pour lui avoir été donné par Anne de Bretagne, et que nous croyons quelque peu postérieur, du temps de François Ier probablement. En tous cas, il est français ou breton d'origine et dessiné d'après les données de la renaissance (4). Enfin Bochetel, dans sa description de « l'entrée de la royne en sa ville et cité de Paris » donne la gravure de deux chandeliers d'argent « à

---

(1) J. LABARTE. *Histoire des arts industriels...*, t. II, p. 536.

(2) N° 52 de la *Notice du Musée des Souverains*, par M. H. Barbet de Jouy.

(3) N° 1566 du Catalogue de l'Exposition rétrospective de 1865.

(4) *Annales archéologiques*, t. XIX. Alfred DARCEL, « Le Calice de Saint-Jean-du-Doigt, » avec fig. — Tirage à part.

l'antique » que la ville de Paris offrit à la reine Eléonore : chandeliers de la forme de ces candélabres si fréquents dans l'ornementation de l'époque.

L'orfévrerie et la bijouterie émaillées étaient en grand honneur en ce temps, comme on peut s'en convaincre en visitant la collection des gemmes et des bijoux du Musée. Ce sont des émaux translucides qui revêtent l'or et lui donnent un nouvel éclat, et qui se marient parfois à des émaux opaques lorsque la couleur ne peut être obtenue transparente. Il paraît que quelques orfèvres abusaient de l'opacité de ces émaux pour les déposer en couches plus épaisses que de raison ; aussi une ordonnance de 1540, rapportée du reste en 1543, défendit l'emploi de ces derniers.

Des pièces d'orfévrerie et de bijouterie authentiques du temps de Henri II sont aussi rares que celles du règne de son père.

Comme exemple des secondes, nous citerons, à défaut de pièces, une suite de gravures éditées par Paul[es] de la Houue, et que l'on croit exécutées par René Boivin, si ce n'est d'après le Rosso, du moins dans sa manière. Ce sont des pendeloques, d'un contour très-simple, rondes, carrées ou en poire, formées de cartouches très-gras combinés avec des figures qui ont tout à fait la physionomie de celles du Rosso, et avec des pierres ou cabochons ou en table, et avec des perles. Ce sont encore des étuis décorés de cariatides et des colliers. Ces bijoux appartiennent à un art plus simple que ceux imaginés par Androuet du Cerceau vers le même temps : pendeloques, bracelets, colliers et pendants d'oreilles, formés de cartouches ronds, ovales ou carrés, découpés sur leurs bords, accompagnés parfois de figures, animés de mascarons, et égayés de quelques pierres ou de quelques perles. L'ensemble ne manque pas d'ampleur, et les contours en sont largement dessinés, sans posséder cependant la simplicité de ceux du Rosso.

Quant à la vaisselle plate usuelle, elle était presque encore inconnue au commencement du XVIe siècle. C'est à peine si des disques plats, ou même des carrés de métal s'y substituent dans les repas aux pains-tranchoirs, faits exprès pour servir d'assiettes. Quant aux fourchettes, elles étaient inconnues, excepté pour manger les confitures.

Ce n'étaient donc que des pièces d'apparat que l'on fabriquait. Parmi ces dernières, le trésor de la cathédrale de Reims possède un groupe en or et en argent émaillés, reposant sur un rocher de même, qui représente *la Résurrection;* le Christ sortant d'un tombeau d'agate. Cette pièce a été donnée à l'église par Henri II lors de son sacre, comme le constatent une inscription, ainsi que les lettres H et C et le croissant émaillés, qui se voient sur le socle qui la supporte (1). Cette pièce, qui coûta 1,500 écus au roi, présente cette particularité d'appartenir encore et exclusivement au style gothique du XVe siècle dans les détails de son architecture. Elle donne une idée des présents d'orfèvrerie que les bonnes villes offraient aux souverains lors de leur entrée, et que les descriptions nous montrent comme composés de terrasses sur lesquelles posaient des personnages allégoriques en or.

Ce même système prévalut pour le don que Henri III fit en la même église lors de son sacre, en 1575. C'est une nef d'agate qui porte sainte Ursule et ses compagnes debout sur le pont, et exprimées par des figures d'or émaillé (2).

Mais, avant que d'arriver au dernier des Valois, nous avons à signaler les pièces splendides que Charles IX fit exécuter pour son armure. Son casque et son bouclier, conservés au Musée des Souverains (3), en or repoussé, ciselé et émaillé, ornés d'émaux cloisonnés, appartiennent plutôt à l'orfèvre qu'à l'armurier et donnent une haute idée de l'habileté des ouvriers français. Rien, en effet, ne nous annonce que ce soient d'autres mains que les leurs qui les aient exécutés.

---

(1) Cabinet des estampes. — Recueil, côté Le 43.

(2) P. Tarbé. *Trésors des églises de Reims*, in-4° avec figures.— *Notre-Dame de Reims*, in-8° avec figures.

(3) Nos 69 et 70 de la *Notice du Musée des Souverains*, par M. H. Barbet de Jouy.

Remarquons qu'il est heureux que les monuments de pierre qui subsistent encore, dont parfois on connaît les auteurs, soient là pour attester qu'il existait au XVIe siècle un art national, bien qu'imprégné d'italianisme, car il ne manque pas de gens pour croire que toutes les belles choses mobilières que nous posséadons viennent d'au delà des monts.

D'ailleurs, les émaux peints limousins seraient certes réputés italiens par beaucoup s'ils n'étaient signés. Leur style est celui de l'école de Fontainebleau, et c'est ce même style que l'on retrouve dans l'œuvre gravé de l'Orléanais Étienne de Laulne, qui renferme tant de motifs d'orfévrerie. Bien que la plus ancienne date que l'on puisse relever sur ses estampes soit celle de 1561, Mariette possédait un dessin de lui daté de 1553. Aussi l'on peut supposer qu'Étienne De Laulne a dû fournir beaucoup de modèles aux orfèvres du milieu du XVIe siècle, s'il n'était orfèvre lui-même. Quant aux modèles d'orfévrerie gravés, voici les dates que nous avons relevées sur son œuvre :

1561. « Les miroirs » dans l'ornementation desquels les pierres se mêlent aux figures, et probablement « les sifflets. »

1568. « Les mois, » en ovale, si souvent copiés par les émailleurs qui en changent la forme au fond de leurs assiettes.

1573. « Les travaux d'Hercule, » en ovale, et quatre suites d'ornements en forme de violon, d'après son fils.

1575. « La paix, la guerre…, » en ovale : « les quatre parties du monde. »

1576. « L'atelier d'orfévrerie » fait à Strasbourg.

1578. « Les petits dieux, » d'après son fils, ainsi signés :

IOHANNI FIL(IO) INVE(NTORI) STEPHANVS PAT(ER) AÑO D(OMINI) ET ET(ATIS) SVÆ. 60. SCVLPSIT. 1578

1580. Un petit cartouche circulaire, d'après une composition de son fils Jean.

Il n'y a point de date sur la suite des « dieux » placés au milieu de grotesques, réservés sur un fond noir, composition que les émailleurs de la fin du XVIe siècle ont si souvent copiées, ainsi que les graveurs de boîtes de montres, etc.

Les arabesques imitées des damasquines orientales, importées dans le nord de l'Italie et pratiquées par les Azziministes, que l'on retrouve si fréquemment dans les œuvres des dessinateurs de l'époque, avaient été fournies et rendues familières, dès 1554, par les estampes de Balthazar Sylvius, qui les dédie aux orfèvres, aux ciseleurs, etc.

Le Lorrain Pierre Woeriot, établi à Lyon en 1556, semble avoir aussi exercé une grande influence sur un certain côté de l'orfévrerie. Ses anneaux, qui sont datés de MDLXI, semblent avoir servi de modèles à tous ceux que possède le Louvre. Le fond de la composition est presque toujours le même. Un anneau terminé de chaque côté par une caryatide qui accoste un chaton circulaire, carré ou polygonal, orné de moulures et gravé, muni de griffes d'angle qui consolident la bâte lisse où la pierre est enchâssée.

Les poignées d'épée, du même, magnifiques modèles pour les armuriers de Saint-Étienne, peut-être, datent de 1557.

Enfin, un artiste qui a quelques points de ressemblance avec Étienne de Laulne, bien qu'établi en Allemagne, dut agir sur le goût français à la fin du XVIe siècle. L'œuvre de Théodore de Bry (Liége, 1528 + Francfort, 1598) renferme en effet dans les entourages de quelques-unes de ses estampes, dans ses « *Grotis pour les orfeure et aultre artisien;* » dans ses « *Pendants de clefs pour les femmes propres pour les argentiers;* » une foule de motifs que nous retrouvons, soit dans les grotesques de nos émailleurs, soit gravés sur les boîtes de montre, les couvercles de miroirs, etc.; car ces estampes, pour la plupart, sont des exemples de gravures et de nielles propres à décorer des pièces plutôt que des modèles de formes à donner à des bijoux. Cependant, les modifications que la renaissance introduisit peu à peu dans la forme des cartouches d'armoiries, plus profondes en Allemagne qu'en France, donnèrent beaucoup d'éléments à la bijouterie ainsi qu'aux décorations de l'orfévrerie.

Dans le principe, les cartouches d'armoiries étaient une peau de bête avec sa tête, ses pattes et sa queue. L'art et le caprice modifièrent et contournèrent ces appendices de façon à les transformer en ornements, tout en conservant d'abord la forme typique. Mais, en raffinant toujours, l'on allongea en lanières les pattes et la queue, l'on déchiqueta les flancs, l'on superposa plusieurs cartouches, de façon à modifier complétement le caractère primitif de cet ornement. L'on finit par le transformer en une espèce de menuiserie découpée à la scie, dont les divers éléments, renforcés à leur point de rencontre, sont réunis par des clous.

Ces superpositions d'enchevêtrements et de lanières, outre qu'on les retrouve sur le revers des plats et des assiettes émaillés par Jean Courteys et ses contemporains, ont donné leurs formes aux pendeloques de la bijouterie, dont Jean et Théodore de Bry ont publié une suite de huit pièces ayant pour sujets les Vertus; nous trouvons à peu près une imitation de ces pendeloques dans les nos D. 773 et D. 819, dans les ornements de la vaisselle (n° D. 852) et sur les étains de François Briot; car nous pouvons considérer ces pièces comme des exemples fournis aux orfèvres, sinon comme des souvenirs de celles qu'aurait fabriquées cet artiste qui n'est connu que par ses œuvres.

Du reste, cette pratique d'essayer en un métal à bas prix, et d'une fonte facile, l'effet de ce que l'on voulait fabriquer, devait remonter de loin.

On trouve dans les comptes de Charles VIII que l'on était accoutumé, à la fin du XVe siècle, d'exécuter en étain le modèle des pièces que l'on proposait au roi. On paye en effet, en 1407, une certaine somme à Jean Galant, tant pour avoir refait une coupe qui n'avait point plu au roi « que aussi pour la façon de trois autres couppes de plomb qu'il a faites pour patron de la dite couppe » (1).

---

(1) J. LABARTE. *Histoire des Arts industriels...*, t. II, p. 572.

Si le plomb ou l'étain ne servaient pas toujours à ces travaux préparatoires, ils étaient employés souvent pour conserver le souvenir des pièces exécutées, et c'est ce que Benvenuto Cellini recommande de faire en son *Traité d'orfévrerie*.

Quant aux étains que Briot signait parfois de son médaillon portant cette légende : SCVLPEBAT FRANCISCVS BRIOT, fondus en grand nombre sur le même modèle et soigneusement réparés par l'artiste, ils nous semblent le produit d'une industrie spéciale plutôt que le souvenir de pièces exécutées.

Le luxe de la vaisselle était tel, sous Charles IX, qu'un édit de 1571 défendit d'en exécuter en or, et fixa la limite de 1 marc et demi pour le poids de celle en argent. Mais les nombreuses exceptions que cet édit autorisait le firent rapporter avant les trois années qui avaient été fixées pour sa durée.

Du reste, le Musée possède, dans la femme à cheval, n° D. 787, une œuvre trop évidemment française pour qu'on puisse la récuser et qu'on n'en attribue même pas le modèle à Germain Pilon.

Les vases de la chapelle du Saint-Esprit appartiennent à des arts trop différents pour que nous puissions les donner comme des spécimens de l'orfévrerie française au temps de Henri III.

C'est en 1578 que fut dite la première messe du Saint-Esprit à laquelle servirent les vases et les ornements du Musée des Souverains. A côté de certains, qui sont du XV° siècle, comme les deux anges porteurs de reliquaires aux armes de Bretagne (1), comme la Paix, évidemment italienne (2), comme l'orceau et les burettes en cristal de roche, qui sont d'un goût et d'une exécution si parfaits, il y a des aiguières et des coupes d'une forme lourde qui conservent encore la trace du marteau qui les a façonnées, et qui ne donnent point une haute idée du talent de l'orfèvre qui les exécuta

---

(1) N°s 76 et 77 de la *Notice du Musée des Souverains*, par M. H. Barbet de Jouy.

(2) N° 79, *idem, ibidem*.

pour la circonstance. Apparemment l'on était pressé, et l'on a fait à la hâte cette chaudronnerie en vermeil.

Charles IX, en réduisant à 300 le nombre des orfèvres, avait légué de grandes difficultés à ses successeurs. Il y avait deux causes à cela : les limites mal définies qui existaient entre les différents corps d'état qui se livraient à la fabrication et à la vente des objets en matières précieuses, et les dures conditions qui étaient faites aux apprentis.

Aussi Henri III eut-il à protéger la corporation des orfèvres contre les tentatives de ces derniers pour éluder les règlements qui leur interdisaient la maîtrise, et, en 1579, contre les changeurs et les affineurs qui prétendaient vendre de l'orfèvrerie.

En 1584, les marchands de pierreries, dont le commerce prenait une grande importance par suite des caprices de la mode, furent établis en communauté.

L'introduction des pierres taillées dans la composition des bijoux caractérise la fin du XVIe siècle. On en trouve indiquées sur les miroirs d'Étienne de Laulne qui datent de 1561. Mais leur présence n'est point toujours parfaitement justifiée, comme on peut s'en convaincre en regardant les rubis et les émeraudes que l'on voit de chaque côté de la figure de Daniel sur le bijou (n° D. 820), qui représente ce prophète dans la fosse aux lions.

D'ailleurs, l'inventaire dressé après la mort de Gabrielle d'Estrées, en 1599, nous est une preuve de cette abondance des pierreries dans l'orfèvrerie aussi bien que dans les bijoux. A côté d'un buffet tout garni de fontaines, d'aiguières et de flacons, etc. d'argent, ornés de médailles antiques, que nous croyons retrouver dans l'inventaire de Mazarin (1), où cette argenterie est désignée comme étant d'argent de Paris; à côté d'un autre buffet, dont le service est en nacre de perle garni d'argent doré, nous trouvons un grand drageoir de cristal

---

(1) *Inventaire de tous les meubles du cardinal Mazarin*, dressé en 1653. — Philobiblion sociéty. Londres, 1861.

de roche, enrichi, sur le couvercle, de six diamants et de six rubis avec une déesse qui est assise sur un dauphin ; « et au dedans d'iceluy couvercle… y a seize diamans, cinq grandz rubiz et dix-sept petiz… »

Quant aux bijoux, ils abondent naturellement davantage en pierreries, quoique l'art du fondeur et du ciseleur se montre encore par la présence de quelques figures, comme « un Jupiter à l'entour duquel y a quatorze diamans, tant à facettes qu'en tables, et quatorze rubis » (1).

Henri IV, qui avait fourni à tout le luxe dont témoigne cet inventaire, assimila les orfèvres aux peintres et aux sculpteurs, en accordant à quelques-uns d'entre eux le logement aux galeries du Louvre, par lettres de 1608, qui leur octroyaient, en outre, certains priviléges.

Les orfèvres avaient quitté le pont au Change, où ils étaient établis depuis si longtemps, à cause de leurs démêlés sans doute avec les oiseleurs, auxquels les rois avaient concédé, et le parlement reconnu le droit d'usurper tous les dimanches les devantures de leurs boutiques. Ils étaient allés s'établir sur le pont Saint-Michel à la fin du règne de Henri III ; mais lorsque, en 1560, l'on créa les nouveaux quais qui forment le revers de la place Dauphine, ils s'emparèrent de celui du sud, qui prit et a encore gardé le nom de quai des Orfèvres.

L'orfévrerie allemande eut un grand éclat à la renaissance, surtout dans les villes de Nuremberg et d'Augsbourg, où nous avons vu qu'Étienne de Laulne avait séjourné, tandis que Théodore et Jean de Bry signaient leurs œuvres de Francfort.

Si l'artiste orléanais ne fut point orfèvre lui-même, il fut certainement en grandes relations avec les or-

---

(1) *Bibliothèque de l'École des Chartres*, 1re série, t. III, p. 148 *et passim*. E. DE FRÉVILLE. « Notice historique sur l'inventaire des biens meubles de Gabrielle d'Estrées. »

fèvres de son temps auxquels il fournissait des modèles, et qu'il figurait dans leurs ateliers au milieu d'ustensiles qui lui semblent familiers, tant on en comprend facilement l'usage.

Parmi les artistes en grand nombre qui donnèrent encore des modèles aux orfèvres, il faut citer J. Collaert, qui publia deux suites de pendeloques. Une première, datée de 1580, est composée de dix pièces symétriques à contours très-découpés, ornées d'une profusion de pierreries taillées en table, accompagnées de perles pendantes, dans la composition desquelles entrent des figures, surtout de divinités marines. La seconde, datée de 1582, gravée par son fils, renferme dix feuilles de monstres marins portant des figures, et posés sur des culs-de-lampe de même style et de même composition que la suite précédente.

Entre ces pièces et celles attribuées à René Boivin, la différence est grande : d'abord quant au style, puis par rapport à la grande quantité de pierres, encore taillées en table, qui entrent dans la composition des secondes.

Deux tendances se combattent dans l'orfèvrerie d'outre-Rhin : le décor est italien si la forme est allemande. Quelque chose de gothique subsiste longtemps dans ces hanaps montés haut sur pied, dont la panse s'accidente d'une foule de gibbosités qui se pénètrent et forment des espèces de fruits que prolonge le couvercle surmonté par des bouquets de feuilles en métal contourné, bouquets que l'on attache aussi autour de la tige pour figurer le nœud qui l'interrompt toujours dans l'ancienne orfèvrerie, qui forment parfois aussi une couronne autour du couvercle.

Souvent le hanap affecte le profil général d'un cylindre ou d'un cône, mais tellement altéré dans ses profils par des filets saillants, des gorges profondes, des frises, des bossages, des moulures qui se marient à des appendices de toute espèce, que la forme primitive disparaît un peu sous tant d'éléments parasites que lui ajoute le génie tourmenté des artistes allemands. A la fin du XVIe siècle, ils ont plus d'égards pour les extravagances de Diéterlin, où les bordures des cartouches découpés dans le cuir se projettent en lanières géométriques superposées et enchevêtrées dont les bords et les bouts s'arrondissent en demi-cercles aux points où une tête de clou les fixe à leurs croisements ; emprunts au bois découpé que font le métal et parfois la pierre.

Ce même goût exhubérant et ennemi de la simplicité se remarque dans la bijouterie allemande, qui nous semble se confondre, à quelques égards, avec la nôtre à la fin du XVIe siècle.

Parmi les plus belles œuvres de l'orfèvrerie allemande du XVIe siècle, il faut compter le plat du siège de Tunis, qui est de 1535 (n° D. 765), et surtout la magnifique aiguière qui l'accompagne (n° D. 764) ; puis, au Cabinet des Antiques et des Médailles, le coffret d'argent tout orné de bas-reliefs, qui a appartenu à Frantz de Sickingen, et que M. A. Chabouillet estime des commencements du XVIe siècle (1).

La position insulaire de l'Angleterre, jointe à l'esprit de race, rendit cette contrée longtemps rebelle à la renaissance, surtout en architecture, où le style gothique se prolongea parfois jusqu'au XVIIe siècle. Cependant Hans Holbein, en portant la renaissance allemande à la cour de Henri VIII, faisait moins violence aux habitudes de la nation, puisque cet art nouveau qu'il apportait se trouvait être déjà altéré par le génie tudesque, bien qu'Hans Holbein fût de tous ses compatriotes celui qui s'était le plus intimement pénétré de la grâce italienne.

Le dessin d'un hanap, conservé au British-Museum, où il est attribué à Hans Holbein (2), mais qui est certainement le modèle d'une pièce fabriquée pour Jane Seymour, femme de Henri VIII, et une poignée d'épée

---

(1) A. Chabouillet. *Notice sur un coffret d'argent...*, in-8° de 39 pages avec gravures. Didier et C°. Paris, 1861.

(2) H. Shaw. *The decorative arts... of the Middle ages.*

gravée par Hollar, d'après le dessin que fit le même artiste pour le prince Édouard (1), se rapprochent davantage de l'orfévrerie allemande que de la française, et nous montrent quelle voie devait suivre l'art anglais.

Il est enfin un pays où la renaissance dut affecter une physionomie hybride, à cause du dualisme qui certainement existait entre ses maîtres de race du nord et ses nationaux de race méridionale. C'est l'Espagne. On connaît par ouï dire, et par les vues pittoresques que les peintres voyageurs en ont données, les trésors des cathédrales de Tolède, de Séville, etc.; mais rien de sérieux n'a été encore publié, que nous sachions, sur la branche d'art qui nous intéresse, rien qui puisse en préciser le caractère. Nous pouvons seulement mentionner trois pièces d'une époque bien postérieure au XVIe siècle, qui se trouvaient, en 1653, parmi la vaisselle de Mazarin. L'une était une tasse à godrons avec parties émaillées de blanc, rouge et noir, et ornée de grenouilles d'argent.

L'art des commencements du XVIIe siècle n'est qu'un prolongement de celui de la renaissance, avec des formes plus massives et des ornements plus lourds.

L'une des seules pièces d'orfévrerie que nous connaissions est une croix fabriquée « *En février pour la paroisse de Trégunc,* 1610 » (Finistère).

Cette croix, dont les bras sont des prismes exagones, terminés par des boules à six faces, est implantée sur un nœud, qui est tout un monument en encorbellement sur la douille. Ce sont deux ordres de pilastres, l'un en retraite sur l'autre, interrompus par des bustes dans des cartouches ovales, encadrant des niches qui abritent des apôtres.

Toutes les faces de la croix, des boules, des consoles

---

(1) Cabinet des estampes. — *Recueil d'armurerie,* côté Le 11.

latérales qui supportent les figures de la Vierge et de saint Jean, et de la douille, sont ornées de ciselures représentant des feuillages symétriques de style presque oriental. Quant aux trois grandes figures, elles sont en argent repoussé et d'un assez bon style, quoiqu'un peu déformées par l'usage ; les petites, qui représentent les apôtres et qui garnissent les niches du nœud, sont fondues et ciselées et d'une excellente facture.

Si l'orfèvrerie et la bijouterie de l'époque de Louis XIII sont rares, nous connaissons le caractère de cette dernière par les nombreuses estampes que nous ont laissées les orfèvres et les dessinateurs de l'époque. Français, Allemands ou Flamands, ils obéissent aux mêmes inspirations, et les inscriptions bi-lingues que l'on voit aux frontispices de leurs suites, prouvent que ces gravures étaient faites pour les artisans de l'une et l'autre nation.

Le plus ancien en date est Daniel Mignot, d'Augsbourg, dont les estampes portent les dates de 1595 à 1616, et un monogramme formé des lettres MD unies. Ses caprices niellés et ses pendeloques, formées de lanières découpées combinées avec de longs rinceaux, sont dans le style de Théodore de Bry, mais allégé et privé de figures.

Étienne Carteron, de Châtillon, en Bourgogne, qui signe S. C., a gravé, en 1615, des modèles de damasquinures et de niellures qui se composent de filets très-déliés interrompus par des renflements déchiquetés, aux contours allongés et aux pointes très-aiguës, dont l'ensemble dessine sur le fond une série d'ovales entrelacés d'une physionomie toute particulière.

La fluidité des contours caractérise les compositions d'Étienne Carteron.

Michel Leblon, qui fut orfèvre des cours de Suède et d'Angleterre, dont Van Dyck a peint le portrait, et qui travailla à Amsterdam, bien que son nom soit de physionomie française, a donné beaucoup de modèles de manches de couteau, de boîtes de montre, ovales et octogones, de cartouches à contours très-découpés et formés par un réseau de lanières.

Son style est celui de Théodore de Bry dans ses manches de couteau, dont une série est datée de 1626 : manches droits à section carrée, couverts de fines niellures et découpés supérieurement en écusson, symétrique chez Th. de Bry, mais posé sur le côté chez Leblon.

Les nielles de ses boîtes se composent parfois d'un enchevêtrement de tiges, comme les paraphes d'un calligraphe, interrompus par de grosses feuilles de vigne aux contours très-arrondis.

Dans une suite de culs-de-lampe, datés de 1655, le rinceaux feuillus qui se combinent avec des oiseaux sont d'une ténuité extrême.

Janssen a gravé, en 1631, des culs-de-lampe très-légers, des caprices d'oiseaux au milieu de paraphes, et des manches de couteau dans le style de Leblon, mais avec plus de liberté dans la main et quelque chose de plus contourné dans les feuillages

Terminons cette nomenclature par les graveurs suivants :

Esaias van Hvlsen, de Midelborg, qui travaillait à Stuttgart en 1617. — L'anonyme I. H., en 1619, pour ne citer que les maîtres dont les œuvres portent une date. — Le Poitevin Anthoine Jacquard, qui, au milieu d'une foule de poignées d'épées d'un très-grand style, a gravé des cadrans de montre ovales et les « cinq sens, » datés de 1624. — L'anonyme I. H. D., que M. Paul Mantz croit être Henri Petit, que Louis XIII logea au Louvre en le désignant comme « fourbisseur d'épées et enrichisseur de toutes sortes d'armes. » S'il faut faire une excursion dans le champ de l'armurerie et de la serrurerie, terminons par François Marion, arquebusier de Paris, qui, en 1652, décorait les platines de ses armes de semis de fleurs réelles, lis, œillets et ancolies, et composait en 1657, — il avait alors soixante-deux ans, — des rinceaux d'ornement d'un style très-ample.

L'introduction des fleurs réelles dans l'ornementation, qui date, pour les manuscrits, de la fin du XVe siècle, ne nous semble avoir été réalisée dans l'orfévrerie qu'à partir du milieu du XVIe siècle. C'est surtout dans les émaux translucides sur relief qui décorent la monture en orfévrerie des gemmes qu'on retrouve les fleurs naturelles souvent combinées avec des ornements composés. Mais c'est au XVIIe siècle surtout que les jonchées de fleurs, ainsi que les animaux réels, écureuils, perroquets et oiseaux de toute espèce, colimaçons, etc., interviennent dans l'ornement; aussi la plupart des artistes qui ont fourni des modèles aux arts décoratifs de cette époque ont-ils eu soin de joindre à leurs compositions des études d'après nature, que les artisans employaient et combinaient à leur gré.

Le magnifique coffret, qui passe pour avoir été donné par le cardinal de Richelieu à la reine Anne d'Autriche, et qui est conservé au Musée des Souverains (1), est un des plus rares spécimens de cette ornementation, où les fleurs naturelles jouent le rôle principal, bien qu'elles entrent dans un ensemble réglé par une composition préalable.

Quant à la joaillerie, où les pierreries occupent une place de plus en plus importante, le recueil que Gédéon Lesgaré, orfèvre de Chaumont, a gravé, en 1623, sous le titre de *Livre de feuilles d'orfévrerie*, nous montre des bouquets et des guirlandes composés de tiges légères, dont les feuilles allongées en aiguille, comme les balles d'un grain d'avoine, sont combinées avec des pierres fines et des perles.

Louis XIII songea à tirer parti, au profit du trésor royal, de la mode qui faisait couvrir les habillements des femmes, et aussi des hommes, avec les coûteuses futilités de la joaillerie et de la bijouterie. En 1631, il frappa un droit de « 3 sols par chaque once d'orfévrerie et autres ouvrages, » ce qui n'empêcha point les prodigalités de la vaisselle et des bijoux.

---

(1) N° 110 de la *Notice du Musée des Souverains*, par M. H. Barbet de Jouy.

Néanmoins les orfèvres de Paris étaient en un état prospère. La corporation, tout en suivant les anciennes coutumes charitables de jadis, offrait à l'église de Notre-Dame un *mai*, jadis arbre verdoyant, qui se transforma en un tabernacle, et enfin en un tableau à partir de l'année 1630.

Parmi les orfèvres les plus habiles de l'époque, on cite les frères Mosbereaux, de Limoges, qui, ciseleurs et graveurs, exécutèrent, en 1605, la médaille que leur ville offrit à Henri IV lors de son passage; puis, en 1615, celle que la ville de Bordeaux présenta à Louis XIII. Appelés par ce dernier à Paris, où ils semblent avoir excellé dans l'infiniment petit, ils furent logés au Louvre. Ils étaient morts en 1633.

Mais à côté de ces artistes, qui appliquaient leurs inventions à l'orfévrerie, il y en avait beaucoup qui se contentaient d'être de simples artisans qui exécutaient les modèles qu'on leur fournissait. C'est ainsi que J. Sarrazin avait, en 1639, fait le modèle d'un groupe en argent qu'Anne d'Autriche donna à l'église Notre-Dame-de-Lorette, où il existe encore, et qui représente le dauphin porté dans les bras d'un ange.

Plus tard, Merlin, orfèvre lorrain, exécuta pour le même dauphin, qui depuis fut Louis XIV, des soldats d'argent sur les modèles de Charles Chassel, sculpteur à Nancy.

Nous verrons plus tard la part d'invention diminuer de plus en plus chez les orfèvres, qui ne sont alors que des exécutants plus ou moins habiles.

René de la Haye, qui fut garde du métier en 1623, et doyen en 1639, plus tard échevin et juge consul: Jean Gravet, que nous retrouvons travaillant pour Louis XIV, et Lescot, qu'employa surtout le cardinal Mazarin, sont les orfèvres les plus connus de la fin du règne de Louis XIII.

Ce que furent les œuvres qu'ils fabriquèrent nous est à peu près indiqué par un document très-important, l'*Inventaire des meubles du cardinal Mazarin*, auquel nous avons déjà fait allusion, et que Colbert dressa, en 1653, par ordre de celui dont il n'était encore que le commis (1).

Cet inventaire, fait avec un certain soin, indiquant l'origine des pièces d'orfévrerie, soit religieuse, soit civile, que possède Mazarin, nous montre que les orfèvres de Paris rivalisaient avec ceux d'Italie, d'Espagne, de Pologne, d'Allemagne et d'Angleterre, dont les œuvres se trouvent confondues avec les leurs. Ainsi, ce sont deux bassins et deux vases « d'argent, façon de Paris, vermeil doré, cizelé aux armes de Son Éminence, » qui représentent le siège de La Rochelle et le combat de Suze ; ce sont des coupes et des drageoirs qui représentent des scènes de chasse ou de pêche; des cassolettes où sont figurés les quatre éléments et les triomphes des quatre saisons.

L'orfèvre Roberdet, le seul que nous trouvions nommé, est le même, sans doute, qui avait fabriqué un petit canon d'or, des cannes et des bâtons d'argent, que Loménie de Brienne enfant, qui le qualifie d'ouvrier inventif et industrieux, avait donnés à Louis XIV, enfant comme lui.

Ce Roberdet, de ce métier de monter les cannes en orfévrerie, semble avoir conservé le goût de combiner le bois et les métaux. Nous trouvons ces matières unies dans l'exécution de deux cassolettes avec leurs supports, et de douze bras ornés de cartouches, de feuillages renversés, de grains, et de têtes de More d'ébène, montées et casquées en argent. Les bras étaient aux armes de la reine.

L'argenterie, fort nombreuse pour la table, comprend jusqu'aux chenets, qui, décrits par le détail des pièces qui les composent, représentent de gros vases couronnés de flammes, comme les estampes d'Abraham Bosse nous en montrent dans les hautes cheminées de ses appartements. Les ustensiles qui garnissent la cheminée sont également montés en argent. Dans les des-

---

(1) *Inventaire de tous les biens meubles du cardinal Mazarin, dress* en 1653. — Philobiblion Society. Londres, 1861.

criptions, fort succinctes de cet inventaire, les mots de vases, de feuillages, de grains et de godrons, revenant le plus souvent, nous nous représentons facilement ces formes massives et redondantes que le dinanderie d'un côté, et le mobilier en bois de l'autre, nous ont conservées.

Notons enfin, comme trait de mœurs se rattachant au sujet que nous traitons, que les cuillères et les fourchettes se trouvent en grand nombre, et en aussi grand nombre les unes que les autres, dans l'argenterie de table de Mazarin.

A la fin du siècle précédent, en 1599, dans l'inventaire de Gabrielle d'Estrées, on ne trouve en tout que cinq cuillères et huit fourchettes; mais une fontaine en forme de rocher portait suspendues à chacune des douze branches de corail qui la décoraient, un couteau, une cuillère et une fourchette. En 1594, l'inventaire du château de Courtivron ne mentionne point de fourchettes parmi l'argenterie de table, et un peu avant l'*Isle des Hermaphrodites*, pamphlet composé contre Henri III, reprochait au roi de ne toucher jamais la viande avec les mains, mais avec des fourchettes. Au moyen âge, tout le monde mangeait avec ses doigts, comme aujourd'hui en Orient.

Quant à l'orfèvrerie ecclésiastique que possédait le cardinal, elle est parfaitement définie par l'inventaire. Ce sont des boîtes à hosties « d'argent de Paris vermeil doré cizelé » ayant « sur le corps des anges et festons avec les instruments de la Passion ; » c'est une « croix posée sur un vaze rond cizelé à chérubins et festons, ayant trois fleurons à chérubins et cartouches percés à jour aux trois bouts de la croix ; » ce sont des vases à fleurs ciselés, « quatre avec des thermes en forme d'anges, et des godrons, et des anses de deux serpens entrelassez, les deux autres cizelés de cartouches, godrons, grains et feuilles ; » c'est, enfin, une sonnette ayant « des têtes de chérubins et des fruicts de relief. »

Dans ces courtes désignations, nous trouvons le caractère des pièces d'orfèvrerie possédées encore, et en assez grand nombre, par les églises. Telle est « une chapelle » que possède le trésor de la cathédrale de Troyes, qui provient du château de Villacerf et qui porte les armes gravées de Colbert.

Il serait singulier que ces pièces d'orfévrerie eussent figuré dans l'inventaire que Colbert avait fait rédiger.

Dans la croix que mentionne cet inventaire, nous trouvons presque décrite une croix d'argent appartenant à l'église d'Anneville-sur-Seine, qui est datée de 1689, et qui est ornée de têtes de chérubins coiffés de cheveux formant toupet, alternant avec des guirlandes de fruits et des instruments de la Passion (1).

Nous avons dit que la croix d'Anneville, bien que datée de 1689, appartenait au style caractérisé par des têtes de chérubins. Cette date fut-elle apposée sur une œuvre d'ancienne fabrication lors de l'acquisition qui en fut faite, ou bien cette œuvre provint-elle d'un atelier provincial attardé, toujours est-il que, sous l'influence de Ch. Lebrun, l'orfévrerie avait à cette époque changé de caractère.

C'est en 1662, on le sait, que Louis XIV réunit aux Gobelins tous les ouvriers qui travaillaient pour la Couronne. Non-seulement les tapissiers, qui y sont encore aujourd'hui, mais les brodeurs, les orfèvres, les fondeurs, les graveurs, lapidaires et ébénistes, artisans dont les œuvres garnirent bientôt les appartements du roi.

L'atelier d'orfévrerie était dirigé par Claude de Villiers, que le roi avait fait venir d'Angleterre avec sa famille, en 1665; par Alexis Loir, qui fut membre de l'Académie, comme graveur; et par Dutel (2). L'abbé

---

(1) *Gazette des Beaux-Arts*, t. X, p. 152.

(2) A.-L. LACORDAIRE. *Notice historique sur les manufactures impériales de tapisseries des Gobelins*, p. 69. Notes extraites des « Comptes des bâtiments du roi, » de 1665 à 1684.

de Marolles a célébré les mérites des deux premiers en l'un de ses quatrains grotesques :

> De Vilers et ses fils sont dans l'orfevrerie
> Des hommes achevez, Alexis Loir comme eux
> De Paris, tous quatre ont des dessins heureux
> Meslant à ce qu'ils font une rare industrie.

Ce que firent ces orfèvres est indiqué dans les comptes des bâtiments du roi, ainsi que dans la *Gazette de France*, lorsqu'elle raconte la visite que Louis XIV fit aux Gobelins le 15 octobre 1667. « La grande cour était tendue des superbes tapisseries qui s'y fabriquent, avec un buffet de neuf toises de long et élevé de douze degrés, sur lesquels étaient disposés, d'une manière aussi ingénieuse que magnifique, les riches ouvrages d'orfévrerie qui se font dans ce même lieu. Ce buffet était composé de vingt-quatre grands bassins, chacun avec son vase, d'autant de brancards pour les porter, de deux cuvettes, chacune de cinq à six pieds de diamètre, de quatre grands guéridons, de vingt-quatre vases à mettre les orangers, et de plusieurs autres pièces, le tout d'argent ciselé, mais d'un travail qui passait encore le prix de la matière, quoique du poids de plus de vingt-cinq mille marcs. »

La composition de Ch. Lebrun, peinte par Pierre de Sève et conservée dans les galeries de Versailles, nous a conservé le souvenir de cette visite et de quelques-unes des pièces d'orfévrerie que Lebrun montra au roi (1), pièces qui devaient décorer la galerie d'Apollon, qui n'a rien à en montrer aujourd'hui, et qui allèrent orner les appartements du palais de Versailles (2) et les fêtes de ses jardins (3).

---

(1) Eudore SOULIÉ. *Notice du Musée impérial de Versailles*, 2ᵉ partie, n° 2098.
(2) *Idem, ibidem*, p. 131 et 135, d'après le *Mercure de France* de 1682.
(3) P. LACROIX. *Histoire de l'orfévrerie, joaillerie*, p. 128; relation de la fête de 1668.

Si l'on révoquait en doute le témoignage de la composition de Ch. Le Brun, comme trompeur par trop d'emphase, nous ne saurions récuser celui que nous donnent deux études sur fond rouge, peintes évidemment d'après nature, et qui sont exposées dans l'une des salles des crayons au Musée du Louvre.

Ces deux études, faites peut-être pour le tableau de la *Visite du roi* ou pour les tapisseries des *Saisons*, sont une aiguière et une cassolette en argent ornées de figures et ciselées tout à fait dans le style des pièces que montrent ces œuvres, et de celles qu'on remarque dans le *Triomphe d'Alexandre*. Nous trouvons encore un témoignage du luxe de cette argenterie dans les estampes de Daniel Marot et de Jean Lepautre, d'après le vieux Claude Ballain, artiste d'un autre temps cependant, mais qui s'était plié au goût nouveau, dont les vases de bronze et de plomb se dressent encore aujourd'hui sur la tablette des pièces d'eau de Versailles pour témoigner de ce luxe bientôt évanoui.

Le style de toutes ces pièces, dont Ch. Le Brun donnait le plus souvent lui-même les dessins, est renouvelé de l'antiquité romaine, que Nicolas Poussin avait étudiée avec tant de conscience, d'après les bas-reliefs des monuments de la ville éternelle, dans ses vases et dans les infinis détails de son mobilier héroïque.

Mais c'était une antiquité alourdie dans ses formes et surchargée d'ornements fastueux : divinités solidement musclées, aux draperies tapageuses ; médaillons encadrés dans des lacis de lanières et de rubans ; godrons et cannelures : frettes encadrant la fleur de lis ou des rosaces où tournoie la feuille d'achante, partout et toujours employée ; moulures redondantes ciselées en couronnes de lauriers ; mascarons et chimères. D'ailleurs, n'avons-nous pas un vivant témoignage de ce style dans les décorations de la galerie où sont conservées les richesses que nous décrivons en partie.

A côté de cette orfévrerie d'apparat, celle d'un usage plus personnel pouvait soutenir la comparaison. Nous en avons pour preuve quelques dessins du service de table du roi, qui sont conservés au milieu d'un grand nombre de modèles d'orfévrerie du XVIIIe siècle, qui proviennent du cabinet de l'architecte Robert de Cotte (1).

C'est d'abord le « cadenas, » que Nicolas Delaunay composa pour la reine Marie-Thérèse en 1678, puis celui de Louis XIV ; le même probablement qui, encore appelé nef par quelques auteurs, fut composé par Ch. Le Brun et exécuté par Jean Gravet, sur le modèle que le sculpteur Laurent Magnier fit en bois et en cire (2). Ces cadenas se composaient d'une boîte basse et rectangulaire posée sur des pieds. Une partie, qui était à couvercle mobile, contenait la cuillère, la fourchette et le couteau ; l'autre partie, plus étroite, et qui était dormante, recevait une caisse oblongue maintenant trois boîtes rondes, destinées sans doute aux épices.

Le cadenas de la reine, porté par des pattes de lion posées sous des cartouches d'où saillait le mufle de la bête, était décoré sur le plat de deux écus accolés au milieu d'un quadrillé entouré d'un bordure à entrelacs. La caisse, ornée de médaillons séparés, soit par des guirlandes, soit par des cartouches d'entrelacs, — car le projet est double, — laisse dépasser les trois boîtes circulaires, qui ont pour bouton de couvercle une fleur de lis, une tour de castille et une grenade (?).

Ce cadenas pesait 22 marcs d'or, et Colbert en avait réglé la façon à 4,000 livres, ainsi que le dit une note manuscrite de Nicolas Delaunay. Le même exécuta, en 1697, pour la duchesse de Bourgogne une toilette qui était une merveille, à ce que dit le *Mercure*, surtout par les « petites têtes antiques en forme de médailles, » que nous voyons intervenir dans la décoration du cadenas de la reine.

La cadenas du roi, qui appartient plus franchement au style de Ch. Le Brun, est établi sur le même prin-

---

(1) Cabinet des estampes. Recueil, côté, Le 35 a.
(2) *Gazette des Beaux-Arts*, t. X, p. 131. Paul MANTZ. *Recherches sur l'orfévrerie française*.

cipe et décoré des armes, des ordres et du chiffre de Louis XIV, et la même main a dessiné des projets d'une salière, poivrière, d'un plateau octogone sur pied et d'un couvert, composé de la cuillère, de la fourchette et du couteau, à manche ondulé, accompagnés de la mention que ces projets ont été approuvés par le roi et par S. A. S. Mgr le duc, qui doit être le duc de Bourbon, chef héréditaire de la maison du roi.

Tandis que Louis XIV se livrait à ces ruineuses prodigalités, sous le prétexte d'empêcher ses sujets de faire mauvais usage de l'or et de l'argent, et d'absorber en profusions le patrimoine de leurs familles, il prenait contre l'orfèvrerie les mesures prohibitives qui étaient un digne pendant à celles qui avaient frappé les bâtisses au temps où il contruisait le Louvre.

D'abord, le 31 mai 1672, il avait frappé d'un droit de 30 sols par once d'or et de 20 sols par marc d'argent les matières mises en œuvre par les orfèvres : *droit de seigneuriage,* qui fut doublé en février 1674.

Il fut sursis à cette déclaration, il est vrai, mais en septembre 1677 les nécessités de la guerre obligèrent d'y donner suite.

En même temps qu'il décrétait ces mesures fiscales, Louis XIV proclamait une loi somptuaire qui était la plus violente antithèse de ses propres actions.

Défenses étaient faites à tous orfèvres et ouvriers de fabriquer, d'exposer et de vendre aucune vaisselle d'or servant à l'usage de la table, de quelque poids que ce fût, et pareillement de fabriquer, exposer et de vendre aucuns bassins d'argent, ni plats, ni autres vaisselles et pièces d'argenterie excédant un certain poids par chaque espèce. Il était également défendu de fabriquer, exposer et de vendre des buires, seaux, cuvettes et autres vases servant d'ornement de buffet, ni chenets, feux d'argent, brasiers, chandeliers à branches, girandoles, plaques à miroirs, miroirs, cabinets, tables, guéridons, paniers, corbeilles, vases, urnes, et tous autres ustensiles d'argent massif ou appliqué sur bois, cuir et autres matières. Les ornements d'argenterie d'église étaient seuls exceptés de la défense.

De plus, tous ceux qui possédaient de l'orfévrerie du poids et de la qualité défendus étaient contraints de les porter, dans les six mois, à la Monnaie pour les y convertir en espèces.

Mais bientôt une mesure plus grave fit détruire toutes ces belles choses qui avaient tant coûté, et cela pour n'obtenir qu'une misérable somme de trois millions. Pendant six mois, du 12 décembre 1689 au 19 mai 1690, le mobilier somptueux créé aux Gobelins et au Louvre passa par le creuset, ne laissant qu'un triste inventaire et les gravures de l'époque pour tout souvenir. Non content de détruire ce qui lui appartenait et de pousser au sacrifice les courtisans empressés, Louis XIV prétendit obliger tout le monde à l'imiter par ses édits somptuaires de 1689 et 1700.

Celui du 14 décembre 1689 limite le poids des objets d'or ou d'argent qu'il est permis de posséder, sous peine d'une amende de 6,000 livres.

L'édit de mars 1700 limite également le poids de ce qu'il est permis de fabriquer, punissant les infractions à l'édit d'une amende de 3,000 livres, de la déchéance de tous les bénéfices de la maîtrise pour les maîtres, et de tout droit à l'obtenir pour les apprentis. Il fallait une autorisation du roi afin de pouvoir fabriquer les croix des archevêques et évêques, abbés et abbesses.

Tandis que l'orfévrerie était marquée d'une empreinte si particulière par la féconde volonté de Ch. Le Brun, la bijouterie, qui échappait à son action, conservait sa physionomie traditionnelle. Il n'y a guère de différence, en effet, entre les inventions proposées par les dessinateurs des commencements du XVIIe siècle et celles des premières années du XVIIIe.

Quant à la joaillerie, l'abondance des pierreries rapportées d'Orient par Tavernier en 1668, par Chardin en 1670 et 1677, en faisait peu à peu disparaître le métal; aussi Gilles l'Égaré, — sur lequel on connaît deux dates : 1663 et 1692, — ne figure-t-il, dans ses compositions, que des nœuds et des entrelacs pour ses agrafes et ses pendeloques formées de diamants et de perles. Toutes traces d'architecture et d'ornements de bijouterie ont disparu.

Pour les modèles de bijouterie, il en est autrement. Ses cachets, ses anneaux, sont décorés de chiffres et d'emblèmes, et parfois même de têtes de mort; ses chaînes sont formées, le plus souvent, de nœuds qu'il affectionne singulièrement, et que l'on retrouve combinés avec la feuille d'achante dans ses colliers; mais les nielles qu'il dessine encore pour décorer les médaillons, les montres et les croix, figurent des semis de fleurs qui ont encore conservé quelque chose d'arabe dans les contours de leurs feuilles.

A côté de cet art traditionnel, il en montre un autre plus personnel, qui consiste à couvrir la pièce de fleurs naturelles, tournesols, jacinthes, roses, tulipes, etc., semées avec beaucoup de goût et heureusement agencées sur leurs tiges.

Les modèles que Simon Griblin publia à Londres en 1697 sont tout à fait dans le sentiment de Gilles l'Égaré, ainsi que ceux de Jean Bourg, datés de 1702.

Les *Essais de gravure* publiés place Dauphine, en 1703, par P. Bourdon, de Coulommiers, et destinés aux horlogers, aux orfèvres et aux ciseleurs, sont surtout composés de ces disques repercés à jour qui couvrent le balancier, et que l'on appelle des *coqs* : de cadrans et d'aiguilles, avec quelques bordures de plateaux et des caprices. Tous ces dessins sont symétriques, composés de feuilles d'achante à extrémités arrondies, combinées avec des masques coiffés d'une palmette, ou avec des palmettes seules, ou avec des entrelacs. Quelques-uns sont rayonnants, comme le décor des faïences rouennaises. Il y a enfin des cartouches en ovale allongé, garnis de cuirs à contours mous et arrondis en place de ceux si nettement découpés que le XVIIe siècle avait encore hérités du XVIe.

Avec les compositions de Briceau, maître orfèvre à Paris, en 1709, nous nous avançons un peu plus vers de nouvelles modifications. Le dessin est toujours symétrique, mais les rinceaux qui en forment le tissu s'arrêtent brusquement dans leur courbe, s'échappent à angle aigu en un trait droit, qui s'arrête brusquement lui-même pour donner naissance à une courbe nouvelle.

Ce motif se retrouve fréquemment dans les compositions de Daniel Marot, qui, chassé de France par l'édit de Nantes, porta dans les Pays-Bas le style français de Ch. Le Brun.

Les inventions de J. Bérain durent exercer une aussi grande influence sur l'orfèvrerie des commencements du XVIIIe siècle que sur les autres arts décoratifs. Ce n'est point ici le lieu de rappeler ces vastes compositions où une scène de la comédie italienne est abritée par un pavillon que supporte un léger portique formé de termes, de colonnes ou de balustres, placé au milieu de grotesques, dont les éléments principaux sont des sphinx coquets coiffés d'un toquet avec l'aigrette sur l'oreille, et accroupis sur de gros soubassements, des bustes de femmes qui se cambrent sur leurs gaînes terminées en pointes, des mascarons, des masques, des singes, des divinités, des jets d'eau, etc., le tout symétriquement distribué au milieu de filets enlacés, de colonnes grêles, supportant des fonds quadrillés à contours arrondis, et de tous les caprices de la ligne contenus par un certain respect de la règle et du compas.

Nous en avons un exemple dans le recueil de Du Vivier, intitulé : *Manière et façon dont les tabatières sont faites en* 1719 *et* 1720, avec cette remarque : « Il s'en est fait un plus grand nombre pendant ces deux années que depuis qu'on a commencé à en porter. »

Ces tabatières de Du Vivier, carrées, ovales ou contournées, qui peuvent être exécutées en or ciselé ou en incrustations d'or et d'argent sur écaille, sont ornées d'entrelacs, de rinceaux, où s'encadrent quelques personnages.

Mais un descendant de J. Bérain lui-même, qui a signé ses compositions C. Bérain, se souvenant de loin des caprices d'Étienne De Laulne, a dessiné dans le même genre un certain nombre de boîtes, dont le décor est tout composé de cartouches entourés d'enlacements et de quelques rinceaux.

On peut dire que le style du grand roi lui survécut, et que la régence ne fit que le prolonger. Cette régence, qui le croirait, poussa l'imitation jusqu'à publier des lois somptuaires !

Le 4 décembre 1719, l'on reproduisit les édits de 1700, et le 4 février suivant l'on défendit de porter des diamants, des perles et des pierres précieuses ; mais il fallut, l'année suivante, mitiger la trop grande sévérité de ces ordonnances.

L'un des orfèvres le plus en renom était encore le vieux Nicolas Delauney, que nous avons vu si fort en faveur auprès de Louis XIV. Après avoir fait, en 1678, le cadenas de Marie-Thérèse, en 1697 la toilette de la duchesse de Bourgogne ; il fit encore, en 1722, la toilette de l'Infante, et mourut en 1727.

Claude Ballin (né en 1661 + 1754), neveu et élève du vieux Ballin avait, en 1708, fabriqué pour l'église Notre-Dame un *soleil*, dessiné par Robert de Cotte et modelé par Bertrand, qui passa pour une merveille et qui semble être devenu le type de tous ceux que l'on fabriqua depuis lors. Il était composé d'un soubassement sur lequel se tenait debout un ange supportant le livre aux sept sceaux, sur lequel était couché l'agneau. Au-dessus, une gloire formée de nuages, de têtes de chérubins et de rayons, entourait les disques en cristal de roche qui protégeaient l'hostie. Quatre vieillards adoraient, posés sur la gorge du pied.

En 1722, il fut chargé de monter la couronne du jeune roi, et par la suite il exécuta trois surtouts de table, qui prouvent quelle était sa réputation, car l'un, qui représentait une fête de Comus, alla à Milan (1726), l'autre, qui figurait une chasse avec des bougies placées sur les branches des arbres, alla réjouir la cour d'Espagne (1745), et le troisième, en 1751, fut exécuté pour l'ambassadeur de cette puissance. Il représentait une scène de mythologie marine avec Neptune sur une conque « artistement rocaillée. » (1)

Le rocaillé triomphait alors, et Claude Ballin, sur la fin de sa carrière, dut sacrifier à la mode que Thomas Germain semble avoir rapportée d'Italie en l'exagérant.

Ce Thomas Germain, qui eut une grande influence sur la transformation de l'orfèvrerie au commencement du XVIIIe siècle, était fils de l'orfèvre Pierre Germain, dont la courte carrière avait jeté un grand éclat. Né en 1673, il alla, dès l'âge de quinze ans, faire le voyage d'Italie. Il séjourna douze années à Rome, où il apprit si bien à modeler sous le sculpteur Legros, qu'il exécuta un *saint Ignace* en argent pour les Jésuites, et de vastes bassins pour le grand-duc de Toscane.

Il revint à Paris en 1704, et, en 1708, fabriqua pour Notre-Dame un soleil qui devait rivaliser avec celui de Claude Ballin. Il y introduisit un élément décoratif qui est également resté depuis ce temps dans la pratique de l'orfèvrerie religieuse ; ce sont les épis et les raisins qui devinrent les symboles les plus habituels des deux espèces du pain et du vin.

En 1726, il fabriqua la toilette de la reine Marie-Leczinska, qui, dans le temps, passa pour une merveille, et, en 1734, l'épée que la ville de Paris offrit au dauphin. Toutes les cours demandaient ses œuvres à l'envi et s'empressaient de sacrifier à ce qui était le bon goût du jour.

Ce qu'était ce bon goût et ce qu'étaient ces œuvres, Th. Germain a pris soin de nous le montrer dans les *Éléments d'orfèvrerie* qu'il publia chez lui, place du Carrousel, à l'orfèvrerie du roi, en 1748, l'année même de sa mort. Ce recueil, divisé en deux parties : orfèvrerie d'église et orfèvrerie de table, est bien la réunion des plus réjouissantes fantaisies que l'on puisse rêver.

Germain qui, dans un court avant-propos, annonce qu'il procédera toujours du simple au composé, semble

---

(1) *Gazette des Beaux-Arts*, t. XI, p. 115 et 116. Paul MANTZ, *Recherches sur l'orfèvrerie française*.

avoir toujours eu grand souci des contours. Ceux-ci sont presque toujours coulants et arrondis, malgré les rocailles au ton mat dont le fond poli des pièces est surchargé, et il est rare qu'une moulure solide vienne en interrompre la ligne serpentante.

En même temps que ses propres compositions, Th. Germain a publié quelques pièces du service que Jacques Roettiers (1707 + 1784) exécuta pour le Dauphin, pièces qui ne se distinguent de celles du maître que par un emploi plus grand de la figure humaine; mais ce sont toujours les mêmes formes contournées, le même abus de ce style qu'un seul mot suffit à caractériser et qu'on appelle « rocaille. »

Dans l'œuvre de T. Germain, l'on devine l'exécutant. Les nécessités de la fabrication maintiennent sa main dans une certaine mesure; mais en feuilletant l'œuvre de Meissonnier, l'on voit que l'on n'a affaire qu'à un décorateur, bien qu'on y trouve une foule de modèles pour vaisselle religieuse, vaisselle de table, et bijouterie, comme tabatières, pommes de canne à cannelures en spirale et poignées d'épées. Cependant, la nécessité, triste contrainte pour des gens de cette trempe, de fournir aux exécutants des modèles qu'ils pussent mettre en œuvre, et aux acheteurs des pièces dont ils pussent se servir, a réfréné parfois l'intempérance de Meissonnier. Il y a une imagination presque assagie, eu égard au goût de l'époque, dans la cuvette et la nef composées pour le roi, et dans le modèle d'un seau à rafraîchir dont deux sirènes forment les anses, qu'il dessina en 1723.

Cependant, nous devons noter comme des modèles d'extravagance dans le jet des rocailles qui se hérissent autour des pièces, trop semblables à des amas de rocs et de glaçons, le surtout composé en 1735 pour le duc de Kensington.

Pour cette orfévrerie, où l'on sent une recherche si extravagante de la nature que les qualités du métal y disparaissent, sinon dans l'exécution, qui est généralement fine et précieuse, du moins dans la composition, il fallait des ornements pris sur le vif des choses. Aussi

Meissonnier a-t-il publié un « Livre de légumes » disposés en groupe, tels qu'on les retrouve encore servant de bouton au couvercle des casseroles à légumes et des soupières.

Une remarque étrange ressort de l'examen des œuvres de Th. Germain et de Meissonnier, c'est qu'au lieu de suivre de loin l'architecture, comme elle l'avait toujours fait dans le passé, l'orfévrerie devance celle-ci dans la transformation de l'art qui a marqué les commencements du XVIIIe siècle. Lorsque tout y est rocaille, la décoration elle-même s'en tient encore au style de J. Bérain, dans le salon des médailles de Versailles, exécuté après l'année 1736, et même dans les appartements de l'hôtel de Soubise que Germain Boffrand décora entre les années 1735 et 1740.

L'orfévrerie et la bijouterie s'ingéniaient à fournir à tous les caprices de la mode, et à imaginer une foule d'accessoires aux habillements où l'or et l'argent étaient tissés en même temps que la soie, sans songer qu'elles fabriquaient une foule de choses non prévues par les édits de jadis. Aussi, au lieu de songer à des restrictions inutiles, un arrêt de la Cour des Monnaies, du 24 mars 1734, soumit-il au poinçonnage obligatoire tout ce qui se façonnait en dehors des anciennes nomenclatures.

Mais il n'entrait pas que de l'or dans la composition de tous ces caprices dont le hasard nous a conservé quelques rares épaves.

Les ors de plusieurs couleurs, l'argent, le nacre, les émaux, se mariaient de la plus heureuse façon pour produire des boîtes, par exemple, chefs-d'œuvre de grâce et d'éclat, dont le prix résidait surtout dans la main-d'œuvre. Mais la réglementation n'avait point prévu cela, et ces choses charmantes n'avaient pas le droit d'exister. Aussi un arrêt de la Cour des Monnaies, du 2 décembre 1755, leur permit-il de vivre tout en prohibant ce qu'on appelait alors *le fourré*, qui fut autorisé par le Conseil d'État le 30 mars 1756, à la condition que le mot *garni* y serait gravé distinctement.

Du reste, les alliages de métaux imitant l'or étaient depuis longtemps déjà trouvés. — Un certain Renty, de Lille, avait obtenu, en 1729, un brevet pour la découverte « d'un métail qui imite l'or et en conserve toujours la couleur. » En 1732, Le Blanc, fondeur du roi, trouva également un suppléant de l'or propre à faire boucles, pommes de canne, etc. Le roi offrit lui-même, en 1742, des bassins en *semilor* à l'ambassadeur de Turquie (1).

Un peu plus tard, en 1758, l'Allemand Strass s'était établi à Paris, quai des Orfèvres, où il vendait avec grand succès de faux diamants fabriqués avec un cristal qui a conservé son nom. Les concurrences s'établirent vite, et un nommé Chéron, dont les produits étaient plus solides, donna aussi son nom, pendant quelques temps, aux diamants faux sortis de sa boutique.

Enfin, en 1767, cette industrie du faux était assez considérable pour que l'on eût établi la corporation des *joailliers-faussetiers*.

Cette industrie du faux de toute espèce était nécessaire pour satisfaire au luxe qui était alors descendu de la noblesse dans la bourgeoisie, et pour réparer les brèches qu'avait faite dans les services de table une fonte des vaisselles ordonnée par Louis XV, en 1759, qui donna l'exemple en envoyant à la Monnaie 5,400 marcs d'argent. Un quart de la valeur en poids était donnée immédiatement, le surplus étant réglé en bons à 6 %.

Tandis que nous étudions les transformations que la mise en œuvre des pierres et des métaux précieux subit en France pendant la première moitié du XVIIIe siècle, il ne faut point omettre que la bijouterie fut pratiquée en Saxe avec un grand succès, et qu'elle y prit un aspect tout particulier.

---

(1) *Gazette des Beaux-Arts*, t. XI, p. 128. Paul MANTZ. *Recherches sur l'orfévrerie*.

Un nommé Jean Melchior Diglinger, né à Biberach, près Ulm, en 1665, après avoir travaillé à Augsbourg et avoir visité l'Italie, fut appelé à Dresde par Auguste le Fort, en 1702, et y travailla jusqu'à sa mort en 1731. Pendant la durée d'une trentaine d'année, Melchior Diglingler, aidé de ses fils et de quatorze ouvriers, a mis en œuvre l'or, les pierres précieuses, les perles et l'émail pour réaliser les caprices les plus baroques du roi, son maître (1).

Toutes ces œuvres, conservées aujourd'hui dans une des salles de la Grune-Gœwelbe, forment le plus éclatant, mais le plus bizarre assemblage de merveilles de matières et d'exécution. Ce n'est point le rococo qui domine, mais le baroque. On ne voit que perles de formes hétéroclites montées en personnages empruntés aux caprices de Callot et formant des scènes compliquées. L'une des plus vastes est la réception d'un ambassadeur à la cour du grand Mogol, en or émaillé, fruit de huit années de travaux. Ces œuvres ont formé une école de bijouterie qui a répandu en Europe ses boîtes de pierres dures, montées en ors de plusieurs couleurs, qui sont des modèles d'exécution.

Au plus fort du triomphe de toutes ces extravagances, un fait important, qui semble bien étranger cependant à l'histoire de l'orfévrerie, la découverte d'Herculanum ; le retentissement qu'eut dans le monde la nouvelle d'une ville retrouvée; les voyages que firent alors en Italie et à Naples les artistes français, avec cette préoccupation nouvelle de l'art antique, surtout celui de Soufflot et de Cochin, qui, en 1750, accompagnèrent le marquis de Vandières, frère de Mme de Pompadour ; l'atelier que de Wailly ouvrit au retour du sien ; puis enfin la lassitude du contourné, du rocaillé, du rococo enfin, et le caprice de la mode, transformèrent peu à peu l'orfévrerie et la bijouterie, comme le reste des

---

1) Comte L.-Clément DE RIS. *La Curiosité*, la Grune-Gœwelbe, p. 64.

autres arts décoratifs. Le style de l'époque de Louis XVI fut créé.

Les ouvriers en métaux précieux ou en pierreries qui créèrent ou suivirent la mode furent d'abord le bijoutier Lempereur, dont quelques-unes des œuvres ont été gravées par Pouget, son élève, en 1767 et 1764.

Les formes antiques, même telles qu'on les comprenait alors, se montrent d'une façon très-discrète dans ces bijoux de formes balancées d'ailleurs, où les ors de diverses couleurs devaient se marier aux pierres précieuses en figurant encore les attributs des bergerades si chères à l'époque précédente. Quelques grecques introduisent seules, parfois, leur ligne géométrique au milieu des rubans et des guirlandes de lauriers. L'émail redevint à la mode, et nous le voyons couvrir de sa glaçure transparente et des tons les plus fins l'or guilloché des boîtes.

Quant aux formes de l'orfévrerie proprement dite, elles durent être celles que les bronziers, ciseleurs alors si habiles, donnèrent aux œuvres dont les estampes de Forty (1765 et 1767), de Delafosse et de tant d'autres, nous ont conservé le souvenir. Boullier, élève de l'école gratuite de dessin dirigée par Bachelier, et ayant gagné la maîtrise, en 1774, par suite d'un concours, fut le représentant le plus déclaré de l'orfévrerie nouvelle dont les recueils de l'époque vantent les formes pures et la simplicité. Cheret, Auguste, qui avait fabriqué la couronne du sacre de Louis XVI, et son fils, sont encore cités pour les œuvres qu'on avait pris l'habitude d'exposer avant que de les livrer aux souverains et aux grands seigneurs de tous pays qui les avaient commandées.

Le plaqué d'argent, imitation du « fourré, » dont le régent avait réglementé la fabrication, nous revint d'Angleterre vers 1774. Une fabrique s'était établie à Paris, que Louis XVI prit sous sa protection et déclara manufacture royale en 1785. Non-seulement l'orfévrerie de table, mais la bijouterie en doublé d'or et d'argent sortait de cet atelier qui, ne pouvant suffire au luxe économique que sollicitaient le paraître et le bon marché, trouva bientôt une redoutable concurrence dans les bijoux d'acier.

De 1776 à 1778, la réforme des jurandes et des maîtrises, provoquée par Turgot, modifia profondément l'organisation du corps de l'orfévrerie de Paris. D'abord, les tireurs et les batteurs d'or furent réunis aux orfèvres, et le nombre des maîtres fut porté à 500, de 300 qu'il était auparavant, et le droit de maîtrise fut abaissé de 2,400 livres à 800; puis huit gardes du métier remplacèrent les trois de l'ancien régime. Enfin, le nombre des maîtres fut illimité, et, en 1781, les lapidaires furent réunis aux orfèvres.

Bientôt la révolution abolit jurandes et maîtrises, et donna la liberté à la fabrication de l'orfévrerie, tout en la soumettant, d'ailleurs, au contrôle de garantie.

Ici nous devons nous arrêter, craignant d'en avoir trop dit et d'en avoir omis plus encore.

ORFÉVRERIE BYZANTINE.

D. **709**. — *Plaque rectangulaire en argent repoussé et doré.*

Byzance. — Xe siècle.   H. 0,420. — L. 0,300.

Les Saintes Femmes au Tombeau. — Au centre, un peu vers la droite, un ange, nimbé, la tête ceinte d'une bandelette, vêtu d'une robe et d'un manteau, les pieds nus, portant un long sceptre, est assis à l'entrée du tombeau creusé dans un monticule. Il montre le sépulcre ouvert et ne contenant plus que le suaire enveloppé de bandelettes croisées et un linge. A gauche se tiennent debout deux saintes femmes nimbées, la tête couverte d'un voile qui entoure leur cou, vêtues de longues robes sur lesquelles tombent de longs manteaux, et chaussées. Au-dessous du sépulcre étaient des soldats couchés, mais le métal ayant été enlevé, on n'aperçoit plus que le corps de l'un d'eux ; les jambes d'un second et le pied d'un dernier. Ces soldats sont de dimensions tellement exiguës, par rapport aux autres personnages, que le corps de celui qui est le moins oblitéré n'est pas plus gros que le pied de l'ange placé à côté. Le seul dont on puisse apercevoir l'armure, est vêtu d'une cotte cousue de pièces carrées, avec épaulières à lanières et jupon de même. Il porte des bottines.

Les inscriptions suivantes, en lettres repoussées, sont ainsi distribuées :

Au-dessus du sépulcre. ὁ ταφος τοῦ κυ(ριου). « Le sépulcre du Seigneur. »

Au-dessus de la tête de l'ange : Δεῦτε, ἴδετε τὸν τόπον ὑποὺ ἔκειτο ὁ κύριος.. « Venez, voyez le lieu où était enseveli le Seigneur. »

Au-dessus des saintes femmes. Εἶχε δὲ αὐτὰσ τρόμος καὶ ἔκστασις. « L'effroi et la stupeur les saisirent. »

Au-dessus des soldats : Καί οἱ φυλάσσοντες απενεκφωτησαν. « Et les gardes avaient été renversés comme morts. »

Autour du sujet, dans le listel de bordure ce passage l'θχτωηχος, antienne de l'église grecque. ✝ Ως ευπρεπες, ταις γυναιξὶν ὁ ἄγγελος νύν εμπεφανισται ; και τηλαυγῆ φέρων τες εμφύτου σύμβολα αύλου καταρότητοσ, τῆ μορφῆτε μηνύων τό φεγγος (τῆς άν) αςτασεως κραζω (ν εξεγ) έρθη ο κυριος. « Avec quelle grâce l'Ange est apparu aux saintes femmes, et portant au loin et avec éclat les signes de la pureté innée et immatérielle, et par la beauté revêtant la lumière de la résurrection, criant : « Le Seigneur est ressuscité. »

Trésor de l'Abbaye de Saint-Denis.

Nº 841 de la Notice des émaux, bijoux, etc., par M. le comte L. de Laborde.

Publié : dans l'*Histoire des arts industriels au moyen âge et à l'époque de la renaissance...*, par M. J. Labarte. Album, t. I, pl. XXVI; dans *le Moyen âge et la Renaissance*, Orfévrerie, t. III.

D. 710. — *Plaque rectangulaire en argent repoussé et doré.*

XIᵉ siècle.   H. 0,347. — L. 0,158.

Une grande croix dont les branches partent du milieu de la hampe, bordée d'un cordon perlé, et ornée d'une imitation de pierres carrées et ovales sur son plat et sur ses angles. Une rosace garnit l'intersection et saillit à l'extrémité de chaque branche. Un pied très-petit porte cette croix, dont la base est accompagnée de deux grandes feuilles à lobes aigus qui montent jusque sous la traverse.

Au-dessus deux quatrelobes à redans, portent les quatre lettres du monogramme IC XC. Des fleurons étoilés et des têtes de clous garnissent le reste du champ.

Sur le rebord inférieur un ornement courant en rinceaux. Les autres rebords sont unis.

Cette plaque est montée sur une planche de cèdre, à coulisse qui devait servir de couvercle à une boîte. Le revers peint en bleu noir porte cette inscription en capitales d'or :

ιδε ο τοπος οπου εθηκαν αυτον.

qui signifie : « Voici le lieu où ils l'ont déposé. » Il résulte de ces mots que la boite dont cette plaque était le couvercle, devait être une réserve eucharistique.

N° 842 de la Notice des émaux, etc., par M. le comte L. de Laborde.

D. 711. — *Boîte d'évangéliaire en or repoussé ornée d'émaux.*

   xie siècle.   H. 0,40. — L. 0,33.

Au centre, *la Crucifixion*.

Le Christ vieux, barbu, la tête ornée du nimbe crucifère, vêtu d'une draperie allant de la ceinture aux genoux, attaché par quatre clous à une croix en charpente. Ses pieds reposent sur une tablette. Au-dessous est le saint Graal, calice qui renferme son sang.

La sainte Vierge nimbée est debout à sa droite. Elle est chaussée, vêtue d'une ample robe, à larges manches pardessus une autre robe à manches plus étroites. Un voile couvre sa tête, dont l'une des extrémités enveloppe son cou tandis que l'autre extrémité tombe en arrière de ses épaules et forme manteau.

Saint Jean, imberbe, nimbé les pieds nus est à la gauche du Christ. Il est vêtu d'une robe par-dessous un manteau qui est drapée de façon à lui faire une ceinture de l'une de ses extrémités, tandis que l'autre extrémité tombe derrière ses épaules.

Au-dessus des croisillons deux figures en buste, les mains cachées sous la draperie qui couvre leurs épaules représentent le Soleil et la Lune. Le Soleil, placé du côté de la Vierge, est caractérisé par un nimbe radié. La Lune, du côté de saint Jean, par un croissant.

Un arc en plein cintre, supporté par deux pilastres encadre la scène. Les chapiteaux et les bases circonscrits par un cordelé, sont en filigrane encadrant une pierre cabochon cantonnée de quatre perles. Le fût des pilastres est gravé d'un double rinceau niellé.

L'architecture de l'arc, interrompue au sommet par une émeraude cantonnée de quatre cornalines et grenats est ornée de dix émaux cloisonnés qui représentent de simples ornements, alternativement circulaires et carrés.

Cet ensemble est en retraite sur une large bordure circonscrite intérieurement et extérieurement par un rang de perles en or, et décorée de filigranes, de pierres cabochons parmi lesquelles on remarque trois intailles, d'émaux cloisonnés d'ornement sertis comme des pierres, les parties montantes étant bordées d'inscriptions gravées sur or et niellées.

Les quatre angles de la bordure sont occupés par quatre grandes plaques en émail cloisonné, représentant les quatre symboles évangéliques. Au sommet, à gauche, l'aigle au-dessus de l'inscription IOHANNES.

En pendant, à droite, l'homme au-dessus de l'inscription : MATHEVS.

Dans le bas à gauche le bœuf au-dessous de l'inscription : LUCAS ; en pendant à droite le lion désigné par l'inscription : MARCVS,

Les émaux des deux montants sont en forme de triangle à côtés arrondis et présentent un simple dessin d'ornement.

Deux autres petits émaux triangulaires sont sertis autour d'une améliste qui occupe le centre de la bordure supérieure, où ils alternent avec deux petites plaques d'or de même forme gravées et niellées. Quatre plaques semblables accompagnent un cristal de roche qui occupe une place correspondante sur la bordure inférieure,

Enfin deux disques sertis de chaque côté de l'améliste de la bordure supérieure, gravés et niellés représentent deux bustes de saints nimbés et drapés qui doivent être saint Pierre et saint Paul. Deux autres disques correspondants dans le bas, représentent deux bustes d'anges nimbés et drapés.

Les inscriptions qui bordent les plaques montantes de l'encadrement sont de trois natures. Celles horizontales désignent les quatre évangélistes correspondant aux quatre animaux symboliques. Celles verticales intérieures, retracent les paroles que le Christ a dites sur la croix à la Vierge et à saint Jean, d'après l'évangile de ce dernier : ECCE FILIVS TVVS. ECCE MATER TVA.

Celles verticales extérieures rappellent le nom du donateur de cette œuvre. Des quatre bandes qui la composent, la seconde a été refaite au XIIIe siècle, et les deux dernières ont été interverties. Cette inscription est celle-ci, en complétant les abréviations + BEATRIX ME IN HONORE DEI OMNIPOTENTIS ET OMNIVM SANCTORVM EIVS FIERI PRECEPIT.

Les côtés sont garnis de paques d'or remplacées par du vermeil sur le côté inférieur.

Deux mufles de lion, en vermeil, attachés à l'extrémité de lanières en cuir recouvertes d'une étoffe d'or, sont fixés à la partie inférieure de la boite. Ils font saillie sur le côté du couvercle.

Le dessous est garni d'un morceau de velours blanc lampassé d'or, encadré de taffetas rouge brodé de rinceaux affrontés en cordonnet d'argent et de quatre rosaces aux angles. Il est bordé d'un galon vert.

Un linge damassé, une toile bleue grossière et un morceau de soie pourpre forment doublure. Le tout appliqué sur des ais de chêne creusé.

La sertissure des pierres est formée par une série de feuillages trilobés, repoussés dans une feuille d'or, dont l'extrémité sert de griffe pour retenir la pierre.

Un filet granulé ciconcrit cette sertissure à la base. En outre, pour les pierres les plus grosses, cette base est garnie d'un bandeau formé de filigranes compris entre deux filets granulés. Le filigrane est plat et semble strié à la lime et sur la tranche, les stries étant en général alternativement larges et étroites, ce qui produit un grain tantôt fin, tantôt épais, alternance qui se remarque dans les cordons, plus gros, qui garnissent le pied des sertissures ou qui divisent en compartiment le champ filigrané.

Béatrix, petite fille de Hugues Capet et sœur de Robert, roi de France, femme de Ebles Ier, comte de Reims, pourrait avoir donné cette boîte à l'abbaye de Saint-Denis, d'où elle provient.

Trésor de l'abbaye de saint Denis.

Voir, pour les émaux, les n^{os} D. 1 à 24.

Publié par M. J. Labarte, dans l'*Histoire des arts industriels*... Album, p. XLII.

ORFÉVRERIE ALLEMANDE.

D. **712**. — *Reliquaire du bras de Charlemagne: coffret à couvercle.*

Fin du XIIe siècle.   H. 0,136.—Long. 0,548.—Larg. 0,135.

Ce coffret est orné sur ses faces d'arcatures en plein cintre reposant sur un soubassement continu et supportant une corniche. Ces parties sont ornées sur leurs bizeaux de plaques en bronze doré et estampé de rosaces bordées d'un rang de perles, et sur leurs parties verticales de bandes alternativement émaillées et gravées. Les arcatures, au nombre de cinq sur chaque face, et d'une à chaque extrémité, sont formées de deux colonnes courtes accouplées, à une seule base et à un seul chapiteau, supportant un arc dont le tympan est émaillé de feuillages champlevés sur un fond réservé (1). Le champ de chaque arcade est rempli par une feuille d'argent doré, estampée d'une figure en buste, représentant les personnages suivants, dont le nom est écrit en lettres onciales mêlées d'abréviations.

Face antérieure. — Au centre, SCA. MARIA. et IEC (VS), la Vierge, nimbée, vue de face, portant une couronne fermée sur sa tête couverte d'un voile tombant par-dessus une robe à orfrois : portant de la droite un sceptre fleuronné, et soutenant de la gauche l'Enfant-Jésus assis sur ses genoux. L'Enfant-Jésus, à nimbe crucifère, bénit à la latine et tient de la gauche un objet indéfinissable. Il est vêtu d'une robe et d'un manteau, pieds nus.

A gauche : SCS. MICHAEL, nimbé, ailé, vêtu d'une tunique à orfrois et d'un manteau, tenant un globe croiseté de la droite, la gauche étendue s'incline vers la Vierge. Son corps émerge des nuages. — FREDERICVS ROMANORVM IMPERATOR AVG. barbu, portant une couronne fermée d'où pendent deux fanons, vêtu d'un manteau à orfrois par-dessus une robe également à orfrois. Il porte de la droite un globe surmonté d'une croix, et de la gauche un sceptre également surmonté d'une croix. Il est tourné vers la Vierge.

A droite : SCS. GABRIEL, nimbé, dans une attitude symétrique à celle de saint Michel. Il s'en distingue à ce que la disque qu'il porte n'est point croiseté. — BEATRIX. ROMANORVM IMPERATRIX AVGVSTA. Portant une couronne en bandeau, garnie de deux fanons par-dessus un voile relevé autour du cou. La robe est en forme de chasuble, et garnie d'un orfroi dentelé autour du cou, et d'un autre tombant en avant. De sa main droite couverte elle porte une croix à doubles branches. Sa gauche, qui ne porte rien, est également couverte par les plis de son manteau.

Face postérieure. — Au centre : IHC. XPC. Le Christ est de face, orné du nimbe crucifère, barbu et à cheveux longs, vêtu d'une robe à orfrois et d'un manteau recouvrant une

---

(1) Voir, pour les émaux, les n°s D. 26 à 51.

épaule et noué autour de la ceinture, bénissant de la droite à la latine, tenant de la gauche, couverte de son manteau, un livre fermé.—A gauche : scs. petrvs, barbu, cheveux bouclés sur le front, et portant une étroite tonsure : la tête ornée d'un nimbe, vêtu d'une robe et d'un manteau, portant de la droite deux clefs, et de la gauche un livre fermé. — conradvs ii. romanorvm rex. Conrad II est barbu, portant une couronne fermée, vêtu d'une robe à orfrois par-dessus un manteau agrafé sur l'épaule droite.

Il tient de la main droite un globe surmonté d'une croix, et de la gauche un sceptre également surmonté d'une croix — A droite, scs. pavlvs. Saint Paul chauve, avec une longue barbe, porte le nimbe, et est vêtu d'une robe et d'un manteau roulé autour de la ceinture. Sa main droite est étendue : il tient un livre fermé de la gauche recouverte de son manteau.—fredebicvs dvx. svavdrvm. Frédéric, duc de Suabe, porte le casque conique entouré d'un cercle d'orfrois, par-dessus le chapeau de mailles qui tient au haubert dont les manches courtes et larges laissent voir les manches plus justes et plus longues d'un vêtement de dessous. Un manteau agrafé sur la poitrine est posé sur l'armure. Il porte de la droite un épieu à pennon terminé par trois lanières.

Extrémité de gauche. — lvdovicvs imperator pivs. Vu de face, barbu : coiffé d'une couronne fermée à fanons. Vêtu d'un manteau agrafé sur la poitrine par-dessus une robe à orfrois. Portant de la droite un globe et de la gauche un sceptre, tous deux surmontés d'une croix.

Extrémité de droite. — otto mirabilia mvndi. Othon, jeune, imberbe, portant une couronne fermée d'où pendent deux fanons, vêtu d'un manteau à orfrois par-dessus une robe semblable. Portant comme Louis le Pieux, le globe et le sceptre ornés d'une croix.

Le dessus du couvercle est entouré d'une frise formée de plaques d'émaux incrustés sur fond en réserve, alternant avec des parties gravées. Le centre est garni d'une pièce de soie jaune lampassée fixée par des clous et qui ne semble pas être très-ancienne.

L'intérieur est garni de feuilles d'argent. Celles du dessous du couvercle sont ornées d'une bordure formée de fleurons symétriques estampés et encadrant cette inscription en repoussé : brachivm sci. et gloriosissimi inperatoris. karoli.

Ancienne collection, n° 347.

Ce reliquaire, qui représente les images des ancêtres de Frédéric Barberousse; l'impératrice, sa femme, morte en 1156; lui-même, élu empereur en 1152, couronné à Rome en 1155, et mort en 1190, ainsi que Frédéric, duc de Souabe, qui y est figuré, doit avoir été fabriqué par ordre de cet empereur après l'ouverture du tombeau de Charlemagne. — Comme Frédéric y est qualifié d'empereur des Romains, il faut reporter cette fabrication entre les années 1155 et 1190.

D. **713**. — *Châsse de saint Potentien, en or repoussé, en cuivre ciselé ou verni, et en émail.*

XIIe siècle. H. 0,020. — Long. 0,160. — Larg. 0,370.

Châsse en forme de maison, formée d'un soubassement sur lequel s'appuient des arcades en plein cintre, abritant des statues. Au-dessus règne la corniche d'où naît le toit. Les rampans sont ornés d'une frise à jour à chaque extrémité, et le faîte d'une crête à jour. Sur chacune des faces du toit sont six médaillons circulaires, encadrant des bustes.

Socle. Composé d'une frise verticale gravée d'un fleuron symétrique en forme d'ove, surmonté par un biseau frappé représentant un fleuron symétrique sous un arc.

Colonnes. Bases à deux tores et à crochets sur l'angle, fûts ornés d'une bande en spirale de feuillages gravés, chapiteaux couverts de feuilles entablées avec pommes de pin; appliquées sur une bande vernie avec ornement en réserve.

Arcs. Leur archivolte décorés d'une crête feuillagée porte les noms des personnages qu'elles abritent, réservées en or sur fond de vernis brun. Celles des extrémités sont émaillées.

Corniche et gables des pignons formés d'un biseau en frappé semblable à celui du socle, et d'une frise verticale formée de plaques d'émail alternant avec des rosaces en cuivre ciselé, et des pierres cabochons sur un fond de filigrane strié, orné de têtes d'épingle et de rosettes.

Frise et crête formées d'une série de fleurons symétriques débordant la tige double qui les encadre et portant des perles de cristal de roche. La crête étant interrompue à son milieu par une tige portant une grosse boule gravée au XVIe siècle, et terminée à chaque extrémité par une autre tige formant amortissement des gables et surmontée par une grosse boule de cristal de roche.

Face antérieure : arc trilobé supporté par deux colonnes, abritant trois statues debout, le Christ, (+ IHS XPS E.) debout, drapé, tenant un livre de la main gauche et bénissant à la latine de la droite, ayant à sa droite la Vierge, (SCA MARIA,) debout, et à sa gauche saint Augustin, (S. AVGVSTIN) debout en chasuble avec le pallium, crossé et mitré, portant un livre fermé. Les nimbes sont appliqués sur le fond et sont décorés d'ornements en or réservés sur un fond de vernis brun.

Le vide du pignon est couvert de filigranes en faisceau formant de longues volutes combinées avec des pierres cabochons.

Face postérieure. Mêmes dispositions. Saint Potentien (+ s. potentinvs), tout vêtu de mailles, un manteau sur l'épaule, appuyant sa main gauche sur un bouclier en écu croiseté. ayant à sa droite saint Licius (s. licivs + martir), jeune, simplement vêtu du haubert de mailles, et à sa droite saint Simplicien (+ martir simplicivs) vieux, barbu, vêtu comme le précédant. Les noms de ces deux saints guerriers sont inscrits sur leurs nimbes, et leurs qualités ainsi que le nom de saint Potentien, sont réservés sur le fond émaillé de bleu de l'archivolte.

Faces latérales. Les douze apôtres debout et pieds nus. + scs petrvs, drapé, portant un livre fermé et une clef + scs iohamnes apls jeune, vêtu d'une tunique, tenant un vaste calice. — + scs. andreas apls. barbu, drapé, portant une petite croix de la main droite, et un livre ouvert de la gauche.— s. bartholomeos apls barbu, les deux bras couverts d'une ample draperie, portant un couteau.— + scs iacobe. apls, jeune, imberbe, portant un bâton.— + scs matheos apls vieux, barbu, drapé, portant un livre fermé.— scs simon apls, vieux, barbu, drapé,— philippvs apls, jeune, drapé, portant un glaive levé de la main droite.— + scs ivdas apls, vieux, drapé, tenant un livre fermé de la gauche — + sanctus iacobvs, vieux, barbu, drapé, portant un livre de la gauche. — + sanctvs thomas, vieux, barbu, drapé, tenant une banderole ?— + sanctvs pavlvs, barbu, regardant au ciel, une main levée, drapé. Les tympans entre les arcs et les démi-tympans des angles encadrant des figures d'anges en buste, posés de face dans les premiers, et de profil dans les derniers.

Toit. Les rampants du toit sont en retraite sur une bordure formée d'une partie droite ornée de cercles combinés avec une suite de croix de Saint-André, gravées en réserve sur fond ciselé, et d'un biseau lisse.

Le fond porte, de chaque côté, six médaillons en saillie, qui correspondent aux arcs des côtés, et qui encadrent un buste de prophète, portant une banderole; leur nom est gravé en réserve sur l'encadrement annulaire. Ces prophètes, tous vieux et barbus, sont, suivant l'ordre des apôtres : + OSEA ; + BARVCH ; + DAVID ; + JACOB ; + YSAAC ; JONAS PPHA : + *Malachias* ; + EZECHIEL ; + ABRAHAM. PPHA ; + YSAIAS. PPHA ; + JEREMIAS PPHA ; + DANIEL PPHA.

L'intervalle des médaillons est garni de plaques triangulaires à deux côtés arrondis, gravées en réserve représentant un buste d'ange dans un médaillon accompagné de fleurons, sur fond maté au ciselet. Ces plaques sont opposées deux à deux et dans plusieurs de celles qui touchent à la corniche les figures d'anges sont renversées.

La boule centrale de la crête est garnie de médaillons encadrant des figures d'apôtres et accompagnés de feuillages. — Au-dessus, une sertissure crénelée maintient un cristal de roche méplat, cabochon (XVIe siècle).

Cette châsse qui passait pour être celle de saint Potentien, IIe évêque de Sens, est celle d'un saint guerrier du même nom figurée, bien qu'imparfaitement, dans les *Actes sanctorum* des Bollandistes, t. III, page 585, mois de juin. « *De sanctis confessoribus et martyribus Potentino, Felicio et Simplicio patroniis Steinfediæ in diœcesi coloniensi.* » (1)

Elle est vue sur l'angle, de façon à montrer l'extrémité où sont les trois saints guerriers, et le côté sur lequel se trouve la figure de saint André.

Saint Potentien est représenté portant une couronne, dont on peut reconnaître les traces sur la châsse, et sur la poitrine un écu fleurdelisé au-dessus de son bouclier croiseté. Le saint André est caractérisé par la croix qui porte son nom, mais qui était inconnue dans l'iconographie du moyen âge.

Des colonnes d'angle, sont indiquées en outre de celles qui supportent les arcades qui encadrent les figures des apôtres.

La crête et les rampants des pignons sont de même dessin, comme sur la châsse, mais la boule centrale de la crête n'existe point. Cependant cette boule est un souvenir de la restauration que la châsse « *lignea, auro et coloribus illustrata* » comme dit le texte, a reçue en 1615 après qu'elle eût été violée et brisée en 1592 par les Hollandais.

M. Julien Durand, à qui nous devons l'indication de l'origine de cette châsse, qui appartient à l'art des bords du Rhin par le style, et par l'exécution, pense que la présence

---

(1) Steinfeld est entre Cologne et Aix-la-Chapelle.

de saint Augustin à côté du Christ, sur le second pignon, indique que l'église de Steinfeld dépendait d'un collége de chanoines augustins.

N°s 126 à 139 de la Notice des émaux, par M. le comte L. de Laborde.

ORFÉVRERIE FRANÇAISE.

D. 714. — *Croix reliquaire.*

De 1174 à 1205.   H. 0,470.

Croix à doubles traverses. La face antérieure est recouverte de filigranes d'argent doré ornés de feuillages estampés, de pierres cabochons et de perles. Le tout est entouré d'une bordure formée d'un grenat cabochon à haute sertissure alternant avec une fleurette pentagone et rebordé par un filet granulé. Une rosace à quatre lobes et à quatre pointes garnit chaque extrémité de la croix et l'intersection des bras avec le montant. Une petite croix qui devait renfermer jadis une parcelle de la vraie croix occupe le centre de la rosace du croisillon supérieur. Une figure du Christ portant une couronne, les reins couvert d'une ample draperie est attachée par quatre clous au croisillon inférieur. La rosace inférieure et une partie de la haste attenante, doivent appartenir à une restauration faite peu de temps après la fabrication ; les filigranes n'y sont point combinés avec des feuillages estampés. La face postérieure dont l'ornementation est distribuée comme celle de la face, est simplement recouverte de filigranes formant des dessins symétriques, ornés d'un quinte-feuille à l'extrémité de chaque volute.

Le pied de cette croix se compose d'une tige cylindrique en argent insérée sur un disque convexe, monté sur trois pieds de lion. La tige est interrompue par un bouton au-dessus duquel partent deux branches latérales qui portent les figures de la Vierge et de saint Jean. Le bouton est côtelé, et fait d'une feuille d'or repoussée et qui usée sur les angles par un long usage laisse voir l'âme en résine sur laquelle le métal est soutenu. Des feuilles estampées de forme polylobée alternativement tombantes et relevées sont rapportées au-dessus et au-dessous.

Les deux tiges latérales en argent contournées en S, sont interrompues et terminées par des corolles de feuilles en vermeil. Les figures qu'elles portent sont en argent massif. La Vierge, qui tient ses mains croisées devant elle, est coiffée d'un voile qui enveloppe son cou, et vêtue d'un manteau par-dessus sa robe à manches justes. Saint Jean est vêtu de la robe et du manteau, et tient ses mains jointes.

Le disque inférieur en argent doré est ciselé, sur sa surface, de feuillages en relief imitant une succession de feuilles d'acanthes à lobes arrondis imbriquées les unes sur les autres. Il est décoré de six médaillons rapportés après coup. Trois sont des émaux champlevés, trois sont ornés de rinceaux formés de filigranes, de feuilles et de rosettes rapportées, qui accompagnent des pierres cabochons à hautes sertissures. Les émaux, qui sont champlevés, représentent trois faits bibliques : *le sacrifice d'Isaac, Joseph vendu par ses frères*, et *le buisson ardent*, qui sont les figures du Christ et de la croix (n° D. 67 à 69). Sous le disque, on lit l'inscription annulaire suivante : + CRVS HVGONIS ABBATIS, gravée en lettres onciales.

Les pieds assez élevés, et garnis de cinq griffes, sont en argent doré.

Cette croix, qui provient de la chapelle de l'hôpital de Laon, semble être la même que celle désignée par une histoire manuscrite de l'abbaye de Saint-Vincent de Laon (1), comme appartenant à ladite abbaye. De plus, dans le *Gallia Christiana*, on trouve un abbé Hugues comme ayant administré cette abbaye de l'année 1174 à l'année 1205, et l'ayant enrichie «d'ornements magnifiques, de vases d'or et d'argent ainsi que

---

(1) *Croix de l'abbé Hugues*, par M. Bretagne. *Bulletin de la Société académique de Laon*, t. II, p. 245.

d'objets variés. » Enfin le monastère possédait, en 1131, un atelier-d'orfèvrerie.

Règne de Napoléon III. — Acquis de l'hôpital de Laon.

D. **715**. — *Le Christ bénissant, en cuivre doré.*

Limoges. — XIIIe siècle. H. 0,264.

Le Christ est assis sur un coussin posé sur un escabeau. Il porte une couronne fleuronnée, les pieds nus, et est vêtu d'une robe à orfrois et d'un manteau doublé de noir. Il bénit de la main droite, et tient de la gauche un livre posé sur le genou gauche.

Cuivre repoussé et ciselé. La couronne, les orfrois et le livre sont matés au ciselet et ornés de perles d'émail ou de verre. Les cheveux sont également matés : les yeux exprimés par de l'émail noir.

Règne de Charles X. — Collection Révoil, n° 305.

D. **716**. — *Crucifix en cuivre doré.*

XIIIe siècle.
H., la douille moderne non comprise, 0,340. — L. 0,217.

Le Christ couronné, les reins couverts d'une longue draperie en relief, est attaché par quatre clous à une croix dont les branches sont terminées par un fleuron trilobé. Au sommet de la croix un ange en buste, portant un croissant, sur un fond étoilé. Au-dessous, le titre ainsi tracé SHI XPS. A l'extrémité de gauche, la Vierge nimbée; saint Jean nimbé pleurant à l'extrémité opposée. Sous les pieds du Christ, saint Pierre nimbé, debout, tenant un livre de la main gauche, et les clefs de la droite. Le reste du champ est orné de rosettes.

Revers. — A l'intersection de la croix et des croisillons, le Christ nimbé, assis sur l'arc-en-ciel, bénissant, dans une auréole quatrilobée ovale. Au-dessus l'aigle nimbé portant une banderole, à gauche le lion ailé, nimbé, portant un livre : à droite le bœuf ailé, nimbé, portant un livre. A la base, l'ange nimbé, debout, et portant également un livre. La figure du Christ est repoussée très-sommairement et ciselée. Toutes les autres figures, ainsi que les ornements, sont gravées dans le métal.

Règne de Charles X. — Collection Révoil, n° 250.

D. 717. — *Crosse en cuivre doré.*

Limoges. — XIIIe siècle.   H. 0,356.

La douille est ornée de trois dragons sans pattes ni ailes, en relief et rapportés, dont la queue s'arrondit sous le bouton. L'intervalle est orné d'une gravure représentant une tige perlée d'où s'échappent latéralement des feuilles empruntées à l'érable. Quatre verroteries violettes cabochons sont appliquées l'une au-dessus de l'autre dans de hautes sertissures. Bouton cotelé de huit nervures saillantes à section semi-exagone gravées d'un rang de perles sur la face saillante. l'intervalle est gravé de hachures entrecroisées. Un rang de feuilles aiguës couronne le nœud et enveloppe la base de la volute. Volute ornée sur chaque côté d'une tige gravée semblable à celle de la douille et de verroteries violettes cabochons, d'une crête à crochets feuillagés et terminée par deux fleurons qui rattachent l'extrémité du crosseron à la partie verticale de la volute.

L'Annonciation est représentée dans le crosseron. La Vierge est debout, un livre à la main, coiffée d'un voile, et vêtue d'une chasuble sur une longue robe. L'ange, vêtu d'une robe et d'un manteau, tient une tige fleuronnée d'une main, et lève la main droite.

Trouvée près de Limoges, suivant Révoil, dans le tombeau d'un abbé de Premontré.

Règne de Charles X. — Collection Révoil n° 811.

D. 718. — *Crosse en cuivre doré.*

XIIIe siècle.   H. 0,330.

Mêmes dispositions que la crosse précédente et même fabrication, quoique moins soignée.

Le nœud est garni de huit saillies en forme d'amandes, portant chacune une fleur de lis gravée.

Dans le crosseron le *Couronnement de la Vierge*. Le Christ, couronné, est assis sur un escabeau vis-à-vis de la Vierge, également assise et les mains jointes. Il tient un livre de la gauche, et pose de la main droite une couronne sur sa tête.

Trouvée en 1793, suivant Révoil, dans l'église des Jacobins de Paris.

Règne de Charles X. — Collection Révoil, n° 812.

ORFÉVRERIE FRANÇAISE. 463

D. **719**. — *Crosse en cuivre doré.*

XIII° siècle. H. 0,305

Douille ornée de quatre tiges montantes à feuilles d'érable. Nœud à jour formé d'un anneau méridien, au-dessus et au-dessous duquel sont des dragons ailés alternant avec des rosaces bombées, au centre desquelles une haute sertissure porte une verroterie émeraude. Une double couronne de feuillages aigus surmonte le nœud et enveloppe la base de la volute. Celle-ci est ornée, sur chaque face, d'une tige gravée comme la hampe, et d'une crête à feuillages rudimentaires. Une tête de dragon la termine. Dans le crosseron, une plaque ovale aiguë porte d'un côté : le Christ couronné, assis sur un escabeau, bénissant de la droite, et tenant un livre levé de la gauche. De l'autre côté est la Vierge couronnée, assise sur un escabeau : portant l'Enfant-Jésus habillé sur son genou gauche, et tenant une fleur de la droite élevée.

Les figures obtenues au repoussé sont ciselées, ainsi que les ornements. Le corps des dragons est maté avec un outil annulaire.

Règne de Charles X. — Collection Révoil, n° 809.

D. **720**. — *Ciboire en cuivre doré.*

XIII° siècle. H. 0,213. — D. de la coupe 0,097.

Coupe formée de deux hémisphères mamelonnés. Le couvercle porte une haute tige interrompue par un bouton exagone surmonté d'une croix en fer.

La tige a été enlevée, et le pied en forme de doucine aplatie porte directement la coupe.

Ornementation gravée consistant en arcatures polylobées ou non sur la coupe, sur le couvercle et le pied. Sous le pied, une inscription, gravée en lettres imitées de celles du XV° siècle, mais relativement moderne. *Datm a thomas d'abon pro ecclesiœ a clugnia censi.* 1022.

Règne de Charles X. — Collection Révoil, n° 815.
N° 1028 de la Notice des émaux, par M. le comte L. de Laborde.

D. **721**. — *Fibule annulaire en argent niellé et doré.*

XIII° siècle. D. 0,022.

Anneau plat. — Face : l'inscription : GE SVI DONE PAIR

AMOREV, en capitales gothiques, gravées et niellées entre deux filets semblables.— Revers.— Une tige d'où partent d'un seul côté des feuilles trilobées en réserve sur un fond niellé.

Règne de Napoléon III. — Donation Sauvageot.

N° 363 du Catalogue de la collection Sauvageot, par M. A. Sauzay.

D. 722. — *Statuette reliquaire couchée sur un gril.*

XIVe siècle.   H. de l'ensemble 0,067. — L. 0,185.

Figure d'homme, en argent doré, nu, jeune, imberbe, tenant de ses deux mains la représentation d'un pouce munie d'une longue ouverture rectangulaire jadis garnie d'un verre par lequel on pouvait voir une relique, percé sur le flanc d'une autre ouverture de même forme munie d'un verre.

La figure est couchée sur un gril de cuivre rouge, non doré, posé sur une terrasse oblongue représentant un brasier, portée sur quatre pieds en forme de feuilles de vigne. Cette terrasse est dorée, excepté dans la partie qui figure le brasier et qui semble rouge.

D. 723. — *Épingle en argent doré.*

XIVe siècle.   Long. 0,113.

Une perle de verre blanc à fond bleu est montée à jour par des griffes fixées à une torsade qui l'entoure, montée sur un double filet de grainetis emmanché à une épingle. Trouvée dans un tombeau d'évêque, suivant Révoil (1).

Règne de Charles X. — Collection Révoil, n° 236.

N° 843 de la Notice des émaux par M. le comte L. de Laborde.

D. 724. — *Monture en or d'une cornaline gravée.*

XIVe siècle.   H. 0,000. — L. 0,000.

Monture ovale entourant une cornaline représentant un buste de guerrier lauré, de profil à gauche. Sur le plat de la monture, la légende CECRETIS gravée en creux et à l'envers en

---

(1) Ce tombeau aurait été celui d'un archevêque : cette épingle ayant alors été destinée à maintenir le pallium sur la chasuble.

capitales gothiques. — Revers. — Anneau attaché par trois feuilles de chêne estampées en relief.

Règne de Charles X. — Collection Révoil, n° 235.

D. **725**. — *Couronne en argent doré.*

XIVe siècle.   H. 0,043. — D. 0,050.

Couronne pour une statuette, surmontée de quatre grands fleurons fleurdelisés, et de quatre petits en trèfle : ornée de verroteries cabochons imitant le grenat, le rubis, l'émeraude et le saphir.

Règne de Napoléon III. — Donation Sauvageot.

N° 390 du Catalogue de la collection Sauvageot, par M. A. Sauzay

D. **726**. — *Bague en or garnie d'un grenat cabochon.*

XIVe siècle.   H. 0,028.

Anneau méplat, portant un petit médaillon ovale à son milieu, gravé de croix et de filets : s'ajustant, après un léger renflement, avec un chaton ovale, très-élevé, couvert de grandes feuilles qui semblent le prolongement de l'anneau. Traces d'émail noir.

Règne de Napoléon III. — Donation Sauvageot.

N° 408 du Catalogue de la collection Sauvageot, par M. A. Sauzay.

D. **727**. — *Diptyque en argent doré orné de pierres fines.*

Fin du XIVe siècle.   H. 0,052. — L. 0,075.

Volet de gauche. — *L'Annonciation*, personnages en relief, sous une arcature ogivale, en accolade, supportée par deux contreforts, surmontée d'une galerie à jour. Le tout, posé sur un fond d'émail bleu translucide sur métal guilloché. Les nimbes rouges de l'ange et de la Vierge, et le vase en métal où est planté un lis émaillé de vert, sont réservés sur ce fond. Bordure sur les côtés et sur le bas, de perles dans les angles, et dans l'intervalle, de rubis et émeraudes cabochons, serties au sommet de montures en forme de pyramide quadrangulaire.

Volet de droite. — *Sainte Marguerite* tenant une croix à

mains jointes, posée sur le dragon : nimbe rouge dans le fond qui est semblable à celui de l'autre volet. Même arcature et même bordure.

La monture à charnière encadre et dépasse le niveau des pierres.

Revers. — Voir le n° D. 175 et 176.

Règne de Napoléon III. — Donation Sauvageot.

N° 1108 du Catalogue de la collection Sauvageot, par M. A. Sauzay

D. 728. — *Plat creux en argent repoussé, partiellement doré.*

Fin du XIVe siècle.   H. 0,045. — D. 0,197.

Sur l'ombilic un cerf courant, et deux branches de chêne, en réserve sur fond gravé qui devait être recouvert d'émail translucide.

Sur le fond, une rosace formée de sept arcades plein cintre, trilobées, portant sur de minces colonnes. Sur le bord évasé, neuf cercles portant au centre une fleur de trèfle, estampée sur un champ quadrilatère à côtés curvilignes concaves maté avec un outil annulaire.

Les triangles curvilignes en dehors des cercles sont ornés, ceux du fond par une tête de clou, ceux près du bord par deux feuilles aiguës à trois divisions, partant d'une même tige qui se bifurque, sur fond maté à l'outil annulaire. Un grainetis et trois rangs d'écailles ourlent le bord.

L'architecture du fond et l'ourlet lisse sont dorés.

Règne de Napoléon III. — Donation Sauvageot.

N° 396 du Catalogue de la collection Sauvageot, par M. A. Sauzay.

D. 729. — *Statuette de la Vierge, en argent repoussé, ciselé et doré en partie.*

XVe siècle.   H. de la statue 0,17. — H. avec le socle 0,136.

La Vierge couronnée, assise, coiffée d'un ample voile formant manteau sur ses cheveux tombants, vêtue d'une robe à ceinture, allaite l'Enfant-Jésus, à nimbe crucifère, nu jusqu'à la ceinture et assis sur ses genoux.

Les cheveux, les fleurons de la couronne, qui est moderne, la robe et les orfrois du manteau sont dorés, ainsi que les moulures du siége formé d'un escabeau dont le massif est décoré d'arcatures gravées.

La figure repose sur un socle à six faces, avec corniche et socle portés par six petits dragons, le tout en bronze doré. Sur la face antérieure, une petite monstrance munie d'un verre, laisse voir un morceau d'étoffe.

Règne de Napoléon III. — Donation Sauvageot.

N° 315 du Catalogue de la collection Sauvageot, par M. A. Sauzay.

D. **730**. — *Statuette en argent doré.*

Fin du xv° siècle. H. 0,054.

Saint Georges terrassant le dragon. — Saint Georges, debout, armé de toutes pièces, avec cuirasse bombée à rondelles, coiffé d'une salade, portant une épée et une miséricorde, frappe avec une lance le dragon posé sous ses pieds.

Règne de Napoléon III. — Donation Sauvageot.

N° 316 du Catalogue de la collection Sauvageot, par M. A. Sauzay.

D. **731**. — *Statuette en cuivre ciselé et doré.*

Fin du xv° siècle. H. 0,070.

Saint Christophe. — Saint Christophe, vieux, barbu, les jambes nues, la robe relevée à la ceinture, porte l'Enfant-Jésus à califourchon sur ses épaules recouvertes d'un manteau, et s'appuie sur une branche d'arbre. L'Enfant-Jésus tient de la gauche un globe croiseté. La figure pose sur une plate-forme à culot où est passé un anneau. Un second anneau est ajusté derrière le corps de l'enfant.

Règne de Napoléon III. — Donation Sauvageot.

N° 348 du Catalogue de la collection Sauvageot, par M. A. Sauzay.

D. **732**. — *Ciboire en cuivre doré.*

xv° siècle. H. 0,345. — D. 0,100.

Coupe en hémisphère aplati et renflé près du bord, portée sur une tige exagone, coupée par un nœud et s'implantant sur un pied à six faces, et à côtés curvilignes rentrants.

Couvercle de même forme que la coupe, cerclé par une moulure crénelée qu'interrompent six tourelles en encorbellement, surmonté par une boule que domine une croix fleuronnée portant l'image du Christ et accompagnée de saint Jean et de la Vierge portés sur des volutes latérales.

Le nœud est façonné au repoussé de façon à figurer douze fenestrages ogivaux, gravés, six en dessus et six en dessous, séparés par une gorge de six champs quadrangulaires au-dessus desquels fait saillie un bouton cylindrique gravé.

Une frise formée d'une rosette à cinq pétales est estampée sur le bord du pied.

Règne de Napoléon III. — Donation Sauvageot.

N° 338 du Catalogue de la collection Sauvageot, par M. A. Sauzay.

Publié par M. E. Lièvre dans la Collection Sauvageot, pl. 75.

D. 733. — *Ostensoir cylindrique en argent, en partie doré.*

Fin du XVe siècle.   H. 0,377.

La monstrance formée par un cylindre vertical en verre, repose sur une base qui porte, par l'intermédiaire d'une tige exagone interrompue par un nœud, sur un pied à six lobes, et supporte un dôme que surmonte un pinacle à jour. Deux contreforts placés en encorbellement réunissent la base au couronnement.

La base, entourée d'une galerie crénelée, se rétrécit, supérieurement en cône, pour saisir le cylindre en verre au moyen d'une petite galerie à jour, et inférieurement en pyramide à six pans pour s'ajuster avec la tige par l'intermédiaire d'un renflement. Le nœud porte six boutons carré-saillants. Un fenestrage à jour surmonté d'une galerie crénelée sépare la tige du pied en forme de pyramide exagone s'épanouissant en rosace à six lobes, ornée de rosettes estampées sur les moulures de la tranche.

Une galerie à jour saisit le cylindre à sa partie supérieure ; au dessus, s'épanouit un cône renversé qui porte une galerie fleuronnée derrière laquelle naît un dôme. Un pinacle quadrangulaire, porté par deux piliers, abrite une statuette de la Vierge. Un clocheton à jour le surmonte, orné sur chaque face d'un arc en accolade et formé par quatre arêtes à crochets terminées par un grand fleuron. Deux contreforts plats avec à-jours, redans, arcs-boutants et clochetons, accompagnent latéralement le pinacle. Cette partie est dorée.

Les deux grands contreforts qui relient les deux parties de l'ostensoir forment un pilier rectangulaire, flanqué sur ses faces latérales de contreforts secondaires terminés par des pinacles; sur sa face antérieure, d'un contrefort semblable en avant duquel se projette un massif qui porte une arcade dont la pile est ornée sur la face d'une statue de saint sous un arc. Au-dessus est un encorbellement que prolonge une gargouille qui semble terminer un arc-boutant reliant la face postérieure du contrefort avec la garniture supérieure du cylindre. Une galerie à jour, qui lui correspond, relie la base du contrefort avec la garniture inférieure du cylindre. Une grande pile, terminée par un clocheton, domine le tout, tandis qu'une volute terminée par un fleuron lui sert d'amortissement inférieur.

Règne de Napoléon III. — Donation Sauvageot.

N° 389 du Catalogue de la collection Sauvageot, par M. A. Sauzay.

Publié par M. E. Lièvre dans la *Collection Sauvageot*, pl. 50.

D. **734**. — *Ostensoir cylindrique en cuivre doré.*

Fin du XVe siècle.   H. 0,720.

Même forme générale que le précédent : cylindre vertical en verre reposant sur une base portée par l'intermédiaire d'une tige exagone interrompue par un nœud, sur un pied exagone allongé à six lobes; portant un dôme que surmonte un clocher octogone suspendu sur quatre contreforts. Deux contreforts placés en encorbellement accompagnent le cylindre et relient la base au couronnement.

L'hostie est maintenue à l'intérieur du cylindre par un croissant porté sur un pied.

La gorge des deux surfaces conoïdes qui s'épanouissent au-dessus et au-dessous du cylindre en verre qui s'y ajuste dans des galeries à jour est ornée de fleurons en métal découpé, tordu et rapporté après coup.

Toutes les surfaces du reste de la pièce sont gravées; de fleurons sur l'amortissement conique de la base, sur la tige et le nœud; de personnages sur les lobes du pied; de têtes de chérubins sur le dôme, d'écailles sur le clocher, et de fenestrage sur les contreforts.

Les gravures du pied représentent : *l'Annonciation*, sur deux faces, *le Christ portant la croix, Dieu créant les astres, la Vierge dans la gloire, l'Ecce homo*. Chaque figure étant encadrée par deux colonnes de style antique supportant un arc en accolade gothique.

Les mots *rasaren* et *pium*, sont gravés, en caractères

cursifs le premier en dehors de la bordure de l'*Ecce homo*, le second en dehors de celle de l'ange de l'*Annonciation*. Les gravures sont grossières, et de style quelque peu allemand.

Les six boutons saillants du nœud sont gravés, l'antérieur du monogramme IHS, les cinq autres des lettres dont la réunion forme le mot MARIA.

Les quatre piliers qui supportent le clocher sont doubles et réunis par des arcs-boutants. Sur la terrasse qu'ils cantonnent est posée une statuette de la Vierge portant l'Enfant-Jésus.

Les six faces de la flèche sont séparées par des nervures à crochets, et garnies, à leur base, d'arcs en accolade et à crochets. Un nœud saillant surmonté par un crucifix, domine le tout.

Des statuettes, parmi lesquelles on reconnaît celles des apôtres saint Pierre et saint Paul, garnissent la base des contreforts latéraux, ornés en outres d'arcs-boutants et de pinacles à crochets, et amortis inférieurement par une volute à crochets que termine sur chaque face un grand fleuron.

Une statuette est placée sur chacune des galeries à jour qui réunit les contreforts latéraux au support du cylindre en verre. Une fleur en forme de campanule est accrochée au-dessus, à la garniture supérieure.

Règne de Napoléon III. — Donation Sauvageot.

N° 340 du Catalogue de la collection Sauvageot, par M. A. Sauzay.

Publié par M. E. Lièvre dans la *Collection Sauvageot*, pl. 32.

D. **335**. — *Pied de coupe en or, formé d'une terrasse exagone portant un demi-polyèdre à faces triangulaires, que surmonte une tige triangulaire sur laquelle s'emmanche une petite coupe en agate garnie en or sur ses bords.*

Fin du XVe siècle.   H. 0,100.

La terrasse est exagone, portée sur des arcatures en plein cintre et à jour, séparées par des contreforts, terminée par une moulure crénelée et flanquée aux angles de tourelles en encorbellement portées sur des dragons.

Le polyèdre est couvert de rosaces en filigranes tordus qui, sur trois faces, entourent un bouton saillant gravé des deux lettres S. E. gothiques émaillées; la première en brun, la seconde en noir, et réunies par une cordelière bleue. Les deux mêmes lettres découpées, et jadis émaillées des mêmes couleurs que les précédentes, sont appliquées sur chaque côté de la moulure qui sépare le bord de la terrasse du pied du polyèdre. Une perle montée à fourchette garnit chaque angle de la même moulure.

La tige se compose d'un massif circulaire central, flanqué de trois contreforts évidés et à redans, ornés à leur partie supérieure d'un dragon formant gargouille, au dessous d'une tourelle soutenue par une colonnette.

Dans l'intervalle de deux contreforts, une niche avec couronnement d'angle portant une tourelle en encorbellement, abrite une figure d'enfant émaillée couleur chair.

La coupe en agate à cannelures courbes, est garnie d'une moulure à nombreux éléments d'où pend une galerie festonnée, au-dessous de six dragons posés en guise de gargouilles dans la gorge.

Une petite galerie à jour, placée en retraite, enchâsse la coupe et se relie par des branches à tenons avec une platine posée sur la tige.

N° 420 de l'Inventaire des Bijoux de la Couronne en 1791.
N° 833 de la Notice des bijoux, par M. le comte L. de Laborde.

D. **736**. — *Monture en argent doré de l'émail translucide n° D.* 185.

XVe siècle.   H. 0,080. — L. 0,070.

La bordure de l'émail, en forme de doucine, est ornée de seize rosettes à cinq pétales rapportées et émaillées de rouge pourpre, dont deux seules restent entières avec la moitié d'une troisième.—Une baguette qui circonscrit la bordure, et qui en est entièrement isolée se rattache avec elle par quatorze feuilles de vignes en repoussé, profondément déchiquetées, et par autant de tiges ondulées placées entre elles.

Règne de Charles X. — Collection Durand, n°^s 115-2651.
N° 125 de la Notice des émaux, par M. le comte L. de Laborde.

D. **737**. — *Fibule annulaire en argent niellé et doré.*

XVe siècle.   D. 0,020.

Anneau à section rectangulaire.

Face.—L'inscription. ✠ BONNE AMOUR, en capitales gothiques

carrées. Le premier mot, suivi d'une feuille trilobée est en réserve ; les lettres du second, également en réserve, sont niellés à leur centre qui est ainsi bordé d'un double filet de métal : fond niellé.

Revers. — L'inscription BIEN ME PLET, niellée sur réserve servant de bordure aux lettres. Fond niellé. Des feuilles de chêne de même facture suivent sur chaque face les lettres niellées sur réserve.

Tranche lisse.

Règne de Napoléon III. — Donation Sauvageot.
N° 362 du Catalogue de la collection Sauvageot, par M. A. Sauzay.

D. **738**. — *Bague en or montée d'un saphir gravé.*

XVe siècle.   H. 0,021.

Large anneau plat, estampé extérieurement de fleurettes sortant d'un clayonnage, gravé à l'intérieur de cette inscription en lettres carrées gothiques, dont chaque mot est séparé par des roses feuillagées.

Celle q̄ ieme mym mera.

Chaton rectangulaire à angles rabattus, maintenant un saphir monté à griffes, et gravé d'un écusson portant une sirène de face : armes des Lusignan.

Règne de Charles X. — Collection Révoil, n° 229.
N° 809 de la Notice des émaux, par M. le comte L. de Laborde.

D. **739**. — *Bague en or montée d'une aigue-marine.*

XVe siècle.   H. 0,025. — L. 0,023.

Anneau méplat ciselé de chaque côté de feuilles de vigne en relief sur un fond quadrillé. Chaton rectangulaire dans lequel une aigue-marine oblongue, est montée à griffe. Deux étriers latéraux, percés de trous à leur extrémité supérieure devaient maintenir deux autres pierres.

Règne de Charles X. — Collection Révoil, n° 232.
N° 816 de la Notice des émaux, par M. le comte L. de Laborde.

D. **740**. — *Bague en or.*

XVe siècle.   H. avec le chaton 0,034.

Anneau à pans, portant une tige qui s'évase en chaton

ORFÉVRERIE FRANÇAISE. 473

pour porter un saphir en lozange fixé par quatre griffes. Deux têtes de dragons sortant du milieu d'une couronne fleuronnée, sont affrontées de chaque côté du chaton.

Règne de Napoléon III. — Donation Sauvageot.
N° 414 du Catalogue de la collection Sauvageot, par M. A. Sauzay.
Publié par M. A. Lièvre dans la *Collection Sauvageot*, pl. 23.

D. **741**. — *Bague en or.*

Fin du xv° siècle.   H. 0,021.

Anneau tordu s'ajustant à un chaton circulaire sous deux garnitures latérales à jour. Sur le chaton, sainte Marguerite sur le dragon, portant une croix, en relief sur fond émaillé de bleu.

Règne de Charles X. — Collection Révoil, n° 233.
N° 819 de la Notice des émaux, par M. le comte L. de Laborde.

D. **742**. — *Bague en argent doré.*

xv° siècle.   H. avec le chaton 0,046.

Anneau à moulures, surmonté d'un chaton formé d'une plaque carrée de 30 millimètres de côté, et de 6 millimètres d'épaisseur, surmontée d'une seconde plaque carrée chevauchant la première, et ayant les angles au milieu de ses côtés. Une troisième plaque est posée sur la seconde, comme celle-ci est posée sur la première. Des assemblages de quatre grains réunis en pyramides sont soudés autour des tranches des plaques, et sur le plat de la dernière.

Ancienne collection.
Publié par H. Shaw dans les *Dresses and décorations*.

D. **743**. — *Bague en cuivre doré.*

xv° siècle.   D. 0,026.

Anneau plat s'épanouissant pour former un chaton circulaire irrégulier où est gravée en buste la Vierge et l'Enfant-Jésus.

Règne de Napoléon III. — Donation Sauvageot.

D. **744**. — *Bague en cuivre doré.*

xv° siècle.   D. 0,025.

Anneau plat, s'épaississant, et découpé à pans vers le

chaton qui est exagone allongé et porte un écu gravé en creux. L'anneau est gravé de feuillages sur fond émaillé. — L'écu est coupé : « au 1er de... aux deux rosettes à cinq feuilles, au 2e de... à la tête de loup. »
Dorure moderne.

Règne de Napoléon III. — Donation Sauvageot.

D. 745. — *Bague en cuivre doré.*

Fin du XVe siècle.   D. chaton compris 0,038.

Anneau se développant en un chaton rectangulaire où est enchâssé une jaspe vert, gravé d'un papillon avec l'inscription ATPA. L'anneau est ciselé de feuillages en relief.

Règne de Charles X. — Collection Durand, n° 592.

D. 746 et 747. — *Deux modèles de chandeliers à pointe en argent doré par places.*

Fin du XVe siècle.   H. 0,063.

Bobêche large, creuse, à bord plat festonné de six lobes, portée sur une tige en faisceau formée de six baguettes dont chacune s'épanouit sous la bobêche en un pétale arrondi.

Un nœud, qui interrompt la tige, est formé de douze godrons opposés, deux à deux, et garnis de rosettes carrées à quatre feuilles.

Le pied est composé de six godrons s'arrondissant en lobes, séparés et bordés par un filet saillant.

Règne de Napoléon III. — Donation Sauvageot.

D. 748. — *Tronc à aumônes en cuivre doré.*

XVe siècle.

Boîte rectangulaire portant sur une moulure et terminée par une seconde moulure crénelée, où s'ajuste un couvercle en forme de toit à faces courbes rentrantes, percé d'une ouverture longitudinale le long de l'une de ses faces. Sur le faite, qui est cylindrique, s'ajuste une anse. Un moraillon en forme de dragon, posé sur le côté, sert à fermer la boîte au moyen d'une clef.

Sur la face antérieure de la boîte, un disque en argent gravé d'une croix de Malte.

ORFÉVRERIE ITALIENNE.

La boîte et le couvercle sont ciselés de rinceaux filiformes dont les branchages sont terminés par un point.

> Règne de Napoléon III. — Donation Sauvageot.
> N° 507 du Catalogue de la collection Sauvageot, par M. A. Sauzay.
> Publié par M. E. Lièvre dans la *Collection Sauvageot*, pl. 74.

D **749**. — *Agrafe de chape en cuivre doré.*

XVe siècle.   D. 0,147.

Quatre-lobes à redans entouré par une moulure saillante qui encadre un motif d'architecture en applique composé d'un arc avec pignon à crochets et à fleuron terminal, avec galerie, porté sur deux piliers, chacun étant contrebuté par un arc portant sur un second pilier.

Sous l'arc, la Vierge couronnée portant l'Enfant-Jésus et un sceptre fleuronné.

Dans l'intervalle de chacun des deux piliers, un petit ange portant une cire torse.

Deux gros fleurons circulaires, en applique, remplissent les deux lobes latéraux

> Ancienne collection.

XVIe SIÈCLE.

ORFÉVRERIE ITALIENNE.

D. **750**. — *Croix en or émaillé.*

Fin du XVIe siècle.   H. 0,038. — L. 0,031.

Croix d'or bordée par une lame saillante, qui s'enroule en volute aux extrémités des branches, où elle forme des œils émaillés de blanc et de bleu, chargée de petits compartiments cloisonnés en or et émaillés de vert et de blanc. Un crucifix en or est appliqué sur la face.

> Règne de Napoléon III. — Donation Sauvageot.
> N° 331 du Catalogue de la collection Sauvageot, par M. A. Sauzay.

476   ORFÉVRERIE ITALIENNE.

D. **751.** — *Monture, en bronze doré et en argent, d'une croix en cristal de roche.*

Fin du XVIe siècle. H. 1,050.

Croix formée de dix plaques de cristal de roche gravé, montées en cuivre ciselé et doré, portée sur un pied formé ainsi qu'il suit : Un nœud aplati, avec galerie à jour et culot à godrons, une tige en balustre ornée de feuilles entablées à la base, un nœud exagone, dont les faces sont en cristal gravé, terminé supérieurement par un dôme côtelé sur lequel descendent six dauphins, inférieurement par un culot côtelé que couvrent six feuilles entablées : une tige en balustre côtelée, accostée de trois consoles qui portent sur l'épaulement d'un vase à godrons : un pied exagone, à trois grandes faces en doucine, encadrant un lozange de cristal gravé dans quatre plaques d'argent repoussé représentant une tête de chérubin, à trois petites faces également en doucine ornée d'une plaque d'argent repoussé représentant un cep de vigne. Le tout repose sur le dos de trois chimères.

La plaque centrale de la croix représente le Christ en croix. Chacune de celles des extrémités des branches, en forme de trilobe, représente un des évangélistes. Celles du nœud en lanterne, figurent la colonne, la tunique, la lance, les lanières et la lanterne ; le coq et les dés ; le manteau et les tenailles ; l'éponge et l'échelle. Celles de la base, les trois clous ; la couronne d'épines, la sainte Face.

Règne de Napoléon III. — Legs de M. Th. Dablin.

D. **752.** — *Collier à deux rangs en filigrane d'argent doré.*

Fin du XVIe siècle. L. 0,395.

Chaque rang est composé de vingt et un éléments formés de deux rosaces superposées de filigranes à jour, en fil plat encadrant un réseau en fil tordu, réunis par des anneaux ovales. Fermoirs de même genre, chaque volute de filigrane étant en outre terminée par une perle de métal. Un rubis y est enchâssé.

Au milieu est suspendue une pendeloque de même travail, avec quelques parties et quelques bossages émaillés de noir ponctué de blanc.

Deux rubis, dans une haute monture à griffes, y sont suspendus.

Règne de Napoléon III. — Donation Sauvageot.

N° 344 du Catalogue de la collection Sauvageot, par M. A. Sauzay.

D. **753**. — *Collier de femme en filigrane d'or, en partie émaillé.*

Fin du XVIe siècle. L. 0,360.

Vingt-deux éléments de deux modèles différents en filigrane tordu : l'un formé de quatre cercles se croisant et portant au centre une fleur à quatre pétales émaillés de noir avec un point blanc : l'autre formé de quatre-feuilles polylobées en filigrane à jour, en fil tordu et en fil plat, affrontées deux à deux, partant d'une fleurette centrale semblable à la précédente, et accompagnées latéralement de deux cœurs émaillés de même.

Ces éléments sont réunis par une fleurette à quatre pétales, émaillées de noir.

Au centre est suspendue une pendeloque de même fabrication, non émaillée, terminée par un petit grenat.

Règne de Napoléon III. — Donation Sauvageot.

N° 343 du Catalogue de la collection Sauvageot, par M. A. Sauzay.

D. **754**. — *Collier de femme en filigrane d'or, en partie émaillé.*

Fin du XVIe siècle. L. 0,410.

Vingt-trois éléments de deux modèles différents. Les uns en filigrane tordu formés de huit anneaux entrecroisés portant au centre une fleur à six pétales renversés, émaillée de blanc. L'intersection des anneaux garnie d'émail noir. Les autres en filigrane plat cloisonnant un réseau en filigrane tordu, dessinant quatre feuilles opposées deux à deux, accompagnées de petites cloisons émaillées de blanc et de noir, portant au centre une fleur à six pétales émaillés de bleu.

Ces éléments alternés sont réunis par une rosette à six lobes émaillés de noir.

Règne de Napoléon III. — Donation Sauvageot.

N° 342 du Catalogue de la collection Sauvageot, par M. A. Sauzay.

478   ORFÉVRERIE ITALIENNE.

D. 755. — *Chaîne de ceinture en vermeil orné de filigranes.*

Venise? — Fin du xvıe siècle.   L. 0,945.

Ceinture formée de treize plaques rectangulaires, à bords festonnés, dorées, ornées sur le plat de trois rosaces à jour en filigrane d'argent, et de douze mufles de lion, portant un anneau plat, qui alternent avec elles et leur sont réunis par deux maillons.

La fermeture se compose de deux longues plaques bordées de torsades en filigranes, et ornées sur le plat chacune de petites rosaces à jour en filigrane d'argent, réunies, l'une par une charnière, l'autre par un cliquet à une plaque centrale, rectangulaire, de même décoration, mais garnie en dessus et en dessous d'ornements symétriques découpés.

La fermeture est consolidée par un crochet placé au revers qui est frappé du poinçon :

Règne de Napoléon III. — Donation Sauvageot.
No 357 du Catalogue de la collection Sauvageot, par M. A. Sauzay.

Publié par M. A. Lièvre dans la *Collection Sauvageot*, pl. 85.

D. 756. — *Pendeloque en forme de nef, en or émaillé.*

xvıe siècle.   H. 0,103. — L. 0,059.

Nef à éperon, avec château-d'arrière, mat et voile, formée d'une lame d'or sur laquelle ont été rapportés des fils plats en or qui forment des cloisons représentant des fleurons, des écailles, etc., remplies d'émaux translucides verts et rouges; blancs et bleus opaques.

Sur chaque flanc est enchâssé un camayeu d'argent sur fond noir en verre.

Les trois chaînes de suspension, les haubants du mat, sont ornées de perles, trois autres sont suspendues à la quille.

Ancienne collection, no 221.
No 837 de la Notice des émaux, par M. le comte L. de Laborde.

D. 757. — *Cuillère en vermeil.*

xvıe siècle.   H. 0,125.

Cuilleron ovale, festonné, manche soudé formé d'une tige

autour de laquelle s'enroule un courson à feuilles, à fleurs et à fruits. en filigrane à jour.

Règne de Napoléon III. — Donation Sauvageot.
N° 388 du Catalogue de la collection Sauvageot, par M. A. Sauzay.
Publié par Willemin dans les *Monuments français inédits*, pl. 285.

D. **758**. — *Lanterne en cuivre fondu, ciselé, émaillé et doré.*

Venise. — XVIe siècle.   H. 0,245.

Cylindre porté sur trois griffes de lion, ajustées à une moulure qui porte six pilastres composites, décorés de grotesques, séparés par des panneaux dont une partie est à jour. Au-dessus de l'architrave règne une frise décorée de couronnes et de palmettes en rinceaux symétriques, et une corniche saillante.

Couvercle en dôme, surmonté par un bouton percé à jour, formé d'un entrelacs de rubans et de feuillages de style arabe, ainsi que les panneaux du cylindre. La partie à jour de l'un des panneaux est mobile et à charnière pour surveiller la lampe.

Les grotesques des pilastres, les ornements de la frise et quelques feuilles arabes du couvercle se détachent sur un fond émaillé de bleu.

Règne de Napoléon III. — Donation Sauvageot.
N° 500 du Catalogue de la collection Sauvageot, par M. A. Sauzay.
Publié par M. A. Lièvre dans la *Collection Sauvageot*, pl. 104.

D. **759**. — *Lanterne en cuivre fondu, ciselé, émaillé et doré.*

Venise. — XVIe siècle.   H. 0,235.

Même modèle que le précédent. — Le bouton terminal a été remplacé par un bouton plat en bronze chinois dont les reliefs dorés s'enlèvent sur un fond noir.

N° 1034 de la Notice des émaux, par M. le comte L. de Laborde.

D. **760**. — *Monture de miroir à main en fer damasquiné d'or et d'argent.*

XVIe siècle.   H. 0,102. — L. 0,052.

Face : L'encadrement carré du miroir en métal, orné de

filets et de rinceaux courants, est porté sur un manche plat en forme d'X, garni entre ses branches d'une palmette.

De larges feuillages en or, incrusté et gravé, garnissent la réunion des branches de l'X, d'où partent des tiges de feuilles sur les palmettes centrales. Des filets bordent les branches chargées de billettes en argent.

Revers : En place du miroir un amour ailé, debout, un pied sur un œil ouvert, les yeux bandés et venant de lancer une flèche, sur un fond de rinceaux en feuilles de vigne. Dans la bordure la légende : DVCITVR EX OCVLI LVMINE CECVS AMOR. L'Amour est gravé sur une feuille d'argent découpé, doré par partie : les feuilles et l'inscription sont en or damasquiné.

Sur le manche, les grands feuillages et les billettes transversales des branches de l'X sont également en argent.

Règne de Napoléon III. — Donation Sauvageot.

N° 375 du Catalogue de la collection Sauvageot, par M. A. Sauzay.

Publié par M. E. Lièvre dans la *Collection Sauvageot*, pl. C3.

ORFÉVRERIE ALLEMANDE.

D. **761**. — *Bas-relief circulaire en argent repoussé et ciselé.*

Flandres. — XVIᵉ siècle. D. 0,165.

L'enlèvement des Sabines, d'après la composition d'un maître flamand (Goltzius?). — Au pied d'un portique, et en avant d'un arc-de-triomphe dont les drapeaux et les écussons portent les lettres S. P. Q. R.

Monté dans une bordure en cuivre repoussé dans le style de la deuxième moitié du XVIIIᵉ siècle.

Règne de Louis-Philippe. — Acquis en 1843, n° 2176.

N° 848 de la Notice des émaux, par M. le comte L. de Laborde.

D. **762**. — *Plaque circulaire en argent repoussé.*

Fin du XVIᵉ siècle.   D. 0,011.

La Terre, d'après un maître allemand.

Figure de femme nue, assise sur un tertre, soutenant un vase du bras gauche, portant une gerbe d'épis de la droite. Un petit génie portant une coupe, se tient debout à ses côtés. Arc, carquois et corbeille à ses pieds. Fond de paysage.

Règne de Napoléon III. — Donation Sauvageot.
N° 327 du Catalogue de la collection Sauvageot, par M. A. Sauzay.
Publié par M. A. Lièvre dans la *Collection Sauvageot*, pl. 23.

D. **763**. — *Médaillon en or fondu, monté en pendeloque.*

1593.   D. 0,041.

Ernest, électeur de Cologne, duc de Bavière. — (17 décembre 1554 † 17 février 1612), de profil à droite, portant de longues moustaches et une impériale, couvert d'un vêtement collet renversé, qui laisse dépasser un col rabattu.

Légende circulaire entourée d'un grainetis : ERNEST. ELECT. COLON BAVA. D. 1593.

Revers : Le globe terrestre où l'on voit Adam et Ève dans le paradis terrestre, des îles parsemées sur la mer, un œil au pôle nord, entouré d'un ciel étoilé, avec le soleil, la lune et un œil accompagnent le mot OMNIA placé en exergue au-dessus de la terre, le tout circonscrit par un grainetis.

La médaille est entourée par un cercle en chaînette suspendu par trois chaînes à un ornement en forme de lanières découpées, garni d'un rubis en saillie, et émaillé.

Une perle est suspendue à la partie inférieure.

Règne de Napoléon III. — Donation Sauvageot.
N° 571 du Catalogue de la collection Sauvageot, par M. A. Sauzay.

D. **764** et **765**. — *Aiguière et plateau en argent ciselé, émaillé par parties, et doré.*

Vers 1535.

Aiguière (H. 0,435). — Panse ovoïde portée par l'intermédiaire d'une courte tige mince sur un pied circulaire. Le col et le goulot sont formés par un buste de femme, dont la tête, couverte de longues tresses est garnie par derrière d'un mascaron d'où pendent de grands feuillages, porte une coquille avec laquelle se combinent deux serpents qui servent d'anse. La panse est ornée, immédiatement au-dessous du buste, par une couronne de fruits émaillés interrompue par quatre écussons carrés.— Au-dessous règne une zone de neuf trophées, rapportés, représentant des armes turques et antiques, niellées et émaillées, chaque trophée étant maintenu par deux écrous en forme de fleuron. — Au niveau de cette zone est assis un satyre qui pose les pieds sur un mascaron, et dont les bras sont pris par les queues des serpents qui forment l'anse.

Au-dessous, le vase est interrompu par une frise comprise entre deux moulures, qui représente l'embarquement des troupes après la victoire. Cette frise est disposée ainsi : Les vaisseaux, les embarcations chargées de chevaux et de bagages, les mules et les chameaux accompagnés de piquiers en costume du XVIe siècle, l'empereur (IMPERATOR), à cheval, en costume civil, suivi de cavaliers dont l'un porte l'étendart à l'aigle à deux têtes, les prisonniers turcs liés ensemble, un arbre qui sépare le commencement de la fin.

Sous la frise, quatre têtes de bélier drapées sont reliées par quatre trophées qui y sont attachés par des bandelettes, puis par quatre guirlandes de fruits qui s'arrondissent en dessous; elles portent en outre quatre pentes d'armes, le tout émaillé.

Le culot, rapporté, est à godrons et à detentelures que terminent des fleurs de lis.

La doucine du pied est à cannelures, et la moulure est chargée de trophées, alternant avec quatre mufles de lion posés sur des cartouches carrés découpés.

Le bord répète à peu près la couronne qui surmonte la panse.

Sur l'ourlet, les trois poinçons :

Bassin (D. 0,640). — Au fond, la ville de Tunis, vue en projection avec la campagne derrière, et protégée par des batteries sur la droite, et en avant par un bras de mer dont le goulet traverse un fort qui occupe le premier plan. Les troupes de Charles V, formées de bataillons de cavaliers et de fantassins armés de lances qui soutiennent des mousquetaires,

ORFÉVRERIE ALLEMANDE.

attaquent les deux lignes ennemies qu'elles battent en brèche avec du canon. Les Espagnols s'emparent du fort, en chassent les Turcs, dont on voit des caravanes quitter la ville. Un cartouche carré placé au-dessus de celle-ci porte l'inscription :

EXPEDITIO ET VICTORIA.
AFRICANA CAROLI V. ROM.
IMP. P. F. AVGVSTO 1536.

Marly vertical, gravé de lanières enlacées au milieu desquelles courent des feuillages arabes.

Bord : Continuation du plan du siége.—En avant du fort, le camp et la tente impériale à quatre pavillons portant l'aigle de l'Empire : puis l'empereur, à cheval et en armure, son bâton de commandement à la main, auquel on présente des têtes coupées, ainsi que des prisonniers. Tout le reste de la circonférence est occupé par la mer où voguent de nombreuses galères : les unes bombardant la ville avec leur deux canons de proue, les autres portant des troupes et des chevaux que débarquent des canots. Des pavillons à l'aigle autrichienne, à la croix de Saint-André sur un fond rayé, à la croix ordinaire ; d'autres portant l'image du Crucifix et celle de la Vierge flottent sur les navires ainsi que sur les bataillons.

Ourlet formé d'une moulure creuse décorée d'oves vides et d'un boudin ciselé de fruits, rapporté et retenu par vingt-quatre écussons émaillés, que fixent des boulons en forme de fruits qui en occupent le champ.

Revers, indépendant de la face, fixé par deux rangs d'écrous placés sous le bord. De plus, un cercle rapporté entoure le fond, décoré, ainsi que le bord, de grands rubans enlacés qui encadrent un semis de feuillages pseudo-arabes.

Sur l'ourlet, les trois mêmes poinçons que sur l'aiguière.

Ancienne collection. — M. R. 341 et 351.

N°s 844 et 845 de la Notice des émaux, par M. le comte L. de Laborde.

D. **766**. — *Vidercome à couvercle, imitant une pomme de pin, en argent doré.*

Commencement du XVIe siècle. H. 0,375.

La coupe et le couvercle réunis imitent la forme d'une pomme de pin renversée. La coupe est portée par l'intermédiaire d'un nœud cylindrique, garni en dessus et dessous de feuilles aiguës tombantes, sur un tronc d'arbre qu'émonde un bûcheron. Le pied est formé par trois branches noueuses, posées en consoles, portant sur un trilobe, et garnies dans les intervalles par des feuilles en lanières contournées, qui portent une pomme.

Le couvercle est surmonté par un vase d'où sort un haut bouquet en argent.

Poinçons:

Règne de Napoléon III. — Donation Sauvageot.

N° 381 du Catalogue de la collection Sauvageot, par M. A. Sauzay

D. 767. — *Vidercome à couvercle, imitant une poire, en argent repoussé, ciselé et doré.*

1598.   H. 0,355.

La coupe et le couvercle réunis imitent la forme d'une poire.

Couvercle en dôme aplati supportant une figure du Christ ressuscitant : orné de trois médaillons ovales, séparés par des têtes d'anges dans des cartouches à lanières, représentant : Adam et Ève, le sacrifice d'Abraham, Eliéser et Rebecca. Au-dessus de la moulure du bord règne l'inscription en capitales : ✚ CHRISTVS . IST . DES . GESETZES . INDE . WERAN DEN . CLAVBET . DER . IST . GERECHT . ROMA . 10. — 1598.

La coupe est portée sur l'épaule d'un homme en costume de la fin du XVIᵉ siècle, accompagné d'une grue, posé sur une terrasse qui surmonte un piédouche.

Sur le bord l'inscription : ✚ CHRISTVS . VNSER . HEYLANT . IST . DER . MANN . DER . TODT . THEVFFEL . BINDEN . KAN . FVR . ALLEIN . IN . DER GANTZEN . WELT . DEN . SIEG . MIT . LOB . VND . EHRN . BEHELT.

Sur la partie renflée trois cartouches ovales séparés par des mascarons placés au milieu d'autres cartouches découpés dont les lanières descendent sur la partie rétrécie, couverte en outre de branchages de fleurs qui forment le fond de l'ornementation. Sous le culot trois têtes ailées, alternant avec des bouquets de fruits. Les sujets des cartouches sont : — *L'Adoration des rois* en deux scènes. — *La Conversion de saint Paul.*

Des animaux décorent la terrasse. — La moulure du pied

est ornée de figures de petits anges nus, jouant d'instruments de musique, au dessous de l'inscription gravée sur un filet. LAVDATE . DOMINVM . OMNES . ANGELI.

Sur le filet du pied, ces poinçons :

Règne de Napoléon III. — Légué par M. Théod. Dablin.

D. 768. — *Canette à anse et à couvercle en argent fondu, ciselé et doré.*

Fin du XVIᵉ siècle.   H. 0,155.

Panse à sept faces, surmontée et supportée par une moulure circulaire. Sur chaque face une figure en pied d'une planète, rapportée et posant sur un petit cartouche formé d'une tête ailée.

Saturne, avec une jambe de bois, tenant une faux et un enfant, accompagné du Capricorne. — Mars cuirassé, son glaive sur l'épaule, accompagné du Sagittaire ; — Jupiter casqué, cuirassé, tenant un arc et un cimeterre, accompagné du Bélier ; — Le Soleil, cuirassé, appuyé sur un bouclier, portant une face radiée, accompagné d'un Lion ; — Vénus, portant un cœur enflammé, accompagnée de l'Amour et du Taureau ; — Mercure, casqué et cuirassé, portant le caducée accompagné des Gémeaux ; — Diane, portant une lance, appuyée sur un bouclier chargé d'un croissant, accompagnée de l'Écrevisse.

Chaque arête est gravée d'une colonne en double balustre qui se raccorde avec des écussons triangulaires en relief à côtés courbes, qui servent d'encadrement à chaque figure.

Sous le fond un médaillon circulaire représentant Jacob et ses enfants.

Anse joignant la moulure du pied à celle du bord, ornée sur son épaisseur de deux niches abritant des statues et séparées par une tête dans un cartouche.

L'extrémité de l'anse s'assemble à charnière avec le couvercle, orné de sept écussons triangulaires en relief, d'un bouton terminal et d'une hausse en forme de sirène à deux queues, contre la charnière.

Règne de Napoléon III. — Donation Sauvageot.

Nº 380 du Catalogue de la collection Sauvageot, par M. A. Sauzay.

ORFÉVRERIE ALLEMANDE.

D. **769**. — *Gobelet en forme de femme, en argent doré.*

Fin du XVIe siècle. H. 0,160.

Femme coiffée de cheveux crêpelés retenus dans une résille recouverte d'un petit chapeau à plume; vêtue d'une robe à corsage montant que dépasse une collerette tuyautée, à manches justes avec crevés bouffants sur l'épaule. La jupe, sur laquelle tombe un tablier brodé, est à grands ramages symétriques, repoussés. Un double collier portant une croix pend sur sa poitrine, et une chaîne lui ceint la taille. Les deux bouts tombent jusqu'au bas de sa robe retenus de place en place par quatre agrafes en forme de croix. Elle tient ses gants de la main gauche et une fleur de la droite.

Les carnations, la collerette et la ceinture en argent, tout le reste doré. Poinçons.

Règne de Napoléon III. — Donation Sauvageot.
N° 382 du Catalogue de la collection Sauvageot, par M. A. Sauzay.

D. **770**. — *Nautile monté en cuivre doré.*

Fin du XVIe siècle. H. 0,245.

Sur une base circulaire à gorge accostée de trois chimères à queue écaillée, sont posés trois dauphins dont les queues dressées portent un bouquet de larges feuilles où est posé le nautile. Celui-ci, bordé en métal, est maintenu par deux frettes principales, feuillagées; une placée en avant et garnie d'un mascaron fantastique; l'autre, postérieure, est ornée d'un mufle de lion. Celles latérales sont en forme de serpents. Sur la partie courbe du nautile galope un cavalier armé de toutes pièces. Un écusson de forme allemande surmontant un mascaron est placé en avant des pieds du cheval.

Règne de Napoléon III. — Donation Sauvageot.
N° 314 du Catalogue de la collection Sauvageot, par M. A. Sauzay.

D. **771**. — *Pendeloque en cristal de roche garni en vermeil.*

XVIe siècle. D. 0,025.

Prisme rectangulaire, renfermant un groupe en buis à quatre faces, sculpté à jour et représentant, sur les faces principales, la *Crucifixion* et la *Descente de croix* : sur chaque côté, le *Christ* debout et nu.

Règne de Napoléon III. — Donation Sauvageot.

N° 351 du Catalogue de la collection Sauvageot, par M. A. Sauzay.

D. **772**. — *Pendeloque ornée d'une perle en poire suspendue à une chaîne en jaseron de Venise.*

Fin du XVIe siècle.   H. 0,022.

Un petit écusson formé d'un rubis en table accompagné de deux consoles émaillées de noir ponctué de blanc, porte un calice émaillé de même, où est enchâssée une perle en poire.

Revers. Émaillé au centre de blanc ponctué de noir.

Règne de Napoléon III. — Donation Sauvageot.

N° 353 du Catalogue de la collection Sauvageot, par M. A. Sauzay.

D. **773**. — *Pendeloque en cuivre doré, émaillé à froid, représentant saint Georges.*

Fin du XVIe siècle.   H. 0,085. — L. 0,060.

Réseau formé de lanières découpées, avec appendices latéraux combinés avec quelques fleurons allongés. En avant, sur une « terrasse » de même style, saint Georges sur un cheval qui se cabre, terrassant le dragon.

Vernis gris bleu et rouge brun..... Grenats et émeraudes, montés ou suspendus.

Règne de Napoléon III. — Donation Sauvageot.

N° 347 du Catalogue de la collection Sauvageot, par M. A. Sauzay.

D. **774**. — *Chaîne de ceinture en vermeil.*

Fin du XVIe siècle.   L. 0,450.

Chaîne formée de 108 anneaux ovales, dont la section forme une étoile à trois rayons ; alternativement droits et tordus.

Un crochet, orné d'un terme dont la tête manque, est soudé à l'une des extrémités.

Règne de Napoléon III. — Donation Sauvageot.

N° 358 u Catalogue de la collection Sauvageot, par M. A. Sauzay.

ORFÉVREVIE ALLEMANDE.

D. **775.** — *Chaîne de ceinture en cuivre argenté.*

Fin du XVIe siècle. L. 1,08.

Anneaux ovales dont la section est une croix, tordus et striés sur les arêtes.

A l'une des extrémités, une agrafe cachée par une plaque à jour dont un ange occupe le centre. A l'autre extrémité, une pendeloque formée de six consoles supportant une seconde pendeloque plus petite.

Règne de Napoléon III. — Donation Sauvageot.

N° 359 du Catalogue de la collection Sauvageot, par M. A. Sauzay.

D. **776.** — *Chaîne de ceinture en argent et vermeil.*

Fin du XVIe siècle. L. 1,430.

La ceinture est composée de deux parties : la ceinture proprement dite, (long., 0,830) ; le pendant, (long., 0,600).

Ceinture formée de 24 médaillons percés à jour, l'un d'homme, l'autre de femme, posés dans une couronne de feuillages, et réunis par deux maillons ovales. La chaîne est interrompue avant ses trois derniers éléments par un ornement formé d'une guirlande de fruits, tombant d'une terrasse formée de lanières découpées, accostée de deux consoles courbes, et portant une figure de la Force accompagnée d'un lion dressé et d'un enfant. Cet accessoire, qui était placé à droite, semble destiné à accrocher l'éventail ou le miroir.

La ceinture est fermée par une plaque ronde, garnie au centre de rosaces à jour en filigrane d'argent.

Deux crochets, placés au revers, servent à agrafer la ceinture et le pendant composé de quatorze éléments semblables à ceux de la ceinture. Le dernier est soudé à un mufle de lion placé au milieu de rinceaux symétriques à jour, d'où pend une torsade en argent filigrané qui porte une pendeloque terminale.

Celle-ci en forme de balustre est accompagnée de consoles d'où pendent des boules de filigrane.

Une aigle, éployée, la tête à dextre est poinçonnée sur la plaque, et sur le premier élément de la chaîne et du pendant.

Règne de Napoléon III. — Donation Sauvageot.

N° 356 du Catalogue de la collection Sauvageot, par M. A. Sauzay.

D. **777** et **778**. — *Boucle et ferret de ceinture en cuivre doré, ajustés à une ceinture en velours rouge.*

Fin du XVIᵉ siècle.   Boucle. — L. 0,153.

Boucle ovale, dont le contour rentre en dedans pour recevoir l'ardillon que portent, sur une face, deux figures de la Foi et de la Prudence, sur l'autre, de la Tempérance et de la Force, assemblées à charnière ainsi que la boucle. Celle-ci est ornée d'un repéré à jour représentant la Justice au milieu de rinceaux.

La garniture se compose : Dessus, de deux fenestrages de style flamboyant, formés de deux couches de réseaux sur un fond de clinquant. L'un des fenestrages, contre la boucle, l'autre plus long, à un plan inférieur, sont bordés par de doubles rinceaux feuillagés dont le point d'attache porte une pierre bleue; enfin par une grande figure nue de la Charité accompagnée d'ornements feuillagés. — Dessous, un cartouche ovale portant l'inscription en relief, GEORG DENALBACH, entourée par une couronne que tiennent deux génies combinés avec des rinceaux. Au bout, et au-dessus de la boucle, deux médaillons imités de l'antique.

Ferret. — L. 0,120.

Mêmes dispositions que pour la garniture de la boucle, un peu amplifiées quant aux fenestrages. — La figure de l'Espérance remplace celle de la Charité. Le nom du cartouche a été enlevé. Les deux médaillons sont remplacés par deux mufles de lion qui tiennent une chaînette portant une petite boule à son extrémité.

Règne de Napoléon III. — Donation Sauvageot.

N° 355 du Catalogue de la collection Sauvageot, par M. A. Sauzay.

D. **779**. — *Cuillère en vermeil.*

Fin du XVIᵉ siècle.   H. 9,152.

Cuilleron en forme d'amande, soudé sur un manche orné d'un mascaron à sa partie inférieure, et d'une figure de femme, à bras et à jambes formés de feuillages.

Au revers du cuilleron la marque Z, avec une roue dentée surmontée d'un agneau, au-dessus de l'écusson.

Règne de Napoléon III. — Donation Sauvageot.

N° 387 du Catalogue de la collection Sauvageot, par M. A. Sauzay.

D. 780. — *Dé à coudre en vermeil.*

1587. H. 0,020. — D. 0,016.

Dé orné d'une zone inférieure composée de médaillons alternativement ovales et quatrilobés qui devaient être garnis d'émaux rouges translucides, contre un filet inférieur portant l'inscription :

1587. *Bei diffen geschench meia im besten Gedene^r.*

Au sommet est enchâssé un cristal eglomisé représentant un crucifix en or ainsi que la date 1587, sur fond pourpre, entouré d'un cercle d'azur.

La calotte manque.

Ancienne collection.

D. 781. — *Monture en argent fondu, repoussé et doré d'un coffret en jaspe vert.*

XVIe siècle. H. 0,107. — Long. 0,165. — Larg. 0,125.

Chacune des six plaques est montée dans une bordure ornée d'oves en repoussé. Les angles de la caisse, creusés en niche, abritant chacun une figure de guerrier debout sur un socle carré en saillie, qui suit le profil de celui des faces et porte sur une tortue.

Le dais de la niche est également protégé par une saillie rectangulaire de la moulure du couvercle, laquelle est surmontée par un bouton.

Une anse et une serrure ciselées garnissent, l'une le couvercle, l'autre la face antérieure.

Ancienne collection, MR. 167

N° 611 de la Notice des émaux, par M. le comte L. de Laborde.

D. 782. — *Monture en bronze, ciselé et doré, d'un coffret en cristal de roche.*

Fin du XVIe siècle. H. 0,071. — Long. 0,078. — Larg. 0,050.

La monture du couvercle est simplement à filets, ainsi que celle des arêtes de la boîte. Le soubassement seul est orné sur chacune des grandes faces d'un mascaron auquel sont accostées deux figures de femmes couchées et nues ; accompagnées, l'une d'un cygne, l'autre d'un paon. Sur les petits côtés chacune des deux figures est répétée avec un cartouche renfermant un buste d'homme portant une collerette tuyautée.

Une platine en forme d'écu porte un anneau dans lequel s'emmanche un moraillon de même forme, assemblé à charnière sur le couvercle.

Règne de Napoléon III. — Donation Sauvageot.

N° 490 du Catalogue de la collection Sauvageot, par M. A. Sauzay.

ORFÉVRERIE FRANÇAISE.

D. **783** *et* **784**. — *Deux médaillons ovales en argent.*

Commencement du XVIe siècle.   H. 0,011. — D. 0,009.

Louis XII, en buste, de trois quarts à droite, en cheveux longs, vêtu d'un surcot ouvert par-dessus un justaucorps, et tenant un anneau à la main.

Anne de Bretagne, en buste, de trois quarts à gauche, coiffée d'un bonnet à barbes tombantes, vêtue d'une robe ouverte par-dessus un corsage carré, un collier autour du col, une fleur à la main.

Règne de Napoléon III. — Donation Sauvageot.

N°s 324 et 325 du Catalogue de la collection Sauvageot, par M. A. Sauzay.

D. **785**. — *Médaillon en argent ciselé, découpé à jour et doré, monté en pendeloque.*

Commencement du XVIe siècle.   D. 0,040.

Antoine de Lorraine, duc de Lorraine et de Barre, de profil à gauche, portant une couronne ducale sur de longs cheveux, vêtu d'une cuirasse à garde-col, entourée par la légende circulaire : ✠ ANTHON. D. G. LOTHOR. ET BAR. DVX.

Le médaillon est entouré d'un anneau formé d'un bâton noueux, suspendu par trois chaînes à un anneau.

Règne de Napoléon III. — Donation Sauvageot.

N° 349 du Catalogue de la collection Sauvageot, par M. A. Sauzay.

Publié par M. A. Lièvre dans la *Collection Sauvageot*, pl. 85.

D. 786. — *Sceau en argent.*

France. — Commencement du XVI° siècle.   D. 0,031.

Sceau circulaire orné d'une poignée à charnière semi-circulaire repercée à jour de deux rosaces de style gothique du XV° siècle.

Sur le plat supérieur, de chaque côté de la poignée, un ornement formé de branches de vigne enlacées en réserve sur un fond gravé.

Sur le plat inférieur, une figure de saint Jean nimbé, debout, avec cette légende circulaire :

LOSPITAL SAINCT IEHAN.

Le tout gravé en creux et semblant d'époque postérieure à l'exécution de la pièce.

Poinçonné sur la tranche d'une étoile à six rayons

Règne de Napoléon III. — Donation Sauvageot.

N° 377 du Catalogue de la collection Sauvageot, par M. A. Sauzay.

D. 787. — *Statue équestre de femme en argent repoussé, ciselé et doré avec ornements émaillés et niellés.*

Style de Germain Pilon. — XVI° siècle.   H. 0,366.

Une femme, les cheveux relevés sur la tête, le buste nu, couverte d'une robe lampassée retenue par une ceinture et qui découvre ses jambes, est assise de côté sur un cheval galopant et regarde en arrière. Elle tient les rênes de la droite et étend la gauche, qui tenait peut-être une trompette.

Le cheval, qui pose ses pieds de derrière sur des nuages qui montent sous le poitrail afin de le soutenir, porte une selle garnie et sanglée de bandes niellées, maintenue par un poitrail et une croupière niellée à lambrequins émaillés, ainsi que la bride.

Un collier, des brassards et des bracelets niellés ou émaillés, garnissent le cou et les bras de la femme.

Ancienne collection. — M. R. 485.

N° 830 de la Notice des émaux, par M. le comte L. de Laborde.

D. 788. — *Croix processionnelle.*

XVIe siècle.

H. sans le nœud 0,580. — H. avec le nœud 0,850. — L. 0,495.

Chaque branche, terminée par un fleuron en forme de lis qui naît d'un quatrelobes, s'insère dans un carré dont le côté est plus large qu'elle.

L'âme en bois est revêtue, sur les plats, de feuilles en argent estampé d'ornements qui représentent des doubles volutes feuillagées de chaque côté d'une tige centrale ; sur la tranche de colonnes formées de vases d'où naissent des tiges fleuronnées.

Face. Dans le carré central, l'agneau pascal à nimbe crucifère portant la croix à pennon. Dans les quatrefeuilles, les symboles évangéliques, nimbés, portant des banderoles avec leurs noms en repoussé, sur fond émaillé de bleu lapis.

Au sommet : s iohannes. : — Bras droit: s . lvc . — Bras gauche : s. marc. — A la base : s. mathi.

Au-dessus du Crucifix couronné d'épines, fixé par trois clous, le titulus : inri, sur fond émaillé de bleu.

Revers. Médaillon central ; une croix ancrée en émail bleu. Dans les quatrelobes, les docteurs de l'Eglise, nimbés, en pied, assis, revêtus de leurs costumes, en relief sur fond d'émail bleu.

Au sommet : sancte . gregorie , en pape, coiffé de la tiare à triple couronne, vêtu d'une tunique sur laquelle se croise l'étole par-dessous une chape ; portant de la gauche une croix à une double traverse, bénissant de la droite. — Bras droit: sancte ambrosi. En évêque, chapé, mitré, crossé, assis près d'un pupitre. — Bras gauche : sancte avgvstine, semblable au précédent. — Bas: sancte hieronime, coiffé du chapeau cardinalice, vêtu d'une robe et d'un manteau : tenant un livre et une croix, accosté d'un lion.

La croix s'emmanche dans un pied en cuivre doré, formé d'une douille plate où s'ajuste le fleuron de la branche inférieure ; douille qui surmonte un nœud aplati, orné en dessus et en dessous de godrons, et sur sa zone médiane de douze boutons en saillie, où s'enchâsse une fleur de lis en relief sur fond émaillé de bleu : une douille cylindrique s'allonge au-dessous pour recevoir le bâton processionnel (1).

Règne de Napoléon III. — Donation Sauvageot.
N° 329 du Catalogue de la collection Sauvageot, par M. A. Sauzay.
Publié par M. A. Lièvre dans la <i>Collection Sauvageot</i>, pl. 35.</p>

D. **789**. — *Plaque circulaire en argent repoussé, ciselé et doré.*

Fin du XVIe siècle.   D. 0,140.

Diane et Actéon. — A droite, Diane et deux nymphes dans l'eau jusqu'à mi-jambes, en avant d'une troisième enfoncée jusqu'à la ceinture. Au centre, un arbre dressé au bord du rivage, en arrière d'un chien. A gauche Actéon, debout, étendant le bras vers Diane, la tête couronnée d'un bois de cerf. Au fond, derrière lui, ses chiens dévorent un cerf. Fond d'eau et de ville.

Une couronne de lauriers, interrompue par quatre lanières, entoure la scène.

Règne de Napoléon III. — Donation Sauvageot.
N° 326 du Catalogue de la collection Sauvageot, par M. A. Sauzay.

D. **790** et **791**. — *Coupe avec son couvercle, en argent niellé à l'extérieur; surmontée d'une figure de Neptune : gravée et dorée à l'intérieur.*

Deuxième moitié du XVIe siècle.   H. 0,181. — D. 0,176.
Coupe. — H. 0,125. — D. 0,176.

Coupe plate, portée par l'intermédiaire d'un nœud en olive, formant balustre, sur un piédouche circulaire.

Intérieur. Ombilic en argent représentant saint Georges à cheval combattant le dragon à tête de lion, en émaux trans-

---

(1) Ce n'est guère qu'à partir des commencements du XVIe siècle que les croix deviennent solidaires de leur pied ; jusque là celles qui servaient sur l'autel en même temps qu'à la procession étaient munies d'une tige inférieure qui s'ajustait tantôt dans la table de l'autel, tantôt dans une douille, comme celle de l'exemple ci-dessus.

lucides sur relief. Fond gravé au pointillé représentant une frise de cavaliers combattant des lions. — Extérieur orné d'entre-lacs chargés d'un lacis et encadrant des arabesques.

Couvercle. — H. 0,080. — D. 0,181.

Couvercle formé d'un talon renversé aplati, se reliant avec un tore aplati, niellé comme la coupe et portant un Neptune à cheval sur un gros dauphin qui vogue sur les flots. Intérieur : — au centre, un écu « écartelé au 1er et 4e de... à la bande de sable..., au 2e et 3e écartelé, au 1er et 2e de.. aux deux lions passants de..., au 2^a et 3e de... au lion de... » surmonté d'une mitre. Une frise représentant une chasse au cerf et au sanglier entoure l'écu. Sous le bord : de combats de coqs, et des oiseaux dans une guirlande formée par un cep de vigne, le tout gravé très-finement au pointillé.

Ancienne collection. — M. R. 952.

N° 94 de la Notice des émaux, par M. le comte L. de Laborde.

D. 792. — *Coupe en argent doré portée par une statuette de Bacchus.*

XVIe siècle.   H. 0,180. — D. 0,232.

Coupe. — *Les Forges de Vulcain.* — Trois forgerons nus, dont un est assis de profil, l'autre vu de dos, à droite, et le troisième de face, frappent sur une enclume. A gauche un quatrième anime le feu de la forge. A droite, Vénus debout avec l'Amour. Fond de paysage et de ville.

Sur le bord, après trois filets, un rang d'oves gravés, où s'appuient des ornements de style arabe, gravés au ponctué.

Revers. Ornements rayonnants de même style et de même facture.

La figure de Bacchus soutenant une grappe de fruits sur sa cuisse droite, relève la main gauche sur son épaule et porte une corbeille de fruits sur la tête.

Pied orné de trois médaillons ovales repoussés, représentant : l'un, Sylène appuyé sur une outre ; l'autre, Neptune couché sur un dauphin ; le troisième, le Temps? agenouillé dans une vigne. Des lanières servent de bordure aux médaillons et forment entre chacun d'eux un godron plat, sur fond ponctué au ciselet.

Règne de Louis-Philippe. — N° 1367.

N° 847 de la Notice des émaux, par M. le comte L. de Laborde.

D. **793**. — *Plat à ombilic en argent repoussé et doré.*

Deuxième moitié du XVIe siècle.   D. 0,665.

Ombilic. — un fleuve couché parmi les roseaux, appuyé sur son urne et tenant une corne d'abondance : une ville au fond.

Fond. — Une frise formée par un combat de cavaliers, vêtus à l'antique, armés de lances et de masses d'armes, formant cinq épisodes principaux.

Marly formé de cannelures imitant un collier à chaînons longs et étroits, réunis deux à deux, et d'une couronne de lauriers

Bord — Quatre victoires, opposées deux à deux, assises sur des trophées, séparés par de petits génies se combattant deux à deux avec des masses d'armes, en avant d'une pente où s'attachent de longues guirlandes de palmes et de lauriers qui passent derrière les trophées.

Ourlet formé par une torsade.

Deux des enfants, qui se combattent de façon à croiser leur masses d'armes, portent des écus sur lesquels sont ces mêmes masses en sautoir sur champ d'azur, qui sont les armes des Gondy.

Au revers, les poinçons :

N° 852 de la Notice des émaux, par M. le comte L. de Laborde.

D. **794**. — *Ferret de ceinture en argent.*

Fin du XVIe siècle.   H. 0,078.

Pendeloque formée d'un massif cubique garni, sur chaque face, de larges rosettes saillantes guillochées à godrons ; la supérieure surmontée par une moulure où s'engage un anneau, l'inférieure portant une petite sphère percée d'ajours circulaires et amortie par un bouton.

Une spirale est attachée à l'anneau supérieur.

Règne de Napoléon III. — Donation Sauvageot.

N° 360 du Catalogue de la collection Sauvageot, par M. A. Sauzay.

ORFÉVRERIE FRANÇAISE.

D. **795**. — *Les armes de France en argent doré.*

Fin du XVIe siècle.   H. 0,041. — L. 0,025.

Un écu en pâte de verre bleu portant trois fleurs de lis en relief, surmonté de la couronne royale et entouré du collier de Saint-Michel.

Règne de Napoléon III. — Donation Sauvageot.

D. **796**. — *Couteau à manche en argent repoussé.*

XVIe siècle.   L. 0,140.

Le manche est orné de plusieurs lettres et monogrammes obtenus au repoussé, que M. A. Sauzay rapporte à Gaspard de Coligny, et explique ainsi : « Dans le double M nous trouvons Marguerite d'Ailly, sa mère ; dans le *phi* grec celui de François de Coligny, son père ; dans le double A celui d'Anne de Polignac, sa femme ; dans les deux C adossés placés dans un H, celui d'Henri de Coligny, son frère aîné ; et enfin dans les deux C accolés, Coligny-Châtillon, double nom que portait Gaspard Coligny, troisième du nom. Quant à l'S barré, c'est un rébus souvent employé à la renaissance, qui signifie *Fermesse*, pour *fidélité, constance, fermeté* » (1), et que Gabrielle d'Estrées adopta, ainsi qu'on le voit sur ses portraits, comme synonyme de son nom (S trait).

Règne de Napoléon III. — Donation Sauvageot.

No 688 du Catalogue de la collection Sauvageot, par M. A. Sauzay.

D. **797**. — *Cuillère en bois, à manche de vermeil.*

XVIe siècle.   H. 0,164.

Cuilleron en racine d'érable, en forme d'amande, s'ajustant dans un manche terminé par un corps de femme les bras croisés, dont les jambes se terminent en feuillages.

Derrière les épaules, un petit écu suspendu à un collier et gravé d'une herse.

Règne de Napoléon III. — Donation Sauvageot.

No 133 du Catalogue de la collection Sauvageot, par M. A. Sauzay.

---

1) *Les Collections célèbres*, t. I.

498   ORFÉVRERIE FRANÇAISE.

D. **798**. — *Cuillère en coquille et en argent.*

Fin du XVIe siècle.　　　　　　H. 0,193.

Cuilleron en coquille mouchetée, poignée formée par un satyre debout portant un bouton sur la tête.

Règne de Napoléon III. — Donation Sauvageot.
N° 384 du Catalogue de la collection Sauvageot, par M. A. Sauzay.

D. **799**. — *Cuillère en nacre et vermeil.*

Fin du XVIe siècle.　　　　　　H. 0,143.

Cuilleron en nacre assemblé dans un écusson découpé auquel s'ajuste une poignée formée par un terme grotesque, dont la gaîne se termine en volute. Une autre volute s'ajuste derrière la tête.

Règne de Napoléon III. — Donation Sauvageot.
N° 383 du Catalogue de la collection Sauvageot, par M. A. Sauzay.

D. **800** *et* **801**. — *Cuillère — Fourchette en argent.*

Fin du XVIe siècle.　　　　　　H. 0,142.

Cuilleron ovale muni au-dessous de quatre passants où s'ajustent les trois dents d'une fourchette assemblée à charnière sur le manche. Celui-ci, formé par un hermès, terminé par une gaîne ronde cannelée, porte un bouton en forme de vase, lequel sert de manche à un cure-dent en argent.

Un petit manchon à coulisse, mobile au pied du manche, sert à maintenir rigide la queue de la fourchette, assemblée à charnière, et pouvant se replier sur le manche.

Règne de Napoléon III. — Donation Sauvageot.
N° 389 du Catalogue de la collection Sauvageot, par M. A. Sauzay.

D. **802**. — *Cuillère en vermeil à manche d'ivoire.*

Fin du XVIe siècle.　　　　　　H. 0,151.

Cuilleron ovale en vermeil, à manche soudé, auquel est ajusté une poignée en ivoire pétrifié représentant un buste

ORFÉVRERIE FRANÇAISE. 499

de femme portant un casque en forme de mufle de lion, sans bras, et terminé par une gaîne feuillagée.

Règne de Napoléon III. — Donation Sauvageot.
N° 386 du Catalogue de la collection Sauvageot, par M. A. Sauzay.

D. **803**. — *Cadenas en or avec sa clef.*

XVIe siècle.   H. 0,112.

Cadenas sphérique en argent, monté en or avec fermeture à étrier et clef semblable.

Règne de Napoléon III. — Donation Sauvageot.
N° 403 du Catalogue de la collection Sauvageot, par M. A. Sauzay.

D. **804**. — *Sifflet en vermeil suspendu à une chaîne semblable.*

XVIe siècle.   H. 0,029. — L. 0,047.

Un triton à longue queue feuillagée, portant sur le bras droit un bouclier en forme de tête de lion, tient embrassé de la gauche une femme nue assise sur l'ornement qui le termine. Elle porte une corne d'abondance et pose ses pieds sur une boule où s'applique en même temps la queue du monstre. La gueule du lion sert de bec au sifflet. — Argent fondu, ciselé et doré.

Règne de Napoléon III. — Donation Sauvageot.
N° 399 du Catalogue de la collection Sauvageot, par M. A. Sauzay.

D. **805**. — *Cure-oreille en argent.*

Fin du XVIe siècle.   H. 0,095.

Bijou imitant une corne d'abondance portant un fruit côtelé.

L'extrémité inférieure forme le cure-oreille. Le corps sert de manche à un cure-dent recourbé en argent, mobile autour d'une goupille qui maintient également le fruit terminal garni d'un anneau de suspension.

Manche orné d'entrelacs et de feuillages symétriques en réservé sur fond gravé.

Règne de Napoléon III. — Donation Sauvageot.
N° 370 du Catalogue de la collection Sauvageot, par M. A. Sauzay.

MONTRES (1).

D. 806. — *Montre en cristal de roche en forme de croix, montée en bronze ciselé et doré.*

Fin du XVIe siècle. H. avec la bélière 0,064. — L. 0,034.

La cadran circulaire en or émaillé d'un anneau bleu sous les heures, porte au centre un Saint-Esprit en relief émaillé de blanc sur un fond pourpre translucide radié de noir. Il pose sur une plaque d'argent en forme de croix, à bouts arrondis, gravée dans le bas d'une figure, tenant un miroir et un serpent, assise entre des rinceaux qui garnissent les deux bras de la croix. Au sommet un chérubin.
Mouvement à chaînette, signé : *C. Phelizot, à Dijon.*

Ancienne Collection.

D. 807. — *Montre en cristal de roche, en forme d'octogone allongé, montée en cuivre doré.*

Fin du XVIe siècle. H. avec la bélière 0,045. — L. 0,027.

Le dessus et le dessous sont taillés en rose
Cadran annulaire à une seule aiguille formée par un lézard émaillé de vert, encadrant une vue de ville, et entouré par des ornements gravés elliptiques.
Mouvement à corde en boyau, signé : *Rouhier, à Dijon*

Règne de Napoléon III. — Donation Sauvageot.

N° 434 du Catalogue de la collection Sauvageot, par M. A. Sauzay.

Publié dans le *Moyen âge et la renaissance*, t. II ; et par M. Ed. Lièvre dans la *Collection Sauvageot*, p. 101.

D. 808. — *Montre en cristal de roche, de forme circulaire, montée en cuivre gravé et doré.*

Fin du XVIe siècle. D. 0,037.

Le couvercle et la boîte à cuvette sont gravés de douze godrons plats.

---

(1) Voir pour les montres en cuivre le catalogue de la série C, par M. A. Sauzay.

ORFÉVRERIE FRANÇAISE. 501

Cadran circulaire à une seule aiguille encadrant une vue de ville, gravée.
Mouvement en corde de boyau, signé : *Estienne Debolo*.

Règne de Napoléon III. — Donation Sauvageot.

N° 433 du Catalogue de la collection Sauvageot, par M. A. Sauzay.

D. **809**. — *Montre de cristal de roche, en forme de croix, montée en cuivre gravé et doré.*

Fin du XVIe siècle.   H. 0,064. — L. 0,039.

Cadran circulaire en argent à une seule aiguille, sur une croix à bouts arrondis gravée de la *Résurrection* et de trois têtes de chérubins.
Mouvement à corde en boyau, signé : *Senebier*.

Règne de Napoléon III. — Donation Sauvageot.

N° 431 du Catalogue de la collection Sauvageot, par M. A. Sauzay.

Publié dans le *Moyen âge et la renaissance*, et par M. E. Lièvre dans la *Collection Sauvageot*, pl. 101.

D. **810**. — *Montre en cristal de roche, en forme de croix de Malte.*

Fin du XVIe siècle.   H. 0,035. — L. 0,035.

Cadran annulaire en argent à une seule aiguille, inséré dans un quatre lobes en cuivre gravé de fleurs et doré.
Mouvement à corde en boyau, signé : *Jolly, à Paris*. (Jolly exerçait sous les règnes de Charles IX et de Henri III.)

Règne de Napoléon III. — Donation Sauvageot.

N° 432 du Catalogue de la collection Sauvageot, par M. A. Sauzay.

Publié dans *le Moyen âge et la renaissance*, t. II, et par M. E. Liè dans la *Collection Sauvageot*, pl. 101.

D. **811**. — *Montre ovale en argent gravé et en partie doré.*

Fin du XVIe siècle.   H. avec la bélière 0,050. — L. 0,026.

Couvercle. — Mars et Vénus, nus et debout au milieu de rinceaux d'ornement. Dessous, une couronne de feuillages.

— Boîte à charnière. Deux femmes nues au milieu de rinceaux. Dessous, un cadran solaire et une boussole.

Tranche. — Rinceaux de fleurs. Figures et ornements gravés en réserve, sur fond gravé noir.

Cadran annulaire en argent, encadrant un paysage et entouré par des rinceaux avec oiseaux, accompagnant une figure nue de Minerve.

Mouvement à corde en boyau, signé Pierre Grebauual, s'enlevant à glissement.

Règne de Charles X. — Collection Révoil, n° 240.

D. **812**. — *Montre en argent en forme de bouton de fleur.*

Allemagne. — Fin du XVIe siècle. H. 0,055.— L. 0,33.

Cadran annulaire en argent à une seule aiguille, encadrant un paysage gravé, entouré par une tête de chérubin et des fruits gravés en réserve.

Mouvement à chaînette, signé *Michel Schulz, à Dantzig*, s'enlevant à glissement.

Règne de Napoléon III. — Donation Sauvageot.

N° 437 du Catalogue de la collection Sauvageot, par M. A. Sauzay.

Publié dans *le Moyen âge et la renaissance*, t. II.

D. **813**. — *Montre ovale en argent et en cuivre doré.*

XVIIe siècle. H. 0,048. — L. 0,040.

Dessus et dessous à charnière munis d'un cristal de roche monté en cuivre ciselé et doré, tranche formée d'une bande d'argent gravé de feuillages.

Cadran rond à une seule aiguille, entouré de huit compartiments gravés, représentant des femmes nues, des enfants, des fleurs, et circonscrivant une gravure qui représente un guerrier dormant sous un arbre, à côté d'un amour.

Mouvement à corde de boyau, signé : *R. Gervais. M.*

Règne de Napoléon III. — Donation Sauvageot.

N° 435 du Catalogue de la collection Sauvageot, par M. A. Sauzay.

ORFÉVRERIE FRANÇAISE. 503

D. 814. — *Montre en cuivre doré garni d'émaux en résille sur verre.*

XVIᵉ siècle.   H. 0,067. — L. 0,037.

Boîte ovale formée d'une garniture en cuivre gravé et doré, ouvrant dessus et dessous, munie d'une belière à anneau, et d'un bouton à l'autre extrémité. Garnie de six plaques d'émail en résille sur verre.

Sur les côtés, quatre plaques ornées de rosaces blanches évidées, d'où naissent des tiges filiformes interrompues ou terminées par des feuillages verts et jaunes, accompagnées de chapelets de perles blanches sur fond bleu lapis semitranslucide.

Sur le fond et le couvercle des feuillages symétriques, bleus, verts, pourpres translucides sur feuille d'or gravé, vert clair, jaune et blanc opaques : fond bleu lapis semitranslucide.

Cadran rond à une seule aiguille rapporté sur un champ ovale gravé de fleurs.

Sur la platine du mouvement, très-incomplet, la signature *Jean Thorelet, Rouen*, en caractères cursifs.

Règne de Napoléon III. — Donation Sauvageot.

Nº 436 du Catalogue de la collection Sauvageot, par M. A. Sauzay.

Publié par M. E. Lièvre dans la *Collection Sauvageot*, pl. 101.

D. 815. — *Anse de vase en or ciselé et émaillé.*

XVIᵉ siècle.   H. 0,096. — L. 0,080.

Formée d'un dragon à crinière, à crête et ailé, replié en demi-cercle, tenant dans la gueule un tenon.

Tête assemblée à baïonnette avec le corps. — Tête émaillée de bleu lapis opaque. Crinière et crête émaillées de bleu et de rouge translucide, de blanc opaque ainsi que les ailes ; le corps squameux, émaillé de vert ; queue, etc., émaillés de rouge translucide.

Ancienne collection, nº 221.

Nº 236 de la Notice des émaux, par M. le comte L. de Laborde.

PENDELOQUES.

D. 816. — *Pendeloque circulaire en or émaillé.*

XVIᵉ siècle.   D. 0,050.

Une image en buste de la Vierge portant l'Enfant-Jésus, sortant d'un croissant et entourée de rayons à jour, est entourée d'un anneau chargé de perles rivées. En dehors, des rayons alternativement aigus et flamboyants portant une perle à leur extrémité.

La Vierge porte un voile blanc par-dessous un second et ample voile bleu; l'Enfant-Jésus une robe verte; les rayons extérieurs étaient émaillés en vert.

Ancienne collection, n° 4845.
N° 834 de la Notice des Émaux, par M. le comte L. de Laborde.

D. 817. — *Pendeloque en forme de médaillon ovale, en or émaillé.*

XVIᵉ siècle.   H. 0,048. — L. 0,036.

D'un côté, *la Crucifixion.* — Le Christ en croix entre saint Jean et la Vierge. — De l'autre, le *Serpent d'airain.* Le serpent fixé sur une croix, entre les deux tables de la loi qui forment le revers des personnages de l'autre face. Or ciselé et émaillé, recouvert par deux lentilles en cristal de roche.

Monture émaillée de noir à godrons blancs et rouges, interrompue, sur la face, aux extrémités des deux rayons, par des rubis montés à griffe, accompagnés de rosettes à cinq lobes émaillées de bleu. Une perle est suspendue à la partie inférieure.

Règne de Napoléon III. — Donation Sauvageot.
N° 317 du Catalogue de la collection Sauvageot, par M. A. Sauzay.

D. 818. — *Pendeloque en forme de médaillon circulaire, en or émaillé orné de pierreries.*

Fin du XVIᵉ siècle.
H. avec la suspension 0,070. — L. 0,048.

L'Assomption. La Vierge debout, sur le croissant, en émeraudes et rubis, couronnée par deux anges, et accompagnée de chérubins au milieu des nuages, sur une gloire radiée; entre deux colonnes formées d'une émeraude entre deux rubis. Figures en or ciselé et émaillé.

Monture garnie de huit fleurons découpés, émaillés, au-dessus desquels sont montés des rubis en table dans de hautes bates garnies de rayons en métal ou en émail à leur base.— Trois chaînes rattachent le médaillon à un nœud découpé et émaillé.

Revers. Fleurons déliés, partant symétriquement d'une demi-rosace centrale, en émaux opaques et translucides incrustés.

Ancienne collection, n° 4845.

N° 834 de la Notice des émaux, par M. le comte L. de Laborde.

D. **819**. — *Pendeloque en or émaillé représentant un homme et une dame à cheval.*

Fin du XVIe siècle.   H. 0,075. — L. 0,039.

D'un nœud supérieur partent deux chaînes formées de rosaces attachées à des anneaux qui supportent un lacis de lanières qui sert de fond à un bouquet de fleurs symétriques émaillées, partant d'une émeraude centrale. Sur cette « terrasse » est posé un cheval marchant à droite et portant un cavalier en justaucorps vert, en haut chapeau à plumes, un faucon sur le poing, avec une dame en croupe. Costumes du temps de Charles IX.

Six perles suspendues, une à la rosette supérieure, cinq aux lanières. Deux rubis enchâssés sur le cheval.

Or émaillé de bleu, de rouge, de blanc rosé, de vert et de blanc.

Revers émaillé de même.

Règne de Napoléon III. — Donation Sauvageot.

N° 350 du Catalogue de la collection Sauvageot, par M. A. Sauzay.

D. **820**. — *Pendeloque en forme d'écu, en or ciselé, émaillé, décorée de pierres fines. Revers émaillé.*

Deuxième moitié du XVIe siècle.   H. 0,052. — L. 0,043.

Daniel dans la fosse aux lions. — Assis, les mains jointes, entouré par dix lions assis ou couchés dans une enceinte de rochers. Au sommet, Dieu le père lui apparaît, en buste, coiffé de la tiare, portant un sceptre.

Les bords découpés du cartouche dépassent la scène, et se rejoignent dans le bas à un mufle de lion au-dessous duquel pend une perle.

Daniel est assis sur un rubis. — Une émeraude et deux diamants sont placés verticalement de chaque côté de sa tête. — Pierres taillées en table.

Carnations et lions émaillés de blanc, — rochers de vert, — bord de l'écu en bleu et en rouge ou en vert translucide.

Revers. Une figure drapée assise au milieu d'ornements symétriques formés de pentes de feuillages et de rinceaux, qui portent ou que soutiennent deux satyres assis de chaque côté. — Emaux translucides sur relief. Bleus, verts, pourpres et blancs, et incolores sur les carnations.

Ancienne collection, n° 4847.

N° 835 de la Notice des émaux, par M. le comte L. de Laborde.

BAGUES.

D. 821. — *Bague en cuivre doré.*

Commencement du XVIe siècle.
D., le chaton compris, 0,035

Anneau à pans, montant droit pour se relier à un chaton plat qui représente *la Crèche* en relief, et qui est rapporté sur la bague. Anneau gravé de feuillages et des trois inscriptions suivantes, en caractères moitié romains, moitié gothiques : AVE MARIA GRATIA : DEUS AQV : AVE MARIA GRATIA PE.

Une feuille en relief, grossièrement ciselée, l'une timbrée d'une croix, est placée de chaque côté du chaton et semble le retenir.

Règne de Charles X. — Collection Durand, n°s 253-4941.

N° 1044 de la Notice des émaux, par M. le comte L. de Laborde.

D. 822. — *Bague en or émaillé montée d'un diamant.*

XVIe siècle.   H. 0,028. — L. 0,022.

Anneau méplat, ciselé sur les côtés de légers feuillages

symétriques se détachant sur de l'émail bleu, terminé par des enroulements imitant une cariatide.

Le chaton, formé de deux pyramides quadrangulaires opposées, est soutenu par huit consoles de formes variées, émaillées de blanc et de grenat.

Diamant en table, monté à griffes plates.

Règne de Napoléon III. — Donation Sauvageot.

N° 404 du Catalogue de la collection Sauvageot, par M. A. Sauzay.

D. **823**. — *Bague en or montée d'un diamant.*

XVIᵉ siècle.   H. 0,034. — L. 0,025.

Anneau rond, ciselé de chaque côté de lacs se détachant sur un fond d'émail noir, terminé par deux volutes latérales et une rose à quatre pétales aigus émaillés de blanc. Chaton carré, orné d'un jonc cannelé à la base, émaillé de noir sur ses faces, garni, sur les angles, de griffes renforçant une bâte en pyramide qui enchâsse un diamant en table et à biseau.

Règne de Napoléon III. — Donation Sauvageot.

N° 412 du Catalogue de la collection Sauvageot, par M. A. Sauzay

D. **824**. — *Bague en or montée d'un diamant.*

Commencement du XVIᵉ siècle.   H. 0,028. — L. 0,023.

Anneau méplat gravé de feuillages de chaque côté, portant un chaton carré, creusé d'une gorge à sa base, à griffes, laissant passer la bâte pyramidale où le diamant en table et à biseau est enchâssé.

Règne de Napoléon III. — Donation Sauvageot.

N° 419 du Catalogue de la collection Sauvageot, par M. A. Sauzay.

D. **825**. — *Bague en argent émaillé montée d'un rubis.*

Fin du XVIᵉ siècle.   H. 0,024. — L. 0,026.

Anneau champlevé sur les côtés et incrusté d'émail noir dessinant des feuillages aigus. Chaton en pyramide carrée creusé de cannelures incrustées d'émail noir avec un point blanc enchâssé d'un rubis en table.

Règne de Napoléon III. — Donation Sauvageot.
N° 413 du Catalogue de la collection Sauvageot, par M. A. Sauzay.

D. **826**. — *Bague en or émaillé, montée d'un rubis en table.*

XVIe siècle.   H. 0,027.

Anneau méplat terminé par des enroulements en forme de gaîne, s'ajustant avec un chaton rectangulaire, s'épanouissant à la base en quatre lobes gravés et émaillés, garni aux angles de griffes qui renforcent la bâte lisse.
Émaux blancs, noirs, rouges, bleus, turquoise et verts.

Règne de Napoléon III. — Donation Sauvageot.
N° 416 du Catalogue de la collection Sauvageot, par M. A. Sauzay.

D. **827**. — *Bague en or émaillé, montée d'un rubis.*

XVIe siècle.   H. 0,023. — L. 0,020.

Anneau méplat, terminé à chaque extrémité par des fleurons ciselés en façon de cariatide, émaillés de blanc, encadrant une rose à quatre lobes émaillée de rouge. Chaton carré, orné à sa base d'une moulure à godrons, émaillé de blanc sur ses faces, à griffes renforçant une bâte pyramidale, où le rubis est enchâssé.

Règne de Napoléon III. — Donation Sauvageot.
N° 405 du Catalogue de la collection Sauvageot, par M. A. Sauzay.

D. **828**. — *Bague en or émaillé, montée d'un rubis cabochon.*

XVIe siècle.   H. 0,025.

Anneau méplat, terminé par des enroulements qui s'ajustent à un chaton rectangulaire orné d'une large moulure gravée à sa base et muni de quatre griffes renforçant la bâte lisse où le rubis est enchâssé.
Trace d'émail rouge...

Règne de Napoléon III. — Donation Sauvageot.
N° 421 du Catalogue de la collection Sauvageot, par M. A. Sauzay.

D. **829**. — *Bague en or émaillé, montée d'une émeraude en table.*

XVIe siècle. H. 0,028.

Anneau méplat terminé par des enroulements s'ajustant avec un chaton carré, orné à la base d'une moulure en talon cannelée, et d'un filet au-dessus duquel monte la bâte garnie de griffes à ses angles.
Emaux blancs, verts et noirs.

Règne de Napoléon III. — Donation Sauvageot.
N° 411 du Catalogue de la collection Sauvageot, par M. A. Sauzay.

D. **830**. — *Bague en or émaillé, montée d'une émeraude en table.*

XVIe siècle. H. 0,022.

Anneau à filet saillant terminé en gaîne, strié, s'ajustant avec un chaton rectangulaire, à culot arrondi, émaillé de noir ainsi que les gaînes.

Trouvée dans la Seine en 1841.

Règne de Napoléon III. — Donation Sauvageot.
N° 407 du Catalogue de la collection Sauvageot, par M. A. Sauzay.

D. **831**. — *Bague en or émaillé, montée d'une émeraude.*

XVIe siècle. H. 0,024.

Anneau méplat s'ajustant par des consoles à un chaton carré, ornée d'une torsade sur chaque arête, portant une émeraude en table.
Quelques traces d'émail bleu, rouge et noir.

Règne de Napoléon III. — Donation Sauvageot.
N° 410 du Catalogue de la collection Sauvageot, par M. A. Sauzay.

D. **832**. — *Bague en or, montée d'opales et d'une émeraude.*

XVIe siècle. H. 0,022. — L. 0,017.

Anneau méplat, ciselé sur les côtés qui se terminent en

façon de cariatide. Chaton carré enchâssant une petite table d'émeraude, entouré de huit perles en opale montées à griffes sur de petits chatons ronds portés entre les branches de huit rayons cannelés qui partent d'un point central situé au-dessous, et dont les extrémités arrondies dépassent la ceinture d'opales.

Règne de Napoléon III. — Donation Sauvageot.
N° 420 du Catalogue de la collection Sauvageot, par M. A. Sauzay.

D. 833. — *Bague en argent doré, montée d'une hyacinthe.*

XVIe siècle.   H. 0,025. — L. 0,021.

Anneau méplat terminé par un ornement imitant une cariatide s'ajustant à un chaton carré, creusé de cannelures, où est enchâssé un rubis en table.

Règne de Napoléon III. — Donation Sauvageot.
N° 422 du Catalogue de la collection Sauvageot, par M. A. Sauzay.

D. 834. — *Bague en or montée d'un grenat cabochon.*

XVIe siècle.   H. 0,028. — L. 0,022.

Anneau méplat, terminé à chaque extrémité par une imitation de cariatide, portant un chaton formé d'un quatre-lobes ciselé dont les contours se prolongent en griffes qui renferment la bâte où est monté le grenat cabochon.
Email enlevé.

Règne de Napoléon III. — Donation Sauvageot.
N° 418 du Catalogue de la collection Sauvageot, par M. A. Sauzay.

D. 835. — *Bague en or émaillé montée d'un grenat cabochon.*

XVIe siècle.   H. 0,030.

Anneau méplat terminé par un écusson, s'ajustant avec un chaton conique ovale, à bords festonnés de quatre grands et quatre petits lobes, gravé et émaillé. La pierre est ajustée dans une bâte lisse maintenue par quatre griffes.
Les extrémités de l'anneau, et la base du chaton émaillés de bleu clair, de noir et de blanc.

Règne de Napoléon III. — Donation Sauvageot.
N° 416 du Catalogue de la collection Sauvageot, par M. A. Sauzay.

D. **836**. — *Bague en or émaillé d'une cornaline.*

XVIᵉ siècle.   H. 0,027.

Anneau méplat, terminé par des lanières en forme de buste, ajusté à un chaton carré, orné de godrons à sa base, et de quatre griffes garnissant la bâte lisse et la dépassant pour saisir la pierre.

Règne de Charles X. — Collection Révoil, n° 231.
N° 815 de la Notice des émaux, par M. le comte L. de Laborde.

D. **837**. — *Bague en or émaillé, montée d'une turquoise.*

XVIᵉ siècle.   H. 0,025.

Anneau méplat, terminé par deux petites cariatides s'ajustant par des volutes à un chaton exagone allongé, orné de moulures et armé de six griffes qui se prolongent par-dessus la bâte pour saisir la turquoise.

Moulures et termes émaillés de bleu, rouge, vert, blanc et noir. Dessous du chaton émaillé de noir avec petites réserves en forme de croissant.

Règne de Napoléon III. — Donation Sauvageot.
N° 409 du Catalogue de la collection Sauvageot, par M. A. Sauzay.

D. **838**. — *Bague en or montée d'une turquoise.*

XVIᵉ siècle.   H. 0,028.

Anneau méplat, terminé par un écusson accosté de volutes s'ajustant à un chaton conique divisé en quatre lobes orné à la base de rinceaux symétriques en réserve.

Les côtés des lobes se prolongent en griffes pour saisir la turquoise conique qui garnit le chaton.

Règne de Napoléon III. — Donation Sauvageot.
N° 415 du Catalogue de la collection Sauvageot, par M. A. Sauzay.

D. **839**. — *Bague en or ciselé, montée d'un lapis-lazuli.*

Fin du XVIᵉ siècle.   H. 0,027. — L. 0,019.

Anneau méplat terminé de chaque côté par une tête d'où

descend une palmette. Chaton carré en double pyramide, godronné sur la moulure de base, ciselé sur les faces de la bâte, qui enchâsse un lapis-lazuli taillé en dôme à quatre faces.

Règne de Napoléon III. — Donation Sauvageot.
N° 423 du Catalogue de la collection Sauvageot, par M. A. Sauzay.

D. **840**. — *Bague en cuivre, montée d'une turquoise.*

XVIe siècle.   H. 0,027. — L. 0,022.

Anneau méplat, ciselé de feuillages de chaque côté, portant un chaton ovale conique, orné de quatre bossages ciselés, et portant une turquoise ovale.

Ancienne collection.

D. **841**. — *Bague en argent doré.*

XVIIe siècle.   H. 0,025.

Anneau méplat, terminé à chaque extrémité par un terme s'ajustant au moyen de volutes avec un chaton ovale portant le monogramme IHS en relief.

ORFÉVRERIE EN FER.

D. **842**. — *Bague en fer ciselé.*

Fin du XVIe siècle.   H. 0,030.

Anneau méplat terminé par deux termes, l'un humain, l'autre féminin, les bras croisés, en avant de cuirs découpés dont les lanières recouvrent la gaîne. Ils sont adossés à un chaton ovale dont la tranche est, sur chaque face, ornée d'un mascaron au milieu d'un cartouche en cuirs découpés. Deux épées en sautoir sont retenues dans les enroulements, de chaque côté de l'un des mascarons.

Le chaton en fer est gravé d'un autel enflammé, avec la légende circulaire :

RIENS SANS AMOVR

Règne de Napoléon III. — Donation Sauvageot.
N° 583 du Catalogue de la collection Sauvageot, par M. A. Sauzay.
Publié par M. A. Lièvre dans la <i>Collection Sauvageot</i>, pl. 27, et par M. Ph. Burty dans les <i>Chefs-d'œuvre des arts industriels</i>.</div>

D. 843. — *Monture d'escarcelle, dite de Henri II, en fer ciselé et en partie doré.*

XVIᵉ siècle.   H. 0,145. — L. 0,111.

Monture ovale surmontée d'un bouton ajusté avec un anneau de suspension mobile et de forme allongée.

Anneau garni à la base de quatre feuilles de laurier, et sur chaque face d'une figure de femme sans bras, ailée, et sortant d'une gaîne.

Bouton orné de quatre mufles de lion. La monture s'ajuste au-dessous du bouton par un médaillon ovale, que soutient une tête d'enfant ailé et qui renferme une figure de la Renommée debout. Le médaillon est accosté de deux figures nues, qui le soutiennent de leurs bras relevés derrière la tête : l'une de jeune homme, l'autre de jeune femme, couchées sur des guirlandes de fleurs.

La garniture de l'entrée de l'escarcelle s'élargit légèrement vers la partie inférieure où se trouve un médaillon ovale où sont couchés deux fleuves barbus, appuyés sur des urnes dorées, en avant d'un vase à deux anses, à ornements en relief et dorés.

De chaque côté du médaillon s'appuie un petit génie ailé, dont le corps se termine par de longs rinceaux dont les volutes feuillagées, terminées par des rosaces ou des bouquets de feuilles, garnissent toute la surface de la monture et rejoignent les deux figures supérieures.

Revers. Une coquille au-dessus d'une draperie contre le médaillon supérieur. De nombreux anneaux rivés dans la plaque pour fixer les bords de l'escarcelle.

Figures et ornements ciselés en relief sur fond doré.

La ressemblance de cette monture avec la forme de celle du portrait de Henri II, par Clouet, dit Janet, a fait supposer qu'elle avait appartenu a ce roi de France.

Règne de Napoléon III. — Donation Sauvageot.

N° 582 du Catalogue de la collection Sauvageot, par M. A. Sauzay.

Publié par M. A. Lièvre dans la *Collection Sauvageot*, pl. 17, et par M. Ph. Burty dans les *Chefs-d'œuvre des arts industriels*.

D. 844. — *Tablettes en fer partiellement doré.*

Fin du XVIᵉ siècle.   H. 0,068. — L. 0,042.

Deux feuilles de fer mobiles autour d'un axe placé au milieu de leur petit côté, recouvrent trois feuilles d'ivoire, et sont maintenues fermées par un petit moraillon. Le long d'une des feuilles une garniture, comme le dos d'un livre, reçoit un crayon.

Faces recouvertes de reliefs de style pseudo-arabe, dorés et imitant la damasquine.

Règne de Napoléon III. — Donation Sauvageot.
N° 392 du Catalogue de la collection Sauvageot, par M. A. Sauzay.

Publié par M. E. Lièvre dans la *Collection Sauvageot*, pl. 63.

XVIIe SIÈCLE.

ITALIE.

D. 845. — *Croix de Malte en argent filigrané et doré.*

XVIIe siècle. H. 0,073. — L. 0,050.

Chaque face est bordée d'une corde en filigrane tordu encadrant des moulures filigranées qui entourent des rosaces et des demi-rosaces en fils plats garnies d'un réseau flamboyant à jour en filigrane tordu accompagné de perles en métal.

La tranche est formée d'un lacis en fil plat. Une boule à jour est fixée à l'extrémité de chaque bras; une autre est suspendue dans le bas.

Règne de Napoléon III. — Donation Sauvageot.
N° 332 du Catalogue de la collection Sauvageot, par M. A. Sauzay.

D. 846. — *Monstrance en filigrane.*

XVIIe siècle. H. 0,114.

Monstrance en forme de lanterne, fermée sur chaque face par une plaque en cristal de roche; arêtes garnies d'une torsade en filigranes, se combinant avec un amortissement et un couronnement de même travail.

ORFÉVRERIE ITALIENNE. 515

A l'intérieur, une statuette en ivoire de l'Enfant-Jésus debout, tenant le globe et bénissant.

Règne de Napoléon III. — Donation Sauvageot.

N° 328 du Catalogue de la collection Sauvageot, par M. A. Sauzay.

D. **847**. — *Médaillons en argent, montés en filigrane d'argent.*

XVIIe siècle.   H. 0,078. — L. 0,071.

Face. La Vierge, à nimbe crucifère, de profil à droite avec la légende MATER IESV CHRISTI ORA P. N. Le monogramme F.·. sur la tranche de l'épaule.

Revers. Les bustes de saint Pierre et de saint Paul, nimbés, de profil à gauche, avec la légende S. PETRVS. S. PAVLVS.

Bordure formée de larges palmettes en filigrane d'argent plat encadrant un remplissage de filigrane tordu.

Règne de Napoléon III. — Donation Sauvageot.

N° 319 du Catalogue de la collection Sauvageot, par M. A. Sauzay.

Publié par M. A. Lièvre dans la *Collection Sauvageot*, pl. 17.

D. **848** et **849**. — *Deux pendants d'oreille en or, décorés de filigranes et de perles.*

XVIIe siècle.   H. 0,000.

Un nœud, formé d'une feuille d'or percé à jour, à bords contournés et à surface gondolée, est orné de boucles en filigrane tordu, et porte une pendeloque. Celle-ci est formée de deux disques bombés opposés et découpés, ornés de filigranes, portés par une boule à jour et reliés avec elle par quatre bandes d'or garnies de filigranes formant consoles.

Des grappes de petites perles sont suspendues au nœud et autour de la pendeloque.

Règne de Napoléon III. — Donation Sauvageot.

N° 364 du Catalogue de la collection Sauvageot, par M. A. Sauzay.

D. **850**. — *Miroir octogone monté en cuivre émaillé et doré, garni de corail.*

Naples ou Barcelonne. — Commencement du XVIIe siècle.
H. 0,400. — L. 0,340.

Miroir octogone allongé à biseau, dans une moulure

saillante ornée d'amandes en corail et de petites rosaces émaillées de blanc sur chaque angle. Ornement extérieur, formé d'un filet chevronné blanc et bleu, et de palmettes à jour composées, sur chaque côté, de deux rinceaux affrontés, se reliant avec deux ailes qui encadrent une coquille émaillée bleu et blanc, qu'accompagnent des fleurons en corail, et des perles de verre turquoise. Sur chaque angle, un double rinceau, surmonté par une rosace en corail.

Revers. Une figure de jeune fille, portant une corbeille et une branche de fleurs, dans un ovale entouré par quatre grands fleurons symétriques gravés.

Règne de Napoléon III. — Donation Sauvageot.

N° 176 du Catalogue de la collection Sauvageot, par M. A. Sauzay.

Publié par M. A. Lièvre dans la *Collection Sauvageot*, pl. 80.

D. **851**. — *Garniture en argent d'un cabinet en ébène.*

XVIIe siècle.

H. du cabinet 0,174. — L. 0,177. — Ép. 0,132.

Soubassement orné de moulures et renfermant un tiroir, surmonté d'un coffret à deux ventaux recouvrant neuf petits tiroirs de dimensions différentes, recouvert, par-dessus la corniche, d'une boîte en retraite à côtés en doucine. 113 ornements en argent découpé, ciselé, doré par places, formant vases, cartouches, rosettes et perles, et quatre pieds ronds en argent garnissent ce cabinet muni en outre de deux poignées latérales, d'entrées de serrure et de charnières en cuivre doré.

Règne de Napoléon III. — Donation Sauvageot.

N° 85 du Catalogue de la collection Sauvageot, par M. A. Sauzay.

ALLEMAGNE.

D. 852. — *Plateau à ombilic en vermeil, décoré d'animaux en argent peint.*

xviie siècle. D. 0,450.

Ombilic chargé d'un écu vide, posé sur un fond guilloché entouré d'une couronne.

Autour de l'ombilic une terrasse ornée de plantes qui croissent sur trois monticules entre lesquels sont placées trois petites tortues.

Sur le fond, des couleuvres, des écrevisses et des grenouilles disposées symétriquement, peintes de couleurs naturelles, ainsi que les fleurs et les terrains.

Bord rapporté et orné d'un motif, douze fois répété, et borné d'un côté par un écusson ovale encadrant une amande en argent niellé d'arabesques, et de l'autre par un écusson plus large rempli par un vase, orné d'un mufle de lion sur la panse, et d'un buste de femme sur le couvercle.

L'ornement se compose de deux éléments formés chacun d'un pilier avec niche en saillie, supportant un sommier en encorbellement de chaque côté, sur lequel s'ouvrent un arc surbaissé et deux demi-arcs.

Les deux demi-arcs de l'élément de droite et de l'élément de gauche se rejoignent pour former un arc surhaussé.

Le champ, encadré par les deux piliers et par cet arc, est rempli par un cartouche allongé et évidé, chargé au centre d'une tête de lion qui supporte une corbeille de fruits que surmonte un vase.

Le sommier, au droit de chaque pilier, est interrompu par une tête ailée, qui porte une corbeille de fruits. Du vernis vert, rouge, remplissait les lanières des cartouches.

Un rang de perles et une couronne de feuilles de chêne interrompue par de petits cartouches et par une coquille rapportée au droit de chaque petit écusson, ourle le bord intérieurement.

Un rang de petites palmettes entourées par leur tige et séparées par un fleuron, forme l'ourlet extérieur. Une longue feuille rapportée l'interrompt au droit de chaque écusson ovale, le bord étant formé de six morceaux dont la coquille, l'amande niellée et la grande feuille cachent les assemblages.

Revers. Orné d'écrous en forme de rosettes qui maintiennent les amandes et les vases du bord et fixent celui-ci sur le plat où il est lui-même rapporté. — Poinçon N et W sur un écu triangulaire qui semble contenir une grappe de raisin.

Musée Royal, n° 484.

N° 853 de la Notice des émaux, par M. le comte L. de Laborde.

D. 853. — *Hanap à couvercle, sur une haute tige en argent repoussé et ciselé, partiellement émaillée, décoré de grenats.*

XVIIe siècle.   H. 0,285.

Coupe en gobelet, portant sur une fausse coupe émaillée, ainsi que la tige à nœud et le pied, et décorée de trois émaux ovales, dans un cartouche à bords découpés arrondis, séparés par une tête de chérubin ailée.

Couvercle à bord plat, festonné, orné de même; les émaux étant séparés par un mascaron accompagné de feuillages, surmonté par un faux couvercle émaillé, qui porte un bouton de même.

Voir pour les émaux les n°⁸ D. 694 à 702.

Règne de Napoléon III. — Légué par M. Th. Dablin.

D. 854. — *Salière en cuivre fondu, repoussé et doré.*

Commencement du XVIIe siècle.   H. 0,220.

Sur un pied circulaire se dresse une statue de femme nue qui porte sur sa tête trois coquilles disposées circulairement entre lesquelles un enfant se tient debout portant une couronne.

Le pied, dont le profil est en talon, est orné d'une guirlande de grosses fleurs de lis épanouies.

Règne de Napoléon III. — Donation Sauvageot.

N° 512 du Catalogue de la collection Sauvageot, par M. A. Sauzay.

D. 855. — *Modèle d'aiguière en vermeil.*

XVIIe siècle.   H. 0,061.

Aiguière en balustre, à huit pans, avec une anse en S venant se rattacher à l'ouverture échancrée.

ORFÉVRERIE ALLEMANDE.   519

Sur chaque pan, deux médaillons en relief ornés d'arabesques en émail bleu incrusté.
Argent fondu et doré.

Règne de Napoléon III. — Donation Sauvageot.

N° 401 du Catalogue de la collection Sauvageot, par M. A. Sauzay.

D **856**. — *Agrafe en forme d'aigle, en or émaillé orné de grenats.*

XVIIe sièc'e.   H. 0,082.

Aigle blanche, les ailes ouvertes, portant la couronne impériale, le sceptre et le globe croiseté. Un morceau d'ambre brun, en forme de cœur, couvre le corps. Des grenats en table garnissent les pennes des ailes et de la queue, et décorent la couronne, le globe et le sceptre. Une perle est suspendue à la partie inférieure.

Oiseau émaillé de blanc, dessiné en noir. Globe bleu.

N° 839 de la Notice des émaux, par M. le comte L. de Laborde.

D. **857**. — *Cassolette sphérique à parfums, en filigrane d'argent.*

XVIIe siècle.   D. 0,045.

Boule formée de deux hémisphères se réunissant sur un anneau saillant, formée de feuilles d'argent percées à jour et recouvertes de cercles en filigranes encadrés les uns dans les autres, comme sont les réseaux des fenêtres gothiques de style rayonnant; des perles d'argent font saillie sur le réseau.

L'hémisphère supérieur est fixé par un anneau à une chaîne terminée elle-même par un anneau de doigt.

Cette cassolette contient une boule de parfums, que traverse une douille à écrou où s'engage une vis dont la tête est terminée par une rosace et un petit anneau qui fait saillie au pôle de l'hémisphère inférieur.

Règne de Napoléon III. — Donation Sauvageot.

N° 367 du Catalogue de la collection Sauvageot, par M. A. Sauzay.

D. **858**. — *Cassolette sphérique à parfums.*

XVIIe siècle.   D. 0,031.

Boule formée de deux hémisphères en argent; le supérieur

percé de trois demi-rosaces à jour et attaché à une chaîne l'inférieur plein, gravé d'une grande rosace et de l'inscription :

A.O.B. S'666 ANNA BRIGITTA. VON. BUSCH.

Les deux hémisphères sont réunis par une vis et un écrou intérieurs à travers un diaphragme plein qui porte l'anneau d'équateur.

Quatre morceaux de parfums garnissent les quatre cases de la boîte inférieure.

Règne de Napoléon III. — Donation Sauvageot.

N° 366 du Catalogue de la collection Sauvageot, par M. A. Sauzay.

D. **859**. — *Cassolette à parfums, en forme de colimaçon, en argent doré, suspendue à une chaîne semblable.*

XVIIᵉ siècle.   H. 0,032.

Sur un diaphragme en argent strié, dont une partie imite la tête d'un colimaçon, s'ouvrent d'un côté un couvercle en forme de la coquille du colimaçon, de l'autre un second couvercle, de même forme mais à jour.

Le couvercle plein est divisé en quatre compartiments, auxquels correspondent sur le diaphragme les quatre lettres suivantes ainsi disposées.

M	N
S	R

Règne de Napoléon III. — Donation Sauvageot.

N° 365 du Catalogue de la collection Sauvageot, par M. A. Sauzay.

D. **860**. — *Cachet-flacon en argent.*

XVIIᵉ siècle.   H. 0,048.

Manche cylindro-conique formé d'un assemblage de têtes grotesques.

Sur le couvercle, en goutte de suif, trois têtes semblables.

Ce couvercle, assemblé à vis, porte en dessous un sujet obscène.

Règne de Napoléon III. — Donation Sauvageot.

N° 378 du Catalogue de la collection Sauvageot, par M. A. Sauzay.

D. 861. — *Reliure en argent repercé à jour et ciselé.*

XVIIe siècle.   H. 0,087. — L. 0,047. — Ép. 0,022.

Les deux ais et le dos sont formés de feuilles d'argent, découpées à jour et gravées, représentant des enlacements de branches de fleurs, appliqués sur une feuille de paillon d'or.

Deux fermoirs en argent gravé de fleurs les réunissent.

131 feuillets numérotés représentent des scènes de la Bible, gravées au burin avec ce titre : DEZ ATEN TESTAMENTS MITTLER. CHRISTIANA.

Règne de Napoléon III. — Donation Sauvageot.

N° 402 du Catalogue de la collection Sauvageot, par M. A. Sauzay.

Publié par M. E. Lièvre dans la *Collection Sauvageot*, pl. 111.

D. 862. — *Boussole et cadran solaire en argent découpé et gravé.*

XVIIe siècle.   H. 0,085. — L. 0,070.

Un plateau octogone irrégulier porte un fil à plomb, une boussole à degrés et une aiguille pour régler l'inclinaison d'un cadran à charnière. Sur ce cadran, divisé en 24 heures, roule un indice terminé par un second cadran, muni d'un petit style et divisé en 60 minutes. Sur ce deuxième cadran se meut une aiguille dépendante d'un petit pignon qui s'engrène dans les dents qui font saillie autour du premier.

Sous le plateau l'inscription :

JOHANN WILLEBRAND IN AUGSPURG 48.

Dans la boîte en chagrin qui renferme le cadran, une plaque d'argent porte gravés les degrés d'élévation du pôle dans différentes villes.

Règne de Napoléon III. — Donation Sauvageot.

D. 863. — *Dé à coudre.*

1620.   H. 0,022. — D. 0,020.

Ame en vermeil recouverte d'une zone de filigranes formant un dessin à jour, dont certaines parties sont pleines et émaillées, et d'une calotte en argent creusée de trous pour la couture.

Au sommet de l'ame en vermeil, une plaque en cristal aiglomisé (1), représente un écu d'or, de forme allemande, portant une fleur accompagnée des lettres V. G. M. N. et de la date 1620, également en or, sur fond pourpre.

Les émaux sont noirs et jaunes ponctués de noir, absolument semblable à ceux de la tasse n° D, 172.

Règne de Napoléon III. — Donation Sauvageot.

N° 391 du Catalogue de la collection Sauvageot, par M. A. Sauzay.

D. 864. — *Petit coffret en cuivre gravé, argenté et doré.*

XVIIe siècle. H. 0,046. — Long. 0,075. — Larg. 0,050.

Couvercle gravé de deux vases d'où sort une fleur.
Face antérieure. Un homme et une femme en costume des commencements du XVIIe siècle.
Face postérieure. Deux hommes, l'un tenant un verre. Fleurons sur les faces latérales, ainsi que sur la face du dessous.
Monture en balustres plats et évidés sur les arêtes verticales et sur le milieu de la caisse. Filets saillants sur les arêtes horizontales.
Faces dorées, monture argentée. La serrure sous le couvercle, a quatre pènes.

Règne de Napoléon III. — Donation Sauvageot.

N° 492 du Catalogue de la collection Sauvageot, par M. A. Sauzay.

D. 865. — *Modèle de pistolet à rouet.*

Commencement du XVIIe siècle. . 0,060.

Pistolet à rouet en fer, monté en or, gravé sur la contre-platine d'un lièvre courant.

Règne de Charles X. — Collection Révoil, n° 227.

N° 838 de la Notice des émaux, par M. le comte L. de Laborde.

---

(1) On appelle aiglomiser l'action de revêtir une plaque de verre de peintures et de dorures qui, vues par transparence, semblent être un émail.

ORFÉVRERIE ANGLAISE.

D. **866**. — *Insigne de l'ordre de la Jarretière, en or émaillé.*

XVIIe siècle. H. 0,036. — L. 0,030.

Saint Georges. — Pendant du collier de l'ordre de la Jarretière, qui est « un saint Georges de Capadoce en relief, à cheval et en armure, la lance en arrêt sur le dragon. » Le saint est vêtu d'une armure pleine émaillée de bleu. Un petit diamant forme le fer de la lance. Le cheval, émaillé de blanc, avec crinière rouge, porte trois petits diamants : un au poitrail, un sur chaque sangle de retenue de la selle. Dragon émaillé de vert ponctué de noir.

Règne de Napoléon III. — Donation Sauvageot.
N° 346 du Catalogue de la collection Sauvageot, par M. A. Sauzay.

D. **867**. — *Montre en argent gravé, en partie repercé à jour.*

XVIIe siècle. D. 0,072.

Cuvette ornée de rinceaux de feuilles au milieu desquels perchent des oiseaux et des écureuils, percée de trois trous pour remonter les mouvements. Anneau repercé à jour et ornés de deux dauphins dont les longues queues feuillagées sont interrompues par des colonnes qui, portant sur la cuvette, soutiennent une petite couronne de feuilles imbriquées qui garnit le bord.

Une seconde couronne de feuilles imbriquées maintient le verre du couvercle.

Cadran double en argent gravé. Un annulaire pour les heures, un second central et mobile.

Mouvement à chaînette avec l'inscription : *Phillip Corderoy London.*

Double boîte en chagrin noir percée d'à jours en argent.

Règne de Napoléon III. — Donation Sauvageot.
N° 438 du Catalogue de la collection Sauvageot, par M. A. Sauzay.

ORFÉVRERIE FRANÇAISE.

D. 868. — *Aiguière en forme de centaure enlevant une femme, en argent fondu, ciselé, en partie doré.*

xviie siècle. H. 0,405.

Le centaure se cabre, tenant de ses deux bras, portés vers sa droite, Déjanire nue, posée sur son dos par-dessus des draperies, tournée vers la croupe et étendant les bras.

Une partie de la chevelure du centaure est mobile autour d'une charnière qui est dissimulée par des bandelettes qui les ceignent, et forme couvercle.

Le centaure, les draperies et les cheveux de la femme sont dorés, le corps de celle-ci est en argent.

Ancienne collection. — M. R. 486.

N° 851 de la Notice des émaux, par M. le comte L. de Laborde.

D. 869. — *Plaque rectangulaire en vermeil repoussé.*

xviie siècle. H. 0,058. — L. 0,033.

La Circoncision. — Au centre, le grand-prêtre tenant l'Enfant-Jésus, sur un autel à baldaquin. La Vierge debout à droite. Saint Joseph à gauche. Trois acolytes au fond. Figures et quelques draperies réservées en blanc, le reste doré.

Règne de Napoléon III. — Donation Sauvageot.

N° 341 du Catalogue de la collection Sauvageot, par M. A. Sauzay.

D. 870. — *Plaque ovale en argent fondu, ciselé et doré.*

xviie siècle. H. 0,093. — L. 0,070.

Henri IV, de trois quarts à droite, vêtu d'un pourpoint à crevés, à collet surmonté d'une fraise gaudronnée, portant le collier de Saint-Esprit et un manteau posé sur les deux épaules avec la plaque du même Ordre.

Règne de Napoléon III. — Donation Sauvageot.

N° 530 du Catalogue de la collection Sauvageot, par M. A. Sauzay.

D. 871. — *Médaillon en cuivre ciselé à jour et doré.*

XVIIe siècle.   D. 0,035.

Apollon, jouant de la lyre, est assis au milieu d'ornements symétriques formés de lanières combinées avec des volutes et des pentes de feuillages.

A droite et à gauche sont assis deux petits génies jouant, l'un de la flûte, l'autre du violon.

Un mascaron feuillu outrepasse de chaque côté l'anneau qui circonscrit le médaillon.

Règne de Napoléon III. — Donation Sauvageot.

N° 486 du Catalogue de la collection Sauvageot, par M. A. Sauzay, qui suppose que ce médaillon était destiné à servir de coq à une montre. (Le *coq* étant la plaque qui recouvre et soutient le balancier.)

D. 872. — *Médaillon en or ovale et à jour.*

XVIIe siècle.   H. 0,022. — D. 0,020.

Saint Pierre, vu à mi-corps, tenant deux clefs et un livre, encadré dans une couronne de laurier entourée de bandelettes. Or repoussé et ciselé.

Quatre pointes garnissent le revers pour fixer ce médaillon.

Règne de Napoléon III. — Donation Sauvageot.

N° 321 du Catalogue de la collection Sauvageot, par M. A. Sauzay.

D. 873. — *Médaillon en or ovale et à jour.*

XVIIe siècle.   H. 0,022. — L. 0,020.

Charlemagne, à mi-corps, coiffé de la couronne fermée, vêtu d'une cuirasse à grèves, par-dessous un manteau, portant le globe de la droite, et un modèle d'église de la gauche. Or repoussé et ciselé.

Quatre pointes garnissent le revers pour fixer ce médaillon.

Règne de Napoléon III. — Donation Sauvageot.

N° 522 du Catalogue de la collection Sauvageot, par M. A. Sauzay.

D. 874. — *Figure en or ciselé et émaillé.*

XVIIe siècle.   H. 0,020. — L. 0,017.

Louis XIV, à mi-corps, en manteau royal, couronne en

tête, portant le sceptre et la main de justice : décoré du collier de Saint-Michel

Or repoussé, ciselé et émaillé, sur un bouton en cristal de roche.

Ancienne collection. — M. R. 4848.
N° 807 de la Notice des émaux, par M. le comte L. de Laborde.

D. 875. — *Pendeloque en forme de médaillon ovale, en agate montée en or.*

XVIIe siècle.   H. 0,038. — L. 0,021.

La Vierge debout, portant l'Enfant-Jésus, posée sur le croissant et en avant d'une gloire rayonnante. Sur la bordure, émaillée de blanc, l'inscription émaillée de bleu : TVTELLA CARNVTVM (Protectrice des Chartrains).

Revers formé d'une agate sardoine, en dôme allongé, portant au centre un fleuron en larges feuilles évidées, émaillées de blanc ponctué de noir.

Règne de Napoléon III. — Donation Sauvageot.
N° 318 du Catalogue de la collection Sauvageot, par M. A. Sauzay.

D. 876. — *Coupe plate sur pied en balustre, en argent fondu, repoussé, ciselé et doré.*

Commencement du XVIIe siècle.   H. 0,150. — L. 0,180.

Coupe : intérieur. A gauche, en avant des ruines d'un temple, que décore une statue d'Hercule, Minerve casquée s'avance tenant la main de la Peinture. — A droite, sept femmes nues ou drapées, assises à terre en avant de quelques arbres, étudient sur des sphères terrestres et célestes, dans des livres, ou font de la musique. Fond d'édifices formant perspective, avec une colonne au centre, et quelques personnages. — Au sommet, un petit génie descend portant une couronne et une palme. Une bordure de doubles consoles affrontées circonscrit la composition imitée de quelque maître flamand du XVIe siècle. Argent fondu et ciselé. — Revers. Trois cartouches à quatre lobes, sur lesquels s'appuient deux enfants accostés à un mascaron, sont séparés chacun par un masque de femme, drapé, portant une corbeille pleine de fruits que mange un oiseau. Deux chimères adossées à la corbeille, à longues queues feuillagées, portant chacune un chien, se relient avec les enfants.

Chaque cartouche renferme une figure couchée dans un paysage. IMMORTALITAS, femme nue, tenant une plume, entourée de livres. — DIGNITAS, femme drapée, tenant une couronne et une mitre. — HONOR, homme cuirassé, à côté de son casque, tenant une corne d'abondance. Argent repoussé.

Nœud ovoïde, accosté de trois têtes de bélier, saillantes, divisé en trois cartouches ovales, renfermant chacune une figure debout. TEMPVS. Le temps vieux et fauchant. DIES, jeune, nu, accompagné d'un coq. NOX, jeune femme nue, tenant une draperie, accompagnée d'un hibou.

Pied formé d'une partie cylindrique, accostée de trois mufles de lion faisant saillie, d'où tombent des pentes de feuilles d'acanthe, séparées par des pentes de fruits, se reliant avec un talon vigoureux, qui porte par l'intermédiaire d'un filet, sur une doucine.

Le talon est divisé en trois cartouches ovales séparés par un mascaron dont la barbe s'épanouit en volutes fleuronnées à leur extrémité.

Dans chaque cartouche une figure couchée. VSVS, homme nu, appuyé sur un sablier, entouré d'armes de chasse. — DILIGENTIA, femme nue, vue de dos, accompagnée d'un héron tenant une pierre dans sa patte. LABOR, homme nu, tenant un fleau en avant d'une charrue.

La doucine, qui forme la partie extrême du pied, est ornée de fleurons entourés par une double tige. Argent fondu.

Règne de Louis-Philippe, n° 19. — Acquis en 1832.

N° 849 de la Notice des émaux, par M. le comte L. de Laborde.

D. 877. — *Coupe formée par un coui, montée en argent doré.*

Commencement du XVIIe siècle.

H. 0,142. — Long. 0,215. — L. 0,164.

Graine des Indes semi-sphérique, munie à une extrémité d'une anse en volute, recourbés intérieurement et à l'autre d'une espèce de bec.

L'anse s'implante sur la coupe par une large base découpée sur les bords, ornée d'un mascaron de femme à la base, au milieu de feuillages symétriques, et de trois pierres à hautes bates. Sa volute, à jour, est ornée de deux pierres, dont une taillée à facettes, d'un mufle de lion, et d'ornements repercés entre deux filets de perles, et au-dessus d'une seconde volute intérieure.

Le bec, découpé suivant les contours des feuillages qui le décorent porte à l'intérieur une tête d'ange ailé : à l'extérieur une autre tête d'ange en ronde bosse, à toupet saillant.

Ancienne collection. — M. R. 410.

N° 839 de la Notice des émaux, par M. le comte L. de Laborde.

D. 878. — *Croix en or sur fond découpé à jour.*

XVIIᵉ siècle.   H. 0,049. — L. 0,034.

Croisillons rectangulaires. Sur la face le crucifix en relief ; sur le revers, les instruments de la passion gravés. Fond de fleurons découpés à jour et gravés. Trois pendeloques suspendues à la croix.

Règne de Napoléon III. — Donation Sauvageot.

N° 330 du Catalogue de la collection Sauvageot, par M. A. Sauzay.

D. 879. — *Croix en vermeil ornée de perles.*

XVIIᵉ siècle.   H. 0,672. — L. 0,056.

Croisillons rectangulaires, repercés à jour, bordés par une torsade de perles et de filigranes, terminés par un fleuron en feuilles contournées, portant une grosse perle à son extrémité.

Sur chaque face un crucifix en relief.

Règne de Napoléon III. — Donation Sauvageot.

N° 333 du Catalogue de la collection Sauvageot, par M. A. Sauzay.

D. 880. — *Croix en or avec suspension.*

XVIIᵉ siècle.   H. 0,060. — L. 0,026.

Croix dont chaque extrémité est terminée par une rose à quatre lobes, ciselée en creux, suspendue à une rosace triangulaire.

Règne de Napoléon III. — Donation Sauvageot.

N° 337 du Catalogue de la collection Sauvageot, par M. A. Sauzay.

D. 881. — *Croix reliquaire en argent.*

XVIIᵉ siècle. H. 0,072. — L. 0,034.

Croix à doubles branches, amorties par des lobes à jour se terminant carrément.

Sur une face le Christ, sur l'autre la Vierge immaculée. La croix est formée de deux plaques percées d'à-jours.

Règne de Napoléon III. — Donation Sauvageot.

Nº 334 du Catalogue de la collection Sauvageot, par M. A. Sauzay.

D. 882. — *Collier en argent doré formé de monogrammes.*

XVIIᵉ siècle. L. 0,570.

Trente-quatre éléments de deux modèles différents. L'un formé des trois lettres capitales D. S. C. enlacées et munies, en haut et en bas, d'un anneau. L'autre d'une espèce de roue d'angrenage, prise entre deux disques semblables, mobiles autour d'un même axe, et assemblés à clavette avec un étrier où s'ajustent les anneaux des monogrammes.

Règne de Napoléon III. — Donation Sauvageot.

Nº 345 du Catalogue de la collection Sauvageot, par M. A. Sauzay.

D. 883. — *Boîte à odeurs à couvercle en cristal de roche.*

XVIIᵉ siècle. H. 0,37.

La boîte, en argent doré, sert de fond à une frise en argent fondu, ciselé et repercé à jour qui représente une bacchanale d'enfants. Le dessous, qui est ovale, est ciselé en creux du buste de François Iᵉʳ vêtu d'une cuirasse antique.

Couvercle formé d'un morceau de cristal de roche conique, gravé, qui porte une perle pour amortissement.

Règne de Napoléon III. — Donation Sauvageot.

Nº 398 du Catalogue de la collection Sauvageot, par M. A. Sauzay.

D. 884. — *Boîte carrée en vermeil.*

XVIIᵉ siècle. H. 0,051. — L. 0,041. — Ép. 0,018.

Le couvercle à charnière et à recouvrement, est orné d'un

ornement symétrique en relief, formé de doubles filets enlacés, d'où s'échappent des rinceaux de feuillages, sur fond maté.

Règne de Napoléon III, — Donation Sauvageot.
N° 374 du Catalogue de la collection Sauvageot, par M. A. Lauzay.
Publié par M. E. Lièvre dans la <i>Collection Sauvageot</i>, pl. 111.</div>

D. 885. — *Étui rectangulaire en argent ciselé, doré et verni.*

XVIIe siècle.   H. 0,072.— L. 0,28.

Sur chaque face une femme dont le corps se termine en gaîne, soutient de chaque main des lanières découpées qui se combinent avec des volutes feuillagées, des corbeilles, etc.

Le couvercle, à charnière, est orné sur chaque face d'une corbeille de fruits accostée de deux oiseaux posés sur des volutes.

Sur la tranche, des rosettes et des feuillages symétriques. Ornements en saillie sur un fond maté, et revêtus de couleurs imitant l'émail.

Règne de Napoléon III. — Donation Sauvageot.
N° 369 du Catalogue de la collection Sauvageot, par M. A. Sauzay.
Publié par M. E. Lièvre dans la <i>Collection Sauvageot</i>, pl. 92.</div>

D. 886. — *Boîte de médaillon ovale en or émaillé en relief.*

XVIIe siècle.   H. 0,042. — L. 0,029.

Boîte. Bouquet de jacinthes, de roses, de lis, etc.

Couvercle. Bouquet de lis au naturel, de tulipes, d'anémones, etc., en or ciselé et en relief émaillé de blanc

Dans le fond de la boîte un portrait de Louis XIV enfant, avec le cordon bleu, en émail peint. Revers du couvercle émaillé de blanc glacé de bleu épais.

D. 887. — *Cassolette à parfums en vermeil.*

Fin du XVIIe siècle.   H. 0,050.

Vase de forme cylindrique terminé par un culot renflé à godrons, qui porte sur un piédouche. Couvercle en dôme aplati, orné de godrons, entrant à frottement, et muni d'une longue douille cylindrique qui renferme une éponge.

Un orifice latéral, qui peut correspondre avec trois rosaces percées à jour dans les flancs du vase, permet, en tournant le couvercle, à l'odeur de se dégager.

Sous le pied, un cachet formé d'un écusson surmonté d'une couronne de marquis, et chargé de doubles lettres enlacées.

Sur la douille, des poinçons.

Règne de Napoléon III. — Donation Sauvageot.

N° 379 du Catalogue de la collection Sauvageot, par M. A. Sauzay.

D. 888. — *Étui en forme de prisme aplati, à six pans, en argent ciselé, émaillé et doré.*

XVIIe siècle. H. 0,095.

Un ornement symétrique formé de lanières découpées se combinant avec des feuillages couvre de chaque côté deux des faces aplaties. Une double lanière enlacée, encadrant des fleurons, couvre chacune des faces latérales.

Couvercle à charnière, orné de moulures, portant au sommet un masque feuillagé, et des ornements en lanières sur les côtés.

Ornements en saillie sur un fond maté et revêtus d'émaux verts, rouges, blancs et noirs.

Règne de Napoléon III. — Donation Sauvageot.

N° 368 du Catalogue de la collection Sauvageot, par M. A. Sauzay.

Publié par M. E. Lièvre dans la *Collection Sauvageot*, pl. 92.

D. 889. — *Cuillère à manche d'ivoire.*

XVIIe siècle. H. 0,160.

Cuilleron ovale, en vermeil, à manche soudé, auquel est ajustée une poignée d'ivoire formée d'un enfant agenouillé portant sur ses épaules un autre enfant chargé de fruits.

Règne de Napoléon III. — Donation Sauvageot.

N° 385 du Catalogue de la collection Sauvageot, par M. A. Sauzay.

D. 890. — *Amulette.*

XVIIe siècle. H. 0,020. — L. 0,025.

Émeraude carrée gravée de signes cabalistiques, sertie en or sur une monture en fer. Sur la tranche, l'inscription : *Pater, Filius, Spiritus sanctus.* Au revers, d'autres signes cabalistiques.

Ancienne collection. — M. R., 96.
N° 812 de la Notice des émaux, par M. le comte L. de Laborde.

D. 891. — *Dé à jouer.*

Côté 0,015.

Statuette en argent, accroupie, la tête penchée en avant, les poings sur les hanches de façon à pouvoir être insérée dans un cube : de petits trous percés sur les différentes parties du corps représentent les points.

Règne de Napoléon III. — Donation Sauvageot.

D. 892. — *Garniture, en argent repercé et ciselé, d'un coffret bombé en écaille, formée de vingt-neuf pièces.*

Commencement du XVIIe siècle.
Dimensions du coffret. — H. 0,092. — Long. 0,127. — Larg. 0,060.

12 encoignures formées sur chaque faces d'une palmette symétrique, munies dans le bas de griffes pour former les pieds.
12 rosaces de deux dimensions.
3 charnières.
1 serrure avec son moraillon et sa clef.
1 Poignée avec ses rosaces d'attache.
___
29 pièces, évidées à jour.

Règne de Napoléon III. — Donation Sauvageot.
Publié par M. A. Lièvre dans la *Collection Sauvageot*, pl. 94.

D. 893. — *Boîte ovale en fer damasquiné d'argent.*

XVIIe siècle. H. 0,056. — L. 0,074. — Ép. 0,025.

Boîte bombée à charnière.
Sur le couvercle et sous la boîte, une Minerve, casquée,

assise sur des trophées guerriers, et tenant un étendard, entourée de huit médaillons ovales d'or, dont les bordures sont jointives. Dans chaque médaillon, entouré d'un double grainetis bordant un filet perlé, une rosace symétrique.

Sur les côtés six médaillons semblables.

Charnière également incrustée en argent ciselé en relief.

Règne de Napoléon III. — Donation Sauvageot.
N° 371 du Catalogue de la collection Sauvageot, par M. A. Sauzay.

XVIII° SIÈCLE.

ORFÉVRERIE ITALIENNE.

D. **894**. — *Pendeloque en argent ornée de filigranes.*

XVIII° siècle.   H. 0,046.—L. 0,046.

Au centre un médaillon circulaire.

Face. L'éducation de la Vierge, par saint Anne et saint Joachim. Légende circulaire. S. AN(NA) S. JOACHIM. — Revers. Cinq saints nimbés, debout, vêtus de longues robes et semblant appartenir à des ordres religieux. Légende circulaire S. L. — S. R. — S. F. — S. PH. et en exergue. S. CAI.

Entourage de filigranes à jour ornés de feuilles semblables et de rosaces rapportées,

Règne de Napoléon III. — Donation Sauvageot.
N° 323 du Catalogue de la collection Sauvageot, par M. A. Sauzay.

D. **895**. — *Pendeloque en forme de mandoline, en ambre monté en or.*

XVIII° siècle (?)   H. 0,044. — L 0,018.

Le corps de l'instrument formé par un morceau d'ambre jaune dans lequel une mouche est emprisonnée. Monture en or, bordée par un filigrane tordu.

Règne de Napoléon III. — Donation Sauvageot.
354 du Catalogue de la collection Sauvageot, par M. A. Sauzay.

ORFÉVRERIE ALLEMANDE.

D. **896**. — *Boîte en argent imitant une coquille d'huître.*

XVIIIe siècle.   Plus grande hauteur 0,058.— Ép. 0,022.

Quelques coquilles sont figurées comme étant incrustées sur les deux valves de l'huître.

Règne de Napoléon III. — Donation Sauvageot.
N° 373 du Catalogue de la collection Sauvageot, par M. A. Sauzay.

D. **897**. — *Boîte rectangulaire en or garnie d'agate.*

XVIIIe siècle.   H. 0,041. — L. 0,081. — Larg. 0,060.

Couvercle. Une agate ovale encadrée par 12 agates de même forme plus petites, montées en or ciselé de 4 tons, accompagnées de 16 pierres fines distribuées le long du bord.

Sur la tranche, 21 agates et pierres ovales, montées de même.

Boîte portant tant sur les côtés que sous le fond 49 pierres ovales, montées comme celles du couvercle. Le bord du couvercle et celui de la boîte sont gravés de demi-oves allongées et de feuillages symétriques qui se complètent et forment un seul ornement courant lorsque la boîte est fermée.

La gorge porte gravée l'inscription.

Neuber à Dresde.

Règne de Napoléon III. — Legs de M. Th. Dablin.

D. **898**. — *Monument commémoratif de la paix de Teschen, formé par l'aigle d'Autriche, en cuivre estampé, peint et doré.*

1779.   H. 0,357. — L. 0,192.

Un socle, accosté de deux consoles, et orné de guirlandes de lauriers, est surmonté par une aigle à deux têtes et éployée, tenant le sceptre et l'épée, portant deux couronnes, et surmontée par un œil inscrit dans un triangle et entouré d'une auréole étoilée.

Une banderole enveloppe l'aigle, dans les différentes parties duquel sont incrustés dix médaillons ovales peints en miniature, et ainsi distribués :

1. *Maximilian Joseph, lehter churft zu Baiern.*
   (Maximilien Joseph, dernier prince électeur de Bavière.)

2. *Catharina II. Kaiserin von Russland u Sieberien.*
   (Catherine II, impératrice de Russie et de Sibérie)

3. *Maria Theresia Rom. Kais Kong. v: Ung. Boh.*
   (Marie Thérèse, impératrice romaine, reine de Hongrie et de Bohême).

4. *Ludwig XVI, konig von Franckreich u Navaris.*
   (Louis XVI, roi de France et de Navarre).

5. *Josephus II, rom kaiser u erb....... Von Ungar.*
   (Joseph II, empereur romain, prince héritier de Hongrie).

6. *Fredricus II, koning v Preusen u churft Bran.*
   (Frédéric II, roi de Prusse, électeur de Brandebourg).

7. *Carl. Theodor, churft v Platz u herz z Baies.*
   (Charles Théodore, électeur de Palatinat, duc de Bavière).

8. *Friedrich August, churst zu Sachsen, herz z Julich.*
   (Frédéric Auguste, électeur de Saxe, duc de Jülich).

9. *Carl August Christian, herzog zu Zwtibru.*
   (Charles Auguste Chrétien, duc de Deux-Ponts).

10. *Un courrier au galop en avant d'une ville. Teschen..... der Friedens stadt.*
    (Vue de *Teschen*, ville où la paix a été signée).

Sur le socle, l'inscription : DENCKMAL *auf den zu Teschen geschlossenen Frieden den* 12 *mai* M.DCCLXXIX.
(Souvenir de la paix de *Teschen*, conclue le 12 mai 1779).

Au-dessous. — *J. F. Beer invent u Portraitirt zu Francfurt a Main.*
(J. F. Beer, à Francfort-sur-Mein, a inventé ce monument et en a exécuté les portraits).

Sur les bandelettes, on lit les vers suivants :

> *Hier sicht der kenner Blick die hohen potentatem*
> *Die zu der Deutschen glück wie völkerväter thaten*
> *Um Baiern siaf Bellona die in Streit*
> *Allein zu itres Ruhms unsterblichkeit*
> *Eilt schnell des Krieges Glut zu lönhen*
> *Der Friedensbot ans teschen.*

(L'œil du connaisseur voit ici les augustes potentats qui, pour le bonheur de l'Allemagne, se sont conduits en vrais pères de leurs peuples. Bellone les avait appelés à décerner par les armes le trône de Bavière. Mais (chose qui ne peut qu'ajouter à leur gloire immortelle!) tout à coup le messager de la paix est arrivé de Teschen pour éteindre le brasier de la guerre.)

ORFÉVRERIE FRANÇAISE.

D. **899**. — *Boîte gondolée en écaille incrustée d'or.*

Commencement du XVIII siècle.

L. 0,054. — L. 0,078. — Ép. 0,015.

Boîte contournée en forme de coquille. Sur le couvercle, deux écus accolés sous une couronne de marquis. Le premier, « de..... aux deux branches de feuillage enlacées ; » le second, « au 1er et au 4e de..... au roquet d'or ; au 2e et 3e de..... au quatre feuilles (?) d'or. » L'entourage est formé d'ornements symétriques, dans le style de Berain, où se remarquent des bustes de chimère, en or incrusté et ciselé avec quelques fonds en nacre quadrillée.

Sous la boîte, un buste de femme, de profil, dans un entourage symétrique, le tout en or incrusté et ciselé. Près du bord un ornement courant en piqué d'or.

Règne de Napoléon III. — Donation Sauvageot.

N° 392 du Catalogue de la collection Sauvageot, par M. A. Sauzay.

ORFÉVRERIE FRANÇAISE. 537

D. 900. — *Boîte ovale en or émaillé, ornée de bas-reliefs en ivoire et d'une miniature représentant Louis XVI.*

Fin du XVIIIe siècle.

H. 0,063.— Long. 0,084. — Ép. 0,032.

Couvercle. Bordure de perles séparées par une rosette à quatre lobes, émaillée de bleu et par une double feuille émaillée de vert, alternées, encadrant un fond strié de lignes concentriques, coupé de disques lisses, émaillé de bleu lapis constellé d'or.

Au centre, dans un encadrement ovale, contrariant l'ovale général, garni de perles et d'olives en émeraude alternées, le portrait de Louis XVI, de trois quarts à gauche, signé *Violet F.* — Bordure latérale semblable à celle du dessus.

Boîte. Divisée en quatre compartiments par quatre pilastres ornés de pentes de feuilles de laurier émaillées. Fond émaillé de bleu comme le couvercle, encadré dans une bordure de feuilles ciselées. Dans chaque compartiment, une bordure ornée de perles d'émail et d'olives d'émeraude alternés, garnie de quatre rosaces intérieures à chaque angle, encadre un petit bas-relief en cuivre ou en albâtre représentant des enfants qui figurent l'une des quatre saisons. Un filet de perles et d'émeraudes alternées borde inférieurement chaque compartiment entre les pilastres.

Dessous. Même garniture et même émail que sur le couvercle.

Règne de Napoléon III. — Legs de M. Th. Dablin.

D. 901. — *Boîte ovale en or émaillé, garnie de brillants et de perles.*

XVIIIe siècle. H. 0,035. — L. 0,086. — Larg. 0,058.

Couvercle orné de brillants dessinant un contre ovale et coupant un ovale de perles ; avec semis de feuillages en brillants sur un fond mat. Bord orné d'une couronne de feuilles émaillées de vert et de bleu interrompues par des rosettes et des perles de nacre.

Boîte à quatre pilastres émaillés, sur fond mat encadrant quatre cartouches bordés de perles, émaillés d'orangé sur fond guilloché en bâtons ; à la base, un filet de perles longues et rondes émaillées de blanc et de bleu.

538 ORFÉVRERIE FRANÇAISE.

Dessous. Un filet de feuilles et de perles émaillées vert et blanc, interrompues par des amandes en nacre, sur fond mat bordant un filet de perles qui encadre un ovale en émail orangé sur fond guilloché de bâtons.

Ancienne collection.

N° 840 de la Notice des émaux, par M. le comte L. de Laborde.

D. **902**. — *Pendeloque en forme de confessionnal, en argent doré.*

XVIIIe siècle. H. 0,025.

Exagone irrégulier surmonté d'une croix accostée de quatre volutes. Les trois faces antérieures figurent un confessionnal fermé d'une porte. Un moine et une religieuse sont agenouillés de chaque côté. La porte mobile permet de développer les trois côtés antérieurs du prisme, et de voir l'intérieur du confessional où un prêtre est assis et la face des deux pénitents, tous trois en posture indécente. Figures peintes.

Règne de Napoléon III. — Donation Sauvageot.

N° 352 du Catalogue de la collection Sauvageot, par M. A. Sauzay.

D. **903**. — *Cachet.*

XVIIIe siècle. H. 0,040.

Balustre accosté de deux consoles portant sur une arcade qui maintient une agate blanche rubanée gravée sur chaque face.

L'écu des d'Orléans dans un écusson lozangé surmonté d'une couronne de fleurs de lis, et accosté de deux palmes. —Un chiffre formé des lettres M. L. A. surmonté de la même couronne fleurdelisée. Un arbre assailli par les vents avec cette légende : SVPERBIT : VENTIS . IMMOTA.

Ancienne collection. — N° 563.

XIXᵉ SIÈCLE.

D. 904. — *Statuette en argent sur un siége en vermeil.*

  xixᵉ siècle.   H. total 0,147.

Napoléon Iᵉʳ. — Napoléon, couronné de lauriers, nu, un manteau rejeté sur l'épaule gauche, est assis. Il tient de la droite appuyée sur la cuisse des pinceaux, des ébauchoirs et un rapporteur ; — attributs de la Peinture, de la Sculpture et de l'Architecture, — et de la gauche un sceptre abaissé.

  Statuette en argent. — Siége cubique et degrés en argent doré. — Soubassement en granite rose.

  Imitation d'un antique en bronze représentant Jupiter, des collections Denon, Brunet-Denon et Pourtalès, actuellement en Angleterre.

    Musée royal, n° 353.

 N° 857 de la Notice des émaux, par M. le comte L. de Laborde.

D. 905. — *Statuette en argent sur un siége en vermeil.*

  xixᵉ siècle.   H. 0,204.

L'impératrice Marie-Louise. — Marie-Louise est assise, coiffée de cheveux relevés en torsade sur le sommet de la tête et portant un diadème, vêtue d'une robe agrafée sur les épaules; un manteau jeté sur l'épaule gauche enveloppe son bras gauche ramené vers le sein. Son bras droit, nu, est étendu et porte des pinceaux. Une palette est à ses pieds.

  Le siége est supporté par des cornes d'abondance, en argent doré, ainsi que le soubassement.

  Imitation d'un antique en bronze des collections Denon, Brunet-Denon, Pourtalès; aujourd'hui au musée, n° 683 de la Notice des Bronzes antiques, par M. A. de Longpérier.

    Musée Royal, n° 354.

 N° 858 de la Notice des émaux, par M. le comte L. de Laborde.

D. 906. — *Boîte ovale en écaille montée en or, garnie de perles encadrant une miniature représentant un vase de fleurs.*

  xixᵉ siècle. L. 0,093. — L. 0,076. — Ép. 0,032.

La miniature représente un bouquet de roses, de pivoines,

jacinthes, etc..... dans un vase en marbre orné de bas-reliefs, posé, à côté d'une branche de lilas et d'un nid de rouges-gorges, sur un socle en marbre rose. Signé, *G. Van Spaendonck*.

Règne de Napoléon III. — Legs de M. Th. Dablin.

D. **907**. — *Boîte ovale en écaille, montée en or, garnie de perles encadrant une miniature représentant des fleurs.*

XIX° siècle. H. 0,075. — L. 0,093. — Ép. 0,030.

La miniature représente un bouquet de roses, de liserons, de mauves, etc., posé sur un socle orné d'un bas-relief, à côté d'un vase en agate monté en or. Signé, *Van Spaendonck*.

Règne de Napoléon III. — Legs de M. Th. Dablin.

D. **908**. — *Boite à odeurs en vermeil émaillé, ornée d'une miniature en camayeu.*

XIX° siècle. H. 0,012. — L. 0,031. — L. 0,026.

Côtés et dessous guillochés, encadrés par un filet d'émail bleu, ainsi que le dessus où est enchâssé un camayeu imitant un camée, signé *Parent*, et représentant une impératrice romaine de profil à gauche. A l'intérieur, un double couvercle en treillis à jour, renfermant une éponge à odeur.

Règne de Napoléon III. — Donné par M. le comte Turpin de Crissé, membre de l'Institut.

D. **909**. — *Bague en or montée d'un nicolo.*

Commencement du XIX° siècle. H. 0,028. — L. 0,022.

Anneau plat cannelé, s'épanouissant de chaque côté pour encadrer une palmette fleuronnée qui part du chaton. Au milieu un petit disque circulaire gravé des lettres J. R. conjuguées et retournées.

Chaton enchâssant un nicolo représentant l'ange Gabriel accompagné des lettres I. R. retournées.

Règne de Charles X. — Collection Révoil, n° 234.

N° 829 de la Notice des émaux, par M. le comte L. de Laborde.

ORFÉVRERIE FRANÇAISE. 541

D. 910. — *Bague en or montée d'un onyx.*

XIXe siècle.   H. 0,026. — L. 0,023.

Anneau formé par deux sirènes dont les doubles queues s'enroulent en spirale pour clore le circuit. Elles portent sur leur tête un chaton circulaire où est enchâssé un onyx nicolo semi-sphérique portant un brillant.
Exécuté par M. Lhery, père.

Règne de Napoléon III. — Donation Sauvageot.

N° 417 du Catalogue de la collection Sauvageot, par M. A. Sauzay.

D. 911. — *Bague en or émaillée montée d'une émeraude.*

XIXe siècle, à l'imitation du XVIe.   H. 0,026. — L. 0,022.

Anneau rond, gravé de chaque côté d'alvéoles émaillées imitant un fenestrage ogival, et terminé par une rosette à quatre feuilles émaillée de bleu turquoise. Chaton en pyramide quadrangulaire à griffes, émaillé de blanc et de noir, laissant passer la bâte où une émeraude en table est enchâssée.

Ancienne collection.

D. 912. — *Plat à ombilic en argent repoussé, garni des émaux n^{os} D. 694 à 702 bis.*

XIXe siècle, à l'imitation du XVIe.   D. 0,704.

L'ombilic, garni d'une plaque d'émail, est entouré d'une moulure couverte d'un rang d'oves allongées.
Le fond est chargé de huit ornements formés d'un masque alternativement de satyre et de femme d'où prennent naissance des feuilles de vigne et de longues volutes feuillagées symétriques; chacunes de celles qui s'enroulent au-dessus des mascarons étant terminées par une tête de dauphin.
Dans l'intervalle de deux ornements, qui affectent le style de la renaissance, a été repoussé un écu ovale, portant les trois fleurs de lis en champ d'azur, surmonté de la couronne royale.
Marly orné d'un rang de petites feuilles pendantes.
Bord. Les moulures contre le marly encadrent un rang de postes divisé en 16 fractions par un fleuron. Viennent ensuite

8 plaques d'émail, en secteur annulaire, encadrées dans une moulure et séparées par des pentes de fruits qui tombent d'un mascaron, alternativement d'homme et de femme. Ces huit mascarons interrompent un anneau de cannelures qui garnit une gorge qu'enveloppe une moulure et un gros tore chargé d'oves plates, alternant avec des fleurons placés en sens contraire.

Les fonds matés ou striés sont dorés, et les ornements en relief, se détachent en argent.

Règne de Napoléon III. — Légué par M. le baron des Mazis.

ORFÉVRERIE ORIENTALE.

D. 913. — *Bague juive en or décoré de filigranes.*

D. 0,035. — L. de l'anneau 0,017.

Anneau large bordé par une corde en filigrane tordu, orné de six dômes en filigranes tordu, qui, en outre, recouvre le champ étant accompagné de perles d'or.

Des caractères hébraïques gravés à l'intérieur.

Règne de Napoléon III. — Donation Sauvageot.

D. 914. — *Bague juive en or décoré de filigranes.*

D. 0,034. — L. de l'anneau 0,022.

Anneau plat divisé en deux zones par une corde en filigrane tordu qui sert également de bordure. Sur chaque zone sont alternativement montés une rose à quatre lobes émaillée de bleu, et un dôme en filigrane lisse à jour, séparés par deux perles d'or.

A l'intérieur des caractères hébraïques sont gravés.

Règne de Napoléon III. — Donation Sauvageot.

ORFÉVRERIE ORIENTALE. 543

D. **915**. — *Poignard à manche en jade, avec fourreau en argent doré.*

Perse. L. 0,326.

Fourreau uni garni de trois plaques d'argent découpé gravés de longs feuillages symétriques, niellés.

Musée royal, n° 434.
N° 655 de la Notice des émaux, par M. le comte L. de Laborde.

D. **916**. — *Couteau, à manche de jade, dans un fourreau en filigrane d'argent doré.*

Perse. L. du couteau 0,156. — L. de l'étui 0,128.

Le manche à 6 pans est incrusté d'un semis de feuilles en or, avec un rubis pour virole; lame en damas.

Le fourreau est formé de volutes en filigranes à nombreux épanouissements latéraux, recouverts sur la face principale de fleurons également en filigrane combiné avec des perles de métal. Bouterolle en filigrane à jour.

Règne de Napoléon III. — Donation Sauvageot.
N° 1417 du Catalogue de la collection Sauvageot, par M. A. Sauzay.

Publié par M. Lièvre dans la *Collection Sauvageot*, pl. 92.

D. **917**. — *Monture de miroir rectangulaire, en ivoire.*

Perse. H. 0,117. — L. 0,092.

Miroir en métal, dans une moulure ornée de postes dorées.

Revers. Au centre et dans les angles, et sur un appendice supérieur destiné à accrocher le miroir, des médaillons à bords découpés encadrant un ornement symétrique en feuillages allongés. Sur le fond, d'autres feuillages à longues tiges formant des enlacements symétriques. Bordure formée par les mêmes feuillages liés deux à deux. Ornements en or bordés par un trait noir, rechampis de bleu et de rouge dans les médaillons dont le fond est d'un ton assoupi et semé de paillettes d'or.

Règne de Napoléon III. — Donation Sauvageot.
N° 276 du Catalogue de la collection Sauvageot, par M. A. Sauzay.

D. 918 et 919. — *Plateau et flacon à parfums, en argent filigrané.*

Inde. Flacon. — H. 0,305.

Panse sphérique aplatie formée de 16 godrons, portée sur les 16 pétales aigus d'une corolle qui par l'intermédiaire d'une doucine repose sur un pied formé de 16 dentelures. Le col est formé par les 16 pétales du calice d'une fleur renversée surmontée d'une boule qui est elle-même surmontée par une tige à 6 pans renflée à la base, qui sert de col. Le tout est terminé, en guise de bouchon, par une fleur à trois rangs de pétales aigus, qui surmonte six boutons épanouis séparés par les feuilles tombantes du calice.

Filigranes d'argent, plat, strié, formant des groupes de volutes à épanouissements latéraux, montées dans des bordures en argent doré.

Plateau. — D. 0,186.

Fond formé de zones de filigrane plat séparées par des filets plus larges et dorés. — Bord composé de 26 cannelures festonnées, de même travail.

Règne de Napoléon III. — Donation Sauvageot.
N° 1412 du Catalogue de la collection Sauvageot, par M. A. Sauzay.

D. 920 et 921. — *Plateau et flacon en argent filigrané.*

Inde. Plateau. — D. 0,186. — Flacon. — H. 0,305.

Même travail que les numéros précédents.

Règne de Napoléon III. — Donation Sauvageot.
N° 1412 du Catalogue de la collection Sauvageot, par M. A. Sauzay.

D. 922 et 923. — *Flacon et son plateau en filigrane d'argent avec fleurs de rapport émaillées.*

Inde. Flacon. — H. 0,285.

Panse sphérique, portée sur un pied circulaire en doucine, par l'intermédiaire d'un nœud aplati, surmontée d'un autre nœud qui porte un double rang de feuilles aiguës d'où naît un long col en balustre que surmonte un fruit terminé par un bouquet de feuilles aiguës.

Des écussons contournés, des bouquets de fleurs alternés

que sépare une zone de fleurs sont appliquées sur la panse. Une guirlande de fleurs monte en spirale autour du col; des fleurettes ceignant les boules.

Plateau. — H. 0,151.— L. 0.022.

Fond circulaire, bordure découpée accompagnée de bouquets plats de fleurs émaillées.

Filigrane d'argent formant un semis de volutes ou d'imbrications, appliqué sur un fond doré pour le flacon; à jour pour le fruit qui sert de bouchon, et pour le plateau. Fleurs et feuilles d'applique, tantôt pleines et émaillées de bleu, vert, rubis, tantôt en filigrane d'or ou d'argent.

Règne de Napoléon III. — Donation Sauvageot.

N° 1413 du Catalogue de la collection Sauvageot, par M. A. Sauzay.

D. 924. — *Garniture de flacon en filigrane d'argent.*

Inde. H. 0,070.

Le flacon octogone à pans est entièrement recouvert sur chaque face d'une suite de rosaces en filigranes, interrompus de deux en deux faces par des ornements émaillés par incrustation dans un champ uni bordé de filigranes.

L'épaulement, le col et le couvercle en dôme du flacon sont garnis de feuillages polylobés en argent doré, émaillé de bleu et de vert sur le col et le couvercle.

Règne de Napoléon III. — Donation Sauvageot.

N° 1414 du Catalogue de la collection Sauvageot, par M. A. Sauzay.

D. 925. — *Couteau à lame d'argent.*

L. avec le manche 0,145.

Lame recourbée en dehors, manche en cuivre recouvert d'un réseau en filigrane d'argent tordu, formant des groupes de volutes, avec rosettes appliqués en saillie.

Règne de Napoléon III. — Donation Sauvageot.

N° 1418 du Catalogue de la collection Sauvageot, par M. A. Sauzay.

FIN.

TABLE.

	Pages.
Avertissement..	I

ÉMAUX INCRUSTÉS.

		Pages.
Introduction...		V
Émaux cloisonnés. — Notice.......................		1
— Catalogue......................		5
Émaux champlevés. — Notice.....................		8
— Catalogue : fabrique rhénane..		23
— — fabrique limousine.		35
— — fabrique italienne..		61
— — fabrique espagnole.		64
— — fabrique hongroise.		66
Émaux translucides sur relief. — Notice.........		67
— — Catalogue......		72
Émaux en résille sur verre.......................		81
Émaux vénitiens. — Notice.......................		82
— Catalogue.....................		83

ÉMAUX PEINTS.

	Pages.
Notice...	87
Émaux italiens. — Notice........................	93
— Catalogue.....................	94
Montvaerni. — Notice.............................	95
— Catalogue.........................	98

LES PÉNICAUD.

	Pages.
LÉONARD (NARDON) PÉNICAUD. — Notice	98
— Catalogue	101
JEHAN I PÉNICAUD. — Notice	106
— Catalogue	108
JEHAN II PÉNICAUD. — Notice	109
— Catalogue	113
ANONYMES K. I. P. ET M. I. — Notice	114
— — Catalogue	116
JEHAN III PÉNICAUD. — Notice	118
— Catalogue	119
PIERRE PÉNICAUD. — Notice	126
— Catalogue	127
ÉCOLE DE JEHAN III ET DE PIERRE PÉNICAUD.—Catalogue.	130

LES LIMOSIN 132

LÉONARD et MARTIN LIMOSIN. — Notice	133
— Catalogue	140
ATELIER DE LÉONARD LIMOSIN. — Catalogue	164
JEHAN LIMOSIN. — Notice	172
— Catalogue	174
LÉONARD II LIMOSIN	180
FRANÇOIS LIMOSIN. — Notice	181
— Catalogue	183
JOSEPH LIMOSIN. — Notice	185
— Catalogue	186

TABLE. 549

                                                        Pages.

LES NOUAILHER............... 188

Colin Nouailher (Couly Noylier). — Notice......... 188
—   —   Catalogue..... 190
Pierre I Nouailher. — Notice................. 202
—   Catalogue................ 203
Jacques Nouailher. — Notice................ 206
—   Catalogue 207
Pierre II Nouailher. — Notice................. 208
—   Catalogue................ 208
Jean-Baptiste Nouailher. — Notice............... 210
—   Catalogue............ 210

LES REYMOND................. 213

Pierre Reymond. — Notice...................... 213
—   Catalogue.................... 217
Martial Reymond. — Notice.................... 253
—   Catalogue............... 254
Jean et Joseph Reymond. — Notice............. 255
—   Catalogue........... 256
M.-D. Pape. — Notice........................ 257
—   Catalogue...................... 259

LES COURTEYS............... 264

Pierre Courteys. — Notice....................... 266
—   Catalogue..................... 269
Jehan Courteys (?). — Notice................... 287
—   Catalogue 288

	Pages.
JEHAN COURTEYS (attribués à). — Catalogue	303
ANONYME I. C. — Notice	307
— Catalogue	308

LES COURT ET DE COURT.

JEHAN COURT dit VIGIER. — Notice	308
— Catalogue	312
JEHAN DE COURT. — Notice	313
— Catalogue	316
SUZANNE DE COURT. — Notice	317
— Catalogue	318
H. PONCET. — Notice	324
— Catalogue	324

LES LAUDIN. — Notice........ 325

NOEL I LAUDIN (Attribué à). — Catalogue	330
JACQUES I LAUDIN. — Catalogue	337
NICOLAS LAUDIN. Id.	339
NOEL II LAUDIN. Id.	346
JACQUES II LAUDIN. Id.	351
NOEL III LAUDIN. Id.	360
FABRICATIONS DIVERSES. Id.	361

ORFÉVRERIE ET BIJOUX.

			Pages.
INTRODUCTION			367
MOYEN AGE. — ORFÉVRERIE BYZANTINE. — Catalogue.	447
—	—	ALLEMANDE. — ..	453
—	—	FRANÇAISE. — ..	459
XVIe SIÈCLE.	—	ITALIENNE. — ..	475
—	—	ALLEMANDE. — ..	480
—	—	FRANÇAISE. — ..	492
—	—	Pendeloques	504
—	—	Bagues	506
—	—	Fer	512
XVIIe SIÈCLE.	—	ITALIENNE. — ..	514
—	—	ALLEMANDE. — ..	517
—	—	ANGLAISE. — ..	523
—	—	FRANÇAISE. — ..	524
XVIIIe SIÈCLE.	—	ITALIENNE. — ..	533
—	—	ALLEMANDE. — ..	534
—	—	FRANÇAISE. — ..	536
XIXe SIÈCLE.	—	FRANÇAISE. — ..	539
—	—	ORIENTALE. — ..	542

Typ. Charles de Mourgues frères, rue J.-J. Rousseau, 8. — 6444.

www.ingramcontent.com/pod-product-compliance
Lightning Source LLC
Chambersburg PA
CBHW050421240426
43661CB00055B/2232